Hans-Otto Meissner

Traumland Südwest

Ein Buch der Wehmut und Erinnerung

Orion-Heimreiter

Die Deutsche Bibliothek – CIP-Einheitsaufnahme

Meissner, Hans-Otto:
Traumland Südwest: ein Buch der Wehmut
und Erinnerung / Hans-Otto Meissner.
– 2. Aufl. – Kiel : Orion-Heimreiter-Verl., 1994
ISBN 3-89093-009-3

Unveränderter Nachdruck der Ausgabe von 1968

ISBN 3-89093-009-3

Orion-Heimreiter-Verlag
D-24035 Kiel, Postfach 3667
Druck und Bindearbeiten: Husum Druck- und Verlagsgesellschaft
Gedruckt in Deutschland

Inhalt

Dieses Buch ist ein unveränderter Nachdruck aus dem Jahre 1968. Deshalb sollen einige aktuelle Daten aus dem Jahre 1994 vorangestellt werden.

Der Verlag

Südwestafrika /Namibia

Geschichte: Deutsches Schutzgebiet (1884-1919). Internationales südafrikanisches Mandat (1919-1990). Unabhängiger Staat „Namibia" (seit 21. März 1990).

Fläche: 824.292 qkm.

Einwohner: Ca. 1,3 Millionen Einwohner, darunter Schwarze (vor allem Owambos und Kavangos im Norden, Hereros im Norden/Osten, Damaras im Nordwesten), Braune (Namas – auch Hottentotten genannt –, Rehoboth-Baster, Mischlinge), Weiße (ca. 80.000, darunter neben Buren etwa 25.000 Deutsche).

Hauptstadt: Windhuk.

Amtssprache: Englisch (daneben verbreitet: Afrikaans, Deutsch, Herero, Owambo).

Staatschef: Sam Nujoma.

Regierungspartei: Südwestafrikanische Volksorganisation (SWAPO).

Hauptexportprodukte: Uran und weitere Mineralien (ca. 40 %), Diamanten (ca. 30 %), Rinder (ca. 7 %).

Währung: Namibia-Dollar und südafrikanischer Rand (Wert identisch); 1 Namibia-Dollar / 1 Rand = 0,55 DM.

Staatswappen von Südwestafrika, 1957 entworfen und eingeführt. Es zeigt oben in der Mitte den alten deutschen Reichsadler, rechts davon das Steinkreuz des portugiesischen Seefahrers
Diego Čao, der 1484 als erster Europäer den Boden Südafrikas
betrat, und links daneben das deutsche Fort Namutoni bei der
Etoscha-Pfanne. Der Kopf eines Rindes und Schafs symbolisiert
die Viehzucht, die Werkzeuge stehen für den Bergbau, und die
geometrischen Figuren sollen auf die Gewinnung der Diamanten hinweisen. Die drei typischen Wildtiere des Landes, Kudu,
Oryx und Springbock, umrahmen das Wappen.

12 000 *Kilometer in 20 Stunden*

Den ersten Eindruck vom Südwester Leben gewinnt man schon im Flughafen Frankfurt, hinter jener Sperre am Gate Nummer 4, wo sich die Passagiere nach Windhuk und nach Johannesburg versammeln. Dabei spielen die Johannesburger keine Rolle, mögen sie auch nebst sonstigen Fremden in der Überzahl sein. Still und bescheiden halten sich diese Außenseiter zurück. Um so lebhafter und lautstärker feiern die Südwester ihr Wiedersehen. Scheint doch ein jeder in seiner sonnigen Heimat jeden anderen gut zu kennen. Man möchte meinen, alle seien von Herzen froh, den Verwandtenbesuch in der alten Heimat hinter sich zu haben. Endlich geht's wieder nach Hause, endlich ist man wieder unter vernünftigen Menschen.

»Ja, Wilhelm, das ist aber nett, dich zu sehen, wo hast du deine Ulrike gelassen? Ach, da steht sie ja . . . wie war's denn in Rastatt bei den Gerstenbergs, haben sich deine Neffen nun besser entwickelt?«

Nein, das hatten die Neffen nicht, obwohl inzwischen siebzehn und achtzehn. Nur dummes Zeug im Kopf, keine Spur vom Ernst des Lebens. Aber bei der heutigen Erziehung in Deutschland konnte das ja niemanden wundern.

»Hallo, Lisbeth, da fliegen wir also zusammen. Was mußte ich hören, Karl-August hat's keine vier Wochen ausgehalten und ist schon wieder daheim . . . Ja, was war denn los?«

Vieles war los gewesen, die ganze Richtung hatte Karl-August nicht gepaßt. Sogar die alten Kameraden teilten nicht mehr seine Ansichten von früher. Da hatte er kurzentschlossen seine Koffer gepackt und war wieder abgebraust.

»Weißt du schon das Neueste, Heribert? Der alte Schindelbauer hat Otjipembo verkauft. Sein Sohn wollte nicht übernehmen . . . vielmehr die Schwiegertochter wollte nicht. Die Farm war ihr zu weit weg von allem. Das kommt eben davon, wenn man ein Mädel von hier nach drüben verpflanzt. Viel zu anspruchsvoll sind die geworden, das kann ja nicht gutgehen!«

Schade um das schöne Otjipembo, wo es doch weit und breit

kein besseres Schafland gab. Eine wahre Goldgrube bei den heutigen Preisen für Karakul, fast sieben Rand brachte jetzt die bessere Qualität von Watersilk. Na ja, nun zog eben der Schindelbauer nach Swakopmund, um dort im behaglichen Ruhestand zu leben.

»Wieviel Millimeter hatten Sie, Hoffmeister?«

Die letzte Regenzeit hatte Mariannental 220 Millimeter beschert, so war zu vernehmen. Ob man das für ausreichend hielt, konnte ich nicht mehr hören, weil ein Ehepaar dicht vor mir allgemeine Glückwünsche zur Verlobung seiner Tochter entgegennahm.

»Offen gesagt war's ja auch höchste Zeit«, wurde im Hintergrund getuschelt, »bei der munteren Brigitte sind ja die fünfundzwanzig gut und gerne vorbei. War eben zu wählerisch, das dumme Ding...«

»Nicht nur das, Luise, nicht nur das! Sie hatte doch mal was mit dem jungen Bertram. Bei mir wäre so 'ne leichtsinnige Schnuppe nie Schwiegertochter geworden. Das hab' ich meinem Jürgen sofort klargemacht, als er mal mit der Brigitte in unserem Klub aufkreuzen wollte.«

Und der Sohn hatte seiner Mutter aufs Wort gehorcht, wie mir schien. Die beiden Damen hielten das für ganz selbstverständlich.

»Der Peter Baumüller hat aufgehört zu trinken«, teilte vor mir ein älterer Herr seinem Nachbarn mit, »ob er's wirklich durchhalten kann...?«

»Muß er, mein lieber Jochen, muß er unbedingt, sonst wirft ihn der Hippenrott aus dem Geschäft. So was kann sich Baumüller nicht leisten, wo er doch die Hypothek von elftausend noch auf dem Halse hat.«

»Aber von Schafen versteht er was, muß man ihm lassen. Seine Blinkhaars mit der Einkreuzung von Afghanen, das gab 'ne schöne Röhrenlocke.«

»Na ja, aber sechs Hektar pro Stück braucht er in Neu-Göttingen. Bei mir kommen wir mit viereinhalb aus.«

Die Herrschaften wußten unheimlich gut übereinander Bescheid, nur konnte ich teilweise nicht verstehen, was mit diesen oder jenen Andeutungen gemeint war. Es fielen dabei Redewendungen, die offenbar nur echte Südwester begriffen.

»Mein Rivier ist ganz lekker abgekommen, hat mir aber stief Sand über die Pad gebracht und den Jungs ein paar Bokkies weggeholt. Na ja, die Beester haben jedenfalls 'nen vollen Damm.«

Es war meine erste Kostprobe vom besonderen Dialekt der Deutschen in Südwest *. Später sollte ich mich noch daran gewöhnen und selber anfangen so zu reden.

Indessen begann mein Jagdgewehr die Aufmerksamkeit einiger Herren zu erregen. Leider muß man ja die Waffe bei Flugreisen bei sich haben, man darf sie nicht mit dem Gepäck aufgeben. Also hatte ich mir die Büchse im Lederfutteral umgehängt, was mir sehr lästig war. Einer von den Neugierigen kam auf mich zu.

»Bei wem jagen Sie denn?« fragte er ganz unverblümt.

Ich war nach Etemba eingeladen und gab es freimütig zu.

»Na ja, einen halbwegs anständigen Kudu können Sie da vielleicht bekommen«, meinte der Südwester, »auch recht ordentliche Gemsböcke soll Walter haben . . .«

Ich traute meinen Ohren nicht, von Gamswild in den Bergen Südafrikas hatte ich noch nie gehört. Das konnte auch gar nicht sein. Er sah meine Verwirrung und klärte mich auf.

»Fremde Jäger nennen das Oryx-Antilopen, soviel ich weiß. Für uns sind's aber Gemsböcke.«

Nun wohl, das konnte möglich sein, die ersten Weißen im Land hatten ja oft ganz andere Geschöpfe Afrikas mit Namen aus ihrer heimatlichen Tierwelt bedacht. Da gab es auch Steinböcke, die mit den wirklichen Ibex nicht das geringste zu tun hatten.

»Aber mit Springböcken sieht's schlecht aus bei dem guten Walter«, mischte sich nun ein anderer Farmer ins Gespräch. »Die kriegen Sie viel besser bei uns, in Rotenberge. Brauchen mich nur ein paar Tage vorher anzurufen. Wir sitzen dicht bei der Teerpad nach Grootfontein, nur zwanzig Meilen davon ab. Meine Frau hat recht gerne Besuch aus Deutschland . . . es ist halt immer 'ne Abwechslung.«

Der Farmer von Rotenberge kannte weder meinen Namen noch wußte ich den seinen. In Südwest schien das keine Rolle zu spielen. Entweder wissen dort die Leute auf den ersten Blick, mit wem sie es zu tun haben, oder sie nehmen die Gefahr bitterer Enttäuschung in Kauf.

Den beiden anderen Herren war es gar nicht recht, daß sie der erste überrundet hatte. Der eine wollte mich durch Möglichkeiten auf Gepard oder Leopard zu sich locken, der andere

---

* In normales Deutsch übersetzt hieß das ungefähr: »Mein Fluß hat während der Regenzeit erfreulich viel Wasser geführt, aber er hat auch viel Sand über die Straße geschwemmt und dem eingeborenen Personal ein paar Ziegen fortgerissen. Na ja, der Stausee zur Tränke der Rinder ist gut gefüllt.«

sprach von Warzenschweinen, die sich bei ihm tummelten. Doch war bei dieser Reise die Jagd nur Nebensache, ich durfte nicht zuviel kostbare Zeit darauf verwenden.

Da wurden wir Passagiere schon abgerufen. Bis zum letzten Platz war die Maschine besetzt, eine Boeing 707 der South African Airways. Sie kam aus London und brachte von dort schon eine Menge Leute mit. Ungünstiger konnte ich gar nicht sitzen, nämlich in der Mitte zwischen einer energischen Dame zur linken und einem korpulenten Amerikaner zur rechten Seite, der sogleich in tiefen Schlaf verfiel. Aber gerade über den mußte ich hinweg, wenn ich mal mußte. Weil der Flug fast zwanzig Stunden dauern sollte, mit kurzen Zwischenlandungen in Las Palmas und Luanda, waren die Aussichten auf eine bequeme Reise nur recht gering.

Nirgendwo klaffen Werbung und Wirklichkeit so weit auseinander wie bei den Fluggesellschaften. Da loben sie selbst ihren perfekten Service mit den gewandtesten Worten und zeigen in ihren Prospekten lieblich lächelnde Stewardessen von atemberaubendem Reiz. Auf farbenfrohem Glanzpapier sind glückliche Passagiere zu sehen, die gelöst auf samtweichen Polstern ruhen. Sie schauen strahlend von ihren Fensterplätzen herunter auf die bunte Welt, zumal natürlich das beste Wetter herrscht. Man reicht ihnen ein Menü von seltener Köstlichkeit und ist auf zuvorkommendste Weise um ihr leibliches wie sonstiges Wohl bemüht. Jeder Gast in der Luft spürt den Duft der großen, weiten Welt. Man fliegt in gepflegtem Luxus seinem Ziel entgegen. So läßt es die wirksame Werbung vermuten.

Falls die Maschine nur von wenigen Passagieren bevölkert wird, hat man in der Tat keinen Grund zu berechtigten Klagen, auch wenn dies und jenes nicht so ganz den Erwartungen unerfahrener Fluggäste entspricht. Ist aber der sausende Riese restlos ausgebucht, wird die Menschenfülle an Bord zum Alpdruck. Stewards und Stewardessen haben alle Hände voll zu tun, wenn sie nur die Mahlzeiten servieren und das einträgliche Geschäft ihres fliegenden Verkaufsladens betreiben. Schwitzend jonglieren die armen Mädchen mit gefüllten Tabletts und können die eingeklemmten Gäste erst wieder davon befreien, wenn eine halbe Stunde und mitunter noch mehr vergangen ist. So lange bleibt man zwischen seinen Nachbarn, den Hintermännern und Vorderfrauen festgemauert. Man muß sich dennoch glücklich schätzen, wenn der geschwinde Drache die Höhenluft so glatt durchschneidet, daß niemandem in der Nähe kotzübel wird.

Der Amerikaner zu meiner Rechten schnarchte im Schlaf, von ihm war also keine Übelkeit zu befürchten. Die energische Dame zu meiner Linken schien das Fliegen gewohnt, denn hin und wieder machte sie sachkundige Bemerkungen darüber. Auch war sie eine Frau, die alles nur von der positiven Seite betrachtete. Weil es sonst gar nichts zu loben gab, sprach sie mit hoher Anerkennung von der Tüchtigkeit südafrikanischer Piloten. Es beruhigte mich sehr zu erfahren, daß die SAA bisher noch nie den Totalverlust eines Stratosphärenkreuzers einschließlich aller Passagiere zu beklagen hatte.

Den South African Airways und auch anderen Maschinen, die Südafrika zum Ziel haben, ist eine Zwischenlandung auf dem Gebiet der übrigen Staaten des Schwarzen Erdteils nicht gestattet. Aus politischen Gründen, so unvernünftig das aus wirtschaftlichen Gründen auch sein mag. Den Spaniern und Portugiesen kommen daher die Landegebühren wie auch die hohen Beträge fürs Auftanken zugute. Wir gleiten gegen Mitternacht hinunter zu den Kanarischen Inseln und landen auf dem Flugplatz von Las Palmas. Beim ersten Morgengrauen tankt unser Riesenvogel in Luanda, der Hauptstadt Portugiesisch-Angolas. Weil uns auch das Durchfliegen des Luftraums über den zu passierenden schwarzen Ländern streng verboten ist, muß sich unsere Maschine entsprechend weit von der Küste entfernt halten. Es ist daher nicht die kürzeste Strecke, die wir von Frankfurt nach Windhuk zurücklegen, sondern ein Umweg übers offene Meer. Man muß ja die weiße Minderheit Südafrikas dafür bestrafen, daß sie noch immer nicht der schwarzen Mehrheit ihres Landes die Regierung übergab. Es bedeutet für die Passagiere an Bord, daß sie zwanzig Stunden unterwegs sind. Eine sehr lange Flugzeit für heutige Begriffe, doch so gut wie gar nichts im Vergleich zu monatelangen Schiffsreisen in alter Zeit.

Zwanzig Stunden in der Luft wären leicht zu ertragen, müßte man nicht hin und wieder verschwinden. Das stößt auf gewisse Schwierigkeiten in unserem vollbesetzten Flugzeug, weil sich vor den engen Toiletten mehr oder minder ungeduldige Leute drängen. Sechs oder sieben, ja sogar acht Herren und Damen sind es bisweilen, die voll verhaltener Spannung darauf warten, bis sie an die Reihe kommen. Es gibt darunter auch Aspiranten, die von einem Bein aufs andere treten.

Ein Herr, der vor mir saß, verliert dabei die Selbstbeherrschung. Kaum ist es zu glauben, aber er durchbricht rücksichtslos alle sozialen Schranken. Von hinten eilt er nach vorn in die

Abteilung der Ersten Klasse, und bevor ihn die Stewardeß der feineren Leute daran hindern kann, hat der Touristenklaßler schon das Türchen eines erstklassigen Klos hinter sich verriegelt. Doch seine Strafe bleibt nicht aus, als er wieder zum Vorschein kommt. Streng, aber deutlich geht die Stewardeß mit dem Übeltäter ins Gericht. Sie folgt ihm bis zu seinem Platz, und wir alle bekommen zu hören, daß man so etwas unter keinen Umständen tun darf. Ordnung muß ja schließlich sein.

»Hoppla«, sagte der Steward, als er mir die Bratensoße über den frischgereinigten Anzug goß. Sonst sagte er nichts und tat ebensowenig, um den Schaden zu verringern.

»Sie brauchen sofort heißes Wasser, einen Lappen und eine Bürste«, rief die Dame zu meiner Linken.

Aber nichts dergleichen war zu haben, dafür hatte das Personal gar keine Zeit.

Es könne im Leben weit Schlimmeres geben, sagte ich zu meiner Nachbarin, die mit leichtem Seufzer zugab, so sei es tatsächlich.

Darüber kamen wir ins Gespräch, wobei ich bald bemerkte, daß sie gar zu gerne gewußt hätte, aus welchem Grund ich Südwestafrika entgegenflog, wen ich dort bereits kannte und zu welcher Sorte Mensch ich gehörte. Aber für direkte Fragen war die Dame zu gut erzogen, suchte sich vielmehr ihrem Ziel auf mancherlei Umwegen zu nähern. Da wir noch über genügend Zeit verfügten, wollte ich des Rätsels Lösung möglichst weit hinausschieben und gab mich sehr zurückhaltend, was persönliche Dinge betraf. Wir redeten statt dessen über die politische Lage, über den rapiden Niedergang der westlichen Kultur, über das nervenzerreißende Leben in Großstädten und die Zeitvergeudung durch gesellschaftliche Verpflichtungen. Meine Nachbarin war es, die von einem Thema zum anderen überging. Sie kam auf erfolgreiche Bücher zu sprechen, auf Reisebücher und danach auf Jagdliteratur.

Sogar Frauen hatten unlängst solche Schriften verfaßt, wie beispielsweise jenes Buch mit dem gutgewählten Titel »Des Waidmanns Weib«. Was hatte diese arme Frau mit ihrem wilden Jäger nicht alles durchgemacht!

»Sicher war's nur halb so schlimm«, widersprach ich aus guten Gründen, »schreibende Frauen neigen leicht zur Übertreibung. Sie war in Wirklichkeit sehr gern dabei . . . soviel ich weiß.«

»Na also, da hab' ich Sie schon erwischt«, triumphierte die Dame zu meiner Linken, »niemand hätte das behauptet, außer dem Waidmann, der in diesem Buch von seiner Frau durch den Kakao gezogen wird. Jetzt weiß ich genau über Sie Bescheid!«

Sie war doch bedeutend klüger, als ich gedacht hatte.

»Am Achtundzwanzigsten halten Sie in Windhuk einen Vortrag über Alaska und wollen dann gleich Ihre Rundreise beginnen. So stand's in unserer Zeitung, so was merk' ich mir. Aber einen Tag bleiben Sie noch in Windhuk, denn erstmal müssen Sie alle netten und wichtigen Leute kennenlernen. Die lade ich zum Neunundzwanzigsten für Sie ein, und natürlich wohnen Sie auch bei uns.«

So gastfrei sind die Südwester tatsächlich, doch wußte ich noch nicht, daß man ohne weiteres darauf eingehen kann. Im »Thüringer Hof« war ein Zimmer bestellt, auch wohne ich lieber in einem Hotel als mich in private Abhängigkeit zu begeben.

»Ach, das sind gute Freunde von uns, die brauch' ich nur anzurufen«, entschied meine energische Nachbarin, »wir sind immer auf Gäste eingerichtet. Mein Mann hat gerade nichts Besonderes zu tun, der kann Sie im Städtchen herumfahren.«

Dagegen war nichts mehr zu machen, es fehlte mir an glaubhaften Ausflüchten. Mochte nun kommen was wollte, meine Frau Nachbarin hatte mich einkassiert.

Doch wie dann später alles lief, hatte ich es nicht zu bereuen. Mein Platz in der vollen Maschine war eben doch nicht der schlechteste gewesen.

Welch ein Schutzengel über mir schwebte, stellte sich schon heraus, als die Maschine in Windhuk landete und mein Gewehr nicht zu finden war. Den strengen Vorschriften für Schußwaffen entsprechend hatte ich es bei Betreten des Flugkörpers dem Chefsteward persönlich anvertraut. Der sollte und mußte es irgendwo unter Verschluß nehmen. Aber in Las Palmas pflegt das Personal zu wechseln, und der neue Chef wußte nicht, wo sein Kollege das Schießeisen hingetan hatte. Mit dem Bemerken, es sei wohl gar nicht an Bord gekommen, brach er die Suche kurzfristig ab. Sobald unsere Maschine aufgetankt hatte, sollte sie nach Johannesburg weiterfliegen. Aller Voraussicht nach mit meiner Donnerbüchse, die bei mir so bald nicht mehr auftauchen würde. Um es gleich zu sagen, traf ich während meiner Reise durch Südwest nicht nur einen deutschen Jäger, sondern bald danach einen zweiten, denen das gleiche geschehen war. Sie mußten sich mit geliehener Waffe an teilweise wehrhaftes Wild heranwagen, weil ihr eigener Donnerstock erst nach Wochen wieder zum Vorschein kam. So wäre es ohne meine energische Nachbarin auch mir ergangen.

Sie rief kurzerhand die Polizei herbei und teilte dem erschreckten Beamten mit, es sei eine Waffe an Bord versteckt. Sofort erhielt die Maschine Startverbot, und sogleich begann eine gründliche Suchaktion. Dabei wurde schon bald mein Gewehr entdeckt. Der Steward hatte es der Eile wegen ganz einfach unter die nächstbesten Sitze geschoben. Ohne Verspätung konnte sich der große Vogel wieder in die Luft erheben.

Sicherlich hat er Johannesburg, das Ziel seines weiten Fluges, viel früher erreicht als wir durch die Sperre gelangten. Denn es vergingen anderthalb Stunden, bis endlich alle Passagiere durchgeschleust waren. Männer, Frauen und Kinder, auch ein uraltes Ehepaar, sie alle mußten stehend warten, bis sie an die Reihe kamen. Aber zu wenig Beamte hatten die zeitraubende Pflicht, über zu viele Leute zu lange Fragebogen auszufüllen. Wobei sie lediglich abschrieben, was wir schon selber in vorgedruckte Formulare geschrieben hatten. Dazu gehörten sämtliche mehr oder minder zollpflichtigen Gegenstände. Weil strengste Strafen drohten, wenn man hierbei nur das geringste vergaß, war ich überaus ehrlich gewesen, ohne Rücksicht auf die Kosten. Mit all den Filmen für drei Apparate, mit Tonbändern und Patronen mußte leider eine beträchtliche Summe dabei herauskommen. Seufzend griff ich zur Brieftasche, als der Zöllner meine Angaben studierte, doch er drückte nur einen Stempel aufs Papier und ließ mich gratis passieren.

»Wir haben zwar strenge Gesetze hier in Südwest«, erklärte mir Frau Nachbarin, nachdem sie ihren wesentlich kleineren Gatten umarmt hatte, »aber nur nette Leute, die es nicht so streng damit nehmen.«

Auf der langen Fahrt vom Flugplatz zur Stadt bemerkte ich nicht weniger als ein Dutzend Vogel Strauße, die ohne alle Scheu am Wege standen und jedem Wagen zunickten, der vorüberrollte.

Ein heißes Eisen

Eigentlich wollte ich schon im Jahre zuvor nach Südwestafrika fliegen, doch mir wurde eine Abfuhr zuteil, wie ich sie noch nie erlebt hatte. Ich erhielt kein Visum zur Einreise. Ohne Angabe von Gründen wurde mein Antrag abgelehnt.

Ich suchte selber nach Gründen, konnte aber keine entdecken. Weder war ich vorbestraft noch mit ansteckenden Krankheiten behaftet. Die Republik Südafrika hatte ich zuvor nie betreten, also auch keine Gelegenheit gehabt, dort unangenehm aufzufallen. Ich war mit Erfolg geimpft, lebte in geregelten Umständen, wie man so sagt, und war der Meinung, einen hinreichend guten Ruf zu genießen. Was also hatten die Leute gegen mich?

Der Botschafter von Südafrika wollte es nicht sagen, obwohl ich mehrmals darum bat. Als unerwünschte Person zu gelten, ohne daß man weiß weshalb, ist ebenso peinlich wie rätselhaft. Auch sämtliche Kenner des Landes, mit denen ich darüber redete, schüttelten den Kopf. Keiner konnte sich denken, weshalb mich die Südafrikaner in ihrem Land nicht haben wollten. Bis einer fragte, ob ich womöglich in den Formularen angegeben hatte, daß ich Schriftsteller sei, vielleicht gar Verfasser von Reisebüchern. Das hatte ich getan, denn ehrlich währt am längsten. Und es ist ja auch keine Schande.

»Aber eine Schande war's«, rief der Besucher aus Kapstadt in plötzlich aufwallender Empörung, »was da kürzlich wieder so ein paar Publizisten in die Welt posaunten. Nur Lügen und Verdrehungen, nur böswillige Stimmungsmache gegen uns.«

Er nannte die Namen und nannte sie gekaufte Subjekte. Er stieg immer steiler auf die Barrikaden, weshalb ich den Versuch gar nicht wagte, seinen Zorn zu besänftigen.

»Alle kamen als Wölfe im Schafspelz, diese schreibenden Schurken. Schmeichelten sich bei unseren Behörden ein mit honigsüßen Worten, wurden mit offenen Armen aufgenommen und reisten wie Staatsgäste durch unser Land. Man zeigte ihnen, was sie sehen wollten, und tat für sie, was man nur tun konnte. Aber dann...«

Er konnte vor Erregung kaum fortfahren, sondern machte eine Pause, um sich zu erholen.

»Aber dann... nach einem halben Jahr oder so, kamen aus ihrer Giftküche die schlimmsten Hetzschriften zum Vorschein. Gerade das richtige Schmutzwasser auf die Mühlen unserer Feinde.«

»Welcher Feinde...?« wollte ich wissen, und er zählte sie auf: Dazu gehörten eine große Zahl namhafter Staatsmänner in aller Welt, die Mehrheit der UNO-Delegierten sowie Regierungssprecher der arabischen Völker und der schwarzen Staaten Afrikas, von wenigen, aber rühmlichen Ausnahmen abgesehen. Ein großer Teil der Presse in vielen Ländern, einschließlich der Bundesrepublik, war auch dabei. Sie alle bestanden darauf, die Republik Südafrika in Mißkredit zu bringen und deren Eingeborenen-Politik auf gröblichste Weise zu entstellen. Eben deshalb ließ man nun keine Schriftsteller mehr ins Land, und erst recht keine, die Reiseschilderungen verfaßten. Es könne zwar sein, daß vielleicht in meinem Falle die Ablehnung nicht ganz gerechtfertigt war, aber wer wolle das schon im vorhinein wissen?

Ich kam mir dennoch vor wie ein Angeklagter auf der Anklagebank, zumindest auf Grund meiner Unwissenheit. Zwar hatte auch ich vernommen, daß die südafrikanische Haltung gegenüber der farbigen Bevölkerung, die sogenannte *Apartheid*, in weiten Teilen der Welt starkes Mißfallen erregt und immer wieder zu Protesten führt. Aber daß sich deshalb die Südafrikaner auf allen Seiten von Feinden umringt sehen und gegen jede Kritik so überaus empfindlich sind, weiß man im allgemeinen nicht. Für uns ist ja ihr Problem nur eines von sehr vielen Problemen, mit denen sich Presse und Politiker beschäftigen. Uns geht das so gut wie gar nichts an, es sei denn aus rein prinzipiellen Erwägungen. Wer aber selber im Mittelpunkt internationaler Vorwürfe steht, für den sind sie natürlich das Thema Nummer eins.

»Und dann ausgerechnet Südwest«, fuhr mein Gewährsmann fort, »müssen Sie denn gerade auf Südwestafrika Ihre Reisepläne richten? Da kann's doch gar nicht ausbleiben, daß die zuständigen Leute mißtrauisch werden. Es ist nun mal ein besonders heißes Eisen!«

Ob er mir das glaubte oder nicht, ich hatte davon keine Ahnung.

»Ein heißes Eisen... wieso denn das?«

»Aber das müssen Sie doch wissen... der Prozeß vor dem Haager Gerichtshof.«

Der Mann aus Kapstadt konnte kaum begreifen, daß ich so ahnungslos war. Erst nach längerem Zureden ließ er sich herbei mir zu erklären, was nach seiner Meinung jedem halbwegs gebildeten Menschen auf der Welt schon längst bekannt sein mußte.

Länger als drei Jahrzehnte war Südwestafrika eine deutsche Kolonie gewesen. Im Verlauf des Ersten Weltkrieges wurde Deutsch-Südwest trotz heftiger Gegenwehr der kaiserlichen Schutztruppe von überlegenen Kräften aus der Südafrikanischen Union besetzt. Damals war die Union noch ein Teil des britischen Weltreichs, und der Feldzug gegen Südwest entsprach dem Willen der Londoner Regierung. Diese historischen Vorgänge und auch einiges mehr waren mir natürlich bekannt, aber nicht jene staatsrechtlichen Folgen, die sich im nächsten halben Jahrhundert daraus ergaben.

Nach dem deutschen Zusammenbruch im November 1918 bestimmte der Pariser Friedensvertrag, vom Mai des Jahres 1919, daß alle ehemaligen Kolonien des Deutschen Reiches in die *Verwaltung*, aber nicht in den *Besitz* dieser oder jener Siegermacht übergehen sollten, und zwar als sogenanntes *Mandat*. Gemäß Artikel 119 des Versailler Vertrages wurde Südwestafrika der Regierung Seiner Majestät von Großbritannien zugesprochen. Dies geschah »für und namens der Südafrikanischen Union«, sie erhielt das Mandat vom Völkerbund und sollte es nach dessen Richtlinien verwalten. Zu diesen Richtlinien gehörte unter anderem die Verpflichtung, »alles nur Mögliche zu tun, um das materielle und moralische Wohlergehen sowie den sozialen Fortschritt der dort lebenden Menschen zu fördern«. Die Freiheit von Glauben und Gewissen war jedermann garantiert, gleich von welcher Hautfarbe. Die Mandatsmacht, also in diesem Fall Südafrika, hatte alljährlich dem Völkerbund einen Bericht vorzulegen, aus dem hervorging, was sie getan hatte und weiterhin tun wollte, um ihre Verpflichtungen zu erfüllen.

Sollte es wegen Ausübung des Mandats zu Meinungsverschiedenheiten im Völkerbund kommen, dann war es Sache des Internationalen Gerichtshofes – damals wie heute im Haag stationiert – die Frage zu klären. Jedes Mitglied des Völkerbundes, das sich auf diese oder jene Weise betroffen fühlte, konnte die Klage erheben.

Soweit war alles in Ordnung, jedenfalls für die Siegermächte. Die Union von Südafrika sandte dem Völkerbund alljährlich ihre Berichte und verwaltete die ehemals deutsche Kolonie nach bestem Gutdünken. Der Völkerbund als Aufsichtsorgan sah keinen Grund zu besonderen Klagen, niemand fühlte sich veranlaßt, den Gerichtshof im Haag wegen Südwestafrikas zu bemühen.

Allerdings ließen führende Staatsmänner der Union schon während der Zeit zwischen den beiden Kriegen des öfteren verlauten, daß Südwest eigentlich zu Südafrika gehöre und »nicht genügend Grund bestehe«, die volle Integration noch lange aufzuschieben. Auch der Landesrat von Südwestafrika wünschte den Anschluß, im Jahre 1934 mit Zweidrittelmehrheit und bei späterer Gelegenheit sogar einstimmig. Die farbige Bevölkerung nahm keine Stellung dazu, wurde auch nicht befragt. Denn sie besaß weder einen Abgeordneten im Parlament noch das Stimmrecht überhaupt. Der Völkerbund bat um Aufklärung, was beabsichtigt sei, erhielt aber nur ausweichende Antwort, und so blieb fürs erste die Sache auf sich beruhen.

Dann kam der Zweite Weltkrieg und ging schließlich vorüber. Während der alte Völkerbund noch immer existierte, entstanden die Vereinten Nationen, also die UNO. Schon am 24. Oktober 1945 wurden sie gegründet. Ob nun die UNO als Nachfolger des wenige Monate später aufgelösten Völkerbundes zu gelten habe oder nicht, an dieser wichtigen Frage scheiden sich bis heute die Geister. Es war nämlich keine Vereinbarung darüber getroffen und auch nirgendwo das Gegenteil festgelegt worden. Tatsächlich hatte die UNO, zumindest bei ihrer Gründung, eine wesentlich andere Zusammensetzung als der verstorbene Völkerbund. Beispielsweise gehörten die Vereinigten Staaten von Amerika schon gleich zur UNO, waren aber nie Mitglied des Völkerbundes gewesen. Was nun die Mandate betraf, die seinerzeit der Völkerbund an die Sieger verteilt und beaufsichtigt hatte, so machte die UNO keine Anstalten, dieses System in gleicher Weise fortzusetzen wie seinerzeit der Völkerbund. Statt dessen wurde beschlossen, die UNO solle über die bisherigen Mandate eine Treuhandschaft ausüben, deren Befugnisse viel weiter gingen als früher beim Völkerbund. Den bisherigen Mandatsmächten blieb jedoch überlassen, ob sie damit einverstanden waren oder nicht. So jedenfalls sahen es die Südafrikaner.

Und sie erklärten sich nicht damit einverstanden. Ihrer Meinung nach hatte mit dem Völkerbund auch dessen System der Mandate aufgehört. Auch wenn sich sonst alle Mandatsmächte mit einer Treuhänderschaft der UNO abfanden, für Südwestafrika lagen die Verhältnisse anders. Denn hier, und nur hier, hatte die Mandatsmacht eine gemeinsame Grenze mit ihrem Mandatsgebiet. Verkehr und Wirtschaft, überhaupt das ganze Leben in beiden Teilen, hatten sich einander angeglichen. Fast alle Weißen in Südwest, einschließlich der Deutschstämmigen, die nun fast doppelt so zahlreich waren wie zur Kolonialzeit, erklärten sich mit der Integration einverstanden. Desgleichen bekundeten auch siebzig Prozent der Farbigen, vertreten durch ihre Häuptlinge und sonstige Sprecher, sie würden den Anschluß begrüßen.

Diese und noch andere Gründe veranlaßten die Union von Südafrika, der UNO im November 1945 vorzutragen, es sei doch gegen den Anschluß von Südwest an Südafrika gar nichts einzuwenden. Dies erklärte man in der sicheren Erwartung, daß auch niemand etwas einwenden würde, handelte es sich doch um ein typisches Beispiel von Selbstbestimmungsrecht der Völker.

Aber mit großer Mehrheit wurde das Ansinnen von der UNO

abgewiesen. Nun gut, erklärte die Regierung der Union, dann werde eben Südafrika das Land weiterhin so verwalten, als wäre es noch ein Mandat. Auch in Zukunft werde man die Richtlinien des Völkerbundes befolgen, selbst wenn der gar nicht mehr existiere.

Die UNO wiederholte drei Jahre hintereinander, und zwar immer dringender, ihre Forderung nach treuhänderischer Aufsicht, doch nur mit dem Erfolg, daß Südafrika keine Jahresberichte mehr ablieferte.

Die Jahre vergingen, und die Streitigkeiten wurden heftiger. Sie fanden Zündstoff bei jenem System der Rassenpolitik, das Südafrika zu entwickeln begann und auf Südwest übertrug, nämlich der »Apartheid«. Zwar ist »Apartheid« der im Sprachgebrauch übliche Ausdruck, wird aber von südafrikanischen Amtsstellen nie verwendet. Sie sprechen statt dessen von »getrennter Entwicklung«. Das hört sich nicht nur besser an, es dürfte auch den Tatsachen besser entsprechen. Um was es sich dabei handelt, ist leider nicht mit wenigen Worten zu sagen. Man müßte ja zu diesem Zweck erst lang und breit die Verhältnisse in Südafrika behandeln und beide Teile anhören, sowohl die Befürworter wie die Gegner der Apartheid. Jedenfalls gelangte die weiße Regierung Südafrikas zur Ansicht, es sei für die gesamte Bevölkerung am besten, wenn einerseits die Farbigen und andererseits die Weißen unter sich blieben. Natürlich nur, soweit sich das in der Praxis durchführen läßt.

Bei ihrem Vorhaben der »getrennten Entwicklung« können sich die Buren, heute *Afrikaaner* genannt, auf ihre dreihundertjährige Erfahrung im Umgang mit den Farbigen berufen. Schon seit dem Jahr 1652 haben ihre Vorfahren am Kap der Guten Hoffnung gesiedelt und sich bald darauf weit ins Land hinein ausgebreitet. Wo Weiß und Farbig einander brauchen, soll die Berührungsfläche nicht breiter sein als unbedingt notwendig. Es ist vorgesehen und wurde zum Teil schon durchgeführt, bestimmte Stammesgebiete zu entwickeln, wo die Farbigen sich selbst verwalten und die Weißen nur Ratgeber sind, um eines Tages ganz zu verschwinden. Diesem Zweck dient der sogenannte Odendaal-Plan. Es soll für die Farbigen noch mehr Land frei gemacht werden, als sie bisher schon haben, in Südwest sogar fünfzig Prozent mehr. Dorthin will man möglichst viele Farbige umsiedeln, auf freiwilliger Basis, wie es heißt. In Südwest ist das bedeutend einfacher als in der eigentlichen Republik Südafrika, weil ohnehin sechsundfünfzig Prozent der farbigen Bevölkerung in eigenen Stammesgebieten zu Hause sind.

Aber restlos wird sich die geographische Apartheid nie durchführen lassen, ein immerhin noch großer Teil der Farbigen lebt im gleichen Gebiet wie die Weißen. Aber sie müssen dort abgesondert leben. In der Bahn und im Bus werden Farbige und Weiße getrennt befördert, in allen Postämtern und sonstigen Dienststellen werden sie getrennt bedient. Hotels, Restaurants und Kinos, auch Schwimmbäder, Sportplätze und alle Einrichtungen, die für Weiße reserviert sind, dürfen Farbige nicht betreten. Ebenso dürfen Weiße keine Lokalität betreten, die allein für Farbige bestimmt ist. Diese »kleine Apartheid« gilt sogar für Bedürfnisanstalten. Unnötig zu sagen, daß auch farbige und weiße Wohnviertel getrennt sind. Gemischte Ehen sind verboten, intimer Verkehr wird mit Gefängnis bestraft und sonstiger Verkehr nicht gerne gesehen.

Vor allem haben die Farbigen kein Wahlrecht, also keinen direkten Einfluß auf die Landespolitik. Weil man der Meinung ist, sie hätten dafür noch nicht die notwendige Reife. Wer in Afrika lebt und aus nächster Nähe die Verhältnisse in jenen Staaten kennt, wo sich die Farbigen selber regieren, wird im allgemeinen besser beurteilen können, wie es dort zugeht, als der Fremde aus weiter Ferne. Wobei die Südafrikaner noch das Argument für sich haben, daß in keinem afrikanischen Staat die Farbigen ein materiell so gutes Leben führen wie gerade im Lande der Apartheid. Natürlich gilt das nur im Vergleich zum durchschnittlich sehr tiefen Lebensstandard jenseits der Grenzen. Mit unseren Begriffen von gutem Leben hat das nichts zu tun.

Weiter muß man wissen, daß die Farbigen in Südafrika, besonders in Südwest, zum überwiegenden Teil keine Eingeborenen sind, sondern *Eingewanderte*. Die Arbeitsmöglichkeiten und der relativ hohe Verdienst, dazu jene Sicherheit, die Südafrika ihnen bietet, haben die schwarzen Völkerscharen in zunehmender Zahl aus dem Norden nach Süden gelockt. Auch die Hereros gehörten nicht zur ursprünglichen Bevölkerung von Südwest, sondern kamen auf der Suche nach Weideland für ihre großen Viehherden vor etwa zweihundert Jahren dorthin. Erst zu Beginn des vorigen Jahrhunderts erschienen die Hottentotten in dem seinerzeit fast menschenleeren Land. Es gab im südlichen Afrika, als die ersten Weißen dort erschienen, nur weit verstreut lebende Buschmänner und einige viehzüchtende Hottentottenstämme, die nirgendwo feste Wohnplätze besaßen. So kann nach Ansicht der weißen Südafrikaner, was den größten Teil der Farbigen betrifft, von bodenständiger Bevölkerung keine

Rede sein. Deren Vorfahren sind in der Mehrheit später eingetroffen als die ersten Kolonisten aus Europa. Das ist auch der
Grund, weshalb man lieber nicht von Eingeborenen, sondern
von *Farbigen* spricht*.

Jener überwiegende Teil der weißen Bevölkerung, die sich
heute Afrikaaner nennen, sind Nachkommen holländischer
und niederdeutscher Siedler, mit einer starken Beimischung französischer Hugenotten. Der uns geläufige Ausdruck »Bur«, durch
die Buren-Kriege populär geworden, ist schon längst nicht mehr
im Gebrauch. Schon weil »Bur« kurz und schlicht »Bauer« bedeutet, paßt dieser Ausdruck nicht mehr für Leute aller Berufe
und schon gar nicht für die Bewohner großer Städte. Mit dem
Wort »Afrikaaner« ** wird deutlich zum Ausdruck gebracht, daß
sie schon seit langer Zeit zu Afrika gehören und dort als echte
Eingeborene zu Hause sind. Ebenso wie die Amerikaner in
Amerika, von denen nicht erst gesagt werden muß, daß sie keine
Rothäute sind. Es sei denn, einer wäre es wirklich.

Aber wie man es auch dreht und wendet, die Weißen sind in
der Minderheit und die Farbigen in der Mehrheit. In Südwest,
um das es hier geht, beträgt das ungleiche Verhältnis fünfzehn
Prozent Weiße gegenüber fünfundachtzig Prozent Farbige, die
kein Wahlrecht besitzen und im Zustand der *getrennten Entwicklung* leben. Die weiße Regierung meint, es sei gut für sie
und werde mit der Zeit noch viel besser. Denn sie sollen ungefähr ein Drittel des Landes, bei weitem nicht die schlechtesten
Teile, in eigener Regie übernehmen und sich dort selber verwalten. In den Stammesländern darf kein Weißer Land erwerben
oder private Geschäfte betreiben. Nur mit besonderer Genehmigung ist es einem Fremden erlaubt, diese Gebiete zu betreten.

Als die Deutschen 1883 mit der Übernahme Südwestafrikas
begannen, wo schon seit siebzig Jahren deutsche Missionare
gewirkt hatten, berichtete der erste Reichskommissar nach Berlin, daß allem Anschein nach nur zehn Prozent des Landes von
den Eingeborenen genutzt würden, und zwar als Weideland
nomadisierender Stämme. Deren Kopfzahl schätzte man auf

* Von »Schwarzen« zu sprechen wäre auch nicht zutreffend, weil die Hottentotten
eine gelblichbraune Hautfarbe besitzen. Außerdem gibt es noch die Mischlinge und
deren besondere Abart, die sogenannten Baster. Im eigentlichen Südafrika kommen
noch die Inder hinzu, auch sie sind erst eingewandert, als die Weißen schon lange
dort waren. Leider sind die Bezeichnungen (»Farbige«, »Mischlinge« usw.) nicht so
einheitlich, wie man es sich wünschen möchte, aber wir bleiben bei der einmal gewählten Form, um keine Verwirrung zu stiften.
** Absichtlich mit zwei »a« geschrieben, um Verwechslungen vorzubeugen. Ihre
Sprache, das *Afrikaans*, unterscheidet sich von der modernen holländischen Sprache
ebensoweit wie von der deutschen. Wer aber plattdeutsch spricht, kann sich mit
den Afrikaanern recht gut verständigen.

höchstens hunderttausend. Das war nicht mehr als ein menschliches Wesen auf durchschnittlich acht Quadratkilometer. Wenn nun die Nachkommen jener Hunderttausend ein Drittel von Südwest für sich erhalten, größtenteils auch schon besitzen, scheint das den Weißen nicht gar so ungerecht zu sein. Hielten doch die Farbigen beim Eintreffen der ersten Kolonisten viel weniger besetzt. Die Behauptung, sie hätten und bekämen nur schlechtes, für die Weißen nicht brauchbares Land, ist keineswegs zutreffend. Davon konnte ich mich selber überzeugen, und wir kommen noch darauf zu sprechen. Alle weißen Farmen in diesen Gebieten müssen geräumt werden.

Bis jedoch alle Stämme in der Lage sind, ganz auf eigenen Füßen zu stehen, dürften noch zwei bis drei Generationen vergehen. Es wäre eine Grausamkeit sondergleichen, sagen die Afrikaaner, wenn man die farbigen Bewohner von Südwest schon jetzt in die unbegrenzte Selbstverwaltung ihrer Reservate hinausstieße. Sie bedürfen noch wohlwollender Anleitung, entsprechender Schulung und fortschreitender Ausbildung. Alle Kosten gehen zu Lasten der Weißen. Die Farbigen selber, so hat es auch für unbefangene Besucher den Anschein, sind zum größten Teil mit der Entwicklung, das heißt mit der getrennten Entwicklung, zufrieden. Denn es werden damit tägliche Reibereien vermieden, es herrschen absolute Ruhe und Sicherheit im Lande. Die selbstmörderischen Stammeskämpfe alter Zeiten, das ständige Rauben von Menschen und Vieh, geistern nur noch durch die Erzählungen der alten Leute. 450 Polizisten genügen zur Aufrechterhaltung absoluter Ordnung in einem Land, das dreimal so groß ist wie die Bundesrepublik. Militär ist in Südwestafrika überhaupt nicht vorhanden, jedenfalls sieht man keines.

Aber Praxis und Prinzip sind zweierlei. So wenig auch die Praxis im Lande selbst umstritten ist, denn die großen politischen Parteien sind sich darüber weitgehend einig, widerspricht sie doch dem Prinzip, wonach allen Bürgern, gleich welcher Hautfarbe, Rasse oder Religion, gleiche Rechte zustehen sollen. Die weiße Minderheit lenkt und plant die Geschicke der farbigen Mehrheit – es ist nicht zu bestreiten.

So beschloß im Juni 1960 eine Konferenz der unabhängigen afrikanischen Staaten, die Südafrikanische Union beim Internationalen Gerichtshof im Haag zu verklagen. Liberia und Äthiopien traten als Kläger auf und hatten gegen die Union eine lange Liste der heftigsten Beschwerden vorzubringen. Vor allem sollte das Hohe Gericht erklären, daß die UNO als Nachfolger des Völkerbundes nach wie vor das Recht auf Kontrolle der einstigen Mandatsgebiete besitze und demgemäß Südafrika sich den Anordnungen der UNO zu fügen habe. Falls daraufhin eine Verurteilung des Angeklagten erfolgte, so konnte die UNO, wenn sich in der Vollversammlung eine Mehrheit fand, jede Art von Maßnahmen, im äußersten Fall sogar militärische Maßnahmen, ergreifen, um das Urteil zu vollstrecken. Was die schwarzen Regierungen wünschten, sowie jene Mächte, die hinter ihnen standen, war die alsbaldige Selbstbestimmung für die Farbigen in Südwest. Wobei man keine Rücksicht auf die Frage nahm, ob es ihnen dann auch wirklich bessergehen werde als bisher.

Wieder einmal standen sich Prinzip und Praxis unversöhnlich gegenüber. Gewiß kann niemand bestreiten, daß in heutiger Zeit allen Bewohnern eines Landes die gleichen Rechte und Pflichten zustehen sollten. Rasse und Hautfarbe dürfen dabei keine Rolle spielen. Jeder Erwachsene muß wahlberechtigt und jeder muß wählbar sein. Aber dies ideale Prinzip, so erklärten die Südafrikaner, sei bis auf weiteres in ihrem Lande nicht zu verwirklichen. Seine sofortige Anwendung verstoße gegen die Vernunft der Praxis. Und sie wiesen darauf hin, daß die so ganz verschiedenen Gruppen der farbigen Bevölkerung alsbald übereinander herfallen würden, falls man sie zu früh aus der weißen Vormundschaft entließe. Der jetzige Friede im Land sei der Friede des weißen Mannes.

Der Prozeß im Haag dauerte sechs Jahre und war der bisher längste Prozeß am Internationalen Gerichtshof. Die Fülle der Akten wuchs auf über zehntausend Seiten, weshalb hoffentlich niemand erwartet, daß ich näher darauf eingehe. Die Öffentlichkeit der Welt nahm so gut wie keine Notiz von dem Monstreprozeß, dessen Kosten sich auf viele Millionen Dollar beliefen. Um so leidenschaftlicher verfolgte Südafrika und besonders Südwest jede Phase der gerichtlichen Entwicklung. Ganz zu Unrecht war man fest davon überzeugt, daß dieser langwierige Streit allenthalben die nachdenklichen Menschen beschäftigte. Wo sich eine Stimme für oder gegen Südafrika äußerte, wurde sie eifrig aufgegriffen und kommentiert. Es war eine Überschätzung der eigenen Probleme, wie sie auch jetzt noch für die Südafrikaner und besonders für die Südwester typisch ist.

Im Juli 1966 wurde endlich das Ergebnis verkündet, ein klares Urteil war es aber nicht. Der Gerichtshof gab bekannt, den beiden Klägern, also Liberia und Äthiopien, fehle die rechtliche Grundlage zur Erhebung ihrer Klage. Sie waren damit abgewiesen und hatten in juristischer Hinsicht ihren Prozeß verloren. Darüber großer Jubel in ganz Südafrika und erst recht in Südwest. Auf die Frage, ob die UNO gegenüber der einstigen Mandatsmacht alle Rechte des ehemaligen Völkerbundes ausüben könne, war das Gericht weiter nicht eingegangen. Im übrigen hatten sieben Richter für diese Entscheidung gestimmt und sieben dagegen. Nur weil die Stimme des Vorsitzenden doppelt zählte, war überhaupt ein Ergebnis zustande gekommen.

Die Folge waren äußerst erregte Debatten in der UNO, es kam zu massiven Angriffen gegen das Hohe Gericht und die Herren Richter persönlich. Von Zeit zu Zeit flammen die Proteste immer wieder auf. Es wird Südafrika vorgeworfen, pausenlos Verbrechen gegen die Menschlichkeit zu begehen und eine Brutstätte der schimpflichsten Rassenhetze zu sein. Man hält das Betragen der weißen Regierung für abscheulich und barbarisch, hassenswert, monströs, unmenschlich, widerwärtig, schamlos und ekelhaft *.

Am 27. Oktober 1966 hat die Vollversammlung der UNO mit 114 gegen 2 Stimmen eine Resolution angenommen, worin Südafrika das Mandat über Südwestafrika aberkannt wird. Statt dessen soll die Verwaltung der einst deutschen Kolonie auf die UNO übergehen. Zu diesem Zweck bestimmte die Vollversammlung vierzehn Treuhänder aus vierzehn verschiedenen Nationen, nämlich je einen Vertreter aus Äthiopien, Chile, Finnland, Italien, Japan, Kanada, Mexiko, Nigeria, Pakistan, Senegal, der Sowjetunion, den Vereinigten Staaten, der Vereinigten Arabischen Republik und der Tschechoslowakei. Inzwischen wurden auch die Herren persönlich ausgewählt und, wie es heißt, mit recht ansehnlichen Bezügen ausgestattet. Sie sollen in Südwest das allgemeine Wahlrecht einführen und die Selbständigkeit des Landes vorbereiten. Dafür haben neben fast allen übrigen Mitgliedern auch die USA gestimmt, wogegen sich Frankreich und Großbritannien der Stimme enthielten, ebenso Südafrikas schwarzer Nachbarstaat Malawi. Portugal und natürlich Südafrika waren dagegen.

Doch die Republik Südafrika will von der UNO-Kommission nichts wissen und noch weniger die Südwester, einschließlich der farbigen Bevölkerung, wie allgemein behauptet wird. Kein Mitglied der Kommission erhält die Genehmigung zur Einreise nach Südwest, die Herren haben keine Möglichkeit, irgendeine Funktion auszuüben. Sie müssen sich darauf beschränken, Be-

---

* Im South-West-African Survey, 1967, Seite 40, werden diese Beschimpfungen, deren es noch viele mehr gibt, wortgetreu aufgezählt.

schwerden und Proteste entgegenzunehmen. Von Zeit zu Zeit finden große Konferenzen statt, wobei afrikanische Delegierte gewaltsames Vorgehen zur Befreiung von Südwestafrika fordern. Alle selbständigen Staaten des Schwarzen Erdteils sollen sich zu diesem Zweck zusammenschließen. Doch würden ihre Kräfte insgesamt niemals ausreichen, die Republik Südafrika auch nur zu gefährden. Was die weißen Afrikaaner bei all diesen »unfruchtbaren Darbietungen« besonders ärgert, ist deren Finanzierung aus Geldmitteln der UNO. Denn Südafrika, im Gegensatz zu so manchen anderen Staaten, zahlt pünktlich seine Beiträge in die Kasse der Vereinten Nationen, trägt also selber jene Unkosten mit, die bei solchen antisüdafrikanischen Kampagnen entstehen.

Die Südafrikaner meinen nach wie vor, die UNO habe kein Recht, sich in die Verhältnisse Südwestafrikas einzumischen. So ist die gegenwärtige Lage, wobei sich gegenüber der früheren kaum etwas geändert hat und auch in baldiger Zukunft nicht viel ändern wird.

Nach meiner 15 000-Kilometer-Reise durch Südwest, die mich auch in Sperrgebiete führte, die sonst für Fremde hermetisch geschlossen sind, gewann ich den Eindruck, daß die Farbigen wirklich eine überstürzte Selbstbestimmung nicht wünschen. Sie wissen und hören durch den sogenannten Buschtelegraphen, welche Verhältnisse in den benachbarten Staaten herrschen, die man ohne entsprechende Vorbereitung den zahlreichen Gefahren ihrer Selbständigkeit überließ.

»Eben das wird gern den Weißen zum Vorwurf gemacht«, hört man in Südafrika immer wieder, »denn wer einmal die Verantwortung für fremde Völkerschaften übernahm, sei es auch zu Unrecht oder mit Gewalt, darf sie nicht so ohne weiteres wieder abstoßen, nur weil es farbige Demagogen oder fremde Politiker gebieterisch verlangen. Es sollte erst dann geschehen, wenn sich die Betroffenen einigermaßen in der modernen Welt zurechtfinden, wenn das also für sie einen echten Fortschritt bedeutet.«

In Südwest erhoffen sich eigentlich nur die Führer der Hereros – und auch nicht alle – eine segensreiche Zukunft von der UNO. Wobei sie übersehen, daß ihre Minderheit allein schon von der siebenfachen Mehrheit der Ovambos überstimmt würde. Deren maßgebliche Rolle in einer frei gewählten Regierung von Südwestafrika würden sich die selbstbewußten Hereros kaum gefallen lassen. Was aus diesen Gegensätzen zwangsläufig entstehen müßte, läßt sich denken. Es wäre der permanente

Bürgerkrieg zwischen den großen Stämmen des Landes, mit all seinen verheerenden Folgen für Wirtschaft, Verkehr und Ernährung, und ein neuer Krisenherd mit der latenten Gefahr des Eingreifens fremder Mächte. Eben das, so meinen die Weißen, würden »gewisse Leute« sehr begrüßen. Denn wo sich ein neuer Staat selbst zerfleischt, dort liegen ihre besten Chancen.

Ungeachtet der rhetorischen Angriffe von außen, wird Südwest weiter von der Republik Südafrika verwaltet, aber noch immer als besonderes Territorium, dessen staatsrechtliche Definition niemand so recht zu erklären vermag. Von der Parteien Haß und Gunst verwirrt, so könnte man wohl sagen, schwanken Prinzip und Praxis vor der Weltgeschichte. Erst viel später wird man wissen, ob sich die *getrennte Entwicklung* in Südafrika besser bewährt als die übergangslose Selbstbestimmung in vielen anderen Staaten Afrikas.

Für meinen Gewährsmann aus Südafrika war das schon jetzt vollkommen klar.

»Wir haben viel Sinn für Humor«, meinte er grimmig, »wenn die Herren von der UNO anrücken, genügen schon Lachsalven zu ihrer Vertreibung. Mehr brauchen wir dazu nicht!«

So wie zur Zeit die Verhältnisse liegen, ist Südwestafrika wirklich ein heißes Eisen, ich mußte es einsehen. Gegen den Besuch von Touristen und Geschäftsleuten hat man keine Bedenken, aber so ein Mann, der womöglich die Absicht hegt, über seine Erlebnisse ein Buch zu schreiben, der war durchaus nicht erwünscht. Von ganz wenigen Ausnahmen abgesehen, hatte man mit solchen Leuten nur schlechte Erfahrungen gemacht. Also gab ich diese Reise auf und dachte nicht mehr daran. Es gibt ja noch so viele andere, nicht minder interessante Länder.

Schon hatte ich meine Fühler nach den arktischen Inseln Kanadas ausgestreckt, da kam ohne jede Vorwarnung das südafrikanische Visum auf telegraphischem Wege. Wieso und warum so plötzlich, brachte ich erst viel später in Erfahrung. Es hatte ein Senator für mich gebürgt, dessen Name ich vorher nicht einmal kannte. Aber weil er vor langer Zeit ein Jugendfreund meines Vaters in Straßburg gewesen war und auch dessen junge Braut gekannt hatte, glaubte mein Gönner wohl zu wissen, daß ich nicht von schlechten Eltern sei. Bis hinauf zum Ministerpräsidenten persönlich soll sich der hilfreiche Herr über die Ablehnung meiner Einreise beschwert haben. Daher die ungewöhnliche Eile der Bürokraten, ihr Versehen wiedergutzumachen.

Doch inzwischen hatte in Südwest die Regenzeit begonnen, und ich mußte meinen Abflug aufs nächste Jahr verschieben.

Was das »heiße Eisen« betraf, so nahm ich mir vor, es liegenzulassen, wo es liegt. Aber so einfach entgeht man brennenden Problemen nicht, man stolpert immer wieder darüber. Und wie sich dann herausstellte, schillert auch die südwestafrikanische Frage in dutzenderlei verschiedenen Farben, je nachdem von welcher Seite man sie betrachtet. Es war in Südwest alles ganz anders und viel eindrucksvoller als ich vorher gedacht hatte.

Auf seinen Säbel gestützt...

Da steht inmitten festlich gekleideter Leute ein deutscher Major, auf seinen Säbel gestützt, und schaut hinunter auf die Kaiserstraße zu Windhuk. Er trägt die kleidsame Uniform der Schutztruppe mit dem breiten, auf der rechten Seite hochgeklappten Sonnenhut. Viele Orden, die ihm Wilhelm II. verlieh, bedecken seine Brust. Schwarzweißrote Fahnen wehen in der Morgenbrise, getragen und gehalten von Soldaten des Kaisers. Man sieht auf einer Anhöhe im Hintergrund die Kaserne der Schutztruppe und daneben ein weitläufiges weißes Gebäude. Es ist der sogenannte »Tintenpalast«, zur Unterbringung der Kolonialverwaltung auf recht großzügige Weise errichtet. Davor erhebt sich das berühmte Standbild des »Reiters von Südwest«, zum Gedenken all jener Männer und auch Frauen, die im Krieg gegen die Hereros ihr Leben verloren. Sie starben für Kaiser und Reich und die deutsche Kolonie Südwestafrika, wie auf dem Sockel zu lesen steht. Einschließlich der ermordeten Farmer, Beamten und sonstigen Zivilisten waren auf unserer Seite sechzehnhundert Opfer zu beklagen. Doch jetzt herrschen ruhige Zeiten, der Major Kurt von François, auf seinen Säbel gestützt, kann gelassen alle ihm gebührenden Ovationen entgegennehmen.

Die Häuser an der Hauptstraße haben geflaggt, viele zeigen auch stolz den Kaiseradler in der Reichskolonialfahne. Bis zur Bülowstraße staut sich die Menge, und noch immer kommen Leute vom Ausspannplatz. Denn nichts bereitet den Windhukern größeres Vergnügen als schneidige Marschmusik. Und die wird heute in reichlichem Maß geboten, auch der Kriegerverein ist mit Pauken und Trompeten dabei, ebenso die schwarzen Musikanten mit ihrer Freude an weithin schallendem Lärm. Julius Weiland, pensionierter Stabstrompeter der Schutztruppe,

Major Kurt von François, von *1889* bis *1894* Gouverneur von
Deutsch-Südwest, unter der offiziellen Bezeichnung als Reichskommissar, Landeshauptmann und Kommandeur der Schutztruppe. Er hat die Verwaltung der Kolonie organisiert und
Windhuk gegründet. François war zuvor ein namhafter Afrika-
forscher gewesen, vor allem in Kamerun. Er starb *1931*. Sein
Bruder Hugo von François fiel im Herero-Krieg.

kann stolz auf die gelehrigen Schüler sein. Er gilt mit Recht als Vater der südwestafrikanischen Blechmusik und hat seinerzeit dem Major von François eine besondere Freude gemacht, als er droben auf der Festung zum ersten Mal sein Musikkorps in voller Lautstärke erklingen ließ. Der Orden auf seiner Brust zeugt noch von jenem denkwürdigen Ereignis. Obwohl ihn heute der Gouverneur von Deutsch-Südwest so gar nicht beachtet, lächelt der Pensionär dankbar zu ihm hin.

Zu den prominenten Gästen, die sich kameradschaftlich die Hände schütteln, gehört auch der schwarze Hendrik. Er ist vom Stamme der Hottentotten und hat sich bei so mancher Gelegenheit als Kundschafter für des Kaisers Schutztruppe hochverdient gemacht. Strenggenommen verstößt seine schneeweiße Uniform gegen das Reglement, denn Feldgrau war immer die vorgeschriebene Farbe. Aber so einem getreuen Hottentotten wie Hendrik läßt man sein Pläsier, zumal das makellose Weiß zu seiner schwarzen Haut besonders gut paßt. Auch seine blankgeputzten Orden gelangen dadurch noch besser zur Geltung.

Jetzt kommen die Kapellen anmarschiert, mit festem Tritt in Reih und Glied. Es braust ein Ruf wie Donnerhall, stolz weht die Flagge Schwarz-Weiß-Rot, und der Hohenfriedberger schmettert durch die Kaiserstraße. Die alten Kameraden marschieren und die Pfadfinder und eine Menge anderer Verbände. Windhuk hat wirklich einen ganz großen Tag. Die gesamte Bevölkerung scheint auf den Beinen zu sein, um den hochverdienten Gouverneur zu feiern.

Nur er selber, der Major Kurt von François, rührt sich nicht. Auf seinen Säbel gestützt, läßt er grußlos die Verbände an sich vorüberziehen. Er lebt ja schon längst nicht mehr, in Bronze gegossen steht nur sein Ebenbild auf dem Podest. An diesem Tag, dem 18. Oktober 1965, hat man es enthüllt.

Seit dem Ende der deutschen Herrschaft ist schon ein halbes Jahrhundert vergangen. Aber das ändert nichts daran, bei jeder passenden Gelegenheit der deutschen Zeit zu gedenken. Die jetzige Regierung macht das mit, weil ja ungefähr ein Drittel der weißen Bevölkerung deutscher Herkunft ist und zum Land gehört wie jede andere auch. An solchen Tagen historischen Gedenkens steigen auch die alten Fahnen wieder hoch, und wer von den einstigen Schutztrupplern noch am Leben ist, holt seine ehrwürdigen Klamotten aus dem Schrank, stülpt sich den Feldhut übers schlohweiße Haar und marschiert wieder mit. Erstaunlich viele sind noch am Leben, über achtzig und manche über neunzig Jahre alt. Sie haben gegen die Witbois in der Naukluft und bei Hornkranz gefochten, vertrieben die Hereros aus Omaruru und haben die Entscheidungsschlacht am Waterberg mitgemacht. Es ist alles so lange her und geschah so weit von der Heimat entfernt, daß man bei uns so gut wie nichts mehr davon weiß. Aber in Südwest sind diese Erinnerungen noch lebendig und werden entsprechend gepflegt. Nicht nur vom deutschen Teil der Bevölkerung, auch von den Afrikaanern und den Engländern.

Alles, was sich früher in Südwest ereignete, ganz gleich wer seinerzeit daran beteiligt war, gehört zur Geschichte des gemeinsamen Landes und genießt die Achtung seiner heutigen Bewohner, auch der farbigen Bewohner, soweit die Großväter und Urgroßväter noch davon erzählen. Konnte man doch beim letzten Faschingszug einen Wagen des schwarzen Blasorchesters sehen, auf dem geschrieben stand: »Ob Kaiserreich – ob Republik, wir spielen deutsche Marschmusik!«

Das ist keine Vergangenheit vergreister Opas, die hier in den letzten Zügen liegt. Den Schutztruppenhut tragen auch die jungen Pfadfinder der beiden deutschen »Stämme«, wie man ihre Gruppen nennt. Zu Fuß und zu Pferde ziehen sie vorüber. Mit ihnen und nach ihnen die englischen und afrikaanischen Boy-Scouts. Man sieht die Kränze und Schleifen der britischen Kriegsteilnehmer am Fuß des neuen Denkmals, natürlich auch Kränze der afrikaanischen Soldatenverbände. Ebenso haben sich die Schulen, Vereine und kirchlichen Organisationen aller drei Gruppen der weißen Bevölkerung an den Blumenspenden beteiligt. Major von François war nun einmal der Gründer von Windhuk, also geht die Enthüllung seines Denkmals jeden an, der in dieser hübschen Stadt zu Hause ist.

Sein Denkmal erhebt sich, von Blumenrabatten garniert und einem Springbrunnen flankiert, gleich vor dem neuen, hochmodernen Rathaus der Stadt. Ein passender Platz für den tüchtigen Gouverneur, der im Jahre 1890 den Sitz der Landesverwaltung hierher verlegte.

Ein afrikaanischer Bildhauer hat das Denkmal geschaffen, mit Zustimmung der südafrikanischen Regierung in Pretoria. Ein Minister von dort ist zu seiner Enthüllung herbeigeeilt, und der Administrator, höchster Beamter im Land, hält die entsprechende Rede. Er beginnt auf deutsch, wechselt in der Mitte zu Afrikaans und schließt mit ein paar englischen Sätzen. Es kommt also jede der drei Landessprachen zu ihrem Recht. So ist das bei allen öffentlichen Gelegenheiten, wobei die Reihenfolge der Sprachen wechselt.

Was der Administrator sagt, ist offiziell wie auch inoffiziell schon oft gesagt worden, auch wenn diesmal der Major Kurt von François im Mittelpunkt steht. Man weiß die Leistung der Deutschen zu schätzen, ohne deren dreißigjährige Aufbauarbeit das heutige Südwestafrika nicht denkbar wäre. Sie stellten die Ordnung her, nachdem zuvor nur Unordnung geherrscht hatte, und auf den Grundlagen, die sie geschaffen, wurde die weitere Entwicklung aufgebaut. So geht das fort, und so wird noch manches mehr zum rühmlichen Gedenken der einstigen Landesherren gesagt.

Wer hat das gewußt, oder wer hätte geglaubt, daß irgendwo auf der Welt die kaiserlichen Zeiten noch so hoch im Kurse stehen? Wobei man allerdings bedenken muß, daß die Südwester eine andere deutsche Zeit niemals kennenlernten, jedenfalls nicht in ihrem Land. Weil außerdem die Erinnerung vergoldet, erscheint sie als wunderschöne Zeit. Es kommt noch hinzu, daß die damaligen Deutschen fast alle Pioniere waren, die das Land erschlossen, und solche gilt es bekanntlich zu ehren.

Das geschieht auch von seiten der Südafrikaner, und zwar in vollstem Maße. Die Afrikaaner haben auf amtlicher Ebene wie auch ganz privat das erstaunliche Kunststück fertiggebracht, alle drei Gruppen der weißen Bevölkerung innig zu einen. Aber keineswegs zu vermischen und zu verschmelzen, was weder ihre Absicht war noch wünschenswert erscheint. Gerade das Nebeneinander von drei weißen Sprachen und drei kulturellen Elementen verleiht Südwestafrika seinen besonderen, belebenden Reiz. Obwohl Afrikaaner, Deutsche und Briten von Haus zu Haus und von Farm zu Farm gut nachbarlich miteinander verkehren, hat jeder Teil die Eigenart seiner Herkunft bewahrt. Die Afrikaaner sind im Denken und Fühlen, in Sprache und Tradition so burisch geblieben, wie es das arbeitsame Volk der Buren immer gewesen ist, angepaßt natürlich der Entwicklung moderner Verhältnisse. Die Engländer haben nichts von dem verloren, was für Engländer typisch ist, außer ihrem Anspruch, in Südafrika tonangebend zu sein. Und die Deutschen gar, die sind in Südwest noch viel deutscher geblieben als wir Bundesdeutschen im Rahmen weitgehend internationalisierter Lebensformen. Deutsche Schulen und Internate sowie deutsche Vereine jeder nur denkbaren Art erhalten eine Tradition, die manchem von uns recht antiquiert erscheint, ja sogar zu abfälligen Bemerkungen reizt. Man lasse aber in Südwest nichts davon hören oder spüren, denn dort sind alle, die unsere Sprache sprechen, mit ihrer Lebensart völlig zufrieden und bedürfen keiner Kritik von Bundesdeutschen, die sie schlicht als *Neogermanen* bezeichnen und nicht immer sonderlich schätzen.

Wohlgemerkt sind die Deutschen nicht mehr unsere Landsleute im politischen und so manch anderem Sinn, sondern loyale Bürger der südafrikanischen Republik. Sie kennen keine andere Heimat als Südwest, sie betrachten die dortigen Afrikaaner sowie Engländer als ihre Mitbürger. Notfalls wären sie auch bereit, ihr Land gegen fremde Gefahr mit allen Mitteln zu verteidigen. Ich habe jedem deutschen Südwester, mit dem ein persönlicher Kontakt zustande kam, die hypothetische Frage ·gestellt – und mir die Antworten jeweils notiert –, ob er gegebenenfalls dafür stimmen würde, daß Südwest unter deutsche Herrschaft zurückkehre, natürlich so wie heute die deutschen Verhältnisse liegen. Gewiß eine gar nicht denkbare Möglichkeit, es ging mir auch nur um die Frage selbst. Sie wurde ohne jede Ausnahme verneint. Alle wollten bleiben, was sie nunmehr sind, alle erklärten sich mit ihren jetzigen Rechten und Pflichten so gut wie völlig zufrieden. Einige meinten zwar, ihr Gefühl verbinde sie noch immer mit dem Land ihrer Herkunft, aber ihre Vernunft rate ihnen zum Verbleiben in der südafrikanischen Republik.

Es gibt kein anderes Beispiel in der Geschichte und keinen anderen Staat auf der Welt, dem es gelang, in relativ so kurzer Zeit einen fremden Bevölkerungsteil, der seinem Stammland gewaltsam entrissen wurde, so völlig zu versöhnen und für sich zu gewinnen.

Welch ein interessantes Land und was für ein ganz besonderer Menschenschlag! Man weiß so wenig von Südwest und sollte doch so manches wissen.

Südwestafrika ist mit 824 000 Quadratkilometern über dreimal so groß wie die Bundesrepublik, auch anderthalbmal größer als das Deutsche Reich vor dem Ersten Weltkrieg gewesen ist. Nur 600 000 Menschen ungefähr bewohnen das riesengroße Land, das sind etwa drei Personen auf vier Quadratkilometer. Bei uns müssen sich fast dreihundertmal so viele Menschen in jeden Quadratkilometer teilen.

Im Süden bildet der Oranje-Fluß die Grenze gegen das eigentliche Südafrika, im Norden der Kunene und der Okawango gegen Portugiesisch-Angola. Ganz an seinem östlichen Ende berührt der sogenannte Caprivi-Zipfel noch den Sambesi. Nur diese Flüsse sind wirkliche Flüsse, das heißt sie strömen das ganze Jahr hindurch. Alle übrigen Ströme verdienen nicht diesen Namen, weil sie nur während der Regenzeit und auch dann nur für kurze Zeit mit Wasser gefüllt sind. Die Ostgrenze von Südwest besteht aus mehr oder minder willkürlich gezogenen Strichen quer durch die Kalahari sowie ähnlich trostlose Gegenden. Dahinter breitet sich die noch dünner besiedelte schwarze Republik Botswana aus. Bis vor wenigen Jahren war sie noch unter dem Namen Betschuana-Land ein britisches Protektorat und vordem eine britische Kronkolonie. Da Botswana auf allen Seiten von Südafrika sowie Südwest und Rhodesien umschlossen ist, sind Wirtschaft, Verkehr wie überhaupt die Lebensfähigkeit dieses Eingeborenenstaates weitgehend davon abhängig, daß sich die Schwarzen darin mit den Weißen draußen einigermaßen gut vertragen. Die gesamte Westgrenze von Südwest wird vom Atlantischen Ozean bestimmt.

Von der Mündung des Oranje bis zur Mündung des Kunene erstreckt sich über siebzehnhundert Kilometer der schönste Sandstrand mit mächtig anrollender Brandung. Nur eine niedere Hügelkette aus hellrotem Gestein unterbricht an einigen Stellen die sonst völlig flache und fast völlig vegetationslose Küste. Es gibt nur zwei Buchten, die geschützten Ankerplatz bieten, nämlich die Lüderitz-Bucht und die Walfisch-Bucht. Hier entstanden auch die ersten Hafenorte gleichen Namens. Die Walfischbai war schon vor und während der deutschen Kolonialzeit eine kleine britische Enklave, strenggenommen gehört die Bucht auch jetzt nicht zu Südwest, sondern unmittelbar zur Südafrikanischen Republik. Dreißig Kilometer nördlich davon hat seinerzeit die deutsche Kolonialverwaltung, ohne die Gunst einer geschützten Bucht zu genießen, ihren zweiten Hafenplatz angelegt: nämlich Swakopmund. Fast neunzig Prozent der rund dreitausend weißen Bewohner sind deutscher Abstammung.

Als vierter Ort an der endlos langen, sonst menschenleeren Küste ist während der letzten Jahre im äußersten Süden Oranjemund entstanden. Gewiß eine der merkwürdigsten Siedlungen der Welt, denn Oranjemund ist ganz und gar privates Eigentum der Consolidated Diamond Mines. Das hochmoderne Städtchen dient allein der Diamantengewinnung und wurde von der Außenwelt hermetisch abgeriegelt, ebenso wie 60 000 Quadratkilometer der nördlich und östlich anschließenden Namib-Wüste. Hier liegen im Sand Diamantfelder von unschätzbarem Wert, keineswegs gründlich erforscht und nur zum geringen Teil ausgebeutet. Eifersüchtig bewacht, gelten die ungehobenen Edelsteine als Reserve für kommende Generationen.

Vor der Küste und entlang ihrer gesamten Ausdehnung hat

auch das Meer nicht minder wertvolle Schätze zu bieten, nämlich die reichsten Fischgründe der Welt. Nach den Diamanten
und sonstigen Mineralien im Boden des Landes ist der Fischfang die ergiebigste Einnahmequelle von Südwest. Die Landwirtschaft, also die Farmbetriebe, steht erst an vierter Stelle,
obwohl man im allgemeinen glaubt und auch bei Reisen durch
Südwest den Eindruck gewinnt, es sei ein typisches Farmland,
das in der Hauptsache von seiner Viehzucht und den Karakul-
Schafen lebt.

Wenn Südwestafrika erst relativ spät erschlossen wurde, nämlich zu einer Zeit, da schon fast alle Teile Afrikas von europäischen Mächten beansprucht wurden, so ist der breite Streifen
trostloser Sandwüste daran schuld, der sich an der Küste ent-
langzieht. Vom Meer aus gesehen hatte das Land weißen Kolonisten und auch weißen Händlern scheinbar nichts zu bieten.
Die sparsame Vegetation und danach die guten Weideflächen
beginnen erst hundertfünfzig bis zweihundert Kilometer landeinwärts. Dort steigen Berge auf, dort gibt es Flußbetten, die
wenigstens zeitweise Wasser führen. Erreicht auch die höchste
Erhebung, der Königstein in den Brandbergen, nur knapp 2 600
Meter, so liegt doch im Durchschnitt das Hinterland von Südwest relativ hoch und genießt recht angenehmes Klima. Auch
Menschen aus Europas Norden können es gut vertragen. Selbst
nach großer Tageshitze sind die Nächte kühl und mitunter sogar
bitter kalt. Von Mitte Juni bis Ende August herrscht in Südwestafrika eine Jahreszeit, die man als Winter bezeichnet. Kein Regen-
tropfen fällt vom Himmel, und würde er fallen, könnte bei Nacht
womöglich eine Schneeflocke daraus werden. Bäume und Sträucher sind meistens kahl und alle Gräser so trocken und gelb wie
Stroh. Kommt aber dann für wenige Wochen die Regenzeit, was
je nach Lust und Laune des Wetters in den letzten oder ersten
Monaten des Jahres geschieht, so füllen sich die Flußbetten mit
gewaltigen Wassermengen. So schnell, daß man es kaum zu
glauben wagt, schießt Grün aus dem Boden, beleben sich alle
Zweige mit frischem Blattwerk, und es blühen kurzfristig die
schönsten Blumen. Dabei liegt jedoch feuchte Hitze über dem
Land, und gegen Mittag steigen die Temperaturen bis auf vierzig, manchmal sogar bis auf fünfzig Grad im Schatten. Bald werden die Riviere wieder leer, am Himmel verschwinden die Wolken, und schon ist der Blumenschmuck verdorrt. Bald danach
werden auch die Blätter und Gräser wieder gelb. Doch was davon
bleibt, die trockenen Halme, genügt in guten Jahren noch immer, alles Vieh und die Schafe, die Ziegen und die wilden Tiere

bis zur nächsten Regenzeit zu ernähren. Direkt oder indirekt leben auch die Menschen von den wenigen Wochen der Feuchtigkeit.

Alle Farmen und alle Ortschaften, abgesehen von den vier Hafenplätzen, liegen im weit ausgedehnten Hochland von Südwest, keine unter 700 Meter und die meisten darüber. Windhuk * ist mit 1810 Metern die höchstgelegene Stadt überhaupt. Sie liegt inmitten des Khomas-Hochlandes und wird von einem Kranz grauer Berge umgeben, die alle widrigen Winde abhalten. Damit des Guten nicht genug, sprudeln dort kühle und auch heiße Quellen aus dem Boden, und wohlgepflegte Gärten lassen Windhuk auch zur trockensten Zeit als blühende Oase erscheinen. Obwohl Windhuk die Hauptstadt von Südwest geworden ist, bringt sie es einschließlich der Farbigen nur auf rund 60 000 Einwohner. Dennoch ist Windhuk die größte Stadt im Umkreis von fünfzehnhundert Kilometern und bestimmt eine der schönsten, die es in Afrika gibt. Kein Wunder also, daß man sich ihrem Gründer zu Dank verpflichtet fühlt und er ein Denkmal bekam.

Nur ungefähr neunzigtausend der Bewohner Südwests sind weiß. Die Mehrheit davon stellen heute die Afrikaaner mit fast sechzig Prozent, dann folgen die Deutschen mit annähernd dreißig Prozent und als dritte Gruppe die Engländer mit ungefähr fünf Prozent, während sich der kleine Rest auf Portugiesen und andere Nationen verteilt. Bis zum Ersten Weltkrieg stammten achtzig Prozent der Weißen aus dem Deutschen Reich, die übrigen waren meist Buren, von denen ein Teil schon vor der deutschen Besitzergreifung erschienen war. Bei Beginn des Ersten Weltkrieges lebten rund 12 000 Deutsche in Südwest. Alle Angehörigen der aktiven Schutztruppe, der Polizei und Beamtenschaft sowie ungefähr ein Viertel der Farmer wurden nach dem Kriege ausgewiesen, doch kehrten die meisten später wieder zurück. Von wenigen Ausnahmen abgesehen, gelang es allen Rückkehrern, ihre beschlagnahmten Farmen wiederzubekommen. Obwohl heute in der Minderheit, leben dennoch doppelt so viele Bürger deutscher Herkunft in Südwest als zur Kolonialzeit. Das ist weniger einer regen Einwanderung zu verdanken als dem Kindersegen der alten Pioniere. Manche der ersten Ansiedler haben es in vier Generationen zu einer Nachkommenschaft von fünfzig bis sechzig Urenkeln gebracht.

* Offizielle Schreibweise: *Windhoek*, ein Wort der Burensprache, das sinngemäß »windige Ecke« bedeutet, was hier gar nicht zutrifft. *Windhuk* ist die übliche Schreibweise der deutschen Südwester.

Der weißen Minderheit von rund neunzigtausend Menschen, die von Jahr zu Jahr um vier bis sechs Prozent zunimmt, steht eine farbige Mehrheit von über einer halben Million gegenüber, die ungefähr im gleichen Verhältnis ansteigt.

Zu Beginn der deutschen Zeit, um das Jahr 1885, wurde die Zahl der Farbigen auf mehr oder weniger 100 000 Köpfe geschätzt, knapp dreißig Jahre später waren es schon 300 000 und bald sind es doppelt so viele. Demnach läßt sich kaum die Behauptung vertreten, die weiße Herrschaft habe die Eingeborenen zugrunde gerichtet.

Fast sechzig Prozent der Farbigen leben in sogenannten *Stammesgebieten*, die allein für sie reserviert sind. 21 Reservate mit insgesamt 217 000 Quadratkilometern stehen bereits zur Verfügung. Nach dem Odendaal-Plan sollen sie noch um ein Drittel oder die Hälfte vergrößert werden. Die weißen Farmer müssen dort hinaus, ganze Ortschaften sogar werden planmäßig geräumt. Ein Vorhaben, das ungezählte Millionen verschlingt, natürlich zu Lasten der weißen Steuerzahler. Zur Zeit genügen ungefähr 300 weiße Beamte und sonstige Helfer, um fast 400 000 Menschen in den Stammesgebieten zu regieren oder, wie von amtlicher Seite zu hören ist, um sie wohlmeinend zu beraten. Das Ziel ist letzten Endes die volle Selbstverwaltung der Stammesgebiete. Etwa 120 000 Farbige leben in den weißen Siedlungsgebieten und werden wohl zum größten Teil immer dort bleiben.

Die *Ovambos* sind mit ungefähr 260 000 Köpfen bei weitem das zahlreichste Volk in Südwestafrika und bewohnen auch das größte Reservat. Die Ovambos gelten als friedliche, freundliche und fleißige Leute. Ihre guten Eigenschaften, zu denen auch Sparsamkeit und Sauberkeit gehören, werden schon von Galton und Andersson gerühmt, die als erste weiße Forscher im Jahre 1850 bis zu ihnen vordrangen. Die Ovambos stellen heute den größten Teil der Arbeitskräfte in den Bergwerken, Betrieben und auf den Farmen. Aber nur zwölf bis höchstens achtzehn Monate dürfen sie dort bleiben, danach müssen sie wieder zurück ins Ovamboland, damit nicht der Zusammenhalt mit ihrem Stamm und ihren Familien verlorengeht. Mancher Farmer auf dem Land und manche Familie in der Stadt haben immer die gleichen Ovambos bei sich im Dienst. Regelmäßig wechseln sie einander ab, was auf die Zufriedenheit aller Beteiligten schließen läßt.

Die *Damaras* stehen mit ungefähr 50 000 Köpfen an zweiter Stelle der farbigen Bevölkerung und gehören allem Anschein nach zu den Ureinwohnern des Landes. Sie wurden von später eingewanderten Stämmen versklavt oder in entlegene Gebiete vertrieben. Ihr heutiges Reservat schiebt sich zwischen das Ovamboland und das Kaoko-Veld, aber in kleinen Gruppen verstreut leben sie fast überall im mittleren Teil von Südwest und sind auch bei manchen Farmen ansässig geworden. Jene in den Bergen nennen sich Berg-Damaras oder Klippkaffern, jene in der Steppe sind die Sandveld-Damaras oder die Sand-Kaffern. Übrigens ist Damaras die Mehrzahl, einer allein heißt Dama.

Namas und *Hottentotten* sind dasselbe, von ihnen gibt es ungefähr 40 000 in Südwest. Weit und breit verstreut bevölkern sie den Süden des Landes, leben teils in kleinen Reservaten oder als Arbeitskräfte auf den Farmen. Vermutlich stammen die Hottentotten aus dem Nordosten Afrikas. Zu einer Zeit, die sich nicht mehr bestimmen läßt, kamen sie als wandernde Viehzüchter tief nach Süden ins Kapland und zogen schließlich, zu Beginn des vorigen Jahrhunderts, über den Fischfluß nach Südwest. Der größte Teil ihres Volkes lebt noch immer jenseits der Grenzen im eigentlichen Südafrika.

Die fünf *Okovango-Stämme* im Nordosten werden auf eine Volkszahl von insgesamt 32 000 geschätzt. Sie führen in ihren eigenen großen Reservaten ein abgeschlossenes Dasein.

Noch weiter entfernt und daher noch weniger zugänglich lebt eine Anzahl kleiner Stämme unterschiedlicher Art im Caprivi-Zipfel, der Einfachheit halber allesamt die *Caprivis* genannt. Es sind ungefähr 18 000 Menschen, deren Wohngebiete sich bis zu den feuchten Sumpfwäldern am Sambesi ausdehnen. Der *Caprivi-Zipfel* ist jene schmale Landstrecke zwischen Angola und Südafrika, die sich seinerzeit das Deutsche Reich von den angrenzenden Kolonialmächten ausbedungen hatte, um für Südwest Anschluß an den Sambesi-Strom zu finden und damit einen Wasserweg zum Indischen Ozean. Nach dem Reichskanzler Graf Georg von Caprivi, dem Nachfolger Bismarcks, der 1893 diese Verhandlungen führte, ist der Zipfel noch heute genannt und dementsprechend auch seine Bewohner. Sicher gibt es außer Caprivi keinen anderen deutschen Beamten, dessen Name sich auf ein Dutzend Negerstämme vererbt hat.

Die sogenannten *Buschmänner*, auf knapp 14 000 geschätzt, sind zusammen mit den Damaras die wirklichen Ureinwohner des Landes. Von Hottentotten und Hereros gehetzt und erbarmungslos verfolgt, mußten sich die armen Buschleute in die Kalahari retten oder in entlegene Bergtäler verschwinden. Klein von Wuchs und von gelblicher Hautfarbe, oft spindeldürr und meist so scheu wie Tiere der Wildnis, gelten sie als eines der primitivsten Völker auf Erden. Sie jagen noch mit Pfeil und Bogen, kennen keine festen Wohnsitze und halten sich als Haustiere höchstens ein paar Ziegen. Sie führen im Sandveld und der Dornensteppe das ruhelose Leben echter Nomaden. Woher sie stammen ist unbekannt, wie sie die jahrhundertelange Verfolgung überstanden, grenzt an ein Wunder, und wie sie in Gegenden existieren können, wo sonst kein menschliches Leben möglich scheint, das spricht für ganz besondere Begabungen. Man sagt, sie können an einem Tage bis hundert Kilometer weit laufen und sieben Tage ohne Wasser auskommen. Es schien noch bis vor wenigen Jahren, daß sie zum Aussterben verurteilt seien, aber man hat Wasserstellen für sie angelegt, und in Notzeiten erhalten sie Lebensmittel von der Regierung. Ihre Zahl sinkt nicht mehr, sondern steigt langsam wieder an.

Im Sperrgebiet des *Kaokovelds* leben ungefähr 10 000 *Ovahimbas* in einer unendlich weiten, von der Zivilisation noch völlig unberührten Wildnis. Sie gelten als Splittergruppe des Herero-Volkes, sind aber auf ihrer alten, fast steinzeitlichen Kulturstufe stehengeblieben. Mit ihren großen Viehherden durchziehen sie das Bergland, kleiden sich noch in Felle und hausen in flüchtig gebauten Hütten aus Lehm, Kuhdung und Zweigen. Manche von ihnen haben noch nie einen Weißen gesehen.

Es gibt noch die *Tsawas* mit 3 000 Köpfen und verschiedene kleine und kleinste Gruppen, alle zusammen etwa 12 000 Menschen. Reservate für sie einzurichten, lohnt sich vorläufig nicht. Aber wie die Buschmänner leben sie meist auf Regierungsland, wo sie niemand stören darf.

Ein Volk von ganz besonderer Art sind die sogenannten *Baster*, besser gesagt die Bastards. Alle 14 000 sollen Nachkommen von nur 40 Buren sein, die vor über zweihundert Jahren mit ihren Viehherden durchs Hinterland der damals holländischen Kapkolonie zogen. Diese einsamen Männer nahmen sich Hottentottenmädchen zu Frauen, und reicher Kindersegen blieb ihnen nicht versagt. Die Nachkommen heirateten nur untereinander, vermehrten sich in ungeahnter Weise und bildeten schließlich ein ganzes Volk, das die Sprache, den Glauben und die Lebensweise ihrer 40 Stammesväter beibehielt. Um die Mitte des vorigen Jahrhunderts wanderten die Baster nach Südwestafrika und gründeten in der Gegend von Rehoboth eine Art von eigenem Staat. Dies Gebilde wurde von der deutschen Kolonialverwaltung als autonomes Gebiet anerkannt und ebenso von der südafrikanischen Verwaltung. Es liegt hundert Kilometer südlich von Windhuk, mit einer Fläche von 1,3 Millionen Hektar relativ guten Weidelandes.

Als sogenannte *Kleurlinge* werden die Mischlinge zwischen Schwarz und Weiß bezeichnet, ungefähr 10 000 insgesamt. Sie leben überall, vorwiegend als Handwerker, Angestellte und Hauspersonal, bei den größeren Ortschaften oder in deren Randgebieten. Vor dem Gesetz zählen sie zu den Farbigen, bleiben jedoch lieber unter sich.

Nur von den *Hereros* haben wir noch nicht gesprochen, aber gerade von ihnen wäre am meisten zu sagen. Obwohl sie mit ihrer Zahl von knapp 40 000 nicht einmal sieben Prozent der Gesamtbevölkerung bilden, haben sie die weiße Regierung vor größere Probleme gestellt als die übrigen Farbigen alle zusammen. Ein stolzeres und eigenwilligeres Volk läßt sich kaum denken, auch keines mit noch größeren Ansprüchen. Dabei sind auch die Hereros nur Einwanderer, erschienen sogar erst relativ spät in Südwestafrika. Nach eigener Tradition war die Gegend rund um den Tanganjika-See das Land ihrer Herkunft. Mit riesigen Viehherden zogen sie nach Süden, gelangten um 1700 ins Kaoko-Veld und rotteten dort die ursprüngliche Bevölkerung restlos aus. Ein kleiner Teil des Hererovolkes, die vorhin erwähnten Ovahimbas, blieb im Kaokoveld zurück, während die Masse der Hereros gegen Ende des 18. Jahrhunderts in Südwest erschien. Sie erschlugen, verjagten und versklavten die Einheimischen, nahmen auch deren Weideflächen und Jagdgebiete in Besitz. Fast hundert Jahre lang waren sie trotz ihrer relativ geringen Zahl die Herren fast des gesamten Landes, bis die halbzivilisierten Hottentotten des Jonker Afrikaaner mit Feuerwaffen aus dem Kapland kamen und ein sechzigjähriger Vernichtungskrieg zwischen beiden Völkern begann. Erst mit der deutschen Besitzergreifung im Jahre 1883 wurde ein Versuch gemacht, das allgemeine Morden zu beenden.

Als die Ruhe hergestellt schien und einige Jahre Frieden geherrscht hatte, sammelten sich im Januar 1904 die Hereros zu einem großen Aufstand gegen die Deutschen. Zwei Jahre lang dauerte der Krieg und wurde von beiden Seiten mit größter Erbitterung geführt. Nach der Entscheidungsschlacht am Waterberg flüchtete das besiegte Volk mit Frauen und Kindern und allem restlichen Vieh in die wasserlose Kalahari, wo fast die Hälfte von ihnen durch Hunger und Durst zugrunde ging. Von etwa sechzigtausend Hereros zu Beginn des Krieges waren am Ende nur zwanzigtausend übriggeblieben, deren Zahl sich inzwischen wieder verdoppelt hat.

Bis heute haben die Hereros ihr großes Unglück nicht vergessen, bis heute ist ein volles Vertrauensverhältnis zur weißen Verwaltung nicht wiederhergestellt. Obwohl sie selber als Eroberer ins Land kamen und dessen frühere Bewohner grausam verfolgten, sind sie nach ihrer Meinung die rechtmäßigen Herren von Mittel-Südwest und erheben nach wie vor Anspruch darauf. Denn ihnen gehört nach ihrer festen Überzeugung jedes Stück Land, wo einmal das Vieh der Hereros geweidet hat. Im Namen ihres fast hundertjährigen Oberhäuptlings Hosea Kutako hagelt es Beschwerden an die UNO, an die Liga für Menschenrechte und alle sonst in Frage kommenden Organisationen. Zum Teil weigern sich die Hereros, ihre Kinder in die Schule zu schicken, einige tausend wollen auch nicht ihre elenden Blechhütten bei Windhuk mit den sauberen und bequemen Häusern in der Eingeborenenstadt Katutura vertauschen. In ihren großen Reservaten können sie so ziemlich tun und lassen, was sie wollen. Doch sie verlangen die Rückgabe all ihrer Weideländer und alten Rechte. Und dazu gehört auch das Recht, wieder über andere Stämme zu herrschen, die einst ihre Sklaven waren. Ein trotziges, finster dreinblickendes Volk, dessen Haltung zwar völlig weltfremd, aber davon abgesehen doch irgendwie bewundernswert ist.

Es wird für sie getan, was man den Umständen nach für sie tun kann. Sie haben Reservate, Schulen, Kirchen, Krankenhäuser und eine mustergültig aufgebaute Siedlung bei Windhuk mit sämtlichen dazugehörigen Einrichtungen. Sie können ungestört ihre Versammlungen abhalten und sich am Herero-Tag bei den Gräbern ihrer großen Häuptlinge in Okahandja zu vielen Tausenden einfinden. Man hindert sie auch nicht, dabei Uniform zu tragen und in Kolonnen zu marschieren. Merkwürdigerweise tragen dabei viele Hereros schwarz-weiß-rote Armbinden, also die Farben ihrer einstigen Feinde, die sie doch eigentlich verabscheuen müßten. Der Uralt-Häuptling hat sich zum Zeichen seiner Würde neuerdings ein goldenes Krönchen an die Mütze geheftet, sein designierter Nachfolger Clemens Kapuuo trägt statt dessen einen Stern von roter Farbe. Sie empfangen Vertreter der UNO, beklagen sich freimütig bei jedermann und verlangen ihr demokratisches Recht. Wenn sie dies aber hätten, mit höchstens sieben Prozent aller Stimmen in Südwest, wären sie vermutlich viel schlechter bedient als mit ihrem gegenwärtigen Zustand. Ginge es nach dem Grundsatz der Selbstbestimmung für alle Bewohner Südwestafrikas, hätten die Hereros so gut wie gar nichts zu melden.

Eines Tages in Omaruru begegneten mir auf der sandigen Straße zwei schwarze Frauen im herrlich bunten Sonntagsstaat. Sie trugen jene langen viktorianischen Kleider und knallroten Tücher, wie sie seinerzeit von den Missionaren eingeführt wurden und bis heute noch die große Mode sind. Die beiden korpulenten Frauen hatten sich so farbenprächtig ausstaffiert, daß ich sie gerne fotografieren wollte. Ich bat um Erlaubnis, natürlich auf deutsch, was mir auch gerne gestattet wurde. Anschließend kam es zu einem Gespräch, und ich fragte, ob sie Hereros seien.

»Nein, aber nein«, sagten beide sehr bestimmt, »wir sind Eingeborene.«

Tatsächlich waren sie das auch, nämlich Bergdamaras. Sie hielten die Hereros für ein landfremdes Volk, dem nicht zu trauen war. Mit ihnen wollten sie nicht verwechselt werden.

Kein Herero wird sich so weit herablassen, das Mädchen eines anderen Stammes regelrecht zu heiraten. Er kann mit ihr zusammen leben, auch ein halbes Dutzend Kinder zeugen, aber seine richtige Frau wird sie deshalb nicht. Ebenso oder ganz ähnlich halten es die Ovambos mit den Damaras oder die Baster mit den Hottentotten. Es herrschen zwischen den farbigen Völkerstämmen nicht nur die gleichen, sondern noch viel größere und bestimmt noch viel stärker betonte Unterschiede als zwischen den Völkern Europas. Der Norweger wird sich eher an das freundschaftliche Zusammenleben mit Sizilianern gewöhnen als der Bergdamara an die Nähe von Hereros. Nur wenigen weißen Arbeitgebern ist es bisher gelungen, Angehörige verschiedener Stämme in ihrem Betrieb zu beschäftigen, ohne daß sie einander gelegentlich verprügeln. Auch in den modernen Siedlungen für Farbige bleiben die Gruppen geschlossen beisammen, betrachten sich mit gegenseitigem Mißtrauen und tauschen keine Besuche aus. Das ist ihre Apartheid, und sie besteht schon so lange, daß niemand mehr weiß, wann sie begann.

Ob die *getrennte Entwicklung* letzten Endes gelingt, und zwar zum Wohl aller betroffenen Teile, kann erst die Zukunft beweisen. Aber daß es unter den Farbigen selber kein echtes Gefühl der Schicksalsgemeinschaft gibt, ist schon bewiesen. Wer für die Zukunft anderes hofft, übersieht alle Erfahrungen der Vergangenheit. Besser der Friede des weißen Mannes und eine getrennte Entwicklung der Stämme, trotz ihrer unbestreitbaren Schattenseiten, als der Rückfall in die ständigen Raufereien untereinander.

»Die farbige Bevölkerung Südwestafrikas hat sich seit Übernahme des Landes durch die Weißen von hunderttausend auf eine halbe Million vermehrt«, sagte mir ein hoher Beamter in Windhuk, »und das geschah in nur achtzig Jahren. Andere Leute sollen das erst nachmachen, bevor sie uns in Grund und Boden verdammen.«

»Und wo in der Welt«, fragte mich ein Veteran der Schutztruppe, »gibt es sonst drei ganz verschiedene Volksgruppen europäischer Abstammung, ja sogar ehemalige Feinde, die sich so gut miteinander verstehen wie hier in Südwest?«

Das mit eigenen Augen zu sehen, war allein schon die Reise wert.

In Windhuk läßt es sich leben

Alle Straßen führen zur Kaiserstraße, wie könnte es in Windhuk anders sein? Schnurgerade durchquert sie die Stadt von Nord nach Süd und spendet den Passanten auf beiden Seiten wohltuenden Schatten. Man wandelt unter Kolonnaden, man bleibt dort von den Sonnenstrahlen verschont. Nur selten sehe ich einen Menschen eilig ausschreiten, jeder hat genügend Zeit, in Ruhe seine Besorgungen zu erledigen. Man grüßt Freunde nicht im Vorübergehen, sondern schüttelt sich die Hände und fragt nach dem Ergehen der Familie. Hastig läuft nur der Fremde, an seinen raschen Schritten ist er zu erkennen. Ich gebe mir große Mühe, zu bummeln statt zu laufen, doch es will nicht so recht gelingen. Zu sehr bin ich ans ruhelose Tempo unserer Großstädte gewöhnt.

Da kommen ein paar schwarze Frauen des Weges, großgewachsen und von imponierender Körperfülle. Sie tragen bodenlange Röcke in knallbunten Farben, bestickte Blusen und befranste Seidenschals. Jede hat sich einen prächtigen Turban aus dunkelrotem, goldgelbem oder indigoblauem Stoff um ihr Haupt gewunden. Solchen Aufwand kostspieliger Kleiderpracht hatten die Missionare gewiß nicht im Sinn, als sie in viktorianischen Zeiten die halbnackten Weiber der Hereros und Hottentotten veranlaßten, sich nach Art der weißen Frauen zu bekleiden. Das haben die Farbigen nicht nur getan, sondern noch viel mehr daraus gemacht. Sie übertrieben bei weitem die damalige Mode der blassen Damen und sind beharrlich dabei geblieben. Nun wandeln sie einher wie blühende Blumenkübel, wiegen sich in den Hüften und schaukeln mit ihrem breiten Hintern. Sie schauen an mir vorbei und sind stolz wie Königinnen. Die eine

Alte deutsche Postkarten, etwa aus dem Jahr 1909.
oben: *Ansicht von Windhuk*
unten: *Bergstraße in Keetmanshoop*
*Die Straßen wurden schon damals so breit angelegt, um den
mit 16 bis 18 Zugtieren bespannten Ochsenwagen das Wenden
zu ermöglichen.*

trägt auf ihrem beturbanten Kopf zwei Schuhkartons, die andere einen Handkoffer. Das stört in keiner Weise ihren würdevollen Gang. Sie betrachten weder die Auslagen der Geschäfte noch sonst etwas, das um sie herum vorgeht. Sie scheinen über alles erhaben, aber ich meine, daß ihnen dennoch gar nichts entgeht.

Weiße Hausfrauen, oft in wohlgenährtem Zustand, erledigen ihre Einkäufe. Ohne Plauderei mit den Angestellten im Laden geht das nicht ab. Bei guten Kunden kommt der Verkäufer mit hinaus auf die Straße und setzt dort die Unterhaltung noch ein Weilchen fort. Junge Dinger betrachten die Kinoplakate und kichern wie Backfische von Anno dazumal, ohne daß man wüßte warum. Es sind kerngesunde Mädchen, die meisten mit blonden Haaren und blauen Augen. Schlanke Figuren sind relativ selten, hübsche Gesichter um so häufiger. Die letzte Mode dürfen sie nicht mitmachen, in Windhuk wäre es ein Zeichen von Leichtfertigkeit. Sogar Fünfzehnjährige tragen mitunter noch Zöpfe.

Die Auslagen in den Geschäften richten sich nach gutbürgerlichem Geschmack. Alles, was ein solider Haushalt braucht, ist reichlich vorhanden und gewiß von guter Qualität. Wirklich elegante Läden sehe ich nur zwei oder drei, nach Luxus besteht offenbar nur geringes Verlangen. Soweit Preise ausgezeichnet sind, liegen sie nicht höher, sondern eher niedriger als bei uns. Nur solche Waren, die nicht in Südafrika hergestellt werden, sind wegen der Kosten für Zoll und Transport erheblich teurer.

Zwei erstklassige Buchhandlungen dicht nebeneinander, mit Büchern in allen drei Landessprachen. Es fehlt auch nicht an den neuesten Ausgaben deutscher Verlage. Mit eitler Freude sehe ich sogar meine Bücher. Es gibt mir das Gefühl, hier nicht vollkommen fremd zu sein.

Deutsche Namen an fast allen Geschäften, doch es kann sein, daß sie mir nur besonders auffallen. Die Vorübergehenden sprechen ebensooft Afrikaans wie Deutsch, nur hin und wieder höre ich Bruchstücke in englischer Sprache.

Vor dem Treppenaufgang zu einem Modesalon unterhalten sich drei oder vier Negermädchen, alle sehr jung, sehr schlank und auch für die Begriffe eines weißen Mannes ungewöhnlich hübsch. Vermutlich arbeiten sie droben in der Schneiderei und haben Gelegenheit, sich auch selber ein paar nette Kleidchen zu nähen. Sie bewegen sich darin ebenso natürlich wie graziös. Wirklich, es sind reizende Geschöpfe, aber nur mit Farbigen dürfen sie flirten. Jede allzuenge Berührung zwischen Schwarz und

Weiß verbietet die Apartheid. Wer es wagt, diese Rassenschranke zu überspringen, und sei es auch noch so privat, muß damit rechnen, für eine Weile hinter Schloß und Riegel zu verschwinden. Die Mädchen wissen es und vergeuden keinen Blick an Jünglinge mit der falschen Hautfarbe. Man hat sich beiderseits wohl schon längst an dieses Tabu gewöhnt.

Der Verkehr auf Windhuks Hauptstraße ist bei weitem nicht so lebhaft wie bei uns. Selbst in einer Kleinstadt sind wir dichteres Gewühl gewöhnt. Neben dem Bürgersteig sind noch Parkplätze frei!

Die Hotels heißen Thüringer Hof, Zum Großherzog, Hansa-Hotel und Berghotel, doch gibt es auch ein Grandhotel und ein Continental, um die internationale Note zu betonen. Nicht mehr als drei oder vier moderne Hochbauten aus den letzten Jahren erheben sich in den wolkenlosen Himmel, sonst beschränken sich auch die Geschäftshäuser nur auf zwei bis höchstens drei Stockwerke. Es mag daran liegen, daß Windhuk noch sehr viel Platz hat, um sich nach allen Seiten auszudehnen.

Von der Grabenstraße bis etwa zur Poststraße blieb das Aussehen der Kaiserstraße ganz so erhalten, wie es schon zu deutscher Zeit gewesen ist. Vergleicht man Ansichtskarten von 1913 mit dem Straßenbild von heute, so hat sich hier nichts verändert. Nur die Pferdewagen und Eselskarren, die damals vor den Häusern hielten, sind verschwunden. Man hat solide gebaut in der damaligen Kolonie, sechzig oder siebzig Jahre reichten nicht aus, die breiten Häuser für den Abbruch reif zu machen. Wie eh und je blühen die Geschäfte hinter ihren Mauern. Es ist gerade diese Häuserflucht in der Kaiserstraße, die Windhuk eine besondere Note verleiht und am meisten von Fremden fotografiert wird. Altmodisch wirken die Fassaden nicht, eher staunt man über ihren guten Stil. Das Schmerenbeck-Haus steht schon seit 1893 als ältester Steinbau in der Kaiserstraße. Es lag damals allein auf weiter Flur und hatte noch ein flaches Dach. Die Straße selbst war ein breiter, sandiger Weg für Ochsenkarren, nur ein paar Schuppen und Bretterbuden lagen an ihrem Rand.

Im Herzen von Windhuk, sogar bis weit in die Wohnviertel hinein, gibt es nur deutsche Straßenschilder. Daß sie nicht geändert und die Straßen nicht umgetauft wurden, kann als Beweis für die Großzügigkeit der Afrikaaner gelten, deren starke Mehrheit im Stadtrat es ohne weiteres ermöglicht hätte. Aber sie beließen es bei den alten Namen und nennen auch manche der neuen Straßen nach verdienten Deutschen. Im Zentrum gibt es natürlich eine Bismarckstraße, Moltkestraße und Bülowstraße.

Eine berittene Abteilung der Deutschen Schutztruppe in der Kaiserstraße zu Windhuk. Dieser Teil der Hauptstraße blieb bis heute unverändert. (Aufnahme von 1913.)

Dann überquere ich, o Schreck laß nach, auch eine Göringstraße. Doch nicht nach Hermann Göring, dem Reichsmarschall und Stellvertreter Hitlers, ist sie genannt, sondern nach seinem Vater Dr. Heinrich Göring. Der war nämlich erster Reichskommissar in Deutsch-Südwest und hat damals die Schutzverträge mit den Häuptlingen der großen Stämme abgeschlossen. Eine Umbenennung wurde gar nicht erwogen, warum sollte man auch dem Vater anlasten, was viele Jahrzehnte später aus dem Sohn geworden ist? Alle deutschen Gouverneure haben ihre Straßen in Windhuk, auch eine beachtliche Zahl von Pionieren der Kolonialzeit. Von Mozart bis zu Richard Wagner wird der deutschen Komponisten gedacht, ebenso unserer Dichter und Denker. Die großen Ärzte von Pettenkofer bis zu Professor

Sauerbruch wurden berücksichtigt, und es gibt eine Straße für den Prinzen Hubertus von Preußen, einen Enkel des Kaisers, der in noch jungen Jahren auf seiner Farm in Südwest verstarb. Unmittelbar an der Hauptstraße, noch im Zentrum der Stadt, beginnt ein wunderschöner Park, der weit in das hügelige Gelände hinaufreicht. Eine Pergola mit blühenden Ranken begrenzt ihn zur Kaiserstraße. Dahinter liegen tiefgrüne Rasenflächen, Teiche mit Seerosen und farbenfrohe Blumenbeete. Man hat ein Bächlein durch die Anlage geleitet und die Wege mit Rosenrabatten eingefaßt. Hier gibt es ein Freilichttheater, Kinderspielplätze und schattige Laubengänge. Unter Glas ist das Knochengerüst eines prähistorischen Ungeheuers zu sehen, das man im Boden entdeckte und vernünftigerweise an seiner Fundstelle beließ. Ein kleines Denkmal mit vergoldetem Adler auf der Spitze steht schon seit über siebzig Jahren inmitten des Geländes. Am Sockel trägt es die Namen deutscher Schutztruppler, die 1893/94 im Feldzug gegen rebellierende Hottentotten gefallen sind.

Der Park wird von schwarzen Gärtnern gepflegt, aber nur Weiße dürfen auf den Bänken Platz nehmen. So steht es darauf geschrieben. Ein kleines Eckchen mit geringem Blumenschmuck, sechs schattenspendenden Bäumen und vier Sitzbänken steht den Farbigen zur Verfügung. Hier dürfen sie bleiben, den übrigen Park aber nur durchqueren. Es ist ja nicht ihre Stadt, wie mir deutlich erklärt wurde. Die Nicht-Weißen hätten draußen in Katutura, wo nun die meisten wohnen, alles, was der Mensch nur braucht. Dazu gehören auch Sportplätze und öffentliche Anlagen.

Wer den Stadtpark von Windhuk hinter sich läßt, steht bald vor der Christuskirche, dem größten und am weitesten sichtbaren Bauwerk aus deutscher Zeit. Man könnte glauben, diese evangelische Kirche sei erst vor wenigen Jahren fertig geworden, so nagelneu scheint sie zu sein. Der Stil ist romanisch nachempfunden, das Innere wirkt kühl und feierlich zugleich. Die bunten Glasfenster, draußen von der Sonne Südafrikas angeleuchtet, werfen helle Farbflecke auf Boden und Bänke. Von den Stufen der hochgelegenen Kirche ist die ganze Innenstadt Windhuks zu übersehen.

Gleich neben der Kirche und schräg vor der Alten Veste erhebt sich aus einem Blumenbeet das berühmteste Denkmal des Landes, der »Reiter von Südwest«. Er hat sein Roß gezügelt, hält für alle Fälle das Gewehr bereit und schaut prüfend in die Ferne. Ein Schutztruppler auf Patrouille, niemand anders kann es sein. Zum Gedenken an die sechzehnhundert Gefallenen des

Herero-Krieges hat man 1911 diesen Bronzereiter aufgestellt. Künstlerisch ist er gut gelungen, ohne heldenhafte Pose, auch ohne patriotisches Beiwerk. Ein Soldat im Dienst, nichts weiter. Das wirkt um so stärker, je weniger dazukommt. Man weiß ohnehin um die Opfer, die damals gebracht wurden und was es auf beiden Seiten gekostet hat, das Land zu befrieden.

Nun dehnt sich nach Osten wieder ein großzügig angelegter Park, viel älter und schattiger als der andere. Am Ende der Rasenfläche und von hohen Palmen flankiert liegt der Tintenpalast. Niemand kennt den langgestreckten Bau unter anderem Namen. Hier waltete der Kaiserliche Gouverneur seines Amtes und mit ihm die gesamte Kolonialregierung. Eine breite, vollkommen gedeckte Veranda umgibt beide Stockwerke. Durch schlanke Säulen ist die Fassade aufgelockert, eine doppelte Freitreppe führt zum Hauptportal. Die erhöhte Lage und die durchlaufende Veranda lassen den Tintenpalast größer und geräumiger erscheinen als er tatsächlich ist. Seine Architekten verdienen noch heute gelobt zu werden, da sie es ausgezeichnet verstanden, repräsentativ und doch zweckmäßig zu bauen. Der Stil ist zeitlos modern und wirkt vornehm durch seine Schlichtheit. Kein Schnörkel oder sonstige Spielerei daran, sondern alles klar, glatt und scheinbar ganz leicht. Erst 1911 wurde der Bau beendet, diente also den Deutschen nur für kurze Zeit.

Natürlich kann der Tintenpalast bei weitem nicht der Verwaltung des heutigen Südwestafrika genügen, hat sich doch die Bevölkerung des Landes seit dem Ende der deutschen Zeit mehr als verdreifacht. Es wurden aber die neuen, sehr weitläufigen Trakte so geschickt angegliedert, daß sie, wenn man vor dem alten Gebäude steht, gar nicht zu sehen sind. Von ganz anderer Seite gelangt man über eine doppelte Auffahrt zum modernen Bau des Landesrates mit allen dazugehörenden Ämtern. Auch das ein Wunderwerk von gutem Stil und geschmackvoller Einrichtung.

Ein deutscher Hausverwalter, Graf Castell-Rüdenhausen, führt mich durch die marmorgetäfelte Halle und über breite Treppen in den Sitzungssaal des Parlaments. Kein Material, das nicht aus Südwestafrika stammt, keine dekorative Ausstattung, die nicht auf Menschen, Tiere und sonstige Eigenarten des Landes Bezug nimmt. Die Geschichte von Südwest wurde auf den Wänden eines langen Korridors in all ihren Phasen bildlich dargestellt. Man sieht die deutsche Flaggenhissung in der Lüderitzbucht 1883, die Gründung von Windhuk durch Kurt von François 1890 und die Schutztruppe auf ihren Feldzügen gegen

Das Regierungsgebäude der deutschen Kolonialverwaltung, allgemein nur »Tintenpalast« genannt. Obwohl im Jahr 1911 fertiggestellt, macht der Bau einen relativ neuzeitlichen Eindruck. Ein Teil der Landesregierung ist noch heute darin untergebracht.

Hereros und Hottentotten, auch die Farmer mit ihren Ochsenwagen und den Bau der ersten Eisenbahn. Ein südafrikanischer Künstler hat diese Arbeiten ausgeführt, von der jetzigen Landesregierung wurde das alles bestellt und bezahlt. Bei uns wäre kaum denkbar, daß ähnliches geschieht, um an deutsche Leistungen in den ehemaligen Kolonien zu erinnern.

Im großen Sitzungssaal des Landesrates hängt droben an der Stirnseite das neue Staatswappen von Südwest, gut und gerne einen Quadratmeter groß. Erst vor wenigen Jahren wurde es eingeführt und ist nun an fast allen öffentlichen Gebäuden zu sehen. Es trägt oben in der Mitte den deutschen Reichsadler und zeigt links daneben, nur in Umrissen angedeutet, das Fort Namutoni, wo sich im Herero-Krieg sieben Mann der Schutztruppe gegen 500 Angreifer verteidigten. Andere Embleme symbolisieren Bergbau und Diamanten, Farmwirtschaft und Tierwelt des Landes.

Flaggenhissung in der Lüderitzbucht am 7. August 1884, offizielle Besitzergreifung der Küste von Südwestafrika durch das Deutsche Reich. Der Bremer Kaufmann Adolf Lüderitz hatte schon im Jahr zuvor die Bucht von Angra Pequena (Lüderitzbucht) von dem Hottentotten-Häuptling Fredricks gekauft und dort als Privatmann eine deutsche Fahne aufgezogen. Die hier wiedergegebene Darstellung der offiziellen Flaggenhissung stammt von einem südafrikanischen Maler und befindet sich im Haus des Landesrats (Parlament) in Windhuk auf einem meterhohen Wandfries, der in zahlreichen Bildern die historische Entwicklung Südwestafrikas schildert.

*Kanone und Kamelreiter der deutschen Schutztruppe, ebenfalls
ein Wandgemälde im Haus des Landesrats von Südwest.*

Die größte Überraschung soll erst noch kommen, es sind zwei
Giraffen, die durch das riesige Glasfenster ins Treppenhaus hineinschauen. Keine Skulpturen oder gar ausgestopfte Tiere, sondern lebendige Giraffen. In Gesellschaft von anderem wilden
Getier des Landes bevölkern sie ein weites Gelände, gleich neben den Amtsräumen der Landesregierung. Von ihren Schreib-
tischen schauen die Herren und Damen der hohen Behörde,
falls sie nicht ihre Arbeit zu sehr in Anspruch nimmt, auf Kudus, Gnus und Strauße sowie auf Oryx und Springböcke. Das
Gehege hat die Ausdehnung eines Stadtviertels, die Landschaft
darin ist ungefähr so geblieben, wie sie war.

Ich möchte dem Administrator, dem höchsten Beamten von
Südwest, meine Aufwartung machen, muß mich aber, weil er
sich auf Urlaub befindet, mit seinem Stellvertreter begnügen.
Weil auch dieser zufällig du Plessis heißt, genauso wie sein
Chef, besteht für mich kein großer Unterschied. Obwohl nicht
angemeldet, werde ich sofort empfangen. Zunächst tauschen wir
nur höfliche Redensarten, für ein paar Minuten lang plätschert
die Unterhaltung an der Oberfläche dahin. Doch kann ich es
nicht lassen, ihm zu sagen, wie sehr es mich beeindruckt, daß
seine Regierung die Erinnerung an die ehemalige deutsche Kolonie Südwestafrika, überhaupt an die deutsche Vergangenheit so
lebendig und sichtbar erhält.

»Warum sollte es anders sein«, meinte er gleichmütig, »drei-
unddreißig Jahre sind eine lange Zeit für die Geschichte von
Südwest, und sie waren bestimmend für die weitere Entwicklung.
Wir führen fort, was seinerzeit die Deutschen begannen. Es ist

unser gemeinsames Land, für das wir arbeiten. Wenn unsere deutschen Mitbürger ihre Tradition pflegen und stolz auf ihre Herkunft sind, finde ich das ganz natürlich. Anders wäre es unnatürlich, finden Sie nicht auch?«

Der leitende Beamte für die Landwirtschaft, Herr von Bach, spricht natürlich deutsch, er stammt ja aus Deutschland. Ihn bitte ich, meinen Antrag auf Besuch des Ovambolandes und der Skeleton-Coast zu befürworten. Die Genehmigung zu erhalten, ist nicht einfach, nur das Büro des Ministerpräsidenten Südafrikas kann sie an Ausländer erteilen. Herr von Bach geht sogleich zum Telefon und läßt sich mit Pretoria verbinden. Da er jetzt afrikaans spricht, kann ich nur Bruchstücke verstehen, höre aber immerhin mit, daß er persönlich die volle Verantwortung für mein Wohlverhalten übernimmt. Gewiß eine sehr weitgehende Unterstützung.

»Sie haben sich sehr exponiert«, sage ich hinterher, »wissen Sie denn so gut über mich Bescheid?«

»Ja, ich weiß genug. Es war nur ein bedauerliches Versehen, daß Sie nicht gleich Ihr Visum bekamen. Mit den Permits für das Ovamboland und die Knochenküste wird's hoffentlich schneller gehen.«

Ich gehe noch zum Chef des Tourismus und des Wildschutzes, Herrn de la Bat. Wie so viele Afrikaaner ist auch er ein Nachkomme französischer Hugenotten. Er rät mir, nicht nur die Etoscha-Pfanne zu besuchen, sondern auch das Reservat in der Namibwüste. Falls ich noch keine Jagdgelegenheit haben sollte, würde er sie mir gerne vermitteln. Aber das ist nicht nötig, ich habe schon mehr Einladungen als Zeit, ihnen allen zu folgen.

Nicht nur das Entgegenkommen der hohen Beamten und ihre Hilfsbereitschaft scheinen bemerkenswert, mehr noch die Ungezwungenheit ihres Verhaltens gegenüber völlig fremden Besuchern. In diesen ersten Tagen wage ich es noch nicht, den Beamten auch heikle Fragen zu stellen, habe aber später keine Hemmungen mehr. Immer erhalte ich dann offene Antworten. Man braucht durchaus nicht um das »heiße Eisen« herumzugehen, ohne weiteres kann man es anfassen. Daß die getrennte Entwicklung zwischen Schwarz und Weiß zahlreiche Probleme mit sich bringt, wird nicht geleugnet. Auch Regierungsbeamte räumen ein, daß Apartheid kein idealer Zustand ist, jedoch unter obwaltenden Umständen das relativ kleinste aller Übel. Man behauptet nicht felsenfest, daß sie nach einiger Zeit allen Farbigen zu ihrem Glück verhelfe, aber man hofft auf beiderseits befriedigendes Nebeneinanderleben.

Diese Bronzebüste Kaiser Wilhelms II. wurde im November 1967 von der Landesregierung in der »Alten Veste« von Windhuk aufgestellt. Der Kaiser hatte die Skulptur im Jahr 1914 der Kolonie gestiftet. Wegen Ausbruch des Ersten Weltkrieges war damals die kaiserliche Bronze nicht in Windhuk eingetroffen, sie wurde erst 53 Jahre später auf einem Schrotthaufen bei Johannesburg wiederentdeckt.

»Immerhin haben wir eine Vorstellung und ein Programm für die Zukunft der Farbigen«, wird mir des öfteren erklärt. »Es ist eine Konzeption auf lange Sicht. Wir bringen dafür gewaltige Mittel auf und beschäftigen viele Leute mit der Durchführung. Hundert Jahre lang hatten die Amerikaner seit der Sklavenbefreiung Zeit, die Neger in ihren Staat ordentlich aufzunehmen. Und was ist daraus geworden, was haben sie tatsächlich gemacht? Gibt's denn überhaupt eine Antwort auf die Frage, wie das drüben werden soll zwischen Schwarz und Weiß? Aber uns müssen die Versager in den USA attackieren, gegen uns feuern sie aus allen Rohren der Propaganda. Vor ihrer eigenen Tür sollen sie kehren, da hat sich genügend angesammelt! Wir gehen unseren Weg, man wird ja sehen, wer früher zu einer tragbaren Lösung kommt... dabei sind uns die Amerikaner um hundert Jahre voraus. Wir haben das Problem erst vor kurzem so richtig angepackt.«

Die Beamten von Südwest, so jedenfalls mein Eindruck, sind immer für Besucher zu sprechen. Wenn gerade der Mann frei ist, kann man ohne weiteres zu ihm hinein. Eine Anrede mit der Amtsbezeichnung gibt es nicht, man unterhält sich wie mit Bekannten und findet Interesse für seine Wünsche, auch wenn die letzten Endes nicht erfüllbar sind. Dann aber werden die Gründe erklärt, mit der Bitte, sie doch zu verstehen.

Andererseits, so sagen die Bürger des Landes, verstauben schriftliche Anträge monatelang oder auch jahrelang in den Aktenschränken, wenn sich der Antragsteller nicht persönlich darum kümmert. Man muß des öfteren selber beim zuständigen Beamten vorsprechen und den Akten von einer Behörde zur anderen nachlaufen, bis wirklich etwas geschieht. Wer da ein halbes Tausend Kilometer weit entfernt wohnt, muß viel Zeit und Geduld aufbringen.

Ich habe nun meine Besuche gemacht und in keinem der Vorzimmer auch nur fünf Minuten gewartet. Es bleibt mir noch genügend Zeit für die »Alte Veste«, und die liegt dem Tintenpalast schräg gegenüber. Heute ein historisches Museum, war die »Alte Veste« in deutscher Zeit eben das, was ihr Name besagt, die befestigte Kaserne und Kommandantur von Windhuk. Sie war überhaupt das erste von der deutschen Kolonialverwaltung errichtete Bauwerk in Südwest. Siebzig Meter lang, sechsunddreißig Meter breit und von vier Türmen flankiert, glich früher die »Alte Veste« einem mittelalterlichen Bollwerk. Sie hatte nach außen nur Schießscharten in den Mauern, die Fenster öffneten

Kamelreiter der Kaiserlichen Schutztruppe. In Südwest gab es vor Ankunft der Weißen keine Kamele, sie wurden von den Deutschen eingeführt. Die ersten Reitkamele stammten vom Zirkus Hagenbeck in Hamburg.

sich zum Innenhof. Nach ihrer Renovierung sieht nun die »Alte Veste« weit friedlicher aus. Eine schattenspendende Veranda wurde herumgebaut und Fenster in die Außenmauern gebrochen.

Heute beherbergt die »Alte Veste« das historische Museum der Stadt, ein vorwiegend deutsches Museum, kann man wohl sagen. Kaum hat sich der Besucher ein wenig umgeschaut, da begegnet er schon Kaiser Wilhelm II. In Bronze gegossen steht seine Büste auf einer hölzernen Truhe und blickt stolz in eine Zukunft, die sich keineswegs erfüllte. Hinter Seiner Majestät hängt ein farbiges Tuch mit dem alten Reichswappen und der Kaiserkrone, daneben noch vergilbte Fotografien des Herrschers und seiner hohen Gemahlin. Im Mai des Jahres 1914 hatte Wilhelm II. seine Bronzebüste der Kolonie gestiftet und nach Windhuk absenden lassen, aber erst im November 1967 erreichte das hochherzige Geschenk seinen Bestimmungsort. Wo es inzwischen herumirrte, läßt sich heute nicht mehr feststellen. Jedenfalls hat der Erste Weltkrieg sein pünktliches Eintreffen verhindert, und später dachte wohl niemand mehr daran. Nach 53 Jahren aber tauchte der Kaiser wieder auf, leider in einer gar nicht seinem Rang entsprechenden Umgebung. Der Kaufmann und Kuriositätensammler Jim Hall entdeckte die schmutzverkrustete Bronze auf einer Schrotthalde bei Johannesburg und erstand sie zum Gegenwert ihres Gewichts. Durch eine Zeitungsnotiz wurde der billige Erwerb auch in Windhuk bekannt. Dem südafrikanischen Leiter des Staatsarchivs gelang es sodann, beim glücklichen Finder zu erreichen, daß er den Findling nach Windhuk entließ, wo dieser ursprünglich auch hingehörte. Ende gut, alles gut. Fern seiner Heimat strahlt der letzte Kaiser des Deutschen Reichs wieder in altem Glanz. Für den Sitzungssaal des Landesrates war seine Büste bestimmt, doch hat sie auch in der »Alten Veste« einen recht guten Platz gefunden.

Sonst ist in dem Museum noch eine reichhaltige Sammlung von Uniformen, Waffen und Fahnen der kaiserlichen Schutztruppe zu sehen, außerdem Möbel, Werkzeuge, Bilder und Landkarten aus der Kolonialzeit. Man betrachtet die Klubsessel und das Ledersofa aus der Amtswohnung des letzten Gouverneurs, mit dem halbmeterbreiten Reichsadler im Polster der Rückenlehne. Man sicht auch sein Telefon aus dem Jahre 1910, einen Spiegeltelegraphen und den Propeller des ersten Flugzeugs von Südwest.

Was die sogenannten Prechtle-Möbel sind, hatte ich bisher nicht gewußt. Hier und im Keller des Staatsarchivs stehen sie dutzendweise herum. Scheinbar sind es nur ganz gewöhnliche Sessel, Tische, Kommoden, Vitrinen, Schränke und Schreibtische im Stil der Jahrhundertwende. Aber jedes Kind kann sie binnen fünf Minuten in alle ihre Bestandteile zerlegen. Danach paßt das gesamte Mobiliar einer Beamtenwohnung in drei oder vier nicht allzugroße Kisten. So hat es sich Vater Staat ausgedacht, als er noch mit jedem Pfennig fuchste. Nur mit Prechtle-Möbeln wurden die Ämter und Beamtenwohnungen ausgestattet. Deren Transport in die Kolonien ließ sich billig durchführen, machte auch nur wenige Umstände. Heute sind Möbel aus der Werkstatt des Schreinermeisters Prechtle ein Sammelobjekt für Liebhaber und nur für teures Geld kaum noch zu haben. Aber schön oder gar dekorativ würde ich sie trotzdem nicht nennen. Vor der »Alten Veste« steht eine Kanone, die im Herero-Krieg gewiß viel Unheil anrichtete. Hinter dem Gebäude ver-

Begegnung mit der Vergangenheit.

stauben zwei oder drei Automobile, die als erste ihrer Art durch Windhuks staubige Straßen rollten. Leider sind sie stark verrostet und von Interessenten fast völlig ausgeschlachtet. Zwei Ochsenwagen mit riesig großen Rädern zeugen von der Unbequemlichkeit der Fortbewegung in alter Zeit. Damit nicht genug, hat man auch einen kompletten Eisenbahnzug hierher gebracht. Die Wagen sind kurz, schmal und winzig klein, aber in verschiedene Klassen unterteilt. Nicht mehr als zwölf bis fünfzehn Personen konnten in so einem Wägelchen Platz nehmen. Die Lokomotive scheint einer Spielzeugschachtel entnommen, und die Güterwagen haben gewiß nicht mehr als zwei Tonnen transportiert. Dennoch hat das Züglein die weite Strecke zwischen Windhuk und Swakopmund viele tausend Mal zurückgelegt, mit einer Durchschnittsgeschwindigkeit von zwanzig Stundenkilometern. Das war immerhin siebenmal so schnell wie die Ochsenwagen. Bei Nacht fuhr das Bähnchen überhaupt nicht, sondern blieb bei Anbruch der Dunkelheit stehen, wo es sich gerade befand. Es muß aber für die Windhuker ein großer Tag gewesen sein, als der erste Zug am 19. Juni 1902 ihre Stadt erreichte.

Mit dem Bau der »Alten Veste« hatte Hauptmann Kurt von François, Kommissar der Reichsregierung und in praktischer Hinsicht der erste Gouverneur von Deutsch-Südwest, schon gleich im Sommer 1890 begonnen, als endgültig feststand, daß Windhuk die Hauptstadt werden sollte. Es gab damals, kaum sieben Jahre nach der Flaggenhissung in der Lüderitzbucht, weder einen Baumeister noch Architekten in Südwestafrika. François selber entwarf die Pläne, und der Maurermeister Tünchel (welch passender Name), der als Unteroffizier bei der Schutztruppe diente, übernahm die Leitung der Bauarbeiten. Der Gefreite Wrede, von einigen Hottentotten unterstützt, fertigte die Ziegelsteine an, in dreißig Monaten über zwei Millionen Stück. Sie wurden mit der Hand geformt und in großen Öfen gebrannt. Vierzehn Soldaten und hundert Hottentotten, zum größten Teil Frauen, waren drei Jahre lang an dem Bauwerk beschäftigt. Mit keinem Groschen Geld, sondern mit täglich vier Pfund Fleisch wurden die Eingeborenen bezahlt. Nur selten ist ein staatliches Bauvorhaben so billig gewesen wie die Zitadelle von Windhuk. In barem Geld kostete sie nur den Sold der vierzehn Soldaten, und die hätten ihre 85 Reichsmark pro Monat ohnehin bekommen.

Bis der Neubau fertig war, vergingen fast drei Jahre. Während dieser Zeit wohnte und amtierte der Gouverneur von Deutsch-Südwest in der notdürftig hergerichteten Ruine eines alten, längst verlassenen Hauses aus Lehmziegeln, das sich der Missionar Schroeder zwanzig Jahre zuvor gebaut hatte. Das Arbeitszimmer des Herrn von François hatte keine Fenster, Tageslicht fiel nur durch die Tür. Sein Stuhl und sein Schreibtisch waren aus Kistenbrettern zusammengenagelt. Es gab keinen Aktenschrank und keinen Panzerschrank für die Kolonialkasse. Alle Schriftstücke und Geldsummen wurden in Reisekoffern aufgehoben. Die Sparsamkeit der damaligen Kolonial-Verwaltung wurde nicht nur übertrieben, sie war unglaublich. Als der Gouverneur einen Fotoapparat beantragte, erhielt er aus Berlin zur Antwort, dafür seien keine Mittel vorhanden. Das war wohl auch der Grund, weshalb ich so große Mühe hatte, einige Fotografien aus dem ersten Jahrzehnt von Deutsch-Südwest aufzutreiben. Wenn ein Thermometer oder Barometer zerbrach, mußte lang und breit nach Berlin gemeldet werden, wie das geschehen konnte.

Auf dem Bahnhof von Windhuk, 1909.

Nicht immer wurde dann Ersatz geliefert. Wer in den vergilbten Akten des Archivs blättert, kann solche Details in der Handschrift des ersten Gouverneurs nachlesen.

Herr von François hatte nach reiflicher Überlegung den Talkessel von Windhuk zum künftigen Sitz der Kolonialregierung gewählt, weil er sich im Niemandsland befand. Sowohl die Hottentotten wie die Hereros, beide durch jahrzehntelange Kämpfe gegeneinander stark erschöpft, hatten sich aus dem Hochland von Khomas zurückgezogen. Früher einmal, ungefähr von 1840 bis 1880, bestand bei den warmen Quellen von Windhuk eine große Ortschaft der Orlam-Hottentotten mit zeitweise 1 200 Einwohnern. Unter ihnen wirkten zwei deutsche, später englische Missionare. Eine strohgedeckte Kirche war gebaut worden und zwei oder drei gemauerte Häuser. Als die ersten Schutztruppler durchs Tal ritten, waren davon nur Ruinen übrig und kein Mensch mehr vorhanden. So konnte sich der Gouverneur mit seiner kleinen Streitmacht zwischen die Gebiete der feindlichen Stämme schieben und hoffte sie damit für immer zu trennen. Es gab zwölf Quellen in dem breiten Tal, darunter einige heiße Quellen. Das Weideland war verhältnismäßig gut, die Pferde, Kamele und Viehherden der Schutztruppe fanden reichliches Futter bei Windhuk. Hinzu kam als weitere Annehmlichkeit das relativ kühle Klima auf 1 800 Meter Höhe.

An der Leutweinstraße, die sich auf halber Höhe am Berghang hinzieht und ihren Namen dem am längsten amtierenden Gouverneur der Kolonialzeit verdankt, liegen die alten deutschen Beamtenhäuser, jedes von einem Garten umgeben. Schlicht, aber standfest gebaut, haben sie zwei bis drei Generationen gut überstanden und werden wohl auch die nächste noch aushalten. Man kann sich, so scheint mir, darin wohlgeborgen fühlen. Es gibt noch einige alte Damen in Windhuk, die als junge Frauen dort wohnten. Wenn sie erzählen, wie es damals gewesen ist, so etwa in den letzten Jahren der Kolonialzeit, ist viel die Rede vom gesellschaftlichen Leben in der Leutweinstraße. Man gab Hauskonzerte, lud zu Diners und Soirees. Die Damen trugen Abendkleider nach vorletzter Berliner Mode, die Herren erschienen in Frack oder Galauniform. Geheimrat Dr. Kastl, letzter Vizegouverneur von Deutsch-Südwest, erzählte mir neulich, daß er in seinem ganzen Leben nicht so oft den Frack anziehen mußte wie damals in Windhuk. Zum Besuch der Pferderennen erschienen die hohen Beamten sogar im grauen Cut mit grauem Zylinder. Der Zweck dieser umständlichen Kleiderordnung soll es gewesen sein, nicht zu »verkaffern«. Man wollte ganz bewußt der übrigen Bevölkerung ein Beispiel geben. Neigten doch gerade in den Kolonien viele Menschen dazu, sich äußerlich mehr und mehr zu vernachlässigen. Man spielte schon Tennis und Bridge, tanzte den Tango und kritisierte ganz offen gewisse Fehlentscheidungen Seiner Majestät des Kaisers. Die Zeit vor dem Ersten Weltkrieg war gar nicht mehr so altmodisch, wie man heute in Bausch und Bogen annimmt. Eine neue Zeit hatte schon begonnen.

Weil die Gärten an der Leutweinstraße schon vor sechzig bis siebzig Jahren angelegt wurden, sind die Bäume nun hoch übers Dach gewachsen und schenken den Häusern ihren Schatten. Ein so üppiges Grün gedeiht in diesen Gärten wie nirgendwo sonst in Windhuk. Weit über das Tal hinweg schaut man von den Terrassen. Wäre ich Bürger dieser Stadt, ich würde alles daransetzen, um hier zu wohnen.

Wer glaubt, daß es Ritterburgen nur im alten Europa gibt,

wird nicht wenig staunen, sie auch bei Windhuk zu finden. Drei Hügel tragen Burgen auf ihren Höhen, die Schwerin-Burg, die Heynitz-Burg und die Sander-Burg. Für die beiden erstgenannten ist der Graf Bogislav von Schwerin verantwortlich, der einen Wachtturm der Schutztruppe zur romantischen Burg ausbauen ließ. Als er ein Fräulein von Heynitz zur Frau nahm, bekam auch sie eine Burg, neben der ihres Gatten. Man sagt, die Eheleute hätten sich von Anfang an nicht besonders gut vertragen. Jeder residierte für sich, und wenn der Graf die Gräfin sehen wollte, mußte erst ein Bote seinen Besuch auf der Heynitzburg anmelden. Der Architekt beider Burgen war Wilhelm Sander, dem seine seltsamen Bauwerke so gut gefielen, daß er sich noch selber mit einer Burg beglückte. Nun schauen alle drei über die Stadt und geben ihr den Anschein ehrwürdigen Alters. Dabei ist die Sanderburg erst 1917 entstanden. Bei den jetzigen Besitzern der Heynitzburg, dem Ehepaar Levinson, war ich zu Gast. Sie haben ausgezeichnet verstanden, ihre Burg stilgerecht einzurichten, und auch den Garten so gestaltet, wie ein Burggarten sein soll. Erstaunlicherweise hat schon der Graf Schwerin dort oben eine Quelle erbohrt und so das schwierige Problem der Wasserversorgung überraschend einfach gelöst. So sprudelt nun ein Springbrunnen auf der Burgterrasse, und der kleine Garten ist voller Blumen das ganze Jahr hindurch. Der Burgherr war einige Jahre Bürgermeister von Windhuk, und seine Frau spielt im kulturellen, auch im gesellschaftlichen Leben der Stadt eine bedeutende Rolle. Aus ihrer Feder stammt eines der interessantesten Bücher über die Entwicklung von Südwest.

Ich möchte mir auch die warmen Quellen ansehen, von denen ich so viel gelesen habe. Aber die sind im heutigen Zustand eine Enttäuschung. Zwar dampft es dort aus zahlreichen Röhren und Ritzen, aber die Bäder, die Pavillons und die ganze Anlage sind verfallen. Einst war hier ein Mittelpunkt geselligen Treibens, jetzt ist der Garten verwildert und seine Gitter sind verrostet. Demnächst soll aber alles wiederhergerichtet werden, und zwar noch besser, als es früher gewesen ist. In Klein-Windhuk, dem östlichen Villenviertel der Stadt, haben viele Häuser nur heißes Wasser. Aus den warmen Quellen hat man es hingeleitet, anderes stand nicht zur Verfügung. Weil aber Haus und Garten auch kaltes Wasser brauchen, muß es in großen Behältern gekühlt werden.

Ebenfalls in Klein-Windhuk gelegen ist die katholische Mission, berühmt wegen ihres uralten Weinbergs und des dort gebrannten Kognaks, den niemand anders nennt als »den Katholischen«. Von einem freundlichen, schon hochbetagten Bruder mit dem bemerkenswerten Namen Morgenschweiß werde ich empfangen und geführt. Er zeigt mir Rebstöcke, von denen eine fromme Legende sagt, sie seien schon vor hundert Jahren gepflanzt worden, als der Garten dem Pastor Schroeder gehörte, einem Sendboten der Rheinischen Mission. Aber schon längst tragen die uralten Stöcke keine Trauben mehr. Aus den anderen wird ein recht guter Weißwein gekeltert und vor allem der Schnaps gebrannt. Bruder Morgenschweiß läßt es sich nicht nehmen, mir in dem halbdunklen Kellergewölbe ein Gläschen einzuschenken, hält sich aber selber aus guten Gründen zurück. Wenn mir jemand sagen würde, es steckten 100 Prozent Alkohol in dem messerscharfen Getränk, ich würde es glauben. Schon der erste Schluck des »Katholischen« reißt mich fast vom Schemel. Dabei muß ich den Branntwein noch lächelnd loben, sonst wäre der Bruder Kellermeister womöglich gekränkt.

Als ich an diesem Abend das Rednerpult im großen Saal der Deutschen Privatschule besteige, um vor etwa tausend Personen meinen Vortrag über Alaska zu halten, spüre ich noch immer die Wirkung des »Katholischen«. Es waren ja dem ersten Gläschen noch andere gefolgt, um dem freundlichen Bruder Morgenschweiß gefällig zu sein. Doch alles geht gut, zweihundert Dias laufen reibungslos durch den Projektor, und das Publikum scheint befriedigt. Sicher liegt das weniger an meinen rednerischen Qualitäten, sondern an den bunten Bildern aus einer so völlig anderen Welt. Größere Kontraste als zwischen Alaska und Südwestafrika lassen sich kaum denken. Der Schnee und die Grizzlys, das ewige Eis der großen Gletscher und die Schlittenhunde am Porcupine-River, das alles ist für Windhuk so fremd und sonderbar, als seien es Tiere und Landschaften auf einem anderen Planeten. Und doch werde ich hinterher von einer Dame angesprochen, die gerade in Alaska gewesen ist.

Die Deutsche Schule in Windhuk, allgemein unter der Abkürzung HPS (Höhere Privat-Schule) bekannt, ist funkelnagelneu oder sieht jedenfalls so aus. Erhebliche Mittel der Bundesrepublik haben zu dem Bau beigetragen, der weder an Großzügigkeit noch moderner Einrichtung zu wünschen übrigläßt. So helle, schöne Räume, breite Flure und dekorative Ausstattung wird man bei uns nur selten finden. Und ich meine, die deutschen Südwester können damit zufrieden sein. Die Stadt Berlin hat für den Vorgarten einen großen Stein gestiftet, worauf der Berliner Bär eingemeißelt ist und die Zahl von 11 000 Kilometern. So kann denn jeder Schüler zweimal täglich sehen, wie weit die geteilte Hauptstadt des deutschen Volkes von Windhuk entfernt ist. Die Aula des Hauses gleicht einem Festsaal und dient noch anderen als nur schulischen Zwecken. Meinen Vortrag hat die Wissenschaftliche Gesellschaft organisiert, und deren leitende Herren stehen beiderseits am Eingang, um von den Besuchern milde Gaben auf Silbertellern einzusammeln. Mir ist das gar nicht recht, weil womöglich jemand denken kann, diese Scherflein seien für den Vortragenden bestimmt. Dabei habe ich auf Honorar verzichtet und auch den Lufttransport meiner 200 Dias selber bezahlt. Und die wiegen mit Verpackung immerhin acht Kilogramm.

Wer die Gastfreundschaft der Südwester kennt, wird sich nicht wundern, daß von nun an jeder meiner Tage in Windhuk von früh am Morgen bis spät in die Nacht restlos ausgefüllt war mit Besuchen und Besichtigungen, auch mit Einladungen jeder nur möglichen Art. Es ging von Haus zu Haus, von einem Büro ins andere. Wie viele Leute ich kennenlernte, läßt sich nicht mehr sagen. Alles, was irgendwie bemerkenswert ist, bekam ich zu sehen und nahm an unzähligen Veranstaltungen teil. Das reichte vom Männergesangverein bis zum Wohltätigkeitsbasar der Nederduitsen Gereformeerden Kerk, von der Einweihung des Campingplatzes bis zur Vorstellung eines Spaßmachers, der sich »Tankstelle des deutschen Humors« nannte. Wo ein Klub seinen Tanzabend feierte, glitt ich mit den Damen der Windhuker Society über das Parkett. Betriebe jeder Art mußte ich besichtigen, Schulen, Friedhöfe, Kindergärten, Krankenhäuser und Altersheime, dazu noch ein halbes Hundert freundliche Familien. Wie das in so wenigen Tagen möglich war, weiß ich nicht zu erklären. Ich wurde zum Mitglied mehrerer Vereine befördert, von denen ich nur die »Alten Kameraden« und die »Südwester Jäger« in Erinnerung behielt. Sogar dem Entbindungsheim der deutschen Familienmütter habe ich meinen Besuch nicht versagt. Es besteht schon seit 1908, wird das »Storchennest« genannt, gehört dem Deutschen Roten Kreuz und liegt sehr hübsch auf einem Hügel außerhalb der Stadt. Wird ein Kindlein geboren, steigt am Flaggenmast die Fahne empor. Früher erreichte sie bei Ankunft eines Mädchens nur die halbe Höhe, lediglich einem neugeborenen Knaben wurde die volle Ehrung zuteil. Das ließen sich aber die Damen nicht länger gefallen, und so erhalten nun auch die weiblichen Babys ihren Flaggengruß bis ganz hinauf.

Wenn fremde Spötter behaupten, es genügten schon drei Deutsche im Ausland, um einen Verein zu gründen, so kann das für Windhuk nicht zutreffen. Hier haben gewiß schon zwei genügt. Es gibt so viele Klubs und Vereine, daß ihre Zahl unübersehbar erscheint. Man ist Mitglied in mindestens einem halben Dutzend davon. Dies hält die zwölftausend deutschen Windhuker in einem lückenlosen Netz so eng umschlungen, daß jeder von jedem alles weiß. Kein Sport, keine Erholung und kein Hobby, das nicht gemeinsam betrieben wird. Im Kreis der Vereinsbrüder und Klubmitglieder fühlt man sich geborgen. Der Schwache wird gestützt, und der Starke findet Anerkennung für seine Hilfsbereitschaft. Wer von draußen hinzukommt, wird mit offenen Armen empfangen. Er muß nur bereit sein, sich anzupassen und das Land zu lieben. Für den gutwilligen Einwanderer kann es nichts Besseres geben. Mag er die Vereinsmeierei zu Anfang belächeln, sie ist ihm doch eine große Hilfe, und bald wird er dafür dankbar sein. Wer nicht unbedingt allein bleiben will, für den gibt es keinen einsamen Abend.

Hier kann nicht vorkommen, was man sonst in der Fremde sehr oft erlebt, nämlich das Ausbleiben menschlicher Kontakte. Als ich in unserer Botschaft in Washington einer sympathischen Sekretärin am Montag früh einen guten Morgen wünschte, gab sie zur Antwort, das seien die ersten Worte, die sie seit Dienstschluß am Freitag gehört habe. Ein deutscher Techniker, der nach Australien geflogen war, um für immer dort zu bleiben, aber dann nach Jahren persönlicher Verlassenheit den Weg nach Windhuk gefunden hatte, erklärte im Klub: »Wenn jemand nach Sydney oder Melbourne auswandert, kann's nur daran liegen, daß er Südwest nicht kennt.«

Doch kein Vorteil ohne Nachteile. Soviel Hilfsbereitschaft und enger Zusammenhalt führen auch zur Abhängigkeit. Man muß zu viele Rücksichten nehmen, man ist zu vielen anderen Leuten irgendwie verpflichtet. Das hemmt mitunter die eigene Initiative, der Tüchtige kann sich nicht so völlig frei entwickeln, wie er vielleicht gerne möchte. Dem Untüchtigen wird auch dann noch geholfen, wenn er sich mehrfach als Versager bewies. Es gibt Firmen, und ich habe davon einige kennengelernt, die bei scharfem Konkurrenzkampf längst nicht mehr bestehen würden. In Windhuk aber hält sie die Nachsicht treuer Kunden und geduldiger Banken über Wasser.

Mit einem altrenommierten Handelshaus hatte ich vereinbart, daß alle meine Post dorthin geschickt werde, wo ich sie dann bei passender Gelegenheit abholen wollte. Jedoch wurden alle Briefe, die ankamen, gleich wieder an den Absender zurückgeschickt. Eine Kiste, die per Schiff nach Deutschland abgehen sollte, war schon als Luftpost deklariert, als ich sie gerade noch anhalten konnte. Sonst hätte mich das Versehen ein paar hundert Mark gekostet. Für den 17. Juli hatten mich die Leute zum Rückflug angemeldet, obwohl auf dem Flugschein der 29. stand. Als ich wegen so vieler Dummheiten Krach schlagen wollte, hielten mich meine Freunde davon ab.

»Das sollten Sie nicht tun, damit würden Sie die netten Leute nur kränken.«

So erwarten diese und andere nette Leute auch weiterhin, daß ihnen die gebratenen Tauben in den Mund fliegen. Und beschweren sich womöglich, wenn die nicht knusprig genug gebraten sind.

Viele von den deutschen Südwestern beklagen sich, daß man in der Bundesrepublik nicht das rechte Verständnis für ihre Probleme aufbringt, womit besonders die Apartheid und die Haltung der UNO gemeint sind. Doch könnte man mit gleichem Recht ihnen den Vorwurf machen, daß sie nicht die Zwangslagen begreifen, von denen nach innen wie außen die Haltung der Bundesrepublik bestimmt wird.

Man ist vielfach recht weltfremd geworden in Windhuk und überhaupt in Südwest. Man beschränkt sein Interesse auf die engere Umgebung. Was draußen vorgeht, gewinnt nur Bedeutung, wenn es irgendwie die eigenen Belange berührt. Die »Allgemeine Zeitung«, das gutgeführte und zuverlässig informierte Blatt der deutschen Südwester, bringt unter anderem auch neueste Nachrichten aus der Bundesrepublik, aber es scheint, daß die meisten Leute darüber hinweglesen. Da es in ganz Südafrika kein Fernsehen gibt, fehlt eine wichtige Quelle der Information. Die Meldungen des Rundfunks, nicht überall und immer gut zu empfangen, können die Unmittelbarkeit von Bild, Ton und Sprache kaum ersetzen. Sogar in Windhuk wird die Post nicht zugestellt, man muß selber hingehen und nachsehen, ob etwas gekommen ist. So bleiben Briefe, Broschüren und Zeitungen oft lange im Postfach liegen. Wer kein Geschäft betreibt, holt sie nicht täglich ab. Farmer auf dem Lande lassen darüber oft mehrere Wochen verstreichen.

»Ich lese überhaupt keine Zeitung, weil ja doch nichts Vernünftiges drinsteht«, habe ich oft gehört, und es wurde noch mit großem Stolz gesagt, so als wäre das ein Beweis für erhabene Unabhängigkeit vom Zeitgeschehen.

Dennoch oder eben deshalb, man lebt gut und gemütlich in Windhuk, nur gering ist die Gefahr eines Herzinfarkts. Niemand scheint sich zu sorgen, ihm könne das tägliche Brot ausbleiben oder das Dach über dem Kopfe fehlen. Deutsche Südwester in bitterer Not habe ich nicht gesehen, und wie man mir sagte, soll es sie auch nirgendwo geben. Jeder hat sein ehrliches Auskommen und lebt behaglich in einem mehr oder minder hübschen Haus. Alle sind nett zueinander und leben in friedlicher Freundschaft mit ihren Nachbarn. Auch in kultureller Hinsicht geschieht sehr viel. Man gibt Konzerte, spielt Theater und führt sogar Opern auf, alles von Amateuren dargeboten und organisiert. Es erscheinen auch namhafte Künstler aus Deutschland und Übersee. An Kunst, Sport, Zerstreuung und Geselligkeit hat Windhuk weit mehr zu bieten als bei uns irgendeine Stadt vergleichbarer Größe.

Nur die Ausstellung moderner deutscher Malerei war ein völliger Fehlschlag auf Kosten unseres Ansehens. Konnte man doch auf keinem der Bilder erkennen, was es darstellen sollte. Die gedankentiefe Aussage der gegenstandslosen Malerei wird leider von den Südwestern nicht ganz verstanden. Statt dessen gilt sie als Verspottung des Publikums. Wenn diese Kleckser nicht darstellen können, was sie wollen, sollen sie doch die Finger vom Pinsel lassen! Eltern zeigten ihren Kindern am Beispiel der verwirrenden Farben, wie tieftraurig es doch nun mit dem Geist und der Kunst in der alten Heimat bestellt sei. Und ein frecher Junge sagte laut, das könne sein Pavian viel besser. Wenn ich recht informiert bin, wurde die Ausstellung von unseren Steuergeldern finanziert. Ihre praktische Wirkung war jedoch eindeutig negativ.

»Ich kann nichts dafür«, meint die aufsichtsführende Dame neben dem Portal, »wir wußten ja nicht, was kommt!«

Es war während meines Aufenthalts kein deutscher Konsul in Windhuk vorhanden. Den letzten hatte man im Frühjahr abberufen, sein Nachfolger wurde erst zum Spätherbst erwartet. Wer es sein sollte, war noch nicht bestimmt.

»Da sehen Sie ja, was Bonn von uns hält. Dreißigtausend Menschen deutscher Abstammung spielen für diese Neo-Germanen überhaupt keine Rolle!«

Immerhin hat die Bundesrepublik allein für die deutschen Schulen in Südwest nach und nach fast dreißig Millionen DM ausgegeben. Wenn Anlaß zum Flaggen besteht, zeigen die deutschen Südwester die schwarzweißrote Fahne der Kaiserzeit, teils mit und teils ohne die südafrikanische Flagge daneben. Auch Banken und Geschäftshäuser, die Afrikaanern oder Engländern gehören, wissen, was sie ihrer Kundschaft schuldig sind, und lassen unter anderem Schmuck auch ein schwarzweißrotes Fähnlein flattern.

»Nur das Konsulat steckt Schwarz-Rot-Gold heraus. Aber die müssen ja, die können nicht anders!«

So ist das also bei den Deutschen von Südwest. Etwas außerhalb der übrigen Welt, aber herzensgut, mit sich selber zufrieden und niemandem Böses wollend. Eine Atmosphäre der Behaglichkeit und altdeutscher Biederkeit. Grundsolide und absolut anständig sind fast alle, schon weil sich ein schräger Vogel bei ihnen nicht halten kann. Es blühen Klatsch und Tratsch wie in jeder Kleinstadt, doch schlimm gemeint ist er nicht. Ein paar Damen bemühen sich mit unverkennbarem Geltungstrieb, die erste Rolle unter ihresgleichen zu spielen, doch man kennt ihre Schwächen und lästert hinter ihrem Rücken. Es gibt keine andere Gemeinschaft von Deutschen in der weiten Welt, die noch so an der Vergangenheit hängt und sich gleichzeitig ihrer veränderten Umwelt harmonisch angepaßt hat. Wenn der eine oder andere in vorgerückter Stunde ganz bescheiden sagt, sie wären wohl Deutschlands bester Teil, ist anzunehmen, daß man es wirklich glaubt.

Doch wie steht es nun mit der farbigen Bevölkerung dieser Stadt? Zwar ist sie in der Minderheit, zählt aber doch ungefähr 24 000 Köpfe. Die Nichtweißen wohnen außerhalb, und man sagte mir, in Katutura wären sie aufs beste untergebracht. Nur jener Rest natürlich nicht, der sich nach wie vor weigert, die »Alte Werft« zu verlassen.

Zwar ist keine Genehmigung zum Besuch der farbigen Vorstadt erforderlich, aber in mehreren Gesprächen gewinne ich den Eindruck, als werde es nicht gerne gesehen, wenn Fremde unbegleitet dort herumlaufen. Ein Anruf bei der Stadtverwaltung genügt, und schon werde ich vom zuständigen Beamten erwartet.

»Wie Sie wissen«, sagt er mir vor Beginn der Rundfahrt, »leben zur Zeit, wenn man alle Farbigen, Basters und Kleurlinge in die Rechnung einbezieht, ungefähr 60 000 Menschen in der Hauptstadt und nahe dabei. Zwar ist Windhuk die größte Stadt im Umkreis von anderthalbtausend Kilometern, doch an der Zahl ihrer Bewohner gemessen ist sie noch immer eine Kleinstadt geblieben. Von den 36 000 Weißen sind ungefähr 22 000

73

Afrikaaner, 12 000 sind deutscher Abstammung und die restlichen 2 000 englischer Herkunft. Und dann haben wir noch die Farbigen, schätzungsweise 24 000. Diese unterteilen sich...«

Es folgt die Aufzählung der Hereros, Hottentotten, Ovambos, Damaras, Basters und Kleurlinge. Dann werde ich gebührend darauf hingewiesen, daß Windhuk sowie seine Umgebung, als 1890 die Stadt begründet wurde, ganz und gar menschenleer gewesen ist *. Demnach sind alle Farbigen, die nun hier leben, erst später zugezogen. Man hat ihnen keinen Quadratmeter in dieser Landschaft weggenommen, sondern im Gegenteil erst die Möglichkeit geboten, ihren Lebensunterhalt hier zu erwerben. Daß Hottentotten und Hereros, von den Klippkaffern ganz zu schweigen, das Weideland bei den heißen Quellen von Ai-gams ** nur verlassen hatten, weil man sich über dessen Besitz nicht einigen konnte, liegt wohl auf anderer Ebene. Die Schuld der Weißen ist es bestimmt nicht gewesen. Als diese erschienen, war jedenfalls weit und breit niemand zu sehen, und so konnte die Gegend als herrenlos gelten.

»Dennoch betrachten wir es als eine selbstverständliche Pflicht«, sagt mir der Beamte, »für eine menschenwürdige Unterbringung aller Farbigen und so weiter zu sorgen.«

Auch bei kritischer Betrachtung Katuturas muß man zugeben, daß in dieser Hinsicht viel, sogar sehr viel getan wurde. Zwar hat man erst reichlich spät damit begonnen, aber nun geht der Ausbau dieser farbigen Vorstadt mit raschen Schritten voran und kostet die weißen Steuerzahler alljährlich viele Millionen.

Katutura ist riesengroß und soll demnächst noch viel größer werden. Platz genug ist vorhanden, die künftigen Straßen sind schon meilenweit ins hüglige Land hinein abgesteckt, an einem mächtigen Staudamm wird eifrig gebaut. Jedes Haus in der schon fertigen Siedlung hat seinen Garten, breit und sauber sind die Fahrwege, Ruhe und Ordnung herrschen überall. Es fehlt nur an Grün, denn Bäume, Büsche und Rasenflächen hatten noch keine Zeit sich zu entwickeln. 3 500 quadratische, ebenerdige Häuser sind bereits vorhanden, die meisten in bunten Farben bemalt, um die Eintönigkeit des Gesamtbildes zu bele-

---

* Zwölf Monate später gab es in Windhuk 47 Weiße und 250 Farbige. Im Jahr 1896 waren es 160 Weiße mit nur 12 Frauen und 16 Kindern. Im Jahr 1900 lebten 457 Weiße in Windhuk, außerdem 200 Mann der Schutztruppe, 1906 schon 2 000 Weiße und 1914, bei Ausbruch des Ersten Weltkrieges, zählte die weiße Bevölkerung 3 000 Köpfe, neunzig Prozent waren Deutsche. Zwar stellen sie heute nur ein Drittel der Einwohnerschaft Windhuks, sind aber viermal so zahlreich wie beim Verlust der Kolonie.

** Ai-gams bedeutet: heiße Quellen. Es war der Name des Platzes, bevor ihn Jonker Afrikaaner, Führer der Orlam-Hottentotten, in Windhoek umtaufte.

ben. Alle sind an die Wasserleitung angeschlossen und verfügen über einen Waschraum mit WC. Mit Maschendraht sind die Gärten eingezäunt, doch nicht jeder Garten wird von den Bewohnern gepflegt. Die Häuser enthalten zwei, drei und vier Räume. Für ein Vier-Zimmer-Haus beträgt der Mietpreis etwa 25 DM monatlich und für Häuser mit zwei Räumen ungefähr 17 DM.

Alles, was zu einer Stadt gehört, ist entweder schon vorhanden oder befindet sich im Entstehen. Es gibt Kaufläden jeder Art, einen modernen Schlachthof mit Kühlhallen, ein Gemeindehaus mit großen und kleinen Sälen, auch für Kinovorführungen und Theater geeignet. Natürlich gibt es Schulen, Hospitäler, Kindergärten und Altersheime sowie Sportplätze, Spielplätze und Planschbecken. Schwimmbäder sollen noch folgen. In den Restaurants, Imbißstuben und Bierlokalen haben Weiße keinen Zutritt, denn hier herrscht die Apartheid von der anderen Seite. Eine Hochschule, die später zu einer vollen Universität ausgebaut wird, wächst in großzügigem Ausmaße empor. Eines der modernsten Krankenhäuser entsteht unmittelbar daneben.

Die Verbindung mit dem weißen Windhuk besorgen billige Autobusse. Mit dem Fahrrad kommt man in einer Viertelstunde dorthin und zu Fuß in etwa vierzig Minuten.

Katutura wird vom Native-Administration-Board verwaltet, dem nur Farbige angehören, die von der farbigen Bevölkerung gewählt sind. Aber sie müssen »bestimmte Auflagen der weißen Behörden erfüllen«, haben sich also mit anderen Worten nach deren Anweisung zu richten. Doch mir scheint, es wird mit relativ milder Hand regiert.

»Warum tun Sie nichts dagegen?« frage ich den Beamten beim Anblick einiger Vorgärten, die mit Schutt und Gerümpel angefüllt sind.

»Wir haben es dem farbigen Bezirksvorsteher gesagt, und er will versuchen, den betreffenden Leuten klarzumachen, daß es eine Schande für die ganze Stadt ist, wie das bei ihnen aussieht. Soweit wie möglich sollen sich die Farbigen selber zur Ordnung erziehen. Aber lange seh' ich mir das nicht mehr an. Noch ein oder zwei Ermahnungen, dann wird der Abfall auf Kosten der Mieter weggeschafft!«

Ungefähr 11 000 Farbige wohnen bereits in Katutura, binnen zwei Jahren sollen es 14 000 sein, und nach wieder zwei Jahren sollen alle 24 000 hier unterkommen. An allen Ecken und Enden wird dafür gebaut.

»Sie haben's wahrscheinlich schon gemerkt, daß die Farbigen

untereinander noch viel ›aparter‹ sind als unsereins ihnen gegenüber. Deshalb müssen wir auch hier die Völkerschaften getrennt halten.«

So gibt es einen Herero-Bezirk, einen Ovambo-Bezirk, einen für die Hottentotten und noch einen für die Damaras, und weiter davon entfernt einen für die Baster. Damit nicht genug, wollen auch die einzelnen Stämme der Hereros, Hottentotten und so weiter möglichst unter sich bleiben. Die Herero-Kinder gehen in die Herero-Schule und die kleinen Hottentotten zur Hottentotten-Schule. Es ist nicht so einfach mit jener »getrennten Entwicklung«, wie sie die Farbigen selber wünschen.

»Wie viele sind jetzt noch in der Alten Werft?« fragte ich den Beamten.

»Siebentausend etwa ...«

»Aber hier stehen noch Häuser leer, wann ziehen die Mieter ein?«

»Demnächst, wir haben genügend freiwillige Meldungen, und auch der Rest wird noch kommen, wenn's dann soweit ist ... überhaupt, es kommt schon alles in Ordnung.«

Noch ist aber nicht alles in Ordnung, denn zahlreiche Hereros in der Alten Werft weigern sich umzuziehen.

Einer der großen Handelsherren stellt mir für den Besuch in der Alten Werft seinen Wagen zur Verfügung, einen blankpolierten Mercedes 300. Der Fahrer ist ein baumlanger Herero mit funkelnden Augen. Er spricht fehlerfreies Deutsch und trägt eine Livree, die wie nach Maß geschneidert ist. Ich habe einen schwarzen Mann von solcher Eleganz in Südwest bisher noch nicht gesehen. Er kennt die Alte Werft und kann mir dort alles zeigen. Doch was es zu sehen gibt, ist ein Elendsviertel sondergleichen, zumindest macht es auf fremde Besucher diesen Eindruck. Die Pontoks stehen schief und krumm im Gelände, ein jeder, wo seinerzeit gerade Platz dafür war. Aus rostigem Blech, verbeulten Benzin-Kanistern und morschen Kistenbrettern bestehen Dach und Wände. Alte Säcke ersetzen die Haustür. Alles ist verrußt und verdreckt. Abfall, Unrat, leere Dosen, zerfetzte Matratzen, staubende Asche, durchlöcherte Kochtöpfe und Scherben von Geschirr türmen sich zu Hügeln und Haufen. Kleine Kinder klettern darin herum, Ziegen, Hunde, Katzen und Hühner meckern, knurren und gackern. Der Geruch ist übel, der Rauch vieler Holzfeuer beizt die Augen.

Mein Fahrer erwidert freundliche Grüße, aber von mir nimmt man nicht die geringste Notiz. Als ich aussteige und ein paar Frauen frage, ob ich sie fotografieren darf, laufen sie davon in ihre lichtlosen Pontoks. Männer lassen sich überhaupt nicht blicken.

»Die armen Leute«, sage ich zu dem feinen Chauffeur, »warum geht's ihnen denn so schlecht?«

Meine Frage scheint ihn zu kränken.

»Die sind nicht arm, und es geht ihnen nicht schlecht. Sie sehen ja, was für schöne Kleider die Frauen tragen. Die Männer arbeiten in Windhuk, und manche verdienen ziemlich viel für unsere Verhältnisse.«

Der große Wagen rollt weiter und hält vor einer scheußlichen Blechhütte. Sie ist zwar größer als die anderen und hat Vorhänge an den Fensterlöchern, aber Rost und Ruß bedecken sie auch. Ich möchte ihn einen Augenblick entschuldigen, bittet mein Chauffeur, er wolle nur schnell seiner Frau etwas sagen. Und verschwindet in der scheußlichen Baracke. Es kann doch nicht möglich sein, daß er hier zu Hause ist?

Aber so ist es tatsächlich. Der Mann will nicht nach Katutura, obwohl er bestimmt für den Begriff Farbiger ein Spitzengehalt bezieht.

»Was ist der Grund«, frage ich später einen Windhuker mit bekannt liberalen Ansichten, »weshalb weigern sich noch so viele Hereros, dies Drecknest zu verlassen?«

Es gibt dafür einige Gründe, die man verstehen, und viele andere, die man nicht verstehen kann. Die Mieten in Katutura sind nicht so billig, wie es scheint, denn manche der farbigen Arbeitnehmer verdienen nicht mehr als 7 bis 10 Rand im Monat *. Davon müssen sie für ein Haus in Katutura ein Drittel bis fast die Hälfte aufbringen. Die Busfahrt ins Zentrum von Windhuk kostet 7 Cents, und das ist viel für solche Leute. Also müssen diese armen Teufel fünf Kilometer zu Fuß laufen, zweimal täglich. In der Alten Werft zahlt die Familie, wenn sie überhaupt etwas zahlen muß, nur 17 Cents für ihren Pontok und wohnt dicht bei der weißen Stadt, wo der Mann und vielleicht auch die Frau arbeiten. Vor allem lebt man in der Alten Werft nach gewohnter Art und wird von weißer Bevormundung kaum gestört. Zwar kann das unsereins nicht begreifen, aber für die Farbigen, besonders für die Hereros, ist es in der Alten Werft gemütlicher, vertrauter und viel angenehmer als in der kalten Ordnung von Katutura. Hosea Kutako, der fast hundertjährige Großkapitän der Hereros, geniert sich nicht seines Hauptquartiers in der Alten Werft, wenn er auch sonst auf seiner Farm

* Ein Rand = DM 5,65.

residiert. Weshalb sollten sich da andere Hereros dieses Platzes schämen?

»Man hat sie aufgehetzt, linksradikale Agenten stecken dahinter«, glaubt die weiße Verwaltung zu wissen, »die unsinnige Weigerung fortzuziehen dient der politischen Demonstration und soll die UNO gegen unsere getrennte Entwicklung aufbringen. Man braucht eben die Alte Werft, um den Vertretern fremder Mächte und rötlich angehauchten Journalisten vorzuführen, wie schamlos wir die Farbigen diskriminieren. Kann es da überhaupt etwas Besseres geben als so eine verlodderte Ansammlung rostzerfressener Pontoks? Nur deswegen redet man den Leuten ein, sie sollen unter allen Umständen hierbleiben. Zu ordentlich und zivilisiert sieht's schon jetzt in Katutura aus, dort kann man so brauchbare Aufnahmen wie hier nicht mehr machen.«

Neue Bestimmungen sollen das Leben in Katutura erleichtern und verbilligen. Man will die Mieten dem jeweiligen Einkommen des Mieters anpassen. Ohnehin bezahlen ja die Arbeitgeber schon die Hälfte und dazu das Fahrgeld. Wer dann arbeitslos ist, soll mietfrei wohnen, bis er wieder Arbeit findet. Wenn auch dieses Entgegenkommen nichts hilft, wird man früher oder später die Alte Werft aus hygienischen Gründen räumen. Denn so wie jetzt kann es nicht weitergehen.

Schon einmal wurde die gewaltsame Räumung versucht, im Dezember 1959, als noch nicht genügend neue Häuser zur Verfügung standen. Da kam es zu einem vorbereiteten Aufstand von etwa dreitausend Farbigen, die sich mit Keulen, Eisenstangen und Schlagstöcken bewaffnet hatten. Die Polizei wurde hart bedrängt und schoß dazwischen. Elf Tote und dreißig Verwundete blieben auf der Strecke. Es war die einzige offene Rebellion während der letzten vierzig Jahre, aber sie fand Widerhall in der ganzen Welt.

Jetzt wissen die Leute, wenn sie endgültig fortmüssen, daß ihnen viel besserer Wohnraum zur Verfügung steht. Die ersten Monate sollen in Katutura gar nichts kosten, und den Umzug besorgt die Stadtverwaltung.

»Da schon zwei Drittel der Farbigen die Alte Werft freiwillig mit der neuen Stadt vertauschten«, so wurde mir versichert, »wird für den Rest schon ein sanfter Druck genügen.«

Wer die Kaiserstraße hinuntergeht und die Alte Werft nicht kennt, wird kaum für möglich halten, daß es solche Verhältnisse heute noch gibt. Dabei liegen nur zehn Minuten zu Fuß zwischen diesen krassen Kontrasten. Und wer die Kaiserstraße nicht kennt, dem versucht ein Absatz in der Anklageschrift Äthiopiens und Liberias gegen die Südafrikanische Republik zu erklären, wie es dort täglich zugeht:

»Alle weißen Frauen sind bewaffnet. Wenn sie einem dunkelhäutigen Mann auf der Kaiserstraße begegnen, ziehen sie gleich den Revolver und schießen ihn nieder. Die Leiche bleibt oft tagelang im Rinnstein liegen, bis sie endlich von der Polizei fortgebracht wird.«

Der große Kudu

Es war Winter in Südwest, ich zitterte vor Kälte und fühlte kaum noch meine Hände. Tief unter den Gefrierpunkt war bei Nacht das Thermometer gesunken, und es hieß, auf einigen Farmen habe man zehn Grad minus gemessen. Durchaus keine Seltenheit im Juni und Juli, es sind nun mal die Monate mit den stärksten Frösten in der Nacht. Hätte es irgendwo Wasser an der Oberfläche gegeben, so wäre solides Eis daraus geworden. Aber so, wie sie war, konnte man der Landschaft die grausame Kälte nicht ansehen. Es fehlte der Schnee, und es fehlte der Rauhreif, es fehlte so gut wie alles, was für unsere Begriffe zu einem richtigen Winter gehört.

Mir fehlten die gefütterten Handschuhe, die Pelzjacke und ein wollenes Hemd, vor allem eine warme Mütze, um sie fest über beide Ohren zu ziehen. Für eine morgendliche Jagdfahrt im sonnigen Südafrika war ich denkbar schlecht gerüstet. Lederjacke und Pullover genügten bei weitem nicht, um vor dem scharfen Fahrtwind auf der offenen Ladefläche eines geländegängigen Lkw zu schützen. Mit bloßen Händen mußte ich versuchen, mich am Gestänge festzuhalten, obwohl schon die Berührung mit dem kalten Eisen meine Finger erstarren ließ. Neben mir der schwarze Mann hatte es besser gewußt und sich entsprechend eingemummt. Er war vom Stamme der Herero, und man hatte ihn auf den Namen Hesekiel getauft, womit er sich zeitlebens abfinden mußte. Von ihm wurde behauptet, daß er die besten Augen habe und ein Stück Wild entdecken könne, wo es sonst niemand sah. Sein Alter schätzte Hesekiel auf dreißig Jahre, war aber schon seit langer Zeit bei dieser Annahme geblieben. Auf der Etemba-Farm stand er in Diensten und wurde von meinem Freund Walter, der diese Farm vor einigen Jahren erworben hatte, hoch gelobt. Für Jagdausflüge zumindest war Hesekiel unersetzlich.

Um sieben Uhr früh, als gerade das erste Morgengrauen dämmerte, waren wir vom Farmhaus fortgefahren. Walter von der Viehweide saß am Steuer, gut geschützt in seiner Fahrerkabine und vom Motor schön gewärmt, wie ich vermuten durfte. Aber wildes Getier konnte man von dort so leicht nicht sehen. Dafür muß ein Jäger schon völlig freie Sicht haben und besteigt am besten die Ladefläche.

Die Pad, wie jede Art von Weg in Südafrika genannt wird, bestand aus einem Bachbett. Es war natürlich kein Wasser darin, sondern Geröll, und zwar hauptsächlich Steine von Fußballgröße. Der Wagen rollte darüber hin, als sei er von Jugend auf nichts anderes gewohnt. Bei jeder Umdrehung seiner geschundenen Räder wurden wir einen halben Meter in die Luft geworfen und dann mit rauhen Stößen wieder in die Knie gezwungen. Hätte ich das Gewehr nicht gleich festgebunden, es wäre bestimmt über Bord geflogen.

Der grauen Dämmerung, die so gut wie gar nichts erkennen ließ, folgte ein unvorstellbar schönes Erscheinen der ersten Sonnenstrahlen. Sie flammten auf wie die Scheinwerfer eines geschickten Bühnenbeleuchters, der nicht gleich das ganze Szenenbild verraten, sondern erst andeuten möchte. Steile Felswände wurden angeblitzt und ein paar Dornbüsche kurz vergoldet. Aus dunklen Schatten tauchten, in flammendes Rot gehüllt, die Türme und Zinnen von riesigen Bergen auf. Beim ersten Blick hätte man beschworen, sie seien Gebilde von Menschenhand, doch der Wind von Jahrmillionen hatte ihre Konturen geschliffen. Da gab es kreisrunde Säulen von gewaltigem Ausmaß, einige hoch in den Himmel ragend und andere geborsten auf dem Boden liegend. Schluchten taten sich auf, Höhlen gähnten im Gebirg, und Täler weiteten sich. Das immer heller und herrlicher flutende Licht enthüllte eine Landschaft ganz besonderer Art. Sie wäre für eine Freilichtaufführung der Oper Parsifal sehr geeignet gewesen, auch König Arthur und der Zauberer Merlin hätten sich darin wohl gefühlt. Alles Gestein war rund und abgerundet, es gab keinen scharfen Grat und keine spitze Klippe. So wirkte trotz all seiner Höhen und Mächtigkeit das Erongo-Gebirge sanft und sympathisch. Es schreckte nicht ab, sondern lockte hinein und hinauf. Die wohlgeformten Steinblöcke schienen nur darauf zu warten, daß man sie streichelte.

Die Sonne malte nicht mit starken Farben, sondern mit zartem Pastell. Sie streute sanftes Rosarot über die gebuckelten Felsen, füllte die breiten Täler mit matter Silberbronze und die engen Schluchten mit blassem Violett. Das trockene Gras schimmerte goldhell, die Akazien und Kameldornbüsche in feinstem Graugrün. Nur im Geröll der ausgetrockneten Bäche und Flüsse schillerten die Farben kunterbunt durcheinander. Jeder Stein und jeder Kiesel, sogar jedes Sandkorn schien aus ganz anderer Werkstatt zu kommen. Da gab es schwarze Rundlinge mit weißen Tupfen, dunkelrote mit schiefergrauen Einlagen und schneeweiße Steine, die von goldgelben Adern durchzogen wurden. Es gab überhaupt jede nur denkbare Kombination. Ein Sammler seltsamer Steine hatte hier eine solche Auswahl, daß es leichter für ihn war den Verstand zu verlieren als seine Sammlung zu komplettieren.

Aber schon war für heute die bittere Kälte vorbei. Den Sonnenstrahlen von Südwest kann der grimmige Winter nicht widerstehen, sondern muß sich auf die Nächte beschränken. Ich lebte wieder auf, genoß die Rückkehr des Wohlbehagens in meinen Gliedern und begann das zu tun, was ich schon längst hätte tun sollen, nämlich nach Wild Ausschau zu halten.

Wir rollten aus einem Engpaß hinaus und gelangten in ein leicht abschüssiges Tal. Die Hänge zu beiden Seiten waren mit Dornbüschen, mannshohen Akazien und Omumborombonguas bedeckt, doch in so weitem Abstand voneinander, daß man zwischen ihnen das Gelände ganz gut übersehen konnte. Felsklötze waren vom Berg gerollt und lagen bei den Bäumen. Kniehohe Grasbüsche ragten aus dem Sand. Die Luft war völlig still und so trocken, daß man glaubte, sie würde knistern.

Es gab kein Vieh in diesem Tal, kilometerlange Zäune hinderten es daran, hier einzudringen, zumal die Weide auch nicht günstig war. Die ganze Gegend hatte man allein dem Wild überlassen, sie war schon seit Jahrzehnten zu einem privaten Wildreservat geworden, viele tausend Hektar groß.

Von selber hätte ich nichts gesehen, weil sich auch der passionierte Jäger in einer ihm völlig fremden Gegend erst daran gewöhnen muß, das Tier in seiner Tarnfarbe von der Vegetation zu unterscheiden. Die Geschöpfe der Wildnis blieben beim Herannahen des Motorengeräuschs stocksteif stehen und rührten sich nicht. Wer sie in dieser Art von Landschaft noch nicht oft genug gesehen hatte, konnte schon auf wenige Schritt Entfernung achtlos an ihnen vorüberrollen. Aber Hesekiel sah alles, und ich staunte über die Schärfe seiner Beobachtung. Oft erkannte ich nur mit dem zehnfachen Glas, was er mit bloßem Auge entdeckt hatte. Während der ersten Stunde machte ich mir Notizen, dann gab ich es auf, weil mir das Schreiben zu lästig wurde. Bis dahin waren es nacheinander: zwei Klippspringer, elf Paviane, drei Springböcke, fünf Oryx-Antilopen, sieben Strauße, wieder drei Strauße, drei schwarze Paviane, ein Oryx, zwei Kudubullen und drei Kudukühe, danach ein Schakal, wieder zwei Paviane, eine Trappe, ein Rudel von zehn Oryx, zwei Springböcke, ein kleiner Steinbock, noch ein Schakal, zwei Zebras, ein Strauß, ein Kudubulle, außerdem unzählig viele Erdhörnchen, Perlhühner, Nashorn- und andere Vögel.

»War Ihnen davon nichts gut genug«, rief Walter aus der Fahrerkabine, »Weltrekorde hab' ich nicht zu bieten!«

Wir hatten ausgemacht, daß ich aufs Dach schlagen würde, wenn er halten sollte, damit wir besser beobachten konnten. Oft genug war das geschehen, aber nie hatte ich versucht mich anzupirschen. Das Schauen war viel schöner.

»Na gut, kann ich begreifen«, rief Walter zurück, »aber nur heute laß ich das durchgehen. Sie brauchen ein paar Trophäen an den Wänden Ihres Jagdhauses, und ich brauche Fleisch für meine Gäste und die Jungens.«

Mit den *Jungens* war sein schwarzes Personal gemeint. Es ist der übliche Ausdruck und vom Alter der sogenannten Jungens ganz unabhängig. Es können auch Greise von achtzig und neunzig Jahren dabeisein, die man auf Grund ihrer früher einmal geleisteten Dienste bis zum Ende ihres Lebens unterhält. Auf einer Farm wie Etemba, deren genütztes Weideland sich über 5 000 Hektar ausdehnt, können ungefähr 500 Stück Vieh heranwachsen, es werden also mit anderen Worten zehn Hektar Weide für einen Schlachtochsen gebraucht. Es gibt auch Farmen, wo das Verhältnis günstiger ist, aber noch viel mehr gibt es, wo fünfzehn und sogar zwanzig Hektar kaum ausreichen, um ein Stück Vieh zu ernähren. Heute sind alle Farmen eingezäunt und innerhalb der großen Einzäunung nochmals in sogenannte Camps unterteilt. Das erspart die früher notwendige Zahl von Viehhirten. Es genügen jetzt für eine Farm von etwa 5 000 Hektar fünf eingeborene Helfer. Das ist alles, denn es wird ja nicht gemolken und gebuttert, sondern nur Schlachtvieh aufgezogen. Dafür braucht man weder Ställe noch Futterkrippen. Das Vieh ist lebenslänglich im Freien und sucht selbst sein Futter. Man muß nur dafür sorgen, daß die Zäune dicht sind und daß die Wasserversorgung funktioniert, entweder durch Windräder oder Staudämme oder künstlich angelegte Wasserstellen. Das Vieh muß regelmäßig geimpft und gesundheitlich kontrolliert werden. Kälber werden eingefangen und mit dem Zeichen ihres Besitzers versehen. Es werden Zuchtbücher geführt und eine Zucht solcher Art betrieben, wie es für die Gegend am günstigsten ist. Man hat seinerzeit Vieh aus Holland, Deutschland und der Schweiz importiert, sogar Zebu-Rinder aus Indien. Teilweise blieben sie rein, teilweise wurden sie mit eingeborenen Rindern sowie untereinander gekreuzt. Eine Wissenschaft für sich, die nur ein Kenner begreift. Einmal oder auch zweimal im Jahr werden die schlachtreifen Ochsen abgesondert und zur nächsten Bahnstation getrieben. Wo der Weg dorthin zu weit ist, holen sie großräumige Lastwagen von der Farm. Früher ging es im monatelangen Treck bis zum Aufkäufer, sogar bis nach Kapstadt hinunter. Aber die Gewichtsverluste bei dem langen Fußmarsch und was sonst noch alles passieren konnte machten jeden weiten Treck zu einem Unternehmen mit zweifelhaftem Ergebnis. Die Verladung ist auf jeden Fall viel rentabler.

Man sollte meinen, daß eine Farm mit fünfhundert Stück Vieh immer frisches Fleisch im Überfluß hat, aber weil man selber gar nichts schlachtet, sondern schlachtreifes Vieh nur verkauft, gehören Kalbsbraten und Beefsteak zu Seltenheiten auf dem Tisch der Farmersfrau. Wenn man Rindfleisch dennoch serviert, stammt es vermutlich vom nächsten Supermarkt. Eher können schon die Hammelkoteletts und Ziegenrücken aus den eigenen Beständen kommen, aber Schweinefleisch so gut wie gar nicht. Wer Abwechslung wünscht, wer auf schmackhaftes Fleisch nicht verzichten will, der muß danach jagen. Immer vorausgesetzt, es gibt genügend Wild auf seiner Farm. Zuviel davon würde die Weide des Viehs beeinträchtigen, zuwenig Wild aber würde nicht ausreichen, um regelmäßig davon zu zehren. So ist der Farmer gezwungen, als Jäger gleichzeitig Heger zu sein und entsprechend maßzuhalten.

Manch fleißiger Farmer hat keine Zeit selber zu jagen, andere sind zu faul dafür, und wieder andere wollen nicht schießen. Aber Wildbret für ihre eigene Küche brauchen sie trotzdem. Sie laden also Freunde ein, die Jagd zu besorgen. Es geht aber nicht darum, kapitale Trophäen zu erbeuten, vielmehr soll frisches Fleisch beschafft werden. Und da scheiden sich oft die Geister.

Auf der Farm Etemba war das ganz anders, hier gab es so viel Auswahl unter dem Wild, daß man die Erbeutung eines starken Gehörns sehr wohl mit einer Bereicherung der Kühltruhe verbinden konnte. Im Erongo-Gebirge werden große Teile des Geländes vom Vieh überhaupt nicht geweidet und stehen dem Wild ganz allein zur Verfügung. Es hatte während der letzten Jahre erheblich zugenommen, obwohl Mengen von Wildbret gebraucht werden. Denn Etemba ist eine Gästefarm, und wenn Gäste aus Deutschland kommen, ist für sie ein Filet vom Kudu oder das Kotelett vom Springbock eine besondere Köstlichkeit. Geräuchertes von der Oryx-Antilope serviert man in Duisburg und Wanne-Eickel nicht alle Tage. Ein volles Dutzend deutscher Ornithologen wurde am nächsten Samstag erwartet. Ein saftig gebratener Kudu sollte ihr Begrüßungsmahl sein, gefolgt in den nächsten Tagen von dieser oder jener Oryx-Antilope.

»Sie müssen sich dranhalten, lieber Freund«, erklärte mir Walter am nächsten Morgen, »sorgen Sie für einen Kudu, oder ich stecke Sie selber in die Kühltruhe!«

Ein Gemütsmensch, dieser Walter, weil ihm das eigenhändige Töten von Tieren nicht behagt, überläßt er anderen Leuten die Jagd. Natürlich nicht jedem, sondern nur guten Freunden. Mitunter auch einem Fremden, aber dann gegen entsprechende Gebühr. Man ist eben nicht umsonst ein erfolgreicher Geschäftsmann, und Etemba hat auf jagdlichem Gebiet wirklich allerhand zu bieten.

Damit Walter mich diesmal besser unter Kontrolle hatte, mußte ich auf dem Kühler seines Landrovers Platz nehmen. Da lag festgeschraubt ein Reserverad, und mitten darin nahm ich Platz. Unser scharfäugiger Hesekiel stand wieder droben auf der Ladefläche. Handschuhe hatte ich auch diesmal nicht, aber wir fuhren etwas später los, weil es im Dämmerlicht doch keinen Zweck hatte. Mein Gewehr hatte ich umgehängt, das Fernglas hüpfte auf meiner Brust. Mit allen zehn Fingern mußte ich mich festhalten, um nicht aus dem Reserverad in die Gegend gesprengt zu werden. Die Steine knallten von unten gegen die Wanne wie Maschinengewehrfeuer, und der Motor heulte in den höchsten Tönen. Wie der arme Hesekiel bei dieser Höllenfahrt irgendein Stück Wild erspähen sollte, war mir ein Rätsel. Selber hatte ich kaum Hoffnung mit dem Leben davonzukommen, wenn das stundenlang so weiterginge.

In der zehnten Minute ungefähr gab der brave Herero erstmals das Zeichen zum Stoppen. Ich ließ mir zeigen, was er meinte, und schaute durchs Glas. Ein ganz gewaltiger, ein hochkapitaler Kudu mit dem herrlichsten Gehörn aller Zeiten!

»Nix gut...«, rief Hesekiel von droben, »klein Junge von drei, vier Jahren!«

So kann sich unsereins täuschen.

Wir holperten weiter, wühlten durch das Sandbett des Omaruru, schüttelten einige Meilen weit über rauhes Gelände, um danach einen Hang zu erklettern, der so steil war, daß ich meinte, der Wagen würde sich gleich nach hinten überschlagen. Auf einem Felsplateau, das nach drei Seiten weite Aussicht bot, hielt Walter an und stoppte den Motor. Der müsse sich mal ausruhen, meinte er ganz zu Recht.

»Drei Bullenkudu mit vier, fünf Kühen«, sagte Hesekiel nach dem ersten Rundblick, »zehn, zwölf, dreizehn Gemsbock, sind auch Zebra hier und Pavian viel dort drüben«, fuhr er fort, »und zwei Klippschliefer und noch mehr Kudu und noch mehr Gemsbock *.«

Er kam mit seiner Aufzählung gar nicht zu Ende, während ich mir vergeblich Mühe gab, auch nur eines der Tiere zu erblicken. Es schien Walter ebenso zu ergehen, obwohl er jedesmal nickte und »ja, ganz großartig« sagte.

Plötzlich schien glühendes Jagdfieber den adleräugigen Hesekiel zu packen (oder der Gedanke an jenen knallroten Pullover, den ich als Belohnung für ein besonders starkes Kudugehörn ausgesetzt hatte). Er ließ seinen rechten Arm mit ausgestrecktem Zeigefinger vorschnellen und zitterte vor Aufregung.

»Sieh mal... schau mal dort ganz alter Bulle mit ganz große Hörner auf Kopf.«

Wobei man wissen muß, daß die schwarzen Jungens jeden Menschen duzen, auch ihren eigenen Boß. Weshalb es durchaus kein Beweis überheblichen Hochmuts ist, wenn auch die Weißen mit den Schwarzen im gewöhnlichen Du-Ton verkehren.

»Wo steht er, zeig mir's doch.«

»Unter Baum dort drüben, siehst du nicht?«

In unserem Gesichtsfeld gab es schätzungsweise tausend Bäume der verschiedensten Art.

»Gleich neben große Stein«, erklärte Hesekiel ungeduldig, »du mußt doch sehen, ist doch beste Bulle von allen.«

Große Steine waren im Überfluß zu sehen, aber kein einziger Bulle, erst recht nicht der beste Bulle von allen.

»Komm mit... haka-hana, komm schnell mit«, rief Hesekiel in leidenschaftlicher Erregung. Dabei lief er den Hang so blitzfüßig schnell hinunter, daß ich kaum zu folgen vermochte. Zweige schlugen mir ins Gesicht, Dornen zerrten an meiner Lederjoppe, loses Geröll kugelte unter den Füßen. Bald war ich völlig außer Atem, das Herz klopfte bis in den Hals, und ich schnaufte wie eine Dampflok altertümlicher Bauart. Aber den Herero konnte ich deshalb nicht einholen, er schien zu fliegen auf seinen langen, dünnen Beinen. Er setzte mit hohen Sprün-

---

* »Gemsbock« bedeutet Oryx-Antilope, wie schon früher erwähnt.

gen über Felsblöcke hinweg und sauste so geschwind wie ein Pfeil durchs Gestrüpp. Als ich gar nichts mehr von ihm sehen konnte, gab ich die Hetzjagd auf und setzte mich hin.

Er kam nach einer Weile zurück und fragte betrübt, ob mir etwa dieser Bulle nicht gut genug sei.

»Hab ihn ja ... hab ihn ja noch nicht ... gesehen.«

Da stünde er doch, meinte Hesekiel, ganz groß und breit stünde er dort drüben. Das Adlerauge nahm einen Knüppel, legte ihn auf den nächsten Felsblock und visierte damit den Kudu an. Endlich sah ich, was dort zu sehen war, endlich erkannte ich die Umrisse eines Tieres, das sich ins trockene Buschwerk geschoben hatte. Sein Haupt ragte in die dürren Zweige hinein, so daß ich nicht ausmachen konnte, was Hörner und was Äste waren. Doch der Wildkörper lag frei, und ich schätzte die Entfernung auf knapp 300 Meter.

Also herunter mit der Schutzkappe vom Zielfernrohr, herunter auch mit der Lederjacke, um sie als Auflage zu benützen. Ich rollte sie auf dem Fels zusammen, schob die Donnerbüchse darüber und klemmte mich dahinter. Noch ein paar Augenblicke warten, damit sich der Atem beruhigte. Dann sorgfältig ins Ziel gegangen, mit dem Fadenkreuz etwas über dem Blatt, und nun den Zeigefinger im Zeitlupentempo angezogen.

Der Schuß krachte hinaus, und der Kudu sprang davon.

»Du hast ja drunter geschossen«, schimpfte der schwarze Mann, »du hast auf Stein unter seine Beine geschossen!«

Nur am Gewehr konnte das liegen, an mir bestimmt nicht. Wahrscheinlich hatte das Zielglas einen Hau bekommen, als ich vorhin mal gestürzt war. Auf einen halben Kilometer kann ich treffen, wenn es darauf ankommt, so wie voriges Jahr in Alaska, als ich den kapitalen Schneewidder aus der Wand holte.

»Wie können Sie nur so was machen?« schimpfte auch mein Freund Walter, soeben nach hitzigem Lauf eingetroffen, »auf so weite Entfernung geht's doch nur mit 'ner ausgewachsenen Kanone.«

Er behauptete allen Ernstes, bis zum Kudu seien das ungefähr 700 Meter gewesen. Ich wollte es nicht glauben, mußte mich aber belehren lassen, was auch andere landeskundige Jäger mir später versicherten, daß die klare Bergluft von Südwest sehr oft zu solch unsinnigen Weitschüssen verleitet.

Wir sollten dem Bullen nachlaufen, meinte Hesekiel, der würde sich bald wieder beruhigen. Sehen konnte er ihn auch nicht mehr, aber die Fährte würde er schon halten.

»Ja, das machen Sie mal«, meinte Walter, »das ist bestimmt

ein gutes Training. Ich fahre nach Hause und trinke ein paar kühle Bierchen auf Ihre Gesundheit. Zu jeder vollen Stunde warte ich dort auf Ihren Anruf.«

»Auf meinen Anruf, von welcher Telefonzelle, bitte?«

»Von dieser hier«, sagte Walter und reichte mir ein Walkie-Talkie.

Das Ding war nicht größer als ein Taschenbuch. Die Antenne konnte man zwei Meter lang ausziehen und brauchte dann nur auf den Knopf zu drücken. Wenn der andere Mann mit dem anderen Apparat bereit war, lief die Unterhaltung reibungslos. Lagen keine Höhen dazwischen, funktionierte der Sprechfunk bis auf ungefähr zwanzig Kilometer.

»Um zehn Uhr erwarte ich also den ersten Anruf«, machte mir Walter nochmals klar, »dann um elf und so weiter, zu jeder vollen Stunde. Wenn Sie den Kudu haben oder genug haben von der Jagd, dann hole ich Sie ab. Aber Sie müssen mir nur erklären, wo ich Sie dann wiederfinde.«

So einfach hatte ich mir das nicht vorgestellt und war der Meinung, man solle sich das edle Waidwerk nicht durch technische Hilfsmittel so sehr erleichtern.

Walter stieg wieder zu seinem Landrover hinauf, ich stieg mit meinem schwarzen Führer zur Talsohle hinunter. Wer noch nie einem Fährtenleser vom Stamme der Herero und gar einem so schnellfüßigen Mann wie Hesekiel folgen mußte, sollte es besser gar nicht erst versuchen. Denn es würde eine beispiellose, pausenlose, rücksichtslose Schinderei. Er lief mir voran, ohne sich nur einmal umzusehen. Er fand die Fährte und hielt sich darauf, auch wenn der Kudu viele hundert Meter weit glatten Fels überquert hatte. Dorngestrüpp und steile Berge, tiefsandige Bachbetten und wackliges Gestein machten ihm gar nichts aus. Mein dringendes Begehren nach einer kurzen, nur ganz kurzen Rast fand nur selten Gehör. Ich mußte dem schwarzen Mann hinterhereilen, über Stock und Stein, durch scheußliches Dickicht im Tal und hinauf zu glühend heißen Hängen. Ich gedachte sehnsüchtig der eiskalten Nächte und verfluchte meine Lederjacke, die hohen Stiefel und die wollenen Socken. Ja, ich wünschte sogar, niemals jagdlicher Passion verfallen zu sein.

Nur für zwei, drei Minuten konnte ich nach jeder Stunde stehenbleiben, um Walter fernmündlich zu berichten, daß ich schon längst am Ende meiner Kräfte sei. Weil wir ziemlich hoch auf den Bergen waren, das Farmhaus aber drunten am Omaruru lag, kam stets eine gute Verbindung zustande.

»Nur nicht schlappmachen«, sagte Walter auf drahtlose Weise, »nur tüchtig laufen, lieber Freund, haka-hana, immer haka-hana, dann werden Sie den Kudu schon irgendwo erreichen. Ich trinke auf Ihr Wohl... es geht doch nichts über kühles Bier bei der Mittagshitze.«

Ich gab ihm eine Antwort, die für gedruckte Wiederholung kaum geeignet ist. Schon längst gab der Wassersack keinen Tropfen mehr her. Mir war die Kehle so rauh wie Sandpapier, ich hatte schrecklichen Hunger. Trotzdem weiter und immer weiter, über andere Wildspuren hinweg und nicht achtend auf ein Rudel prächtiger Oryx-Antilopen. Nur der große, der ganz alte Kudu sollte es sein. Hesekiel folgte seiner Fährte, als würde ein Sack voll Diamanten an ihrem Ende liegen, nach dem schon andere Leute unterwegs waren. (Dabei kam für ihn, wenn das Unternehmen klappte, ja nur der rote Pullover heraus.)

Als ich Walter das nächste Mal sprach, teilte er mit, daß man eben im Farmhaus das Essen auftrage. Fleischbrühe mit Mark sollte es geben, danach Springbocksteaks mit Pommes frites und Vanille-Eis zum Schluß. Ich wünschte ihm alles andere, nur keinen guten Appetit.

Der Wind hatte sich gedreht, und der Kudu war in weitem Bogen gelaufen. Auf der gleichen Fährte liefen auch wir, es ging ja nicht anders. Kaum hatte ich noch Kraft zum Keuchen, kaum noch die Kraft mein Gewehr zu schleppen, das mir wie eine Bleilast auf die Schulter drückte. Es ging nun hinein ins Dickicht einer engen Schlucht, wo tiefer Schatten lag. Denn über Mittag ziehen es nicht nur alle vernünftigen Menschen vor, im Schatten auszuruhen, sondern auch die wilden Tiere. Dabei geschah es, daß wir fast mit unserem Kudu zusammenstießen. Meines Erachtens ein großer Fehler des ungestümen Hesekiel, der viel besser getan hätte, behutsam zu schleichen und dabei die Windrichtung zu beachten. Jedenfalls war nun der Bulle aufs neue alarmiert, wußte von seiner Verfolgung und prasselte in Windeseile durchs Gestrüpp davon. An einen Schuß war in dem unübersichtlichen Gelände gar nicht zu denken.

»Geben wir's auf, Hesekiel, es hat keinen Zweck mehr, der ist über alle Berge!«

»Nein, den kriegen wir, kriegen ihn ganz bestimmt, mach schnell, haka-hana!«

Ein Bett, dachte ich, ein Königreich für ein Bett und ein paar Pullen Bier. Das sagte ich beim nächsten Gespräch auch zu »Walter von der Viehweide«, worauf er meinte, ich solle erst nach zwei Stunden wieder anrufen, weil er jetzt mit seinem

Mittagsschlaf beginne. Das war kein Freund in der Not, ganz bestimmt nicht.

Kein Mensch weiß, was er wirklich aushalten kann, ohne daß ihn widrige Umstände zwingen, sein Letztes herzugeben. Zwei Stunden, drei Stunden und vier Stunden vergingen, ohne daß mir die Füße vom Leib fielen. Man wird ja mit der Zeit zu einem Automaten, zu einer Maschine ohne Gefühl und Gedanken. Als sich die Sonne endlich dem Horizont näherte, waren wir genau dort wieder angelangt, wo die verfluchte Rennerei auf des Kudus Fährte begonnen hatte. Hier war es gewesen, von dieser Felsplatte hatte Hesekiel den großmächtigen Kudu zuerst gesehen, und bis hier waren wir heute morgen mit dem Landrover hinaufgeklettert. Ich ließ mich fallen und war fest entschlossen, keinen Schritt mehr zu tun. Auch mein Antreiber hatte glücklicherweise genug und lehnte am nächsten Stein. Nur seine Adleraugen waren noch munter.

»Du, schau mal«, sagte er nach einer Weile mit bebender Stimme, »du mußt aber nicht bewegen ... Kudu ist ganz nah und steht ganz ruhig.«

Er zeigte vorsichtig auf den Hang über uns. Diesmal sah ich gleich, was er meinte, und schätzte die Entfernung auf höchstens hundertfünfzig Schritt. Also mußte es wohl fast doppelt so weit sein. Ein herrlicheres Bild ließ sich kaum denken. Wie ein Denkmal seiner selbst stand der alte Bulle auf einem Felsvorsprung und schaute hinunter ins Tal, wo er glauben mochte, daß seine Verfolger noch waren.

Langsam und lautlos glitt ich zu Boden, holte das Gewehr heran und stützte die Ellbogen auf. Der dunkle Körper des Tieres mit dem wundervoll gedrehten, weit ausgelegten Gehörn hob sich vom Abendhimmel ab wie ein Scherenschnitt. Es war gewiß eine bodenlose Gemeinheit, dieses beispiellos schöne Bild zu zerstören. Aber es mußte sein, wozu ist man Jäger? Alle Mühe und Plage dieses Tages durfte nicht umsonst sein, außerdem brauchte die Gästefarm den großen Braten, und der Bulle besaß ein so fabelhaftes Gehörn. Er war schon sehr alt und hatte ohnehin nicht mehr lange zu leben. Entschuldigungsgründe für die schnöde Tat hatte ich also genug.

Im Schuß blieb er noch einen Augenblick stehen, stürzte dann vornüber und rollte mit lautem Gepolter den Steinhang hinab bis nahe vor meine Füße. Wir liefen hin und beugten uns über den reglosen Körper. Er war noch mächtiger, als ich gedacht hatte, kapitale Kudubullen erreichen fast die Größe eines Pferdes, und das war einer von den kapitalsten. Das Schraubengehörn wirkte aus der Nähe noch viel gewaltiger als durchs Fernglas.

Bald war es sieben Uhr, und ich konnte Walter gleich verständigen.

»Und wo liegt Ihr Opfer«, wollte er wissen, ohne erst mal Waidmannsheil zu wünschen, wie sich das eigentlich gehörte. Ich sagte ihm, daß er mit dem Landrover leicht bis zu uns hinaufkäme. Es sei ja dieselbe Stelle, von der Hesekiel den Bullen heute früh entdeckt hatte.

»Was sagen Sie, wo ist das? Na, dann haben Sie ja vorhin am Walkie-Talkie ohne jeden Grund so schrecklich gestöhnt. Einfacher ging's doch gar nicht... so gut wie gar nicht brauchten Sie zu laufen!«

Als er dann kam, nach einer guten Stunde bei tiefer Nacht, und den Bullen im Licht seiner Scheinwerfer betrachtete, sagte Walter zunächst einmal nichts.

»Reicht das Wildbret für ein paar Mahlzeiten?« fragte ich mit starker Untertreibung.

»Wird ziemlich zäh sein bei dem alten Knaben. Aber das Gehörn... dieses Gehörn!«

»Was ist damit, mir gefällt's ausgezeichnet.«

»Aber daß Sie's mitnehmen, gefällt mir nicht, so ein Bulle wie der wurde hier noch nie geschossen. Wie haben Sie das nur verdient... so ohne weiteres den stärksten Kudu von Etemba zu erwischen!«

Ich hob die Schultern und ließ sie wieder fallen.

»Ein Zufall, nichts weiter. Aber wie wäre es jetzt mit 'nem Schluck aus der Pulle?«

Er hatte kühle Getränke mitgebracht und ein paar gutbelegte Brote. Gleichzeitig zu essen und zu trinken ist nicht gerade einfach, aber unter Umständen läßt es sich machen.

»Und was wird aus meinem roten Pullover?« fragte Hesekiel.

»Den bekommst du, und noch einen blauen und grünen dazu.«

»Mit dir gehe ich gerne auf Jagd«, lachte er zufrieden, »nur mußt du nächstes Mal bißchen schneller laufen.«

Rund um Etemba

In dem alten Farmhaus von Etemba wohnte niemand außer mir. Meine Gesellschaft bestand aus drei zahmen Springböcken, zwei gelangweilten Pavianen und mehreren Schildkröten, die durch den Garten krochen. In der Hecke vor dem Haus saß noch eine Eule, die sich aber erst nach Dunkelwerden zu rühren begann. Drei Boxerhunde bewachten das Anwesen, von denen einer so alt war, daß niemand mehr wußte, seit wann er lebte.

Die Farm bestand seit siebzig Jahren und war schon vorher, als die ersten Weißen mit ihren Viehherden durchs Land treckten, ein beliebter Rastplatz gewesen. Denn hier fand sich auch während der trockensten Zeit das Grundwasser nicht allzutief im Sandbett des Omaruru. Nach halbstündigem Graben konnte man es erreichen und die durstigen Tiere tränken. Für ein paar Stunden wurden die Zugochsen vom Joch befreit und ausgespannt, daher der Name Etemba. Das heißt nämlich *ausspannen* in der Hererosprache. Wie gesagt, sind aber die Hereros keine Ureinwohner des Landes, sondern Zugereiste. Vor ihnen lebten hier die Bergdamaras. Sie leben auch heute noch in der Nähe, schon die deutsche Verwaltung hatte ihnen das Reservat Okombahe zur Verfügung gestellt. Aber die Felsmalereien in den Erongo-Bergen stammen nicht von ihnen, es soll die Arbeit von Buschmännern sein. Doch hat man schon seit Menschengedenken von diesen kleinen, beweglichen Leuten keinen mehr in der Gegend von Etemba gesehen.

Neun Höhlen mit Felsbildern waren schon bekannt, als Walter und seine Frau die Farm erwarben, nicht weniger als zweiundvierzig andere Stellen haben meine beiden Freunde noch hinzu entdeckt. Es war eines ihrer Hobbies geworden, solch bemalte Wände zu finden, und sie verwandten darauf ebensoviel Zeit wie Energie. Walter ließ es sich nicht nehmen, sogar ein Büchlein darüber zu schreiben. Und weil ein Interesse das andere nach sich zieht, konnte auch die Suche nach Topfscherben, Pfeilspitzen und primitivem Steinwerkzeug nicht ausbleiben. Wo die Felsbilder waren, nämlich in Höhlen, unter überhängenden Steinwänden und neben alten Feuerstellen, dort fanden sich auch die Artefakte. Man streitet mit anderen Experten, wozu sie dienten und aus welcher Zeit sie wohl stammen. So wird man allmählich zum Artverwandten der hauptberuflichen Wissenschaftler.

Damit nicht genug, haben die Erongo-Berge noch eine Vielfalt von Halbedelsteinen zu bieten. Wer Augen hat, sie zu erkennen, und lange genug auf seinen Knien an den richtigen Stellen herumrutscht, der findet Achate, Topase, Berylle und Rosenquarz, auch Turmalin, Aquamarin und ein gutes Dutzend anderer Demipretiosen, deren Namen mir entfallen sind. Es sind natürlich Rohsteine, denen erst eine fachkundige Politur und Facettenschliff den rechten Glanz verleihen. Diese Arbeit kostet mehr als die Steine selbst, wenn man sie kaufen müßte, und man muß lange darauf warten, bis sie aus den Werkstätten von Idar-Oberstein zurückkommen. Aber das Suchen und Sammeln halbedler Steine wird bald zur Passion, hat man erst einmal damit begonnen. Schon reichen die Vitrinen von Etemba nicht mehr aus, um die Funde von Walter und Tilla zu fassen. Dabei kann jeder Gast des Hauses für sich behalten, was ihm das Herumsuchen beschert. So großzügig sind manche Leute, wenn sie schon selber nicht mehr wissen, wohin damit.

Wenn man Walter so reden hört und die Bekanntschaft erst von kurzer Dauer ist, könnte man ihm fast glauben, daß er im Ruhestand lebt und sich von seinen Geschäften fast völlig zurückzog. Aber schon die Tatsache, daß er zwischen zwei Ruhesitzen hin und her reist, der eine in Oberbayern gelegen und der andere in Südwestafrika, spricht dagegen. Noch mehr die pausenlose Beschäftigung beider Eheleute mit so vielen leidenschaftlich betriebenen Interessen. Ein Mann wie dieser Walter, der binnen zwanzig Jahren das größte Reiseunternehmen Europas aufgebaut hat, kann wohl niemals zur Ruhe kommen, schon gar nicht zehn Jahre früher als man Beamte pensioniert. So wurde aus der Farm Etemba eine sogenannte Gästefarm, deren Besucher aus Deutschland herbeifliegen und aus allen Teilen Südafrikas heranrollen. Sie wohnen in hübschen Pavillons, plätschern im Swimming-pool und speisen in einer Halle, die Walter selbst mit kopierten Felszeichnungen geschmückt hat. Man kann mit einem zahmen Geparden spielen, Strauße füttern und in Eselkarren durch die Gegend holpern. Man sitzt abends vor dem prasselnden Kamin, trifft immer ein paar nette Leute und hört interessante Geschichten. Also kein Hotelbetrieb, sondern eher eine Familienpension, die selbst für Flitterwöchner ihre Reize hat. Nur muß man sich herzhafte Getränke selber mitbringen, sogar das gute Windhuker Bier. Walter darf nichts dergleichen verkaufen, aber wenn ihm seine Gäste gefallen, läßt er die Gläser gratis füllen.

Natürlich hat er noch viele Pläne, möchte weiter ausbauen und für noch mehr Unterhaltung sorgen. Aber ich meine, so wie Etemba jetzt ist, sollte es bleiben. Sonst ist es eines Tages aus mit der Gemütlichkeit. Nur auf dem Ochsenwagen müßte er bestehen, schon weil diese Idee von mir stammt. Ein richtiger Ochsenwagen ganz nach der alten Art müßte es sein, mit einem Dutzend der stämmigen Tiere davor, vielleicht gar mit sechzehn oder achtzehn, wie man sie seinerzeit vor die schweren Fuhren spannte. Man sollte aber nicht nur Tagesfahrten unternehmen, sondern wochenweite Ausflüge, denn nur so können dann romantisch veranlagte Gäste erleben, wie früher die Farmer und Viehtrecker durchs südliche Afrika reisten, im Zwanzig-Kilometer-Tempo pro Tag. Am knisternden Lagerfeuer würde gekocht und auf Feldbetten übernachtet, ohne Zelt natürlich, weil es zehn Monate lang keinen Regen gibt. Aber es wird schwer sein, noch Zugochsen zu finden und schwarzes Personal, das mit ihnen umgehen kann. Wagen sind hier und da noch vorhanden, doch müßte man sie mit Schaumgummi auspolstern, weil die verwöhnten Menschen von heute nicht mehr so harte Hintern haben wie die wackeren Pioniere.

»Ich werd's mir überlegen«, sagte Walter, »ich werde herumhorchen, und vielleicht mache ich's dann wirklich.«

Nach einer Flugreise im Tausend-Kilometer-Tempo pro Stunde wäre es doch ein reizvoller Kontrast, im friedlichen Bummelschritt der Ochsen durchs Land zu ziehen, weit abseits der Autostraßen natürlich.

»Ja, man muß sich Zeit lassen«, meinte auch der Gebieter von Etemba, »nur wer Zeit hat, genießt das Leben.«

Und schon eilte er auf wieselflinken Füßen davon, um an zehn Stellen gleichzeitig irgend etwas zu erledigen.

»Sie müssen mal gründlich ausspannen«, riet er mir bei jeder Gelegenheit, »viel Schlaf und süßes Nichtstun, das sind die besten Medikamente. Übrigens, was ich noch sagen wollte, morgen geht's zur Frühpirsch auf Oryx-Antilopen, dann fahren wir nach Omaruru und starten von dort zu einem Rundflug über die Erongo-Berge. Anschließend besichtigen wir die katholische Mission Waldfrieden, sehen uns den historischen Friedhof an und den Franke-Turm. Besuchen noch ein paar interessante Leute, fahren dann auf zwei benachbarte Farmen und sind abends bei besonders netten Leuten zu Bratfleisch geladen. Das wird ziemlich spät werden, vor ein oder zwei Uhr früh sind wir nicht zurück. Übermorgen wieder auf die Jagd und dann nach Okahandja...«

Alle einundfünfzig Stellen mit den Felsmalereien sollte ich auch noch ansehen und durfte mir das Vergnügen nicht entgehen lassen, selber ein paar Aquamarine zu finden. So ein Bergjäger wie ich würde wohl nicht auf die Besteigung des »Groben Gottlieb« verzichten, wie der höchste Gipfel in den Erongo-Bergen genannt wird. Man mußte zu diesem Zweck schon in der Mittagshitze aufbrechen, droben im mitgenommenen Zelt übernachten und am folgenden Morgen wieder absteigen.

»Es macht Ihnen doch nichts aus, einen umfangreichen Rucksack zu schleppen? Ich halte es für unsportlich, wenn wir unsere Sachen von Trägern hinaufbringen lassen.«

Den Gipfel des »Groben Gottlieb« aus dem Flugzeug zu betrachten hielt ich für völlig ausreichend. Bevor Walter widersprechen konnte, bat ich um Beförderung in mein Nachtquartier. Es war nämlich so, daß wir den Schlaf und die Mahlzeiten an drei verschiedenen Stellen genossen, die weit auseinander lagen. Das Frühstück wurde mir im kleinen Privathaus von Walter und Tilla geboten, aber Lunch und Abendessen im Gästehaus der Farm, während ich selber im Haus des Verwalters wohnte, das früher einmal Residenz der Besitzer gewesen war. Solange die Saison mit fremden Besuchern anhielt, lebte auch das Verwalterpaar im Gästehaus, sechs Kilometer weit vom eigentlichen Farmhaus entfernt. Eben aus diesem Grund war ich jetzt in dem alten Haus völlig allein.

Um zehn Uhr erlosch überall das elektrische Licht, danach mußte man sich mit Kerzen behelfen. Während der Nacht heulten die Hunde und Schakale um die Wette. Die zahme Eule schrie vergeblich nach einem gleichgestimmten Partner, und surrend drehte sich der Windmotor auf seinem hohen Gerüst. Für Ordnung im Hause mußte ich selber sorgen, das schwarze Personal hatte mit den zahlenden Gästen mehr als genug zu tun. Ich aber war privater Gast und nahm mir ein Beispiel an Frau Tilla, die ihren Zwei-Personen-Haushalt allein betreute, außerdem die afrikaanische Sprache lernte und die Landschaft malte.

Hätte ich mich gelangweilt, was ganz bestimmt nicht der Fall war, so gab es im alten Farmhaus die beste Gelegenheit zu anregendem Zeitvertreib. Dort nämlich befand sich das einzige Telefon von Etemba, und das hing mit mehreren Telefonen anderer Farmen an der gleichen Leitung. Nur wenn der Apparat zweimal kurz und einmal lang bimmelte, war Etemba gemeint. Meldete sich das Ding in abweichendem Takt, konnte man sich dennoch einschalten und alles mithören, was der Nachbar mit fernen Freunden besprach. Es sollte zwar nicht sein, wurde aber von neugierigen Leuten gern gemacht, weil es mitunter recht interessant war. Muß man doch bedenken, daß ganz Südafrika kein Fernsehen besitzt und Radiosendungen nicht immer klar empfangen werden. Post erreicht die Farmen überhaupt nicht, man muß sie selber abholen. Da bleibt für viele einsam lebende Menschen das Abhören fremder Gespräche die einzige indirekte Unterhaltung.

Wenn Etemba gerufen würde, hatte mir Walter ausdrücklich gesagt, sollte ich mich nicht davon stören lassen. Wer von Etemba etwas wollte, mußte eben schreiben oder telegrafieren. Für seine Farm wurde ja die Post jeden zweiten Tag aus Omaruru geholt. Doch ich konnte es nicht ertragen, wenn der Apparat mit unserem Rufzeichen zehn bis fünfzehn Minuten lang nach Antwort schrie. Also ging ich doch heran und sprach fast immer mit Leuten, die sich für einen Besuch der Gästefarm anmelden wollten. Ihnen konnte geholfen werden, natürlich auch meinem Freund. Also notierte ich den Tag und die Zeit der Ankunft, stellte eine schöne Liste zusammen und präsentierte sie Walter zum Frühstück. Statt mir herzlich für die Mühewaltung zu danken, entsetzten sich die beiden Eheleute.

»Wir sind doch komplett bis zur letzten Luftmatratze«, riefen sie wie aus einem Munde, »restlos ausgebucht für die nächsten Wochen. Jetzt muß ich all den Leuten wieder absagen.«

Das mochte unter diesen Umständen wohl notwendig sein, aber leider hatte ich von den Herrschaften keine Adresse oder Telefonnummer notiert.

Walter und Tilla rangen die Hände. Es blieb nichts anderes übrig, als für die von mir akzeptierten Gäste schleunigst unter schattigen Bäumen ein Dutzend Betten aufzustellen. So waren sie immerhin untergebracht, wenn auch ohne Bad und privates WC. Doch zum Glück war ich längst über alle Berge, als nach und nach diese Leute eintrafen.

»Zum Hotelportier taugen Sie ganz und gar nicht«, versicherten mir Walter und Tilla gemeinsam, »das ist nicht so einfach wie Bücherschreiben!«

An diesem Telefon kam es noch am gleichen Morgen zu einem anderen Mißverständnis, wenn auch ohne unliebsame Folgen. Ich war wieder mal an den Apparat gegangen, weil seine schrillen Töne gar nicht mehr aufhörten. Der Mann vom anderen Ende verlangte in recht ungeduldigem Ton einen Wilhelm zu sprechen, von dem ich noch nie gehört hatte.

»Der fährt doch Traktor bei euch und schmiert Maschine«, sagte der Anrufer, »hol ihn mal gleich herbei!«

Aber wo dieser Mann zu finden war, wußte ich nicht, hatte

auch keine Zeit, denn wir sollten schon nach Omaruru unterwegs sein.

»Das geht jetzt nicht, und ich bin nur ein Fremder auf der Farm«, rief ich durch den Draht zurück.

»Du bist Farbiger, was denn für einer?«

Bevor es mir gelang, den Irrtum richtigzustellen, redete der Mensch in einer mir völlig unbekannten Sprache.

»Verstehe kein Wort, und ich kann auch nichts tun«, fuhr ich dazwischen.

Da sprach er gleich wieder deutsch.

»Ach, du bist blöder Hottentott...!«

Da gab ich es auf und hängte den Hörer wieder ein.

Etwas verspätet fuhren wir in Richtung Omaruru davon. Diese Ortschaft ist Kreisstadt der Gegend und zählt so ungefähr 1 000 Bewohner, davon ist die eine Hälfte schwarz und die andere weiß. Neunzig Prozent der Weißen sprechen deutsch und sind auch zum größten Teil deutscher Abstammung. Den entsprechenden Eindruck machte das ganze Städtchen, nur eben nach jener Art und Weise, wie sie bei uns bis etwa zum Ersten Weltkrieg herrschte. Die Häuser sahen durchweg so aus, als würden sie von mittleren Beamten damaliger Zeit bewohnt. Gediegen und sauber, bescheiden und gepflegt, mit einem hübschen Vorgarten und Blumenkästen an den Fenstern. Ein solides Leben ohne Hast und Eile wurde hier geführt. Straßenverkehr gab es so gut wie keinen, nirgendwo sah man einen Menschen mit schnellen Schritten. Kein Wunder, daß so viele deutsche Südwester ein erstaunlich hohes Alter erreichen.

Obwohl nur wenige Fahrzeuge durch die Ortschaft rollten, waren die sandigen Straßen Omarurus breit genug, um das Verkehrsbedürfnis von Köln, München oder Hamburg zu befriedigen. Seinerzeit hatte man nämlich dafür gesorgt, daß die Ochsenwagen wenden konnten, und die waren ja mit zwölf bis zwanzig Zugtieren bespannt. Sie brauchten einen entsprechend großen Wendekreis, und dem haben es alle Landstädte Südwests zu verdanken, daß sie auch in Zukunft niemals von Verkehrsstauungen geplagt werden.

Als wir zum Postamt schritten, war darauf zu achten, daß wir den richtigen Eingang benutzten. Es gab nämlich einen für weiße und einen anderen für farbige Kunden der Post. In Afrikaans, Deutsch und Englisch stand es auf den Türen geschrieben. Drinnen waren beide Abteilungen ebenfalls getrennt, wenn auch vollkommen gleich eingerichtet. Für die weißen Besucher saßen weiße Postler hinter den Schaltern, während die Farbigen von ihresgleichen bedient wurden. Das soll ihnen dem Vernehmen nach viel lieber sein. Man nannte mir dafür Gründe, die hinreichend glaubhaft sind. Gar manche von den schwarzen Leuten können nur langsam oder fehlerhaft schreiben, sofern sie überhaupt die Post benutzen. Da mögen sie es gar nicht, wenn hinter ihnen ein Weißer steht, der mitleidig lächelt oder gar ungeduldig wird. Der Schwarze erkundigt sich gern, ob die Adressierung seines Briefes auch richtig ist, stellt auch diese oder jene Frage, die womöglich dumm erscheint. Er plaudert gern mit Artgenossen, und sein Postamt gilt gewissermaßen als gesellschaftlicher Treffpunkt. Die Weißen würden dabei nur stören, so ist es viel angenehmer, unter sich zu sein. Als Diskriminierung wird das nicht betrachtet, versicherte mir Walter, und der Postbeamte nickte zur Bestätigung. Einen Farbigen darüber zu befragen, wäre unpassend gewesen. Man soll die Leute nicht erst auf Gedanken bringen, die womöglich zu Mißmut Anlaß bieten. Der schien offenbar nicht vorhanden, da uns auch vor der geteilten Post ein paar Schwarze artig grüßten.

In den Läden und Kaufhäusern war keine Spur von Apartheid zu bemerken. Dort bediente weißes Personal die farbige Kundschaft höflich und zuvorkommend. Diese zahlt nämlich in bar, während die Farmer und übrigen weißen Käufer meist anschreiben lassen. Sie begleichen ihre Sammelrechnung erst zu Beginn des nächsten Monats.

Wie überall in Südwest und Südafrika wohnen auch in Omaruru die Farbigen außerhalb der Ortschaft, abgesehen vom Hauspersonal der weißen Familien, sofern für sie eine Sondergenehmigung bewilligt wurde. Alle übrigen leben in eigenen Siedlungen, die von der Verwaltung recht sauber angelegt sind, jeweils eine halbe Stunde oder auch weniger weit vom Zentrum der weißen Ortschaft entfernt. Die Mieten sind billig, es kann sie praktisch jede farbige Familie bezahlen, wenn nur eines ihrer Mitglieder geregelter Arbeit nachgeht. Das Kino und Schwimmbad von Omaruru, natürlich auch die Restaurants und Hotels sind allein für Weiße reserviert, doch bedient wird man von Schwarzen oder den sogenannten Kleurlingen. Bei größeren Städten, wo sich auch entsprechend große Siedlungen für die Farbigen befinden, haben sie ihre eigenen Kinos und öffentliche Bäder. Aber in Omaruru mußte die dunkle Bevölkerung auf beides verzichten.

»Da können sie also nie ins Kino gehen und in keinem Schwimmbad herumplantschen?« fragte ich mit Bedauern.

»Wer das nicht kennt, vermißt es auch nicht«, war die Antwort, »die Leute haben ihre eigene Art sich zu vergnügen, und die soll man ihnen lassen *.«

Früher durften die Farbigen keinen Alkohol kaufen, sondern brauten sich selber berauschende Getränke. Aber neuerdings wurden sie, was Bier, Schnaps und Wein betrifft, den Weißen gleichgestellt. Das erhöht die Einnahmen der Verkäufer und dient zur Hebung der Gesundheit bei den Farbigen. Denn was die selbst aus Mais, Erbsen und sonstigen Rohstoffen destillieren, soll auf die Dauer und in Mengen genossen mörderisch sein. Es ist besser und bekömmlicher, wenn sie trinken, was auch unsereins trinkt.

Wir lenkten unsere Schritte zum alten Friedhof außerhalb der Stadt, weil es hieß, man könne dort Eindrücke von der frühesten Geschichte Omarurus gewinnen. Viele der Gräber waren verfallen, die Mauer an manchen Stellen zusammengebrochen und alles stark verwildert. Sofern man die Grabinschriften noch lesen konnte, waren sie in der Tat recht aufschlußreich. Da lagen nämlich die weißen Pioniere und farbigen Häuptlinge nebeneinander. Wir erkannten Namen der allerfrühesten Einwanderer und der berühmten Stammesführer jener Epoche. Bei den Farbigen waren nicht nur das mutmaßliche Jahr ihrer Geburt und das Datum ihres Todes angegeben, sondern dazwischen noch der Tag ihrer christlichen Taufe. Der Hauch allmählichen Vergessens lag über dem Friedhof, und Ziegen weideten auf den Gräbern.

Viel schöner und gepflegter war der neue Friedhof, obwohl auch schon über sechzig Jahre alt. Hier säumten himmelhohe Zypressen die Wege, man schritt durch schattige Alleen und bestaunte die Vielfalt blühender Büsche. Doch waren wir nicht deswegen gekommen, sondern suchten die gemeinsame Ruhestätte deutscher Soldaten, die bei der Verteidigung von Omaruru gefallen waren. Damit hing nämlich eine Episode des Herero-Krieges zusammen, die man getrost mit dem altmodischen Ausdruck *ruhmreich* bezeichnen darf, auch wenn ihr Ruhm schon längst verblaßte. Diese Gräber von drei Offizieren, sieben Reitern und einem schwarzen Jungen befanden sich in bestem, blumenreich geschmücktem Zustand. Es standen nur der Name,

* Kurz nach meiner Abreise wurde diese Apartheid zum erstenmal durchbrochen: als ein großer Zirkus aus Kapstadt in Omaruru erschien, waren auch Farbige willkommen und zahlten nur den halben Preis. Die eine Seite des Zirkuszeltes hatte man für die dunklen Zuschauer reserviert, die andere für Weiße. Da alles gut verlief und die Farbigen sehr zahlreich kamen, sollen von nun an derartige Veranstaltungen für alle Teile der Bevölkerung gemeinsam sein.

der Dienstgrad und der Todestag auf den Steinplatten, und zwar
für alle derselbe Tag.

Am 17. Januar 1904 hatten sich auch in der Gegend von Omaruru die Hereros plötzlich erhoben. Nur ein Stabsarzt und vierzig Mann, zu denen später noch zwölf Freiwillige stießen, befanden sich in der Kaserne. Die übrige Garnison war unter dem
Kommando des Hauptmann Franke zur Bekämpfung eines anderen Aufstandes nach Süden abgerückt. Niemand hatte geahnt,
daß auch in der bisher so friedlichen Gegend von Omaruru
ernsthafte Unruhen drohten. Aber schon lange war die Rebellion des gesamten Hererovolkes geplant, und zwar so geheim,
daß kein Weißer die Vorzeichen erkannte. Über Nacht gingen
viele Farmen in Flammen auf, wer sich nicht retten konnte,
wurde totgeschlagen oder zu Tode gequält. In aller Eile mußte
man in Omaruru die Häuser aufgeben und deren Bewohner in
die Kaserne holen. Hinzu kamen Flüchtlinge vom Land und
Frachtfahrer von der Straße. Man verbarrikadierte die Tore und
befestigte die aus Lehm gebaute Kaserne, so gut es ging.
Die kleine Stadt, auch alle anliegenden Farmen blieben der
Plünderung durch die Hereros überlassen. Dann versuchten
einige tausend Rebellen, fast alle mit Schußwaffen englischer
Herkunft ausgerüstet, das bescheidene Bollwerk zu stürmen.
Obwohl immer wieder abgeschlagen, ließen die Hereros nicht
locker. Mit außerordentlicher Tapferkeit wiederholten sie ihre
Angriffe fast an jedem Tag, trotz hoher Verluste. Es schien nur
noch eine Frage der Zeit, bis schließlich die kleine Besatzung
überwältigt wurde. Wasser und Lebensmittel gingen zu Ende,
Medikamente und Verbandszeug waren kaum noch vorhanden.

Im Süden des Landes, bei Gibeon, stand Hauptmann Franke
mit zwei Kompanien der kaiserlichen Schutztruppe, schon seit
Wochen in heftige Kämpfe gegen die rebellierenden Bondel-
zwarts verwickelt. Am selben Tage, da man sie aus ihren Stellungen vertrieben hatte, erhielt Franke durch den Spiegeltelegrafen
Nachricht von der verzweifelten Lage in Omaruru. Er machte
sofort kehrt und legte mit seiner berittenen Truppe 380 Kilometer in fünf Tagen zurück. In der Nähe Windhuks eingetroffen, schlug die zweite Feldkompanie ein starkes Kontingent
gutbewaffneter Hereros in die Flucht und bewahrte somit die
Hauptstadt vor einem drohenden Angriff. Dann ging es weiter, entlang der zerstörten Bahnlinie, zu den rauchenden Über-
resten von Okahandja. Auch dort wieder Gefechte und Verluste. Die Truppe zählte jetzt noch 6 Offiziere, 137 Mann und
einen Arzt, also kaum noch die Hälfte ihres ursprünglichen

Bestandes. Alle übrigen waren verwundet, gefallen oder lagen im Lazarett von Windhuk. Franke besaß noch ein leichtes Feldgeschütz, aber nicht genügend Munition. Die Regenzeit hatte begonnen, und es war zehn Tage lang nicht möglich, über den reißenden Osona-Fluß zu kommen. Das gelang erst am 30. Januar, wobei den Pferden die starke Strömung noch immer bis zum Sattel reichte.

Endlich, am 3. Februar, standen die Reste beider Kompanien vor Omaruru. Auf der halbzerstörten Kaserne wehte noch immer die deutsche Fahne. Von ungefähr zweitausend Hereros waren die Besatzung und die Flüchtlinge eingeschlossen. Nach sechsstündigem Gefecht hatte es Franke noch nicht erreicht, den Ring der Belagerer zu durchbrechen. Die Hereros kämpften in gut ausgebauten Stellungen, die man nicht umgehen konnte. Sie hatten Schützengräben ausgehoben, wie sie das von den Deutschen kannten, und fühlten sich unüberwindlich. Aus der Festung wurde signalisiert, daß man sich wegen Mangel an Munition, Verpflegung und Trinkwasser nicht länger halten konnte.

Franke wollte nochmals gegen die mehr als zehnfache Übermacht stürmen, aber seine völlig erschöpfte Truppe machte nicht mit. Da stieg der Hauptmann zu Pferde, einen weithin sichtbaren Schimmel, und galoppierte allein gegen die Schanzen des Feindes. Von seinem Beispiel tollster Tapferkeit wurden die Männer mitgerissen. Sie erhoben sich, brüllten wie die Stiere und stürmten. Die Hereros feuerten aus allen Läufen und kämpften mit großer Verbissenheit, wurden aber schließlich geworfen. Einmal auf der Flucht, machten sie so bald nicht halt, sondern liefen bis zum Waterberg im Norden von Südwest.

Omaruru war damit befreit, aber von den sechs Offizieren waren drei gefallen, Hauptmann Franke jedoch wie durch ein Wunder mit dem Leben davongekommen *. Die Verluste der Hereros betrugen etwa zweihundert Tote.

»Wären Frankes Männer Cowboys in Texas gewesen und hätten gegen die Sioux gefochten«, meinte ich zu Walter, »ihre Heldentat wäre schon längst auf Breitwand und in Technicolor gewürdigt worden.«

»Nun ja, es waren eben deutsche Helden, und da muß man

---

* Der Kaiser verlieh ihm als einem der ersten Kolonialoffiziere den Orden Pour le Mérite, damals die höchste militärische Auszeichnung. Franke kommandierte als Oberstleutnant die Schutztruppe im Ersten Weltkrieg, mußte aber schließlich – im Juli 1915 – vor der zwanzigfachen Übermacht des Gegners kapitulieren. Der berühmte Mann war gewiß kein Freund der Apartheid, wie sie heute herrscht, denn allein in Omaruru behaupten fast dreißig Mischlinge, von ihm abzustammen.

schon zufrieden sein, wenn niemand die Entfernung ihrer Gräber verlangt.«

Der fünfzehnjährige Sepp, ein schwarzer Bursche des Leutnants von Estorff, hatte während des langen Kampfes fünf Schwerverwundete aus dem feindlichen Feuer geholt, war aber beim letzten Versuch selber gefallen. Er liegt nun zwischen den deutschen Toten, versehen mit einer Grabplatte, die seinen Opfermut verewigt. Als der »treue Sepp« spielt er noch heute in den alten Geschichten eine rühmliche Rolle. Bei den Farbigen wurde er zu einer legendären Gestalt.

Zwei grauhaarige Friedhofsgärtner dunkler Hautfarbe kamen herbei und zeigten auf das Grab.

»Den Sepp hab' ich noch gekannt«, sagte einer von ihnen, »ich war nämlich Pferdejunge bei Herrn Hauptmann.«

Wenn das stimmte, mußte der Mann ungefähr achtzig Jahre alt sein, erfüllte aber noch seine gärtnerischen Pflichten.

»War's nicht sehr streng bei der Schutztruppe«, fragte ich, »es gab doch Prügelstrafe für die schwarzen Jungens?«

Ja, die hatte er auch einmal bekommen, weil er Pferdedecken mitgehen ließ. Aber nur für ein paar Minuten war das schlimm gewesen, versicherte der alte Bergdamara.

»Ein Mann ist schlecht, kriegt er Arsch voll, dann ist Sache vorbei und Mann wieder gut. Heute, ein Mann ist schlecht, kommt er in Gefängnis zu andere schlechte Männer. Dauert lang, und Mann wird nie mehr gut.«

Einfacher konnte man das Problem des modernen Strafvollzugs wohl kaum zusammenfassen.

Gefragt, was denn bei der Schutztruppe am schönsten gewesen sei, gab er zur Antwort: Kaisers Geburtstag.

»Na, erzähle doch mal, was habt ihr da gemacht?« forderte ich ihn auf.

»Also weißt du, das war so«, grinste er beim Erinnern an seine schon so lange zurückliegenden Erlebnisse. »Am Morgen machen Kanon bum-bum und Kaiser hurrah-hurrah-hurrah, bei Mittag gibt's Bauch dreimal ganz voll, bei Abend alle Jungens total besoffen . . . war wunnerschön!«

Wir begaben uns nunmehr zu den Gebrüdern Nienhaus, die ein weitbekanntes Bauunternehmen betreiben. Ihr noch rüstiger Vater, ehemals Feldwebel der Schutztruppe, hatte die Firma gegründet. In einem der Schuppen waren schwarze Handwerker tätig, brave und solide aussehende Männer gesetzten Alters, von einer Missionsschule ausgebildet und offenbar gut ernährt. Da sie wohl ganz verschiedenen Stämmen angehörten, sprachen sie deutsch miteinander. Wäre nicht ihre Hautfarbe gewesen, man hätte sie nach ihrem Wesen und Wirken für biedere Bürger bei uns daheim gehalten.

»Gib mir mal den Holzhammer 'rüber, Max«, sagte der eine, und »wo hast du den Leimtopf hingestellt, Rudi?« fragte der andere. Beide wünschten uns einen guten Morgen und wiesen den Weg zum Chefkontor. Beide Brüder Nienhaus besaßen einen viersitzigen Piper-Cub und galten als Piloten, denen man sich anvertrauen konnte. Freundlich hatte sich Ernst Nienhaus angeboten, Walter und mich über die Erongo-Berge zu fliegen. So fuhren wir denn hinaus zu einem flachen Sandfeld, von dem gesagt wurde, es sei der Flugplatz von Omaruru. Wir schoben die Maschine aus ihrem Schuppen, und Nienhaus prüfte, was man vor jedem Start zu prüfen hat. Es schien alles in Ordnung zu sein, wir kletterten ins Kabinchen und rollten zum Start. Fünf Minuten später schwebten wir oben.

Aus den großen Stratosphärenkreuzern, die gar zu hoch fliegen, nämlich 9 000 bis 11 000 Meter hoch, sieht das Gelände drunten nicht viel anders aus wie auf einer Landkarte, vorausgesetzt, man fliegt bei Tage und die Sicht ist vollkommen klar. Um aber wirkliche und plastische Eindrücke zu gewinnen, dafür ist der Blick aus kleinen Maschinen viel besser. Was Nienhaus sehr wohl wußte und deshalb bei etwa 500 Metern über dem Erdboden blieb. Da konnte man so richtig begreifen, wie menschenleer das Land noch immer war. Nur ganz selten das Band eines Weges oder gar einer Straße. Nur sehr weit voneinander entfernt und wie verloren in der graugelben Landschaft die winzigen grünen Inseln eines Farmhauses mit Garten. Keine Ortschaft außer Omaruru, keine Felder und erst recht keine Wälder. Die ganze Gegend wirkte viel karger an Vegetation, als sie tatsächlich war, weil man das verdorrte Gras nicht vom gleichgefärbten Boden zu unterscheiden vermochte. Die Sonne stand im Zenit, und so warfen auch Dornbüsche und Akazienbäume keinen Schlagschatten. Sie waren jetzt so gut wie blattlos und ließen die Strahlen hindurch. Doch hätte man schwören können, daß die Riviere ganz mächtig strömten. Ihr staubtrockener rosaroter Sand täuschte schlammige Fluten vor, die jeder Fluß durch die Landschaft wälzte. So weit das Auge reichte, glaubte man ein System von großen und kleinen Wasserläufen zu sehen, die sich letztlich alle mit dem Omaruru vereinten. Zur Regenzeit taten sie es wirklich, wenn auch nur für wenige Tage.

Die Erongo-Berge stiegen auf, der »Grobe Gottlieb« in ihrer

Mitte. Wir flogen über die Farm Etemba, ich erkannte die Täler und Höhen meiner Pirschgänge. Das Labyrinth buckliger Felsen schien von droben noch verwirrender als von drunten. Wildwechsel an jedem Hang und in jeder Senke, auch ganz droben auf den gebogenen Bergrücken.

Wir kurvten um Gipfel, schwebten über tiefeingeschnittenen Klüften und sausten seitlich an galoppierenden Bergzebras vorbei. Der gesamte Gebirgsstock wurde umrundet, wir überflogen ein Areal von etwa hundert Kilometern im Quadrat. Auf keine andere Weise konnte man Bild und Charakter der Landschaft so vollkommen erfassen. Alles dauerte nur eine knappe Stunde, dann hatte uns die Erde wieder.

Schlichte deutsche Hausmannskost im Zentralhotel von Omaruru, zu spottbilligem Preis. Ein weitläufig gebautes Haus, ungefähr nach Art eines Ferienhotels für kinderreiche Familien am deutschen Nordseestrand. Alles luftig, sauber gewaschen und sparsam eingerichtet. Man drückt dem Wirt die Hand und tauscht Neuigkeiten aus. Jeder Gast kennt den anderen, und wenn einer mal nicht bekannt ist, erkundigt man sich, wer und was er sein könnte. Hinter dem breiten, niedrigen Haus ein schattiger Garten, und darin etwa zwanzig deutsche Schüler. Offenbar werden sie in der Mittagspause hier verpflegt und vertreiben sich danach die Zeit, wie es gerade beliebt. Meine hohen Schaftstiefel, die so gut vor Dornengestrüpp schützen, sind hier wohl unbekannt und erregen Aufsehen. Die Buben rotten sich zusammen, zeigen darauf und machen dumme Bemerkungen.

»Wollt ihr euch wohl anständig benehmen«, tadelt Freund Walter mit strenger Stimme, »so wie ordentliche deutsche Jungens!«

Bei uns daheim wäre wieherndes Gelächter die Folge gewesen, doch in Südwest hat man noch Respekt vor einem Herrn gereiften Alters. Die Buben schweigen schuldbewußt und treten zurück.

Danach hinaus zum Franke-Turm, den Omarurus Bürgerschaft seinerzeit gebaut hat, um ihren Befreier zu ehren. Der Turm ist weder hoch noch breit, steht aber für alle Zeit unverwüstlich auf dem Schlachtfeld von 1904. Daran eine Tafel mit den Namen der Gefallenen und davor jene Kanone, die seinerzeit Hauptmann Franke ins Feld führte. Das Geschütz wirkt eher zierlich als gewalttätig, hat aber dennoch Tod und Verderben in die Reihen der Hereros geschleudert. Auf seinem Rohr ein stolzes Wappen und darunter die seltsam anmutende

Inschrift: »Ultima ratio regis«, sinngemäß verdeutscht: das letzte Mittel des Königs. Heute kennt man ganz andere »letzte Mittel«, um Feinde ins Jenseits zu befördern.

Nun zur Mission »Waldfrieden« etwa zwanzig Fahrminuten außerhalb von Omaruru. Von Pater Schlotborn werden wir empfangen, der dem Orden der Oblaten angehört. Er bedauert sehr, daß gerade Winterferien sind, wir also den Schulbetrieb nicht in vollem Umfang erleben können. Nicht weniger als dreihundertfünfzig schwarze Mädchen, meist katholisch getauft, werden hier von deutschen und farbigen Schwestern sowie von zwei Patres betreut. In der Hauptsache ist die Mission ein Mädchenpensionat. Von weit her kommen die Zöglinge und gehören zu ganz verschiedenen Stämmen.

»Früher hatten wir oft große Mühe, die Kinder zu bekommen«, erzählt der grauhaarige Pater, »heute können wir sie kaum noch unterbringen. Wir bauen an und müssen immer weiter anbauen.«

Wirklich ein durchschlagender Erfolg der Missionsarbeit, die vor hundertfünfzig Jahren in Südwest begann. Unendliche Opfer wurden dafür gebracht, beispielloses Gottvertrauen war notwendig, um so lange ohne sichtbare Ergebnisse auszukommen. Erst in den letzten zehn bis fünfzehn Jahren ist die Saat der frühen Missionare beider Konfessionen in vollem Maße aufgegangen. Nun wirkt sie in die Breite und eines Tages vielleicht auch in die Seele hinein.

Die Ausbildung reicht hier für jene Mädchen, die genügend Intelligenz beweisen können, bis etwa zu dem Grad, den wir Mittlere Reife nennen. Danach kommen die Klügsten und Besten, wenn sie es wünschen, auf eine andere Schule, wo sie bei entsprechendem Fleiß das Matrik bestehen. Zwar soll das nicht ganz mit unserem Abitur vergleichbar sein, genügt aber, um Lehrerin an einer Schule für Farbige zu werden oder eine Stellung als Sekretärin in Betrieben oder Behörden anzunehmen. Die Allerbesten können danach sogar studieren an den südafrikanischen Universitäten Turfloop und Fort Hare, die nur Farbigen zur Verfügung stehen...

»Und die anderen alle, die hier früher oder später aufhören?«

»Sie kehren zurück in ihre Familien und haben dann selber bald eine Familie. Darin gehen sie auf und vergessen das meiste, was sie gelernt haben«, meinte Pater Schlotborn etwas betrübt, »aber ihre Kinder erziehen sie weit besser, als es sonst üblich ist, und schicken sie dann zur Schule. Schon das ist ein großer Fortschritt!«

Also eine Arbeit auf lange Sicht, die erst in der nächsten oder übernächsten Generation volle Früchte trägt. Wenn einer der Patres oder Schwestern in die Dörfer kommt, laufen die ehemaligen Schülerinnen zusammen, und es gibt ein richtiges Freudenfest. Dem geistlichen Herrn werden die Augen feucht, als er davon erzählt. Ihm jedenfalls wurde das Glück zuteil, den Segen seines Wirkens noch selber zu erleben.

Es ist wirklich ein Segen, nicht nur im christlichen Sinne. Den Farbigen werden von der Mission außer der üblichen Schulung auch die Grundbegriffe der Hygiene beigebracht sowie die Gewöhnung an geregelte Arbeitszeit. Einiges davon bleibt erhalten, selbst wenn sie fürs weitere Leben in ihre Dörfer zurückkehren. Ihre Hütten sind sauberer und ihre Kinder gesünder, die Furcht vor Dämonen und bösen Geistern haben sie hinter sich gelassen.

In der Missionsschule von Waldfrieden lernen die Mädchen Afrikaans und Englisch, später in der höheren Schule noch Deutsch. Den größten Teil der Kosten trägt die Regierung, einiges steuert der Orden bei, und den Rest muß sich die Mission durch den Ertrag ihrer Gemüsegärten und einer Nutriazucht selber verdienen. Es geht so einigermaßen.

Mit dem Betragen der schwarzen Mädchen kann man im großen und ganzen zufrieden sein. Sie folgen und passen sich der Ordnung an, nur die Apartheid macht gewisse Schwierigkeiten. Nicht die Apartheid zwischen Schwarz und Weiß, sondern der Stämme untereinander. Die Ovambo-Mädchen sitzen nicht gerne mit den Herero-Mädchen zusammen, auch nicht die Damaras mit den Hottentotten. Jede Gruppe hat ihre eigene Spielecke und bleibt auch beim Essen unter sich. Soll die Herero-Gruppe einen Flur aufwischen, den auch die Ovambo-Mädchen benützen, gibt es meist großes Gezeter, natürlich ebenso umgekehrt. Die Erzieher müssen viel Geduld und diplomatischen Takt aufwenden, damit die Kinder ihre Stammesvorurteile nicht zu sehr übertreiben.

Nunmehr war der Nachmittag angebrochen, und Walter bestand darauf, mich auf zwei Farmen seinen nächsten Nachbarn vorzustellen. Die jeweilige Entfernung von dreißig bis vierzig Kilometern legte er in rasendem Tempo zurück, weil doch so wenig Zeit vorhanden war. Es gab bei den Farmern Kaffee und Obstkuchen, dazu ernsthafte Gespräche über die Außenwelt, die für südwestafrikanische Probleme nicht das geringste Verständnis zeige, sich aber dennoch in der gröbsten Weise einzumischen versuche. Auch die Presse der Bundesrepublik mache

dabei mit, was mir an Hand sorgfältig gesammelter Zeitungs-
ausschnitte bewiesen wurde. Die sollte ich lesen und dann sagen, ob es nicht eine Schande sei. Wer über viele Jahre hinweg
nur negative Stimmen sammelt, muß natürlich zum entsprechenden Ergebnis kommen.

»Wir haben den Farbigen das Land genommen, wir beuten
sie aus, wir behandeln sie mit brutaler Härte«, schnaubte Farmer X, und noch Schlimmeres hatte Frau Y in deutschen Blättern gelesen. Wußte man denn in der alten Heimat gar nicht
mehr, was die Weißen hier geleistet hatten und wie gut sie es
doch mit dem dunklen Teil der Bevölkerung meinten?

»Auf meiner Farm hat niemals Vieh von Farbigen gestanden,
weil's früher kein Wasser gab, weder für Menschen noch für
Tiere. Als mein Großvater vor siebzig Jahren herkam, war alles
nur trostlose Steppe. Er hat mit eigener Hand den ersten Brunnen gegraben und später die Windräder aufgestellt. Dann hat's
natürlich gesprudelt, und ein halbes Tausend Stück Vieh konnte
gedeihen. Jetzt leben hier acht Damara-Familien, denen's dutzendmal besser geht als ihren Vorfahren. Nein, wir haben niemandem was weggenommen! Wir haben das Land erst zu dem
gemacht, was es heute ist. Bei der UNO behaupten alle möglichen Idioten, sie müßten unsere armen Schwarzen vor restloser
Ausrottung bewahren. Dabei haben sich die in den letzten dreißig Jahren fast verdoppelt... etwa durch Ausbeutung, durch
Mißhandlung oder weil man ihnen alles Land gestohlen hat?«

Ich sollte das noch viele Male hören, auch die bittere Enttäuschung über vorwurfsvolle Stimmen aus der Bundesrepublik.
Die Deutschen daheim können die Deutschen von Südwest
nicht mehr verstehen, und die haben ihrerseits kein Verständnis für den zeitbedingten Wandel in der alten Heimat.
Ob man die »Neo-Germanen« überhaupt noch als richtige
Deutsche bezeichnen dürfe, wurde teilweise bestritten.

»Die sind total veramerikanisiert«, glaubte Farmer X, »die
kennen sich selber nicht mehr.«

Besonders erbittert sind die Südwester über einen sogenannten Dokumentarfilm, den im Januar 1967 das Zweite Deutsche
Fernsehen ausstrahlte. Dabei ging es um die Zustände in den
ehemaligen Kolonien, mit besonderer Berücksichtigung von
Deutsch-Südwest. Selber habe ich diesen Film nicht gesehen,
kann also keine eigene Meinung dazu äußern. Doch wird allgemein versichert, er sei von Anfang bis Ende Schimpf und Schande gewesen. Man habe die deutschen Farmer und Schutztruppler
als üble Menschenschinder dargestellt. Mit den Peitschen hatten

sie auf ihre farbigen Knechte eingeschlagen, den Schwarzen das Land gestohlen und auch sonst die schlimmsten Verbrechen gegen menschliche Würde begangen. Die deutschen Hersteller des Films sollen sich eifrig bemüht haben, den Herero-Krieg als barbarische Vernichtung eines freiheitsliebenden Volkes darzustellen. Aus dem Zusammenhang gerissene Zitate alter Dokumente sowie bestimmte Stellen in General von Trothas Befehlen sollten das beweisen.

»Das sieht den Neo-Germanen in der Bundesrepublik ähnlich«, wurde mir in heller Empörung zugerufen, »das paßt zu diesen notorischen Beschmutzern der eigenen Vergangenheit. Nichts ist denen lieber, als Geschichte zu fälschen und ihr Volk in den Dreck zu ziehen!«

Ich konnte keine Stellung nehmen, weil mir die Sendung entgangen war.

»Aber Sie haben das mitbezahlt«, bekam ich zu hören, »mit Ihren Fernsehgebühren finanzieren Sie solche Lumpereien. Hat denn niemand dagegen protestiert?«

Soviel ich weiß, hatten Fernsehteilnehmer tatsächlich protestiert, und es war in einer späteren Sendung zu heftigen Diskussionen gekommen, allerdings zu einer recht ungünstigen Sendezeit.

»So, in München leben Sie? Warum hat man denn in dieser schönen Stadt unsere Gedenktafel entfernt? Die war am Rathaus angebracht, darauf standen die Namen aller Schutztruppler und Farmer aus München, die im Herero-Krieg gefallen sind. Nun aber ist die Tafel weg, haben Sie auch davon keine Ahnung?«

Nicht die geringste, aber es stimmt, wie ich seitdem erfuhr. Auf Beschluß des Stadtrates wurde 1966 die alte Tafel vom Rathaus abgenommen und dafür eine neue an der Außenmauer des Südfriedhofes angebracht.

»Und in Berlin hat man den Kaiserdamm in Adenauerdamm umgetauft«, grollte Frau Y. »So wollen die Neo-Germanen Stück für Stück der Geschichte durch 'ne ganz neue und 'ne total verlogene ersetzen. Bei uns kommt so was nicht in Frage, da sind auch die Afrikaaner mit uns der gleichen Meinung. Wir behalten unsere Kaiserstraße in Windhuk und auch den Kaiser-Wilhelm-Berg.«

Dabei wußte die Dame noch nicht, daß es die Berliner Bevölkerung durchgesetzt hatte, ihren »Kaiserdamm« wiederzubekommen. Ich sagte es ihr, und sie sah darin ein Zeichen beginnender Besserung.

Sie nickte hinüber zu einer Ecke des Wohnzimmers, wo niemand saß. Aber es hingen dort in Glas und vergoldeten Rahmen die Bilder Kaiser Wilhelms und der Kaiserin, etwa aus der Zeit der Jahrhundertwende.

»Die spinnen doch alle miteinander«, war die drastische Vermutung eines Firmenvertreters aus Dortmund, den ich einige Wochen später traf. Er hatte ähnliche Ansichten gehört und glaubte, die deutschen Südwester hätten seit 1914 tief und traumlos geschlafen. Sie seien total verstaubt und verkalkt, sie paßten schon längst nicht mehr in unsere Zeit. Ein regelrechter Anachronismus, dieses starrsinnige Beharren bei überholten Traditionen von Kitsch und Kaiser. Alles Plüsch und Plunder, weg damit in die Mottenkiste der Vergangenheit.

»Die haben überhaupt keine Ahnung, was seit dem ollen Willem alles passiert ist!«

Er meinte natürlich, was alles bei uns daheim passiert war. Aber das stand nicht zur Debatte, weil es ja hier um den Südwesten Afrikas ging, wo eben jene Leute lebten, die angeblich den Gang der Entwicklung verpaßt hatten. Sein Urteil war bedingt durch einen falschen Blickwinkel. Der junge Mann aus Dortmund schaute sich die Südwester noch von zu Hause an. Sie können aber nur aus ihrem eigenen Leben und Erleben beurteilt werden. Und da hat eben die deutsche Zeit schon im Ersten Weltkrieg aufgehört, als daheim noch ein Kaiserreich bestand. Eine andere deutsche Zeit lernte man in Südwest nicht kennen. So wird denn aufbewahrt, was man aus eigener Erinnerung oder durch Erzählen der älteren Generationen überliefert bekam. Das wird gepflegt und vergoldet, das wird an Kinder und Kindeskinder weitergereicht...

Wer darüber lächelt, kennt offenbar unsere Illustrierten nicht und die Unzahl von Wochenblättern, deren Spalten mit Bildern und Berichten aus fürstlichen Häusern angefüllt sind. Die Memoiren der Kaisertochter Viktoria-Luise wurden ein Bestseller, das Leben und Lieben der Kaiserenkel und Urenkel Wilhelms II. beschäftigte die populäre Presse. So muß wohl auch bei uns ein reges Interesse für die einst regierenden Familien herrschen und die Auflagen stärken. Sonst würde man diese Themen nicht wählen. Den deutschen Südwestern sind die jungen Prinzen kein Begriff, also bleibt der alte Kaiser an der Wand oder wenigstens in Erinnerung.

Man kann deshalb nicht behaupten, die deutschen Südwester hätten die Entwicklung eines halben Jahrhunderts verschlafen. Sicher nicht in dem Land, wohin sie schon so lange gehören. Das hatte seine eigene Entwicklung, und die haben sie, ihre

Väter und Großväter, in vollem Umfang mitgemacht, teilweise auch mitgestaltet. Sie können die deutschen Verwandlungen nur aus weiter Ferne betrachten, woran auch gelegentliche Besuche in der alten Heimat nichts ändern. Die wurde ihnen schon lange fremd, da kommen sie freilich nicht so mit wie unsereins, der selbst durch alles hindurchgehen mußte.

Mit den beiden Farmbesuchen zu Kaffee und Kuchen war die Rundreise des Tages noch nicht zu Ende. Wir mußten ja noch auf die Farm Omandlimba, wo ein »Braaivleis« stattfinden sollte. Wir fuhren zwar beim Hause vor, wurden aber gleich in Richtung einer wilden Schlucht umgeleitet, die gut zwanzig Fahrminuten entfernt lag. Am Fuß einer steilen, etwas überhängenden Felswand loderte das mächtige Feuer. Sein Geflacker bemalte lebhaft leuchtend das Gestein, und sein Geknister hatte viel zu erzählen. Mit würzigem Duft brannte das harte Holz des Kameldornbaums. Tiefer Sand auf dem Boden, knorrige Akazien ringsum, tiefblauer Nachthimmel darüber, wo alle Sterne des Südens blinkten. Ein Bild und eine Atmosphäre wildromantischen Lagerlebens. Eine Räuberbande hätte gut dazu gepaßt.

Statt dessen erschienen nach und nach die anständigsten Leute, sechs oder sieben Familien, wenn ich mich recht entsinne. Manche mit ihren großen, einige auch mit ihren kleinen Kindern. Die wurden aber gleich zum Schlafen in die Wagen geschickt, wo das Bettzeug schon bereit lag. Obwohl das Fest in der völlig freien Natur verlief, hatten sich die Damen hübsch zurechtgemacht, während die Herren zur frischgebügelten Hose nur weiße Hemden trugen, jedoch auf Krawatten verzichtet hatten. Es wurde ja auch von ihnen erwartet, daß sie am Feuer hantierten, Holz herbeischleppten und Flaschen öffneten. Die Mehrzahl der Gäste waren deutscher Herkunft, doch es kamen auch einige Afrikaaner und ein englisches Ehepaar. Manche waren nicht eingeladen, sondern nur mitgebracht worden. Denn so ist das in Südwest, wenn eine Familie Hausgäste bei sich hat, gehen die selbstverständlich überall mit hin, wo ihre Gastgeber hingehen. Da wird nicht erst gefragt, das gehört sich so.

Bei uns kauft man die Holzkohlen für den Gartengrill im Laden, doch in Südwest muß man sie selber herstellen. Zu diesem Zweck und nicht etwa schon zum Braten diente der große, prasselnde Holzstoß. Erst als seine Flammen heruntergebrannten und nur die rote Glut noch übrig war, konnte die Bereitung des »Braaevleis« beginnen. Ein paar Herren ergriffen ein paar Schaufeln und beförderten die glimmenden Holzkohlen zu einer flachen, sandigen Stelle. Darüber stellte man den Bratrost, etwa anderthalb Meter lang und einen halben Meter breit. Er stand auf Füßen ungefähr dreißig Zentimeter über der Glut. Indessen wurde nebenbei der Holzstoß wieder geschichtet, um für den weiteren Bedarf neue Glut zu liefern. Außerdem brauchte man seine hellen Flammen zur Beleuchtung der Szenerie.

Alsdann wurde der Rost mit einer solchen Menge von Steaks und Koteletts belegt, als werde eine kriegsstarke Kompanie erwartet, die sich schon seit Tagen nur von trockener Brotrinde ernährt hatte.

»Wir werden schon satt«, meinte Walter beruhigend, »es kommt nachher noch mehr!«

Um die Wartezeit zu verkürzen, wurde Windhuker Bier, portugiesischer Kognak und südafrikanischer Rotwein gereicht, was der ohnehin aufgeschlossenen Stimmung zugute kam. Wie es dann soweit war, ließ die Hausfrau (wenn man sie in einer wilden Schlucht so nennen darf) an all ihre Gäste Handtücher verteilen. Diese ersetzten sowohl das Tischtuch wie auch die Servietten und hatten ferner den Zweck, die Hosen der Herren und die Röcke der Damen vor triefendem Fett zu schützen. Auf Teller und Besteck wurde verzichtet, man aß statt dessen aus der Hand und ersetzte das Messer durch die Zähne. Was den großen Vorteil hat, daß hinterher niemand Geschirr spülen oder Bestecke reinigen muß. Außerdem macht es Spaß, wieder so zu speisen, wie es bei den Ochsentrekkern üblich war.

Ehe man sich's versah, war die knusprige Fleischmenge auf dem Rost schon vertilgt. Neue Glut kam darunter und frische Bratstücke von Ziege, Hammel und Schwein darauf. Die Bokkies von Südwest, ebenso die Hammel sind viel besser und schmekken auch viel besser als bei uns. Wer nicht weiß, was er da verzehrt, kann es kaum erraten. Es war wirklich nicht zu glauben, wie man es fertigbrachte, so viel zu verzehren. Falls Leoparden in der Nähe waren und zuschauten, konnten sie vor Erstaunen ein leises Fauchen kaum unterdrücken.

Endlich war ein jeder von uns restlos satt, keiner konnte mehr zugreifen. Man wischte sich Finger und Gesicht mit dem Handtuch ab, lächelte zufrieden und lehnte sich zurück. Mehr als schon geschehen konnte den Gästen nicht geboten werden.

Aber es folgte noch der musikalische Teil des Abends. Wer damit unversehens anfing, weiß ich nicht mehr. Aber plötzlich begannen zwei, drei Leute ein Volkslied zu singen, und sogleich fiel die ganze Gesellschaft ein. Nur mir war unmöglich mitzumachen, weil ich die Texte nicht kannte und mein Gesang wohl niemandem gefallen hätte. Hier konnte man singen und tat es mit der größten Freude. Bei uns wissen nur noch wenige Wandervögel, welch unerschöpflichen Schatz von alten und ältesten Volksliedern es gibt. Aber in Südwest blieben sie lebendig und beliebt, sogar bei den jungen Leuten.

Es kamen Klampfen und Gitarren zum Vorschein, mit bunten Bändern geschmückt. Kaum wagte ich meinen Augen zu trauen, als auch Walter so ein Ding in den Händen hielt und meisterlich daran zupfte. Seit vielen Jahren kannten wir einander, doch hatte ich daheim nie erfahren, welche Begabung er und seine Tilla selbst auf diesem Gebiet zu entwickeln verstanden. Es paßte scheinbar so gar nicht zu einem modernen Unternehmer von internationalem Erfolg. Wohl deshalb zeigten sich die beiden nur hier als Künstler des Gesangs und Kenner so vieler Volkslieder. Es strahlten die Gesichter, flackernd vom Schein des Feuers beleuchtet. Die Schlucht, in der wir saßen, verlieh dem gemischten Chor eine akustisch vortreffliche Wirkung. Kein Bühnenbildner hätte dafür eine bessere Szenerie entwerfen können, als sie die Natur selber geschaffen hatte.

Zu einem Liederabend oder gar zu einem Gesangverein hatte ich mich aus freien Stücken noch nie begeben. Aber nun war ich unversehens mitten in einen solchen Kreis geraten und fand es gar nicht so übel. Wohl deshalb nicht, weil alles so selbstverständlich schien, auch mit Lust und Liebe geschah. Was man da nicht alles zu hören bekam, von den Trinkliedern der Scholaren bis zu den Schnaderhüpferln aus Oberbayern, von der Feder am Barette bis zu den roten Husaren. Wanderlieder und Soldatenlieder, flotte Weisen und still verhaltene Melodien. Und die Loreley war auch dabei.

Damit nicht genug, kamen auch die Afrikaaner zu ihrem Recht, denen ihr liebstes Lied von Sarie Marais geboten wurde und noch manches mehr. Man war ein Herz und eine Seele. Des frohen Singens war überhaupt kein Ende. Hörten die alten Herrschaften vorübergehend auf, um ein Glas zu leeren oder Atem zu schöpfen, wurden sie von den hellen Stimmen ihres Nachwuchses erfreut.

Erst gegen ein Uhr waren die Sänger am Ende ihrer Stimmkraft. Auf sandigen Pfaden rollte die Kolonne zur Farm, löste sich dort auf und verschwand. Ein jeder Wagen in seiner Richtung.

»Schlafen Sie gut und tief«, wünschte mir Walter mit festem Händedruck, »morgen lassen wir uns dann Zeit. Erst um halb acht geht's wieder los.«

Geheimnis der Berge

Wir hatten den Geländewagen so voll geladen, daß beim besten Willen nichts mehr hineinging. Feldbetten und Schlafsäcke, Proviant für vierzehn Tage und hundert Liter Trinkwasser. Dazu eine schwere Blechkiste mit Fruchtsäften, Bierbüchsen und Weinflaschen. Wir hatten Zelttische und Klappsessel an Bord, Kompressionslampen und elektrische Lampen, Geschirr für vier Personen und alles, was noch sonst für einen Haushalt unter freiem Himmel gebraucht wird. Warme Kleider für die kalten Morgenstunden, genagelte Stiefel zur Besteigung der Berge und lederne Jacken zum Durchstreifen der dornigen Dickichte. Kameras, Gewehre und Ferngläser, Karten und Kompaß, Bratrost, Bratspieße und Schürhaken. Es kommt schon viel zusammen, wenn man wochenlang kampieren will und jedesmal an einer anderen Stelle. So unabhängig wie nur möglich wollten wir sein.

Als Hesekiel hinten in den Wagen stieg, mußte er sich so schmal machen wie eine Sardine in der Büchse. Wir saßen vorne zu dritt, Walter am Steuer, Frau Tilla neben ihm und ich links am Fenster. Das Reiseprogramm hielt Walter geheim, doch konnte kein Zweifel bestehen, daß er jeden Tag, vom ersten Frühlicht bis zum Anbruch der Dunkelheit, so lückenlos verplant hatte, daß für Rast und Ruhepausen nur wenig übrigblieb. Er war stets der Ansicht, daß die Nächte zur Erholung genügen.

Er ließ den Landrover an, faßte das Steuer mit beiden Händen und gab Vollgas mit Vergnügen. Wer mit Walter K. eine längere Fahrt unternahm, hatte bestimmt ein Erlebnis besonderer Art. Der »Blitz von Etemba« wird mein Freund genannt, weil er jede Kurve in sausendem Tempo nimmt und über Bodenwellen einfach hinwegspringt. Gestrüppe und Geröll machen ihm nichts aus, ebensowenig die sandigen Riviere und knietiefe Löcher. Hinein und hinüber, ohne Rücksicht auf Federn, Felgen und Pneus.

»Das mach' ich doch nur Ihnen zuliebe«, rief er mit Begeisterung, »nur weil Sie vom Land möglichst viel sehen sollen, müssen wir uns ein wenig beeilen!«

Ob das wirklich der einzige Anlaß für sein rasantes Tempo war, möchte ich bezweifeln.

Weil ich dem braven Hesekiel im Überschwang der Gefühle gleich drei Pullover für seine erfolgreiche Mithilfe bei Erlegung des fabelhaften Kudus versprochen hatte, mußten wir beim

Durchfahren von Karibib doch einmal kurz verweilen. Denn es befand sich in dieser Ortschaft ein weithin berühmter Laden, der reiche Auswahl zu bieten hatte. Es war ein Kramladen von der alten Sorte, wie man sie bei uns nur noch selten findet. Bis zur Decke reichten die Regale, mit allen möglichen Waren vollgestopft, und Gerüche anheimelnder Art durchzogen die Räume, wie in einem deutschen Dorfladen von Anno dazumal. Es knarrten die ausgetretenen Dielen, und eine Katze strich umher. Freundlich lächelte uns die grauhaarige Bedienung entgegen. Es war eine Handlung von historischer Bedeutung, wenn man so sagen darf, das älteste noch bestehende Ladengeschäft in Südwestafrika überhaupt. Die Familie Hälbich, der es neben vielen anderen Unternehmen gehört, kam schon lange vor der deutschen Zeit ins Land und feierte 1964 ihr hundertjähriges Jubiläum. Der seinerzeit vielgelesene Schriftsteller Hans Grimm hat den Hälbichs in seinem Buch über die Südwester Pioniere ein ganzes Kapitel gewidmet.

Zu den drei Pullovern in grellen Farben (denn bei Hälbichs weiß man, was die farbige Kundschaft bevorzugt) kaufte sich Hesekiel noch einen feschen Hut. Er probierte ihn vor einem Standspiegel mit verschnörkeltem Rahmen, der angeblich schon vor hundert Jahren die Reise nach Südwest angetreten hatte.

Weiter ging die geschwinde Fahrt auf vortrefflicher Straße. Wir durcheilten Usakos, im Gegensatz zum völlig deutschen Karibib eine fast nur von Afrikanern bewohnte Ortschaft. Aber dann bremste Walter plötzlich ab, warf das Steuer herum und lenkte den Landrover auf eine Wüstenpiste.

»Ich dachte, wir fahren nach Swakopmund?«

»Dachten Sie? Irrtum, mein Lieber, die Küste kommt erst später dran... wir fahren erst mal zur Spitzkopje und zum Buschmann-Paradies.«

»Lohnt sich das?«

»Sie werden's ja sehen...«

Aus und vorbei war es mit der geteerten Pad, vierzehn Tage lang sollten wir feste Straßen nicht mehr wiedersehen. Statt dessen fußhohes Trockengras, blattlose Sträucher und viele spitze Steine. Mit Vierradantrieb ging es durch Riviere mit lockerem Pulversand, dann kamen wir zu einer großen Farm. Aber verstaubt waren ihre Fenster und vergilbt die Büsche im Garten. Die Farm war verlassen, und die beiden nächsten Farmen mußten demnächst verlassen werden. Alles Land im weiten Umkreis sollte nach dem Odendaal-Plan Stammesgebiet der Damaras werden. Die Regierung hatte die Farmen schon angekauft, um sie den Farbigen zu schenken. Gute Preise wurden gezahlt, aber die Besitzer mußten verkaufen und mußten fort, ob sie das wollten oder nicht.

Die Spitzkopje ist ein allein stehendes Gebirge, das sich himmelhoch über das flache Land erhebt. Ein besonders steiler, oben zugespitzter Kegel gab ihm den Namen. Je näher man an die Felsenbastion heranfährt, desto grandioser ihre Wirkung. Vollkommene Einsamkeit, absolute Stille. Am Fuße eines Berghangs aus massivem Fels, inmitten eines staubtrockenen Akazienwaldes erreichten wir das Ende der Fahrspur.

Ein windschiefes Blechschild verkündete, daß hier ein Campingplatz vorhanden sei. Doch Wasser gab es nicht, auch sonst keine praktische Einrichtung, wie man sie eigentlich bei Campingplätzen erwartet. Ich erinnerte Walter an ein Paradies, das er uns versprochen hatte.

»Ein Paradies für Buschmänner«, verbesserte er, »und dorthin steigen wir jetzt hinauf.«

Hesekiel blieb beim Wagen, um alles Gepäck fürs Nachtlager auszuladen. Wir jedoch ergriffen mit der rechten Hand eine endlos lange eiserne Kette, die unten an der Felsplatte begann und so weit nach oben führte, daß man ihr Ende nicht sah. Ohne diese Kette wäre es nicht möglich gewesen, sich bei sechzigprozentiger Steigung auf der fugenlos glatten Steinfläche zu halten. Schnaufend, ächzend und schwitzend zogen wir uns Meter für Meter hinauf. Wenn einer von uns glaubte, er könnte nicht mehr weiter, so mußte er trotzdem weiter, noch ein Stück und noch eins, bis wir schließlich droben waren. Aber nicht auf der Spitzkopje selber, sondern nur auf einem Plateau von kaum dem vierten Teil der Höhe.

Die Sicht war über alle Maßen wunderbar. Gar nicht zu vergleichen mit dem Blick von unseren Bergeshöhen, weil sich eine Landschaft ganz und gar verschiedenen Charakters drunten ausbreitete. Goldgelb schimmerte das Steppengras bis zum Rande rosaroter Gebirgsketten, die das Flachland begrenzten. Gerade noch waren die Swakopberge und das Kuiseb-Hochland am Horizont zu erkennen. Im Westen lag die leere, einsame Namibwüste und dahinter, nicht mehr zu sehen, sondern nur zu ahnen, die graue Unendlichkeit des Südatlantischen Ozeans. Ein Hauch seiner salzigen Atmosphäre wehte bis zu unserer Höhe hinauf. Die Weite schien ohne Ende zu sein, menschliche Wesen oder überhaupt lebende Wesen konnte man sich in dieser Welt nicht einmal denken.

Nachdem wir hinreichend gestaunt hatten über das, was wir

sahen und auch nicht sahen, schritt Walter uns voran ins sogenannte Paradies der Buschmänner. Es öffnete sich überraschend, als wir nach wenigen Minuten das jenseitige Ende der Felsenfläche erreichten. Dort war kein steiler Absturz hinunter zur Ebene, wie ich gemeint hatte, sondern ein sandiges Hochtal, von haushohen, buckligen Steinhügeln eingerahmt. Es dehnte sich ungefähr einen Quadratkilometer aus und hatte fast kreisrunde Form. Am Grunde einiger Felslöcher, die Brunnenschächten ähnlich sahen, glänzte dunkles Wasser. Auch sonst mußte wohl der Boden das ganze Jahr hindurch Feuchtigkeit enthalten, denn aus dem losen Sand erhoben sich ein paar Dutzend höchst seltsam geformte Bäume. Blätter hatten sie keine, aber blaßgrüne Rinde und viele hellgrüne Äste. Es waren sogenannte Kokerbäume, und zwar die nördlichsten Exemplare des Landes. Aus ihrem federleichten Holz hatten sich früher die Buschmänner ihre Köcher, auf afrikaans Koker, für die Pfeile gemacht, daher der Name. Sie wirkten geisterhaft in dieser Einöde, gaben ihr aber eine besondere Prägung und erinnerten an die einstigen Bewohner. Hier waren sie vor ihren grausamen Feinden völlig sicher gewesen, genügte es doch, über die schräge Felsplatte, die wir mit Hilfe der Kette überwunden hatten, Steintrümmer hinabzurollen, um bösen Raubmenschen alle Knochen im Leib zu zerschlagen. Insofern ein gesichertes Paradies für jene, die droben gehaust hatten.

Sie hatten in einer riesengroßen Höhle gehaust, die etwa zehn Meter tief und fünfzig Meter lang ist. Man könnte sie mit einem Tunnel der Eisenbahn vergleichen, der seitlich aufgeschlitzt wurde. Die Rückwand der Höhle war von der einen bis zur anderen Seite mit farbigen Felsmalereien bedeckt. Sie stellten Tiere des Landes dar, die von hauchdünnen, mit Pfeil, Bogen und Speeren bewaffneten Menschen gejagt wurden. Alles wirr durcheinander, weil man die alten Bilder oft mit neuen übermalt hatte. Wann das gewesen war, darüber streiten sich natürlich die Gelehrten. (Wann eigentlich tun sie das nicht?) Aber bestimmt sind die letzten Zeichnungen nicht so viele tausend Jahre alt wie ganz ähnliche Malereien in den prähistorischen Höhlen Europas.

Eine Bronzetafel am Fuß der Wand wies darauf hin, daß die bemalte Höhle als nationales Monument zu gelten hat, und ermahnte die Besucher, sie dementsprechend zu schonen. Leider hatte der Hinweis nicht viel genutzt, denn zum größten Teil waren die Felsbilder zerstört, zerkratzt und verwaschen. Es muß wohl auch in Südwest jene Sorte von Vandalen geben, die sich ein Vergnügen daraus machen zu beschädigen, was andere Leute bewundern. Als der deutsche Ingenieur Rieche vor etwa vierzig Jahren die Höhlen besuchte, um sie erstmals ausführlich zu beschreiben, waren die Malereien noch in denkbar gutem Zustand. Er war unlängst wieder im Buschmann-Paradies gewesen und meinte zutiefst betrübt, es sei kaum noch der zehnte Teil unbeschädigt. Welch ein Jammer, da wir noch den Rest so unerhört eindrucksvoll fanden. Wie großartig muß die Höhle gewirkt haben, als die Bilder noch vollständig waren.

Dennoch ist das Hochtal im Massiv der Spitzkopje etwas ganz Besonderes geblieben. Man spürt den Hauch des Geheimnisvollen und möchte so bald nicht mehr fort. Es gibt in dem Felsenrund noch viele andere, nicht bemalte Höhlen, doch geschwärzt vom Rauch der Lagerfeuer sind fast alle. Wer sorgfältig sucht, findet Steinwerkzeuge und vielleicht auch ein paar Pfeilspitzen der Buschmänner. Und doch scheint alles in diesem Talkessel viel zu groß und zu mächtig, um nur diesen kleinen Männlein und Weiblein gehört zu haben. Man glaubt im Hof einer mächtigen Burg zu stehen, die Riesen einst gebaut haben. In den Höhlen hausten ihre Drachen, und sie selber wohnten in den Felsgemächern, deren kreisrunde Öffnungen wir sahen. Die Phantasie kennt keine Grenzen, wenn man ihr freien Lauf gestattet. Sie wird von dieser eigenartigen Umgebung lebhaft angeregt.

Schon tief hat sich die Sonne gesenkt, als wir an der Kette heruntersteigen. Dabei leuchtet die Spitzkopje wie eine flammendrote Fackel, und blaue Schatten, die schnell dunkler werden, legen sich über die Steppe.

Hesekiel hat schon die Wohnung in der Wildnis möbliert und vollständig eingerichtet. Küche und Speisezimmer befinden sich unter einer Schirmakazie mit weitausladenden Ästen. Die beiden Nachtquartiere für das Ehepaar und mich liegen etwa dreißig Schritt weit auseinander. Über mein Feldbett hat unser schwarzer Mann den warmen Schlafsack mit dem großen, bequemen Kopfkissen schon ausgebreitet. An dem Dornbusch daneben kann ich später meine Kleider aufhängen, und ein Klapptisch dient als Waschtisch. Die Schüssel aus Plastik steht schon darauf. Griffbereit liegt das Gewehr dicht am Bett, damit ich es zum Schutz meines Leibes und Lebens gleich fassen kann, sollte ein Leopard die üble Absicht haben, mich zu fressen. Doch sind Angriffe dieser oder anderer Raubtiere gegen Menschen, wie glaubhaft versichert wird, äußerst selten und seit Jahren nicht mehr vorgekommen. Doch es beruhigt zu wissen, daß man sich ihrer notfalls erwehren kann, vorausgesetzt, es ist nicht zu dunkel und es bleibt noch Zeit, geeignete Maßnahmen zu treffen.

Über dem Eßtisch hängt vom Baum eine starke Lampe, die ein Areal von etwa zwölf Schritt Durchmesser hell bestrahlt. Um diesen Lichtkreis herum steht nun schwarze Nacht, die uns glauben läßt, in einem geschlossenen Raum zu sein. Unser Dach ist die Schirmakazie und insofern ein vollkommen dichtes Dach, weil es bis zum Spätherbst gar nicht regnen kann.

Hesekiel hat schon beizeiten genügend trockenes Holz gesammelt, den Stoß mit kundiger Hand geschichtet und angezündet. Unterdessen ist das Feuer zu einem Bett glühender Holzkohlen heruntergebrannt. Unser »Mynheer van der Merve« kann in Aktion treten.

Mit diesem kuriosen Namen wird ein dreibeiniges Gestell bezeichnet, von dessen Mitte ein Drahtgeflecht hängt, um über der Glut zu schweben. Seine Konstruktion ist ebenso einfach wie genial, nur ein alterfahrener Buschläufer mit dem rechten Sinn für die rauhe Praxis konnte dergleichen erfinden. Der hängende Drahtrost besitzt ein doppeltes Gitter und dessen Oberteil läßt sich aufklappen. Man legt das Fleisch, die Würste, oder was es gerade ist, auf den unteren Rost und klemmt den oberen wieder darüber. Die Höhe des Schwebens über dem Kohlenbett wird sehr einfach reguliert, indem man die Beine des Gestells weiter nach außen spreizt oder näher zusammenrückt. Was aber den Neuling am meisten überrascht, ist jene kurze, mühelose Handbewegung, die genügt, um das bratende Fleisch zu wenden. Man zieht nur oben an einem Ring, und schon dreht sich der Bratrost auf die andere Seite. Was vordem unten lag, liegt nun oben. Man braucht sich dafür nicht einmal zu bücken.

Daher stammt auch der Name des vortrefflichen Apparates. Sein angeblicher Erfinder, Piet van der Merve, war ein Bure von echtem Schrot und Korn, der zu jenen Zeiten durchs Land treckte, als sich die Briten anschickten, das freie Burenvolk mehr und mehr zu bedrängen. Da sprach van der Merve das große Wort: »Ons sal nie buk nie«, was bedeutet, die Buren würden sich niemals bücken oder beugen. Gemeint waren natürlich die Briten, vor denen keiner seinen Rücken krümmen wollte. Als Schlagwort eilte van der Merves Ausspruch durchs ganze Burenland und blieb schließlich an dem Dreibein hängen, das jedem Benutzer erspart, sich zu bücken. Wenn die Geschichte nicht wahr sein sollte, ist sie doch hübsch erfunden. Noch sehr viele andere Geschichten werden van der Merve zugeschrieben, der bei den Afrikaanern ungefähr die gleiche Rolle spielt wie der Tünnes und der Schääl an den Ufern des Rheins. Doch zur Wiedergabe in guter Gesellschaft sind nur die wenigsten geeignet, es sei denn in weit vorgerückter Stunde.

Um noch einmal auf das geniale Dreibein zurückzukommen, man kann auch Pfannen und Töpfe daraufstellen, ja überhaupt jede warme Mahlzeit darauf bereiten. Für den Transport hängt man den Bratrost aus und klappt das Gestell zusammen. Es verlangt so gut wie keinen Platz und wiegt nur anderthalb Pfund. Zwei von den Dingern habe ich mir besorgt und von der Südwester-Reise mitgebracht. Sie dienen jetzt für Picknicks im Garten, wo sie meine Freunde in Erstaunen versetzen.

Doch genug davon, denn wir setzten uns zu Tisch. Er ist gut und reichlich gedeckt, weil auch die Hausfrau nicht untätig blieb und ihr Gatte belebende Getränke servierte. Nichts Schöneres kann es geben als solch ein Nachtmahl im afrikanischen Busch. Keine andere Menschenseele weit und breit, kein störendes Geräusch der Zivilisation. Ein Kauz ruft nach einer Kauzin, Fledermäuse flattern vorbei. In der Ferne heulen ein paar Schakale. Die Sterne schimmern durchs Gezweig, und der Mond geht auf. Wie kann man sich nur in solch einer Nacht hinter vier Wänden einsperren und den Himmel durch eine geschlossene Decke von sich abhalten?

Die Glut ist erloschen, und es wird kälter von Minute zu Minute. Höchste Zeit, in den Schlafsack zu kriechen.

Es ist noch kälter beim Aufstehen, es kostet viel Überwindung, das mollige Bett zu verlassen. Aber Freund Walter ist ein erbarmungsloser Antreiber (mir zuliebe, wie er sagt), sein ungeduldiges Klappern mit der Kaffeekanne darf ich nicht länger überhören. Also hinein in Hemd, Hose und Stiefel, sosehr man auch friert im Morgengrauen. Es wäre geprahlt, das flüchtige Waschen mit dem nassen Lappen eine Katzenwäsche zu nennen. Nimmt sich doch jede Miezekatze bedeutend mehr Zeit dafür. Noch schnell die Zähne mit der Zahnbürste gewetzt, aber die Rasur muß ausfallen, weil schon der Kaffee dampft und die Spiegeleier duften. So gemütlich wir gestern abend das Nachtmahl genossen, für das Frühstück sind uns nur knappe zehn Minuten bewilligt. Danach das Packen von all den siebenundsiebzig Sachen. Wir schnüren und schleppen, stopfen das Zeug in die Säcke und füllen die Blechkisten. So hastig gehetzt, läuft jeder hin und her, als müßten wir vor überlegenen feindlichen Kräften die Flucht ergreifen.

Dann ist es soweit, wir klettern an Bord. Eingehüllt in den Staub unseres schnellen Starts, bleibt der Lagerplatz zurück.

Die Brandberge sind unser nächstes Ziel. Sie wären auf relativ bequeme Weise zu erreichen, würden wir kehrtmachen, um wieder auf die Teerstraße nach Swakopmund zu gelangen. Von dort aus führen recht gut befahrbare Pads in etwa vier bis fünf Stunden zum Fuß des Gebirges. Aber ruhiges Rollen ist nicht nach meines Freundes Geschmack, ich soll möglichst viel von der Südwester Landschaft sehen, deshalb wählt Walter die Wildnis. Mit Donnergepolter brausen wir über rauhes Gelände, eine kilometerweite Staubfahne hinter uns herziehend. Ein Weg ist nicht mehr vorhanden, nur die Reifenspur anderer Fahrzeuge, die aus Gott weiß welchen Gründen die gleiche Richtung einschlugen. Ein Rudel Springböcke rettet sich durch schleunige Flucht. Straußen erscheinen am Horizont, werden bald erreicht und seitwärts überholt. Die Steppe ist so flach wie ein Flugplatz, nur knisterdürres Gestrüpp und faustgroßes Steingeröll hindern unseren Wagen daran, mehr als hundert Stundenkilometer zu rasen. Das Gepäck rumpelt hinter uns durcheinander, der arme Hesekiel hat nicht genügend Hände, alles festzuhalten. Mir fliegt Frau Tillas Kleidersack an den Kopf. Wenn nur die Federn und Felgen dies Holtergepolter aushalten.

»War das nicht ein Büchsenschuß?« fahre ich zusammen.

»Nein, nur der linke Vorderreifen ist geplatzt!«

Zum Glück macht es hier nichts aus, daß der Wagen wie betrunken umherspringt. Platz genug ist vorhanden. Walter bringt seinen Landrover wieder unter Kontrolle, bremst vorsichtig ab, und wir stehen. Jetzt merken wir erst die Mittagshitze und müssen in schattenloser Landschaft den Reifen wechseln.

»Wär's nicht besser, langsam zu fahren«, rät Frau Tilla dem allzu eiligen Gatten.

»Geht jetzt nicht, mein Schätzchen, wir haben doch im Interesse unseres Freundes ein so großes Programm, und für Reservereifen hab' ich gesorgt.«

Nur für zehn Minuten hat uns die Panne aufgehalten, aber für den Vorwärtsdrang des »Blitzes von Etemba« war schon das zuviel.

»Noch heute müssen wir hinauf zur Weißen Dame«, lautet sein Befehl, als er wieder Vollgas gibt.

»Aber Walterchen, hat das nicht bis morgen Zeit«, bittet seine durchgerüttelte Gattin, »sie kann uns ja nicht weglaufen.«

Das kann sie bestimmt nicht bei ihrem hohen Alter, und ich schließe mich dem Vorschlag an.

»Nein, heute noch muß es sein«, erhalten wir zur Antwort.

Das Gelände beginnt sich zu heben und dann wieder zu senken. Dichtere und höhere Vegetation zwingen nun doch, mit dem Tempo herunterzugehen. Der Wagen muß sich mit dem Antrieb all seiner vier Räder durch ein Gehölz von Dornbäumen winden. Danach folgen ein paar Riviere, die weniger mit Sand als mit Steinblöcken gefüllt sind, manche davon mit scharfen Kanten. Hier wird Walter vorsichtig und fährt allen Ernstes im Schritt. Doch es hilft ihm nichts, aus einem der Hinterreifen entweicht die Luft mit warnendem Pfiff.

Also wechseln wir wieder und fluchen dazu, was die Sache wesentlich erleichtert. Wenn jetzt noch mal ein Reifen durchlöchert wird, muß er an Ort und Stelle geflickt werden.

Doch heute passiert das nicht mehr, schon gegen drei Uhr gelangen wir ohne weitere Panne zum Tagesziel der Fahrt: Es ist ein grünes Tal zwischen dunklen Berghängen. Die Färbung des Gesteins sieht aus, als hätte hier jahrelang ein mächtiger Brand gelodert. Doch es sollen nur Ablagerungen von Mangan sein, die Aschenkruste vortäuschen. Demnach waren die Entdecker im Irrtum, als sie das Gebirge die *Brandberge* tauften.

Während der Regenzeit und noch einige Wochen danach rauschen Wasserfälle durch die Leopardenschlucht und füllen im Tal mehrere Teiche mit klarem, köstlichem Wasser. Die sind auch jetzt nicht völlig ausgetrocknet, sondern sind schilfumsäumte Sümpfe. Die Folge der Feuchtigkeit ist eine so üppige Vegetation, wie man sie in Südwestafrika sonst nur selten findet. Hier blühen sogar blaue Blumen, und es wimmelt von zwitschernden Vögeln. Bunte Schmetterlinge flattern gar lieblich durch die Luft.

»Auf geht's zur Weißen Dame«, unterbricht Walter meine Bewunderung der Natur, »gerad noch drei Stunden Tageslicht, nur knapp wird's reichen.«

Hesekiel muß wieder allein das Lager aufstellen, während wir sogleich den Aufstieg beginnen. Zu Anfang ist es nicht so steil, und wir können einem Fußpfad folgen. Stellenweise ist auch hier der Boden noch feucht, hin und wieder erfreut uns der Anblick eines kleinen Tümpels. Libellen zittern über der trüben Wasserfläche, und im Schilf quakt ein Frosch. Das mag während der Regenzeit auch in anderen Teilen Südwestafrikas vorkommen, doch selber habe ich eines Frosches Stimme nur auf dem Weg zur Weißen Dame gehört. Dieser Weg aber wird beschwerlicher, je höher wir kommen. Er windet sich steil und steinig durchs Labyrinth gewaltiger Felsblöcke. Silberne Pfeile, auf die Blöcke gemalt, weisen die wechselnde Richtung. Der

Die »Weiße Dame« in der Leopardenschlucht, ein ungelöstes Rätsel der Kunstgeschichte frühester Zeit. Kleidung und Darstellung erinnern an die Malerei auf antiken griechischen Vasen, ja sogar an das minoische Kreta. Doch wie sollte ein Beispiel dieser uralten Kultur des Mittelmeers nach Südwestafrika gelangt sein?

Boden besteht aus lockerem Geröll, das unter den Füßen davonläuft. Stacheliges Gebüsch, dessen Dornen mit Widerhaken bewehrt sind, zerrt an den Kleidern und zerkratzt die Hände.
Man muß Steinstufen erklimmen, die von Natur aus nur für
die Schritte von Riesen gedacht sind. Flink und behende springt
mein Freund hinauf, um jedesmal seine Frau zu fragen, ob sie
auch nachkomme. Das jedoch gelingt der zierlichen Dame nur
mit meiner Hilfe, woran ich es als Kavalier der alten Schule
nicht fehlen lasse.

»Schneller doch, wir müssen uns beeilen«, mahnt alle fünf
Minuten der ungeduldige Mensch von oben.

»Ja doch, wir kommen ja schon«, rufen die beiden Gefolgsleute zurück.

Schließlich sind wir dort, wohin er uns haben will, nämlich
vor dem engen Felsenspalt, der sich zur Höhle der Weißen Dame öffnet. Sie ist aber nicht allein, diese Dame, sondern befindet
sich in Gesellschaft zahlreicher anderer Personen und vieler
Tiere. Die kleine, nur metertiefe Höhle, an deren gewölbter
Rückwand sie gemalt sind, könnte so viele Geschöpfe kaum fassen.

Der erste Blick bereitet Enttäuschung, noch verstärkt durch
ein häßliches, rostiges Eisengitter, das man zum Schutz des
besonders kostbaren Bildes hat anbringen müssen. Leider ist
das zu spät geschehen, die Malerei hat schon vorher stark gelitten, und zwar durch allzu passionierte Fotografen. Damit die
Farben glänzten und stärker zur Geltung kamen, haben sie die
Bilder mit Wasser besprizt. Das brauchte gar nicht hundertmal,
sondern nur zehnmal zu geschehen, um das Beste davon abzuwaschen. So sind von der White Lady nur die Konturen sowie
eine blasse Ahnung ihrer einstigen Farben übriggeblieben. Wer
sie noch im alten Glanz bewundern will, dem seien Farbfotos
aus früherer Zeit zu empfehlen, als sich die berühmte Dame
noch im besten Zustand befand. Reproduktionen von ausgezeichneter Qualität sind in jeder guten Buchhandlung von
Windhuk und Swakopmund zu haben. Wobei man den Verdacht nicht ausschließen kann, daß der betreffende Lichtbildner
selber zu jenen Übeltätern gehört, die mit Wasser gewirkt
haben.

Knapp vierzig Zentimeter hoch ist die White Lady und
dürfte einem Laien der Kunstgeschichte nicht sonderlich auffallen, weil sie als nur eine Figur unter vielen dargestellt ist.
Wenn sie dennoch in Fachkreisen hochberühmt und vielummstritten ist, verdankt sie es einmal der besonderen Kunst ihres

Malers und zum anderen ihrer verblüffenden Ähnlichkeit mit dem Figurenschmuck auf antiken griechischen Vasen. Der Altmeister prähistorischer Wissenschaft und größte Experte für vorgeschichtliche Malerei, der Abbé Henri Breuil, gelangte nach persönlichem Besuch bei der Dame zur Meinung, daß ihre Heimat, zumindest die Herkunft des Künstlers, vermutlich in Knossos auf der Insel Kreta zu finden sei. Moderne Kollegen des hochgelehrten Priesters bestreiten das. Doch können auch sie nicht bestreiten, daß dies rätselhafte Geschöpf so unafrikanisch wie nur möglich ist. Ob es sich bei dem Bild wirklich um ein weibliches Wesen handelt, wie meist angenommen wird, läßt sich mit Gewißheit nicht sagen, spielt auch keine entscheidende Rolle. Die geheimnisvolle Figur trägt in der rechten Hand einen halbrunden, schneeweißen Kelch und auf dem relativ kleinen Haupt ein hübsches Häubchen mit Kinnband, dazu am linken Oberarm eine Schleife mit zwei Flügeln, so als habe sich dort ein großer Schmetterling niedergelassen. Solche Attribute sowie die weiße Farbe von der Leibesmitte abwärts und das helle, feine Gesicht sind ohne Beispiel im südlichen Afrika. Auf keiner anderen von den vielen tausend Felsmalereien ist auch nur irgendeine Ähnlichkeit mit der White Lady in den Brandbergen zu entdecken. Nur die minoische Kultur von Kreta, mehr als tausend Jahre vor Christi Geburt, sowie der Kunststil auf etruskischen und griechischen Vasen der antiken Glanzzeit zeigen gewisse Parallelen. Aber wie sollte es möglich gewesen sein, daß sich ein Maler aus dem alten Griechenland bis hierher in die Leopardenschlucht verirrte? Sollte nur die Art der Darstellung mit Kelch, Häubchen und Schmetterling so weit von Hand zu Hand gewandert sein, so fragt man sich mit Recht, warum wurde sie dann nur hier an dieser einen und einzigen Stelle gefunden?

Der deutsche Landmesser Dr. Richard Maack hat am 3. Juni 1918 die Weiße Dame zufällig entdeckt, als er von seiner Erstbesteigung des höchsten Gipfels in Südwest, also des Königsteins, durch die Leopardenschlucht zurückkehrte. Er suchte mit seinen Begleitern einen windgeschützten Platz, um zu lagern, fand die kleine Höhle und darin die Dame. Dem gebildeten Mann konnte nicht entgehen, daß diese Figur unter so vielen anderen, die er schon kannte, einmalig war. Doch er mußte wenige Monate später, nach dem Ende des Ersten Weltkrieges, das Land verlassen, und seine Entdeckung geriet in Vergessenheit. Erst 1936 konnte Dr. E. Scherz aus Windhuk, der sich mit Maack in Verbindung gesetzt hatte, die Höhle wiederfinden. 1962 versuchte der deutsche Experte für Felsmalereien, D. F. Denninger, das Alter der Dame mit Hilfe der Bindemittel-analyse festzustellen, mußte sich aber mit dem weiten Zeit-raum zwischen 400 und 1100 vor Christus zufriedengeben. Die Dame, oder wer es auch sein mag, ist und bleibt geheimnisvoll. Vielleicht wäre es sogar schade, sollte das Geheimnis ihrer Her-kunft jemals enthüllt werden.

Mit diesen und anderen Gedanken beschäftigt, beginnen wir den Abstieg und geraten dabei in die Dunkelheit. Nach mühe-vollem Herumtappen in finsterer Nacht sehen wir drunten das Lagerfeuer, können uns danach orientieren und erreichen das Camp in wohlbehaltenem Zustand. Der Tisch ist gedeckt, und Hesekiel legt gleich die Steaks ins Bratrost des Mynheer van der Merve. Verlockend ist schon der Duft, aber noch besser behagt uns eine Viertelstunde später das fertige Gericht.

»Die White Lady ist nicht das einzige Geheimnis der Brand-berge«, erzählt Walter bei Tisch, »es soll hier in den Hochtälern kleine Gruppen von Bergdamaras geben, die jeden Kontakt mit anderen Menschen meiden, vor allem mit den Weißen.«

Ich habe schon davon gehört, aber es waren nur Gerüchte, die niemand bestätigen wollte.

Denkbar wäre es schon, auch Dr. Heinrich Vedder, Südwest-afrikas bester Kenner der farbigen Bevölkerung, hält es für möglich. Während der schlimmen Zeiten, als die Klippkaffern so erbarmungslos durch Hereros und Hottentotten verfolgt wur-den, haben sie alles versucht, um ihren Feinden zu entgehen. Auf den schwer ersteigbaren Höhen der Brandberge konnten sie einigermaßen sicher sein. Und weil sich dort leben läßt, können vielleicht einige Sippen bis heute in den Hochtälern geblieben sein.

»Woher glaubt man denn zu wissen, daß es Damaras sind, können es nicht auch Gruppen einer anderen Urbevölkerung sein?«

Als ich später über diese Berge flog, deren Ausdehnung etwa dem Harz in Deutschland entspricht, sah ich von oben breite und teilweise grüne Täler. Es muß also Wasser dort geben, und wo Wasser ist, dort gibt es auch Wild. Gute und ausdauernde Jäger können sich also ernähren. Andere Farbige würden sie da oben nicht stören, welchen Grund sollten sie auch haben, sich so hoch hinauf zu bemühen. Der Königstein mit seinen 2 600 Metern Gipfelhöhe wird von Weißen nur selten bestiegen, nicht mehr als hundert Personen haben es seit der Erstbestei-gung durch Dr. Maack getan. In dem Gipfelbuch haben sich alle eingetragen. Man braucht von unserem Lagerplatz zwei Tage für den Aufstieg und muß natürlich eine Campingausrüstung mitschleppen. Wenn wirklich noch Menschen in den Hochtälern leben, fern allen Spuren der Zivilisation, können sie den wenigen Bergsteigern immer ausweichen. Niemand wird sie sehen, und man sollte sie auch gar nicht sehen wollen, weil es offenbar ihr Wunsch ist, jeden Kontakt mit der Außenwelt zu meiden.

Diese Nacht ist nicht so still wie am Fuß der Spitzkopje, denn hier gibt es Tiere dank der Feuchtigkeit im Talboden. Es raschelt im Gebüsch, es zirpt im Gras, und Frösche quaken im Schilf. Irgend jemand beschäftigt sich mit unseren leeren Konservendosen, die Hesekiel noch nicht vergraben hat. Die Teller klappern auf dem Tisch, und ein Topf poltert zu Boden. Gegen Morgen zwitschern zahlreiche Vögel.

»Willst du Bad haben?« fragt mich Hesekiel bei Tagesanbruch. Es kann meines Erachtens nur ein Schlammbad sein, woran er denkt. Aber nein, der brave Mann hat eine Wanne im Sinn, die kühles, klares Wasser enthält. Nur muß man sich die Wanne erst selber in den Boden graben. Er geht voran und weist auf eine sandige Stelle, die ihm gut geeignet scheint. Dort grabe ich mit unserem Spaten eine halbmetertiefe Grube in Körperlänge. Und siehe da, sie füllt sich gleich mit Grundwasser, so hell und rein wie Wasser aus der Leitung. Ich setze mich hinein und überhöre den Ruf meines Freundes zum Frühstück. Aus irgendeinem Grund ist mein Badewasser wärmer als die Luft, wunderbar wohl kann man sich darin fühlen. Ich liege ganz ruhig, um es so richtig zu genießen.

Da schreitet ein Perlhuhn näher und taucht seinen Schnabel in mein Bad. Ich rege keinen Finger, bleibe so still wie ein Baumstamm. Nun lassen sich auch einige Wachteln am Rand der Sandgrube nieder, ohne Furcht und Scheu trinken sie von dem klaren Wasser. Es muß ihnen viel lieber sein als die klebrige Brühe aus dem Sumpf. Kleinere Vögel kommen hinzu, deren Bezeichnung ich nicht kenne. Nach jedem Schlückchen heben sie die Köpfchen, ihre kleinen Äuglein scheinen von dem Menschen nichts zu bemerken. Ich fühle mich wie Herr Heinrich am Vogelherd, natürlich ohne dessen böse Absicht, die Vögel zu fangen.

Aber leider wird das Idyll schon bald von Hesekiel unterbrochen, der ausgeschickt wurde, mich zu holen. Es ist auch höchste Zeit, denn schon wird das Gepäck verladen. Nur meine Tasse und die Kaffeekanne stehen noch auf dem Tisch.

»Dachte schon, Sie wären im Sumpf versackt«, schimpft mich Walter aus, »wo wir's doch heute besonders eilig haben!«

»Ich konnte nicht gleich weg, hatte so viel Besuch . . .«

Zehn Minuten später sind wir aufs neue unterwegs. Die Pad, deutlich erkennbar und streckenweise sogar ausgebaut, windet sich erst durch die Ausläufer der Brandberge, dann folgt sie dem Rand eines Riviers und führt schließlich in die Steppe hinaus. Da kann Walter wieder Vollgas geben, und ohne Rücksicht auf Verluste brausen wir dahin. Ich möchte gern ans Steuer, weil mir das ständige Danebensitzen zu langweilig wird. Aber er läßt es nicht zu.

»Wissen Sie, ich werd' immer ganz kribbelig, wenn ich nichts zu tun habe.«

Wie gesagt, er lebt im Ruhestand, nach seiner eigenen Aussage. Aber damit ist wohl nur gemeint, daß er jetzt tun kann, was ihm behagt. Irgendeine Beschäftigung, die muß er haben, zu jeder Stunde und in jeder Minute.

Hierfür bietet sich eine besonders gute Gelegenheit, als bald darauf wieder ein Reifen zischt. Jetzt muß geflickt werden, da wir keinen Ersatzreifen mehr haben. Eine mühsame Arbeit in der prallen Sonne, allein schon das Herunterziehen des Mantels von der Felge. Walter will das unbedingt alleine machen, weder seinem Hesekiel noch mir traut er praktische Hilfeleistung zu. Er schafft aus Leibeskräften, Schweißperlen laufen ihm übers Gesicht, und er stöhnt vor Anstrengung. Doch bleibt ihm der Erfolg nicht versagt, nach einer knappen halben Stunde sitzt er glücklich lächelnd wieder am Steuer.

Alles Land, durch das wir rollen, ist als Stammesgebiet für die Damaras vorgesehen. Selbst ein Laie der Landwirtschaft kann nicht behaupten, es sei schlechtes Land. Das gelbe Gras steht dicht beisammen und ist gut dreiviertel Meter hoch. Nach Walters Schätzung genügen hier schon sechs Hektar für ein Stück Vieh. In Etemba, seiner eigenen Farm, braucht jeder Ochse zehn Hektar, um satt zu werden.

»Wollen wir hoffen, daß man die neuen Besitzer lange genug kontrolliert, sonst schlachten sie gleich wieder alles ab.«

»Nicht *kontrollieren* sollten Sie sagen«, verbessere ich seinen Ausdruck, »sondern *beraten*, das klingt etwas freundlicher.«

»Meinetwegen, aber die Klippkaffern sich selber überlassen kann man noch lange nicht. Ja, wenn's Hereros wären, Hottentotten oder Ovambos! Sind sie aber nicht, die Damaras brauchen Berater, und sie brauchen Weidewirtschaft, so, wie's ihnen der weiße Mann vorgemacht hat.«

Zur Zeit wird das Land überhaupt nicht genutzt, die weißen Farmer sind schon fort, aber ihre schwarzen Nachfolger noch nicht eingetroffen. Wir fahren hundert Kilometer weit auf sandiger Fahrspur ohne das geringste Anzeichen einer menschlichen Tätigkeit. Dann endlich erscheint zur linken Hand ein Zaun aus Maschendraht, schon arg von Rost zerfressen und vielfach durchlöchert. Wir gelangen zu einem offenen Tor und halten an.

»Der versteinerte Wald«, erklärt unser Fahrer und Führer, »eine ganz große Sehenswürdigkeit, die lassen wir uns nicht entgehen.«

Gewiß nicht, solche Naturwunder sind ja äußerst selten. Kreuz und quer liegen Baumstämme im Gelände, so als habe sie ein starker Sturm erst vor wenigen Jahren gestürzt. Wer sie nicht berührt und den Stein dabei fühlt, kann mit gutem Gewissen beschwören, es seien Holzstämme. Sie tragen noch ihre Rinde und sogar die Reste abgebrochener Äste. An vielen der Stümpfe sind deutlich die Jahresringe zu sehen. Holzsplitter oder vielmehr Steinsplitter bedecken allenthalben den Boden, ebenso Teile von alten Ästen und Rindenstücke. Man gerät leicht in Versuchung, sie als Brennholz einzusammeln. Aber sie in einem Korb davonzutragen, würde schwierig sein, niemand könnte ihn heben. Außerdem ist das Mitnehmen versteinerten Holzes streng verboten. Wenn dennoch einige kleinere Souvenirs in unseren Wagen und später in mein Gepäck gerieten, kann es sich nur um einen bedauerlichen Irrtum handeln.

Das eingezäunte Gelände ist so weitläufig, daß wir Stunden gebraucht hätten, um es ganz zu durchqueren. Wir steigen über Stein gewordene Äste und klettern über Stämme von Meterdicke. Kaum ein Fleck, der nicht von den Resten des zerstörten Waldes der Urzeit bedeckt wird. Vor vielen tausend oder hunderttausend Jahren war dies hügelige Gelände schön beschattet, und der Wind rauschte durch grünes Laub. Ein Wechsel des Klimas oder ein Sinken des Grundwassers muß den Wald getötet haben. Dann warf der Wind die abgestorbenen Stämme zu Boden, aber totale Trockenheit verhinderte ihre Fäulnis. So wurden sie allmählich zu Stein. Hier liegen sie nun, meilenweit verstreut, als fossile Überbleibsel aus einer anderen Epoche der Welt.

Zwischen den wohlerhaltenen Baumleichen der Vorzeit wuchern graugrüne Gewächse mit handbreiten Blättern, die sich meterlang ausstrecken. Blüten und Früchte sind verdorrt, sie entstehen und vergehen nur während der Regenzeit. *Welwit-*

schia mirabilis heißt die seltsame Pflanze, nach Dr. Friedrich Welwitsch aus Wien, der vor etwa hundert Jahren dieses Unikum entdeckte. Sie paßt recht gut zu den Fossilien des toten Waldes, ist sie doch selber ein Fossil, allerdings ein lebendiges. Nur in Südwestafrika und im südlichen Angola hat sich die Welwitschia an einigen Stellen bis heute erhalten. Sie ist ein Urgewächs aus dem Zeitalter des Devon, ein merkwürdiges Überbleibsel der sonst verschwundenen Vegetation jenes Zeitalters, da noch gar kein menschenähnliches Wesen existierte. Mit vollem Recht trägt sie daher den Beinamen »mirabilis«, die Wunderbare. Bis zu zwanzig Meter tief reichen ihre schlauchartigen Wurzeln in den Boden hinab und sind so dick wie Telegrafenmaste. Sie saugen während der Regenzeit das Grundwasser in sich hinein und können den Bedarf der Pflanze für viele Jahre aufspeichern. Deshalb übersteht die Welwitschia auch die längsten Dürrezeiten und bleibt noch einigermaßen grün, wenn ringsum alles in Staub zerfällt oder zu Stein erstarrt. Noch so viele andere Eigenschaften der ungewöhnlichsten Art hat dies Urgewächs aufzuweisen, daß niemand mit dem Staunen aufhört, der darüber zu lesen beginnt. Gerade die Fachleute staunen am meisten, weil sich die Welwitschia mirabilis in vielfacher Hinsicht ganz anders verhält, als es den sonst geltenden Gesetzen der Botanik entspricht. Sie ist eine Art für sich allein, die keine lebenden Verwandten mehr besitzt, gewissermaßen ein Waisenkind allein auf weiter Flur. Unnötig zu sagen, daß die Entdeckung des Dr. Welwitsch absoluten Naturschutz genießt.

So stolz sind die Südwester auf ihre berühmte Pflanze, daß sie die nächste Ortschaft nach ihr benannten. Jedoch mit dem unerwarteten Ergebnis, daß auch der Ort Welwitschia etwas ganz Besonderes wurde, nämlich eine »Geistersiedlung«, eine von ihren Bewohnern verlassene Ortschaft.

Sie war der Mittelpunkt jenes Weidelandes, das die Weißen räumen mußten, um den Farbigen Platz zu machen. Die neue Kirche ist zugenagelt und wird vorläufig nicht mehr benutzt, ebenso die Schule und das Hospital. Unkraut hat die Gärten überwuchert, kein Gast tritt mehr über die Schwelle des kleinen Hotels, und an den geschlossenen Geschäften verstauben die Reklameschilder. Nur die Post, das Polizeibüro und eine Tankstelle sind noch in Betrieb. Hier lassen wir den zweiten Ersatzreifen flicken.

»Sie dürften mein letzter Kunde sein«, sagt uns der Mann, »am kommenden Freitag mach' ich meine Bude dicht und geh' in den Süden.«

Ob er eine gute Entschädigung bekam, möchte ich wissen.

»Die Regierung war soweit ganz anständig, aber ich wollte gar nicht verkaufen ... ich mußte verkaufen, weil ja so gut wie niemand mehr vorbeikommt.«

Wir wollen noch ein paar Kanister füllen, doch die Tankstelle kann nichts mehr hergeben. Sie ist schon seit Tagen leer und hat bis auf weiteres ausgedient.

Eine Bevölkerung und ein Geschäftsleben, wie es Welwitschia früher besaß, wird die Ortschaft in absehbarer Zeit nicht mehr haben. Man wird wohl die Schule und das Hospital wieder in Betrieb nehmen, auch die Kirche wieder öffnen, wenn die neuen Besitzer des Landes erscheinen. Aber Häuser, Hotels, Werkstätten und viele Geschäfte brauchen sie nicht. Bares Geld wird ihnen fehlen, auch haben sie weder die Neigung noch die Gewohnheit, in großer Gemeinschaft beisammen zu leben. Sie müssen sich mit ihrem Vieh über das Weideland verteilen.

Wir haben noch genug Brennstoff für den Rest der Reise, aber Walter will sie nun weiter ausdehnen als ursprünglich geplant, womöglich bis zum Waterberg, und braucht dafür noch mehr Benzin. Also machen wir einen Umweg zu dem kleinen Ort Fransfontein, wo sich eine Tankstelle befinden soll. Bald sind wir dort, und so freundlich ist der afrikaanische Tankwart, daß er uns alle drei in sein Wohnzimmer bittet, während Hesekiel draußen die Kanister füllt. Die Familie hat deutsche Südwester schon oft gesehen, wenn auch in Fransfontein nur Afrikaaner leben. Aber Deutsche, die tatsächlich aus Deutschland kommen, aus dem fernen, fast sagenhaften Erdteil Europa, sind noch nicht ihre Kunden gewesen. Wir werden bestaunt wie Menschen von einem anderen Stern. Die Hausfrau spendet uns riesengroße Tassen mit lauwarmer Milch, nickt sehr freundlich und setzt sich nieder. Dann erscheint ihre Tochter und der Mann ihrer Tochter. Auch sie nehmen Platz uns gegenüber. Es folgen die Oma und der Opa, zwei halberwachsene Kinder und ein Freund des Hauses. Wir können die guten Leute nicht verstehen, da sie einen besonderen Dialekt von Afrikaans sprechen. Wir sind wie schweigende Darsteller auf einer Bühne, die allein durch ihre Gegenwart wirken. Die Betrachter lächeln, und wir lächeln auch. Sie sagen etwas Nettes, und wir tun das auch. Es kommt ja nicht darauf an, daß wir uns mit Worten verstehen, der Tonfall und die Blicke sagen genug. Als draußen die Arbeit getan ist, schütteln wir uns kräftig die Hände, schütteln sie noch einmal und dann zum drittenmal.

»Gut Pad«, ist der Abschiedsgruß, den jeder versteht, und wir wünschen »all von de best«, eine landläufige Abkürzung für die besten Wünsche in jeder Hinsicht.

»Das waren Dorstlandtrekker«, meint Walter draußen im Wagen, »nette und tüchtige Leute, aber eine Sorte ganz für sich.«

Durst und Dürre hatten um das Jahr 1875 etwa hundert Burenfamilien gezwungen, mit all ihrem Vieh und ihren Ochsenwagen die bisherige Heimat am Rande der Burenrepublik Transvaal zu verlassen. Sie zogen mit Sack und Pack durch die Kalahari zum Ngami-See und dann weiter über die Etoschapfanne ins Kaokoveld und schließlich über den Kunene nach Portugiesisch-Angola. Dieser phantastisch weite Marsch durch größtenteils noch unbekanntes Land dauerte mehrere Jahre, und etwa ein Drittel der Dorsttrekker ging dabei zugrunde. Der Rest führte im südlichen Angola ein hartes, primitives Leben bei fast völliger Abgeschlossenheit von der Außenwelt. Es hieß damals von diesen Buren, sie seien »verkaffert« und so primitiv geworden wie die dortigen Eingeborenen. Nach 1885 treckten sie truppweise wieder nach Südwest zurück und gründeten bei Grootfontein, wo sie gutes Weideland fanden, ihre eigene, nur von 42 weißen Familien bewohnte Republik »Upingtonia«. Sie lag schon bei ihrer Gründung im Gebiet der deutschen Interessen, aber es vergingen noch einige Jahre, bis die Schutztruppe ihre ersten Patrouillen so weit nach Norden ausschickte. Gerade noch zur rechten Zeit, denn soeben hatten Krieger der Ovambos die Dorstlandtrekker überfallen und den Präsidenten Jordan umgebracht. Da löste sich die Republik freiwillig auf, und ihre Bürger stellten sich unter deutschen Schutz. Sie haben es offenbar nie bereut. Viele von ihnen leisteten der Schutztruppe Waffenhilfe während des Herero-Krieges.

Erst 1928 kamen auch die bis dahin noch in Südangola verbliebenen Buren über den Kunene zurück. Die Regierung stellte ihnen freies Farmland zur Verfügung, wo sie seßhaft wurden. Wer sie damals gesehen hat, weiß noch lebhaft zu erzählen, daß den sogenannten Angola-Buren nach der Art, sich zu kleiden, zu leben und zu reden, die Entwicklung eines halben Jahrhunderts entgangen war. Sie kannten als einziges Buch nur die Bibel, und die verstanden nur wenige Leute zu lesen. Noch heute hinken die Nachkommen der Dorslandtrekker, was Bildung und Lebensstandard betrifft, den übrigen Afrikaanern um ein weites Stück hinterher. Von den alten Leuten haben die meisten niemals eine Schule besucht und stehen vielen Errungenschaften der modernen Technik ablehnend, zumindest staunend gegenüber. Erst die junge Generation wird allmählich den vollen Anschluß an die Neuzeit finden.

Schon bald haben wir abermals Gelegenheit, uns über die Dorslandtrekker zu wundern, nämlich über ihre außerordentliche Hilfsbereitschaft und Gastfreundschaft. Die Wege auf unserer Karte stimmen mit den Wegen der Wirklichkeit ganz und gar nicht überein. Entweder haben wir uns schon verfahren oder sind im Begriff, es zu tun. Da erscheint ein flaches, weißgetünchtes Farmhaus in der sonst menschenleeren Dornensteppe. Es hat weder Garten noch Windrad, sieht überhaupt äußerst bescheiden aus. Wir halten an, um die richtige Pad nach Twyfelfontein zu erfragen. Sogleich läuft ein großer, schlanker alter Mann mit schneeweißem Bart aus der offenen Tür, schüttelt uns der Reihe nach die Hand, stellt sein Haus zur Verfügung und versichert, seine Frau habe schon Kaffee aufgesetzt.

»Ich bin der Oubaas Grobbelaar«, stellt er sich vor. Es fällt uns wirklich schwer, diesem herzensguten Manne klarzumachen, daß wir keine Zeit für seine Gastfreundschaft haben. Er selber hat sie im Überfluß. Doch können wir nicht widerstehen, als seine Frau Kaffeekanne und Tassen zum Wagen bringt. Ohne wenigstens diese Einladung anzunehmen, würden wir die lieben Leute bitter kränken. Der Oubaas * schleppt noch Wasser für den Kühler herbei, und seine Schwiegertochter schenkt uns ein Körbchen mit frischen Eiern. So wurden fremde Reisende schon immer von den Dorstlandtrekkern empfangen, und so ist das auf ihren Farmen noch heute.

Der Oubaas Grobbelaar erklärt uns den Weg, zeichnet ihn sogar auf den Sandboden, weil Freund Walter sein altertümliches Afrikaans nicht so recht versteht. Dann wieder allgemeines Händeschütteln und die allerbesten Wünsche in jeder Hinsicht. Die Familie winkt noch so lange, bis sie uns bestimmt nicht mehr sehen kann. Es war die freundlichste Begegnung mit wildfremden Menschen, die ich jemals erlebt habe.

Nach dreistündiger Fahrt erreichen wir Twyfelfontein. Das heißt auf deutsch »Zweifelsquelle«, doch sind von der dazugehörigen Farm nur noch die vier Wände und ein durchlöchertes Dach vorhanden. Ihr ehemaliger Besitzer hat sie schon seit vielen Jahren verlassen, aus welchen Gründen auch immer. Dahinter liegt ein nicht sehr hohes, aber wildzerklüftetes Gebirge, von der untergehenden Sonne glühend rot bestrahlt.

---

* Oubaas = Großvater, auch im Sinn von »alter Chef« gebraucht. Aus dem Wort »Baas« ist »Boß« entstanden.

»Leider schon zu spät für den Aufstieg«, bedauert Walter, was mich sehr beruhigt.

»Wieder bemalte Höhlen da oben?«

»Nein, diesmal was ganz anderes. Es handelt sich um Gravierungen, um Basreliefs von ausgezeichneter Qualität. Künstler der Urzeit haben sie in die Felsen gemeißelt.«

Nun schön, was sein muß, das muß eben sein. Doch zum Glück nicht vor morgen früh. Wir packen aus und richten ein. Wir finden auch den alten Brunnen zur doppelten Quelle und daneben einen verbeulten Eimer mit langer Kette. Gut und reichlich ist wieder das Abendessen unter dem bestirnten Himmel, das Feuer wärmt gemütlich, und es fehlt nicht an dem guten Rotwein Südafrikas.

Beim ersten Morgengrauen sehen wir uns wieder, im ersten Sonnenlicht beginnen wir den Aufstieg. Er ist steil und steinig, über meterhohe Felsblöcke müssen wir uns hinaufziehen. Dann klettern wir durch Schluchten und Rinnen, die keinem Grashalm Nahrung gönnen. Erleben aber die angenehme Überraschung, schon nach einer halben Stunde am Ziel zu sein, dem vorläufigen Ziel des Tages.

Wir betreten ein völlig flaches Plateau, im Hintergrund von haushohen Felstrümmern begrenzt. Auf dem Kiesboden gedeihen Grasbüschel, und viele Tierfährten sind dazwischen. Doch weit mehr Beachtung verdienen kreisrunde Gebilde von etwa zweieinhalb Meter Durchmesser. Durch Steinklötze von Kindergröße sind hier bestimmte Plätze sorgfältig eingefriedet. Es sollen Opferstellen der Ureinwohner gewesen sein oder Beratungsplätze, an denen die großen Häuptlinge mit den kleinen zusammentrafen. Das ganze Plateau war nach fachkundiger Ansicht der Versammlungsort eines Stammes, der sich von Zeit zu Zeit hier vereinte, um mit den guten wie bösen Geistern die Beziehungen zu pflegen. Dabei ging es wohl in erster Linie um viel Glück bei der Jagd, weil ja vom Jagdglück Bestehen und Verderben dieser Menschen abhing. Deswegen haben sie die Umrisse all jener Tiere, auf deren Erbeutung es ankam, hundertfach in Felsen und Felsblöcke gemeißelt. Giraffen, Nashörner und Elefanten, Zebras, Strauße und Kudus sind dort zu sehen, überhaupt jede Art von Antilopen. Vereinzelt finden wir auch Löwen, Leoparden und anderes Raubgetier. Nicht in den Höhlen oder im Schutz überhängender Felsen wurden diese Arbeiten ausgeführt, sondern im Freien, wo Sonne, Mond und Sterne sie sehen konnten. Ohne Zweifel eine Bitte an die Geister, möglichst viele solcher Tiere den Menschen zu überlassen.

Uralter Jagdzauber in dem festen Glauben, man brauche diese oder jene Wildarten nur bildlich darzustellen, um sie dann im Original zu erbeuten.

Bei den meisten Gravierungen sind nur die Konturen einen halben Zentimeter tief in den Fels gemeißelt, bei anderen auch die ganze Körperfläche. Das Ausmaß der Basreliefs schwankt zwischen Miniaturen von Fingerlänge bis zu Kolossalbildern in natürlicher Größe. Trotz mancher Verzerrungen, die vielleicht gewollt waren, beweisen die Bilder eine verblüffende Sicherheit in der künstlerischen Gestaltung. Jene typischen Merkmale oder Erscheinungsformen, woran das geübte Jägerauge ein bestimmtes Tier selbst auf weite Entfernung sofort erkennt, kommen vortrefflich zur Geltung. Irrtum ausgeschlossen. Der Meister hat überall sein Vorbild so gut getroffen, daß auch der Speer treffen mußte, wenn es dem Jäger leibhaftig erschien.

Soweit ist die Deutung der Basreliefs klar, aber unklar blieben auch den Experten punktierte Schleifen und Schlangenlinien, mit denen viele Felsen geschmückt sind. Welche Wünsche oder Gedanken man damit zum Ausdruck bringen wollte, hat noch niemand enträtselt.

Am Ende des Plateaus bilden zwei mächtige Steinblöcke, die sich droben dicht berühren, einen Hohlraum von etwa zwölf Meter Länge, fünf Meter Breite und zwei Meter Höhe. Die beiden Eingänge sind in Brusthöhe zugemauert. Hier also war ein befestigter Zufluchtsort, und hier sind die Wände nach Art der Buschmänner farbig bemalt. Sehr verblaßt sind diese Bilder und nur wenige deutlich zu erkennen. Der Stil ist ein anderer, die Gravierungen draußen und die Felsmalereien drinnen stammen gewiß nicht von denselben Leuten.

Nicht einmal dem Namen nach ist jenes prähistorische Volk bekannt, das die Gravierungen in den Felsen schlug. Deren Entstehungszeit liegt außerhalb jeder Schätzung. Es muß aber irgendwann Menschen in Südwestafrika gegeben haben, die es erstaunlich gut verstanden, ihre Wünsche und ihren Willen in Stein zu verewigen. Niemand, der nach ihnen kam, hat das gekonnt.

Mit unserem Besuch auf dem Versammlungsplatz läßt es Walter nicht bewenden. Ich soll und ich muß noch viel mehr erleben. Drei, vier oder fünf Stunden bei glühender Hitze steigen wir in den Felsen herum. Sie werden gegen Mittag so heiß wie Kachelöfen. Wer sich hinsetzt, springt gleich wieder hoch, und wo wir beim Klettern die Hände gebrauchen, wären Handschuhe willkommen. Noch mehr Gravierungen und noch mehr der eingemeißelten Bildflächen, fast wird es des Guten zuviel. Tiefeingeschnittene Schluchten, steile Abgründe und aufragende Wände. Phantastische Felsgebilde stehen oder liegen wie Skulpturen aus Gigantenhand am Westhang des Gebirgszuges. Die einen könnte man für kämpfende Dämonen halten, die sich gegenseitig erwürgen, die nächsten für schreckliche Drachentiere mit aufgesperrten Rachen. Durch ihren Schlund müssen wir hindurch, es geht nicht anders. Dabei habe ich wirklich Angst, das gewaltige Steinmaul könnte zuklappen.

Keinen Tropfen zu trinken und keinen Bissen zu essen, bei dieser Hitze und Anstrengung ist das nicht länger auszuhalten. Zwar möchte Walter noch viel höher hinauf, aber seine sanfte Frau verlangt entschieden den Abstieg zum Camp. Auch ich habe die Lust an noch mehr Gravierungen verloren, und so muß sich Walter fügen. Mit zerkratzten Knien und zerschundenen Händen, Gaumen und Lippen ausgedörrt, erreichen wir nach anderthalb Stunden das Lager mit all seinen Wohltaten.

»Morgen soll Ruhetag sein«, erklärt Walter vielversprechend, »morgen tun wir überhaupt nichts.«

Wenn man ihm das nur glauben könnte!

Der schlimmste Schurke von Südwest

In Okahandja lebt der beste Kenner des Landes, Dr. Heinrich Vedder, über neunzig Jahre alt und hoch verehrt von den farbigen wie den weißen Bewohnern Südwestafrikas. Trotz seines hohen Alters und noch immer vielseitiger Beschäftigung hatte sich der gelehrte Herr bereit gefunden, mich zu empfangen. Ich wollte ihm viele Fragen stellen, die nur er beantworten konnte, borgte mir den Wagen meines Freundes und fuhr hin. Doch als ich den Garten der Rheinischen Mission betrat, kam mir der eingeborene Pastor Eiseb entgegen und bedauerte sehr, daß Dr. Vedder nicht zu sprechen sei. Die vielen Ehrungen aus Anlaß seines neunzigsten Geburtstags, unter anderem der private Besuch des Ministerpräsidenten von Südafrika, waren für den Greis zuviel gewesen. Er schlief in einem Lehnstuhl auf der Veranda seines Hauses, in Decken gehüllt und von einer schwarzen Pflegerin betreut. So konnte ich nur von weitem einen Blick auf ihn werfen.

Ich gab Pastor Eiseb meine Karte für den alten Herrn und schrieb meine Genesungswünsche darauf.

Dr. Heinrich Vedder kam als armer Leute Kind in dem kleinen Dorf Westerengen am Teutoburger Wald zur Welt. Er sollte nur die Volksschule besuchen, um dann bei einem Seidenweber in die Lehre zu gehen. Doch seine geistigen Gaben reichten viel weiter. Erst zwölf Jahre alt, beschaffte sich der Junge eine griechische Grammatik, um das Neue Testament im ältesten noch vorhandenen Text zu studieren. Mit vierzehn Jahren war der Volksschüler ein perfekter Lateiner, und es fanden sich Gönner, die seine weitere Ausbildung unterstützten. Er bestand mit Leichtigkeit das Abitur, diente seine Zeit beim Militär und beschloß dann aus tiefster Überzeugung, Missionar zu werden.

Nach sechs Jahren war es soweit, und die Rheinische Missionsgesellschaft schickte den jungen Pastor nach Südwestafrika. Obwohl ihn seine geistlichen Pflichten schon genügend in Anspruch nahmen, begann Vedder die Eingeborenen des Landes so gründlich zu studieren, wie es bisher noch nie geschehen war. Er lernte sieben Sprachen, auch die Sprache der Buschmänner und Hottentotten, die wegen ihrer sogenannten Schnalzlaute äußerst schwierig ist. Nicht minder die Sprache der Buschmänner, die zuvor nie ein Weißer völlig beherrscht hatte. Mit jedem Stamm von Südwest, abgesehen von den kleinsten, kann sich Dr. Vedder unterhalten, als sei er darin aufgewachsen. Er enträtselte die Vorstellungswelt dieser Menschen, überhaupt ihr innerstes Wesen. Er sammelte die Märchen und Legenden der schwarzen Völker und drang soweit wie nur möglich in ihre Stammesgeschichte ein. Er verfaßte Grammatiken und Wörterbücher, er wurde zum Ethnologen, Historiker, Philosophen und Erzähler. Sein Wissen ist universal, er galt schon vor dem Ersten Weltkrieg als der beste lebende Afrikanist. Im Laufe der Zeit hat er über hundert Bücher und Schriften verfaßt, viele fertige Manuskripte liegen noch ungedruckt in seinem Schreibtisch. Hinzu kamen tausend geistliche Lieder, die er komponierte, dichtete und in die Stammessprachen übersetzte.

Nicht so weltberühmt wie Albert Schweitzer, hat er doch auf seinem Forschungsgebiet eine vergleichbare Leistung vollbracht und dieselbe gläubige Menschenliebe bewiesen. Um die Buschmänner noch besser zu verstehen, holte er fünfzig der kleinen Menschen aus dem Sandveld und überredete sie, auf der Missionsfarm Gaub, wo er selber damals lebte, seßhaft zu werden. Wenn es gelang, das Aussterben dieser schon arg dezimierten und stark bedrohten Rasse zu verhindern, so ist das zum großen Teil Dr. Vedders Verdienst, der Wege und Methoden fand, um ihnen zu helfen.

Schon zu Beginn dieses Jahrhunderts befragte er die letzten Überlebenden aus den Anfängen des vorigen, um jene Zeit Südwestafrikas zu schildern, von der kaum ein Weißer etwas wußte. So entstand das einzige Geschichtswerk dieser Epoche, »Das alte Südwestafrika«.

Nach dem Ersten Weltkrieg wurde Heinrich Vedder des Landes verwiesen, weil man befürchtete, sein Einfluß auf die Farbigen sei zu groß geworden und könne sich nachteilig für die neue Verwaltung auswirken. Aber nach drei Jahren durfte er zurückkommen. Zwei Ehrendoktorate wurden ihm verliehen, von einer deutschen und einer südafrikanischen Universität. Er war Präses der Rheinischen Mission in Südwestafrika und nach dem Zweiten Weltkrieg Mitglied des Landesrates, also des Parlaments von Südwest. Außerdem Vertreter der Deutschen Volksgruppe bei der Südafrikanischen Regierung und einer der Senatoren für Südwest. Erst im Alter von achtzig Jahren legte er seine vielen Ämter nieder, um den Rest seines Lebens weiterer Forschung zu widmen.

Es hat nie einen besseren Kenner Südwestafrikas gegeben als ihn. Vom früheren Leben der Farbigen und von der alten Geschichte des Landes, bevor es die Weißen übernahmen, wüßten wir ohne seine Arbeit so gut wie nichts.

In Okahandja, wo er seine letzten Jahre verbringt und wohl die letzte Ruhe finden wird, liegen auch die großen Häuptlinge der Hottentotten und Hereros begraben, die einander achtzig Jahre lang so erbittert bekämpften.

Dicht beim botanischen Garten, eine Sehenswürdigkeit für sich, steht man vor einer breiten, etwa anderthalb Meter hohen Terrasse aus Ziegel und Zement. Das Gebilde ist grau, der Verputz zeigt Risse, und Rost hat oben die Gitter der Gräber zerfressen. Sowenig imponierend das Gemäuer wirkt, es ist dennoch das nationale Heiligtum der Hereros. Hier versammeln sich alljährlich viele tausend Männer und Frauen des so stolzen, aber auch so schwierigen Volkes. Drei seiner Oberhäuptlinge liegen in dem Block begraben: Tjamuha, sein Sohn Maharero und dessen Sohn Samuel Maharero, Gegner der deutschen Schutztruppe in dem großen Krieg von 1904 bis 1906. Ihre Namen und Todesdaten stehen in lateinischer Schrift auf den Gräbern, doch in der Hererosprache ist der Text abgefaßt, der für unsere Begriffe nur wenig besagt:

»Hier ruhen drei Häuptlinge, die das Volk in der Gunst regierten, aber nun gestorben sind. Wirkliche Häuptlinge waren sie.«

Jan Jonker Afrikaner, Kapitän der Orlam-Hottentotten, ein Tod-
feind der Hereros und zeitweise Beherrscher des größten Teils
von Südwest. Er lebte, raubte und starb, bevor die Deutschen
das Land besetzten.

Was Tjamuha betrifft, müßten auch die Hereros das ihm ge-
spendete Lob bestreiten, denn er hielt es sein Leben lang mit den
Hottentotten.

Ein merkwürdiger Zufall hat es gefügt, daß der schlimmste
Feind aller Hereros, der sie jahrelang aufs grausamste unter-
drückte, nur hundert Schritt von ihrem nationalen Heiligtum
begraben liegt.

Pater Eiseb, dessen Haut so schwarz ist wie die Nacht und von dem man sagt, er sei so herzensgut wie nur wenige andere Menschen, führte mich zum Grab dieses Hottentotten. Es ist nur ein kleiner Hügel auf dem sandigen Vorplatz der evangelischen Missionskirche. Weißgekalkte Steine bedecken ihn, zwischen denen trockenes Unkraut wuchert. Es gibt kein Kreuz, keine Grabplatte und auch keine Inschrift. Es weiß ohnehin jeder, wessen Gebeine darunterliegen. Wenn Dr. Vedder Besucher dorthin führt, pflegt er zu sagen: »*Hier ruhen die sterblichen Reste des schlimmsten Schurken von Südwest.*«

Der alte Herr muß es wissen, denn er hat die Geschichte des genialen Schurken geschrieben, ja sie überhaupt erst ans Tageslicht gebracht.

Jonker Afrikaner hieß der schreckliche Mann, war aber trotz dieses Namens ein echter Hottentotte vom Stamme der Griquas. Seine Vorväter lebten im Kapland, als es noch holländisch war. Der befestigte Kral ihrer Sippe lag am Fuß des Winterbergs, auf holländisch Winterhoek, dessen Gipfel in besonders kalten Jahren eine Schneedecke trug. Sowenig glaubhaft es zunächst klingen mag, aber Windhuk, die Hauptstadt Südwestafrikas, wurde in leicht veränderter Form nach diesem, so weit von ihr entfernten Berg genannt.

Jonkers Vater, der Hoa-arab hieß, was Katzenrippe bedeutet, war Anführer einer Stammesgruppe von etwa hundert Familien. Von den Holländern wurden solche Leute *Hauptmann* genannt, im Unterschied zu den Stammesfürsten, die *Kapitän* hießen. Wer gar ein ganzes Volk regierte, wie etwa die Hereros, war ein *Großkapitän.* »Hauptmann Katzenrippe«, also der Vater des Jonker Afrikaner, widmete sich mit seinen Leuten dem Beruf der Menschenjagd. Er war wirklich dazu berufen worden, und zwar von der holländischen Kolonialverwaltung, der um die Mitte des achtzehnten Jahrhunderts daran gelegen war, alle Buschmänner aus Gebieten zu vertreiben, wo weiße Viehzüchter das Land für sich beanspruchten. Dessen angestammte Bewohner, die Buschleute, hielten es für ihr gutes Recht, jede Art von Getier zu erbeuten, das sie in ihren Jagdgebieten antrafen. Dazu gehörte nun auch das fremde Vieh. Einen Unterschied zwischen Nutztieren und wilden Tieren machten die Ureinwohner natürlich nicht, außerdem glaubten sie im eigenen Lande tun zu können, was ihnen beliebte. Aber ihre Zahl war nur gering, sie lebten auch bei ständigem Umherziehen viel zu weit verstreut und hatten keine wirkungsvollen Waffen, um sich gegen fremde Gewalt zu wehren. Da sie nicht weichen wollten, mußte man sie ausrotten!

138

Für diese Aufgabe stellten sich ihre Feinde, die Hottentotten, dem weißen Mann gerne zur Verfügung. Nicht allen Farbigen, die zur Menschenjagd bereit waren, schenkten die Holländer das notwendige Vertrauen. Es wurden ja Feuerwaffen dazu gebraucht, und die konnten womöglich in der falschen Richtung losgehen. Doch aus irgendeinem Grunde hatten sich Jonkers Vater und seine Stammesgruppe dies Vertrauen erworben. Sie bekamen Gewehre nebst Pulver und Blei, wurden auch im Gebrauch der Waffen ausgebildet und erhielten Belohnung für ihre Erfolge. Pieter Pienar hieß der Mann, der alles organisierte, und »Katzenrippe« gehörte bald zu den besten Anführern des Mordkommandos. Weil er sich hervorragend bewährte, verlieh ihm sein weißer Kommandant bald den als ehrenvoll gedachten Beinamen Jager Afrikaner, also *Jäger der Afrikaner*. Es war damals, vor über zweihundert Jahren, noch üblich, alle Wilden des Schwarzen Erdteils mit Afrikaner zu bezeichnen, während die heutigen Afrikaaner nur Weiße sind.

Bei so großer Tüchtigkeit des »Jagers« und seiner Sippe waren in den betroffenen Gebieten bald keine Buschleute mehr übriggeblieben. Das Mordkommando kehrte zurück an den Winterberg*, um in Ruhe zu genießen, was ihm die blutigen Taten eingebracht hatten, vornehmlich den Gin und Genever seiner weißen Auftraggeber. Als die Vorräte zu Ende waren und man alles Vieh verkauft hatte, um noch mehr Schnaps zu bekommen, blieb dem Jager Afrikaner aus bitterer Not nichts anderes übrig, als wieder in weiße Dienste zu treten. Er tat es mit der ganzen Sippe bei seinem alten Chef, dem Feldkornett Pieter Pienar. Der war inzwischen ein großer Farmer geworden und besaß mehrere tausend Rinder. Jager mit seiner Bande sollte die Herden vor Räubern und Raubtieren schützen. Etwa dreihundert Leute einschließlich der Frauen und Kinder standen unter Jagers Kommando, der seinerseits Pienar** gehorchte.

Wegen der jungen Weiber, an denen sich der Baas vergriff, kam es bald zum Streit. Jager wurde von Pienar verprügelt und übers Geländer der Veranda in den Hof geworfen. Da nahm Titus, der jüngere Bruder des Geschlagenen, ein Gewehr und schoß den Farmer durchs linke Auge. Gleich wurden auch dessen Frau und Kinder umgebracht. Alle Gebäude der Farm brann-

---

* Bei der heutigen Ortschaft Tulbagh in der Kapprovinz Südafrikas.
** Pieter Pienar, auch Pienaar geschrieben, soll als erster Weißer an der Skeleton-Coast gelandet sein, und zwar ohne Schiffbruch, wie sonst alle übrigen Besucher der »Knochenküste«, von denen damals keiner zurückkehrte. An der Mündung des Swakop-Rivers erlegte Pienar an einem Tage zwanzig Nashörner.

ten lichterloh, als Jagers Stammesgruppe mit dem gesamten Vieh nach Norden davonzog. Polizeitruppen waren hinter den Mordbrennern her, erreichten sie aber nicht.

Die gutbewaffnete Bande mit den geraubten Rindern zog bis hinauf zum Oranje, wo Jager auf einer Insel im Fluß sein Standquartier bezog. Wann das geschah, ist eines der wenigen Daten in Jagers Geschichte, die man mit hinreichender Sicherheit angeben kann, nämlich das Jahr 1795.

Auf der Landkarte reichte zwar die holländische Kapkolonie bis zum Oranje, aber in Wirklichkeit hatten Weiße dort keinen Einfluß. Nur Jager Afrikaner besaß Feuerwaffen und zögerte nicht, davon Gebrauch zu machen. Er wurde zum Schrecken aller Stämme, stahl ihnen das Vieh und die Frauen, brannte die Krale nieder und machte weite Gebiete menschenleer. Seine gesamte Gefolgschaft lebte von Raub und Plünderung allein. Während dieser Zeit, aber in einem unbekannten Jahr, wurde dem Räuberhauptmann zu seinen vielen anderen Kindern auch Jonker geboren, der an Raubgier und Mordlust seinen Vater noch weit übertreffen sollte.

Aus dem Kapland folgten andere Hottentotten, die sich den Räubern anschlossen. Was da zusammenkam aus ganz verschiedenen Stämmen des Hottentottenvolkes, wurde allmählich zu einem neuen Stamm, der sich *Orlam* nannte. Die Gefolgschaft des Jager Afrikaner stieg auf mehrere tausend Menschen, deren Kerntruppe fünfhundert Krieger waren. Sie unternahmen weite Vorstöße ins heutige Südwestafrika, aber auch tief hinunter in die Kapprovinz. Dabei wurde unter anderen auch der Farmer Engelbrecht ermordet. Tausend Taler Belohnung bot die Regierung für Jagers Kopf und schickte die Kommissare Truter und Sommerville mit einem Kontingent weißer Söldner gegen Jager aus. Aber Jager entkam mit der ganzen Bande auf seine Insel.

Bald danach stieß zu ihm ein entsprungener Sträfling aus dem Kapland. Er hieß Stefanos, sein Vater war Pole und seine Mutter Griechin gewesen. Er selber hatte in einem deutschen Regiment gedient, das von seinem Landesherrn an die Holländer »vermietet« worden war, eine damals nicht ungewöhnliche Sache. Dieser Stefanos drillte nun Jagers wilde Heerschar zu einer Truppe nach europäischem Muster. Jager blieb natürlich der »Hauptmann«, und auch seine Brüder wurden Offiziere. Besser organisiert als zuvor und noch besser bewaffnet, dehnte Jager Afrikaner seine Raubzüge noch weiter aus. Beide Ufer des Oranje brachte er unter seine harte Herrschaft und verbreitete derartige Schrecken, daß sich die Regierung des Kaplandes zu einer kostspieligen Strafexpedition entschließen mußte. Stefanos riet zum Ausweichen, denn regulären weißen Truppen, die womöglich eine Kanone mitbrachten, waren die Orlam doch nicht gewachsen. So gaben die Räuber ihre Insel auf und ließen sich fünfzig Kilometer nördlich des Oranje nieder, bei den heißen Quellen der heutigen Ortschaft Warmbad. Dort lag nun für ungefähr fünfzehn Jahre der Mittelpunkt ihrer Streifzüge. Wie viele Damaras, Buschmänner und andere Opfer der Jager Afrikaner während dieser Zeit noch umbrachte oder umbringen ließ, ist nicht bekannt. Es müssen erschreckend viele gewesen sein, weil es in erreichbarer Nähe bald keine Menschen mehr gab, bei denen sich ein Überfall gelohnt hätte. Die Räuber besaßen eine so große Menge von geraubtem Vieh, daß ihre eigene Zahl kaum noch ausreichte, die Herden vor Löwen, Leoparden und Geparden zu bewachen. Sie hatten sich übernommen, würde man heute sagen, das blutige Geschäft des Plünderns war ihnen über den Kopf gewachsen.

Da ließ Jager Afrikaner dem Leiter der Londoner Missionsgesellschaft in Südafrika einen Brief schreiben, worin es unter anderem hieß: »Ich habe vor dem Herrgott eine Seele in mir geschaffen und möchte dafür einen Lehrer bekommen. Er soll zum Segen für mein Herz sein und hat nichts zu befürchten. Ich habe zwar die Kleider von Missionar Seidenfaden genommen, aber wenn der Lehrer, den Du mir schicken sollst, vom Herrgott ist, dann will ich meine Sünden bekennen. Ja, ich denke nach und habe vieles zu sagen.«

Bald machte der Massenmörder seine frommen Wünsche noch deutlicher. Er ließ in einem zweiten Brief erklären: »Der Lehrer soll auch für die Schulkinder sein und 90 Abc-Bücher mitbringen, ebenso 66 Fragebücher und 96 rotgefärbte Gesangbücher, und dazu noch 42 Bibelbücher. Alle Menschen glauben mir nicht, daß ich so denke, aber Gott und Jesus Christus wissen es. Also, daß ich einen Lehrer für mein Herz bekommen möchte, das schreibe ich Dir...«

Die Londoner Missionsgesellschaft besaß zu jener Zeit mehr deutsche als englische Missionare. Sie schickte einen Mann namens Ludwig Ebner, gebürtig aus Unterschwaningen bei Ansbach, zu dem reuigen Sünder. Soviel man weiß, ist Ludwig Ebner der erste Deutsche gewesen, der Südwester Boden betrat*.

---

* Nach unverbürgten Angaben alter Quellen soll der Nürnberger Geograph Martin Behaim, von dessen Hand der erste Globus stammt, den portugiesischen Seefahrer Diego Cao im Jahre 1484 bis nach Südwestafrika begleitet haben und mit ihm beim Kreuzkap gelandet sein.

Am 23. Juli 1815 empfing nach gründlicher Vorbereitung der bisher so schreckliche Mordbrenner die christliche Taufe und wußte für sich keinen besseren Taufnamen als »Christian«. Sein Bruder Hendrik, der schon lesen und schreiben konnte, wurde gleichfalls getauft und hieß fortan Daniel Afrikaner. Titus aber, einer der anderen Brüder des bekehrten Jager, machte die plötzlich ausbrechende Frömmigkeit nicht mit. Er zog davon, und ein großer Teil des Raubheeres folgte ihm, darunter auch Jagers Sohn Jonker Afrikaner, der zwar die Missionsschule besucht hatte, aber nicht länger unter dem strengen Regiment Pastor Ebners zu leben wünschte.

Dem reumütigen Christian, ehemals Jager Afrikaner, wurde alles verziehen. Lord Charles Sommerset, der als Gouverneur das nun britisch gewordene Kapland regierte, ließ den brav gewordenen Mann zu sich kommen und schenkte ihm einen prächtig ausgestatteten Ochsenwagen im Wert von 800 Pfund Sterling. Denn nicht nur im Himmel ist große Freude über einen Sünder, der Buße tut, sondern auch hier auf Erden.

Jager Christian kehrte nicht mehr nach Warmbad zurück, sondern lebte bis zu seinem Tod im Jahre 1823 in seinem Kral am Oranje, umgeben von reichen Viehherden und zahlreichem Gefolge.

»Hütet euch, daß ihr nicht in unsere früheren Schandtaten zurückfallt«, mahnte er seine Getreuen auf dem Sterbelager, »laßt euch nicht verführen, so wird Gott euch helfen.«

Bei Jonker fielen die letzten Worte seines Vaters leider nicht auf fruchtbaren Boden. Er war nur gekommen, um sich beim Ableben Jager Christians die Nachfolge als Hauptmann der Orlam zu sichern. Da er nur ein jüngerer Sohn war, gab es gewisse Schwierigkeiten. Aber er konnte lesen und schreiben, war auch viel intelligenter als seine Brüder, außerdem energisch und voller Beredsamkeit. Er sprach davon, das Räuberleben wiederaufzunehmen, und versprach seinem Stamm, so gering an Zahl er auch sein mochte, die Herrschaft über alle anderen Stämme in Südwestafrika. Die meisten Orlam vergaßen sogleich, was ihr sterbender Hauptmann zum Schluß noch gesagt hatte, und folgten Jonker zurück über den Oranje.

In Warmbad konnte er sich nicht aufs neue niederlassen. Dort wirkte nun der Nachfolger Pastor Ebners, der englische Missionar R. Moffat *. Er hatte bei den bekehrten Orlam so viel Ein-

---

* Er wurde später der Freund und Schwiegervater des großen Forschers David Livingstone.

Hendrik, ein alter Hottentotte, der in seinen jungen Jahren ein vielbewährter Kundschafter der Deutschen Schutztruppe gewesen ist. Auch er ließ es sich nicht nehmen, in seiner etwas phantasievollen Uniform, mit allen Orden geschmückt, zur Einweihung des François-Denkmals zu erscheinen.

fluß gewonnen, daß sie von Mord und Plünderung nichts mehr wissen wollten.

Für Jonker Afrikaner war das ein guter Grund, weiter nach Norden zu gehen, wo noch Völkerschaften lebten, die Beute zu bieten hatten. Hierbei war der junge Hauptmann klug genug, nicht alle seine Opfer umzubringen, sondern machte die meisten zu Sklaven. Seine eigenen Leute, soweit sie kräftige Männer waren, sollten ihre Zeit nicht mit dem Hüten des Viehs vergeuden, sondern nur noch Krieger sein. Damit sie alle über Schußwaffen sowie reichlich Pulver und Blei verfügten, schickte Jonker die geraubten Herden zu weißen Viehhändlern im Kapland, die ihm gerne lieferten, was er brauchte. Jonker selber behielt nur so viele Rinder, als zur Ernährung seines Gefolges nötig waren. Eine Abteilung seiner Banditen machte er beritten und wurde so zum ersten Häuptling in Südwest, der über Kavallerie verfügte. Eine kostspielige Sache war das allerdings, denn er mußte für ein Pferd den Händlern fünfzig fette Ochsen überlassen. Doch er holte sich die natürlich von anderen Leuten.

Es ist gar keine Frage, daß weiße Händler an den Untaten Jonkers und anderer Mordbrenner mitschuldig waren. Sie wußten natürlich, wofür Waffen und Munition gebraucht wurden, konnten sich auch zweifellos denken, woher die Rinder kamen, mit denen Jonker bezahlte. Wenn sich einer von den Händlern überhaupt Gedanken machte, konnte er sich sagen, daß es schon immer Stammeskriege gegeben hatte und auch blutige Machtkämpfe innerhalb der Stämme. Mit welchen Waffen sie jeweils ausgefochten wurden, darauf kam es nicht an. Die Stärkeren fielen über die Schwächeren her, machten sie zu Sklaven oder rotteten sie aus. Das war immer so gewesen und würde immer so sein. Jonker tat es mit Feuerwaffen, andere taten das gleiche mit Keulen, Speeren und Giftpfeilen. Es kam auf dasselbe heraus. Warum sollte ein Händler nicht an guten Gelegenheiten verdienen, wenn das Morden doch nicht zu ändern war?

Indessen waren die Orlam-Hottentotten nicht die einzige Bedrohung der bodenständigen Bevölkerung von Südwest. Vom Norden her schoben sich die Hereros immer tiefer ins Land hinein, ohne daß sie mit Pulver und Blei beliefert wurden. Sie hatten schon die Ovambos beraubt, die Ureinwohner des Kaokoveldes völlig vernichtet und die Betschuanen tief in die Kalahari vertrieben. Was von den Damaras, Buschmännern und kleinen Stämmen noch übrig war, flüchtete in einsame Bergtäler oder wurde von den Hereros versklavt. Bis ungefähr zur Mitte von Südwest hielten die Hereros bereits alle Wasserstellen besetzt, immer weiter stießen sie nach Süden vor. Niemanden ließen sie am Leben, der sich zur Wehr setzte, und wer sich ergab, wurde ein mißhandelter Knecht sein Leben lang. Es war so üblich im alten Afrika, Menschen wurden massenweise geraubt, versklavt und verkauft. Schon zu Zeiten des antiken Ägypten belieferte Afrika die Sklavenmärkte des Mittelmeeres und später die arabischen, noch später auch die weißen Menschenhändler mit einem nie abreißenden Strom lebender Ware. Könnte man die Geschichte des Schwarzen Erdteils vollständig beschreiben, sie wäre eine Geschichte immerwährender Kämpfe der eingeborenen Völker untereinander, die sich vertrieben, versklavten und vernichteten.

In der Gegend von Hoachanas, etwa vierzig Kilometer nördlich der heutigen Ortschaft Karasburg, lebte die sogenannte »Rote Nation«, auch ein Stamm der Hottentotten. Erst vor wenigen Jahren aus dem Kapland dorthin ausgewandert, hatten sie die Buschleute verjagt und deren Jagdgebiete für sich behalten. Sie wurden nun ihrerseits von den Hereros bedroht. Für den minderjährigen Häuptling regierte seine Mutter Games den Stamm. Da ihre Krieger nicht zahlreich genug waren, rief Games den Jonker Afrikaner mit seiner Streitmacht zu Hilfe. Der ließ sich erst einmal gutes Weideland nach eigener Wahl versprechen, dann kam er, sah und siegte. Er überfiel die Hereros bei Gibeon, bei Rehoboth und vor den Auas-Bergen. Mit ihren Keulen und Speeren konnten sie gegen Jonkers Feuerwaffen und dessen gut gedrillte Truppe nichts ausrichten. Alle wurden erschlagen, die nicht schnell genug flüchteten. Jonker wurde Herr ihrer Herden, gewann danach eine vierte Schlacht bei den heißen Quellen von Ai-gams und brauchte eine fünfte bei Okahandja gar nicht erst zu gewinnen, weil der Großkapitän Tjamuha gerade noch rechtzeitig mit all seinem Volk in die Berge davonlief.

Jonker war nun alleiniger Gebieter des ganzen mittleren Teils von Südwestafrika. Er beschloß, an zentral gelegener Stelle ein festes Hauptquartier zu gründen, von dem in Zukunft alle seine Unternehmungen ausgehen sollten. Er wählte die heißen Quellen von Ai-gams und nannte den hochgelegenen Platz in Erinnerung an den einstigen Stammsitz seiner Vorfahren *Winterhoek*, woraus der heutige Name Windhuk entstand. Dr. Vedder ist der Meinung, dies sei im Jahre 1840 geschehen.

Zwei deutschen Missionaren, Hahn und Kleinschmidt, die nach Windhuk zogen, gelang es, Jonker zum Frieden mit den Hereros zu bewegen. Tjamuha, Großkapitän bei den Hereros und Hüter des »heiligen Feuers«, mußte sich aber, um seinen guten Willen zu beweisen, in Windhuk niederlassen. Dort war er nichts Besseres als ein lebendes Pfand in Jonkers Faust. Zur Strafe für jedes wirkliche oder angebliche Vergehen eines Hereros wurde Tjamuhas Sohn, Maharero mit Namen, an das Rad eines Ochsenwagens gebunden, mitunter drei Tage lang ohne Wasser und Nahrung.

Die großen Erfolge des größten aller Räuber lockten eine Menge anderer Hottentotten nach Windhuk. Jonkers Gefolgschaft wurde immer zahlreicher, noch verstärkt durch hungernde Damaras, die aus ihren Bergverstecken hervorkamen und sich freiwillig versklaven ließen.

Was zuvor kein weißer Händler zu hoffen wagte, wurde durch Jonker Afrikaner geschaffen, nämlich ein sicherer und gewinnversprechender Handelsplatz im Herzen von Südwestafrika. Aus dem Kapland und von der Walfischbai rollten die knarrenden Wagen heran, mit Branntwein, Pulver und Gewehren beladen. Damit sie besser vorankamen, ließ Jonker einen Fahrweg zur Walfischbai anlegen, über 300 Kilometer durch Berge, Wüste und Dornensteppe, der erste gebahnte Weg überhaupt. Es gab in Windhuk eine Schmiede unter Leitung eines weißen Schmiedemeisters, wo auch beschädigte Waffen repariert und Kugeln gegossen wurden. Bei den schwarzen Damen tauchten seidene Sonnenschirme auf, und manche kleideten sich wie die Frauen der Missionare, also nach der frühviktorianischen Mode. Die Männer trugen Hosen aus irischem Leinen und breitkrempige Filzhüte, schmückten sich mit roten Schärpen und silbernen Knöpfen. Gärten wurden angelegt, Lehmhäuser gebaut und dann sogar eine Kirche, die 600 Personen faßte. Gelegentlich ging Jonker selbst hinein und stieg auf die Kanzel, um eine Predigt zu halten. Was er dabei sagte, ist leider nicht überliefert.

Schon 1837, bevor sich Jonker Afrikaner in Windhuk niederließ, hatte ihn der Geograph Sir James Alexander besucht und war gastfrei empfangen worden. Von der Walfischbai, wo schon drei englische Kaufleute Schuppen und Häuser besaßen, zog als erster Händler ein Mann namens Morris für längere Zeit nach Windhuk, um eine regelmäßigere Lieferung von Vieh zu organisieren. Früher hatte er auf der Insel St. Helena gelebt, und zwar im Longwood-Haus, das Kaiser Napoleon bis zu seinem Tode bewohnt hatte. Morris konnte sich noch an ihn erinnern und behauptete, der große Gefangene habe mit Vorliebe Kälberzungen verspeist.

Samuel Maharero, Sohn und Nachfolger des alten Maharero.
Er wurde 1904 vom Rat der Häuptlinge wider seinen Willen dazu bestimmt, den großen Krieg seines Volkes gegen die deutschen Schutztruppen zu führen. Mehr als die Hälfte der Hereros
gingen dabei zugrunde, Samuel flüchtete ins Betschuanaland
und starb 1923 im Exil.

Missionare und Händler, die während der Windhuker Zeit mit Jonker sprachen, gewannen den Eindruck, er sei seßhaft geworden und wolle nun friedlich seine Beute genießen. Die Pastoren Hahn und Kleinschmidt, denen er wohlwollend entgegenkam, hofften sogar, ihn zu bekehren.

Doch Jonker lebte über seine Verhältnisse, wie auch die meisten seiner Unterführer. Alles, was sie neuerdings brauchten und von weißen Händlern bekamen, mußte nach wie vor mit Vieh bezahlt werden, es gab ja keine andere Währung. In der Walfischbai wurden die Rinder auf Schiffe verladen oder von Windhuk auf dem Landweg bis nach Kapstadt getrieben, wo immer große Nachfrage bestand. Zwar machten die weißen Kaufleute gute Geschäfte, doch lange konnte es nicht so weitergehen, weil sich der Viehbestand allmählich erschöpfte. Jonkers Hottentotten produzierten nichts, sondern verbrauchten nur. Doch kann ein Raubstaat nur so lange bestehen, wie er raubt oder seine Beute reicht.

Jonker war mit 800 Ochsen bei Morris verschuldet, und noch viel mehr schuldeten seine Gefolgsleute dem gleichen Mann, der auf Kredit nichts mehr liefern wollte. Da wurde der Friede gebrochen, und Jonker überfiel die Hereros aufs neue. Er schlug sechzig Menschen tot und holte sich viertausend Stück Vieh.

»Die Rinder der Hereros sind wieder frei«, ging die Kunde durchs ganze Land. Allgemeines Morden und Rauben brach aus, das alles Bisherige übertraf. Wer ausgeplündert war und selber nichts mehr hatte, holte sich die lebensnotwendigen Rinder vom Nachbarn. Hereros überfielen andere Herero-Stämme, und Jonkers Banditen bestahlen andere Hottentotten. Vom Oranje bis zum Swakop, von der Küste bis zur Kalahari brannten die Krale und starben die Menschen. Die Missionare verloren ihren Einfluß, Windhuk wurde wieder zu einem wilden Räubernest. Vorbei war es mit den bescheidenen Anfängen der Zivilisation, die Lehmhäuser wurden zu Kneipen, und Branntwein floß in Strömen.

Tjamuha, noch immer in Jonkers Händen, machte wohl oder übel mit ihm gemeinsame Sache gegen das eigene Volk. Doch sein Sohn und Erbe der höchsten Würde beim Volk der Hereros nutzte die Gelegenheit einer Löwenjagd, um zu entfliehen.

Am 23. August 1850 geschah das Blutbad von Okahandja. Nahezu tausend Menschen sollen dabei ums Leben gekommen sein, darunter fast alle Sippenführer des Volkes mit ihren Familien. Jonkers Krieger hackten den Frauen Hände und Füße ab, um sich schneller ihrer kupfernen Reifen zu bemächtigen.

Kinder wurden erwürgt oder ins Feuer geworfen. Unermeßliche Beute an Rindern, Schafen und Ziegen fiel in die Hände der Mörder.

Den Hereros war das Rückgrat gebrochen, ihre anderen Stämme konnten sich zum Widerstand nicht mehr aufraffen. Sie wurden besiegt und beraubt, wo Jonkers Leute sie nur trafen. Sie flohen zurück nach Norden, woher sie einst gekommen waren, und versteckten sich in den Bergen. Viele tausend wurden zu Sklaven gemacht, allmählich geriet fast das ganze Volk in die Knechtschaft der Orlam-Hottentotten. Vom Stolz und dem Herrschaftsanspruch der Hereros war nichts mehr geblieben.

»Fürchterlich werden die Sklaven behandelt, und viele müssen Hungers sterben«, schreibt Pastor Hahn im Jahre 1859 an die Rheinische Missionsgesellschaft, »ich habe unglückliche Geschöpfe gesehen, die nur noch wandelnde Skelette waren und deren geschundene Körper unzählige Spuren der Nilpferdpeitsche aufwiesen.« Zwei Jahre später berichtet Dr. Hahn noch Schlimmeres von den barbarischen Strafen, die sie erlitten: »Die Mißhandlung, welche die gefangenen Hereros von ihren Herren erleiden, ist entsetzlich. Sie werden geschlagen, bis die Haut in Fetzen hängt und das rohe Fleisch zutage tritt. Der Platz, wo man sie festband, ist hernach so stark mit Blut besudelt, als habe man dort ein Schaf geschlachtet.«

Jonker Afrikaner hatte Windhuk verlassen und seine Residenz nach Okahandja verlegt, um durch diese Ortswahl deutlich zu machen, daß ihm nun alles gehörte, was einst die Hereros besaßen. Okahandja war ihr Zentrum gewesen, und dort hatte ihr heiliges Feuer gebrannt. Den Häuptling Tjamuha nahm er mit und zwang ihn, neben seinem eigenen Haus zu wohnen.

Jonker war absoluter Herr des gesamten Landes zwischen dem Oranje und Swakop, regierte aber nach wie vor als Räuber, der alle Bedürfnisse seiner Gefolgschaft mit gestohlenem Vieh bezahlte. Weil von den Hereros nichts mehr zu holen war, zog er weit hinauf bis ins Ovamboland und kehrte nach einem halben Jahr mit 20 000 Stück Vieh zurück. Welche Menge von Menschen er dabei umbrachte, ist nicht zu schätzen.

Dann aber kam sein Ende, durch übermäßigen Genuß von Branntwein herbeigeführt und durch eine ansteckende Krankheit beschleunigt. Fast gleichzeitig mußte sich auch Tjamuha zum Sterben niederlegen. Jonker bestimmte seinen Sohn Christian zum Nachfolger und der entmachtete Tjamuha seinen

Sohn Maharero. Es war Jonker Afrikaners Wunsch, daß beide sich versöhnten, um gemeinsam zu regieren. Nach Lage der Dinge bestand aber dafür keine Aussicht, denn Mahareros Stolz war viel größer als der des seines Vaters.

Bevor Tjamuha seine letzten Züge tat, versprach er seinem Volk die Befreiung durch Geisterhand, und zwar durch die starke Hand seines persönlichen Geistes. Tatsächlich glaubten die Hereros, daß ihre Häuptlinge im Jenseits mächtiger waren als im Diesseits, wenn sie auch nur selten ins Schicksal der Lebenden eingriffen. Aber das wollte Tjamuha tun und hat es nach Ansicht seines Volkes auch wirklich getan. Deshalb gilt er, obwohl bei Lebzeiten ein Verräter, als großer Stammesführer, nur wegen seiner postumen Verdienste.

Jonker widerstand allen Bemühungen des Missionars Kleinschmidt, ihn noch in letzter Stunde zu bekehren. Ohne die geringste Reue zu beweisen, starb er am 18. August 1861. Nur um drei Tage war ihm Tjamuha vorausgegangen.

Ein christliches Begräbnis wollte Pastor Kleinschmidt dem Jonker Afrikaner daher nicht bewilligen, auch keinen Platz auf dem Friedhof und erst recht kein Kreuz. Vor dem Lehmhaus, das Jonker während seiner letzten Jahre bewohnt hatte, wurde eine Grube ausgehoben und Jonkers Leiche ohne viel Feierlichkeit hineingelegt. Dort ist sein schmuckloser Grabhügel noch heute zu sehen, nur zwanzig Meter vor dem Portal der Missionskirche, die später entstand. Das macht nun doch den Eindruck, als ruhe der schlimmste Schurke von Südwest in geweihter Erde. Alle Kirchgänger müssen beim Kommen und Gehen an seinem Grab vorüber.

Schon bald machte sich der Geist Tjamuhas bemerkbar. Als nämlich Christian Afrikaners Stellvertreter an dessen Grabstätte heranritt, um sie zu besichtigen, schreckte der Schimmel und warf seinen Herrn ab, der tot am Boden liegenblieb. Für die Hereros ein Zeichen, daß Tjahumas geistige Kräfte auf dem besten Wege waren, ins irdische Leben einzugreifen.

Im Diesseits war Tjamuha ein schwacher Mann gewesen, ein williges Werkzeug des Jonker Afrikaner. Sogar das heilige Feuer hatte er ausgehen lassen und sich nicht bemüht, es aufs neue zu entzünden. Vielleicht, weil Jonker ihm das verboten hatte. Kein anderer Herero besaß hierfür das irdische Recht und die Erlaubnis der Geister. Nur im Geschlecht des Großkapitäns konnte sich beides vererben. Darauf beruhte ihre Macht, denn wo sich eine Sippe der Hereros niederließ, sollten eigentlich nur Flammen brennen, die ursprünglich am heiligen Feuer entzündet waren. Man hatte in den Jahren der Flucht und der Sklaverei nicht mehr darauf achten können. Aber der junge Maharero ließ den alten Glauben wieder aufleben. Er war nun der Hüter des heiligen Feuers und durfte es auch wieder entzünden. Den Christian Afrikaner, der vorübergehend nach Windhuk gezogen war, deshalb zu befragen, hielt er nicht für nötig. Maharero ließ durch geheime Boten kleine Fackeln durchs Land tragen. Damit wurden wieder andere Fackeln entzündet, bis die Flamme vom heiligen Feuer zu den entferntesten Wohnplätzen der Hereros gelangte. Auch die Hereroklaven der Hottentotten saßen vor Bränden, die davon stammten. Ohne viele Umstände war somit der junge Maharero zum anerkannten Führer seines unterdrückten Volkes geworden. Entweder hat Christian Afrikaner nichts davon gewußt oder sich nicht darum gekümmert. Als er den wachsenden Widerstand endlich begriff, war es für vorbeugende Maßnahmen schon zu spät.

Maharero hatte Okahandja verlassen und war zu Stämmen seines Volkes gezogen, die sich irgendwo und irgendwie ihre Freiheit bewahrt hatten. Um Anhang zu gewinnen, machte er im Verlauf von einem Jahr neun Töchter oder Schwestern einflußreicher Hauptmänner zu seinen Frauen. Bis weit ins Kaokoveld hinein, dessen Herero-Stämme Jonker Afrikaner nie unterworfen hatte, reichten Mahareros verwandtschaftliche Beziehungen.

Er bekam Vieh von seinen Stammesbrüdern im Norden und tauschte die Herden bei den Händlern der Walfischbai gegen Pulver, Blei und Gewehre. Und da er bei Jonker gelernt hatte, mit Feuerwaffen umzugehen, konnte er seine Leute ausbilden. Es war für Christian Jonker höchste, sogar allerhöchste Zeit, gegen Maharero ins Feld zu ziehen.

Am 15. Juni 1863 kam es bei Otjimbingwe zur entscheidenden Schlacht. Sie endete nach stundenlangen, äußerst erbitterten Gefechten mit einer völligen Niederlage der Hottentotten. Christian Afrikaner fiel, mit ihm sein Bruder David und seine beiden Onkel Jonas und Jager Afrikaner. Fluchtartig zogen sich die überlebenden Hottentotten nach Windhuk zurück. Christians Sohn, Jan Jonker, übernahm die Führung des Orlam-Stammes. Er war ein Musterschüler der Mission gewesen und hatte sogar das Klempnerhandwerk erlernt. Aber die Energie und das strategische Talent seines schrecklichen Großvaters hatte er nicht geerbt, war außerdem noch viel zu jung, um sich bei allen Hottentotten im Land den notwendigen Respekt zu verschaffen. So fehlte es ihm auch an Bundesgenossen.

Sein Gegner war bedeutend schlauer und schloß ein Bündnis mit dem größten Händler im Land, mit dem Schweden Charles Andersson, der mit seinen Ochsenkarren schon elf Jahre lang Südwestafrika durchzogen hatte *. Diesen weißen Händler, einen bewährten Freund der Hereros, ernannte Maharero zum Kommandanten seiner Streitmacht und überließ ihm auch alle Probleme der Organisation.

Dennoch dauerte der wechselvolle Krieg zwischen Hereros und Hottentotten noch zwanzig Jahre. Nach Anderssons Ausscheiden, der im Gefecht bei Gamgam schwer verwundet wurde, gewann Jan Jonker vorübergehend die Oberhand. Man bekämpfte sich mit der größten Grausamkeit, weder Frauen noch Kinder noch alte Leute entgingen dem Gemetzel, wenn ein Überfall gelungen war. Hungersnöte brachen aus, und die Pocken rafften unzählige Menschen dahin. Weite Landstriche wurden restlos entvölkert. Okahandja, Otjimbingwe und Windhuk, die größten Ortschaften von Südwest, gingen mehrmals in Flammen auf und wechselten mehrmals die Besitzer. Zwar konnte die Rheinische Mission 1870 einen Friedensschluß zustande bringen, aber es war praktisch nur ein Waffenstillstand, der bald wieder gebrochen wurde.

Maharero siegte hier und siegte dort, aber viel zu weit war das Land, immer wieder gelang es Jan Jonker, der Vernichtung zu entgehen. Maharero wollte Ruhe haben und machte seinem Todfeind annehmbare Vorschläge für eine Grenze zwischen ihren beiden Territorien. Aber das scheiterte an der völlig verschiedenen Auffassung der Ansprüche. Die Hereros blieben dabei, daß ihnen alles Land gehöre, wo jemals ihre Rinder geweidet hatten, während Jan Jonker nach altem Brauch der Hottentotten darauf bestand, daß alle Gebiete ihm gehörten, wo jemals ein Orlam gejagt hatte. Daß sich diese Gebiete überschneiden mußten, war selbstverständlich. Aber keiner gab nach, und weiter ging der endlose Krieg mit all seinen Verheerungen.

Maharero sandte Briefe an den Gouverneur Südafrikas, worin

---

* Charles J. Andersson hatte gute Schulbildung genossen und sich selber erstaunliche Kenntnisse der Zoologie, Botanik und Geologie angeeignet. In Gesellschaft und auf Kosten des englischen Forschers Francis Galton kam er 1850 nach Südwestafrika, und beide zusammen gelangten als erste Europäer von der Walfischbai bis ins Ovamboland. Als Händler und Forscher hat dann Andersson alleine noch andere zahlreiche Reisen kreuz und quer durch Südwest unternommen, dabei auch als erster weißer Mann den Ngami-See im Betschuanaland von Westen erreicht. Er hinterließ über seine Forschungen ein umfangreiches Buch von wissenschaftlichem Wert, das auch in die deutsche Sprache übersetzt wurde. Andersson wurde sehr wohlhabend und ließ sich in Kapstadt nieder, wo seine Nachkommen noch heute leben.

er vorschlug, die Briten sollten in Südwest für Ordnung sorgen und das Protektorat übernehmen. Die Regierung in Kapstadt schickte einen Kommissar namens W. C. Palgrave, der alle wichtigen Häuptlinge besuchte. Er trat dafür ein, daß Großbritannien die Schutzherrschaft übernehme, und traf hierfür die Vorbereitungen. Doch aus seinen eigenen Berichten konnte man in London herauslesen, wie zerrüttet die Verhältnisse im Lande waren.

Die britische Regierung zog es daher vor, sich aus dem Hexenkessel herauszuhalten.

Während Palgrave noch im Land war, begannen aufs neue die heftigsten Kämpfe. Jan Jonker überfiel und vernichtete eine größere Anzahl Hereros bei der Missionsstation Barmen, nur einen Tagesmarsch von Okahandja entfernt. Doch er vergaß in der folgenden Nacht, Wachen aufzustellen, und wurde selber überfallen. Dabei fand Wilhelm, der älteste Sohn Mahareros, den Tod. Jan Jonker und der größte Teil seiner Gefolgschaft entkamen. Danach verlor er in einem anderen Gefecht seine Frauen und fast alle Verwandten. Die Tage der Orlams waren gezählt. Von nun an blieben ihnen die Hereros ständig auf den Fersen.

Da fühlte sich ein anderer Kapitän der Hottentotten bedroht, nämlich Moses Witboi, bisher ein Rivale des Jan Jonker. Man sagte, unter seinen Vorvätern hätte es auch einen weißen Mann gegeben, weshalb er »weißer Junge« (Witboi) hieß und mit ihm sein ganzer Stamm. Selber sah Moses nicht so aus, sondern schien reinblütiger Hottentott zu sein. Er stand schon in vorgerücktem Alter und überließ die Führung der Krieger seinem Sohn Hendrik Witboi, der von Missionaren erzogen und christlich getauft war. Für die damalige Zeit in Südwest konnte Hendrik als gebildeter Mann gelten. Er beherrschte Afrikaans in Wort und Schrift, besaß eine Bibliothek und führte Tagebuch. Außerdem glaubte er sich von Gott dazu ausersehen, den Witboi-Hottentotten eine führende Rolle im Lande zu verschaffen. Er war festen Glaubens, daß es sich mit seinem christlichen Gewissen vereinbaren ließ, *Böses zu tun, wenn daraus Gutes entstand.* Weil der gelungene Raub von Herero-Rindern zweifellos etwas Gutes für seine Witbois war, konnte er das also tun. Außerdem mußte sich Hendrik gegen Maharero wenden, weil sich dessen Krieger seinem Stammesgebiet näherten. Zunächst aber schrieb der federgewandte Hendrik im Namen seines Vaters dem Großkapitän der Hereros einen Brief, der liebenswürdig begann, dann aber sehr böse wurde und dennoch mit Segenswünschen endete. Er war datiert vom 4. März 1881 und hatte folgenden Wortlaut:

>>*Mein lieber Bruder und großer Kapitän, laß mich Dir sagen, daß Du ein Dieb bist, ein Mörder, ein Wolf und ein Schakal. Zuerst habe ich gemeint, du seist ein Mensch, aber nun habe ich eingesehen, daß Du ein wildes Tier bist. Du hast Menschengeschöpfe, die Gott nach seinem Ebenbild schuf und für die er seinen treuen Sohn hingegeben hat, mit dem Messer abgeschlachtet wie gewöhnliches Vieh. Glied für Glied hast Du sie auseinandergeschnitten mit einem Messer, andere hast Du mit Äxten in Stücke geschlagen. Deshalb werde ich Dich töten, wie man ein wildes Tier totmacht. So mach Dich fertig, hurrah! Ich werde sicher kommen und siegen, hurrah! Der Herr ist mir zur Rechten und zur Linken, also dann mache Dich fertig, hurrah! Mit den besten Segenswünschen grüße ich Dich und bleibe Dein Mitbruder und Kapitän Moses Witboi von Gibeon.*<<*

Während Jan Jonker nicht mehr viel gegen die Hereros ausrichten konnte, trat nun Hendrik Witboi auf den Plan. Also gab es nun drei Parteien, die brennend, plündernd und mordend das unglückliche Land durchzogen. Dann erschien völlig unerwartet noch ein vierter Bewerber um die Vorherrschaft in Südwestafrika: die Deutschen.

Sie kamen leise, muß man wohl sagen, sie kamen ohne Soldaten und drohten niemandem. Im Einverständnis mit Großbritannien hatte das Deutsche Reich am 24. April 1884 den Schutz über jene Landstriche übernommen, die ein Bremer Kaufmann namens Adolf Lüderitz dem Hottentotten-Kapitän Joseph Fredericks im Jahre zuvor abgekauft hatte. Zunächst handelte es sich nur um die Bucht von Angra Pequema, später Lüderitzbucht genannt, sowie um einen menschenleeren Küstenstreifen von der Mündung des Oranje bis zum 26. Breitengrad. Auf dem geduldigen Papier reichten die Besitzungen des Herrn Lüderitz zwanzig geographische Meilen landeinwärts. Doch es gab da keine bekannte Wasserstelle und so gut wie keine Menschen. Natürlich konnte und sollte das nur der Anfang sein. Viel weiter gingen die Pläne und auch das Einverständnis mit England. Ganz Südwestafrika als sogenannte Interessensphäre war den Deutschen überlassen worden. Nur die Walfischbai und ein halbes Dutzend kleiner Guano-Inseln hatte sich England schon seit 1875 selber vorbehalten. Sonst konnten

Hendrik Witboi, Kapitän der sogenannten Witboi-Hottentotten, erbitterter Feind der Hereros und Führer von mehreren Aufständen gegen die Deutschen, gefallen bei Fahlgras im Oktober 1905.

sich die Deutschen in Südwestafrika ausdehnen, soweit es ihnen gelang. Die Briten wußten, daß es nicht leicht sein werde *.

So erschien eines Tages, im Jahre 1885, der deutsche Reichskommissar Dr. Heinrich Göring mit sechs Begleitern beim Großkapitän der Hereros, um mit ihm einen Schutzvertrag abzuschließen. Maharero hatte von den Deutschen bisher nur Missionare kennengelernt und Handwerker der Mission. Militärische Tüchtigkeit traute er ihnen nicht zu, außerdem erschienen Göring und seine Begleiter ohne bewaffnete Eskorte. Viel Schutz hatten die Deutschen wohl kaum zu bieten. Also lehnte Maharero dankend ab.

Wenige Tage später kam es zwischen den Hereros und den Witbois zur Schlacht bei Osona. Hendrik und seine Stammeskrieger wurden geschlagen, verloren auch ihre Wagen, ihr Vieh und ihre Pferde. Als man die Beute nach Okahandja brachte, war Göring mit seinen Begleitern noch dort. Zu ihnen gehörte auch ein Arzt. Er und die anderen Deutschen nahmen sich der verwundeten Hereros an, spendeten auch Medikamente und Verbandzeug. Ihre Hilfsbereitschaft machte auf Maharero so starken Eindruck, daß er kurz entschlossen den Schutzvertrag unterschrieb. Damit hatte Deutschland das Protektorat über alles Land übernommen, das die Hereros für ihr eigenes hielten. Weil dessen Ausdehnung von den Hottentotten bestritten wurde, lag schon darin der Keim für künftige Konflikte. Mahareros Befugnisse über sein eigenes Volk wurden durch die Schutzmacht nicht vermindert, im Gegenteil: sie wurden ihm garantiert.

Leider aber stand jener Schutz, den Göring namens des Deutschen Kaisers versprochen hatte, vorläufig nur auf dem Papier. Es gab noch keinen einzigen deutschen Soldaten im Land. Hendrik Witboi hatte es abgelehnt, einen solchen Vertrag zu schließen, hatte auch seinen Feind Maharero davor gewarnt. Er führte im April 1888 einen neuen, gut vorbereiteten Angriff gegen die Hereros. Aber die hatten sich noch besser vorbereitet und Okahandja mit Wällen, Gräben und Dornenverhauen stark

* Im amtlichen Sprachgebrauch und nach staatsrechtlicher Auslegung war Deutsch-Südwest keine Kolonie, sondern ein sogenanntes *Schutzgebiet* auf Grund der mit den Stammesführern abgeschlossenen Schutzverträge. Ob die sich immer klar darüber waren, was sie unterschrieben, und ob sie wirklich das Recht hatten, so weitgehend über ihre Stammesgebiete sowie deren Bewohner zu verfügen, darüber wird noch heute gestritten. Die Deutschen haben keine schwarzen Rekruten zur Schutztruppe eingezogen, auch keine Freiwilligen angenommen, außer für unbewaffnete Dienste. Im Gegensatz zu den anderen deutschen Kolonien bestand die Schutztruppe in Südwest nur aus Weißen. Die einzige Ausnahme waren 60 bis 80 halbweiße Baster aus Rehoboth.

befestigt. Obwohl die Witbois unbemerkt herankamen, wurden sie unter schwersten Verlusten abgeschlagen und verloren auf der Flucht noch mal ein gutes Drittel ihrer Mannschaft. Alles, was sie an Vieh und Vorräten bei sich hatten, fiel in die Hände der Sieger, alle Verwundeten und Gefangenen wurden massakriert. Nicht nur schwer geschlagen waren die Witbois, sondern auch durch die Kosten ihrer mißlungenen Kriegszüge total verarmt. Wie schon zuvor sein Rivale Jan Jonker, mußte sich Hendrik in die Berge retten und konnte zwei, drei Jahre lang nur vom Plündern leben, wobei er zwischen seinen Opfern keinerlei Unterschied machte.

Maharero kündigte seinen Vertrag mit den Deutschen, weil sie den Angriff der Witbois nicht verhindert hatten. Durch Vermittlung des englischen Händlers Lewis, der in Okahandja lebte, wandte er sich abermals an die Briten. Doch die reagierten nicht, weil sie ja schon dem Deutschen Reich ganz Südwestafrika überlassen hatten. Dennoch konnten sich Dr. Göring und sein Stab nicht länger in Otjimbingwe halten, das ursprünglich ausersehen war, einmal die Hauptstadt von Deutsch-Südwest zu werden. Die oft zerstörte und immer aufs neue besiedelte Ortschaft lag mitten im Herero-Gebiet, und dort waren die Deutschen nicht mehr willkommen.

Indessen hatte Hendrik Witboi andere Sorgen, als sich nur der Hereros zu erwehren. Sein Vater Moses, schon hochbetagt, war von seinem Schwager Paul Visser gezwungen worden, auf die Häuptlingswürde zu verzichten. Paul Visser selbst wollte die Nachfolge antreten, so kam es zwangsläufig zu Kämpfen zwischen ihm und Hendrik. Alle Anhänger Vissers, die Hendrik in seine Gewalt bekam, brachte er um, einschließlich ihrer Frauen und Kinder. Dafür rächte sich der Rivale, indem er den alten Moses in ein offenes Grab setzte und erschießen ließ. Daraufhin taten sich Visser und Jan Jonker zusammen, um gemeinsam über Hendrik herzufallen. Der aber kam ihnen zuvor, paßte erst Visser an geeigneter Stelle ab und erschlug ihn mit den meisten seiner Leute, dann machte er sich an die Verfolgung Jan Jonkers. Nur noch dreißig Mann waren dem Enkel des schrecklichen Jonker Afrikaner von der einstigen Macht seines Stammes geblieben. Rechnet man die Raubzüge des Jager Afrikaner hinzu, so hatten die Orlams fast ohne Unterbrechung hundert Jahre lang im Zustand des Krieges gelebt und sich letzten Endes dabei selber ausgerottet.

Jan Jonker floh mit dem Rest seiner Anhänger nach Norden, ohne zu wissen, wo er jetzt noch Sicherheit finden konnte. Hendrik stellte ihm eine Falle, und dreizehn von den dreißig Mann, die Jan Jonker noch hatte, fielen bei dem Gefecht. Da ergab sich der Rest auf Gnade oder Ungnade. Als Jan Jonker demütig Hendrik gegenübertrat, wurde er von Phanuel, seinem eigenen, außerehelichen Sohn, hinterrücks erschossen. Ein klägliches, wenn auch verdientes Ende für den letzten Kapitän der Orlam-Hottentotten, die zu ihrer großen, schrecklichen Zeit fast ganz Südwest beherrscht hatten.

Hendrik Witboi war nun unangefochtener Herr seines Stammes, konnte wieder auf Raub ziehen und mit dem geraubten Vieh aufs neue Waffen und Munition beschaffen. So ging der Krieg zwischen Witbois und Hereros noch jahrelang weiter.

Indessen kehrte Dr. Göring aus Deutschland zurück, mit ihm der Hauptmann Kurt von François und 21 deutsche Soldaten. Das war alles, das war die ganze Schutztruppe, die das Deutsche Reich im Jahr 1889 zur Befriedung Südwestafrikas bereitstellte. François besetzte Otjimbingwe und errichtete bei Tsaobis eine kleine Festung, die er Wilhelmstal nannte. Maharero hatte nichts dagegen, zumal sie an der Straße zwischen Windhuk und Walfischbai gelegen war und den Zweck haben sollte, die Witbois von ihrer Versorgung mit Waffen abzuschneiden. Die Briten taten ein übriges und verboten alle Waffeneinfuhr durch ihren Hafen in der Walfischbai. So war nun die Lage für Maharero viel günstiger, er traf sich mit dem Hauptmann von François und erneuerte den Schutzvertrag.

Doch gleich darauf ereignete sich ein folgenschwerer Zwischenfall. François und ein paar Mann seiner Truppe ritten auf Kamelen, die sie aus Deutschland mitgebracht hatten. Die in Südwest noch völlig unbekannten Tiere stammten vom Zirkus Hagenbeck und waren an weiße Reiter gewöhnt. Nun gehörte aber Maharero zur »Sippe der Kudus«, die nach uraltem Glauben sehr strengen Tabus unterworfen waren. Niemals durfte der Herero-Kapitän das Fleisch eines hornlosen Tieres verzehren, ja auch kein Gericht, das in der Nähe eines hornlosen Tieres gestanden hatte. Als nun der Schatten eines Kamels auf den Topf Mahareros fiel, der außerdem noch über dem heiligen Feuer kochte und Maharero den Inhalt verzehrte, ohne daß ihn jemand gewarnt hatte, war das Unglück geschehen. Zu spät erfuhr der Großkapitän von dem Sakrileg und war fest davon überzeugt, daß er binnen weniger Tage sterben mußte. So tief saß der Aberglaube in seiner Seele, daß er tatsächlich sterbenskrank wurde und seinen Sohn Samuel Maharero zum Nachfolger bestimmte.

»Aber ich sage euch«, prophezeite Maharero, »er wird nur wenige Jahre regieren, um schließlich in einem fernen Land zu sterben.«

Die letzten Worte eines Sterbenden sind für die Hereros von großer Bedeutung, da man glaubt, es sei schon die Stimme seines Geistes, der daraus spricht und viel weiter in die Zukunft zu sehen vermag als ein Lebender.

Samuel Maharero führte das Volk immerhin fünfzehn Jahre lang, führte es aber dann in den großen Krieg gegen die deutsche Schutztruppe. Das Ende brachte die Schlacht am Waterberg, weil mehr als die Hälfte der Hereros fielen oder verdursteten auf der Flucht in die Kalahari. 17 000 Gefangene blieben in der Hand des Siegers. Samuel selber entkam ins Betschuanaland, wo er mit wenigen Getreuen als Flüchtling lebte, bis er 1923 starb. Also hatte sich die Voraussage seines Vaters erfüllt. In einem Sarg aus Metall wurde seine Leiche nach Okahandja gebracht und neben seinem Vater und Großvater beigesetzt.

Das heilige Feuer brennt nicht mehr. Es war während der Kämpfe am Waterberg erloschen und wurde nie mehr angezündet. Samuel Maharero hat keinen Nachkommen hinterlassen, der es nach altem Recht und Glauben wieder entfachen durfte.

Etoscha, größtes Wildreservat der Welt

Das Schutzgebiet der Tiere ist so groß wie die Länder Bayern und Baden zusammen. Es grenzt im Westen ans dünnbesiedelte Kaokoveld und im Norden ans dichtbesiedelte Ovamboland. Im Süden und Südosten liegen Farmen weißer Viehzüchter. Durch einen Drahtzaun, zwei Meter hoch, werden Reservat und Farmland getrennt. Nur zwei Straßen führen zur Etoscha-Pfanne, die eine von Outjo kommend, die andere von Tsumeb. Etwa 1 000 Kilometer Fahrwege, die meisten nur schmal und sandig, stehen für Besucher des Schutzgebietes zur Verfügung. Das scheint viel zu sein, ist aber nur wenig, wenn man dessen Größe bedenkt. Was wären schon 1 000 Kilometer Straße für Bayern und Baden? Es sind im Etoscha-Reservat nur dünne Striche durch sonst unberührte Wildnis.

Wir kommen von Outjo und erreichen die Kontrollstation am frühen Nachmittag. Wir müssen 1 Rand Eintritt zahlen, unsere Namen in ein Buch schreiben und dazu die Autonummer. Mein Jagdgewehr wird plombiert und die Anzahl der

Patronen notiert. Der Beamte reicht uns einen Zettel, worauf zu lesen steht, was wir tun dürfen und was nicht. Eigentlich ist alles selbstverständlich, wenn man bedenkt, daß hier ein Reich der Tiere ist, worin Menschen nur geduldet werden, wenn sie die Besitzer des Riesenreichs gebührend respektieren. Die brauchen vor allem ihre ungestörte Nachtruhe, weshalb der Fremde von Anbruch der Dunkelheit bis zum Sonnenaufgang eingesperrt wird. Das heißt, er muß diese Stunden hinter dem Gitter eines der drei Restcamps verbringen.

Wir erreichten Okaukuejo, das nächstgelegene Camp, schon nach zwanzig Minuten. Es ist großzügig angelegt und war ein ehemals deutscher Polizeiposten, von dem aber kaum noch Reste übrig sind. Man kann dort in kleinen Bungalows wohnen oder ein sogenanntes Rondavel beziehen, eine strohbedeckte Rundhütte im Baustil der Ovambos. Manche davon haben ein Bad und sind auch sonst mit allem Komfort ausgestattet. Man kann auch bereitstehende Zelte frequentieren oder überhaupt im Freien kampieren. Zwar gibt es einen Kaufladen, wo Lebensmittel aller Art zu haben sind, aber kein Restaurant oder Café. Nur einige Reisebüros servieren ihren geschlossen eintreffenden Gästen ein komplettes Menü. Alle übrigen Besucher müssen sich selber um ihre Mahlzeiten kümmern, auch ihr Geschirr, die Kochtöpfe und sonstiges Zubehör mitbringen. In den Hütten und Häuschen sind Kochgelegenheiten vorhanden, den Campern und Zeltbewohnern stehen offene Feuerplätze, Brennholz und Wasser zur Verfügung.

Gleich beim Eingang erhebt sich ein runder, schneeweißer Beobachtungsturm, von dessen Höhe das Reservat sehr weit zu überblicken ist. Besonders am frühen Morgen und späten Nachmittag sieht man von dort kleinere und größere Gruppen Wild auf dem Weg zu den Wasserstellen. Natürlich hat das Camp auch sein Postamt, es hat ein großes Schwimmbad und ein paar kleine Läden, wo man Souvenirs, Tierfelle und Handarbeiten der Ovambos kaufen kann. Im Verwaltungsgebäude werden gratis Prospekte und Straßenkarten verteilt, dort bezahlt man auch seine Unterkunft.

Wir haben uns für zwei Zelte entschieden, weil das nach Walters Meinung am sportlichsten ist. Rings um einen freien, sandigen Platz sind auf zementierten Fußböden etwa sechzig olivgrüne Zelte aufgestellt. Sie enthalten jedes drei Feldbetten mit Seegrasmatratzen und eine Petroleumlampe, sonst aber nichts. Es wird erwartet, daß die Bewohner Decken, Kissen und Bettwäsche bei sich haben. Etwa ein Dutzend Feuerstellen und Wasserhähne sind über den Platz verteilt. Ein schwarzer Mann schleppt das Holz herbei und leert die Abfalltonnen. Er heizt auch ein paar große Kessel, aus denen man sich morgens, mittags und abends heißes Wasser holt. Alles ist makellos sauber, nirgendwo eine Blechdose oder Papierfetzen. Der Wagen kann gleich neben dem Zelt geparkt und entladen werden. Die Preise sind als mäßig zu bezeichnen, das dreibettige Zelt kostet nur 4 DM pro Nacht, Brennholz und Petroleum inbegriffen. Für ein Drei-Zimmer-Touristen-Haus mit komfortabler Einrichtung, das bis zu sechs Personen aufnehmen kann, sind ungefähr 25 DM zu zahlen.

Obwohl wir das Reservat mitten in der Saison besuchen, das heißt während der relativ kühlen Trockenzeit, herrscht kein Andrang in Okaukuejo. Mehr als die Hälfte der Zelte stehen leer. So weitläufig ist das Camp angelegt, daß man sich darin verlaufen kann. Die meisten Besucher sind Afrikaaner und Engländer aus der Republik, wie man in Südwest das eigentliche Südafrika der Einfachheit halber nennt. Besucher aus Europa und Amerika sind relativ selten, jedenfalls habe ich während dieser Tage keinen kennengelernt.

An der Feuerstelle vor unserem Zelt bereiten wir das Abendessen. Hesekiel hilft dabei, hockt sich dann hinter das Zelt und verzehrt seinen Anteil abseits von uns. Er macht das immer so. Nach dem Essen und Abwasch nimmt unser Mann seine Wolldecken und legt sich in den Wagen.

Während wir gemütlich bei afrikanischem Rotwein sitzen, kommt ein schwarzer Wärter vorbei und hält uns ein handgeschriebenes Schild vor die Nase. In allen drei Landessprachen, Afrikaans, Englisch und Deutsch, wird uns mitgeteilt, daß man heute abend im Saal des Verwaltungsgebäudes einen Tierfilm zeigt. Natürlich gehen wir hin und sehen anderthalb Stunden (kostenlos) alle Arten von Tieren, denen wir hoffen in den nächsten Tagen zu begegnen. Der Film verrät die Hand von Amateuren. Man hat ähnliches schon oft und viel besser gesehen. Aber die Erklärungen können recht nützlich sein. Es wird den Besuchern des Reservats davon abgeraten, den ganzen Tag ruhelos herumzufahren. Statt dessen soll man sich für eine Wasserstelle entscheiden und so lange wie möglich dort bleiben.

Es sollte auch niemand verfehlen, bevor er sich morgens auf den Weg macht, eine Wandtafel zu studieren, die im Büro der Verwaltung aufgehängt ist. Darauf stehen die Namen der wichtigsten Wasserstellen, und täglich schreiben die Wildhüter dazu, welche Tierarten man hier und dort an diesem Tag vermutlich zu sehen bekommt. Haben gestern die Löwen ein Stück Wild gerissen, und zwar so nahe an einem Fahrweg, daß man den Tatort übersehen kann, wird auch das auf der Tafel vermerkt. Meist haben die Löwen ihre Beute noch nicht ganz vertilgt, sondern kommen bald wieder, um reinen Tisch zu machen. Leider wird uns für heute eine solche Gelegenheit nicht angekündigt.

Man darf im Reservat nicht schneller fahren als 25 Stundenkilometer. Es kostete Walter viel Überwindung, dies Schneckentempo einzuhalten, er ist das ganz und gar nicht gewohnt. Aber seine Frau und ich passen auf, daß die Nadel nicht weiter ausschlägt. Die Landschaft allein hat nicht viel zu bieten. Sie ist völlig flach, Steppe, Gestrüpp und Buschwald wechseln ab. Es gibt Dorngewächse jeder in Südwest nur vorhandenen Art, dazu wilde Dattelbäume, Feigenbäume, Marulas, Tambutis und Blutfruchtbäume, auch eine große Zahl von Mopane-Bäumen, deren Laub und Zweige bei Elefanten so beliebt sind. Die Etoscha-Pfanne, nach der das ganze Gebiet benannt ist, kann man nur mit viel Phantasie als eine Pfanne betrachten. Sie ist eher eine unendlich weite Platte ohne jede Vegetation, wenn man von fingerlangen, knisterdürren Halmen absieht, die kärglich aus ihrem verkrusteten Boden sprießen. Vor vielen tausend Jahren soll der Kunene durch die Pfanne geströmt sein und sie in einen See verwandelt haben. Heute aber liegt die sogenannte Pfanne nur einen bis anderthalb Meter tiefer als das übrige Land und füllt sich nur in der Regenzeit für wenige Tage mit Wasser. Sonst ist sie vollkommen trocken und mit einer dünnen, hell in der Sonne glänzenden Salzschicht bedeckt. Weil Salz für die meisten Tiere eine vielbegehrte Delikatesse ist, stehen Zebras, Gnus, Springböcke und Strauße zu Hunderten auf der weiten Fläche. Doch nur im Glas kann man sie deutlich erkennen, dem bloßen Auge erscheinen sie als dunkle Punkte.

Ungefähr 130 Kilometer lang ist die Etoschapfanne und 50 Kilometer breit. Die andere Seite, wo wieder Busch und Steppengras beginnen, läßt sich nur ahnen.

Ein Rudel von zehn oder zwölf Zebras kreuzt unseren Weg, ohne Eile und ohne Furcht vor dem langsam rollenden Wagen. Hätten sie nicht ihre schwarzen Streifen, man müßte sie für Pferdchen halten. Auch so würde ich sie gerne streicheln und mit Zucker füttern. Ich bin überzeugt, sie hätten nichts dagegen, aber das Füttern der Tiere ist strengstens verboten.

Perlhühner scharren im Sand, Nashornvögel sitzen unbeweglich auf den Ästen, und Trappen schreiten gemächlich durchs gelbe Gras. Strauße stehen so nahe am Weg, daß wir uns in die Augen schauen. Angeblich sind es dumme Vögel, aber ihr Blick macht einen intelligenten Eindruck. Sie haben lange, weiß-blonde Augenwimpern, die sich heben und senken. Es sieht aus, als würden sie uns anblinzeln.

Für kurze Zeit laufen ein paar Springböcke neben dem Wagen her, die uns alles zeigen, was sie können. Mitten im weiten Sprung strecken sie plötzlich die Läufe aus und scheinen zu fliegen. Es sind wohl die schönsten Antilopen überhaupt, nicht nur die schnellsten. Um ihre schlanke, graziöse Figur kann sie auch das bestgebaute Mädchen beneiden.

Wir folgen einer Pad nach Süden und gelangen zur Wasserstelle von Gembsbokvlakte. Dort bleiben wir stehen. Sie ist eine von zwanzig Wasserstellen, die man mit dem Wagen erreichen kann. Ein Windrad auf hohem Gitterturm pumpt mit leisem Geknarr das Grundwasser aus dem Boden. Es liegt im allgemeinen nicht tiefer als höchstens dreißig Meter. Der künstlich angelegte Teich hat etwa die Größe eines Tennisplatzes. Ringsum ist der Boden aufgeweicht und von vielen tausend Tierhufen völlig zertreten. Gras, Gebüsch, Gestrüpp sind dem lebhaften Verkehr zum Opfer gefallen. Erst dreißig bis fünfzig Schritt hinter dem Tümpel beginnt wieder Vegetation. So gehört zu jeder Wasserstelle auch eine Lichtung im Busch, wo das Wild frei zu sehen ist.

Wir können auf Fotodistanz heranfahren und stellen den Motor ab. Nun heißt es Geduld üben, denn kein Tier ist bisher erschienen. Zehn Minuten, zwanzig Minuten und fast eine halbe Stunde vergehen, ohne daß sich etwas zeigt. Dabei soll es doch hier von Tieren der verschiedensten Art nur so wimmeln. Walter hält die Warterei nicht aus und will zu einer anderen Stelle. Aber man weiß doch als Jäger, daß mehr Wild »ersessen als erlaufen wird«. Doch man kann nie wissen, aus welchem Grund sich die Tiere zurückhalten. Vielleicht sind Löwen oder Leoparden in der Nähe, denen der Magen knurrt. Dafür haben ihre möglichen Opfer einen untrüglichen Instinkt. Vielleicht sind vor uns andere Besucher hier gewesen, die zu laut mit der Autotür knallten, oder Wildhüter haben eine verletzte Antilope geschossen. Danach muß immer eine gewisse Zeit vergehen, bis sich der Schrecken gelegt hat.

Da kommt ein Warzenschwein des Weges, bummelt mit seinem tiefhängenden Bauch über den Schlamm und legt sich genußvoll ins trübe Wasser. Es grunzt vor Behagen, säuft schmatzend von der Brühe und wälzt sich herum.

Der Bann ist gebrochen, Trapphühner und Frankoline stellen sich ein, auch Perlhühner mit schrillem Gegacker. Ihnen folgen ein Kronenkranich und ein halbes Dutzend sogenannter Gakkelhähne. Dann wird es spannend, aus dem Buschwald im Hintergrund ziehen Oryx-Antilopen, eine hinter der anderen. Es muß hier vor kurzem nicht ganz geheuer gewesen sein, denn sie nähern sich nur zögernd und sichern in den Wind. Als das erste Tier sein Haupt zum Wasser senkt, fassen auch die übrigen Vertrauen. Es sind schließlich sechzehn der schönen Tiere, die mit ihren Vorderläufen im Tümpel stehen. Ihre nadelspitzen, meterlangen und leicht gebogenen Gehörne sehen aus wie die gezogenen Degen von sechzehn Musketieren, die sich zum Gefecht bereit machen.

Ein starkes Rudel durstiger Zebras trabt heran, lustig und munter wie Fohlen auf der Weide. Aber die Oryx sind nicht nett zu ihnen. Sie empfinden die übermütige Schar als Belästigung, stampfen zornig mit den Läufen und führen ein paar kurze, knappe Scheinangriffe gegen die gestreifte Bande. Erschrocken weichen die Zebras zurück und schütteln die Häupter. Ist denn nicht genug Wasser für alle in dem Teich, was haben sie denn Böses getan?

Gar nichts haben sie getan, aber die Oryx sind nun mal so, die wollen den Tümpel für sich allein haben. Wer zuerst kommt, säuft zuerst. Die anderen Tiere können gefälligst solange warten, vorausgesetzt natürlich, es sind keine großen Raubtiere. Endlich haben die Oryx genug und ziehen sich würdevoll zurück. Nun können die Zebras näher treten. Es kommen noch mehr von ihrer Sorte und immer noch mehr. Wenn ich recht gezählt habe, sind es im Verlauf einer halben Stunde über hundert Stück. Sie geben sich wohlwollender als die Oryx und lassen auch ein Steinböckchen zu, öffnen ihm sogar eine Gasse.

Dann plötzlich, als würde ein Befehl gegeben, schnauben alle Zebras gleichzeitig, schütteln die Mähnen und machen kehrt. So munter, wie sie kamen, galoppieren sie davon.

Gleich danach erscheinen mit zögernden Schritten zwei Kudukühe, prüfen mit gebotener Vorsicht die Lage und kommen näher, dann noch etwas näher und erreichen schließlich den Rand. Sie waren nur ein Spähtrupp, dem jetzt die Vorausabteilung folgt. Es sind wieder ein paar Kühe, aber begleitet von ihren tapsigen Kälbern. Die Mütter wenden ihre Häupter nach rechts und nach links, sichern in den Wind und schreiten zum Wasser. Danach kommen die jungen Bullen, schon etwas zuversichtlicher, weil sie sehen, daß niemand die vorausgesandten Frauen und Kinder belästigt. Sie treten zum Tümpel, beugen sich nieder und trinken. Nun erst zeigt sich der Beherrscher des Rudels, vornehm Abstand haltend von dem gewöhnlichen Volk. Im stolzen Schmuck seines starken Schraubengehörns schreitet der Mächtige und Prächtige einher. Respektvoll wird ihm Platz gemacht, wie sich das unter wohlerzogenen Kudus gehört. Er dankt nicht und grüßt nicht, sondern schaut hochfahrend über sein Rudel hinweg, bis er sich schließlich herabläßt, von dem Schmutzwasser zu schlürfen.

Doch er tut das in einer Art, als habe er gar keinen Durst. Nur um aufzupassen, daß hier Ordnung herrscht, ist er mitgekommen.

Es folgen noch einige Bullen mit schwächerem, aber vielversprechendem Gehörn. Es sind vermutlich die Adjutanten des hohen Herrn. Der Tag wird kommen, wo einer von ihnen den jetzt regierenden Fürsten zum Zweikampf herausfordert und vielleicht besiegt. Dann hat das Rudel einen neuen Chef, und der alte muß sich verbittert in die Einsamkeit zurückziehen.

Zwei Schakale gleiten geschmeidig zwischen den Läufen der Kudus hindurch und legen sich am Teich flach auf den Boden. Sie trinken mit angelegten Ohren, vermutlich haben sie ein schlechtes Gewissen. Von den Kudus werden sie nicht beachtet.

Die großen Tiere trinken lange und lassen sich von Springböcken nicht stören, die neben und zwischen ihnen erscheinen. Wir sehen auch ein Blauböckchen, nicht größer als ein Hase, das flink und ängstlich seine Schlückchen nimmt. Es ist bald wieder verschwunden.

Endlich haben die Kudus genug, der starke Bulle gibt persönlich das Zeichen zum gemeinsamen Aufbruch. Gemessenen Schrittes kehrt das ganze Rudel in den Buschwald zurück, um dort zu äsen und später die heiße Mittagszeit im Schatten zu verschlafen.

Wieder ein Warzenschwein, dann noch eines und noch viele mehr. Bei ihnen herrschen ganz andere Sitten, die starken Keiler kommen zuerst, danach die Muttersauen mit schon ziemlich großen Frischlingen. Schöne Tiere sind die Warzenschweine gerade nicht, aber sie haben so etwas Gewisses, das sie sympathisch macht. Intelligente Tiere ohne Zweifel, ihr Gehaben ist selbstsicher, und sie scheinen immer zu wissen, wann ihnen Gefahr droht und wann nicht. Die gelbweißen Hauer im Gebräch der alten Keiler sind gewaltig im Vergleich zu den kurzen Waffen unserer Wildeber. Scharf nach auswärts gebogen, können sie bis 25 Zentimeter lang werden und sind beim Ansatz manchmal so dick wie das Handgelenk eines Kindes. Auf beiden Bakken tragen die Warzenschweine eine merkwürdige Warze, die bei älteren Tieren wie dicke Daumen von der Schwarte abstehen. Das verlieh ihnen den Namen und dem Gesicht der Tiere ein höchst ungewöhnliches Aussehen. Welchem praktischen Zweck diese Protuberanzen dienen, haben meines Wissens die Zoologen noch nicht geklärt. Die Warzenschweine tragen kein Fell, sondern nur vereinzelte, fingerlange rauhe Haare auf ihrer dunkelgrauen, meist sehr schmutzigen Schwarte. Der Ringelschwanz am Hinterteil befindet sich stets in lebhafter Bewegung. Wenn eine Rotte afrikanischer Wildschweine hurtig davonläuft, mit den flink sich drehenden Schwänzchen, ist das ein ungemein lustiger Anblick. Im übrigen schmecken junge Warzenschweine ganz vortrefflich, sogar noch besser als Spanferkel bei uns. Als ich viele Monate lang in Zentralafrika jagte, alles zu Fuß und mit einer Trägerkarawane nach der guten alten Art, lebten wir in der Hauptsache von Warzenschweinen. Kein anderes Wildbret war so gut, so saftig und so nahrhaft. Doch eigentlich dürfen mir solche Gedanken jetzt nicht kommen, nur als Betrachter der Tierwelt bin ich hier.

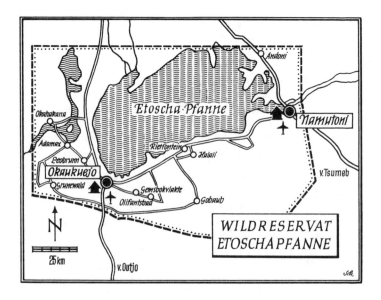

Es ist ein dauerndes Kommen und Gehen. Die Leiber berühren sich, gelegentlich hört man das Anstoßen von Gehörnen. Wir versuchen zu zählen, doch es gelingt uns nicht. Wir fotografieren und filmen, wir schauen und staunen. Das Gewimmel ist unglaublich, an einer Wasserstelle allein haben wir solche Vielfalt der Arten nicht erwartet. Es ist nicht anders als in einem Ausschank, vor dessen Theke sich eine zu große Menge von Gästen einfindet.

Erst gegen Mittag, als die große Hitze beginnt, läßt der Andrang allmählich nach. Wir öffnen die Freßkörbe und langen hungrig hinein. Es geht uns nicht schlecht. Wir haben kühle Getränke in einer Plastiktasche mit Eiswürfeln und heißen Tee in einer großen Thermosflasche. Wir streichen Butter auf die Pumpernickel, legen Scheiben von kaltem Fleisch darüber und kauen mit Genuß.

»Schau mal schnell, da kommt Giraffe«, ruft Hesekiel.

Erst eine, dann noch eine, und schon sind es drei. Turmhohe Tiere, die in freier Wildbahn noch höher wirken als im Gehege eines zoologischen Gartens. Es mag daran liegen, daß hier keine großen Bäume in der Nähe sind. Die Giraffen ragen weit über alle Vegetation hinaus, die sie umgibt. Der kleine Kopf auf dem langen Hals scheint zu schweben, er macht die schwankenden Bewegungen des Körpers nicht mit. Die drei schlanken Riesen stelzen durchs Gestrüpp, überqueren ohne jede Hast die freie Fläche und treten bis fast in die Mitte des graubraunen Teiches. Dann spreizen sie die Vorderläufe weit auseinander, so wie ein Fotograf die Beine seines Stativs zur Seite zieht, um die Kamera tiefer zu stellen. Die Giraffe muß so breitbeinig stehen, sonst könnte sie trotz ihres langen Halses das Wasser nicht erreichen. Der Körper bildet nun ein ziemlich scharfgeschnittenes Dreieck mit den Schulterblättern als Höhepunkt. Wir hören deutlich, wie ihre ellenlangen Zungen die Flüssigkeit schlabbern. Das dauert zehn Minuten, dauert sogar eine Viertelstunde. Dann erst richten sich die drei wieder auf, und ihre Beine klappen zusammen. In voller Größe bleiben sie noch eine Weile im Wasser stehen und betrachten gelangweilt die beiden Autos und deren menschlichen Inhalt. Für sie ist das nichts Neues, diese Blechbüchsen sehen sie alle Tage. Was sich darin bewegt, sind harmlose Geschöpfe ohne Wichtigkeit.

Langsam schaukeln die Giraffen davon, aber noch lange sehen wir ihre Köpfe und Hälse über den niederen Baumwipfeln.

»Fehlen uns nur noch Löwen und Elefanten«, sagt Walter, »und da müssen wir eben Glück haben.«

Es fehlen uns außerdem noch Hyänen, Leoparden und Geparde. Doch für Hyänen müßte ein Stück Aas in der Nähe liegen. Leoparden zeigen sich bei Tage fast nie, und den Anblick von Geparden kann nur ein besonderer Zufall bescheren.

Nashörner sind vor einigen Jahren aus dem Kaokoveld ins Reservat zugezogen, halten sich aber nur im Westen auf, bei der Natuhanaoko-Pfanne. Der einzige Weg dorthin ist gesperrt, erst sollen sich die wenigen Rhinos vollkommen heimisch fühlen, bevor den Besuchern des Reservats erlaubt wird, sie zu bestaunen.

Über Mittag bleibt die Wasserstelle verlassen, abgesehen von Flughühnern, Trapphühnern und kleineren Vögeln, kommen keine Tiere zur Tränke. Der andere Wagen fährt davon. Es ist nun totenstill und drückend heiß. Wir würden gerne das glühende Blechgehäuse verlassen, um im Schatten der Büsche zu liegen. Aber das dürfen wir nicht. Daran erinnert ein weißbemalter Stein, worauf in allen drei Landessprachen geschrieben steht: »Bleib im Wagen!«

Gegen halb drei beginnen aufs neue die Besuche am Tümpel. Wieder fängt die Kette der Kundschafter mit Warzenschweinen an, denen Antilopen folgen. Wir sind anspruchsvoller geworden und heben die Kameras nur für besonders stattliche Tiere oder wenn der Andrang außerordentlich ist. Es erscheinen keine Spezies, die wir noch nicht sahen. Am zahlreichsten sind wieder die Zebras vertreten. Wenn sich die noch weiter so stark vermehren, kann es eines Tages dazu kommen, daß sie der Wildschutz vermindern muß. Abermals Kudus, Gnus und Springböcke, nach ihnen Strauße und Elen-Antilopen. Dann wieder Giraffen, einmal sind es zwei und danach sogar sechs. Das Kommen und Gehen ist noch lebendiger und dichter als heute morgen.

»Und was macht Ihr Jägerherz«, fragt Walter, »kribbelt's Ihnen nicht im rechten Zeigefinger?«

Keine Spur davon und kein Gedanke daran. Hier wäre jeder Schuß ein Meuchelmord, auch wenn man schießen dürfte. Wenn das Tier den Menschen nicht fürchtet und auf möglichst weiten Abstand bedacht ist, kann von Jagd keine Rede sein. Sogar das Fotografieren macht nicht den rechten Spaß, weil es hier so einfach ist.

Löwen und Elefanten kommen nicht, sie frequentieren wohl ganz andere Plätze, und es hat keinen Zweck, hier auf sie zu warten. Schon gegen vier Uhr, lange vor Anbruch der Dunkelheit, setzen wir den Wagen zurück und fahren im vorgeschriebenen Minimaltempo zum Restcamp von Halali, wo wir übernachten wollen.

Es ist das neueste der drei Camps und liegt südlich der Salzpfanne, etwa auf halbem Wege zwischen Okaukuejo und Namutoni. Erst im vorigen Jahr wurde Halali eingerichtet. Der »Verein Südafrikanischer Jäger«, meist aus deutschen Mitgliedern bestehend, hat Gelder und gute Ratschläge beigesteuert, weshalb er für das Camp auch den Namen wählen durfte. Die Anlage ist ebenso praktisch wie geschmackvoll und der Landschaft in vorbildlicher Weise angepaßt. Mir gefällt besonders, daß die Griffe aller Türen des Hauptgebäudes aus Springbock-Gehörnen bestehen, die man in der Umgebung gesammelt hat. Es gibt in Halali ein besonders schönes Schwimmbad mit relativ kühlem Wasser und grüner Liegewiese daneben. Die strohgedeckten Bungalows, Rondavels und Lehmhütten sind nicht in schematischer Ordnung ausgerichtet, sondern liegen als Gruppen im Gelände verteilt, ebenso die Campingplätze und die vorbereiteten Zelte. Man fühlt sich hier privater als in Okaukuejo, man würde auch in der Zeit des stärksten Besuchs kaum bemerken, daß noch so viele andere Leute hier sind.

Wir beziehen wieder zwei Zelte und ergänzen ihre spartanische Einrichtung durch unsere Sachen. Abends erhalten wir den Besuch von Albrecht Werksmann, einem leitenden Beamten des Wildschutzes. Walter kennt ihn schon lange, und Werksmann kennt zwei oder drei von meinen Büchern. Eine lebhafte und für mich auch lehrreiche Unterhaltung kommt bald in Gang. Wir sitzen auf unseren Klappsesseln an unserem Klapptisch und lassen die vollen Becher nicht lange gefüllt. Daneben knistert ein Feuer, und hoch darüber schimmern viele tausend Sterne.

»Wußten Sie, daß unsere Elefanten erst vor wenigen Jahren hier eingewandert sind?« fragt mich der Wildhüter. »Erst seit 1957 gibt's sie wieder in der Etoschapfanne... ungefähr siebenhundert.«

»Und wo kommen sie her?«

»Aus dem Kaokoveld in der Hauptsache, und dort erhalten sie Nachschub aus dem südlichen Angola.«

Entlang am 19. Breitengrad haben Beamte und Gehilfen des Wildschutzes eine Reihe von Wasserstellen mit Windrädern angelegt. Dieser Linie von lockendem Naß folgen die Elefanten, bis sie ins Reservat gelangen, wo sie dann bleiben und sich vermehren. Das Laub der Mopanebäume ist ihr hauptsächliches Futter, das Salz in der großen Pfanne nehmen sie gerne auf.

Sie fühlen sich wohl im Schutzgebiet, haben auch verlernt, den Menschen und sein Fahrzeug zu fürchten.

Eine Familie aus Johannesburg hatte neulich allerhand erlebt mit den seltsamen Einfällen der Elefanten, berichtet unser Gast. Sechs Tiere standen auf der Pad, und als der Wagen halten mußte, umstellten sie ihn. Der Fahrer konnte weder nach vorne durchkommen, noch konnte er zurücksetzen. Da begann erst einer, dann ein zweiter und schließlich alle fünf der großen Kolosse mit den Rüsseln aufs Dach zu schlagen. Der Lärm machte ihnen offenbar großen Spaß, sie wollten gar nicht damit aufhören. Aber die Menschen in der Blechtrommel gerieten durch das anhaltende Gedonner fast um ihren Verstand. Die Witzbolde, jeder drei bis vier Tonnen schwer, gaben ihr weithin hallendes Trommelkonzert erst auf, als andere Wagen herbeirollten und minutenlang hupten. Kopfschüttelnd und leicht gekränkt schaukelten die Elefanten davon.

Der Wildzaun im Süden und Osten des Reservats kann die Grautiere nicht halten, wenn sie die Wanderlust packt. Da brechen die Elefanten durch wie Panzer auf dem Vormarsch. An die Wasserstellen des Reservats gewöhnt, suchen sie draußen, als sei das ganz selbstverständlich, die Viehtränken der Farmer auf und verschwenden viel kostbare Flüssigkeit. Da Elefanten überall in Südwest streng geschützt sind, kann sich der Farmer nicht selber helfen, sondern muß den Wildschutz verständigen. Eine berittene oder motorisierte Mannschaft rückt aus und treibt die Störenfriede zurück ins Reservat.

»Im allgemeinen geht das ganz gut«, sagt Werksmann, »unsere Elefanten wissen ja, wohin sie gehören. Aber leider entläuft auch anderes Wild durch die Lücken. Manchmal haben die Elefanten den Zaun dreißig bis vierzig Meter weit niedergetrampelt.«

Was die Hüter des Reservates am meisten bekümmert, ist das Entlaufen der Löwen. Als Gefahr für den Viehbestand werden sie von den Farmern abgeschossen, in Eisen gefangen, sogar mit Hilfe vergifteter Fleischbrocken umgebracht. Es gibt neuerdings auch Jäger aus Europa und den USA, die draußen auf Löwen lauern. Der eine oder andere Farmer macht ein Geschäft daraus, Löwenjagden auf seinem Land zu organisieren. Es bestehen noch keine gesetzlichen Bestimmungen, das zu verhindern. Weil die Raubtiere aus dem Reservat Menschen nicht mehr fürchten, fallen sie ihnen jenseits des Zauns leicht zum Opfer. Es ist gewiß keine waidmännische Ruhmestat, dort ein Löwenfell zu erbeuten. Wie hätte es sonst einer deutschen

Krankenschwester, die zuvor nie ein Gewehr angerührt hatte, gelingen können, binnen zehn Minuten drei Löwen abzuschießen. Der Farmer hatte ihr, mehr zum Spaß als im Ernst, seine eigene Büchse in die Hand gedrückt, als plötzlich Löwen auftauchten. Die Frau Oberin wird sehr erstaunt gewesen sein, als die junge Schwester mit ihren drei Löwenfellen in die Klinik zurückkam.

Während der letzten Jahre ist es mehr und noch mehr Löwen gelungen, selber den Zaun zu durchbrechen. Jedes große Raubtier, das verschwindet, ist für das Reservat ein bedeutender Verlust. Vor allem die Löwen sind notwendig, um das Gleichgewicht der Natur im geschützten Gebiet zu erhalten. Sie leben mit Vorliebe von Zebras, und je mehr Zebras es gibt, desto mehr Löwen sollte es geben. Auf annähernd 200 000 Stück wird die Zahl der Zebras im Reservat schon geschätzt und vermehrt sich immer rascher. Es sind zweifellos zu viele im Vergleich mit den anderen Tieren. Wenn erst eine Viertelmillion oder gar eine halbe Million Zebras vorhanden sind, reichen selbst 85 000 Quadratkilometer nicht mehr aus, sie zu ernähren. Muß man doch bedenken, daß die eigentliche Etoscha-Pfanne nur wenig Äsung bietet. Auch die anderen Tiere vermehren sich und wollen leben.

»Es bleibt bald nichts anderes übrig, als daß wir Löwen importieren«, meint der Wildhüter.

In den zoologischen Gärten Europas und Amerikas sind junge Löwen verhältnismäßig billig zu haben, vielleicht würde man sie für den guten Zweck sogar verschenken. Die Löwin in der Gefangenschaft kann jedes Jahr ein paar Kinder bekommen, oft weiß man nicht, wohin mit den jungen Tieren. In Etoscha könnte man sie brauchen.

»Aber verstehen sie zu jagen, wenn man sie plötzlich in Freiheit entläßt?«

Das käme auf den Versuch an, sagt der Wildhüter, ein hungriges Raubtier müsse sich eigentlich auf Beute stürzen, wenn es frisches Fleisch in Reichweite hat. Ob das noch auf vier Beinen läuft, könne doch einen Löwen nicht erschüttern.

»Und wie steht's mit den Rhinos«, erkundigt sich Walter, »wann wird man sie sehen dürfen?«

»Morgen früh um sieben«, bekommt er zur Antwort.

»Wie bitte . . . was sagen Sie, wo denn?«

»Hier im Camp steht eins. Nur ist das Gehege bei Nacht geschlossen, sonst könnte ich's Ihnen sofort zeigen.«

Das Nashorn war im Kaokoveld gefangen worden und sollte

hier freigelassen werden, sobald seine Familie nachkam. Wo sich Frau und Kind zur Zeit aufhalten, ist dem Wildschutz bekannt. Es sind schon Leute mit geländegängigen Lkw unterwegs, um beide zu holen. Solche Fänge sind heute ganz einfach, wenn man nur weiß, wo die gewünschten Tiere stehen. Während der Trockenzeit müssen sie im Kaokoveld täglich zur gleichen Wasserstelle und werden dort mit einem Schuß betäubt. Nicht mit einer richtigen Patrone natürlich, sondern mit einer winzigen Plastikkapsel, die sich beim Eindringen in die Haut öffnet. So gerät das Betäubungsmittel in die Blutbahn, und binnen zwei bis drei Minuten sinkt das Tier bewußtlos zusammen. Es kommt aber sehr darauf an, die Menge und Stärke des Narkotikums richtig zu dosieren, sie ist von der Art, dem Alter und der Größe des Tieres abhängig. Als man noch nicht genügend Erfahrung damit hatte, ist es öfter vorgekommen, daß Tiere nicht mehr aufwachten. Andere blieben nur minutenlang betäubt. Für Menschen, die sich ihnen näherten, war das eine gefährliche Situation. Ist jedoch alles gutgegangen, wird das Tier mit Hilfe einer Seilwinde in den geschlossenen Kasten eines Lastautos gezogen und abtransportiert. Um den Schock des Gefangenen zu mildern, wenn er in völlig veränderter Lage aufwacht, gibt man ihm rechtzeitig eine Beruhigungsspritze.

Der Veterinär des Reservats hat neulich einen Elefanten operiert, der mit eiternder Bauchverletzung an einem Wassertümpel stand und sich tagelang nicht mehr fortbewegte. Er wurde durch einen Schuß betäubt, kunstgerecht behandelt und dann sich selbst überlassen. Nur ein Kennzeichen malte man ihm auf, um zu sehen, was weiter aus ihm wurde.

»Er wurde gesund«, erzählt Werksmann, »er zieht wieder ganz fidel durch die Gegend.«

Wir fragen nach Wilddieben und erfahren, daß sie nur in seltenen Fällen Schaden stiften. Es sind Ovambos, die heimlich mit Speer, Pfeil und Bogen ins Reservat eindringen. Meist werden sie schnell gefaßt und streng bestraft. Um welche Strafen es sich handelt, wird nicht gesagt. Nur den nördlichen Rand von Etoscha betreffen solche Vorfälle, weiter wagen sich die Wilderer nicht hinein, weil sie ja ihre Fußspuren verraten.

Ungefähr tausend Buschmänner, sogenannte Heikum, leben ständig im Reservat, eine verschwindend geringe Zahl in dem riesengroßen Areal. Ich habe den Eindruck, daß man ihnen die Jagd auf kleine Tiere gestattet, besser gesagt, die Augen zudrückt. Warum auch nicht? Diese mageren, hageren Urmenschen mit dem runzligen Gesicht gehören ebenso zur Natur wie das Wild ihrer Heimat. Was sie davon nehmen, spielt keine Rolle.

»Die weißen Jäger der alten Zeit waren tausendmal schlimmer«, betont der Wildhüter. »Gegen Ende des vorigen Jahrhunderts hatten sie alles Wild in Südwest fast völlig ausgerottet. Auch in unserer Gegend war damals kein größeres Tier mehr zu sehen.«

Jene schlimme Zeit erbarmungsloser Jagd, die nicht zur eigenen Ernährung, ja nicht einmal aus Leidenschaft, sondern nur aus Geldgier betrieben wurde, ist heute fast ganz vergessen. Das geschah ja in Gegenden, wo es noch keine weiße Verwaltung gab und von denen man daheim keine Vorstellung hatte.

»Die Gebiete am Fischfluß und Swakop-River sind die besten Elefantenreviere der Welt«, schrieb Sir James Alexander 1837 nach seiner Forschungsreise durch Südwestafrika, »im Oranje wimmelt es von Flußpferden, und im Kuisebtal sah ich große Mengen von Nashörnern beiderlei Art. Allenthalben ist die Steppe von Wildbüffeln bevölkert, und sehr viele Giraffen ziehen durch das Gebiet am Schwarzrand.«

Heute ist in keiner von den Landschaften, deren Wildreichtum Sir James mit begeisterten Worten schildert, auch nur eine der genannten Arten noch vorhanden. Ohne es zu wollen, gab er selber mit seinem Bericht den ersten Anstoß zum großen Unheil, das wenige Jahre später über die Großtiere Südwestafrikas hereinbrach. Die Kunde von den scheinbar unerschöpflichen Wildmengen lockte die Freibeuter herbei. Aus England und Schweden, aus dem Kapland und den burischen Staaten kamen die Erwerbsjäger, um massenhaft Elfenbein, Straußenfedern und Rhinohörner zu erbeuten. Sie wurden zu jener Zeit viel höher bezahlt als heute. Man brauchte das Elfenbein der Elefanten für Billardbälle und Klaviertasten, die Straußenfedern für Damenhüte und das Horn der Nashörner für reiche Chinesen, die glaubten, es sei in pulverisierter Form die beste Medizin, um bis ins hohe Alter jugendfrisch zu bleiben.

Das große Morden begann um die Mitte des vorigen Jahrhunderts. Die Brüder van Reenen aus dem Kapland beispielsweise rühmten sich einer Beute von 65 Nashörnern am gleichen Tag! Nur so nebenher hatten sie noch 6 Giraffen und 10 Wildbüffel umgebracht. Auch der Schwede Andersson, der mit Sir Francis Galton 1850 die Etoscha-Pfanne entdeckte, hat sich nicht nur mit Forschung, Handelsreisen und der Teilnahme an den Stammeskriegen begnügt, sondern schrecklich unter dem Wild gewütet. Durch seine schwarzen Mitläufer ließ er riesige Fallgruben ausheben und Tiere hineintreiben. Die wurden dann von ihm persönlich auf kurze Distanz erschossen. So gelang ihm binnen wenigen Tagen der Massenmord von 104 Elefanten. Andere Erwerbsjäger wie Chapman, Bonfield, Green, Erikson, Wahlberg und van Zyl trieben es nicht besser. Es war keine Seltenheit, daß sie von einer halbjährigen Jagdsafari mit Elefantenzähnen im Wert von 10 000 Pfund Sterling nach der Walfischbai zurückkehrten. Dieser Betrag würde heute etwa einer halben Million DM entsprechen. Binnen zwei Jahren hat der Schwede Wahlberg 399 Elefanten abgeschlachtet, bis ihn verdientermaßen der Elefant 400 zu Tode trampelte.

Nach Angaben Dr. Vedders wurden allein im Jahre 1878 für 45 000 Pfund Sterling Straußenfedern und Elfenbein von der Walfischbai nach Europa ausgeführt. Mindestens ebensoviel dürfte auf dem Landweg nach Kapstadt gelangt sein.

Von den Hereros und Hottentotten, von den Damaras, Buschmännern und den Ovambos wurden diese Erwerbsjäger nicht gestört. Ganz im Gegenteil, sie waren ihnen willkommen. Das Fleisch blieb ja liegen, und wer den weißen Jägern folgte, konnte es sich holen. Außerdem waren die Jäger fast alle Händler, die Branntwein und Pulver brachten.

Wie viele solcher Wildvernichter damals Südwest durchzogen, läßt sich heute nicht mehr sagen. Nach einer Liste Dr. Vedders, der für die Zeit von 1870 bis 1880 alle Weißen angibt, die damals in Südwestafrika lebten oder sich länger dort aufhielten, einschließlich der Missionare, Händler und Kolonisten, waren es insgesamt nur 139 Personen. Davon hatten 29 ihren Wohnsitz oder Stützpunkt in Omaruru. So muß schon zu relativ sehr früher Zeit Omaruru ein wichtiger Sammelpunkt der Europäer gewesen sein. Wohl die meisten von ihnen dürften sich ganz oder teilweise der Erwerbsjagd gewidmet haben.

Die gewinnbringende Zeit der Massenjagd auf Elefanten endete, wie es nicht anders sein konnte, mit ihrer restlosen Vernichtung. Selbst bei der Etoscha-Pfanne, dem vorher wildreichsten Gebiet von Südwest, war schon 1880 kein einziger Elefant mehr übrig. Als zu Beginn der deutschen Kolonialzeit die erste Patrouille bis dorthin vorstieß, gab es nicht einmal genug Antilopen, um die paar Schutztruppler zu ernähren. Die Etoscha-Pfanne war zur wildleeren Salzwüste geworden.

Dann aber wurde es besser. Schon der erste deutsche Gouverneur, Kurt von François, führte Jagdgesetze ein und verlangte von jedem weißen Jäger, daß er sich zunächst einen

Jagdschein besorgte. Den Jagdschein aber bekamen nur Leute, die man für anständig hielt. Strauße, Elefantenkühe und Kälber durften gar nicht geschossen werden. Ob alle Bestimmungen auch so durchgeführt wurden, wie sie auf dem Papier standen, ist eine andere Frage. Aber wer beim Wildern gefaßt wurde, hatte bis zu 10 000 Goldmark Strafe zu zahlen oder kam für längere Zeit ins Gefängnis.

Im Jahre 1907 erklärte der Gouverneur von Lindequist ungefähr ein Viertel von ganz Südwest zum Naturschutzgebiet, darunter auch die Etoscha-Pfanne mit Umgebung. Schon damals erhielt das Reservat etwa die gleiche Grenze, wie sie heute noch besteht. Von den großen Naturschutzgebieten der Welt ist Etoscha eines der ältesten.

Erstaunlich schnell belebte sich die Gegend wieder mit den gleichen Tieren, die es schon früher dort gegeben hatte. Nur die Elefanten ließen sich fünfzig Jahre Zeit, und die Nashörner kommen erst jetzt zurück, teilweise freiwillig und teils in tiefstem Schlaf.

»Können Sie ungefähr den Tierbestand im Reservat schätzen?« frage ich den Bewacher der Tiere.

»Könnte ich vielleicht, will's aber nicht. Die Schätzungen gehen bei uns zu weit auseinander, und keiner kann beweisen, daß seine Zahl so ungefähr stimmt. Nur über die Elefanten mit etwa 700 Stück und bei den Zebras mit fast 200 000 glauben wir einigermaßen richtigzuliegen.«

Wir wechselten das Thema und sprachen von Südwest ganz allgemein.

»Wenn Sie alte Geschichten aus der deutschen Zeit interessieren, müßten Sie meinen Großvater besuchen«, sagt Werksmann.

»Hat er auch mit wilden Tieren zu tun?«

»Nein, das wäre zu anstrengend für ihn. Aber mit recht wilden Menschen hatte er viel zu tun, mit der Räuberbande von Hendrik Witboi und so weiter. Schon die Kämpfe in der Naukluft hat er mitgemacht.«

»Aber, das war doch . . .«

»Ja, das war vor siebzig Jahren und darüber. Opa Jule hat gerade seinen sechsundneunzigsten Geburtstag gefeiert, ebenso gesund wie munter. Er ist der älteste von den heute noch lebenden Schutztrupplern. Haben Sie denn nie von Jule Weiland gehört?«

»Natürlich, man nennt ihn den Vater der Südwester Blechmusik.«

»Ganz recht, er hat in seinen jungen Jahren auch sonst ganz hübsch auf die Pauke gehauen. Auch darüber gibt's viele Geschichten.«

»Bitte, erzählen Sie doch . . .«

»Das soll er Ihnen selber erzählen. Er wohnt bei Frau Stoeck auf der Farm Ongeama, nur eine gute Stunde von Windhuk.«

Dann will ich den alten Herrn bestimmt besuchen.

»Aber erst die Elefanten und ein paar Löwen«, beharrt Walter auf unserem nächstliegenden Programm. »Wir bleiben so lange an der Pfanne, bis wir die gesehen haben.«

Werksmann gibt uns gute Ratschläge, wo man beiden Tierarten mit einiger Wahrscheinlichkeit begegnen könnte. Doch fest versprechen will er nichts. Jetzt ist eine Zeit, wo die Elefanten besonders weit herumziehen. Die wechseln die Wasserstellen, sind mal hier und sind mal dort.

»Aber da fällt mir gerade ein«, fragt er dann, »was halten Sie von einer Löwenmahlzeit für zehn Personen? Kostet nicht mehr als einen Rand pro Kopf.«

Leicht zu verstehen ist das nicht, vor allem scheint mir wesentlich zu wissen, wer denn gefressen wird.

»Ein Zebra in den meisten Fällen, irgendein älteres oder krankes Tier, das ohnehin bald eingehen wird.«

Solche Löwenmahlzeiten werden auf Bestellung arrangiert. Mehr als zehn Personen dürfen nicht dabei zuschauen. Aber ihnen zuliebe wird das getötete Opfer mit einem Geländewagen zum nächsten Weg gezogen. Bald haben die Löwen diese Schleifspur entdeckt. Sie folgen dem verlockenden Duft, finden den frischen Kadaver und machen sich darüber her. Zu viele Leute würden sie bei der Mahlzeit stören, weshalb man die Zahl der Zuschauer begrenzt. Aber diese zehn haben die fressenden Löwen auf kürzeste Entfernung vor sich.

»Sehr praktisch«, meint Walter, »das lass' ich mir gefallen.«

»Zu unnatürlich«, wage ich einzuwenden, »mir kann das nicht gefallen.«

Mein Freund überlegt nur kurz und kommt zur gleichen Ansicht.

»Nein, wir danken ergebenst, die Löwen sollen sich ihre Mahlzeiten selber besorgen.«

Ganz recht, wir sind doch in freier Wildbahn und kamen nicht, um eine Raubtierfütterung zu sehen wie im zoologischen Garten. Der Oberwildhüter meint lächelnd, wir seien echte Naturfreunde. Das gefiele ihm, so und nicht anders sollten wir bleiben.

Am nächsten Morgen besichtigten wir zuerst das Nashorn hinter Gittern. In den wenigen Wochen seit der Gefangennahme ist das Tier völlig zahm geworden. Es frißt seinem Pfleger aus der Hand und läßt sich ohne weiteres anfassen *. Das friedliche Rhino scheint sich im Gewahrsam der Menschen wohl zu fühlen, verfügt auch über einen Platz, der halb im Schatten und halb in der Sonne liegt. Es bekommt reichlich Futter, und Wasser strömt aus einem Schlauch in sein Gehege.

Kaum daß am Morgen die eingesperrten Gäste aus dem Gitter von Halali wieder herausdürfen, machen wir uns auf den Weg zur Wasserstelle Olifantsbad. Wie schon der Name besagt, pflegen dort häufig Elefanten zu baden. Unser Gast vom gestrigen Abend hat gemeint, es könnten heute morgen ein paar Dickhäuter erscheinen.

Noch keine zehn Kilometer sind wir ganz langsam gerollt, als Hesekiel plötzlich aufspringt und Walter gleichzeitig den Wagen stoppt. Eine Löwin hat den Weg gekreuzt, zwei halbstarke Löwenkinder folgen ihr nach. Das war unerwartetes Glück, aber leider nur ein so kurzes, daß wir die Kameras nicht einmal heben konnten.

»Fahr mal weiter«, sagt Hesekiel, »ich glaub', da liegt großes totes Tier mit Löwe dabei.«

So ist es, die Löwen haben ein Zebra gerissen und erfreuen sich nun ihrer Beute. Der schwarzweiße Kadaver liegt nur zwölf Schritt vom Wege unter einem Mopanebaum. Eine andere Löwin ist schon damit beschäftigt und verschlingt soeben einen bluttriefenden Fetzen der Eingeweide. Sie hat offenbar nichts dagegen, daß sich die eben gekommene Löwenfrau mit ihren Kindern ungebeten am gefundenen Fraß beteiligt. Wir können sie alle vier gut beobachten, aber leider nicht so gut fotografieren, weil die Szene im tiefen Schatten liegt und dahinter die Sonne strahlend hochsteigt. Auf den Fotos würde das nur Silhouetten ergeben.

Eine gute Stunde lang sitzen wir ruhig und reglos im Wagen. Man kann deutlich hören, wie die Löwen schmatzen und wie die Knochen krachen. Die Jungen streiten sich um ein viele Meter langes Darmstück, sie zerren es nach entgegengesetzten Richtungen und veranstalten ein regelrechtes Tauziehen. Die Mutter will das nicht haben, sie steht auf und macht mit ein paar Ohrfeigen dem Unfug ein Ende. Die Kinder scheinen so

---

* Acht Tage später kamen auch seine Frau und sein Kind. Alle drei wurden in Freiheit entlassen. Andere Nashörner aus dem Kaokoveld sollen noch folgen.

rauhe Behandlung gewohnt. Sie kehren an den Kadaver zurück und benehmen sich manierlich.

Da ertönt dumpfes Knurren und durchs Gebüsch schiebt sich das Haupt eines Mähnenlöwen. Die Frauen wissen, was dem hohen Gebieter gebührt. Gehorsam überlassen sie dem Löwen allein die gestreifte Beute. Der reißt mit heftigem Ruck auch gleich ein riesengroßes Stück aus der Keule, hält es zwischen beiden Pranken und erfreut sich daran. Sein Schweif wedelt vor Vergnügen. Im Fernglas kann ich sehen, wie sich seine Lippen zurückziehen und seine Zähne zubeißen.

Der männliche Löwe ist nicht jener große Jäger, für den man ihn meistens hält. Das Beutemachen überläßt er im allgemeinen den Frauen. Haben die etwas erwischt und sich zum Fraß niedergelassen, kommt über kurz oder lang ein Löwe herbei und schickt die rechtmäßige Besitzerin mitsamt ihren Gästen einfach weg. Die können dann aus nächster Nähe mitansehen, wie es dem Nutznießer schmeckt. Hat er dann fürs erste genug, können sie wiederkommen.

Ist der Löwe auch kein Kavalier den Damen gegenüber, hat er doch Verständnis für Kinder. Die beiden Jungen knurrt er nicht an, als sie zögernd und zaghaft zurückkommen. Sie dürfen ungestraft neben ihm liegen, verlieren bald ihren Respekt vor dem großen Herrn und fressen so fröhlich wie zuvor.

Darüber vergeht wieder eine gute Stunde. Endlich ist der Löwe satt geworden, steht steifbeinig auf und bummelt mit hängendem Bauch davon. Aber nur bis zum nächsten Schattenfleck, wo er sich niederläßt, um in aller Ruhe zu verdauen. Die beiden Löwinnen dürfen sich dem Fraß wieder nähern und die gestörte Mahlzeit fortsetzen. Noch immer ist genug vorhanden, so ein Zebra reicht aus, um sechs bis sieben Löwen zu sättigen.

Wir warten nicht mehr ab, bis auch die Löwinnen genug haben. Mehr als wir schon sahen, fast drei Stunden lang, können wir nicht mehr sehen. Jetzt fehlen uns nur noch die Elefanten zur Erfüllung des Programms. Aber gar zuviel Glück darf man am gleichen Tag nicht erwarten. Bei der Wasserstelle Olifantsbad sind keine Elefanten und sind auch keine gewesen. Ihre Äpfel liegen zwar in stattlicher Größe überall herum, sind aber schon älteren Datums. Man ist ja nicht pingelig als Jäger, sondern steckt den Finger hinein, um zu prüfen, ob sie innen noch feucht und vielleicht sogar warm sind. Da wir nicht aussteigen dürfen, fährt Walter dicht neben ein paar Äpfel, ich öffne die Tür und mache die Probe.

»Nur die Mitte ist noch feucht, aber so kühl wie 'ne Hundenase«, kann ich melden, »was darauf schließen läßt, daß dieser Apfel seinen Elefanten schon vor ungefähr drei Tagen verließ.«

Wir fahren noch zu den Wasserstellen von Gdaub, Homob und Augab, doch von Elefanten keine Spur. Alles übrige Getier, das wir schon gestern so zahlreich sahen, ist auch hier vorhanden. Auf der Rückfahrt nach Halali genießen wir den Anblick von etwa hundert Straußen, die zur Etoscha-Pfanne hinausziehen. Dreimal stehen Giraffen dicht am Fahrweg, und eine große Schlange, vermutlich eine Python, schlängelt sich vor dem Wagen über den Sand. Als wir halten, um Tee aus der Thermosflasche zu trinken, springt ein Affe auf den Kühler und schaut frech grinsend zum Fenster hinein.

»Na, haben Sie Elefanten gesehen«, fragt Werksmann bei unserer Ankunft in Halali, »oder vielleicht gar ein paar Löwen?«

Wir schildern ihm begeistert unser Erlebnis mit Löwen.

»Wirklich ein ganz besonderer Zufall«, freut er sich mit uns, »einen frischen Riß direkt am Wege, das findet man nur selten.«

Wobei ich den Verdacht nicht loswerde, daß er selber dafür gesorgt hat.

Schließlich kommen wir zur letzten Station unserer Rundreise im Reservat, zum Restcamp von Namutoni. Das ist eine Sehenswürdigkeit für sich, nämlich eine frühere Festung der deutschen Schutztruppe. Sie ist erstaunlich groß und befindet sich nach ihrer Renovierung im besten Zustand. Wer Filme über die französische Fremdenlegion gesehen hat, kann sich auch Namutoni gut vorstellen. Ein schneeweißes Wüstenfort in der Sahara bietet den gleichen Anblick. Vier quadratische Türme ragen an den Ecken des Bauwerks in den hellblauen Himmel. Die Plattform der Türme und die flachen Dächer sind von Zinnen gekrönt wie eine mittelalterliche Burg. Nach außen gibt es keine Fenster, nur Schießscharten. Das Fort liegt völlig frei, denn etwaige Angreifer sollten keine Deckung finden. In diesem Zustand hat man die Umgebung erhalten, und so ist die Illusion vollkommen, noch heute über ein Glacis zu fahren, wenn man sich der Feste Namutoni nähert.

Links vom Portal eine Bronzetafel zum Gedenken an jene sieben Soldaten, die im Hererokrieg das Fort gegen 500 Krieger der Ovambos verteidigten. Die übrige Garnison, etwa hundertfünfzig Mann, war damals mit allen Offizieren abgerückt, um bei den Kämpfen im Süden einzugreifen. Dort brannten die

Farmen, und die Weißen wurden ermordet. Von den Ovambos, die bei Namutoni lebten, befürchtete man nichts. Sie waren allezeit friedlich gewesen und hatten gerade wegen ihrer Friedfertigkeit selber unter den Überfällen der Hereros zu leiden. Mit deren Aufstand gegen die Deutschen würden die Ovambos bestimmt nicht sympathisieren.

Doch auf geheimnisvolle Weise hatten sie Gewehre erhalten und sogar Ausbilder, die ihnen beibrachten, damit umzugehen. Außerdem hatte man ihnen vorgelogen, die Schutztruppe wolle ihr Vieh beschlagnahmen und jedes Stück erschießen. Ein Körnchen Wahrheit lag diesem Gerücht zugrunde, denn vor einigen Jahren war die Rinderpest ausgebrochen, und deutsche Veterinäre hatten erkrankte Rinder kurzerhand erschossen.

Was sich damals im Hintergrund abgespielt hatte, ließ sich auch später nicht klären, und keine Warnung drang zu den Deutschen. Plötzlich aber standen fünfhundert gutbewaffnete Krieger der Ovambos vor der Festung. Sogar Leitern hatten sie mitgebracht, um über die Mauern zu klettern. Unter dem Kommando des Feldwebel Großmann wurde nach einem zehnstündigen Gefecht die fast hundertfache Übermacht zurückgeschlagen. Wie das sieben Soldaten fertigbrachten, die keine Kanone und auch kein Maschinengewehr besaßen, grenzt wirklich an ein Wunder. Daß die Ovambos sehr tapfer angriffen und auch ihre Angriffe mehrmals wiederholten, bewiesen hundert Gefallene, die sie zurückließen.

Die starkbeschädigte Festung wurde nach dem Hererokrieg wieder instand gesetzt. Im Ersten Weltkrieg diente sie als Lager für gefangene Briten, mußte aber 1915 dem Feind übergeben werden. Sie blieb dann viele Jahre völlig verlassen und geriet in Verfall. 1957 ließ die südafrikanische Regierung das Fort großzügig renovieren, um dem Wildreservat als Restcamp zu dienen. Gleichzeitig wurde Namutoni zu einem Museum der Kolonialzeit, zu einem »lebenden Museum«, wenn man so sagen darf.

Wer will, kann in den ehemaligen Offiziersräumen wohnen oder die Stuben der Mannschaft beziehen. Alle sind genauso eingerichtet, wie sie es damals waren. Auch der Innenhof wurde originalgetreu wiederhergestellt. Nicht die deutschen Südwester, sondern die afrikaanische Regierung kam auf den Gedanken, auch das Kasino in akkurat dem gleichen Stil zu restaurieren und auszustatten, wie es früher gewesen war. Zwischen Säbeln und Pistolen hängen die vergilbten Fotos wirklicher und vermeintlicher Helden, Männer mit Schnauzbart und forschem

Gedenktafel am Fort Namutoni.

Blick in jener entschlossenen Haltung, wie man sich damals dem Fotografen präsentierte. Die Reichsflagge mit Adler und Krone durfte nicht fehlen und erst recht nicht die großen, farbigen Bilder Wilhelms II. und der Kaiserin. Ihr Enkel, Prinz Louis Ferdinand von Preußen, der jetzt Kaiser wäre, hätte es die Geschichte nicht ganz anders gewollt, machte sie dem Fort Namutoni zum Geschenk. So mancher Besucher dieses Speisesaals wird erstaunt, ja sogar erschreckt zurückprallen, wenn er unvorbereitet ein deutsches Offizierskasino der Wilhelminischen Zeit betritt.

Im nordöstlichen Turm befindet sich das eigentliche Museum, als solches beschildert und daher nicht so überraschend. Ein blankgeputztes Wappen mit Kaiserkrone hängt über der Tür. Drinnen sieht man verbeulte Kochgeschirre der Schutztruppler, verblaßte Uniformen und Fahnen, viele Dokumente und alte Fotografien, darunter auch ein Gruppenbild der sieben Verteidiger aus dem Jahre 1904. Darauf machen sie einen recht biederen Eindruck, man traut ihnen gar nicht zu, daß sie an jenem blutigen Tag einhundert Ovambos niederstreckten. Die erbeuteten Gewehre der Angreifer sind auch zu sehen, alles englische Fabrikate der Firmen Martin und Lee-Enfield.

Wie gesagt, man kann in der renovierten Festung wohnen, kann aber auch die üblichen Bungalows, die strohgedeckten Rundhütten oder Zelte beziehen oder kann sich auf einem großen Campingplatz niederlassen. Nur sind leider die Festung und das übrige Restcamp getrennt, obwohl kaum hundert Schritt dazwischenliegen. Aber beide Teile sind jedes für sich eingezäunt. Nach Sonnenuntergang kann hier und dort niemand mehr hinaus, gegenseitige Besuche sind nicht möglich. Das ist schade, weil die Türme der Festung eine so weite Aussicht bieten und weil gerade bei sinkender Sonne so viele Tiere an Namutoni vorbeiziehen. Nur wer in der Festung wohnt, kann sie sehen. Dort sind aber die wenigen Räume meist schon im voraus bestellt. In der dritten Enklave befindet sich noch ein kleines gemauertes Schwimmbad aus deutscher Zeit, das man wegen der schönen Palmen an seinem Rand gerne besucht.

Als wir abends zusammensitzen, erhebt sich die Frage, warum denn gerade Etoscha so etwas Besonderes ist. Wir sind uns darüber einig, wissen aber nicht klar zu sagen, weshalb wir gerade dieses Reservat allen anderen vorziehen, die wir schon kennen. Viele habe auch ich durchquert in allen fünf Kontinenten der Welt, aber wenn ich vor die Wahl gestellt würde, welches davon ich am liebsten wiedersehen möchte, es wäre Etoscha.

An der Größe kann es nicht liegen, weil man selber nur einen kleinen Ausschnitt davon erlebt. Landschaftliche Reize hat Etoscha nicht zu bieten, ganz im Gegensatz zu den meisten Wildreservaten in Ostafrika, den USA, Neuseeland und Alaska. Es gibt keine Berge, keine Seen, keine Wasserfälle, nicht einmal das bescheidenste Bächlein. Auch die Vegetation ist relativ dürftig. Gerade während der besten Besuchszeit, wenn sich das Wild an den Wasserstellen sammelt, sind alle Gräser gelb und alle Blätter grau. Die große Pfanne wäre ohne Tiere trostlos, nur ein weites Nichts, wo das Auge vergeblich nach Anhaltspunkten sucht.

»Hunderte von Elefanten haben wir im Tsavo-Park auf einmal gesehen«, erinnert sich Walter, »gar nicht zu reden von den unglaublichen Wildmengen in der Serengeti und im Ngorongoro-Krater. Weißt du noch, Tilla, die abertausend Fla-

Die sieben Verteidiger des Forts Namutoni, unmittelbar nach dem Kampf um die Festung aufgenommen.

mingos am Manyara-See und Löwen auf Schritt und Tritt im Krüger-Park. Trotzdem gefällt's mir hier am besten ... wenn ich nur wüßte, warum.«

Vielleicht erlebt man in den berühmten Reservaten des Guten zuviel und vergißt bei den großen Wildmengen das einzelne Tier. Wo sich dank seines Schutzes das Wild zu stark vermehrt, muß man es früher oder später durch menschlichen Eingriff vermindern. Dies zu wissen oder auch nur zu vermuten stört die Freude am Betrachten. So jedenfalls geht es mir.

Allein oder nur in Gesellschaft guter Freunde möchte man sein, um in aller Ruhe den Anblick freier Tiere zu genießen. Wo Scharen von Touristen geschlossen anrücken, vielleicht aus drei oder vier Autobussen quellen, ist es mit natürlichen Verhältnissen vorbei. Wo man bei Nacht Tiere an der Tränke mit Scheinwerfern anstrahlt, durch regelmäßige Fütterung an bestimmte Plätze gewöhnt oder wo man sie von bequemen Bänken aus betrachtet, dort ist die Vorbereitung zu perfekt, um noch ein echtes Bild der freien Wildbahn zu bieten.

»Auch wir hatten's ziemlich bequem«, meint Frau Tilla, »blieben aber doch uns selbst überlassen. Wir konnten vorher nicht wissen, was erscheint. Es war unsere Sache, wohin wir fuhren, mehr oder weniger eine Glücksache jedesmal!«

Das eben muß dazu gehören, eine Chance, die sich nicht voraussehen läßt. Löwen am frischen Riß oder keine Löwen, ganz verschiedene Tierarten bei der einen Wasserstelle oder nur Springböcke bei der anderen, das konnten auch die Wildhüter nicht mit Bestimmtheit vorhersagen. Die Jagd mit den Augen und der Kamera war hier ebenso vom Zufall abhängig wie die Jagd mit der Büchse in schutzloser Wildnis.

Wenn ich es mir recht überlege, ist der Reiz von Etoscha gerade die reizlose Landschaft. So ist nun mal das südliche Afrika, so muß man es nehmen. Hier wurde keine besondere Gegend ausgesucht, um dem Schönheitsbedürfnis der Menschen zu entsprechen. Nur auf die freien Tiere kam es an. Weil sie in Etoscha alles finden, was sie brauchen, ist es für sie eine schöne Gegend. Was fremde Leute dazu meinen, spielt keine Rolle.

Alles im Etoscha-Reservat ist so geblieben, wie es vor tausend Jahren war oder vor zehntausend oder auch vor hunderttausend Jahren. Die Fahrwege und die Restcamps können daran nichts ändern. Das sind nur ein paar dünne Striche und drei Punkte in der weiten, weiten Wildnis. Die freien Tiere haben keine Furcht vor den Menschen, aber auch kein Vertrauen zu ihnen. Sie achten auf Abstand, man darf ihnen nicht allzu nahe kommen. Fußgänger wären nicht absolut sicher vor ihnen. Einen Ovambojungen haben unlängst die Löwen fast anderthalb Kilometer weit fortgeschleppt und übel zugerichtet. So ist es schon richtig, die Besucher bei Nacht hinter Gitter zu sperren und sie bei Tage nicht aus ihren Wagen zu lassen. Löwen, Leoparden und Geparde könnten sich allen Ernstes an ihnen vergreifen.

Im Schutzgebiet um die Etoscha-Pfanne kommt kein Tier zu den Menschen. Jene Bilder zu knipsen oder Filme zu drehen, da sich Giraffen über den Wagen beugen oder Elefanten ihre Rüssel dem Besucher entgegenstrecken, ist unmöglich. Wer nur die Gestalt der Tiere betrachten will, und zwar aus allernächster Nähe, wird in einem Zoo weit besser bedient. Wer aber wilde Tiere in voller Freiheit, das heißt inmitten ihrer eigenen angestammten Natur zu sehen wünscht, muß sich schon dorthin begeben, wo ihr Leben und ihre Landschaft nichts von der Ursprünglichkeit verloren hat. Seine natürliche Scheu vor fremden Wesen soll das Wild behalten. Zaghaftes Hervortreten aus seiner Deckung, sorgfältiges Sichern in den Wind hinein, wachsames Äugen nach jeder Richtung, all das und noch vieles mehr gehört zu seiner wirklichen Lebensweise. In zu dicht besetzten und zu stark besuchten Reservaten verhalten sich die wilden Tiere nicht mehr so, wie es ihrer Natur entspricht. In Etoscha aber tun sie es noch. Es ist alles so, wie es sein soll, eine unendlich weite Landschaft und darin verstreut ihre Geschöpfe. Sie tauchen auf und verschwinden, ziehen über die Steppe, verbergen sich im Gestrüpp und wandern zur Tränke. Wer sich Zeit nimmt und ruhig an dieser oder jener Stelle ausharrt, dem wird das Glück zuteil, ganz und gar mit der afrikanischen Natur zu leben, so, als wäre er ein Stück von ihr.

Wir haben keine Elefanten gesehen, sind aber nicht unglücklich darüber, wurde uns doch gerade damit bewiesen, daß Etoscha den Besuchern nicht jede Art des Großwilds wunschgemäß präsentiert.

Wir kommen am nächsten Tag schon früh zurück, um vor Toresschluß noch ein ausgiebiges Bad unter Palmen zu genießen. Planschen auch vergnügt im kühlen Wasser und denken schon längst nicht mehr an Elefanten, als sie plötzlich gemeldet werden.

»Schnell, machen Sie schnell«, ruft ein Mann des Wildschutzes schon von weitem, »sechs oder sieben Elefanten laufen gerade über die Pad.«

Wir sind sofort aus dem Wasser und eilen zu den Kleidern.

»Wo denn, wo soll's denn sein?« fragen wir beim Anziehen.

»Nur zehn Minuten von hier, die sind bestimmt auf dem Weg nach Klein-Namutoni.«

Das ist die nächste Wasserstelle. Aber wir dürfen keine Zeit verlieren, in spätestens einer halben Stunde werden die Tore des Camps geschlossen.

Ohne Rücksicht auf die strenge Vorschrift brausen wir in tollem Tempo durch Sand und Staub. Walter geht erst mit dem Gas herunter, als wir schon die Wasserfläche sehen.

Das ist kein künstlich angelegter Tümpel, sondern ein sumpfiger See von etwa dreihundert Meter Breite. Tief kann er nicht sein, weil selbst aus der Mitte ein paar hohe, kahle Bäume ragen. Dahinter liegt ein verhältnismäßig dichter Wald.

Die schrägen Strahlen der sinkenden Sonne haben das Wasser auf wunderbare Weise dunkelblau gefärbt. Es glänzt wie ausgespannte Seide. Drüben am Ufer stehen vier Giraffen, einige Zebras und ein alter Kudubulle mit starkem Gehörn. Sonst aber nichts. Wir geben dennoch die Hoffnung nicht auf und werden bald dafür belohnt.

Die Elefanten kommen spät, aber sie kommen. Sieben graue Kolosse schaukeln drüben aus dem Wald, davon einer mit gewaltigen Stoßzähnen, zwei Kühe und zwei Kälber folgen den Bullen. Sie erscheinen hintereinander, schreiten mit schlenkerndem Rüssel zu dem Teich, stapfen ein paar Meter weit hinein und bleiben dann stehen. Wir sind knapp dreißig Meter von ihnen entfernt.

Sie saugen das Wasser in ihre Rüssel, um sich danach den Strahl ins geöffnete Maul zu spritzen. Die Kleinen bleiben nahe bei ihren Müttern und werden von ihnen geduscht. Zuerst legt sich der große Bulle nieder und suhlt im Schlamm, dann folgen auch die anderen Erwachsenen seinem Beispiel. Die Kinder machen den Unfug der Eltern nicht mit, sie stehen nur dabei und nicken mit den Köpfen.

Das Gesuhle dauert nur kurze Zeit. Die gigantischen Körper erheben sich wieder, und jedes Tier duscht sich den Dreck vom Rücken. Es gelingt zwar nicht ganz, doch man hat sich redlich um Sauberkeit bemüht. Danach schaukeln sie im Gänsemarsch am jenseitigen Ufer entlang. Diese wenigen Minuten bieten uns den schönsten Anblick, weil sich alle sieben Tiere im schimmernden Wasser spiegeln, so, als schritte dort eine andere Herde auf dem Kopf.

Bis buchstäblich zum letzten Augenblick hat uns Etoscha dies Abschiedsgeschenk aufgehoben. Als wir zum Tor der Festung zurückfahren, wird es gerade geschlossen. Eine ernsthafte Mahnung, das nächstemal pünktlicher zu sein, bekommen wir zu hören.

Bei Sonnenaufgang steht unser Wagen am Tor, sogar ein paar Minuten vor der Zeit.

»So früh schon hinaus?« fragt der Mann, der es aufmacht.

»Ja, wir wollen gegen Mittag in Windhuk sein, Etoscha hat uns nichts mehr zu bieten.«

»Haben Sie eine Ahnung...«, schüttelt er den Kopf, »aber nein, Sie haben überhaupt keine Ahnung!«

Der Farmer von Südwest wird nie in einem Hotel übernachten, das hat er gar nicht nötig. Wie ehedem die Reisenden des Mittelalters steigt er bei seinen Standesgenossen ab, das heißt bei anderen Farmern. Diese gute alte Sitte stammt noch aus der Zeit, da man sich auf Ochsenwagen durchs Land bewegte, im Tagesdurchschnitt von zwanzig bis dreißig Kilometern. Heute fährt auch der Südwester viel geschwinder, aber irgendwo einkehren muß er noch immer. Warum also nicht bei Freunden und Bekannten, deren Farmen in bequemer Reichweite liegen, also nicht mehr als ein bis zwei Stunden Umweg erfordern. Es gibt ja so viele Neuigkeiten, über die man gern reden möchte, und sollte es nichts Neues geben, werden eben die ollen Kamellen wieder aufgewärmt. Jeder kennt jeden, zumindest vom Hörensagen, weshalb an Themen reger Unterhaltung niemals spürbarer Mangel herrscht. Außerdem ist gegenseitige Gastfreundschaft eine der wenigen und wichtigsten Zerstreuungen, die das Farmleben den Farmern zu bieten hat. Wie schon zweimal erwähnt, gibt es kein Fernsehen in Südafrika und die Sendungen des Rundfunks sind im allgemeinen recht dürftig. Da ist Besuch viel unterhaltsamer, selbst wenn er ganz überraschend kommt.

Jede Farm verfügt über mehrere Fremdenzimmer, die man besser als Freundezimmer bezeichnen sollte, weil sich darin auch der völlig Fremde über Nacht in einen Freund des Hauses verwandelt. Es ist also Platz für Gäste fast immer vorhanden, auch wenn sie ohne Vorwarnung eintreffen. Deren Bewirtung bedeutet für die Hausfrau kein Problem, da jede Farm mit Vorräten versehen ist und zum Teil ihre Lebensmittel selber produziert. Große Ansprüche werden nicht gestellt, auch mit schlichter Hausmannskost sind Südwester Gäste zufrieden. Zwar ist farbiges Hauspersonal nicht mehr so zahlreich und leicht zu bekommen wie in früheren Zeiten, aber zwei oder drei dienstbare Geister sind bestimmt vorhanden. Fremde und Freunde im Farmhaus sind also keine oder nur eine geringe Belastung für die Gastgeber. Ganz im Gegenteil, man freut sich von Herzen über jeden, der kommt. Nur darf er nicht erwarten, daß ihm Farmer und Farmersfrau von morgens bis abends ständig zur Verfügung stehen. Die haben draußen wie drinnen viel zu tun, der Farmbetrieb läuft weiter, ob Gäste da sind oder nicht. Besucher müssen sich der Tageseinteilung anpassen und allein bleiben, solange die Gastgeber ihren vielfachen Pflichten nachgehen. Desto gemütlicher sind dann die Abende und desto unterhaltsamer das gemeinsame Essen.

Zwar wollte ich überraschendes Erscheinen tunlichst vermeiden, zumal ein völlig fremdes Gesicht die meisten Farmer anfangs erschreckt. Aber nicht immer funktionierte die rechtzeitige Anmeldung. Ist doch keineswegs gesagt, daß jede Farm über ein Telefon verfügt. Und wenn ein Fernsprecher vorhanden ist, hängen an der gleichen Leitung noch drei oder vier andere Teilnehmer. Wenn einer von ihnen spricht, kann kein anderer sprechen. Auch sind Farmer tagsüber nur selten im Haus, und wenn die Gattin Einkäufe macht, kehrt sie von der weiten Fahrt so bald nicht zurück. Begibt sich jemand vom Küchenpersonal an den klingelnden Apparat, was für viele Farbige eine besondere Mutprobe bedeutet, wird man entweder falsch oder gar nicht verstanden. Einen Brief zu senden oder ein Telegramm, das kommt ungefähr auf das gleiche hinaus, keines von beiden wird dem Farmer zugestellt. Er muß sich seine Post selber vom Postamt holen. Wann er dort einmal vorspricht, kann der Absender nicht wissen.

Doch er weiß, daß man ihn gerne empfangen wird. Selbst dann, wenn die Hausfrau nicht mit ihm rechnen konnte.

Ein Jahr hätte kaum ausgereicht, um all jene Farmer zu besuchen, die mich freundlicherweise wissen ließen, ich wäre ein gerngesehener Gast. Dabei kannte ich vorher nicht einen von ihnen, jedenfalls nicht persönlich. Es genügt vollkommen, daß man zu Hause irgend jemanden kennt, der einen Südwester kennt. Man wird dann im vorhinein angekündigt und im Lande selber mit absoluter Sicherheit aufgespürt. Wo man zu erreichen ist, das spricht sich herum. In meinem Fall bedurfte es nicht einmal der Empfehlungen von daheim, ich erhielt die meisten Einladungen von Lesern meiner Bücher. Wobei ich nur hoffe, daß niemand von der leibhaftigen Erscheinung des Autors zu sehr enttäuscht wurde. Wenn die Durchsicht meiner Notizen ergibt, daß ich Gast auf siebzehn Farmen gewesen bin, scheint das viel zu sein. Aber keinen Südwester würde es wundern, hätte ich hundert besucht und wäre noch immer auf der Achse, um von Farm zu Farm zu rollen.

Jede Einladung, der man folgt, löst ihrerseits eine Kettenreaktion von gastfreien Angeboten aus, denen nachzukommen ganz unmöglich ist. Wer gar nichts anderes zu tun hat und sich nicht scheut, die Gastfreiheit des Landes auszunutzen, kann ohne weiteres den Rest seines Lebens auf Südwester Farmen verbringen.

Es gibt Leute, die das tun, und manchen geht es recht gut dabei. Ein Fremder mit passablen Umgangsformen, der viel gesehen hat und davon munter zu plaudern versteht, spielt von Farm zu Farm etwa die gleiche Rolle wie ein fahrender Sänger des Mittelalters. Er dient zur Unterhaltung, verbreitet amüsante Geschichten und wird von einem zum anderen Nachbarn weitergereicht. Wenn er sich hin und wieder neue Erzählungen ausdenkt, braucht die Runde seiner Besuche niemals ein Ende zu nehmen.

Nur ist es leider nicht so einfach, beim ersten Besuch jede Farm auch zu finden. Sich von den Angaben einer Karte leiten zu lassen verspricht nur wenig Aussicht auf Erfolg. Lediglich die Hauptstraßen auf den bunten Blättern stimmen im großen ganzen mit der Wirklichkeit überein. Es fehlen aber fast überall die Wegweiser an den Abzweigungen. Die muß man erraten, denn an Ort und Stelle erfragen kann man sie nicht, weil man Passanten nur in seltenen Ausnahmefällen begegnet. Auch sucht der Reisende meist vergeblich nach einem Haus in der Nähe oder nach einer Tankstelle, wo Auskunft erteilt wird. Hat man durch Glück und Zufall die richtige Nebenstraße erwischt, so ist noch lange nicht gesagt, daß man sein Ziel noch vor Anbruch der Dunkelheit erreicht. Denn nun gilt es, alle paar Kilometer ein schiefhängendes Gatter aus verbeultem Eisenrohr zu öffnen. Es trennt nicht nur ein Farmgebiet von dem anderen, sondern auch die Einzäunungen innerhalb der Farmen. Die sind nämlich ihrerseits in Quadrate aufgeteilt, damit sich diese oder jene Altersklasse der »Beester« nicht zu einer anderen verläuft. Zwanzig solcher Gatter auf zwölf Meilen sind keine Seltenheit, es können mitunter noch mehr sein. Bei jedem Tor muß man zweimal aussteigen, fürs Öffnen und fürs Zumachen. Das nimmt nach und nach beträchtliche Zeit in Anspruch. Das Reisetempo sinkt auf einen Bruchteil der normalerweise gewohnten Geschwindigkeit.

Beginnt wieder eine neue Farm, so kann es sein, daß ihr Besitzer den eigenen Namen oder den Namen seines Besitzes auf ein Stück Blech gemalt hat, das am Farmtor hängt. Oft haben Wind und Wetter die Aufschrift längst verwischt, noch öfter ist kein Schild mehr vorhanden. Also rollt man weiter und hält dabei Ausschau nach einer Oase grüner Bäume, die mit Sicherheit die Lage eines Farmhauses verraten. Meist ist das eine hohe, weithin sichtbare Baumgruppe, denn sie soll ja das Haus beschatten. Ob es das gesuchte Haus ist, bleibt jedoch abzuwarten. Immerhin leben dort Weiße, und falls jemand zu Hause ist, kann man sie nach dem richtigen Weg befragen. Das farbige Personal aber würde nur mit dem Kopf schütteln, nicht etwa aus Unkenntnis, sondern weil sie das völlig fremde Gesicht des Fragers verwirrt.

Man sagt in Südwest, die Intelligenz eines Farmers sei daran zu messen, wie er einem Autofahrer diesen oder jenen Weg beschreibt. Wenn es wirklich danach ginge, würde in den meisten Fällen die Intelligenz-Quote kaum zum Besuch der Hilfsschule ausreichen. Fast immer sind die Auskünfte unzulänglich, ja geradezu irreführend. Was aber nur daran liegt, daß der Farmer seine Gegend viel zu gut kennt. Er vermag sich gar nicht vorzustellen, daß der Fremde bei der nächsten Gabelung auf den linken Weg statt auf den rechten geraten könnte. Er selber hält sich dort immer nach rechts und zieht daher die andere Möglichkeit gar nicht in Betracht. Und wenn er doch mal den linken Weg fahren mußte, dann nur aus ganz besonderem Anlaß, der bei Erteilung der Auskunft keine Rolle mehr spielt. Er wird also sagen: »Immer geradeaus, ungefähr zwanzig Meilen weit, dann fahren Sie durch ein Rivier und schon sehen Sie die Allee hoher Pappeln, die zu Lohmeyers führt.« Nach einer solchen Schilderung kann sehr leicht sein, daß man zu den Bergmanns oder Piepenbrinks gelangt, nur nicht zu den Lohmeyers. Von deren Farm ist man nun weiter entfernt als zuvor. Aber auch dieses Mißverständnis findet seine Lösung. Man bleibt eben bei Piepenbrinks über Nacht und wird am folgenden Morgen von seinen falschen Gastgebern zu den richtigen gebracht. So einfach ist das alles in Südwest...

Hat das Farmerpaar rechtzeitig von dem Besuch erfahren, so ist die ganze Familie tipptopp gekleidet. Man könnte glauben, sie wollen eben zu einem Stadtbummel nach Windhuk aufbrechen. Trifft man jedoch unangemeldet ein, sehen die Gastgeber anders aus. Des Farmers Frau trägt Blue jeans oder einen Rock in längst verblaßter Farbe, dazu eine verwaschene Bluse, und schützt ihr Haar mit einem Kopftuch gegen den Steppenstaub. Ihr Gatte ist kaum von einem Viehtreiber zu unterscheiden, wenn er schließlich mit seinem Geländewagen angerollt kommt. Von Kopf bis Fuß bedeckt ihn eine Schicht aus feinem Staub, und er riecht sehr deutlich nach seinen Tieren. Bemerkenswert ist vor allem die landesübliche Kopfbedeckung des Farmers. Ganz gleich von welcher Art sie sein mag, eine langjährige Dienstzeit bei allem vorkommenden Wetter liegt schon hinter ihr. Erst wenn von dem zerdrückten, zerfledderten und verschwitzten Hut nur noch wenige Fetzen übrig sind, wird sich der

Besitzer davon trennen. Beim Grafen S. war nur noch die Krempe vorhanden, erfüllte aber noch den Zweck, seine Augen vor den Strahlen der Sonne zu schützen.

Hat man den Gast noch nicht selber gesehen und kommt er gar ohne Voranmeldung, so werden ihn die Gastgeber zwar freundlich begrüßen, aber danach fehlen ihnen oft die passenden Worte. Der Besucher selber muß sich bemühen, diese Flaute zu überwinden. Gewiß, die guten Leute haben den Fremden herzlich eingeladen und freuen sich auch, daß er gekommen ist, aber sie wissen im Augenblick nicht, was sie noch sagen sollen. Jene gesellschaftliche Gewandtheit, mit der man bei uns seine Gäste ins Haus komplimentiert und dabei gleich ein angeregtes Geplauder beginnt, sind Südwester Farmer nicht gewohnt. Sie müssen erst gewisse Hemmungen loswerden und sich auf den Besucher einstellen. Darüber kann auf entlegenen Farmen eine gute Weile vergehen. Erst danach kommt die Herzenswärme der so einsam lebenden Menschen zum Durchbruch.

Einmal dauerte es so lange, daß wir nicht länger auf den Durchbruch hoffen konnten, sondern wieder abfuhren. Dabei hatte man uns erwartet, und wir waren auch zur richtigen Zeit angekommen. Die Verabredung hatte Walter getroffen, und zwar durch einen nahen Verwandten des Farmerpaares. Die selber hatten auch noch herzlich bitten lassen, wir sollten möglichst lange bleiben. Aber nur einen Nachmittag und eine Nacht gedachten wir die Gastfreundschaft der Farm in Anspruch zu nehmen. Sie lag auf dem Weg zum Etoscha-Reservat, sonst hätten wir die Gelegenheit zu dem Besuch gar nicht gehabt.

Als wir dann eintrafen, vor dem schönen Haus in seinem blütenbunten Garten, ließ sich zunächst niemand blicken, sosehr wir auch riefen und schließlich mit der Hupe lärmten. Erst nach einer guten Viertelstunde zeigten sich der Hausherr und die Hausfrau, beide so formvollendet gekleidet, als wären wir ein Staatsbesuch. Offenbar hatten sie erst begonnen, sich fein zu machen, als unser Wagen schon anrollte.

Der Willkommensgruß fiel ihnen noch leicht, und sie lächelten dazu auf die netteste Art. Wir wurden in ein Wohnzimmer geführt, das man für Südwester Verhältnisse als elegant, ja fast schon als modern bezeichnen konnte. Aber dann war es aus, trotz Walters, Tillas und meiner Bemühungen wollte es nicht gelingen, eine Unterhaltung in Gang zu bringen. Wir redeten von unserer Reise, erzählten, was wir noch vorhatten, und berichteten vom Ergehen gemeinsamer Freunde. Doch die beiden

Farmersleute blieben so stumm wie zwei Goldfische im Glas. Erst als ich nach der Größe ihrer Farm fragte und der Zahl der Beesters, öffnete der Mann den Mund, um beide Ziffern zu nennen. Sonst aber sagte er nichts. Frau Tilla fragte nach Kindern und erhielt die Auskunft, daß zwei vorhanden seien. Auch die Erkundigung, ob es sich um Buben oder Mädchen handelte, wie alt sie wären und was sie anstellten, führte zu keiner Konversation. Endlich, nachdem schon geraume Weile verstrichen war, fragte unsere Hausfrau mit leichtem Erröten, ob wir vielleicht eine Tasse Tee wünschten, das Wasser würde schon lange kochen. Wir hätten nach der heißen Fahrt lieber einen kühlen Trunk genossen, aber der Hausherr kam nicht auf den Gedanken, uns dergleichen anzubieten. Also wurde Tee gebracht und dazu ein paar zuckersüße Kekse.

Weil die Farmersleute auch weiter auf keinen Gesprächsstoff reagierten, wurde die Situation nachgerade peinlich. Beide schauten uns immerzu an, als erwarteten sie, daß wir etwas Ungewöhnliches täten. So, als wären wir Darsteller eines Wanderzirkus, die nun endlich beginnen sollten, Feuer zu speien oder Schwerter zu schlucken. Doch keiner von uns war imstande, derlei Kunststücke vorzuführen.

Es blieb schließlich gar nichts anderes übrig, als uns mit der Ausrede zu verabschieden, daß wir vor Anbruch der Dunkelheit noch ein gutes Stück Weg zurücklegen müßten.

»Und wo werden Sie schlafen?« fragte die Hausfrau.

»Nun ja, wo uns die Nacht überrascht. Wir kampieren im Freien, gleich neben der Pad.«

Der Farmer begleitete uns zum Wagen, während seine Frau im Haus zurückblieb.

»Wie schade, daß Sie schon wegmüssen«, bedauerte er den schnellen Aufbruch, »wir haben doch Ihre Zimmer gerichtet und ein so gutes Abendessen vorbereitet.«

Doch es gab kein Zurück mehr, wie hätten wir jetzt noch eine Kehrtwendung begründen sollen?

Erst später haben wir dann gehört, wie tief gekränkt die beiden waren, daß wir so plötzlich ihr Haus wieder verließen. Sie hatten es doch so gut mit uns gemeint.

Keine Farm ist gleich so entstanden, wie sie nun besteht. Ihr Anfang war ein Lagerplatz neben einer Wasserstelle. Nur selten war diese schon vorhanden, man mußte bis zum Grundwasser hinuntergraben. Erst dann konnte der Farmer daran denken, sich und die Seinen mit vier Wänden zu umgeben. Bis die Bude fertig war, meist nur aus einem Raum bestehend, lebten die Neusiedler noch in ihrem Ochsenwagen, unter einem schattenspendenden Baum oder in einem großen Zelt. Ein paar Dutzend Stück Vieh, das sich im Laufe der Zeit zu einer ansehnlichen Herde vermehren sollte, hatte der künftige Farmer mitgebracht. Weil es noch für lange Zeit keine Zäune gab, mußten farbige Hirten die Beester bewachen, nicht allein vor dem Entlaufen, auch vor Raubwild und Viehdieben.

Die deutschen Pioniere der Farmwirtschaft in Südwest waren fast alle Soldaten und Handwerker, Offiziere, Bauernsöhne und die jungen Söhne ostelbischer Gutsbesitzer. Ohne ein Startkapital, so bescheiden es auch sein mochte, konnte niemand beginnen. Das mußte man sich erspart haben oder von den Eltern als Vorauszahlung auf das Erbteil mitbringen. Es wurde auch manches »schwarze Schaf«, das seiner Familie daheim ein Ärgernis war, mit ein paar tausend Mark in der Tasche nach Deutsch-Südwest abgeschoben. Zum Erstaunen der Leute, die sie vorher gekannt hatten, gelang es vielen von ihnen, sich in recht ordentliche Farmer zu verwandeln. Die harten Lebensbedingungen im Lande ließen ihnen auch keine andere Wahl, als sich rechtschaffen durchzusetzen oder schleunigst wieder zu verschwinden.

Von den alten deutschen Farmen würde heute keine mehr bestehen, wären sie nach den beiden Weltkriegen ebenso rücksichtslos enteignet worden wie sonst der deutsche Besitz im feindlich gewesenen Ausland oder in den verlorenen Gebieten. Nach 1918 wurde zwar ein Teil der Südwester Farmen beschlagnahmt, aber später wieder zurückgegeben. Nach dem Zweiten Weltkrieg kam es nicht einmal zur vorübergehenden Enteignung. Kein anderer Staat war in dieser Hinsicht so großzügig wie die Union von Südafrika. Deutsche Südwester, die während des letzten Weltkrieges als Freiwillige auf unserer Seite kämpften, obwohl sie Staatsangehörige Südafrikas waren, behielten ihr Eigentum und konnten zurückkehren. Viele von ihnen hatten in Libyen, Tunis und Ägypten südafrikanischen Truppen gegenübergestanden, also nach den Buchstaben des Gesetzes auf ihre eigenen Landsleute geschossen. Doch es wurde ihnen nicht zum Vorwurf gemacht. Ein deutscher Regimentskommandeur in der Armee des Feldmarschall Rommel blieb Besitzer seiner großen Farm in Südwest, während er mit seinen Panzern südafrikanische Stellungen aufrollte. Unterdessen lebte seine Familie auf der Farm, und er selber hatte keinerlei Schwierigkeiten, als er nach Kriegsende zurückkam. In Südafrika versteht man es, die Vergangenheit zu bewältigen.

So verläuft nun das Leben auf den deutschen Farmen, als hätte es die beiden großen Kriege nie gegeben. Eine Umschichtung der gesellschaftlichen Verhältnisse, wie es so weitgehend in Deutschland geschah, hat in Südwest nicht stattgefunden. Die Besitzer der Farmen mögen gewechselt haben, doch ihr Lebensstil hat sich im Grunde nur wenig geändert. Man fühlt sich auf seinem Boden so sicher wie in Abrahams Schoß. Auch den Farbigen gegenüber fühlt man sich keinerlei Schuld bewußt. Ganz im Gegenteil ist jeder Südwester davon überzeugt, es ginge den Hereros, Ovambos, Hottentotten und so weiter sehr viel besser als zuvor und bestimmt viel besser als in den Staaten mit schwarzer Regierung. Während nach allgemeiner Ansicht dort kein Weißer seines Lebens und Eigentums sicher ist, ebensowenig die Eingeborenen selber, gibt es in Südwestafrika, vor allem auf dem Lande, so gut wie überhaupt keine Kriminalität. Einbrüche in Farmhäuser sind unbekannt, ebenso das Ausrauben von abgestellten Wagen. Man braucht die Türen nicht abzuschließen. Seit Jahr und Tag ist kein Weißer ermordet worden. Niemand hat das geringste zu befürchten, wenn er alleine im Freien übernachtet, sei es auch unmittelbar neben der Straße. Jede Farm kann wochenlang ohne Aufsicht des Farmers bleiben, es wird dennoch kein diebisches Gesindel erscheinen. Wie gesagt, genügen 450 Polizeibeamte zur Aufrechterhaltung absoluter Ruhe und Ordnung im ganzen Land, das dreimal größer ist als die Bundesrepublik. Es widerspricht also den Tatsachen, wenn von einem »Polizeistaat« die Rede ist. Davon abgesehen, sind in Südwest auch keine Truppen stationiert.

Das Verhältnis zu den farbigen Arbeitskräften scheint durchweg gut bis sehr gut zu sein. Viele von ihnen gehören schon seit Generationen zur gleichen Farm und fühlen sich dort völlig zu Hause. Sie kommen nur selten auf den Gedanken, ihren Arbeitsplatz zu wechseln. Sie bleiben bis zu ihrem Lebensende und werden versorgt, auch wenn sie zu keiner Arbeit mehr taugen. Nur die sogenannten Kontraktarbeiter, die man laut Gesetz lediglich für zwölf bis achtzehn Monate beschäftigen darf, müssen nach Ablauf dieser Frist wieder für ein halbes Jahr zurück in ihr Stammesgebiet.

Der Farmer ist für seine farbigen Angestellten etwa das gleiche, was früher ihr Häuptling war. Also muß man seinen Anweisungen folgen und tut es auch im allgemeinen ohne Widerspruch. Dafür genießt man seinen Schutz, wird mit den Notwendigkeiten des täglichen Lebens versorgt und erhält dazu noch etwas bares Geld. Die völlig gesicherte Existenz ist für die Farbigen deshalb so wichtig, weil es sie in den alten Zeiten nicht gab.

Immer waren Überfälle zu befürchten, immer wieder konnten Stammeskriege ausbrechen. Doch jetzt hat jeder Farbige auf den Farmen einen Beschützer, an den er sich bei allen vorkommenden Streitigkeiten wenden kann. Hat der Weiße gelegentlich schlechte Laune, muß man sie eben ertragen. Wird auch der Grund nicht immer verstanden, wenn der Farmer grob wird oder gar handgreiflich, so geht das ja bald vorüber. Die eigenen Häuptlinge waren viel rücksichtsloser im Umgang mit ihren Untertanen. Vielfach sind sie es in den Stammesgebieten noch heute, wo sie das Recht haben, leichte Vergehen nach eigenem Ermessen zu bestrafen*.

Fast alle Farbigen auf den deutschen Farmen verstehen Deutsch, jedenfalls so viel davon, daß man sich ganz gut mit ihnen verständigen kann. Vieler oder gar schwieriger Worte bedarf es ja nicht, um einfache Fragen zu stellen oder zu beantworten. Oft hat das eigentliche Hauspersonal beim ständigen Umgang mit seiner Herrschaft, vor allem mit den Kindern, so viele deutsche Worte und Redewendungen aufgeschnappt, daß man glauben kann, sie wären bei uns daheim aufgewachsen. Aber die meisten haben nur nach dem Gehör gelernt, sie reden genauso, wie den Weißen ihrer Umgebung der Schnabel gewachsen ist. Ob gewisse Ausdrücke fein oder unfein sind, können sie nicht wissen. Als wir nach einem Picknick wieder abfahren wollten und die Gattin eines Nachbarn noch fehlte, rief deren Mann laut durch die Gegend: »Klärchen, wir sind beim Aufbruch, wo steckst du denn?«

Der Hausboy unserer Gastgeber wußte Bescheid:

»Dein Klärchen sitzt hinter Busch, muß mal pinkeln!«

Wir lachten natürlich, aber besonders peinlich war es nicht. Der brave Ovambo redete eben, wie er das bei seinen Farmersleuten gehört hatte.

An dem Ergehen der Farmerfamilie nimmt die farbige Gefolgschaft lebhaften Anteil. Man fühlt sich auf Gedeih und Verderb mit ihr verbunden. Wenn eine lange Dürrezeit den Farmer an den Rand des Ruins brachte, ist es oft geschehen, daß ihm seine Leute anboten, auf ihren Lohn zu verzichten. Auf manchen Farmen ist es Brauch, daß sich alle Farbigen vor dem Farmhaus versammeln, wenn dort ein Kind geboren wurde. Der

---

* Einem rückfälligen Dieb im Ovamboland ließ unlängst der zuständige Stammeshäuptling beide Augen ausstechen, mit der Begründung, so könne ihn der Anblick fremden Eigentums nicht mehr zum Diebstahl verführen. Das ging natürlich zu weit, der Häuptling kam vor Gericht, doch weiß ich nicht, wie der Prozeß entschieden wurde.

Vater zeigt ihnen das Neugeborene, und darüber herrscht allgemeine Freude. Man bringt dem Baby kleine Geschenke, darunter auch Geldmünzen. Auch ein paar Lieder werden ihm vorgesungen. Dann berührt jeder einmal die winzige Hand des Kindes, um Freundschaft mit ihm zu schließen.

All das mag in kritischen Augen als »Kolonialidylle« aus dem Bilderbuch längst vergangener Zeit erscheinen. Doch warum sollte man dergleichen nicht heute noch pflegen, wenn es allen Beteiligten gut gefällt? Man muß schon diese Verhältnisse selber gesehen, überhaupt die ganze Atmosphäre an Ort und Stelle selbst erlebt haben, um Urteile darüber zu fällen. Die sozialen, politischen und ideologischen Maßstäbe der eigenen Heimat ohne weiteres nach dort zu übertragen scheint keineswegs angebracht.

Was dagegen einen schlechten Eindruck macht, ist die Unterbringung der Farbigen. Sie hausen meist in sogenannten Pontoks, mehr oder minder gebrechliche Hütten aus Kistenbrettern, Konservenblech und Sacklumpen. Die primitivste Sorte besteht nur aus Baumästen, die mit einem Gemisch aus Lehm und Kuhmist bekleistert sind. Der Vergleich mit dem gepflegten Farmhaus und seiner blumengeschmückten Veranda ist geradezu niederdrückend. Doch ist scheinbar nichts dagegen zu machen, die Leute wollen es so haben, und jeder Versuch, sie eines Besseren zu belehren, soll vergeblich sein. Ich wollte es nicht glauben, doch habe ich dann auf einer Farm im Süden selber gesehen, wie schwer es ist, die farbige Gefolgschaft an festgebaute Unterkünfte zu gewöhnen. Dort hatte der Farmer eine Reihe von soliden und geräumigen Rundhütten für seine Leute hingestellt und dabei die traditionelle Form des Pontoks gewahrt. Die Farbigen waren hell begeistert, denn nun hatten sie einen schönen Stall für ihre Ziegen und Hühner, kein Schakal konnte sich bei Nacht an ihnen vergreifen. Sie bauten gleich daneben ihre gewohnte Behausung wieder auf und zogen fröhlich hinein. Der Farmer zuckte mit den Schultern, doch konnte er nichts anderes mehr tun, als es dabei zu belassen.

Auf Etemba und anderswo hat man immerhin erreicht, daß die Farbigen kistenförmige Lehmhütten beziehen, aber es dauert niemals lange, bis sich die Bude mit allerlei Gerümpel füllt und vom Ruß des Holzfeuers dunkelgrau wird. Ziegen, Hunde und Hühner gehen ein und aus, vor der Tür wächst ein Haufen von Abfall immer höher. Im übrigen muß man die Stämme getrennt halten, falls auf einer Farm die Arbeitskräfte aus ganz verschiedener Gegend stammen. Die Hereros vertragen es nicht, neben »Scheißkaffern« zu wohnen, wie sie wortwörtlich die Bergdamaras nennen, und kein Ovambo läßt sich in der Nähe von Hottentotten nieder. Alle legen den größten Wert auf ihre Art der Apartheid.

Man wirtschaftet sehr sparsam auf den Farmen, auch in guten Jahren. Denn gerade das ist die Zeit, Geld fürs Durchkommen in schlechten Jahren sicher anzulegen. Jede neue Anschaffung wird sorgfältig überlegt. Es ist besser, den Hausrat und überhaupt alles im Haus gut zu pflegen, als sich möglichst modern einzurichten. Muß man das eine oder andere Stück in den Wohnräumen dennoch ersetzen, findet es immer noch Verwendung in den Fremdenzimmern. Dort sammelt sich im Laufe der Zeit, was noch von den Erbauern des Farmhauses stammt. Ein paar alte Plüschsessel mit verblaßten Bezügen, der runde Tisch für eine gute Stube von Anno dazumal und das breite Bett, worin vielleicht der Vater des jetzigen Farmers das Licht der Welt erblickte. Mehrere Teppiche liegen dort übereinander, um nach Möglichkeit die schadhaften Stellen zu verdecken. Eine gehäkelte Decke schmückt die Kommode, eine Petroleumlampe aus poliertem Messing steht auf dem Tisch. Das gibt insgesamt gar kein schlechtes Bild, sondern wirkt gemütlich und anheimelnd. Der Gast fühlt sich geborgen in diesem Milieu der Jahrhundertwende.

Weil jeder Farmer auch in seinen eigenen Räumen ebenso sparsam ist wie der andere, fällt die altmodische Einrichtung niemandem auf, am wenigsten den Bewohnern selbst. Nur der Besucher aus dem modernen Europa staunt über einen Wohnstil, der so geblieben ist wie damals, als Großvater die Großmutter nahm. Tiefe Sofas mit handbestickten Kissen bilden die Sitzecke im Wohnzimmer, daneben eine hohe Stehlampe mit befranstem Seidenschirm. Der mächtige Schreibtisch ist reich verziert mit Schnitzereien und dient in erster Linie zum Aufstellen zahlreicher Familienfotos in versilberten Rahmen. Im Eßzimmer ein schwerer Schrank aus Walnuß fürs gute Geschirr und die feine Tischwäsche, gegenüber das große Buffet mit Etagère und Spiegel. Um den Tisch für zwölf Personen stehen ein Dutzend lederbezogene Stühle, die schon durch ihre strenge Form zu steifer Haltung zwingen. Nur bei festlichen Gelegenheiten erfüllen sie ihren Zweck, für gewöhnlich sitzt man in bequemen Korbsesseln um viel kleinere Tische draußen auf der Veranda. Die dunkel getönten Bücherschränke sind meistens gut gefüllt, in der Hauptsache mit Werken der klassischen Literatur, mit Lexika, Atlanten und Sammelbüchern alter Zeitschriften. Als Wandschmuck sind deutsche Jagdszenen romantischen Stils sehr beliebt, vor allem röhrende Hirsche mit gewaltigem Geweih. In keinem Farmhaus, das ich besuchte, fehlten die Bilder edler Pferde. Darauf, so scheint es, kann niemand verzichten. Sehr oft ist auch der Kaiser Wilhelm und seine hohe Gemahlin zu sehen, natürlich an dem ihnen gebührenden Ehrenplatz. War der Erbauer des Hauses noch jung an Jahren, als er seine Wohnung ausstattete, setzte er seine Hoffnung mehr auf den Kronprinzen und hat mit dessen flotter Erscheinung die Wand des Wohnzimmers geschmückt. Auch Bismarck, Moltke, Roon und Hindenburg wurden nicht vergessen. Der Eiserne Kanzler und der Sieger von Tannenberg sind mitunter auch als Bronzebüsten vorhanden. Einer wehmütigen Erinnerung dient oft ein Bild, das jenen Gutshof zeigt, von dem man abstammt und der vermutlich im verlorenen Osten liegt.

Dunkle Vorhänge und gelbe Gardinen lassen nur wenig Licht in das Haus hinein, zumal noch die gedeckte Veranda den Sonnenschein abhält. Wer sich hier drinnen aufhält, dem fällt es schwer zu glauben, daß sich draußen die Steppe und das Buschland Südafrikas ausdehnen. Man hat ein altdeutsches Heim hierher verpflanzt, man hat es nach außen abgedichtet und getreulich in seiner Atmosphäre bewahrt. Irgendwann einmal, nach Fertigstellung des Hauses, wurde die komplette Einrichtung aus der Heimat herangeholt. Auf Ochsenwagen sind die großen, gewichtigen Kisten wochenlang durchs Land gereist, bis sie endlich an ihr Ziel gelangten.

»Dieser Spiegel hat unser Haus gerettet«, sagte mir eine alte Dame und wies auf ein zwei Meter hohes Prachtstück in schwarzpoliertem Rahmen, das ihrer Halle besonderen Glanz verlieh. »Als wir im Hererokrieg nach Windhuk flüchten mußten, waren wir fest davon überzeugt, unser Haus nie mehr wiederzusehen. Die Hereros brannten ja alles nieder, nachdem sie erst ordentlich geplündert hatten. Wie aber nun der erste von den wilden Kerlen bei uns hereinstürmte, sah er sich in dem großen Spiegel. Weil er aber so was nicht kannte und sich selber nie gesehen hatte, packte ihn ein furchtbarer Schrecken. Er lief brüllend hinaus und andere hinein. Denen nun stürzte aus dem Spiegel eine ganze Horde entgegen. Alle flüchteten unter wildem Angstgeheul, und keiner kam wieder. Als wir nach anderthalb Jahren zurückkehrten, war das Haus noch immer unbeschädigt, es fehlte nichts. Nur furchtbar viel Staub mußte ich wegwischen. Erst nach Jahren haben wir dann von einem Herero, der dabeigewesen war, die ganze Geschichte gehört.«

Man sollte den Spiegel mit einem Lorbeerkranz umwinden, schlug ich der alten Dame vor.

»Das hätte er verdient, aber wir haben keinen Lorbeer im Garten.«

Der Besucher findet nur selten fließendes Wasser im Fremdenzimmer, erst recht keinen Hahn für heißes Wasser. Man verfügt statt dessen über einen Waschtisch mit Krug und Schüssel. Daneben steht ein weißlackierter Eimer, um die Brühe nach Gebrauch hineinzuschütten. Morgens, bevor noch die Sonne aufgeht, stellen freundliche Hände einen großen Topf mit gewärmtem Wasser vor die Tür. Weil der elektrische Strom, falls überhaupt vorhanden, nur für einige Stunden funktioniert, steht ein Kerzenleuchter auf dem Nachttisch, oder man bedient sich einer Petroleumlampe. Davon abgesehen, soll der Gast nicht versäumen, stets eine Taschenlampe bei sich zu führen. Er hätte sonst Mühe, bei nachtschlafender Zeit jenen Ort zu finden, den er womöglich dringend aufsuchen muß. Der liegt aus hygienischen Gründen oft ziemlich weit von den Fremdenzimmern entfernt, und es wäre ohne Licht nicht so einfach, die notwendigen Handgriffe darin zu entdecken. Dieses System kann von Farm zu Farm sehr verschieden sein, auch recht ungewöhnlich für landfremde Leute.

Die Betten sind so breit und mollig weich wie seinerzeit, da man als Kind die Oma besuchte. Federgefüllte Decken und hochgewölbte Plumeaus schützen in den ungeheizten Räumen vor nächtlicher Kälte. Vorleger aus Schafwolle erleichtern das Aufstehen am Morgen. Müde nach anstrengender Fahrt und reichlich genossenem Abendtrunk ist der Gast in Schlaf gesunken. Er träumt auf angenehmste Art und weiß nichts mehr von der Außenwelt. Dann jedoch, bevor noch der Morgen graut, wird heftig an seinem Bett gerüttelt. Der Schläfer erwacht mit Schrecken, kann aber niemanden sehen, der solchen Unfug verübt. Es muß sich um ein Erdbeben handeln. Das Haus erzittert in seinen Grundfesten, auf dem Waschtisch scheppern Krug und Schüssel. Es klirren die Fensterscheiben, es rattert die Türe. Man stürzt hinaus und hört das Geknatter eines Dieselmotors. Nichts Schlimmes ist geschehen, nur die Lichtmaschine wurde angelassen. Und die steht leider auf dem gleichen Fundament wie das Gästehaus. Nicht auf einer Farm war es der Fall, sondern dreimal habe ich das erlebt. Weil Farmer und Farmerin ihre Fremdenzimmer nicht selber benützen, haben sie die Wirkung ihrer Lichtmaschine am eigenen Leibe auch nie verspürt. Und welcher Gast wäre so taktlos, ihnen davon zu berichten.

Während des Winters, das heißt von Ende Mai bis Mitte August, muß am Morgen das Zimmer, worin man frühstückt, gut gewärmt sein. Entweder knistert ein Feuer im offenen Kamin, oder man hat einen Petroleumofen neben den Tisch gestellt. Daß er unangenehm riecht, läßt sich kaum vermeiden. Meist ist der Hausherr beim Frühstück nicht dabei, sondern befindet sich schon auf seiner Rundfahrt durchs Gelände. Man unterhält sich noch eine Weile mit der Hausfrau, dann muß auch sie ihren Pflichten nachgehen. Denn ohne ihr Zutun geschieht so gut wie nichts in Küche, Haus und Garten. Der Gast geht spazieren um das Haus herum oder am Flußbett entlang. Er wird dabei nur selten etwas entdecken, was er nicht schon auf anderen Farmen sah. Das knarrende Windrad, einen großen Behälter für das heraufgepumpte Wasser, drei oder vier Schuppen, die Pontoks der Farbigen und Drahtzäune mit abgesondertem Vieh oder Schafen. Er betrachtet den Gemüsegarten, der mit Hilfe kleiner Gräben künstlich bewässert wird, und schaut dem Geflügel zu, das im Hühnerhof gackert. Vielleicht ist ein zahmer Strauß dabei, der sich erstaunlich gut mit dem übrigen Getier verträgt. Bei großen und reichen Farmen kann es sein, daß ein Schwimmbad angelegt wurde, doch erschreckend kühl ist sein Wasser. Leider werden Reitpferde nur noch selten gehalten, die geländegängigen Fahrzeuge haben sie überflüssig gemacht.

Gegen zehn Uhr wird der Hausherr zurückkommen und dem Besucher anbieten, ihm den Betrieb seiner Farm zu zeigen. Der Wagen rollt zu einer Anhöhe hinauf, von der man so weit wie möglich die Gegend übersehen kann. Es gibt Farmen, die über 10 000, 20 000 und sogar 50 000 Hektar erreichen. Bei einer Familie war ich zu Gast, die fast 100 000 Hektar beherrscht. Doch hat die Ausdehnung allein nicht viel zu besagen, auf die Menge und den Nahrungsgehalt der Gräser kommt es an, ebenso auf die klimatischen Verhältnisse und natürlich auf die Wasserversorgung. Ich war anfangs sehr erstaunt, wenn mir gesagt wurde, dies oder jenes sei besonders gutes Land für Karakulschafe, obwohl nur ein Flaum von dünnen, kurzen Halmen darauf gedieh. Dennoch war das eine Vegetation, die den Schafen sehr gut bekam. Sie verlieh der Wolle neugeborener Lämmer jenen Glanz und jene Qualität, die man am meisten begehrt und die am höchsten bezahlt wird.

Strohgelb und knisterdürr bleibt das Steppengras zehn Monate im Jahr, wird aber von dem Vieh alle Zeit über mit Genuß verzehrt. Die Schlachtochsen werden fett dabei und sind kerngesund. Es ist ja Heu auf dem Halm. Wir daheim füttern vom

Herbst bis zum Frühjahr das Vieh im Stall, in Südwest gibt es nirgendwo Ställe. Die Beester sind ständig im Freien und besorgen sich ihr Futter selber. Die Aufzucht von Schlachtochsen ist das Hauptgeschäft der Viehfarmen, Molkereiwirtschaft lohnt sich nur in Nähe der großen Ortschaften.

Obst, Getreide und Feldfrüchte kann man nur in bestimmten Gegenden anbauen, wo öfter mit Regenfällen zu rechnen oder eine künstliche Bewässerung möglich ist. Alle übrigen Farmen begnügen sich mit Gemüsegärten für den eigenen Bedarf. Schon das ist oft schwierig genug, weil man zum Schutz der jungen Pflanzen vor der sengenden Sonne dafür sorgen muß, daß sie wenigstens zeitweise Schatten haben. Es müssen Bäume neben den Beeten stehen oder zu diesem Zweck erst eingesetzt werden.

Viel umständlicher als die Aufzucht von Schlachtochsen, aber auch ertragreicher ist die Haltung von Karakulschafen, um von ihnen die Persianerfelle zu gewinnen. Es gibt heute fast vier Millionen Karakuls in Südwest. Die allerersten Tiere stammten aus dem südlichen Rußland, wo jede Ausfuhr der Karakuls streng verboten war. Kaiser Wilhelm mußte an den russischen Zaren, mit dem er verwandt war, erst eine persönliche Bitte richten, um einen Zuchtstamm für Südwest zu erhalten. Der Gouverneur von Lindequist hatte ein entsprechendes Gesuch nach Berlin gesandt, und der Pelzhändler Paul Thorer brachte 1907 die ersten zehn Tiere ins Land. In guten Jahren erreicht jetzt der Export von Persianerfellen einen Wert von annähernd fünfzehn Millionen Mark. Der durchschnittliche Erlös für das einzelne Fellchen schwankt zwischen 25 und 40 Mark. Besonders schöne Stücke können sehr viel teurer sein. Es trifft nicht zu, daß manchmal die Lämmchen schon im Mutterleib getötet werden, erst ein oder zwei Tage nach ihrer Geburt macht ein Schnitt durch die Kehle ihrem kurzen Leben ein Ende. Die Felle werden dann abgezogen, aufgespannt und trocknen etwa vierzehn Tage lang. Die Qualität und demgemäß auch der Preis des glänzenden, schwarzgelockten Fellchens wird weitgehend von der sorgfältigen Auswahl der Zuchttiere bestimmt, vor allem der Widder. Da einer für sehr viele Schafmütter genügt, kann ein erstklassiger Widder bis zu zehntausend Mark und noch mehr kosten. Man führt genaue Listen über die Stammbäume, und jedes Lämmchen wird vor seinem Tode fotografiert, um die Art seiner Wolle im Bild festzuhalten. Danach richtet sich dann die Bewertung seiner Mutter und des Vaters. Deren allerbeste Lämmchen bleiben am Leben, um mit ihnen weiterzuzüchten.

Fast alle neugeborenen Lämmer sind schwarz wie die Nacht, ihre Eltern aber sehen aus wie ganz gewöhnliche Schafe, jedenfalls für einen Laien. Das geeignete Land für die Karakuls liegt hauptsächlich im Süden von Südwest, meist ist es völlig flach und wirkt trostlos öde für unsere Begriffe. Wer aber davon 20 000 Hektar besitzt und gut auszunutzen versteht, ist sicher ganz anderer Meinung über die Reize jener Landschaft. Da Schakale und anderes Raubwild für die Schafe eine große Gefahr sind, mußten früher die Herden ständig von Hunden und Hirten bewacht werden. Heute sind die meisten Karakul-Farmen durch Zäune mit engem Maschendraht gesichert. Weil man aber die frischgesetzten Lämmer so bald wie möglich ihrem traurigen Schicksal zuführen muß, sind auch jetzt noch Hirten aus dem Volk der Hottentotten im Gelände, um die Neugeborenen aufzunehmen. Eine Weile sucht die Mutter nach ihrem Kleinen, doch wie behauptet wird, hat sie es nach spätestens drei Tagen vergessen. Zwölf bis zwanzig der niedlichen Lämmchen müssen sterben, um irgendwo auf der Welt eine Frau mit Persianermantel zu beglücken. Wem bei dem Gedanken graut, daß so viele junge Tiere zum Gewinn und Vergnügen der Menschheit umgebracht werden, sollte gleich damit beginnen, niemals mehr Lammbraten, Spanferkel und Kalbfleisch zu essen.

»Werden Sie sehr von Steuern bedrückt?« fragte ich einen Farmer am ersten Tag.

»Nicht der Rede wert, wir zahlen in Südwest so gut wie keine Einkommensteuer.«

Das war kaum zu glauben, von was lebte dann die Regierung mit ihren großen Projekten?

»Von den Diamanten und den Bergwerken, von der Fischerei und natürlich auch von den Einfuhrzöllen. Das scheint zu genügen. Hoffentlich kommen die Herren nicht so bald auf andere Gedanken ...«

Das werden sie ganz bestimmt, es kann nicht mehr lange dauern.

Zu Mittag gab es Kudubraten, denn auch hier zog man es vor, die Gäste mit Wildbret zu bewirten statt mit wertvollem Rindfleisch. Auf keiner Farm wird gesundes Vieh geschlachtet, sondern zur richtigen Zeit lebend verkauft.

Als man fragte, welche Spezialität des Landes ich noch nicht gegessen habe, bat ich rundheraus um ein Spiegelei vom Vogel Strauß. Es liefen ja genug davon in freier Wildbahn herum.

»Ein solches Spiegelei könnten Sie allein gar nicht essen«,

wurde mir gesagt, »auch besitzen wir keine Pfanne, die dafür groß genug wäre.«

Es war auch nicht die Zeit, daß Straußenhennen legten, und es soll gar nicht so leicht sein, frische Gelege im Steppengras zu finden. Wenn es zufällig doch geschieht, genügt schon ein einziges Ei, um als Rührei die Eltern und drei Kinder zu befriedigen.

Als Straußenfedern noch große Mode waren, wurden in ganz Südafrika auch Strauße gezüchtet. Zu gegebener Zeit schnitt man ihnen die großen Schwanzfedern ab und verkaufte sie für teures Geld nach Paris, London, Berlin und New York. Ein gutes Geschäft, weil ja die Federn immer wieder nachwuchsen. Zum Spaß und zum Sport gewöhnte man auch Strauße daran, einen leichten Wagen zu ziehen. So wurden Straußenrennen abgehalten und hohe Wetten auf den besten Renner abgeschlossen. Sehr leichte junge Leute brachten es auch fertig, auf einem Vogel Strauß zu reiten. Leider können die größten Vögel der Welt nicht fliegen, sonst wäre womöglich so mancher Junge auf ihrem Rücken in die Wolken verschwunden.

Nur zögernd nehmen die meisten Farmer neue Gewohnheiten an, besonders wenn Ausgaben damit verbunden sind. Eine Kühltruhe beispielsweise findet so leicht keine Verwendung im Haus. Man hat statt dessen die altbewährte Wasserkühlung. Das ist ein frei stehender Raum aus Ziegelsteinen mit zahlreichen großen Öffnungen. Innerhalb seiner doppelten Mauer lagert eine handbreite Schicht von Holzkohlen bis oben hin. Darauf tröpfelt aus einer Leitung ständig ein wenig Wasser. Dessen Verdunstung hält die Temperatur in dem Raum so kühl und frisch wie in einem guten Keller. Das muß genügen, auch wenn man darin nichts einfrieren kann.

»Hauptsache, wir haben gutgekühltes Bier«, pflegt man zu sagen und stellt dann gleich die Frage, ob etwa das Münchener Bier besser sei als in Windhuk. Bestimmt ist das Windhuker Bier nicht schlecht, sondern berühmt für seine Qualität im ganzen Süden Afrikas. Die Windhuker Quellen sind für die edle Kunst der Brauerei vorzüglich geeignet, und deutsche Braumeister machen daraus das Beste. Nur muß sich der Bierfreund aus Bayern erst daran gewöhnen, das Bier in Büchsen zu kaufen. Flaschen sind wegen der hohen Transportkosten fast ganz außer Mode gekommen.

So gleich und gleichmäßig im allgemeinen das Leben auf den Farmen verläuft, so groß sind andererseits die Unterschiede bei den geistigen Interessen. Es gibt Leute, die sich mit gar nichts anderem als ihrem täglichen Kram beschäftigen, die keine Bücher und keine Zeitschriften lesen. Sie bemerken kaum, wie sich die Erdkugel dreht und was auf ihrer Oberfläche alles geschieht. Auch mit ihrem Besuch wissen sie nicht viel anzufangen. Man redet nur über die Preise von Schlachtochsen, von Karakulfellen und über die steigenden Löhne der Angestellten, vielleicht noch über banale Vorgänge bei den Nachbarn. Der Gast möchte gähnen vor Langeweile, aber seine Gastgeber fühlen sich wohl dabei. Aber dann wieder erlebt man gerade auf den fernsten Farmen die erstaunlichsten Dinge. Dort herrscht im Kreis ganz weniger Leute ein so waches geistiges Leben, daß der Besucher Mühe hat mitzuhalten. Die Nachbarn treffen sich zu angeregten Diskussionen, man bespricht die neuesten Ereignisse in der Außenwelt und hat alle wichtigen Erscheinungen des Büchermarkts mit kritischem Sinn studiert. Weil das nicht jeder selber kann, tut es jeweils einer von ihnen, um anschließend vor den übrigen zu referieren. Auf der Farm Brack erlebte ich unter fünf Personen ein Gespräch über das tiefsinnige Thema der Monaden, wobei man die Auffassungen von Leibniz, Plato und Pythagoras einander gegenüberstellte. Für die nächste Zusammenkunft war eine Unterhaltung vorgesehen, die Lessings Hamburger Dramaturgie im Hinblick auf das Wesen der Tragödie behandeln sollte.

Es war nicht einfach für mich, Rede und Antwort zu stehen, wenn ich nach diesem oder jenem intellektuellen Problem in der Bundesrepublik gefragt wurde. Jene erstaunlichen Leute in Südwest hatten sich damit viel eingehender beschäftigt als ich. Das war keine Ausnahme, ich habe solche Erfahrungen öfter gemacht. Gerade Einsamkeit und viel freie Zeit regen den Geist zu hohen Flügen an, wenn er nur in der Substanz vorhanden ist.

»Man muß ziemlich tiefe Wurzeln haben, um auf diesem Boden ein wenig zu blühen«, sagte mir der Maler Jentsch, dessen Bilder auf der Johannesburger Ausstellung die ersten Preise erhielten. Dabei ist nichts anderes darauf zu sehen als Steppe und Dornbusch. Aber sie wirken von Leben erfüllt, weil den Maler, wie er selber meint, mit jedem Bild ein tiefes inneres Erlebnis verbindet.

Bei einem älteren Ehepaar, das drei Fahrstunden weit von der nächsten Ortschaft wohnt, treffen Zeitungen und Zeitschriften erst vier bis sechs Wochen nach ihrem Datum ein. Sie kommen aus Bonn, Paris, London und New York. Man liest sie nach einem Kalender, dessen angerissener Tag anderthalb Monate Verspätung hat. Danach richtet man sich, um die alten Zeitun-

gen termingerecht zu entfalten, also rückwirkend am Tag
ihres Erscheinens. Ich wurde ausdrücklich gebeten, kein Ereignis zu erwähnen, das jünger war als sechs Wochen. Man wollte
den Dingen nicht vorgreifen, es hätte den Zeitplan der Informationen durcheinandergebracht. Ich wäre gern länger bei
diesen sympathischen Leuten geblieben, so faszinierte mich die
Unterhaltung mit ihnen. Da sie Nachrichten aus aller Welt
nicht nur zur Kenntnis nahmen, sondern auch im großen Zusammenhang überdachten, durch keine sonstige Zerstreuung
dabei verwirrt, kamen sie zu sehr klaren Urteilen.

Meinen Besuch bei den Chevaliers hatte ich schon eine Woche
zuvor telegrafisch angemeldet, doch bei meinem Eintreffen wußten die alten Herrschaften nichts davon. Sie besaßen kein Telefon und hatten schon seit geraumer Zeit nicht mehr beim Postamt vorgesprochen. Um so erstaunlicher der liebenswürdige
Empfang, mit dem beide auf meinen plötzlichen Überfall reagierten. In der Zeit von Null Komma nichts zauberte Frau von
La Chevalier ein Menü von mehreren Gängen auf den feinge-
deckten Tisch, so als sei das im wilden Busch die einfachste Sache
von der Welt. Dazu wurde eine Konversation geführt, deren
geistige Brillanz jeden Kenner dieser Kunst aufs höchste ent-
zückt hätte. Man konnte wirklich glauben, meine Gastgeber
hätten an sämtlichen kulturellen Ereignissen in Europa teilgenommen. Doch stammte ihre genaue Kenntnis des Theater-
lebens, der Festspiele in Bayreuth, Salzburg und München, auch
der literarischen Neuerscheinungen nur aus Besprechungen und
guten Zeitschriften. Sie wußten darüber weit besser Bescheid
als die meisten Leute bei uns.

Ursprünglich Emigranten aus Frankreich, hatten die Chevaliers schon seit des Großen Kurfürsten Zeiten als Offiziere in der
preußischen Armee gedient, wie es die Ahnengalerie an der
Wand des Wohnzimmers augenfällig bewies. Nur der Hausherr
selber machte eine Ausnahme, er war schon mit jungen Jahren
nach Südwestafrika gekommen, um hier zu farmen. Unter einem Dornbaum, der noch draußen zu sehen war, hatten die
Eheleute damals begonnen. Ihr Sohn war südafrikanischer Beamter.

»Mit dem Herzen bin ich Deutscher nach wie vor«, erklärte der
Hausherr, »aber mein Verstand sagt mir, daß wir bei der
Regierung von Südafrika am besten aufgehoben sind. Da gibt
es wohl für niemanden von uns eine andere Wahl.«

Dabei hätte er mindestens einen Grund zur Klage gehabt.

»Das nächste Mal, wenn Sie wiederkommen, können Sie

telefonisch Bescheid geben. Die Leitung soll ja in der nächsten Woche gelegt werden. Aber schon vor dreißig Jahren haben wir den Anschluß beantragt...«

»Vor dreißig Jahren...?«

»Jawohl, es sind wirklich dreißig Jahre darüber vergangen, mit meinen Mahnschreiben alle paar Wochen dürften schon einige Aktenbände gefüllt sein. Aber jetzt hat man uns endlich mitgeteilt, daß der Antrag genehmigt ist. So werden wir hoffentlich bald mit der Außenwelt verbunden sein.«

Die lange Zeit des Zögerns beim Verlegen dieses Drahtes war auch anderen Farmern bekannt und wurde ganz verschieden kommentiert. Dabei hörte ich zum ersten und einzigen Mal, die Afrikaaner würden gegenüber den deutschen Südwestern bevorzugt. An der Linie, die Chevaliers verbinden sollte, lagen bis zur Hauptleitung nur deutsche Farmen. Keine davon hatte bisher ein Telefon bekommen, dagegen wurde eine viel weitere Strecke viel früher damit versehen, die aber nur zu Farmen von Afrikaanern führte.

»Es kann nicht Zufall sein, wir wurden mit voller Absicht vergessen!«

»Es heißt doch«, wandte ich ein, »Briefe und Anträge nützten gar nichts. Man muß selber mit den zuständigen Beamten reden und sie auf Trab bringen.«

Das hatten wohl die Deutschen nicht oft genug getan, aber die Farmer von der anderen Leitung.

Als ich an die Hauptstraße zurückfuhr, kam mir ein Lastwagen mit Telefonmasten entgegen. Sie hatten auch riesige Rollen mit glitzerndem Kupferdraht an Bord. Nach dreißigjähriger Wartezeit sollte die Leitung gespannt werden. Aber wie ich gerade von Chevaliers erfahre, liegen Masten und Drähte noch immer neben der Pad.

Meist ist schon von weitem zu erkennen, ob eine Farm von deutschen oder afrikaanischen Südwestern angelegt wurde. Die einen verbergen sich unter einer Baumgruppe und die anderen nicht. Schon seit vielen Generationen an Sonne und Hitze gewöhnt, legen die Afrikaaner keinen so großen Wert auf schattenspendende Bäume. Überhaupt verschwenden sie nicht gar so viel Mühe und Zeit auf den Garten. Der ist im allgemeinen kleiner, dürftiger und trockener als beim deutschen Farmer. Die Afrikaaner, so heißt es, hängen nicht mit allen Fasern ihres Herzens an dem Boden, den sie gerade besitzen. Wenn es scheint, daß irgendwo die Verhältnisse günstiger sind, verkaufen sie ihre Farm und erwerben dafür eine andere. Man ist nicht unbedingt bestrebt, Haus, Hof und Weideland auf Kinder und Kindeskinder zu vererben, was typisch sein soll für die Deutschen. Das bewegliche Leben der alten Buren, die mit ihrer Herde von einer Weide zur anderen trekkten, ohne sich irgendwo endgültig festzusetzen, soll auch nach hundert und hundertfünfzig Jahren vielen ihrer Nachkommen noch im Blut liegen. Die Afrikaaner selber bestreiten das, sie kamen nur viel später nach Südwest als die Deutschen, jedenfalls die meisten von ihnen. Aber ihre langen Erfahrungen mit Vieh und Farmbetrieb brachten sie mit und dürften in dieser Hinsicht manchem deutschen Südwester überlegen sein. Die Afrikaaner arbeiten zäh und hart, oft haben sie Erfolg, wo andere Leute gescheitert sind. Ein paar Dürrejahre ertragen sie mit größter Geduld, man sagt, daß sie absolut nichts entmutigen kann. Die meisten von ihnen sind sehr fromme Leute, und so wird ihnen wohl auch der Glaube helfen, alle Rückschläge zu überwinden.

Bei Menschen so gediegener Lebensführung wie den Afrikaanern erwartet man, daß auch ihre Häuser so schlicht wie nur möglich sind. Sie müßten sich doch von ihrem alten Hausrat noch schwerer trennen als die deutschen Farmer. Doch ganz im Gegenteil bevorzugen sie moderne, mitunter sogar allzu moderne Möbel. Jedem Fremden muß das auffallen, der nach seinem Besuch in viele deutsche Wohnungen bei Afrikaanern einkehrt. Auch die Gardinen, Teppiche, Bilder und Lampen, das Geschirr und alles, was sonst zu einer Wohnung gehört, macht einen mehr oder minder neuen Eindruck. Selbst die Küche der afrikaanischen Farmersfrau ist meist moderner als in deutschen Häusern. Es läßt sich gewiß nicht von jeder Familie sagen, aber selber bin ich bei keiner gewesen, wo es nicht so war. Wie man überall hört, sind die Afrikaaner gute, friedliche und hilfsbereite Nachbarn. Wer sich selber ebenso verhält, wird wohl immer aufs beste mit ihnen auskommen.

Was die Farmbesuche so reizvoll macht, sind nicht so sehr die Farmen wie die Menschen, denen man begegnet. Der landwirtschaftliche Betrieb ist mehr oder minder immer der gleiche. Wer eine Farm mit Großvieh gesehen hat und eine Farm, wo man Karakulschafe hält, kann sich eine gute Vorstellung machen, wie auch sonst die Farmen beider Typen betrieben werden. Aber auf jeder sitzt eine Familie, die sich trotz mancher Übereinstimmung des Lebensstils wesentlich von den anderen unterscheidet, oft in sehr drastischer Weise. Es gibt viele Originale unter den Farmern, auch Eigenbrötler und seltsame Käuze. Die Abgeschlossenheit ihrer Existenz, die Unabhängigkeit im eigenen Bereich und die menschenleere Weite ihrer Umgebung bringen das mit sich. Die Kinder bleiben nur so lange zu Hause, wie man sie noch selber unterrichten kann und Zeit dafür findet. Dann muß man sie fortgeben, entweder in ein Schulinternat oder zu einer befreundeten Familie in der nächsten Stadt. Die Eltern sind also meist alleine und haben zur Gesellschaft, wenn nicht gerade Besuch erscheint, nur sich selber. Kein anderer Umgang hindert sie daran, bestimmte Eigenarten immer stärker zu entwickeln. Da kommen gar manche Züge ihres Wesens sehr deutlich zum Vorschein, die man unter normalen Umständen nie bemerken würde. Der tägliche Verkehr mit vielen anderen Menschen hätte solche Ecken und Kanten längst abgeschliffen. Aber wer einsam lebt und andere Leute nicht braucht, kann seinen Schrullen freien Lauf lassen. Er kann sich auch in gewisse Vorstellungen hineinsteigern, die völlig irreal sind. Es fehlt eben der häufige Meinungsaustausch wie bei uns, man hat zuwenig Gelegenheit, sich besser zu orientieren. So wird die eigene Überzeugung immer unerschütterlicher, eine andere läßt man nicht mehr gelten.

»Und wie gefällt Ihnen unser schönes, herrliches Südwest?« war eine Frage, die ich oft zu hören bekam. Doch hatte man die Antwort schon vorweggenommen. Wehe dem, der gewagt hätte, eine andere Meinung zu äußern. Es kam diesen Menschen gar nicht in den Sinn, daß man rauschende Wälder, grüne Wiesen und murmelnde Bäche für reizvoller halten könnte als die Landschaft Südwestafrikas.

Eine Farmerin älteren Jahrgangs, die alleine wirtschaftet, verlangt von ihren Farbigen, mit »Herrin« angeredet zu werden. Die braven Leute mit der dunklen Haut denken sich nichts dabei. Aber wenn das ein Fremder hört, glaubt er sich ins finstere Mittelalter versetzt. Als sich der Sohn einer anderen Farm seine Braut aus Deutschland mitbrachte, wurde sie von den gestrengen Eltern ihres künftigen Gatten während jeder Nacht in eine vergitterte Kammer gesperrt, damit vor der Hochzeit ja nichts passierte. Um seine beiden Buben an die Härte des Lebens zu gewöhnen, hat ein Farmer im Süden des Landes sie angehalten, sich drei Wochen lang nur von dem zu ernähren, was sie draußen selber fanden oder erlegten. Als Jagdwaffen erhielten sie eine Steinschleuder. Dem Vernehmen nach sollen sie nicht gar zu sehr gehungert haben. Ein alter Farmer am Waterberg, aus angesehener Familie stammend, trug tagaus und tagein nichts als eine Unterhose. In dieser dürftigen Bekleidung empfing er auch Damen. Sein Nachbar, nicht minder schrullig, lebte in einer halbverfallenen Hütte aus Stroh und Lehm, obwohl er sich ein stattliches Haus hätte leisten können. Aber er liebte nun mal das einfache Dasein und wollte beweisen, daß ein Mensch auch mit allergeringster Bequemlichkeit auszukommen vermag. Dem Diogenes hatte sogar eine Tonne genügt, pflegte er zu sagen, und deswegen sei der antike Grieche noch heute berühmt.

Daß man auch Paviane abrichten kann, um Ziegen zu hüten, hat mit bemerkenswertem Erfolg Frau Aston bewiesen. Ihr gelehriger Pavian öffnet morgens den Ziegenkral und läßt die Bokkies heraus. Abends treibt sie der kluge Affe wieder ins Gehege. Wenn ein Zicklein geboren wird, trägt er das Kleine der Mutter hinterher. Es wurden auch Versuche gemacht, auf Zebras zu reiten, Kudus vor ein Wägelchen zu spannen und mit Geparden bei Tisch zu sitzen.

Es gibt Farmen, wo schwarze Diener mit weißen Handschuhen ein Menü von vier oder fünf Gängen servieren. Es brennen duftende Kerzen in silbernen Leuchtern, und man trinkt aus geschliffenem Kristall. Die Herren kleiden sich dunkel, wenn sie nicht gar im Smoking auftreten, und die Damen erscheinen in langen Abendkleidern. Ein Gast, der nur mit kleinem Gepäck anreist, kommt sich dabei sehr schäbig vor.

Doch sind das Ausnahmen, und man kann auch genau das Gegenteil erleben. Auf einer besonders großen Farm ging alles so spartanisch zu, als nage die Familie gewohnheitsmäßig am Hungertuch. Einem Assistenten wurde gekündigt, weil er sich mehrere Tage hintereinander ein zweites Mal mit Kartoffeln bediente. In dieses Haus bin auch ich geraten. Scharen von Hühnern liefen draußen herum, große Gemüsegärten dehnten sich aus und schätzungsweise dreitausend Stück Vieh bevölkerten das Weideland. Doch es gab zum Abendessen nur einen Klecks Rührei, zwei Scheiben Brot, sehr wenig Butter und hauchdünne Scheibchen Wurst. Als Getränk wurde heißes Wasser serviert, worin einige Teeblätter schwammen. In dunkler Nacht schlichen wir Gäste zu unserem Wagen, öffneten heimlich die Blechkiste und holten einen geräucherten Schinken heraus. Alles geschah lautlos, damit niemand davon etwas merkte. Nur das Knurren des Magens hätte uns fast verraten. Doch als die Hunde anschlugen, war jeder wieder im Bett und kaute an seinem Stück Schinken. Dennoch konnten wir unseren Gastgebern die magere Kost nicht verübeln. Sie glaubten eben, es sei sehr gesund, nicht mehr als jenes Minimum zu verzehren, das ein Mensch unbedingt braucht. Sie selber brauchten nur so wenig, waren aber dabei rank, schlank und kerngesund geblieben. Ihre Eltern und Großeltern hatten es wohl ebenso gehalten. Für eine Diätkur wäre ein längerer Aufenthalt in diesem großen Haus sehr zu empfehlen.

Ein Erlebnis völlig anderer, ja ganz einmaliger Art bot mir die Farm Duwisib. Sie war eine Ritterburg aus dem Jahre 1909, erbaut von einem baltischen Baron, der sich als Offizier der Schutztruppe jahrelang mit den Hottentotten herumgeschlagen hatte. Diesen Erfahrungen verdankt das Bollwerk seine Entstehung. Duwisib war seinerzeit als Burg zum Schutze und Trutze gedacht. Wer nicht über Kanonen verfügte, konnte die mächtigen Mauern der privaten Festung niemals bezwingen. Aus rotem Sandstein wurde sie errichtet, von Zinnen gekrönt und von starken Türmen flankiert. Sie war drinnen im Stil einer Burg ausgebaut, mit runden, romanischen Bögen, gedrungenen Säulen und gewölbter Decke. Ein Kreuzgang umgab den Innenhof mit seinem üppig blühenden Garten, worin sich für alle Fälle auch ein Ziehbrunnen befand. Von einem Erker über dem Portal konnte man schon von weitem jeden anrückenden Feind oder auch freundliche Besucher erkennen. Weil der Rittmeister von Wolff eine reiche Erbin aus Amerika zur Frau hatte, brauchte er keine Kosten zu scheuen, um sich auch Mobiliar zu verschaffen, wie es dem Charakter seines Hauses entsprach. Ob aus der Zeit oder nicht, stilecht war es auf jeden Fall. Mit alten Waffen, frühen Ölgemälden und sehenswerten Kupferstichen schmückte der Burgherr seine Wände. Er fühlte sich nach eigenen Angaben als Ritter des Deutschen Ordens, der getreu dem Vorbild seiner Ahnen heidnisches Land gewinnen wollte. Duwisib war in der Vorstellung des baltischen Barons eine Ordensburg, ein vorgeschobener Posten der Christenheit inmitten wilder Stämme.

Drei Jahre lang wurde an der Burg gebaut. Die Fichtenstämme für Dach und Decke kamen aus Deutschland. Auf knarrenden Ochsenwagen, die drei bis fünf Wochen unterwegs waren, brachte man sie von der Lüderitzbucht nach Duwisib. Nur die Steine stammten aus dem Land, gleich neben dem Bauplatz wurden sie aus dem Fels gebrochen und zugehauen. Alles übrige Material ließ der Bauherr unter enormen Kosten aus der Heimat heranschaffen. Als schließlich sein Werk beendet war, paßte es seltsamerweise recht gut in die Landschaft. Wie es sich für eine richtige Burg gehört, liegt Duwisib beherrschend auf einer Höhe, von der weithin das ganze Land zu überblicken ist. Die rötliche Farbe des Mauerwerks harmoniert mit der gleichgetönten Umgebung, und da sich nichts in der Nähe befindet, was den Anblick einer Burg zu stören vermag, behauptet sie ihren Platz, als sei er dafür wie geschaffen.

Nur wenige Jahre konnte der Burgherr sein Bollwerk bewohnen. Er hatte begonnen, Pferde und Schafe zu züchten, wofür sich das Gelände besonders gut eignet. Beim Ausbruch des Ersten Weltkrieges wollte er unbedingt daran teilnehmen, und zwar in Europa selbst. Als britischer Handelsvertreter getarnt, reiste der Rittmeister auf Umwegen nach Kapstadt und wurde im Schrankkoffer seiner Gattin an Bord eines neutralen Schiffes geschmuggelt. Dort spielte die Baronin eine exzentrische Person, die keinem dienstbaren Geist gestattete, ihre Kabine zu betreten. Sie räumte alles selber auf und ließ sich ihre Mahlzeiten nur bis zur Tür bringen. Weil die zarte, schlanke Frau einen ganz ungewöhnlichen Appetit entwickelte, auch jeweils doppelte Portionen verlangte, wunderte man sich sehr. Doch kam niemand auf den Gedanken, daß sie einen zweiten Esser bei sich hatte.

In der Nähe von Gibraltar kam ein britisches Kommando an Bord, um das Schiff von oben bis unten nach Deutschen zu durchsuchen. Als ein junger Leutnant auch die Kabine der Baronin betreten wollte, erblickte er sie in fast völlig entkleidetem Zustand. Zutiefst verwirrt von dem überraschenden Anblick, stammelte er eine Entschuldigung und zog sich schleunigst zurück. So wurde der deutsche Rittmeister nicht entdeckt. Wieder im Koffer seiner Frau brachte man ihn auf schwedischen Boden, und von dort reiste das Ehepaar nach Berlin. Herr von Wolff begab sich gleich an die Westfront und fiel am nächsten Tag.

Heute gehören Burg und Farm der Firma Thorer, die als größtes Unternehmen ihrer Art in vielen Gebieten Südafrikas die Zucht von Karakulschafen betreibt. Einer der Mitinhaber verwaltet Duwisib und hat soweit wie möglich die altertümliche Einrichtung der Burg erhalten. Wären nicht die schlanken Palmen, die nun hoch über die Mauern ragen, und wäre nicht das schwarze Personal, man könnte wirklich glauben, in einer deutschen Burg zu sein, die unlängst restauriert wurde.

Wir saßen vor dem prasselnden Kamin, als es draußen zu kalt wurde, und sprachen vom Erbauer des Hauses. »Ein völlig verrückter Kerl«, sagen die einen, die ihn noch kannten, während andere beschwören, er sei wirklich ein »edler Ritter« gewesen, und zwar der letzte Ritter überhaupt. Jedenfalls hinterließ der eigenwillige Mann eine Trutzfeste, die gewiß noch Jahrhunderte bestehen wird.

Von Swakopmund zu 50 000 Robben

Walter hielt den Wagen an und zeigte in die Namibwüste.

»Dort steht unser Martin Luther, wollen Sie ihn näher betrachten?«

Ich sah nur eine völlig verrostete Maschine mit großen Eisenrädern, etwa hundert Schritt von der Pad entfernt...

»Meinen Sie etwa das komische Ding da drüben?«

»Ja, das ist er, der Martin Luther...«

»Sieht aber gar nicht nach einem Reformator aus«, stellte ich fest.

»Gehen wir erst mal hin, dann erklär' ich Ihnen, wie das Ungetüm zu seinem Namen kommt.«

Es handelte sich bei näherer Betrachtung um ein uraltes Lokomobil, also um eine mit Dampf betriebene Zugmaschine. Bevor es Benzinmotoren gab, wurden solche Maschinen zur Fortbewegung schwerer Wagen benutzt, die man ihnen anhängte. Es war gewissermaßen eine Lokomotive ohne Schienen. Zu diesem Zweck hatte das Ding sehr breite, eiserne Räder, die eine Dampfmaschine mit allem Zubehör und den Sitz des Fahrers trugen. Eigens für den Gebrauch in Südwestafrika war das hier vorhandene Lokomobil vor annähernd siebzig Jahren in Kassel gebaut worden und sollte, mehr oder weniger regelmäßig, ein halbes Dutzend Ochsenwagen ohne Ochsen von Swakopmund nach Windhuk ziehen, und natürlich wieder zurück. Als Vorläufer der Eisenbahn hatte man sich das Unternehmen gedacht.

Aber schon beim ersten Versuch, nach einer Fahrt von nur fünf bis sechs Kilometer, blieb die Maschine stehen. Der Sand war ihr zu tief oder das Klima zu unbehaglich. Alle Bemühungen sachkundiger Leute blieben vergeblich, um keinen Schritt ließ sich das Lokomobil noch weiter bewegen, nicht nach vorn und auch nicht zurück.

»Hier stehe ich und kann nicht anders«, schien das gewichtige Fahrzeug zu sagen, wie weiland der Doktor Luther vor dem Reichstag zu Worms. Daher sein Name, und deshalb blieb es in der Wüste stehen bis zum heutigen Tage.

Man hat es auf ein Fundament aus Zement gehoben, damit niemand in Versuchung kommt, den siebzigjährigen Dampfwagen lieblos zu verschrotten. Auf einer Bronzetafel wird erläutert, warum und seit wann sich das Relikt an dieser Stelle befindet. Auf seine Art gehört es ja auch zur relativ kurzen Geschichte des ehemals deutschen Schutzgebietes.

Hoseo Kutako, führender Häuptling (Großkapitän) des Herero-Volkes. Er schätzt sein Alter auf nahezu hundert Jahre, nimmt aber noch an allen größeren Veranstaltungen teil.

Erst recht gehört dazu Swakopmund, denn es gab an der Mündung des Swakop nichts und dort lebte niemand, bevor die Deutschen kamen. Dem Aussehen nach hat sich kaum etwas verändert, seitdem die kaiserliche Schutztruppe abrücken mußte. Swakopmund wirkt noch immer wie eine kleine deutsche Stadt vor dem Ersten Weltkrieg, so ungefähr wie ein Badeort am Nordseestrand nach der Art von Borkum, Westerland oder Norderney. Gut neunzig Prozent der Swakopmunder, wenn nicht noch mehr, sind deutscher Abstammung.

Als Hafenstadt hat das Städtchen seine Bedeutung völlig verloren. Es war auch nur entstanden, weil die Schutztruppe den nahebei gelegenen britischen Hafen in der Walfischbai nicht benutzen durfte. Die Engländer hatten sich diese Bucht als kleine Enklave vorbehalten, weil schon so lange ein kleiner Handelsposten ihrer Landsleute dort bestand. Zeitweise gab es in der Walfischbucht, wie schon ihr Name sagt, auch einen Stützpunkt für die Jagd auf Walfische. Von britischen Gesellschaften wurden außerdem die Guano-Lager an der Küste abgebaut. Weil die Lüderitzbucht, der einzige natürliche Hafen des Schutzgebietes, viel zu weit im Süden lag, blieb der deutschen Kolonialregierung nichts anderes übrig, als sich nahe der Mündung des meist ausgetrockneten Swakop-Flusses selber einen Platz für den Überseeverkehr zu schaffen. Es wurde zwar eine Landungsbrücke ins Meer gebaut, aber nur kleine Schiffe mit sehr geringem Tiefgang konnten dort anlegen. Alle größeren Dampfer, natürlich auch die Schiffe aus der Heimat, mußten draußen auf der Reede vor Anker gehen. Das Löschen der Ladung, ebenso die Beförderung der Passagiere zwischen Land und Schiff war deshalb äußerst umständlich, bei hohem Wellengang ganz unmöglich. Die Ladung wurde in Netzen und die Menschen in Sitzkörben von Bord in flache Landungsboote hinabgelassen. Es war dann mehr oder weniger Glückssache, wie sie durch die Brandung gelangten.

Fast immer herrscht an der gesamten Küste von Südwest ein so starker Wellenschlag, wie man ihn an unseren Stränden nur selten erlebt. So wurden die Passagiere oft bis aufs Hemd durchnäßt, und waren die Frachten nicht wasserdicht verpackt, erlebten die Empfänger manch unliebsame Überraschung. So ist leicht zu begreifen, daß sich die Walfischbucht auf Kosten von Swakopmund sehr rasch zum meistbeschäftigten Hafen des Landes entwickelte, als in Südwest die deutsche Zeit vorüber war. Es bestand kein Anlaß mehr, auf hoher See vor Swakopmund zu ankern.

Die hübsche kleine Stadt wäre in tiefen Schlaf versunken, vielleicht auch vom größten Teil ihrer Bewohner verlassen worden, hätte sich für sie nicht eine ganz neue Verwendung gefunden, nämlich als Seebad und überhaupt als vielbesuchter Ferienort. Außerdem ist Swakopmund ein Pensionapolis für Farmer, Beamte und Geschäftsleute, die sich hier nach getaner Arbeit zur Ruhe setzen. Gerade weil kein geschäftiger Hafenbetrieb die Stille des Ortes stört, weil kein Schornstein und keine Abgase der Industrie die Luft verpesten, ist heute Swakopmund so beschaulich und angenehm. Hinzu kommt die unverändert deutsche Atmosphäre der Gemütlichkeit, wie man sie in solcher Art bei uns nur noch vom Hörensagen kennt.

In Swakopmund scheint niemand dem Zwang unterworfen, seine Besuche oder Besorgungen mit Hast zu betreiben. Man könnte meinen, hier sei jeder selbst der Herr seiner Zeit. Wir hatten verschiedene Einkäufe zu erledigen und fanden freundliche Bedienung in jedem Geschäft. Ohne die Fragen, woher wir kämen, was wir noch vorhätten und wie uns das Städtchen gefiele, ging es nicht ab. Es wäre ein Verstoß gegen die guten Sitten gewesen, hätten wir uns nach getroffener Auswahl und raschem Bezahlen gleich wieder entfernt.

Als Wahrzeichen von Swakopmund gilt das Woermann-Haus. Ende des vorigen Jahrhunderts wurde es im Fachwerkstil gebaut und beherrscht mit seinem hohen, quadratischen Turm die ganze Stadt. Einst hat sich droben ein Leuchtfeuer gedreht, um bei Nacht den Schiffen ihren Weg zu weisen. Obwohl schon zur deutschen Zeit dies Blinkfeuer durch einen rotweiß bemalten Leuchtturm ersetzt wurde, ist den Swakopmundern ihr alter Woermann-Turm so lieb und teuer geblieben, daß sich flammender Protest erhob, als man ihn wegen Baufälligkeit abtragen wollte. Spenden und Stiftungen sorgen dafür, daß er demnächst repariert wird, ohne sein Äußeres zu verändern. Überhaupt soll in Swakopmund alles so bleiben, wie es schon seit langem gewesen ist.

Der große Bahnhof aus dem Jahre 1905 wäre mit dem Kurhaus eines bürgerlichen Heilbades zu verwechseln, würden nicht die Schienenstränge hineinlaufen. Alle Fenster und Türen, auch die Dachkanten, sind mit geschnitzten Leisten versehen. Erker schmücken die Ecken, und ein Türmchen krönt das schneeweiße Bauwerk. In eintönigem Grau grämt sich dagegen das ehemals Kaiserliche Amtsgericht über seine Verwendung zu minderen Zwecken. Weitläufig ausgedehnt liegen auf einer Anhöhe die Bauten der einstigen Bezirksverwaltung. Hier residierte wäh-

rend der heißen Monate auch der Gouverneur von Deutsch-
Südwest mit den Herren seines Stabes, denn eine kühle Brise
vom Atlantik her können die Swakopmunder fast immer genießen. Auch jetzt begeben sich die Beamten der Administration
mit ihren wichtigsten Akten in diese Räume, wenn von November bis Februar das Windhuker Klima zu drückend wird.
Eine wohlgepflegte Anlage mit frischem Grün, duftende Blüten
und himmelhoch ragende Palmen bedecken den Rest der offiziellen Anhöhe. Inmitten dieses Parks erhebt sich aus Sandstein
und Bronze das Denkmal für jene Seesoldaten, die im Herero-
krieg der Schutztruppe zu Hilfe eilten. Doch ist die lebensgroße
Darstellung sterbender Krieger dem Künstler nicht gerade gut
gelungen. Die Ärmsten machen den Eindruck von Puppen, die
aus einer Kiste rollen.

Unnötig zu sagen, daß auch in Swakopmund die Straßen
noch ihre gleichen Namen tragen wie zur Gründungszeit. Sie
heißen nach Kaiser und Kanzler, nach führenden Männern
der Wilhelminischen Epoche und nach Pionieren aus den Anfangsjahren des Schutzgebietes. Das Hotel »Fürst Bismarck« gilt
als eines der ersten Häuser am Platze, das Hotel »Zum Grünen
Kranz« bietet seinen Gästen gutbürgerliche Küche und stets
gepflegte Getränke, während das »Brücken-Privathotel« und erst
recht die Pension »Seeblick« auf ihre Zimmer mit Seeblick
verweisen. Natürlich gibt es auch ein »Hansa-Hotel«, da so viele
Swakopmunder den Hansestädten entstammen. Den kinderrei-
chen Familien empfiehlt sich das »Prinzessin-Rupprecht-Heim«.
Man trifft sich im »Café Treff« und holt seine Hustentropfen
aus der »Adler-Apotheke«. Viele Geschäftshäuser, wenn nicht
gar die meisten, bestehen schon seit deutscher Zeit. *Wecke und
Voigts* konnten unlängst ihr 75jähriges Jubiläum feiern. In
einem Bretterverschlag hat die Firma angefangen, heute sind
ihre Läden und Niederlassungen über ganz Südwest verbreitet.

Eine schöne Promenade, beiderseits von Dattelpalmen flankiert, begleitet kilometerweit die Küste. Sie ist so recht geeignet,
die Fremden zu erfreuen und älteren Herrschaften für gesund-
heitsfördernde Spaziergänge zu dienen. Dies besonders am späten Nachmittag, wenn die Sonne mit unvergleichlicher Farben-
pracht im Meer versinkt. Breit ist der Strand mit seinem goldgelben Sand, es wird auch in der Hochsaison niemals vorkommen,
daß sich Gäste beengt fühlen. Es ist unendlich viel Platz nach
allen Seiten hin vorhanden. Mit gewaltigem Getöse brechen die
heranrollenden Wogen, noch bevor sie die Küste erreichen. Was
übrigbleibt, sind nur noch schaumgekrönte Zungen, die klein-

laut plätschernd den Strand belecken. Es muß schon ein guter und kraftvoller Schwimmer sein, der durch die mächtige Brandung stößt, um sich draußen im Atlantik zu tummeln. Meist bleibt man diesseits des Wellenschlags und begnügt sich mit hüfthohem Wasser. Windstille Tage mit ruhiger See sind relativ selten, und erstaunlich kalt ist das Meer auch an den heißesten Tagen. Durchschnittliche Wassertemperaturen von 14 bis 17 Grad Celsius sind nicht jedermanns Sache. Im Süden Afrikas hätte man mehr erwartet.

Aber wem das Wellenbad zu kühl erscheint, der braucht ja nicht unbedingt ins Wasser. Das Strandleben an sich hat auch seine Reize. Wenn bei uns der rauhe Winter herrscht und die kalten Winde wehen, ist Hochsaison in Swakopmund. Wenn in Travemünde und Westerland kaum noch ein Mensch den Strand betritt, blüht munteres Badeleben auf dem sonnendurchglühten Sand des Südwester Städtchens. So wird nicht ausbleiben, daß eines Tages, wenn die Flugreisen schneller, bequemer und viel billiger geworden sind, auch zahlreiche Gäste aus der Bundesrepublik erscheinen. Die Winterferien bei wohliger Wärme in einem *deutschen Seebad* zu verbringen, das klingt zwar widersinnig, aber in Swakopmund läßt es sich machen.

Hier kommt auch der Angler zu seinem Recht und reicher Beute. Auf der weit ins Meer vorstoßenden Landungsbrücke, die schon lange ihrem eigentlichen Zweck nicht mehr dient, stehen und lehnen von früh bis spät ein Dutzend oder mehr geduldiger Angler. Sie scheinen mit sich und der Welt, vor allem mit dem Fischfang recht zufrieden. Alle paar Augenblicke kurbelt einer an der Angel, und bald zappelt wieder ein Opfer in seinem Korb. Das ist nicht nur ein zeitvertreibender Sport (für den Angler), sondern bringt auch Gewinn, gleich, ob man die Fische zu Markte trägt oder selber verzehrt.

Es kann aber die Angel nicht jeden befriedigen, der sich in Swakopmund zur Ruhe setzt. Gar mancher der Pensionisten benutzt seine gewonnene Freizeit, um nunmehr ernsthaft zu studieren, was er vordem nur als sein Hobby betrieb. Da gibt es Leute, die Wüstenpflanzen erforschen oder sich intensiv mit der Geologie von Südwest beschäftigen. Andere halten es mit der Vorgeschichte der Farbigen, mit den Ameisen der Namib oder mit dem Liebesleben der Krebse. Ein ehemaliger Farmer, Dr. von Schwind, gilt sogar bei Fachgelehrten der Ornithologie als bester Kenner der einheimischen Vogelwelt. Wir trafen in seinem Haus den Chef der Vogelwarte auf Helgoland, gewiß ein Zeichen, daß ihm Herr von Schwind noch einiges sagen konnte, was seinem ohnehin weiten Wissen zur Bereicherung diente.

Wem solche Interessen fehlen, der interessiert sich für seine Mitmenschen. Dem Vernehmen nach soll die nachbarliche Neugier in Swakopmund besonders eifrig betrieben werden. Auch der Fremde, selbst der flüchtige Besucher steht unter Beobachtung. Man möchte soviel wie möglich über ihn wissen und weiß es auch bald. So sagen jedenfalls die übrigen Südwester, vielleicht aber nur, weil sie neidisch sind auf die vielen Vorzüge des Städtchens. Böse Zungen tuscheln zueinander: »Gott laß geschehen ein Wunder, mache Swakopmund ohne die Swakopmunder!«

Ich selber habe nichts gegen die Swakopmunder, ganz im Gegenteil würde ich bei ihnen gerne ein paar Wochen verbringen.

Eine ganz besondere Leistung vollbrachte der Zahnarzt Dr. A. Weber zum bleibenden Ruhme der kleinen Stadt, denn ohne sein jahrzehntelanges Bemühen wäre das Museum nicht entstanden. Es ist wirklich eine Sehenswürdigkeit ersten Ranges, zumal sich die Sammlungen in einem modernen Gebäude befinden, das architektonisch gut geraten ist und das übrige Stadtbild nicht verschandelt. Nur war es leider geschlossen, wie das bei Museen oft der Fall ist, wenn man sie besichtigen will. Doch ein Anruf genügte, schon wurde uns die Pforte geöffnet.

Unter anderem gibt es in dem Museum eine naturhistorische Abteilung, die sich mit dem Meeresleben vor der Küste und dem Leben in der Wüste befaßt. Sie ist ebenso informativ wie instruktiv, man kann sie jedem Besucher nur empfehlen. Interessanter aber war für mich die historische Abteilung. Was die deutsche Epoche betrifft, so fehlt wirklich nichts, was man irgendwo an Erinnerungsstücken noch hatte auftreiben können. Man sieht die Kutsche des letzten Gouverneurs, die Uniformen der Schutztruppe vom einfachen Reiter bis zum goldbetreßten General. Da sind Waffen und Wappen, Fahnen und Flaggen, auch Sattelzeug sowie die Packtaschen und Kochkessel der frühen Pioniere. Man staunt über eine Vielzahl einfacher und doch sehr praktischer Geräte des Haushalts und der Farmwirtschaft, von den ersten Siedlern im Schutzgebiet mit eigenen Händen hergestellt. Wie es doch diese tüchtigen Menschen so gut verstanden, sich selber zu helfen!

Obwohl es mir trotz eifrigen Bemühens und Herumfragens in allen Teilen des Landes nicht mehr vergönnt war, einen Ochsenwagen mit vollem Gespann in Betrieb zu sehen, konnte ich das Gefährt wenigstens im Modell bewundern. Ganz genau bis zum kleinsten Detail war so ein Wagen im Verhältnis 1 : 10 nachgebildet worden, komplett mit 18 Ochsen, dem farbigen Personal und mit dem weißen Frachtfahrer auf seiner Vorkiste. In anderen, zwei Meter breiten Glaskästen befanden sich naturgetreue Dioramen aller wichtigen Gefechte gegen Hereros und Hottentotten. Dazu gehörte selbstverständlich auch die Schlacht am Waterberg, genauer gesagt der Kampf um die Wasserstelle von Hamakari.

»Damit man deutlich sieht, wie sich das Gefecht entwickelt hat«, sagte neben mir ein alter Mann in grüner Schürze, »mußte ich das dichte Gestrüpp weglassen. Die paar Büsche und Dornbäume in meinem Modell sollen's nur andeuten. Es war in Wirklichkeit so, daß wir den Gegner gar nicht sehen konnten. Das krachte und knallte von allen Seiten, die Kugeln pfiffen uns nur so um die Ohren. Wir mußten aufpassen, woher das Feuer kam... dann ging's hinein ins Gestrüpp, mit aufgepflanztem Bajonett. Manch braver Kerl ist nicht mehr aufgestanden.«

»Sie waren selber dabei?« fragte ich und überlegte, wie alt er wohl sein mochte.

»Na sicher war ich dabei, am Waterberg und bei den meisten anderen Gefechten. Sonst hätt' ich doch die Dioramen gar nicht machen können!«

Er zeigte auf einen Zinnsoldaten, der inmitten seiner Kameraden gerade im Begriff war, einen Dornverhau der Hereros zu stürmen. Das sollte er selber sein, und ein kritischer Augenblick war es gewesen, an jenem 12. August 1904.

Paul Eimbeck hatte vor wenigen Tagen seinen neunzigsten Geburtstag gefeiert.

»Und Sie arbeiten noch immer?«

»Na, was denn sonst, der Mensch braucht doch 'ne Beschäftigung!«

Er ist Farmer gewesen, hat aber die Farm schon längst seinem Sohn übergeben. Nun ist der kleine, quicklebendige Mann mit dem schneeweißen Schnurrbart ehrenamtlicher Helfer im Swakopmunder Museum. Er bastelt und tischlert, malt und schnitzt, führt gelegentlich auch Fremde durch die Räume des Hauses. Man muß immer wieder staunen, wie jung in Südwest die Alten bleiben. Paul Eimbeck ist dafür nur eines der vielen Beispiele. Ich sollte noch andere erleben, mit noch weiter reichender Erinnerung an die Vergangenheit.

Wir fuhren am nächsten Morgen nach Walfischbai. Nur 35 Kilometer beträgt die Entfernung auf glatter, schnurgerader Teerpad durch die Namib. Vollkommen leblos war die Wüste auf dieser Fahrt, ohne Halm, ohne Strauch, sogar ohne Gestein. Hellgelbe, haushohe Dünen zu beiden Seiten, alles nur Sand, Sand und Sand. Obwohl wir parallel zur Küste dahinsausten, genossen wir nur selten einen Blick aufs Meer.

Walter fuhr natürlich mit Vollgas, weil auf der leeren Autobahn keinerlei Grund bestand, es nicht zu tun. So erreichten wir den Rand von Walfischbai schon nach zwanzig Minuten. Doch welch ein Kontrast nach so kurzer Zeit, es war der Sprung von einer Welt in eine völlig andere. Aus der gepflegten Behaglichkeit von Swakopmund gelangten wir ganz plötzlich in die ruhelose Atmosphäre eines modernen Industriehafens. Eben noch das Idyll altdeutscher Gemütlichkeit und nun der hektische Betrieb einer Stadt, die sich von Tag zu Tag immer rascher entwickelt. Qualmende Schornsteine, rasselnde Kräne, klirrende Kleinbahn. Ein Dutzend oder mehr große Transporter liegen an der Hafenpier. Sie kommen aus Kapstadt und Liverpool, aus Hamburg, Bremen, New York, Philadelphia und Yokohama. Gewaltige Kisten steigen aus ihren Ladeluken empor, um sich auf wartende Güterzüge zu senken. Überall rollen Elektrokarren in die riesigen Wellblechschuppen und aus den Schuppen heraus. Viele hundert Menschen beider Hautfarben sind mit Laden und Löschen pausenlos beschäftigt. Es geht hier nicht anders zu wie in jedem betriebsamen Hafen der Welt. Walfischbai ist nicht nur der größte, sondern in praktischer Hinsicht auch der einzige Hafen von Südwestafrika. Davon abgesehen gehört zum Erwerbsleben von Walfischbai eine Fischerflotte von vielen Booten. Es riecht nach Fisch und Fischprodukten, wohin man sich wendet. Tausende von Tonnen werden hier zu Fischmehl verarbeitet, der Staub davon steigt in die Nase, und man spürt den süßlichen Geschmack auf der Zunge. Das Erz und die Mineralien aus den Minen von Otavi, Tsumeb, Uis und Usakos werden in Walfischbai verladen, zum Teil hier aufbereitet. Eine gewaltige Bewegung von Massengütern läßt die Stadt weder bei Tage noch bei Nacht zur Ruhe kommen.

Walfischbai zählte vor fünfzig Jahren kaum hundert Einwohner, heute sind es zirka 6 000 Weiße und 14 000 Farbige, und bald werden es noch viel mehr sein. Man kann so schnell gar nicht bauen, wie die Menschen zuwandern. Alles macht den Eindruck explosiver Entwicklung. Enorme Geldbeträge werden umgesetzt, jeder scheint recht gut zu verdienen. In der Hauptstraße und ihren Nebenstraßen eine Bar neben der anderen, dazwischen Läden mit Neonbeleuchtung, Kinos mit schreienden Reklamen, Bürohäuser mit glänzender Fassade. Man zieht

Telefondrähte, verlegt neue Kabel und dröhnt mit Preßluft-hämmern. Am Rande der Stadt liegen Wohnviertel mit hüb-schen Häusern und grünen Vorgärten, aber etwas weiter auch trostlose Wohnbaracken aus Wellblech und Kistenbrettern. Ab-fall der Industrie, Schrotthalden und Müllgruben. Es wird anders werden, ganz bestimmt, und sehr viel besser. Eine nagelneue Stadt für die Farbigen macht rasche Fortschritte. Walfischbai ist noch im Aufbau, die Stadt muß erst die Zeit noch finden, sich richtig niederzulassen. Vielleicht wird sie eines Tages Wind-huk an Ausdehnung wie Zahl der Einwohner übertreffen.

Nur etwa fünf Prozent der gegenwärtigen Bewohner sind deutscher Abstammung. Die Mehrheit der Bevölkerung stammt aus dem eigentlichen Südafrika, hinzu kommen Engländer, Schotten, Amerikaner und Portugiesen. Zu den Farbigen gehö-ren auch solche, die gar nicht in Südafrika, sondern in Angola, Guinea und selbst in Liberia zu Hause sind. Es sind Angehörige von Küstenstämmen, die als Hilfsmannschaft auf den Fischer-booten Verwendung finden. So gibt eine mehr oder minder kosmopolitische Gesellschaft der Walfischbai ihr besonderes Gepräge.

Ich möchte nicht dort leben, aber wer ein Gewerbe erlernt hat, für das in Walfischbai Bedarf besteht, und wen das Treiben in der Stadt nicht stört, das zuweilen an Wildwest erinnert, kann bei sparsamer Veranlagung in wenigen Jahren eine hüb-sche Summe Geldes auf die hohe Kante legen.

Wir fuhren noch einige Kilometer nach Süden über die Stadt hinaus, um Flamingos zu sehen. Die sollten dem Vernehmen nach eine seichte Bucht zu vielen tausend bevölkern. So war es auch, aber viel zu weit standen sie draußen. Wir konnten ihre rosaroten Gestalten nur im Fernglas erkennen. Selbst un-sere Telelinsen holten sie für gute Aufnahmen nicht nahe genug heran. So begnügten wir uns damit, am Strande einen Strauß von Flamingofedern zu sammeln. Aber bei dem vielen Einpak-ken und Auspacken des Wagens kamen sie uns irgendwo wieder abhanden.

Indessen war es dunkel geworden, bis zu unserem Nacht-quartier hatten wir noch über hundert Kilometer zu fahren. Wir mußten erst zurück nach Swakopmund, um dann weiter an der Küste nach Norden zu steuern. Ohne anzuhalten ging es durch das stille Städtchen. Schon bald war es aus und vorbei mit der glatten, breiten Straße, die uns Höchstgeschwindigkeit er-laubt hatte. Statt dessen rollten wir nun über einen Weg aus Salz. Tatsächlich aus Salz bestand in der Hauptsache die Straßendecke, weil billigeres Baumaterial so leicht wie hier sonst nicht zu haben war. Die Natur selbst hatte es in unerschöpflicher Menge beiderseits der Straße ausgebreitet. Allerdings nicht an jeder Stelle, sondern in weiten, flachen Lagunen, die auf unterirdischem, teilweise auch oberirdischem Wege mit dem Meer in Verbindung stehen. Kommt die glühendheiße Zeit, so trocknen die Lagunen aus, und zurück bleibt eine Salzkruste. Die räumt man ab, schafft sie zur Straße und vermengt sie mit Wüstensand. Das Gemisch wird angefeuchtet, und eine Walze rollt darüber. Die Masse klebt zusammen und hält zusammen, als wäre sie Zement. Natürlich ist das nur rentabel, wenn so große Mengen von Salz in unmittelbarer Nähe zur Verfügung stehen.

An dem Küstenstrich nördlich von Swakopmund wird mehr Salz gewonnen als im übrigen Südafrika zusammen, ungefähr 20 000 Tonnen pro Jahr. Für den Straßenbelag dient dafür nur der geringste Teil, eine viel größere Menge wird mit riesigen Lastwagen abgefahren und exportiert. In Zukunft soll das Salz durch eine Pipeline direkt an Bord der Schiffe gepumpt werden, die draußen auf hoher See vor Anker liegen.

Der Boden unserer Salzpad war nicht planiert, sie hob und senkte sich mit dem Gelände. Der Wagen schwankte dabei wie ein Boot auf den Wellen. Wir mußten so weit mit dem Tempo herunter, daß die Nadel am Tacho über dreißig Stundenmeilen nicht mehr hinauskam.

Unser Ziel hieß Wlotzkasbaken, ein Name, der schwer zu behalten ist. Walter wollte nicht so recht mit der Sprache heraus, als ich wieder und wieder fragte, um was für eine Art von Ortschaft es sich handelte.

»Lassen Sie's doch 'ne Überraschung sein, das wird's nämlich auf jeden Fall.«

Endlich, als uns nur noch wenige Meilen von der Siedlung trennten, die wegen der Dunkelheit doch nicht zu sehen war, gab er einige Erklärungen voraus.

Wlotzkasbaken verdankt seine Entstehung einem Tschechen namens Wlotzka, zu Anfang der deutschen Zeit war er ins Land gekommen. Wlotzka fand seinen Lebensunterhalt, indem er die Küste nach Strandgut absuchte. Beachcomber nennt man solche Leute im internationalen Sprachgebrauch, ein heute fast ausgestorbener Beruf. Die Küste nördlich von Swakopmund war dafür besonders geeignet, weil beim Löschen und Laden der Schiffe gar manches über Bord fiel. Was davon schwimmen konnte, trieb die Strömung am Strand hinauf und setzte es schließlich dort ab. Hinzu kamen noch andere mehr oder minder brauchbare Güter, die von irgendeinem Schiffbruch im südlichen Atlantik stammten. Nach altem Strandrecht waren solche Sachen herrenlos.

Wlotzka besaß einen Karren, den zwei kräftige Hunde zogen, darauf schaffte er die Kisten und Fässer und sonstigen Funde nach Swakopmund zum Verkauf. Weil das ein gar nicht so schlechtes Geschäft war, wollten sich andere Leute daran beteiligen. Wlotzka aber verlangte die Anerkennung seiner älteren Rechte und erhielt allein die Befugnis, den Strand bis zu einem bestimmten Punkt abzuernten. Wo seine Sammelstrecke zu Ende war, befand sich eine Bake, ein Seezeichen für die draußen vorüberfahrenden Schiffe. Wlotzkasbaken wurde sie fortan genannt. Der Beachcomber baute sich an dieser Stelle eine Hütte aus Treibholz und wohnte darin bis ans Ende seiner Tage. Wenn heute gesagt wird, daß Wlotzka ein Trunkenbold gewesen sei, weil er immer Gin und Whisky bei sich hatte, so liegt das an einer Verkennung der Umstände, denn »Gin« und »Whisky« hießen seine Hunde.

Wlotzkasbaken zählt heute etwa hundert Strandhäuser, aber nur *einen* ständigen Bewohner. Alle übrigen Wlotzkasbakener kommen nur zum Wochenende oder während der Ferienzeit. Dann allerdings bevölkern bis zu einem halben Tausend Menschen den Ort und den Strand. Es gibt dort keinen elektrischen Strom, keine Post, kein Telefon, auch kein Kino, Café oder Restaurant, ja nicht einmal Trinkwasser. Dafür sorgt Claude Wecke, der Bürgermeister und einzige Dauerbewohner des Badeorts. Er schafft das Süßwasser mit Tankwagen herbei, befördert auch die Post der Bevölkerung, wenn diese vorhanden ist. Er betreibt dann eine Tankstelle und eröffnet seinen Laden, wo alles zu haben ist, was normalerweise eine Familie in den Ferien benötigt. Claude Wecke ist eines der frühesten Kinder von Deutsch-Südwest, das heißt, er wurde im Land geboren, als das Schutzgebiet erst seit wenigen Jahren bestand. Wie schon sein Name besagt, ist er mit der Firma Wecke und Voigts versippt, deren 75jähriges Jubiläum in Swakopmund ich vorhin erwähnte. Zu diesem Manne fuhren wir hin.

Es war jetzt keine Saison und nirgendwo ein Licht in Wlotzkasbaken zu entdecken. Aber Walter kannte den Weg zum Haus des Herrn Bürgermeisters. Ein Fremder hätte ihn nie gefunden, denn es gab in der menschenleeren Ortschaft weder Straßenschilder noch überhaupt erkennbare Straßen. Die Grundstücke waren nur durch eine Reihe von weißgetünchten Steinen getrennt. Man fuhr ganz einfach über sie hinweg. Es war nicht zu befürchten, daß hierbei ein Rasen, ein Strauch oder ein Blumenbeet beschädigt wurde, denn es gab davon nichts.

Unsern Besuch hatte Walter mit Wecke vereinbart, doch war der Hausherr nicht daheim, als wir eintrafen. Aber die Tür stand offen, und so gingen wir hinein. Drinnen lag auf dem Tisch ein Zettel, der uns herzlich willkommen hieß. Wir sollten aus dem Eisschrank nehmen, was wir brauchten, und ein paar Büchsen Bier aufs Wohl des abwesenden Ehepaars leeren. Morgen früh, so ließ uns Wecke wissen, gedachte er mit seiner Gattin heimzukehren. Da nur ein Fremdenzimmer zur Verfügung stand, wurde ich gebeten, das obere Stockwerk des Nachbarhauses zu beziehen. Wer dort mein Gastgeber war, habe ich nie erfahren.

Wir saßen gemütlich beim Abendessen, da erschien ganz überraschend ein schwarzer Boy und brachte die schriftliche Aufforderung zufällig anwesender Nachbarn, den Rest des Abends mit ihnen zu verbringen. Wer wir waren, konnten sie vorläufig nicht wissen. Aber sie hatten die Lichter unseres Landrovers gesehen, der vor Weckes Haus zum Stillstand kam. Das allein genügte, die Beziehungen aufzunehmen. Natürlich gingen wir hin und verbrachten mit den alten Herrschaften einen sehr angenehmen, feuchtfröhlichen Abend. Bis weit über Mitternacht dehnte er sich aus.

Als ich am Morgen danach auf die Veranda hinaustrat, schien es mir unbegreiflich, wie jemals ein Mensch bei klarem Verstand hier seine Ferien, ja auch nur ein paar Stunden verbringen konnte. Und doch hatten sich in Wlotzkasbaken viele Familien Häuser gebaut, um immer wieder zu kommen. Häuser nach unseren Begriffen waren sie freilich kaum zu nennen, eher Hütten oder Wohnschuppen, wenn auch einige davon vier, fünf und sechs Räume enthielten. Manche waren sogar zweistöckig, besaßen Balkone und Türmchen, Veranden und Garagen. Doch sie bestanden nur aus Blech und Brettern, hatten um sich herum nichts als lockeren Sand und zertretene Muschelschalen. Rostige Benzinfässer dienten als Abfalltonnen, verbrauchte Autoreifen, an Stricken aufgehängt, sollten Kinderschaukeln ersetzen. Als Gartenschmuck schätzte man weißgebleichte Rippen und Rückenwirbel gestrandeter Wale. Die Hauseigentümer hatten sich in Wlotzkasbaken angesiedelt, wo und wie es ihnen gerade beliebte. Alles war ein großes Durcheinander. Hier eine winzige Wellblechbude, dort die mißlungene Kopie einer Strandvilla, und meiner Behausung gegenüber ein ausgedienter Wagen Zweiter Klasse der Eisenbahn, zur Ferienwohnung umgebaut. Kein

Strauch, kein Blatt und kein Halm, so weit das Auge reichte und sicher noch viel weiter. Flach wie ein ausgespanntes Tischtuch war die Landschaft nach drei Seiten, nirgendwo durch irgend etwas unterbrochen, woran sich das Auge klammern konnte. Alles war ein Teil der Namibwüste, die erst am Meer ihr Ende fand.

Hundert Schritt vor meiner Unterkunft donnerte der Atlantik gegen die Küste. Die Luft war so feucht und salzig, daß alles klebte, wohin man faßte. Es herrschte um neun Uhr morgens noch empfindliche Kälte, nur 14 Grad Celsius sollte die Temperatur des Wassers betragen. Manche mögen's wärmer, wenn ausnahmsweise die Brandung ein Bad im Atlantik erlaubt. Doch jetzt im Juli war nicht die richtige Zeit für Ferien in Wlotzkasbaken, sondern tiefster Winter. So um Weihnachten herum muß man kommen, dann strahlt der Sand die schönste Hitze aus, und gelegentlich sind bei dem Seebad auch Seebäder möglich.

»Ja, hier in Wlotzkasbaken erholt sich jeder und kann's gar nicht abwarten, bis wieder seine Ferien beginnen«, erklärte mir Claude Wecke, der eben aus Swakopmund zurückkehrte. Seine Augen glänzten vor Stolz und Freude, als er über sein Reich der hundert Hütten schaute. Mir war gesagt worden, daß er seinen siebzigsten Geburtstag schon einige Jahre hinter sich habe, doch sah er nicht so aus und besaß noch die Energie eines jungen Unternehmers.

»Eine Wasserleitung muß her und elektrischer Strom, wir brauchen eine Busverbindung nach Swakopmund und vielleicht sogar ein Telefon. Dann wird's hier noch viel besser, als es jetzt schon ist!«

Womit sich die Leute beschäftigten, den lieben langen Tag, fragte ich den alten Herrn.

»Erst mal angeln in der Brandung, es wimmelt ja nur so von Fischen, die größtenteils vorzüglich schmecken. Dann besucht man sich gegenseitig und schwatzt miteinander. Im übrigen ist es die beste Erholung, wenn man gar nichts tut.«

Vielleicht hat er recht, vielleicht ist gerade der Mangel an Zerstreuung so beruhigend für Nerven und Kreislauf. Keine Konditorei verführt zur Schlemmerei, keine Art von Sportplatz bietet Veranlassung, sich körperlich zu betätigen. Weil die Landschaft eines jeden, auch des allergeringsten Reizes entbehrt, verlockt sie nicht zu Spaziergängen. Man muß sich entspannen, und wer das bisher nicht konnte, lernt es in Wlotzkasbaken. Dennoch läßt sich die Anziehungskraft des Ortes wohl nur begreifen, wenn man bedenkt, wie einsam das Leben so vieler Südwester verläuft, vor allem das Leben der Farmer. Hier aber finden sie Gesellschaft von früh bis spät, in Wlotzkasbaken treffen sich alte Freunde, und die jungen Leute haben Gelegenheit zum Flirt (unter Aufsicht der Eltern).

So wenig einladend die Strandhäuser von außen wirken, zumal bei den meisten die Farbe verweht wurde, so gemütlich ist es drinnen. Hier laden Plüschsofas zum Plauderstündchen, und alt gewordene Sessel kommen wieder zu Ehren. Da hängen Bilder an der Wand, die Oma und Opa so gern hatten. Auf verschnörkelten Regalen stehen in Reih und Glied die gesammelten Werke von einst beliebten Autoren. Blank poliert beherrscht eine Petroleumlampe den runden Tisch mit gestickter Decke. Je wilder draußen die Brandung donnert, desto friedlicher sitzt man drinnen bei Kaffee und Kuchen.

Für drei Tage blieb Wlotzkasbaken unser Standquartier. Von hier aus richteten wir weite Ausflüge unter landeskundiger Führung des Herrn Bürgermeisters nach Norden und Osten. Ohne Wecke und seine guten Beziehungen wäre es uns nicht möglich gewesen, die fünfzigtausend Pelzrobben am Kreuzkap zu betrachten. Denn weit und breit ist die ganze Gegend dort oben Sperrgebiet, teils wegen der Diamanten, die man vielleicht finden könnte, und andererseits zum Schutz des Wildes, das nicht bejagt werden darf. Was die Robben bei Cape Cross betrifft, darf man sie zur unrechten Zeit nicht stören. Auch sonst ist eine behördliche Genehmigung auf jeden Fall erforderlich. Aber Claude Wecke ist neben seinen anderen Ehrenämtern auch Beauftragter des Wildschutzes und dürfte bis hinauf zur Knochenküste fahren. Beliebt es ihm, jemanden ans Kreuzkap mitzunehmen, geschieht das auf seine Verantwortung. Er meinte, das könne er in unserem Fall verantworten.

So fuhren wir auf der Salzpad etwa hundert Kilometer weit nach Norden, bis zu ihrem Ende am Kap des berühmten Kreuzes. Wir sahen in den Lagunen Pelikane, Flamingos und Königskormorane. Raben flatterten krächzend vorüber. Der alte Herr am Steuer kannte auch die Namen all der kleinen Vögel, von denen ich mir nur den Schmätzer, den Regenpfeifer und die sogenannte Namiblerche gemerkt habe. Wovon sie in der Wüste leben, blieb mir ein Rätsel. Aber da sie dort leben, müssen sie wohl auch Futter finden.

»Wenn am Strand ein Angler erscheint«, berichtet unser Führer, »dauert es nicht lange, und ein Pelikan leistet ihm Gesellschaft. Der bekommt dann alle Fische, die für Menschen nicht genießbar sind. Er flattert jedesmal erfreut mit den Schwingen, wenn der Mann seine Angel einholt. Ohne falsche Furcht stellt sich der große, schwere Vogel unmittelbar neben den Angler und paßt genau auf, was der tut. Wenn er seine Sache nicht richtig versteht, begreift es der Pelikan schon bald und entfernt sich voller Verachtung für den Nichtskönner.«

Die Brandungsangler benützen sogenannte Hochgeschwindigkeitsrollen, die ein Auswerfen bis zu 100 Metern erlauben, sofern man diese Kunst versteht. Man angelt Kabeljaus, die hier Kaplachse genannt werden, und die Weißfische, die Steenbrass heißen. Welse, die gleichfalls in Mengen vorhanden sind, führen die Bezeichnung Katfisch. Es gibt Rochen bis zu vierzig Pfund Gewicht, denen man irreführenderweise den Namen Platthai gegeben hat. Auch Katzenhaie und Heringshaie tummeln sich im Küstengewässer, während menschenfressende Haie zum Glück hier seltener vorkommen. Delphine leben weiter draußen im Ozean, ebenso die fast völlig weißen Belugawale.

»Die Namib sieht zwar völlig leblos aus«, meint Claude Wecke mit einem Blick über das Land zu unserer Rechten, »aber so ganz ohne Leben ist sie nicht. Irgendwo finden die Springböcke ein paar Halme und müssen auch Wasserstellen kennen, vielleicht am Rand der Berge dort hinten. Ich hab' sie bei der Fahrt nach Norden sogar in Rudeln von hundert Stück gesehen. Schakale kommen nachts bis nach Wlotzkasbaken und wühlen in den Abfalltonnen.«

Und er sagt mir noch, ob ich es glauben wollte oder nicht, daß in der Gegend des Kuiseb vereinzelte Kamele die Wüste durchstreifen, völlig verwilderte Nachkommen der Schutztruppenkamele. Auch ein schneeweißer herrenloser Hengst, der frei und froh durch jenes Flußtal zog, sei unlängst geschossen worden.

»Mußte das sein?«

»Nein, bestimmt nicht, außerdem war's in einem Wildschutzgebiet. Aber manche Leute können's trotzdem nicht lassen...«

Die Wilderei ist manchmal schlimm in dem menschenleeren Land, zumal man weite Gebiete im Geländewagen befahren kann. Die flache Steppe erlaubt streckenweise Geschwindigkeiten von hundert, ja sogar hundertzwanzig Stundenkilometern. Der wildernde Fahrer ist also schnell genug, um selbst Strauße und Springböcke zu überholen, die dann ein zweiter Mann mordlustig abknallt. Auch machen sich's manche Halunken noch leichter und überfahren einfach die armen Tiere. Wilddiebe dringen in Farmgebiete ein, indem sie die Zäune niederlegen und darüberrollen. Sie jagen bei Nacht mit starken Scheinwerfern und sind beim Morgengrauen schon über alle Berge.

»Nicht aus Jagdpassion treiben diese Schurken ihr schändliches Unwesen, sondern nur aus gemeiner Geldgier«, schimpft der Wildhüter mit berechtigtem Zorn, »denn Biltong wird hoch bezahlt und gilt als Leckerbissen in den Großstädten der Republik.«

Ich stelle mir unter Leckerbissen etwas anderes vor, denn Biltong ist steinhartes, knisterdürres Fleisch, das man in handbreite, fingerdünne Streifen geschnitten und in der Luft getrocknet hat. Man kann es allerdings in Wasser aufweichen und dann nach jeder beliebigen Art zubereiten. Der Vorteil ist unbegrenzte Haltbarkeit und sehr geringes Gewicht. Früher war es auf weiten Reisen zu Pferde oder im Ochsenwagen wichtigster Bestandteil des mitgenommenen Proviantes.

Wir erreichen nach einer knappen Stunde den Badeort Hentiesbay, kleiner zwar als Wlotzkasbaken, doch etwas belebter, auch während dieser Jahreszeit. Vier bis fünf Weiße und etwa zwanzig Farbige leben hier ständig. Es gibt in Hentiesbay richtige Fahrwege, elektrisch heraufgepumptes Süßwasser und sogar ein kleines Eßlokal. Zwischen den Dünen gedeihen Schilfstengel und ein paar grüne Büsche. Während Wlotzkasbaken fast nur von deutschen Südwestern besucht wird, ist Hentiesbay eine Feriensiedlung der Afrikaaner und erst vor kurzem entstanden. Sie hat den Vorteil, auf einer Hügelkette zu liegen, und gestattet einen weiten Blick hinaus auf den Ozean. Wir bewundern die Aussicht und machen einen kurzen Rundgang, dann fahren wir weiter.

Hätte Claude Wecke nicht ausdrücklich gesagt, daß wir durch die Mündung des Omaruru-Flusses rollten, mir wäre nichts dergleichen in den Sinn gekommen. Denn Wasser war im Strombett natürlich nicht zu sehen, auch keine Spur von Feuchtigkeit. Doch es gab am Rand des kilometerbreiten, völlig flachen Riviers bescheidene Vegetation, darunter niederes Gestrüpp mit Stechäpfeln, wildem Tabak und ein paar Rizinusbüsche. Danach zeigte auch die Namib einen dünnen Hauch von Grün, die segensreiche Folge einer relativ guten Regenzeit. Deswegen hatten sich auch Heuschrecken eingefunden und Kleingetier, das sich von ihnen ernährte. Wir sahen ein paar Trappvögel, hörten wieder die Namiblerche tirilieren und konnten durchs Fernglas sogar ein paar Strauße erkennen.

Mitunter erhoben sich aus dem Sand hügelige Ansammlungen von dunkel glänzendem Gestein. Es lohne sich, einmal dorthin zu fahren, meinte unser Führer, denn allerhand interessante Pflanzen könne man dort sehen. Als wir ausstiegen und zum nächsten Hügel hinaufgingen, war der ein wunderschöner Steingarten. Keine menschliche Hand hätte ihn wirkungsvoller gestalten können, als es den schöpferischen Kräften der Natur gelungen war. Unglaublich, was die schwarzen und rotbraunen Steine hergaben. Aus jeder Spalte kroch eine Pflanze, und jede trug ein paar Blüten, wenn auch viele davon nur winzig klein waren. Einige leuchteten knallrot in der strahlenden Sonne, andere veilchenblau, andere zitronengelb, und wieder andere waren so weiß wie neuer Schnee. Es handelte sich durchweg um Sukkulenten, die imstande sind, jahrelang Wasser aufzuspeichern. Zehn bis fünfzehn Meter schlängeln sich ihre Wurzeln durchs Gestein, bis sie irgendwo lockeren Boden erreichen, in dessen Tiefe sie nach Feuchtigkeit suchen. Wir bestaunten die Vielfalt der verschiedensten Arten, Farben und Formen. Der alte Herr kannte die Namen von jedem Pflänzchen. Manche sind große Seltenheiten, die es nur in der Namib und dort nur an wenigen Stellen gibt. Alle zusammen waren sie ein Wunder in der Wüste, ein Garten der guten Geister, wo man ihn am wenigsten vermutet hätte. Fünf Jahre absoluter Trockenheit kann so ein Steingarten der Namib überdauern, ohne zu verdorren. Er bringt auch dann noch Blümchen hervor.

Viele Jahre lang halten sich auch die Wurzeln anderer Wüstenpflanzen im Boden, ohne abzusterben. Droben sieht man zwar nichts mehr davon, aber wenn es nach Dürreperioden wieder regnet, schießen Gräser, Kräuter und Büsche empor. Plötzlich sind auch die Käfer, die Grashüpfer und die Eidechsen wieder da. Leguane und Warane kommen zurück, man weiß nicht woher. Und die sind nun wieder das gefundene Fressen für Raubvögel.

Viele hunderttausend Kormorane leben jahraus und jahrein an der Küste. Da sie von Fischen leben an einem der fischreichsten Gestade der Welt, leiden sie nie unter Nahrungsmangel. Ihr Dung hat früher die Nistplätze auf den vorgelagerten Klippen bis zur Höhe von zwölf oder gar fünfzehn Metern bedeckt. Schon vor hundert Jahren begannen Engländer, Portugiesen und Amerikaner diesen wertvollen Naturdünger, Guano genannt, in großem Stil abzubauen und nach Europa oder in die USA zu verfrachten. Die herrenlose Küste hat in jener Zeit mehr fremde Besucher gesehen als heute. Doch eines Tages waren die Lager erschöpft und der ganze Spuk wieder vorbei. Doch ist unlängst ein findiger Mann auf den Gedanken gekommen, für die Kormorane künstliche Brutplätze zu bauen. Es sind Bretterböden, die auf Pfählen im seichten Wasser stehen, teils in den Lagunen und teils draußen im Meer. Einige davon haben die Ausdehnung von vier Hektar. Die Kormorane, auch Pinguine und Pelikane, lassen sich gern darauf nieder. Nach einigen Jahren erreicht die Ablagerung ihres vielbegehrten Mistes einen halben Meter Höhe. Er wird außerhalb der Brutzeit abgeholt, danach beginnt die Produktion des Guano aufs neue. Gewiß, ein schmutziges und schweißtreibendes Geschäft, aber die Arbeit wird gut bezahlt, und sicher kommt auch der Unternehmer dabei nicht zu kurz.

Dann endlich Cape Cross, das Ziel unserer Fahrt. Wir lassen zunächst die Robben beiseite, statt dessen richten wir unsere Schritte zu jenem Kreuz, das für die Entdeckungsgeschichte Afrikas, überhaupt für die Entdeckung der Welt so viel bedeutet.

Hier an dieser Stelle erreichten weiße Seefahrer zum ersten Mal den Boden Südafrikas, schon auf bestem Weg, das Kap der Guten Hoffnung zu entdecken. Es war der Seeweg nach Indien und China, um den es ging. Seit Jahrhunderten hatte man versucht, ihn zu finden, doch ohne Erfolg. Portugiesen waren damals die tüchtigsten Seeleute der Welt und setzten alles daran, bis an die Südspitze Afrikas zu gelangen, weil man ganz zu Recht vermutete, es werde dann möglich sein, der Ostküste folgend Südarabien und schließlich Indien, Siam und China zu erreichen. Portugal besaß im Prinzen Heinrich »dem Seefahrer« einen wissenschaftlich hochgebildeten Mann, der zwar selber daheim blieb, aber die Reisen der Entdecker beriet und organisierte. Bis zur Mündung des Kongo waren seine Kapitäne schon gekommen, aber immer wieder umgekehrt, weil ihre Mannschaft verzweifelte, jemals das sagenhafte Südkap zu finden. Der Schwarze Erdteil schien den Weg nach Osten hoffnungslos zu blockieren. Dann aber, im Jahre 1484, gelangte der Kapitän Diego Cão sehr viel weiter nach Süden als jeder andere vor ihm. Dem Befehl des Prinzen Heinrich folgend, ging er an Land und errichtete an der Stelle seiner Umkehr ein von Hause mitgebrachtes Steinkreuz mit dem portugiesischen Wappen und der Jahreszahl. Gleich nach seiner Rückkehr sandte Heinrich, der nun glaubte, dem großen Ziel ganz nahe zu sein, unter Bartolomeo Diaz eine neue Expedition nach Süden. Sie entdeckte erst die Bucht von Angra Pequena, die heutige Lüderitzbucht, und gelangte bald danach ans Kap der Guten Hoffnung, das trotz heftiger Stürme glücklich umsegelt wurde. Damit war der Seeweg nach Indien und China gefunden *.

Das Kreuz auf dem Kreuzkap war nicht mehr das ursprüngliche Steinmal des Diego Cão. Wind und Wetter hatten es im Verlauf der Jahrhunderte stark beschädigt. Kaiser Wilhelm II. ließ das alte Kreuz durch eine originalgetreue Kopie ersetzen und das Original nach Berlin bringen. Es hat den Bombenkrieg überstanden und ist jetzt im Hof des Museums für Geschichte beim Bahnhof Friedrichstraße in Ost-Berlin zu sehen. Doch ist die Inschrift kaum noch zu entziffern. Sie hatte in einem Gemisch von altem Portugiesisch und fehlerhaftem Latein folgenden Wortlaut:

»Seit Erschaffung der Welt sind 6684 Jahre vergangen und seit Christi Geburt 1484 Jahre, und so hat der berühmte Prinz Heinrich befohlen, dieses Kreuz zu errichten von seinem Ritter Jacobus Canus.«

Jacobus Canus war die latinisierte Form des Namens Diego Cão. Weshalb die Portugiesen meinten, die Erschaffung der Welt sei damals vor genau 6684 Jahren erfolgt, hat meines Wissens noch niemand herausgefunden.

Das Gewimmel der Pelzrobben hatte schon Diego Cão gesehen, aber aus weiter Entfernung geglaubt, es wäre eine Versammlung nackter schwarzer Menschen. Seit undenklichen Zeiten leben die Robben am Strand und auf den flachen Klippen der Küste bei Cape Cross. Ihre Zahl beläuft sich auf ungefähr fünfzigtausend. Mich interessierten sie deshalb besonders, weil ich drei Jahre zuvor die größte Pelzrobbenkolonie der Welt auf den Pribiloff-Inseln bei Alaska besucht hatte, mit rund zwei Millionen Tieren, und im vorigen Jahr auch eine andere, sehr

---

* Bartholomeo Diaz nannte die Südspitze Afrikas wegen des dort erlebten schlechten Wetters »Kap der Stürme«. Weil das aber kein geeigneter Name war, um für weitere Expeditionen die notwendigen Besatzungen anzuwerben, bestand Prinz Heinrich auf der Umtaufe in »Kap der Guten Hoffnung«. Denn nun bestand ja gute Hoffnung, einen gewinnbringenden Handel mit Indien und Ostasien aufzunehmen. Durch Marco Polo und andere Reisende in früherer Zeit, auch durch Handelsbeziehungen des antiken Roms, waren diese Länder in Europa schon bekannt. Aber die Handelswege führten über Land, sie waren äußerst beschwerlich und wurden durch Kriege immer wieder für lange Zeit gesperrt. Man mußte sich auch der Araber und der Republik Venedig als Vermittler bedienen. Der Zeitverlust, die vielen Gefahren und der vielfache Zwischenhandel nebst Zöllen trieben die Preise indischer und chinesischer Waren (Gewürze vor allem) auf schwindelnde Höhe. Deshalb die unermüdliche Suche nach einem direkten Seeweg. Solange die Portugiesen diesen Weg allein beherrschten, brachte jede glücklich beendete Handelsreise einen Gewinn von ungefähr tausend Prozent.

viel kleinere Kolonie im Milford Sound der Südinsel von Neuseeland. Hier beim Kreuzkap sah ich nun das größte Vorkommen an der afrikanischen Küste, ja der südlichen Erdhälfte überhaupt.

Wie der Name besagt, tragen die Pelzrobben einen auffallend dichten und schönen Pelz. Schon beim ersten Anblick der Tiere konnten geldgierige Kapitäne nicht übersehen, welch gutes Geschäft höchstwahrscheinlich mit solchen Fellen zu machen war. Außerdem ein relativ einfaches Geschäft, weil sich die harmlosen Tiere nicht zur Wehr setzen. Man kann sie ohne weiteres zusammentreiben und mit einem dicken Knüppel erschlagen. Bis zum Beginn unseres Jahrhunderts wurden die Robben auf grausamste Weise verfolgt und fast völlig ausgerottet. Früher waren sie an der gesamten Westküste Amerikas, von Mexiko bis Alaska, weit verbreitet, ebenso am Ostrand von Sibirien, auf den Inseln südlich von Australien, in den Fjorden Neuseelands sowie an der Küste Südamerikas und Südafrikas. Doch hatte der unablässige, unkontrollierte Raubbau zur Folge, daß vor etwa sechzig Jahren kaum noch einige tausend Tiere, und diese nur an wenigen Stellen, übrig waren. Dann endlich griffen die Regierungen ein und stellten den Rest der Pelzrobben unter Naturschutz. Seitdem hat sich ihre Zahl dort, wo es noch Pelzrobben gibt, außerordentlich stark vermehrt. Und zwar so stark an manchen Stellen, daß sie in erreichbarer Nähe kaum noch genügend Futter finden. Dort ist es nun wieder erlaubt, eine begrenzte Zahl zu erschlagen, um ihnen das wertvolle Fell über die Ohren zu ziehen.

Auf den Pribiloff-Inseln geschieht es durch Beauftragte der amerikanischen Regierung, die sich auch den Handel mit den Fellen vorbehielt. Die Pelzrobben am Kreuzkap befinden sich im Privatbesitz eines Familienunternehmens deutscher Südwester. Der Robbenschlag wird auch hier vom Wildschutz kontrolliert, sowohl was die Methode wie die Zahl der Opfer betrifft. Es dürfen im Höchstfall nur so viele Tiere getötet werden, als mindestens dem jährlichen Zuwachs entspricht.

Vom Geschäftsführer, einem Herrn Kleyenstüber, wurden wir freundlich empfangen und gleich im Jeep zu den Robbenfelsen gefahren. Die feucht glitzernden Leiber der Tiere lagen hier nicht so dicht und so massenhaft beisammen wie auf den Pribiloff-Inseln, wo sie einen zwanzig Meter breiten Streifen von dreißig Kilometer Länge bilden. Sie hielten sich am Kreuzkap in Gruppen getrennt. Ungefähr dreißig bis vierzig Mitglieder hatte jeder Verein. Die sonnten sich auf dem Sand oder tauchten in der Brandung auf und nieder. Andere Klubs ruhten auf blankgewetzten Klippen vor der Küste, wo sie immer aufs neue von den Wellen überspült wurden. Bis weit draußen schwammen kugelrunde Köpfe auf dem Wasser.

Noch nie hatte ich den Anblick von Pelzrobben bei so strahlend schönem Wetter genossen. Viele tausend Tiere lagen nah oder fern in unserem Blickfeld. Ihr nasses Fell glitzerte in der Sonne, als sei es mit einem silbernen Netz übersponnen. Jene Tiere, über denen sich die Brandungswellen brachen, schien der Wogenprall nicht im geringsten zu stören. Sank die Welle nieder, hoben sich ihre Leiber wie Silhouetten vom Hintergrund ab. Nur die auf dem Strand schliefen in himmlischer Ruhe, jene auf den Klippen räkelten sich, gähnten gelangweilt und tauschten miteinander Bemerkungen aus, als wir näher an sie herankamen. Zum Wasser und vom Wasser ein ständiges Kommen und Gehen. Mit der rollenden Brandung tauchten wohl tausend Tiere auf und nieder, als wäre das ein Vergnügen, von dem sie nie genug bekamen.

Bis auf sechs und sieben Meter Distanz können wir aufrecht an die schläfrig liegenden Gruppen herangehen, robbend wie die Robben sogar bis auf Reichweite. Kopf und Gesicht wirken selbst aus der Nähe verblüffend menschenähnlich. Der grauweiße Schnauzbart erinnert an einen Schutzmann der wilhelminischen Zeit, das glatt zurückgebürstete Haupthaar an einen Spießbürger, der sich besonders fein machen wollte und dafür Pomade gebraucht hat. Die hervorquellenden Augen drücken höchstes Staunen aus sowie freundliches Interesse an der fremden Gestalt. Der faltige Hals und die fetten Backen würden bei einem wirklichen Menschen den Rückschluß erlauben, daß er zuviel Starkbier trinkt und zu viele Knödel verzehrt. Der Vergleich mit so manchem gemütlichen Stammtischbruder ist nicht von der Hand zu weisen. Die Herrschaften sind offenbar sehr zufrieden mit ihrem Dasein und machen sich keinerlei Sorge über ihre weitere Zukunft.

Eine halbe Stunde lang liege ich auf Armeslänge vor einer sanften Robbenkuh, in gegenseitiger Betrachtung versunken. Sie fragt mich wohl, wer ich bin, und das versuche ich dem Tier zu erklären. Die Robbe schnauft ein wenig, das soll gewiß eine liebenswürdige Bemerkung sein. Ich wünsche gutes Befinden und sie mir auch. Das Wetter sei schön und das Wasser mal wieder recht angenehm. Ob ich mitkommen möchte, sie wisse da ein Loch mit sehr guten Krebsen, nicht tiefer als zwanzig Meter. Da schüttle ich den Kopf, und sie schüttelt ihn gleichfalls. Dann würde wohl nichts aus uns beiden. Leicht schnaubend nehmen wir Abschied voneinander, sie robbt ins Wasser, und ich rutsche zurück.

Wenn die Felle der Tiere völlig trocknen, stellt sich heraus, daß sie dunkelbraun sind, nur die Nässe läßt sie schwarz erscheinen. Was man sieht, ist noch nicht der eigentliche Pelz, den sich die Kürschner für ihre Kundschaft wünschen. Das rauhe, etwa fingerlange Außenhaar wird maschinell entfernt, darunter erscheint viel weicheres und feineres Haar mit seidigem Glanz. Es hat die Aufgabe, das Tier im kalten Wasser zu wärmen, indem es die Haut von ihrer feuchten Umgebung isoliert. Die wird überhaupt nicht naß, die Robben leben sozusagen in einem wasserdichten Taucheranzug. Das Innenhaar ist hellbraun von Natur und wird auf kunstvolle Weise erst schwarz gefärbt, bevor es als sogenannter *Seal* in den Handel kommt. Das ist ein Fachausdruck, der sich nicht wörtlich übersetzen läßt, denn es würde *Seehund* daraus, also die Bezeichnung für ein ganz anderes Tier. Nur die beiden Arten der Pelzrobbe, übrigens auch Ohrenrobben genannt, nämlich *Callorbians* und *Arctocephalus*, liefern den begehrten und kostbaren, aber in Europa nur noch wenig getragenen *Seal*. Früher waren Sealmäntel auch bei unseren Damen, deren Männer es sich leisten konnten, sehr beliebt. Heute werden die meisten Sealpelze in den USA verarbeitet und verkauft. Das Angebot reicht nicht mehr aus, um die Nachfrage zu decken, weshalb die Preise immer weiter steigen.

Doch reden wir nicht davon, die lebenden Tiere sind so viel schöner als die schönsten Frauen in ihrem Pelz.

Einen halben Tag verbrachten wir an der sonnigen Küste beim Kreuzkap. Wir erkannten im Fernglas, daß sich die Kolonie der wunderbaren Tiere, in große und kleine Gruppen verstreut, noch meilenweit nach Norden und Süden ausdehnte. Der Irrtum des Diego Cão ist zu entschuldigen, der vor bald fünfhundert Jahren glaubte, an diesem Strand ein Gewimmel dunkelhäutiger Menschen zu sehen.

Hätten wir es nicht besser gewußt, wir wären auf etwa dreihundert Schritt dem gleichen Irrtum verfallen.

»Das geht den Robben genauso«, meinte Claude Wecke, »die sind nämlich kurzsichtig. Wenn man ihre Bewegungen richtig nachahmt, glauben sie noch auf zehn Schritt Distanz, wir seien dasselbe wie sie.«

Doch sind wir leider nicht so harmlos wie die Robben am Strand von Cape Cross.

Bwana Tucke-Tucke

Vossische Zeitung, Berlin, den 12. März 1906: »Ein deutscher Offizier beabsichtigt, Afrika mit dem Automobil zu durchqueren. Er scheint nicht zu wissen, daß es im Hinterland des Schwarzen Erdteils weder Benzin noch Öl, noch Reifen zu kaufen gibt. Der Plan dieses Herrn kommt auf dasselbe heraus, als wollte er eine Reise zum Mond unternehmen.«

Erwin Haberland, einer der ältesten Bürger von Swakopmund, reichte mir diesen Zeitungsausschnitt über den Tisch. Er hatte mehrere Mappen aus seinem Schrank geholt, alle mit Notizen, Briefen und Zeitungen gefüllt, die irgendwelche Ereignisse in Südwestafrika betrafen. Eine wahre Fundgrube zur Geschichte des Landes, besonders aus der deutschen Zeit.

»Haben Sie schon mal was von der Sache gehört?« fragte er.

Ja, ich glaubte mich dunkel zu erinnern. Von diesem Abenteuer im Auto hatte der »Gute Kamerad« berichtet, eine längst vergessene Jugendzeitschrift, als ich vierzehn oder fünfzehn Jahre alt war.

»Mir scheint, der Mann hat es tatsächlich versucht, aber ... hat er's auch geschafft? Das weiß ich nicht mehr.«

»Ja, er ist durchgekommen«, nickte Haberland sehr zufrieden, »ich hab' selber ein Fähnchen geschwenkt, als sein verbeulter Wagen in Swakopmund einrollte. Da klapperte alles dran, und wir glaubten, gleich müsse das Ding auseinanderfallen. Von Daressalam in Deutsch-Ostafrika war er gekommen, für seine Fahrt hatte er 630 Tage gebraucht und dabei 11 000 Kilometer zurückgelegt. Es war die erste Durchquerung Afrikas in einem motorisierten Fahrzeug. Für die damalige Zeit, vor bald sechzig Jahren, eine fabelhafte Leistung. Doch heute redet kein Mensch mehr davon!«

Eben deshalb möchte ich es tun. Die Erstdurchquerung Afrikas im Automobil, das war etwas, zumindest war es die schwierigste Fernfahrt, die jemals ein deutscher Motorist unternahm. Wer ist dieser Mann gewesen, und wie hat er das gemacht?

Er heißt Paul Graetz, 1875 auf dem Gut seines Großvaters in Reichenau bei Zittau geboren. Nach bestandenem Abitur geht der junge Mann zum Militär, wird Leutnant und bewirbt sich um Verwendung bei der kaiserlichen Schutztruppe in Deutsch-Ostafrika. Noch keine fünfundzwanzig Jahre alt, wird er schon zu selbständigen Aufgaben im Landesinnern abkommandiert, dreißig Tagesmärsche von der Küste entfernt. Er lernt Kisuaheli und noch andere Sprachen des Landes. Er ist nacheinander Chef verschiedener Militärposten, führt seine Askaris gegen arabische Sklavenjäger und baut mit 1 200 schwarzen Arbeitskräften einen Karrenweg durch eine bisher kaum von Weißen betretene Wildnis. Noch liegen die Stämme im Krieg gegeneinander, der Leutnant muß Frieden stiften. Dabei wird er selber überfallen und wochenlang in seiner Boma belagert. Aber letzten Endes setzt er sich durch, schlägt alle Angriffe zurück und regiert danach seinen Bezirk in gutem Einvernehmen mit der schwarzen Bevölkerung.

Nur mit seinem selbstsicheren Urteil und seinen Vorschlägen, wie man alles viel besser machen könnte, sind die Vorgesetzten nicht einverstanden. Auch sonst dringen die seltsamsten Gerüchte nach Daressalam. Hat doch dieser verrückte Kerl ein Zebra gezähmt und reitet darauf durch die Gegend. Die Eingeborenen halten ihn für einen weißen Zauberer, denn von ihnen hat noch keiner ein wildes Tier zum folgsamen Freund gewonnen. Bald darauf schreibt Leutnant Graetz an den Gouverneur und macht ihm den Vorschlag, daß künftig Lastautos den Transport schwerer Güter im Hinterland übernehmen sollten. Das sei doch viel einfacher und ginge schneller als die umständliche Beförderung auf den Köpfen schwarzer Träger. So viel Unverstand des jungen Mannes ist kaum zu fassen, er muß wohl an den Folgen starken Fiebers leiden! Es gibt kein einziges Automobil in der ganzen Kolonie, sogar in der Heimat sind motorisierte Fahrzeuge noch eine Seltenheit. So eine Benzinkutsche ist doch gar nicht imstande, sich durch afrikanischen Sand zu wühlen, erst recht kommt man damit nicht durch die tropischen Wälder. Noch besteht keine Brücke über die Flüsse, geschweige denn ein Weg durch die Sümpfe. Einzig und allein die altbewährte Kolonne von Trägern, oft viele hundert Mann hintereinander, kommt mit ihren Lasten fast überall durch. So ist das immer gewesen, daran wird sich auch in Zukunft nichts ändern.

Graetz erhält gar keine Antwort, und als er selber in Daressalam vorstellig wird, erklärt der Gouverneur seinen Vorschlag für groben Unfug. Im Kasino wird Paul Graetz wegen seines »Benzinfimmels« ausgelacht. Doch ist er in Wahrheit seiner Zeit nur um etwa zehn Jahre voraus.

Man bewilligt dem Leutnant einen längeren Heimaturlaub; er hat ihn wohl bitter nötig. Graetz reist im Winter 1904 nach

Mit diesem Automobil der Benz-Werke in Gaggenau gelang Paul Graetz die erste motorisierte Durchquerung Afrikas. Fabrikneu und blitzblank geputzt steht hier das Fahrzeug in Bad Homburg, wo Kaiser Wilhelm II. wünschte, es zu besichtigen.

Berlin, besucht die Kriegsakademie und wird zum Oberleutnant befördert. Von Hause her vermögend, kann er sich nun seinen größten Wunsch erfüllen und kauft ein Automobil, und zwar den modernsten Typ jener Zeit. Dabei ergibt sich eine Schwierigkeit, denn wie grüßt ein Offizier den Kaiser, wenn er am Steuer sitzt und dem Automobil Seiner Majestät begegnet?* Dies Problem hat sich bisher noch nicht ergeben, Graetz ist der erste Offizier, der seinen Wagen selber fährt. Sonst hat man dazu

* Man vernahm ein kaiserliches Automobil schon von weitem, denn es führte eine Zwei-Klang-Hupe mit besonderer Tonfolge: »ta-tie-ta-tah«, weshalb ihm die Straßenjungen nachriefen: »bald hier, bald da!«

seinen Chauffeur. Man muß Wilhelm II. persönlich fragen, was in diesem Falle zu tun sei.

»Der Mann soll um Himmels willen an mir vorbeifahren, ohne zu grüßen«, schreibt der Kaiser zurück, »sonst passiert womöglich das größte Unglück!«

Bald ist Graetz in Berlin bekannt wie ein bunter Hund. Ein eleganter junger Mann, der alle neumodischen Torheiten mitmacht. Er trinkt nicht nur Whisky und Soda wie die Engländer, er hat sogar seinem Burschen beigebracht, Cocktails zu mixen. Er beteiligt sich an Automobilrennen in Homburg und Baden-Baden. Einerseits verkehrt er in den allerbesten Kreisen, und andererseits tanzt er mit Damen zweifelhaften Rufes im Moulin-Rouge. Sogar in einem Kabarett namens Chât Noir will man ihn gesehen haben. Paul Graetz ist in jenen Jahren zweifellos ein Snob ersten Ranges. Liest man seine Erinnerungen *, so rühmt er sich seitenlang all der klangvollen Namen und vornehmen Leute, mit denen er bekannt wurde. In welchen Lokalen er speiste und in welchen Hotels er wohnte, wird eingehend berichtet. Es sind nur die feinsten und teuersten. Aber nach fünf Jahren Afrika ist vielleicht zu verstehen, daß er keine Annehmlichkeit ausläßt, die Deutschland damals zu bieten hat und die ihm seine Mittel erlauben.

Nebenbei widmet er sich seiner militärischen Fortbildung und verfolgt interessante Pläne. Um sich und seinen Vorgesetzten zu beweisen, daß ein Automobil eben doch für Afrika das Fahrzeug der Zukunft ist, faßt Paul Graetz eines Tages den Entschluß, im Auto den Schwarzen Erdteil von Ost nach West zu durchqueren. In Daressalam soll die Reise beginnen, in Swakopmund soll sie enden. Das wäre also eine Fahrt von Deutsch-Ost nach Deutsch-Südwest, von der einen Kolonie bis zur anderen. Es klingt so phantastisch, daß der Oberleutnant zunächst nicht wagt, sein Projekt unter eigenem Namen vorzubereiten. Ein Herr von Funke, Herausgeber der Jagdzeitschrift »Sankt Hubertus«, stellt sich liebenswürdigerweise als Tarnung zur Verfügung. Alle damals bestehenden Automobilfabriken werden angeschrieben und aufgefordert, Vorschläge für einen Wagen zu machen, der nach ihrem besten Wissen und Gewissen geeignet ist, die Strapazen einer 11 000-Kilometer-Fahrt durch Afrika auszuhalten. Nach langer und genauer Prüfung der Antworten meint Paul Graetz, es könne wohl

---

* »Buntes Erleben in drei Erdteilen«, 1931, Deutscher Verlag, Berlin, und »Erstdurchquerung Afrikas im Auto«, 1926, Reimer und Hobbig, Berlin.

nichts Besseres geben, als ihm die »Süddeutsche Automobilfabrik« in Gaggenau anzubieten hat *.

Das ist ein Spezialwagen mit Vier-Zylinder-Motor, der 35 PS entwickelt. Die offene Karosserie mit vier Sitzen befindet sich auf einem Fahrgestell, das man sonst nur für kleine Omnibusse verwendet. Mit überdimensional großen Rädern wird das Automobil versehen und trägt zwei Tanks mit einem Fassungsvermögen von 400 Litern Brennstoff. Durch Einschieben von Holzklötzen unter den Federn wird erreicht, daß die Bodenhöhe des Wagens 35 Zentimeter beträgt. Die Lehnen der Vordersitze kann man zurückklappen, so daß sich eine Liegefläche ergibt, um gelegentlich im Fahrzeug zu schlafen. Ein Klappverdeck aus gummiertem Segeltuch soll die Insassen vor Regen und Sonne beschützen. Hinten am Wagen, auf den Trittbrettern und wo es sich sonst nur irgendwie machen läßt, werden Blechbehälter für Wasser und Verpflegung, für Werkzeug, Ersatzteile und sonstiges Gepäck angebracht. Außerdem müssen noch Reservereifen, Kochgeschirr, Schlafsäcke, Lampen und zahllose andere Notwendigkeiten in oder an dem Fahrzeug Platz finden. Bis alles getan wurde, was Graetz für unbedingt notwendig hält, kostet der Wagen insgesamt 15 000 Goldmark.

Paul Graetz ist sich durchaus der Schwierigkeiten bewußt, die seinem Unternehmen entgegenstehen, vor allem was die Versorgung mit Brennstoff betrifft. Noch von Berlin aus organisiert er in mühevoller Kleinarbeit die Anlage von 24 Depots mit Benzin, Öl, Reservereifen und dauerhaftem Proviant. Seine Route hat er so genau festgelegt, wie es nach den damaligen Landkarten nur möglich ist. Mehr oder minder zuverlässige Speditionsunternehmen transportieren die Vorräte in Ochsenwagen oder auf den Köpfen schwarzer Träger zu den vorbestimmten Punkten. Dort werden alle Vorräte vergraben und die jeweiligen Stellen mit Kreuzen markiert, die Graetzens Namen tragen. Das kann nur veranlassen, wer den Tod nicht fürchtet, denn die Kreuze sehen aus wie Grabkreuze. Aber gerade das ist der beste Schutz für die darunterliegenden Depots. Weder ein Weißer noch ein Farbiger werden eine solche Stelle im Boden öffnen, muß man doch die Gebeine eines Verstorbenen darin vermuten.

Als schließlich bekannt wird, was der Oberleutnant Graetz

* Diese Firma war ein Vorläufer der Benz-Werke. Durch Fusion mit den Daimler-Motoren-Werken im Jahre 1926 entstand »Daimler-Benz«. Wenn man so will, fuhr also Paul Graetz mit einem sehr frühen Mercedes durch Afrika. Unterlagen über Konstruktion und Leistung seines Wagens sind noch heute im Daimler-Benz-Archiv vorhanden.

sich vorgenommen hat, übergießen ihn die Zeitungen mit Spott und Späßen. Er gehöre unter ärztliche Aufsicht, heißt es unter anderem, weil er im Begriff sei, auf höchst abenteuerliche Weise Selbstmord zu begehen. Auch Kameraden und Freunde, erst recht seine Vorgesetzten vermuten, er sei restlos übergeschnappt. Um der Gefahr zu entgehen, daß man ihm seinen allzu phantastischen Plan verbietet, läßt sich der Oberleutnant Graetz auf unbefristete Zeit vom Dienst beurlauben. So gilt er bis auf weiteres als Zivilist, dessen Verhalten nur er allein zu verantworten hatte. Dennoch wird ihm eine große Ehre zuteil, die niemand erwartet hat und er selber am wenigsten. Gelegentlich eines Automobilrennens in Bad Homburg verlangt der Kaiser das Fahrzeug zu sehen und wünscht auch Graetz selber zu sprechen. In aller Eile wird der Wagen mit der Bahn nach Bad Homburg befördert. Seine Majestät geruhen sehr gnädig zu sein. Wilhelm II. besichtigt den Wagen von allen Seiten, drückt sogar die Hand des Abenteurers und wünscht ihm viel Glück zur tollkühnen Reise.

»Wenn Sie wirklich am anderen Ende Afrikas wieder herauskommen, mein lieber Graetz, dann schicken Sie mir eine Postkarte.«

Die Umstehenden lachen pflichtschuldigst über den kaiserlichen Scherz, aber für Graetz ist das allerhöchste Interesse eine todernste Sache. Er darf den leutseligen Herrscher unter keinen Umständen enttäuschen.

Ein Herr von Roeder ist bereit, sich dem kühnen Unternehmen anzuschließen. Graetz kennt ihn schon lange, er ist ein guter Sportsmann und ausgezeichneter Schütze. Hinzu kommt noch ein Chauffeur namens Neuberger, dessen technische Kenntnisse vom Gaggenauer Werk gerühmt werden. Bevor er dort tätig wurde, hat Neuberger der Schutztruppe in Deutsch-Ost angehört, was ihn natürlich auch empfiehlt.

Im Juni 1907 begeben sich Graetz und seine Begleiter an Bord des Dampfers »Feldmarschall«. Der Wagen befindet sich in einer riesigen Kiste auf dem gleichen Schiff. Soweit sind alle Vorbereitungen gut gelungen, bald kann das große Abenteuer beginnen. Ja, es beginnt eigentlich schon während der Schiffsreise. Neuberger ist ein besonders stattlicher Mann, dem leichtsinnig veranlagte Frauen nur so zufliegen. Und so kommt es, daß sich eine Löwenbändigerin in den Chauffeur verliebt. Mit einem Zirkus und auch mit ihrem Ehegatten befindet sich die Dame auf dem Weg nach Daressalam, wo ihr Auftreten mit dressierten Löwen gewiß das höchste Erstaunen aller Schwar-

Panne im afrikanischen Busch, Oberleutnant Paul Graetz links im Bild, Herr von Roeder rechts.

zen erregen muß. Zunächst aber regen sich die Passagiere und der Kapitän darüber auf, daß die Dresseuse Arm in Arm mit Neuberger übers Deck promeniert, der ihre Zuneigung offensichtlich erwidert. Nicht nur das, der bärenstarke Mann wirft den Gatten der Löwendame aus seiner Kabine und zieht selber hinein. Der Skandal übersteigt alle Grenzen. Nur mit äußerster Strenge sowie Unterstützung des Kapitäns von Issendorf gelingt es Paul Graetz, die beiden Liebesleute zu trennen. Die Leidenschaft seiner Geliebten ist wohl auch für Neuberger etwas zuviel geworden, denn er verspricht hoch und heilig, dem Löwenweib fernzubleiben.

Zum zweitenmal kommt nun Graetz nach Daressalam, aber nicht mehr als Offizier der Schutztruppe, sondern als Mann mit dem zweifelhaften Ruf eines Abenteurers. Kein offizieller

Empfang wird ihm bereitet und keine Unterstützung von amtlicher Seite gewährt. Nur einige Freunde helfen und halten kameradschaftlich zu ihm. Als Koch und Diener wird ein flinker Negerjunge namens Mtsee angeworben. Damit ist die Besatzung des Wagens komplett.

Aber trotz seiner guten Vorsätze gerät Neuberger abermals in die Krallen der Löwenbändigerin. Sie läßt ihn nicht mehr los und verfolgt ihn, als er entkommen will, mit gezücktem Revolver bis in die Halle des Hotels. Sie droht, die Reifen des Automobils zu zerschneiden, weshalb der Wagen bei Tag und Nacht von zwei schwarzen Polizisten bewacht wird. Man muß aufbrechen, so schnell wie nur möglich.

Am zehnten August ist es soweit. Die gesamte Bevölkerung von Daressalam hat sich an der Straße aufgestellt, um die Abfahrt des Wagens-ohne-Pferde mitzuerleben. »Tucke-Tucke« nennen die Eingeborenen das Automobil wegen seiner Auspuffgeräusche, und der beurlaubte Oberleutnant Graetz als Herr dieses Gefährts wird zum »Bwana Tucke-Tucke«.

Schön langsam soll Neuberger durchs Spalier der Neugierigen rollen, damit sie auch wirklich etwas sehen. Doch gegen den ausdrücklichen Befehl Bwana Tucke-Tuckes rast der Chauffeur mit höchster Geschwindigkeit an der Menge vorbei.

»Sind Sie verrückt, Neuberger?«

»Ganz im Gegenteil... das Löwenweib hat mir einen Brief ins Hotel geschickt und gedroht, sie wird mich vom Wagen 'runterschießen, wenn ich wirklich wegfahre. Deswegen geb' ich Vollgas!«

»Na schön, aber nun ist endgültig Schluß mit der Dame vom Zirkus!«

»Ja gewiß, gewiß doch, aber innerlich, Herr Oberleutnant, innerlich komme ich nicht so leicht von ihr los.«

Das puffende, schnaubende Automobil erregt Aufsehen und Entsetzen, wohin es kommt. Hat doch kein Eingeborener jemals solch ein Ungeheuer gesehen. Menschen, Esel, Hunde, Schafe, Ziegen, Hühner und Enten, alles rennt, rettet, flüchtet. Kinder schreien, Frauen kreischen, Affen springen hoch in die Bäume hinauf.

Vorläufig ist der Weg noch für Pferdewagen und Ochsenkarren befahrbar, also kommt auch das Automobil relativ rasch voran. Fast achtzig Kilometer kann man am ersten Tag zurücklegen. Aber dann geht es in die Puguberge hinauf, höher und immer höher auf steiler Steigung. Vorbei an der Mission von Kissarawe und wieder hinunter in die Ebene. Eine Kurve wird zu rasch genommen, das Automobil gleitet vom Weg, rutscht den Hang hinunter und landet im Sumpf.

»Das könnte manchen Leuten so passen, wenn wir jetzt schon aufgeben!«

Graetz schickt den Küchenjungen los, um das nächste Dorf zu alarmieren. Mehr als hundert hilfswillige Eingeborene kommen herbei. Junge Bäume werden gefällt und ein Knüppeldamm gebaut. Dann ziehen an einem langen Strick alle Schwarzen zusammen den Wagen aus dem Sumpf, worin er schon einen Meter tief versunken ist. Davon abgesehen, hat er alles gut überstanden. Der Motor springt an, und aus eigenen Kräften klettert das Automobil zurück auf die sogenannte Straße.

Bäche werden einfach durchfahren, sogar ein paar flache Flüsse. Wo das nicht möglich ist, muß eine haltbare Brücke gebaut werden. Das kostet nicht nur viele Stunden, sondern oftmals mehrere Tage. Die drei Weißen und ihr schwarzer Boy können das allein nicht machen, sie brauchen Holzfäller und viele kräftige Arme. Die muß man erst holen, aber nicht immer sind Dörfer in der Nähe. Jedesmal gibt es ein langes Palaver, bis man sich endlich über den Preis geeinigt hat. Graetz hat bewundernswerte Geduld und versteht es, Menschen zu behandeln. Er hat die Dauer seiner Reise auf ein volles Jahr berechnet und die Kosten auf ungefähr 75 000 Goldmark. Auf einen Tag mehr oder weniger, auf ein paar Piaster kommt es ihm nicht an.

Termitenhügel versperren den Weg, man muß eine Umgehung durchs Dorngestrüpp freischlagen. Vor einem Waldbrand retten sich Mann und Wagen durch rasche Fahrt im Rückwärtsgang. Ein Erdrutsch zwingt zu tageweiten Umwegen, eine Überschwemmung muß erst abfließen, bevor das Automobil weiterrollt. Die Männer schlafen abwechselnd im Wagen oder in Hängematten am Lagerfeuer. Wurde eine Antilope erlegt, stellen sich Hyänen ein. Es kann dann vorkommen, daß auch Löwen und Leoparden das Nachtlager umschleichen.

Staub und Hitze sind kaum zu ertragen, sobald der Wagen hält, fallen Millionen von Moskitos über die Menschen her. Immer muß vor einer Rast der Boden sorgfältig geprüft werden, ob auch keine roten Ameisen darauf herumkrabbeln. Ihre Stiche sind äußerst schmerzhaft und verursachen lang anhaltende Entzündungen.

Am Rufu liegt das erste Depot mit Öl und Benzin. Das vermeintliche Grabkreuz hat die gewünschte Wirkung ausgeübt, alles wird unberührt vorgefunden. Über den Rufu kann eine Brücke nicht gebaut werden, er ist viel zu breit und tief. Graetz mietet sechs große Einbäume, läßt sie durch Lianenstricke fest miteinander verbinden und quer darüber eine Plattform aus Knüppeln legen. Das Automobil wird vollständig entladen und von allem Zubehör befreit. Teils geschoben, teils gezogen und teils aus eigener Kraft gelangt es auf die zusammengebastelte Fähre. Drei Stunden dauert im Schneckentempo die Überfahrt. Dann wird das Gepäck nachgeholt, und wieder geht es weiter. Dasselbe geschieht fünfzigmal und vielleicht noch mehr im Verlauf der Reise. So genau kann sich Paul Graetz hinterher nicht mehr erinnern.

Schlimmer, viel schlimmer wird das Überwinden von Berghängen ohne Weg und Steg. Sind sie bewaldet, muß man erst eine Schneise freischlagen, sperren Steinblöcke den Aufstieg, werden sie weggesprengt. Graetz hat für alles gesorgt, auch für Steinbohrer und Dynamitpatronen. Der Wagen ist aber deswegen noch lange nicht oben. Geht es nicht im ersten Gang, versucht man es mit dem Rückwärtsgang. Hilft auch das nicht, muß Mtsee irgendwoher mindestens hundert kräftige Kerle holen, die Stück für Stück das Fahrzeug hinaufziehen. Manchmal vergehen drei Tage, bis genügend Leute vorhanden sind. Die Überquerung der Uluguru-Berge dauert eine ganze Woche.

Jenseits des Gebirges gibt es nur noch Fußpfade, wohl oder übel muß das Automobil ihnen folgen. Gras und Büsche biegen sich unter der Stoßstange, als rolle eine Walze über sie hin. Dorngebüsch streift am Wagen entlang und zerkratzt die Farbe. Stets müssen die Männer aufpassen, daß ihnen nicht Zweige ins Gesicht schlagen oder überhängende Äste gegen den Schädel krachen. Steine poltern unter den Rädern, jeder wundert sich, daß die Pneus auf dem scharfkantigen Geröll nicht in Fetzen fliegen. Während der ersten Wochen kommt es zu keiner einzigen Reifenpanne.

In mühevoller, schweißtreibender Arbeit werden klaffende Erdspalten ausgefüllt. Mit Spaten, Spitzhacke und Beil muß man den Pfad verbreitern, um Wald oder Dornendickicht zu durchqueren. Bäume zersplittern unter Axthieben, Termitenhügel werden zerhackt, tonnenschweres Gestein aus dem Weg geräumt. So geht es Tag um Tag, Woche um Woche.

Es gibt Gefahren, mit denen Graetz nicht gerechnet hat. Als die Askaris der Schutztruppe in Morogoro das Geknatter des Automobils vernehmen, glauben sie, es sei Gewehrfeuer eines unbekannten Feindes, der im Begriff ist, die Station zu stürmen. Der schwarze Feldwebel schlägt Alarm, läßt durchladen und befiehlt den Kampf bis zur letzten Patrone. Zum Glück macht der heranrollende Wagen einen so schrecklichen Eindruck auf die Askaris, daß sie davonlaufen. Sie hätten sonst dessen Insassen ohne weiteres erschossen.

Der Motor hat besser durchgehalten, als man zu hoffen wagte. Aber nun, beim Hochheben des Wagens in Morogoro muß man feststellen, daß sich die Hinterachse verbogen hat. Sie wird in der Feldschmiede des Bezirksamtes durch angeschmiedetes Eisen verstärkt. Doch es genügt nicht, das Fahrzeug ist zu stark belastet. Graetz opfert einen Teil des Gepäcks, er läßt die Türen abnehmen und verzichtet auf das Klappdach mit seinem schweren Gestänge. Die Lederpolster fliegen hinaus und dazu eine große Holzkiste mit Dauerproviant. Auch die beiden Scheinwerfer nebst den Karbidbehältern bleiben zurück. Nur mit zwei Petroleumlämpchen muß von nun an der Wagen seinen Weg durch die Dunkelheit finden. Viel besser, er fährt überhaupt nicht mehr ohne Tageslicht.

Hier und dort trifft man auf die Farm eines Weißen. Da gibt es auch deutsche Farmer, die noch nie ein Automobil gesehen haben. Sie kennen dergleichen nur aus Abbildungen. Wer die Heimat während der letzten Jahre nicht besucht hat, kann nur schwer oder gar nicht begreifen, wie solch ein Wunderwerk der Technik imstande ist, sich zu bewegen. Ein alter Bekannter von Graetz muß erst seine Furcht überwinden, bevor er das Automobil besteigt, und hält sich die Augen zu, als es geschwind davonbraust.

Es folgt die wildreiche Makata-Steppe. Sie wurde von der deutschen Kolonialverwaltung unter Naturschutz gestellt, obwohl sich weiße Jäger in dieser Gegend noch kaum gezeigt haben. Giraffen, Büffel und Antilopen in scheinbar unerschöpflicher Menge. So weit das Auge reicht, zieht Wild durch die Steppe. Der Wagen rollt über guten Wiesenboden, er hatte noch nie in Afrika eine so glatte und schnelle Fahrt wie hier. Die Rudel wilder Tiere finden keine Zeit zu flüchten, schon ist das fauchende Ungeheuer an ihnen vorüber.

Dann aber begegnet dem Automobil eine Viehherde mit schwarzen Treibern. Es sind viele tausend Rinder, der Besitz eines ganzen Stammes. Als der Wagen herandonnert, löst sich die Ordnung auf. Nach allen Seiten stürmen Kühe und Kälber, Ochsen und Bullen davon. Die Erde dröhnt vom Stampfen ihrer Hufe, in Staubwolken gehüllt rasen die brüllenden Rinder zum Horizont. Die Treiber werden Tage brauchen, bis sie die Herde wieder beisammen haben. Bald darauf eine hundertköpfige Karawane auf dem Wege zum deutschen Militärposten in Tabora.

Von Entsetzen gepackt, als sie hinter sich den Geisterwagen hören und sehen, werfen die Träger ihre Lasten ab und rennen um ihr nacktes Leben. Da hilft kein Rufen und Winken, auch wenn nun der Wagen steht. So bald kommen die Leute nicht mehr zurück.

Ein paar Tage später wird der Ngomberenga erreicht. Beinahe senkrecht fallen die Ufer zum Wasser hin ab. So muß erst eine schräge Zufahrt gebaut werden. Weil die Wassertiefe nur etwa siebzig Zentimeter beträgt, kann die Expedition auf ein Floß oder eine Brücke verzichten. Aber Graetz will auf Eingeborene warten, die sein Automobil hindurchziehen. Neuberger meint dagegen, diesen Zeitverlust könne man sich sparen. Er läßt den Motor an und fährt mit dem ersten Gang ins Wasser hinein. Schon hat er fast die Mitte des Flusses erreicht, da bleibt der Wagen unter Zischen und Knallen stehen. Alle vier Zylinder sind geplatzt!

Paul Graetz will Beweise dafür besitzen, daß Neuberger dieses Unglück mit Absicht herbeiführte. Doch wenn es so war, hat sich das erst später herausgestellt. Der Chauffeur soll mit den ausgebauten Zylindern zurück nach Daressalam, weil Graetz und von Roeder zuversichtlich hoffen, sie könnten dort repariert werden. Aber auf dem Weg zur Küste läßt Neuberger die Zylinder einfach am Wege liegen, wo Eingeborene sie finden und Graetz verständigen. Inzwischen hat sich der pflichtvergessene Chauffeur zu seinem Löwenweib begeben, weil ihm die endgültige Trennung von ihr eben doch zu schwer fiel. Deshalb glaubt sein Chef, er habe die Expedition mit Vorbedacht sabotiert, nur um möglichst rasch wieder in die Arme der leidenschaftlichen Frau zu eilen. Was später aus Neuberger wurde, ist nicht bekannt, auch das Archiv von Daimler-Benz gibt darüber keine Auskunft.

Mit der Hilfe von hundert Mann wurde unterdessen das havarierte Fahrzeug aus dem Wasser geschoben und während der nächsten Tage dreißig Kilometer weit bis nach Kilossa abgeschleppt. Das ist eine Nebenstelle des Bezirksamtes Morogoro, wo Unterkunft für Graetz und Roeder zur Verfügung steht. Nach Daressalam möchte der beurlaubte Oberleutnant nicht zurückkehren, er könnte die Schadenfreude all jener Leute nicht ertragen, die schon immer prophezeiten, daß es so und nicht anders kommen müßte. Paul Graetz weiß inzwischen, daß er völlig neue Zylinder braucht, und schickt vom nächsten Postamt ein dementsprechendes Telegramm ans Werk in Gaggenau. Darin bittet er auch um Entsendung eines anderen Chauffeurs mit bestem technischen Können. Bis beides in Kilossa eintrifft, der Fahrer und die Zylinder, vergehen drei Monate. Die lange Wartezeit verbringen Graetz und Roeder teilweise auf der Jagd und teils auf weiten Ausflügen durch die abwechslungsreiche Landschaft. Doch ist anzunehmen, daß trotzdem ihre Geduld auf eine harte Probe gestellt wurde.

Aber schließlich ist das Mißgeschick überwunden, die Fahrt kann weitergehen. An Schwierigkeiten jeder Art sind nun die beiden Freunde gewöhnt, es kann sie nichts mehr erschüttern. Mit dem neuen Fahrer, dessen Namen wir nicht kennen, weil er in den Berichten nur mit »Chauffeur Nr. 2« bezeichnet wird, wechseln sich die beiden anderen Automobilisten am Steuer ab. Heute fragt man sich, weshalb denn dieser dritte Mann so dringend gebraucht wurde, obwohl doch Graetz wie Roeder das Fahren und Pflegen des Wagens sehr gut verstanden. Doch haben anscheinend ihre technischen Kenntnisse nicht ausgereicht, um größere Reparaturen durchzuführen. Der Chauffeur war mehr als nur ein Fahrer, er mußte mit behelfsmäßigen Mitteln eine Werkstatt ersetzen.

Das Automobil erreicht die Landschaft Usagara, übersteigt das Rubeho-Gebirge, muß gleich danach die Steilhänge von Kidete erklettern und gelangt trotz zahlreicher Zwischenfälle über Mpapua nach Kilimatinde. Der Wagen beweist auf der äußerst schwierigen Strecke eine Robustheit sondergleichen. Tagelanges Fahren im ersten Gang macht ihm nichts aus. Er schnaubt über Stock und Stein, wühlt bis zu den Achsen durch Sand und kriecht Hänge hinauf, die man keinem Ochsengespann mit sechzehn Tieren davor zumuten würde. Das Kühlwasser kocht, die Federn ächzen, der Auspuff lärmt wie Geschützdonner. Aber der Wagen hält durch, ruhig und gleichmäßig erfüllt der Motor seine Pflicht.

Nach Mpapua die erste Reifenpanne, in schattenloser Mittagshitze wird der Schlauch geflickt. Hinter den Tschunio-Bergen muß auch der Magnet ersetzt werden, der alte ist verbraucht. Zum Glück sind alle wichtigen Ersatzteile doppelt und dreifach vorhanden. Viele Gepäckstücke hat Graetz in Morogoro zurückgelassen, aber kein Stück aus der technischen Kiste. Auch die Depots, schon vor anderthalb Jahren eingerichtet, werden unversehrt vorgefunden.

In der Gegend von Ilindi eine Steigung von mehr als fünfzig Prozent! Graetz hat für solche Fälle ein Kettenantriebsrad mit kleinster Übersetzung vorgesehen. Chauffeur Nr. 2 baut es ein, und tatsächlich schaffen die 35 PS den erschreckend steilen

Hang aus eigener Kraft. Allerdings fliegen dabei die Pneus beider Hinterräder in Fetzen davon. Die letzten hundert Meter rollt der Wagen auf den Felgen. Droben werden die Ersatzreifen montiert. Während der Weiterfahrt nach Tabora bricht eine Brücke unter dem Automobil zusammen, aber zum Glück im Unglück bleibt der Wagen zwischen den Trümmern hängen. Es dauert sieben Stunden, bis mit Hilfe einer Notbrücke das jenseitige Ufer erreicht wird.

Tabora ist nach Darassalam die größte Stadt in Deutsch-Ostafrika. Hier leben vierzigtausend Eingeborene und etwa hundert Europäer. In Tabora steht eine Kompanie der Schutztruppe, es gibt ein Bezirksamt, eine Postanstalt und eine Telegrafenstation. Schon von weitem hat man das Automobil gehört. Als nun Bwana Tucke-Tucke durch die staubigen Straßen rollt, weiß man bereits, daß sein dröhnender Drache keine Menschen frißt. Mit wilder Begeisterung werden Graetz und seine Begleiter empfangen. Die Leute tanzen, springen und brüllen um sein Automobil.

Graetz, Roeder und der Chauffeur gönnen sich nur drei Tage Ruhe, dann starten sie zur Fahrt nach Udjiji an den Tanganjika-See. Die Regenzeit hat begonnen, aus Sand ist Sumpf geworden. Schwarze Hilfskräfte bauen kilometerweite Knüppeldämme. So geht es langsam weiter, Stück für Stück und Tag für Tag, unter Aufbietung aller Kräfte des Motors und der Menschen. Strömender Regen, dann wieder schwüle, tropische Hitze und die Plage von Millionen Moskitos.

Erst wird Roeder krank, danach der Chauffeur. In Rutschugi, einem kleinen Posten der Schutztruppe, muß sich Graetz entschließen, ihre Gesundung abzuwarten. Sein Freund verliert tagelang das Bewußtsein, der Fahrer wird von Fieberfrösten geschüttelt. Beide delirieren und verweigern jede Nahrung. Aber Graetz bleibt gesund und pflegt seine Begleiter, so gut es geht. Nach ungefähr vierzehn Tagen haben sich beide erholt, und weiter geht die kühne Fahrt, dem Tanganjika-See entgegen. Durch aufgeweichte Steppe quält sich das Automobil. Dreimal, viermal und fünfmal versinkt es bis über die Achsen im Schlamm. Weil aber zwanzig Eingeborene immer nebenherlaufen, hat man es bald wieder herausgezogen. Als Graetz in Udjiji eintrifft, hat er immerhin schon die ganze Kolonie von Osten nach Westen durchquert. Auch das eine Erstleistung, die beweist, welchem Verkehrsmittel eines Tages die Wege in Afrika gehören.

Der Tanganjika-See ist riesengroß, nämlich 700 Kilometer

lang und fast 100 Kilometer breit. Die Grenze zwischen Deutsch-Ostafrika und Belgisch-Kongo verläuft mitten hindurch, die Südspitze des Binnenmeeres reicht noch gerade nach Britisch-Rhodesien hinein *. Auf dem See verkehrt ein deutscher Dampfer namens »Hedwig von Wissmann«. In tausend Teile zerlegt, hat man das Schiff von Daressalam bis an den Tanganjika-See gebracht und hier wieder zusammengesetzt. Der Wagen wird an Bord gehoben, und nach dreitägiger Schiffsreise landet die Expedition in Nord-Rhodesien.

Wieder auf eigenen Rädern, soll das Automobil den Paß von Kituta erklimmen. Aber der Fußpfad hinauf ist so schmal, daß selbst Sprengungen nicht genügen, um ihn für die Durchfahrt breit genug zu machen. So wird der Wagen vollständig auseinandergenommen, starke Träger schleppen die Teile in mühseliger Arbeit nach oben. Dort wird alles mit peinlichster Sorgfalt wieder zusammengeschraubt. Aber dem Chauffeur Nr. 2 sind die körperlichen Anstrengungen bei der glühenden Hitze zuviel geworden, er hat mehr als genug von dem verrückten Unternehmen. Als Graetz auf seine Verpflichtung für die gesamte Dauer der Reise hinweist, behauptet der Mann, todkrank zu sein. Er wird entlassen, bezahlt und verschwindet, so schnell er nur kann. Ein Maschinist der »Hedwig Wissmann«, schon seit zwölf Jahren in Afrika, tritt an seine Stelle. Er hat bisher noch kein Automobil gesehen, das Fahren muß ihm Graetz erst beibringen. Doch er ist ein guter Techniker, mit dem Motor und dem Getriebe wird er schon zurechtkommen.

Nur fünfzig Kilometer beträgt auf der Luftlinie die Entfernung nach Kasama, aber mehr als zweihundert Kilometer muß die Expedition zurücklegen, bis sie dort eintrifft. Dabei werden achtundzwanzig Flußläufe überquert. Es geschieht auf Flößen, behelfsmäßigen Brücken und gelegentlich auch durch einfaches Hindurchziehen. Es folgt eine Steppe mit zwei Meter hohem Gras, worin der Wagen verschwindet. Immer muß einer der drei Weißen vorauslaufen, um vor Hindernissen zu warnen. Dann erhebt sich vor ihnen ein Labyrinth aus Termitenhügeln. Graetz reißt das Steuer hin und her, um ihnen auszuweichen, An manchen Tagen kommt die Expedition nur zehn oder zwölf Kilometer vorwärts. Graetz läßt von den Frauen eines Dorfes vier Strickleitern aus Leder, Lianen und Holzknüppeln herstel-

* Das ehemalige Deutsch-Ostafrika – nach dem Ersten Weltkrieg ein britisches Mandatsgebiet – wurde bei Ausrufung der Unabhängigkeit zunächst die Republik *Tanganjika*, seitdem sich das Land mit dem Inselstaat Sansibar zusammenschloß, heißt es *Tansania*. Aus Britisch-Nord-Rhodesien entstanden die selbständigen Staaten *Malawi* und *Sambia*.

len. An morastigen Stellen werden sie vor die Räder gelegt, dann rollt das Automobil so rasch wie möglich darüber. Sogar Sümpfe, deren schwankende Oberfläche kaum einen Menschen trägt, werden auf diese Weise überwunden. Wie das möglich war, ohne daß der Wagen doch einmal wegrutschte, kann ein moderner Autofahrer kaum begreifen. Uns macht es schon Schwierigkeiten, aus einer weichen Wiese herauszukommen!

Über den Musombesi führt bereits eine Brücke, von den Avembas für ihre eigenen Zwecke gebaut. Sie ist 150 Meter lang, aber gerade nur so breit wie der Abstand zwischen den Rädern. Darunter gurgelt tiefes, reißendes Wasser. Zentimeter um Zentimeter schiebt sich der Wagen über das schwankende Gerüst. Damit die Reifen nicht abgleiten, wurden sie vorher mit Baststricken umwickelt. Aber dann, ausgerechnet in der Mitte, brechen plötzlich die Pfosten, und der Strom trägt ihre Verstrebungen davon. Das Automobil hängt mit der Vorderhälfte in der Luft, im nächsten Augenblick muß es abkippen und im Fluß verschwinden. Graetz ist herausgesprungen und versucht mit seinen drei Begleitern, den Wagen am Hinterteil festzuhalten. Zum Glück kommen ein paar Schwarze hinzu, die ihnen helfen. So gelingt es, den Absturz zu verhindern. Aber der Tag und die Nacht vergehen, bis genügend Hilfskräfte beisammen sind, um die Brücke notdürftig zu reparieren. Dann wird der Wagen völlig entladen und langsam, sehr langsam ans jenseitige Ufer gezogen.

Über den Schambesi – nicht zu verwechseln mit dem mächtigen Sambesi – gibt es keine Brücke, und es fehlen Wälder, um Bauholz zu schlagen. Nur ein breiter Schilfgürtel säumt das Ufer. Da kommt Chauffeur Nr. 3 auf einen guten Gedanken. Er weiß von seinen Fahrten über den Tanganjika-See, daß die Eingeborenen trockenes Schilf zusammenbinden, um das Bündel als primitives Floß zu verwenden. Warum soll es nicht möglich sein, auf ähnliche Weise das Automobil über den Schambesi zu bringen? Tatsächlich gelingt der phantastische Plan. Mit Hilfe der Schwarzen am Fluß werden Unmengen von dürrem Schilf geschnitten, zu einem Hügel aufgetürmt und dann mit Stricken aus Stroh fest zusammengeschnürt. Man zerrt das riesige Floß ins Wasser und schiebt den Wagen mit vereinten Kräften darauf. Dort wird er angebunden, danach ist die Überfahrt relativ einfach. Sechs Schwarze schwimmen zur anderen Seite und nehmen dabei Stricke mit, die an dem Floß befestigt sind. Daran kann man nun das Ungetüm hinüberziehen.

*Das Automobil überquert eine primitive Brücke in Britisch-Rho-
desien. Um den Wagen so leicht wie nur möglich zu machen,
hat man den Aufbau abmontiert und alles entfernt, was bei
dieser gewagten Brückenfahrt nur irgendwie entbehrlich war.*

Graetz und seine Begleiter erreichen die britische Regierungsstation Mpika, wo man das Automobil bestaunt, als käme es vom Mond. Engländer wissen sportliche Leistungen immer zu schätzen, so ist hier die Aufnahme besonders freundlich, und die Expedition bleibt einige Tage, um sich zu erholen. Es geht dann weiter zur Mission Chilonga in den Serenje-Bergen und nach halsbrecherischer Fahrt hinunter in die Steppe gleichen Namens. Den drei Weißen und ihrem Küchenjungen bleibt wirklich nichts erspart, denn hier erleben sie einen tageweit wütenden Präriebrand, dem Männer und Wagen nur durch schleunige Flucht entkommen. Viel fehlte nicht, und die Flammen hätten sie erreicht.

Es ist unmöglich, alles aufzuzählen, was die Expedition noch zu überstehen hat, bis sie endlich Brokenhill erreicht, die erste größere Stadt in Rhodesien. Wieder bricht eine Behelfsbrücke zusammen, und wieder braucht man hundert Mann, um das Automobil über einen Bergrücken zu ziehen. Ein Leopard schleicht sich bei Nacht ins Lager und wird neben dem Wagen erschossen. Als Chauffeur Nr. 3 den leck gewordenen Benzintank löten will, fliegt das Ding mit Getöse auseinander, weil sich darin explosives Gas gebildet hat. Zum Glück wird der Maschinist nicht verletzt und versteht es, aus den verbogenen Blechplatten einen neuen Tank zu machen.

In Brokenhill gibt es ein richtiges Hotel, und alle Weißen der Ortschaft bereiten den drei Automobilisten einen herzlichen Empfang. Ihr Wagen wird gründlich überholt. Die damals schon projektierte, aber bis heute nicht fertiggestellte Kap-Kairo-Bahn hat vor kurzem Brokenhill erreicht. Auf der Weiterfahrt gibt es auf langer Strecke keinen besseren Weg als den Bahndamm. Das Automobil hoppelt über die Schwellen und den Schotter. Fast stößt man dabei mit einer entgegenkommenden Lokomotive zusammen, die so schnell nicht bremsen kann. Im letzten Augenblick steuert Graetz den Wagen vom Bahndamm hinunter in dichtes Gebüsch. Die Männer aus mehreren Dörfern müssen geholt werden, um ihn wieder hinaufzubringen. Dann wird auf einer Eisenbahnbrücke der Kafu-Fluß überquert.

Das Rattern auf den Schwellen und auch der scharfkantige Schotter zerstören die Pneus, es kommt zu vier, fünf und sechs Pannen am selben Tag. Die Reservereifen werden aufmontiert, sind aber bald zerfetzt. Man muß sie flicken und immer wieder flicken. So gelangt das geschundene Automobil gerade noch bis Livingstone, wo neue Reifen, Öl und Benzin die

Expedition erwarten. Livingstone ist die Hauptstadt Nord-Rhodesiens, hier gibt es alle Bequemlichkeiten einer innerafrikanischen Metropole damaliger Zeit. Schon sind die von David Livingstone 1855 entdeckten Viktoria-Fälle, die größten Wasserfälle Afrikas, zur Berühmtheit geworden, die aus aller Welt Touristen anlocken. Von Kapstadt aus ist das Naturwunder auf bequemer Bahnfahrt in fünf bis sechs Tagen zu erreichen. Neben den Fällen steht ein schönes Hotel. Zum ersten Mal nach vielen Monaten genießen Graetz und Roeder die Wohltaten eines Badezimmers mit allem Komfort.

Der Chauffeur Nr. 3 nimmt seinen Abschied. Er hat sich bestens bewährt, doch weiter will der Maschinist vom Tanganjika-See nicht mitmachen. Telegrafisch verhandelt Graetz mit einer Firma in Bulawayo, die kürzlich ein paar Automobile aus England importierte. Für viel Geld und gute Worte schickt man ihm schließlich einen Chauffeur nach Livingstone. Der glaubt zunächst an ein Mißverständnis, weil doch gar nicht möglich ist, daß »von der anderen Seite« ein Auto in Rhodesien erscheinen kann. Noch mehr staunt der Mann, als er den Wagen sieht und geprüft hat, denn trotz aller Beulen und Blechschäden ist das Fahrzeug noch vollkommen betriebsfähig.

Zum ersten Mal fährt nun ein Automobil über die neuerbaute Brücke, die auf hohen Bögen den Sambesi überspannt. Der Passierschein, zum Preise von 13 Schilling und ausgestellt am 21. September 1908, ist noch heute vorhanden. Der Beamte hat noch hinzugeschrieben: »First Motor Car to cross Sambesi Bridge.«

Die Regenzeit ist vorüber, die Flüsse und auch die Sümpfe sind großenteils ausgetrocknet. Verhältnismäßig rasch gelangt die Expedition nach Bulawayo, damals die Hauptstadt von Süd-Rhodesien *.

In Bulawayo gibt es schon ein paar Automobile, auch eine Werkstatt zu ihrer Betreuung. Graetz läßt hier seinen Wagen nochmals gründlich durchsehen, da ihm noch weitere schwere Strapazen, vor allem die Durchquerung der Kalahari-Wüste, bevorstehen. Chauffeur Nr. 4 hat bereits ausgedient, weil er fest davon überzeugt ist, daß die Wüstenfahrt mit einer Katastrophe enden muß. Er wird durch einen Fahrer aus Johannesburg ersetzt, der vorerst noch nicht weiß, worauf er sich einläßt.

* Heute ist Salisbury die Hauptstadt von Rhodesien (ehemals Süd-Rhodesien). Dieser neue Staat, von einer weißen Minderheit regiert, hat sich 1965 gegen den Willen der Londoner Regierung von Großbritannien getrennt und sich für unabhängig erklärt.

Für die Dauer eines Jahres war die Reise berechnet, elf Monate sind schon jetzt vergangen. Der Urlaub Herrn von Roeders ist abgelaufen, er muß zurück nach Deutschland. Nur mit dem Fahrer aus Johannesburg und mit seinem Küchenboy aus Daressalam beginnt Paul Graetz die zweite Etappe des Unternehmens. Er läßt sich Zeit dabei, er will nichts mehr überstürzen, denn nun kommt es sogar auf Monate nicht mehr an.

Beim Überklettern der sonnendurchglühten Mica-Berge sind die Wasservorräte verbraucht. Im Kühler verdampft der letzte Tropfen, und von Durst gepeinigt werden die Männer fast wahnsinnig. Das Ende der Expedition scheint gekommen. Chauffeur Nr. 5 ist ohnmächtig geworden. Graetz kann keinen Schritt mehr gehen. Nur Mtsee hat noch die Kraft zu laufen. Durch ein Wunder des Himmels trifft er auf Eingeborene, und die kennen eine Wasserstelle tief drunten im Geklüft der Berge. Erst trinkt sich der Junge satt, dann eilt er mit gefüllten Kalabassen zum Wagen. Aber es dauert noch Tage, bis Graetz und der Fahrer wieder zu Kräften kommen.

Hinter den Mica-Bergen weites, aber strohtrockenes Buschland. Das Automobil gerät in eine Elefantenherde von über hundert Tieren. Es wird von einem wütenden Bullen attackiert, aber im raschen Rückwärtsgang entkommt es seinem Verfolger. Doch ist dieser Schrecken dem Küchenboy so in die Glieder gefahren, daß ihn kein Geld und keine Überredungsversuche dazu bewegen können, noch länger bei Bwana Tucke-Tucke zu bleiben. Es hilft nichts, Graetz muß ihn gehen lassen. Er bekommt seinen Lohn und Empfehlungsbriefe an die englischen wie deutschen Behörden, damit er sicher bis Daressalam zurückfindet. Seine Stelle übernimmt ein Boy aus Kapstadt namens Wilhelm. Woher ihn Graetz bekam und wo er ihn aufnahm, weiß ich nicht zu sagen.

Am 10. Januar 1909 beginnt die Durchquerung der Kalahari. Das Automobil ist mit 800 Litern Benzin und 100 Litern Öl belastet, dazu noch mit sechs Wasserkanistern, Reservereifen und einer schweren Kiste mit Ersatzteilen. Der Wagen sieht nun selber aus wie ein Elefant, weil sich Körbe und Säcke darin türmen und die Ersatzteile draußen angeschraubt sind. Graetz hat auch Wellblechplatten an Bord, um mit deren Hilfe durch den tiefsten Sand zu kommen. Wenn die Fahrt durch die Wüste gelingen soll, wenn Getriebe, Achsen und Federn dieser übermäßigen Beanspruchung standhalten sollen, muß der Himmel Paul Graetz noch viel mehr helfen, als es bisher schon so oft geschah.

Der Motor und die Menschen vollbringen eine Leistung, die auch unter heutigen Bedingungen, mit einem modernen Geländewagen und Funkverbindung, als besonders schwierig gilt. Wie sie es geschafft haben, damals im Jahre 1909, die allgemein gefürchtete Kalahari zu durchqueren, ist mit dem einfachen Verstand kaum zu begreifen. Zwar hat Graetz alle Einzelheiten berichtet, aber man muß schon an eine Kette wunderbarer Zufälle glauben, daß nicht geschah, was eigentlich geschehen mußte, nämlich daß die Expedition spurlos verschwand. Es gibt in der Kalahari nur selten Wasserstellen, und die sind schwer zu finden. Wege gab es damals überhaupt nicht, nur die halbverwehten Spuren von Ochsenwagen. Die wenigen Bewohner der Wüste, umherziehende Buschmänner, fürchteten sich vor Fremden und ließen sich deshalb nur ausnahmsweise blikken. Als ich 1967 selber zur Löwenjagd in ein Randgebiet der Kalahari wollte, wurde mir dringend geraten, ein solches Wagnis nur zu unternehmen, wenn sich landeskundige Begleiter mit einem zweiten Geländewagen dafür fänden. Fast sechzig Jahre nach Paul Graetz gilt eine Autoreise durch den Sand der Kalahari noch für so riskant, daß man unbedingt ein Sprechfunkgerät mitnehmen sollte, und zwar eines, das zuverlässig funktioniert und weit genug reicht, um notfalls Hilfe herbeizurufen. Daran läßt sich ungefähr ermessen, was das Automobil des Baujahrs 1906 und seine Fahrer geleistet haben.

Der Motor hält aus, das Getriebe arbeitet zuverlässig und die Achsen brechen nicht. Zum Glück werden auch die meisten Depots gefunden. Aber das Automobil gerät in Sandstürme, es fährt sich in Sandwehen fest und versinkt hundertmal im Flugsand. Doch immer wieder gelingt es herauszukommen. Durst, quälender Durst viele Tage lang. Entsetzliche Hitze, glühender Sonnenbrand, grausam heiße Winde. Die Haut der Männer ist entzündet, ihre Lippen sind aufgeplatzt, sie verlieren täglich ein Pfund ihres Gewichts.

Dann sind in einem der Depots die Benzinfässer ausgelaufen. Graetz besorgt sich mit viel Mühe ein Dutzend Ochsen mit eingeborenen Treibern und läßt den Wagen ziehen. Das geht so über hundert Kilometer weit und noch weiter, nicht mehr als höchstens fünfzehn Kilometer pro Tag. Die Ochsen werden dabei klapperdürr, die Treiber bringen sie kaum noch vorwärts. Chauffeur Nr. 5 erkrankt an Schwarzwasserfieber, und bei Graetz kommt eine verschleppte Malaria zum Ausbruch. In einem Betschuana-Dorf liegen sie vierzehn Tage fest. Als sie wiederhergestellt sind, geht es weiter nach Westen. Sie finden im nächsten Depot wieder Öl, Benzin und Reifen. Zwei Jahre lang ruhten die Vorräte im Wüstensand, markiert von einem Kreuz mit dem Namen Paul Graetz.

Die beiden Männer gehen auf Jagd, wo immer sich Antilopen zeigen. Hin und wieder gelingt es ihnen, mit einer kleinen Gruppe der Buschmänner Kontakt aufzunehmen. Mit denen teilen sie ihre Jagdbeute und bekommen dafür die Feldkost der Nomaden. Das sind geröstete Termitenlarven, Eidechsen und Wurzelknollen.

In Kubi, einem britischen Polizeiposten, liegt wieder ein Depot, diesmal auch mit Dauerproviant in Blechbüchsen. Aber bald danach, beim Herausquälen des Wagens aus einer Sandgrube, bricht das Kugellager in tausend Stücke. Ein Reservelager ist vorhanden und wird eingebaut. Und so geht es weiter und so geht es fort.

Ein Depot ist verschwunden oder wird nicht gefunden. Wieder sieben Tage mit Ochsen vor dem Kühler, dann ist die allerschlimmste Strecke der Kalahari überwunden. Auf der einsamen Farm Taillard werden zwei der vorausgesandten Benzintonnen entdeckt. Man kann die Zugtiere entlassen.

Am Nachmittag des 13. März 1909 erklettert das Automobil die letzte Sanddüne der Wüste. Als Graetz von ihrer Höhe durchs Fernglas schaut, sieht er im Westen einen Turm mit der deutschen Flagge. Die Expedition hat die Grenze von Deutsch-Südwest überschritten. Bald darauf hält der Wagen vor dem Polizeiposten Riedfontein.

Doch ist damit die Reise noch lange nicht zu Ende. Riedfontein ist der äußerste und einsamste Vorposten des Schutzgebietes an dessen Ostgrenze. Es folgen noch Wochen der Mühe und Plage, nochmals muß Graetz ein Kugellager ersetzen, und der Magnet hat unwiderruflich ausgedient. Weil kein zweiter Ersatzmagnet vorhanden ist, wird er von einem Depeschenreiter aus Windhuk geholt, was für Graetz wiederum eine lange Wartezeit bedeutet. Ein Unteroffizier der Schutztruppe begleitet den Wagen, als man schließlich weiterfährt, um den Weg zu zeigen. Auf die Räderspur der Ochsenwagen kann sich Graetz nicht verlassen, die fahren ja oft nur zu einsam gelegenen Farmen. Dieser Schutztruppler namens Pnieseck kommt dabei zu einem schrecklichen Ende. Als er nachts hinaus muß, stürzt der Ärmste in ein tiefes Wasserloch und ertrinkt darin, ohne daß man im Lager seine Hilferufe vernahm. Die Regenzeit hat wieder begonnen, das Automobil wird durch Flüsse gezogen oder auf Flößen hinübergebracht. Am Nassob bricht das Differential, bei Brakwater löst sich das linke Vorderrad in Stücke auf. Ein deutscher Wagenschmied bringt alles wieder in Ordnung.

Am 6. April 1909, um die Mittagszeit, rollt Paul Graetz durch die Straßen von Windhuk. Alle Häuser sind beflaggt, jubelnde Menschen winken ihm zu. Vor dem Regierungsgebäude ist eine Ehrenkompanie der Schutztruppe angetreten, die Nationalhymne erklingt.

Drei Wochen später ist auch die letzte Etappe zurückgelegt, die Fahrt nach Swakopmund. Das Automobil steht am Strande des Atlantik. In 630 Tagen hat Paul Graetz von Osten nach Westen den Schwarzen Erdteil durchquert, als erster Mensch mit einem motorisierten Fahrzeug. Er allein hat die ganze Reise durchgehalten.

Paul Graetz möchte mindestens vierundzwanzig Stunden schlafen, wird aber mitten in der Nacht geweckt. Ein Blitz-Telegramm aus Berlin:

»Gut gemacht, mein lieber Graetz,

Wilhelm I. R.«

Auch Eduard VII., König von Großbritannien, schickt dem Erstdurchquerer Afrikas wohlgemeinte Glückwünsche. In seiner Eigenschaft als Sportsmann sozusagen, wie die Engländer nun einmal sind. Doch wäre dem Herrscher über das Britische Weltreich gewiß ein Brite lieber gewesen.

Als Graetz wieder in Deutschland eintrifft, ist auch der Kaiser zufällig in Hamburg. Er besichtigt das verbeulte Automobil und äußert sich sehr befriedigt über die deutsche Wertarbeit. Nach allem, was der Wagen überstanden hat und so strapaziert er aussehen mag, er war noch immer vollkommen betriebsfähig.

Bwana Tucke-Tucke kehrte nicht mehr in die Schutztruppe zurück, er hängte überhaupt seine Uniform an den Nagel. Wie man es auch nimmt, und trotz des kaiserlichen Wohlwollens, war er in den Augen aller seriösen Leute von damals ein zu unruhiger Geist.

»Wir haben solche Abenteuer nicht geschätzt«, sagte mir vor kurzem Geheimrat Dr. Kastl, der seinerzeit die bejubelte Ankunft des Automobilisten in Windhuk miterlebt hatte, »Afrika braucht diese Art von Leuten nicht, jedenfalls konnten wir in unserm Schutzgebiet auf sie verzichten. Da gab es ganz andere Aufgaben für tüchtige Leute.«

Die Reise hatte nicht 75 000 Goldmark gekostet, wie Graetz im voraus berechnet hatte, sondern den doppelten Betrag. Zwei

Jahre später unternahm er noch eine Durchquerung Afrikas, doch diesmal mit einem Motorboot. Er begann die zweite Fahrt, auch eine Erstdurchquerung besonderer Art, in der Mündung des Sambesi und erreichte nach unglaublichen Strapazen und zwölf Monaten Reisezeit die Mündung des Kongo. Ein Büffel hatte im Innern Afrikas seinen Begleiter getötet und auch ihn selber schwer verletzt.

Eine ebenso waghalsige Expedition, nämlich die Durchquerung Neuguineas, verhinderte der Ausbruch des Ersten Weltkrieges. Paul Graetz hatte inzwischen gelernt zu fliegen, und als Jagdflieger zog er seine Kreise über der Westfront. Nach 1919 war er maßgeblich am Entstehen der ersten deutschen Luftverkehrs-Gesellschaft beteiligt, aus der die Lufthansa hervorging.

Nirgendwo gibt es eine Gedenktafel für den Erstdurchquerer Afrikas im Auto, auch in Südwest ist keine Straße nach ihm benannt. Wäre Paul Graetz ein Brite, Franzose oder gar Amerikaner gewesen, jedes Kind in seinem Land würde von ihm wissen. Aber so wie das bei uns nun einmal ist, hat man ihn völlig vergessen.

Am 24. Juli 1965 hat Bwana Tucke-Tucke in aller Stille seinen neunzigsten Geburtstag gefeiert. Nur die Lübecker Zeitung erinnerte sich seiner bei dieser Gelegenheit und bemerkte zutreffend: »Was heute keine Drei-Zeilen-Notiz wert wäre, bedeutete am 1. Mai 1909 eine Weltsensation.« Der alte Graetz lebt, leider völlig erblindet, bei Travemünde, in seinem Haus »Afrika-Ruh«.

Was aus dem Automobil geworden ist, das vor sechzig Jahren durch ganz Afrika fuhr, weiß man nicht. Vermutlich ist es auf irgendeiner Schrotthalde verrostet.

Der Gepard vom Waterberg

Die große Farm gehört einer kleinen Frau. Was sie dort geleistet hat in zwanzig Jahren, allein auf sich gestellt, ist wahrhaft erstaunlich. Als sie die 7 000 Hektar am Südhang des Waterbergs kaufte, gab es dort kein Haus, sondern nur eine primitive Steinhütte mit drei windschiefen Schuppen daneben. Frau Goldbeck hatte nicht Geld genug, um »Hohensee« gleich zu bezahlen, sie mußte Kredit aufnehmen und dafür die Zinsen nebst Abzahlung aus der Farm erwirtschaften. Das hat sie geschafft, der große Besitz ist schuldenfrei.

Die Farmerin wurde als Tochter eines Farmers vor ungefähr sechzig Jahren in Südwest geboren, heiratete vor dem Krieg nach Deutschland und verlor schon früh ihren Mann. Sie war in Mecklenburg, als die Russen kamen, flüchtete aber im Jahr darauf mit ihren beiden kleinen Kindern in den Westen. Dann kehrte sie noch vierundzwanzigmal heimlich zurück, um Stück für Stück die notwendigste Habe im Rucksack über die gefährliche Grenze zu holen. Bald darauf gelangte sie mit ihren Kindern wieder nach Südwest.

Der Vater starb, und sie erhielt ein kleines Erbteil, das knapp zur Anzahlung für die Farm genügte. Mit einem »Sandkaffern«, der schon zeitlebens ihrem Vater gedient hatte, machte sich die schlanke, zierliche Frau an die scheinbar unmögliche Aufgabe, die völlig verlotterte Farm in einen gewinnbringenden Betrieb zu verwandeln, und zwar ohne einen Pfennig bares Geld. Sie hat das neue Farmhaus mit eigenen Händen gebaut und dafür jeden Ziegelstein selber gebrannt. Weil die Farm eigenes Vieh nicht besaß, nahm sie fremdes Vieh in Pension. Der Kaffer mußte es hüten und fiel deshalb für andere Arbeiten aus. Die beiden Kinder kamen in ein Internat, weil ja keine Schule in der Nähe war. Sie stehen nun auf eigenen Füßen, ihre Mutter können sie nur gelegentlich besuchen. Während der Schulferien betreut Frau Goldbeck zehn oder zwölf elternlose Hereromädchen, dafür bekommt sie von der Regierung eine kleine Vergütung. Außerdem wohnt in Hohensee seit vielen Jahren ein zahlender Gast, der über achtzigjährige Leo Bachmann, ein ehemaliger Farmer und Schutztruppler. Mit Hilfe dieser und anderer Nebeneinnahmen, so bescheiden sie auch sind, gelang es der tüchtigen Frau, die Farm zu entwickeln. Sie besitzt nun ihr eigenes Vieh, ihren eigenen Geländewagen und verfügt über das notwendige Personal. Die Farm ist jetzt eingezäunt, die Farmgebäude wurden erweitert, und droben auf dem Hochplateau hat Frau Goldbeck eine Quelle entdeckt, die während des ganzen Jahres sprudelt. Man sieht es sofort, Hohensee blüht und gedeiht.

Landschaftlich ist es die schönstgelegene Farm von Südwest, auf der ich zu Gast war, sogar noch schöner als Etemba in den Erongo-Bergen. Doch sicher ist eine Farm im Flachland leichter zu bewirtschaften. Das Weideland am Fuß des Waterberg-Massivs ist relativ dicht mit Dornbäumen bewaldet, dann steigt das Gelände an. Auf einer sehr steilen, steinigen Pad, die nur ein starker Wagen mit Vierradantrieb bezwingt, fährt man in zahlreichen engen Kurven zur Hochfläche hinauf. Dort liegen wieder einige tausend Hektar gutes Weideland, wenn auch spärlicher bewaldet als das Farmgelände drunten. Sechs oder sieben wildromantische Schluchten spalten das Hochplateau.

Schaut man von oben in sie hinein, bietet sich ein phantastischer Anblick, besonders bei sinkender Sonne. Dann leuchtet das zerrissene Gestein in so glühendem Rot, als stünde es in Flammen, und man kann gut verstehen, daß früher die Buschleute glaubten, da drunten trieben böse Geister ihr Unwesen. Tief in den Schluchten wuchert an vielen Stellen eine fast tropische Vegetation. Die sengenden Sonnenstrahlen reichen nicht dorthin, und Feuchtigkeit kann sich halten. Aber wer dort eindringen will, muß sich Schritt für Schritt mit einem guten Haumesser erkämpfen.

Die Farm liegt zwischen zwei Wildreservaten, auch das Farmland selber ist sehr wildreich. Es macht den Tieren keine Mühe, die niedrigen Zäune zu überspringen. Kudus, Oryx, Springböcke und Warzenschweine, ebenso Hartebeest und Elen-Antilopen ziehen ihre Fährte durchs hohe Steppengras. Die Jagd macht aber der Farmerin keine Freude, nur hin und wieder erlegt sie ein Tier für den Bedarf ihrer Küche. Zu diesem Zweck mußte sie erst lernen, mit einem Gewehr umzugehen.

»Wie steht's mit Raubtieren«, fragte ich, »die finden doch hier in den Schluchten ideale Verstecke?«

»Schakale gibt's eine ganze Menge, aber die stören mich nicht so sehr, weil ich keine Schafe halte. Viel schlimmer sind die Leoparden, weil sie mir die Kälber reißen, doch es sind weniger geworden in den letzten Jahren. Wahrscheinlich wurden in der Nachbarschaft viele Fallen gestellt. Das merken sie allmählich und verschwinden aus der Gegend. Was den größten Schaden anrichtet, wenn sie mal auftreten, das sind die Geparde ...«

»Herrlich schöne Tiere, finden Sie nicht auch?«

»Vielleicht im zoologischen Garten, aber nicht auf einer Farm«, sagte Frau Goldbeck mit Entschiedenheit.

Es wird allgemein behauptet, daß Geparde mehr Wild und Jungvieh reißen, als sie imstande sind aufzufressen. Man sagt, sie würden jedes Tier in einem Viehkral umbringen, wenn es ihnen gelingt hineinzukommen. Ohne es selbst gesehen zu haben, glaube ich das nicht, aber es wurde mir immer wieder versichert. Meist treten die Geparde in Rudeln auf, zumindest jagen zwei, drei oder vier zusammen. Da sie schneller sind als jedes andere vierbeinige Geschöpf auf der Welt, kann ihnen kein Opfer entkommen, dessen Verfolgung sie aufnehmen. Geparde zu erlegen oder in eine Falle zu locken, ist deshalb so schwierig, weil sie nie längere Zeit im selben Gebiet bleiben, mag es auch noch so groß sein. Geparde sind ewige Wanderer der Wildnis. Sie können am selben Tag hundert Meilen und vielleicht noch mehr zurücklegen. Sie tauchen auf und verschwinden, meist unter Zurücklassung einiger Gerippe. Seit sieben Monaten hatten sie das Vieh und das Wild von Hohensee nicht mehr heimgesucht. Seit sieben Jahren hatte hier in der Gegend niemand mehr einen Geparden erlegt.

Trotz ihrer hemmungslosen Mordlust (von der ich nicht so ganz überzeugt bin) sind Geparde leicht zu zähmen, wenn sie erst wenige Wochen alt in die Hände eines tierverständigen Menschen gelangen. Zoologisch gesehen sind Geparde den Hunden näher verwandt als den Katzen, was vermutlich dazu beiträgt, daß sich ein jung gefangener und gutbehandelter Gepard seinem Herrn anschließt, ohne die Freiheit zu vermissen. Auch in Südwest gibt es Hausgeparde, die man ohne Kette laufen läßt. Sie bleiben dennoch in der Nähe und verlassen sich auf regelmäßige Fütterung. Früher wurden zahme afrikanische Geparde nach Indien exportiert, wo sie die Maharadschas zur Jagd verwandten, und zwar auf ähnliche Weise wie im alten Rußland die Windhunde. Der Jagdgepard folgte dem Pferd seines Herrn. Wurde ein Stück Wild gesichtet, das er reißen sollte, erhielt er den Befehl es zu hetzen. Der Reiter galoppierte hinterher und konnte sicher sein, daß der Gepard auf ihn wartete. Er fraß von seiner Beute nichts, sondern schien genau zu wissen, daß ihm nur die Eingeweide gehörten. Er bekam sie aber erst von seinem Herrn.

»Zahme Strauße sind mir lieber«, meinte Frau Goldbeck, »da brauch' ich nicht zu befürchten, daß sie vielleicht doch mal ein Huhn zerreißen. Ich habe jahrelang zwei Strauße gehabt, die mir auf Schritt und Tritt gefolgt sind. Meine schwarzen Jungens hatten sie als Küken gefunden, und in meinem Hühnerhof waren sie dann riesengroß geworden. Aber Buschleute haben sie weggetrieben und totgeschlagen.«

»Was denn für Buschleute, gibt's die noch hier?«

Ja, gelegentlich besuchten sie noch ihr altes Jagdgebiet, aus dem sie im vorigen Jahrhundert von den Hereros vertrieben wurden. Aber leider war auch eine Bande der übelsten Wilderer dabei. Niemand wußte, woher sie kamen und wohin sie wieder verschwanden. Sie schlichen in Gruppen von zehn oder zwölf durch die Wildreservate und Farmgebiete am Waterberg. Sie hatten gutdressierte Hunde bei sich, die jeder lohnenden Fährte lautlos folgten. Sie hetzten das Wild bis zu dessen Erschöpfung und hielten es dann fest, bis die kleinen schwarzen Jäger herankamen. Die gebrauchten keine Schußwaffen, um sich nicht durch Lärm zu verraten. Sie töteten ihre Opfer mit Pfeilen oder brachen ihnen das Rückgrat mit dem Kirri, einer meterlangen Keule mit schwerem Kopf. Das Wildbret wurde in Streifen geschnitten und in Bäume gehängt, um an der Luft zu trocknen. Das Ergebnis war Biltong, also haltbarer Dauerproviant von leichtem Gewicht und hohem Nährwert. Bei passender Gelegenheit wurde das fertige Produkt heimlich geholt.

»Alles natürlich streng verboten«, meinte die Farmerin, »aber die Kerle sind nicht zu fassen. Mit einer Frechheit sondergleichen haben sie ihre Hunde auf die beiden Strauße gehetzt, hier vor meiner Terrasse. Es kam so plötzlich und ging so schnell, daß ich gar nichts machen konnte. Dann waren sie weg, wie vom Erdboden verschwunden.«

Sie hätten die Jagd auf Frau Goldbecks zahme Strauße bestimmt nicht gewagt, wäre ein Mann Besitzer der Farm gewesen. Vor einer Frau haben die meisten Farbigen viel weniger Respekt. Seit diesem Erlebnis läßt sich Frau Goldbeck von ihren beiden großen Doggen bewachen. Es war noch gar nicht lange her, da wurde sie von einem ihrer Hereros, dem sie aus irgendeinem Grund Vorhaltungen gemacht hatte, tätlich angegriffen. Der rabiate Mensch wollte sie in seiner Wut mit einem schweren Stein erschlagen, und hätte es vermutlich auch getan, wäre ihm nicht eine der Doggen an den Hals gesprungen. Nur weil die Frau ihren Hund zurückrief, wurde der Angreifer nicht zerrissen. Er lief davon und ward nicht mehr gesehen.

»Selbst Kinder sind manchmal unberechenbar«, sagte die Herrin von Hohensee, »wie zum Beispiel meine Hererokinder. Ich kann sonst wirklich nicht über sie klagen, es sind friedliche und folgsame Geschöpfe, meist folgsamer als weiße Kinder im gleichen Alter. Doch eines Tages höre ich meine Katze furchtbar schreien und seh zu meinem Entsetzen, wie das arme Tier von etlichen lieben Mädchen ganz furchtbar gequält wird. Sie hatten die Katze festgebunden und waren gerade dabei, ihr mit einem Nagel die Augen auszustechen. Sie sehen's ja, meine Mieze ist auf einem Auge blind.«

Und warum hatten es die Mädchen getan? Aus keinem besonderen Grund, nur weil es ihnen Spaß machte. Das Mädchen mit dem Nagel bekam eine Tracht Prügel. Dann waren alle wieder brav und folgsam.

»Es sind wirklich nette Kinder, glauben Sie mir, nur manchmal . . . da versteht man nicht, was plötzlich über sie kommt.«

Am Vormittag hatten wir mit Hereros, allerdings mit erwachsenen Hereros, ein Erlebnis gehabt, das ebenso ihren finsteren Stolz wie die Langlebigkeit der Erinnerung an ihre größte Niederlage bewies. Den deutschen Soldatenfriedhof am Waterberg wollten wir sehen, und weil sich kein Wegweiser mehr an der großen Pad befand, hielten wir vor einigen Hererohütten und fragten nach Denkstätten der Gefallenen. Nein, von einem solchen Platz hatten sie noch nie gehört, hier in der Nähe gab es keine deutschen Gräber. Sie mußten aber in der Nähe sein, wir wußten es ganz genau. Nur eben nicht ganz genau, wo sie lagen. Mit Hesekiel als unserem Dolmetscher war ein Mißverständnis ausgeschlossen, aber auch er brachte bei bestem Willen nichts aus den Leuten heraus. Wir versprachen jedem Herero gute Belohnung, wenn er uns zum Friedhof führte, doch kein Mann, keine Frau und kein Junge wollte sich das Geld verdienen. So suchten wir auf eigene Faust und fanden den gutgepflegten, von einer Mauer umgebenen Friedhof etwa dreihundert Schritt von dem Dorf entfernt. Dort lagen die deutschen Opfer der Schlacht am Waterberg, jeder unter seinem Kreuz mit Namen und Dienstgrad. Der Unglückstag des Hererovolkes hatte sich im Jahre 1904 ereignet, doch selbst den toten Siegern hatte man nicht vergeben. Sie sollten, wenn man es irgendwie verhindern konnte, keinen Besuch ihrer Landsleute erhalten. Vielleicht wurde auch deshalb der Wegweiser immer wieder abgerissen. Die deutschen Südwester wissen natürlich, wo sich die Grabstätte befindet, sie brauchen nicht danach zu fragen. An jedem Jahrestag der Schlacht findet dort eine Gedenkfeier statt, unter reger Beteiligung nicht nur der Deutschen, sondern auch der Afrikaaner und Engländer mit ihren Fahnen. Nur von den Hereros läßt sich keiner blicken.

Nach dem Mittagessen mache ich dem alten Bachmann einen Besuch, dem Dauergast auf der Farm. Er wohnt in einem Zimmer des Nebenhauses, das er nur noch selten verläßt. Sein Fenster ist geschlossen, und ich soll auch die Türe schnell wieder zumachen, damit keine Kälte hereinkommt. Dabei herrscht draußen glühende Mittagshitze.

»Ich brauche Wärme für meine alten Knochen«, sagt der Bewohner des Raumes, »der Ofen darf nie bei mir ausgehen!«

Neben ihm steht ein stinkender Petroleumofen, der in dem engen Raum eine Temperatur verbreitet, als sollten Knödel gekocht werden. Mir läuft gleich der Schweiß herunter wie in einer Sauna.

In seinen jungen Jahren war Bachmann unter dem Beinamen »Leo der Mächtige« in ganz Südwest bekannt und auch gefürchtet. Er soll dem Vernehmen nach die Einrichtung so mancher Bar zertrümmert haben und konnte brüllen wie ein Stier, wenn ihn der Zorn übermannte. Aber damit ist es schon lange vorbei. Zwar ist Bachmann noch immer ein Koloß, schwer, breit und riesengroß, aber diese Masse Mensch sitzt zusammengesunken in einem abgeschabten Sessel, den er restlos ausfüllt. Auf dem Tisch, neben der Petroleumlampe, liegen ein paar zerlesene Bücher und alte Zeitungen. Er hat wohl schon lange nicht mehr hineingeschaut. Seine Welt besteht nur noch aus diesem Raum, wo man ihn betreut und verpflegt, und worin er seine letzte Heimat fand.

Ich möchte mit ihm von alten Zeiten sprechen, von den Feldzügen gegen die Hereros und Hottentotten, die er als blutjunger Schutztruppler mitgemacht hat. Doch es kommt nicht viel dabei heraus. Seine Erinnerung scheint erloschen, obwohl er sich alle Mühe gibt, eine freundliche Unterhaltung zu führen.

»Ja wissen Sie, lieber Herr, das ist schon lange her... Aber da fällt mir was ein, da wurden wir auf ein Schiff verladen... es ging von Swakopmund nach Lüderitz, wegen dem Witboi, glaub' ich, diesem Höllenhund, oder vielleicht von wegen sonstwas. Unser Major, das war vielleicht ein scharfer Hund, mit dem hatt' ich viel Ärger, wissen Sie. Aber wenn's gegen die Heros und Hotten ging, da war er vorne weg. Und wissen Sie, was der Major getan hat auf dem Schiff, wissen Sie das?«

Ich konnte es nicht einmal ahnen.

»Gekotzt hat der Herr Major... gekotzt und gekübelt, bis er nichts mehr im Leibe hatte. Das war ein Spaß... hahaha... hohoho...!«

Der alte Mann lachte so laut, daß die Scheiben klirrten. Alles hatte er vergessen aus seiner Schutztruppenzeit, nur nicht seinen seekranken Kommandeur. Es blieb das einzige Erlebnis, von dem mir »Leo der Mächtige« erzählte.

Er hatte sich später eine Farm zugelegt, ausgediente Soldaten bekamen ja gutes Weideland zu billigem Preis und konnten sich Zeit lassen mit dem Bezahlen. Dort mußte er ganz ordentlich gewirtschaftet haben, denn als er seine Farm vor etwa zehn Jahren verkaufte, bekam er dafür nach deutschem Geld ungefähr eine halbe Million. Er war also ein reicher Mann und hätte von den Zinsen allein in Windhuk oder Swakopmund sehr gut leben können. Statt dessen lebte er auf dieser einsamen Farm in Kost und Logis. Frau Goldbeck hätte den langsam, aber sicher sterbenden Mann lieber in ein gutes Altersheim gebracht, aber er wollte nicht mehr weg. Die Welt da draußen war ihm fremd geworden. Er hatte nie geheiratet, und von seinen Verwandten, falls er solche noch besaß, wußte er nichts mehr. Als ihn die Farmerin endlich dazu brachte, sein Testament zu schreiben, bestimmte er einen Freund zu seinem Alleinerben, den er seit dreißig Jahren nicht gesehen hatte. Wenn dieser überhaupt noch lebte, mußte er älter sein als der alte Bachmann. So dämmert nun Leo der Mächtige dahin, und lange wird es nicht mehr dauern, bis alles zu Ende ist.

Draußen werde ich gerufen, der Landrover steht zu einer Jagdfahrt bereit. Ein Kudu für die Küche wäre willkommen, aber möglichst jung soll er sein, auf starke Trophäen legt man in Hohensee keinen Wert.

»Sie können natürlich schießen, was Sie wollen«, sagt mir die Farmerin, »was man nicht schießen darf, wissen Sie selber.«

Frau Goldbeck setzt sich ans Steuer, neben ihr nimmt Frau Tilla Platz. Walter mit unserem Hesekiel, dazu noch ein Farbiger von der Farm und ich, wir besteigen den offenen Laderaum des Wagens. Für meinen Geschmack sind das zu viele Leute, wenn die Fahrt wirklich einer Jagd gelten soll. Aber der Gast muß das Arrangement dem Gastgeber überlassen. So rollen wir denn ab und werden gewaltig durchgerüttelt, denn die Pad ist nicht viel besser als das natürliche Gelände. Die Farmerin hat im Sinn, an irgendeinem Punkt mit weiter Sicht zu halten. Von dort werden wir nach Wild Ausschau halten, der späte Nachmittag bietet dazu die beste Gelegenheit.

Keine Viertelstunde ist bei rascher Fahrt vergangen, als mit plötzlichem Ruck der Wagen hält. Wir wären im hohen Bogen hinausgeflogen, hätte sich nicht jeder schon vorher festgeklammert. Frau Goldbeck springt auf die Pad und bückt sich über eine Fährte im Sand.

»Ein Leopard, und ganz frisch . . ., keine Stunde alt!«

Walter, Hesekiel und ich beugen uns nun gleichfalls darüber.

»Kein Leopard«, sagt unser schwarzer Mann, »das ist Gepard, Missi.«

»Weißt du das ganz bestimmt?«, zweifelt die Farmerin.

»Ganz bestimmt, Missi, Gepard ist gerade hier gewest.«

Dann sehe ich selber noch die Fährte eines Schalenwildes. Daheim in meinem Revier hätte ich gemeint, es sei das Trittsiegel eines Junghirsches im ersten Jahr.

»Ist junger Kudubulle«, meint der kenntnisreiche Hesekiel, »Gepard läuft ihm nach, Missi, wird ihn bestimmt kriegen.«

Indessen hat Frau Goldbeck noch die Fährte eines zweiten Gepards entdeckt. So ist denn ganz in unserer Nähe eine Hetzjagd in vollem Gang.

»Wenn die verfluchten Biester nur nicht an meine Kälber gehen...«

»Das werden sie nicht«, konnte ich versichern, »Geparde bleiben immer auf der gleichen Fährte, bis sie ihre Beute haben. Dabei laufen sie mitten durch Rudel anderer Tiere hindurch, wo sie es doch so einfach hätten. Das hab' ich selber gesehen... den jungen Kudu lassen sie nicht mehr aus.«

Die Aufregung ist jedenfalls groß, wird aber noch größer, als Hesekiel behauptet, die beiden Geparde müßten schon ihr Opfer erreicht haben.

»Ich geh' nach bis zum Riß«, sage ich sofort, »diese einmalige Chance muß sofort genutzt werden. Wenn ich den Kudu finde, setze ich mich an ... es besteht 'ne große Wahrscheinlichkeit, daß die Geparde zurückkommen.«

Was ich tun möchte, hat Hesekiel schon getan. In schnellem Trab ist er auf der Doppelfährte verschwunden, der andere Schwarze ebenso eilig hinter ihm her. Das möchte ich nun auch.

»Warten Sie doch erst, ob die beiden was finden«, meint die Farmerin, und mir bleibt nichts übrig, als mich zu fügen.

Keine zehn Minuten vergehen, schon ist Hesekiel wieder da.

»Junger Kudu ist tot, Geparde haben klein wenig von gefressen...«, weiß er zu melden.

Also los, und auf den nächsten Baum. Walter und Tilla möchten mitkommen, aber das geht nicht. Das würde alles verpatzen und ist außerdem gefährlich. Jede Kugel sitzt nicht gleich am richtigen Fleck, und es gibt für Zuschauer bessere Gesellschaft als angeschossenes Raubwild.

»Nur der Hesekiel darf mitgehen«, bestimmt auch Frau Goldbeck, »so 'ne Sache ist wirklich kein Spaß!«

Ich bitte dringend darum, daß der Wagen zurückfährt, denn sein Geruch nach Öl und Benzin muß für die empfindliche Nase von Geparden scheußlich sein.

»Bitte holen Sie mich erst, wenn es ganz und gar dunkel ist.«

Es wird mir versprochen, der Landrover fährt fort. Mit Hesekiel dringe ich durchs Gestrüpp. Zwar kann ich die Fährte von Kudu und Geparden nicht sehen, aber wo die beiden Männer liefen, dort sind Blätter abgestreift und Zweige geknickt. Viel Zeit haben wir nicht, in spätestens einer Stunde beginnt die Dämmerung.

Da liegt der Kudu, mit aufgerissenem Hals. Er ist noch so warm wie im Leben, die Augen sind noch nicht gebrochen. Wie üblich bei afrikanischem Raubwild, haben ihn die Geparde hinten angeschnitten, um das Waidloch herum. Seltsamer Geschmack, aber so ist das nun mal.

Wir ziehen den Kadaver in die Mitte eines hellen Sandflecks, damit ich ihn bei anbrechender Dunkelheit noch möglichst lange sehen kann. Zwanzig Schritt davon entfernt steht eine entlaubte Akazie, so als wäre sie eigens für meine Zwecke dort gewachsen. Ihre Äste reichen tief hinunter, es bedarf keiner besonderen Kunststücke, um hinaufzusteigen. Ungefähr drei, vielleicht auch vier Meter über dem Boden entdecke ich eine bequeme Astgabel. Dort setze ich mich hinein, lasse mir von Hesekiel die 7,66 vom *Hofe* reichen und lade sie mit vier Hohlmantelpatronen. Das Zielfernrohr nehme ich ab, denn auf so kurze Distanz schießt man natürlich viel besser über Kimme und Korn.

Hesekiel kommt nach, der Ast unter mir bietet auch ihm einen guten Platz. Von dort kann er mich vorsichtig berühren, wenn er etwas sieht, das ich nicht sehe. Wir sitzen ganz bequem, ich habe sogar rechts wie links eine Stütze für die Arme und kann auch die Füße aufsetzen. Mein Gewehr ruht vor mir auf den Zweigen. Trotz seiner vielen Dornen könnte der gute Baum für den Ansitz zweier Jäger gar nicht praktischer gebaut sein, als ihn die Natur geschaffen hat. Ich weiß aus eigener und fremder Erfahrung, daß Löwen, Tiger und Geparde nie nach oben schauen, weil sie von dort keine Gefahr vermuten. Gesehen werden wir also nicht, wenn jeder sich absolut ruhig verhält. Wir sind auch, so hoffe ich, so weit vom Boden entfernt, daß unser Menschenduft über das Raubwild hinwegstreicht. Sonst genügt schon ein Hauch davon, um alles zu verderben.

Doch es bleibt auf jeden Fall die große Frage, ob wirklich einer der Geparde zurückkommt. An sich muß sie der frische Riß außerordentlich reizen, die unterbrochene Mahlzeit fortzusetzen. Aber der Lärm und Geruch des Wagens, die plappernden Menschen und das Geraschel im Gestrüpp waren vielleicht doch zuviel. Außerdem haben wir die Lage des Kudus verändert. Also Grund genug für Vorsicht und Mißtrauen. Andererseits wäre die Aussicht auf Erfolg noch geringer, wenn ich statt heute abend erst morgen früh in dem Baum säße. Bis dahin hatten die Geparde ihre Beute womöglich vertilgt und waren längst über alle Berge. Die einzige Chance besteht jetzt, in dieser knappen Stunde vor Anbruch der Dunkelheit.

Wir sitzen reglos, sprechen auch nicht das leiseste Wort. Ganz langsam und vorsichtig dreht jeder seinen Kopf nach rechts und nach links, denn keine Bewegung im Gelände darf uns entgehen. Ich höre das Fallen dürrer Blätter, das Gesumm wilder Bienen und das Pochen meines Blutes. Nicht auszudenken, wenn es mir wirklich gelang, einen Gepard zu erlegen! Seit sieben Monaten war keiner mehr durch dies Gebiet gezogen, vor sieben Jahren wurde zum letzten Mal ein Gepard geschossen. Welch Zufall sondergleichen, daß wir gerade heute nachmittag die frischen Fährten entdeckten. Und ausgerechnet von zwei Geparden, die schon fast ihr Opfer erreicht hatten. Danach den gerissenen Kudu gleich zu finden, noch lebenswarm und eben angeschnitten, war der Zufälle schon fast zuviel. Nur für einen kurzen Besuch waren wir nach Hohensee gekommen, nur für einen halben Tag und die Nacht. Morgen um sechs Uhr sollte es wieder weitergehen. Ein Jagdausflug bei Hohensee stand nicht auf unserem Programm, das hatte sich nur ergeben, weil im Farmhaus Wildbret gebraucht wurde. Und da sitze ich nun hier in einem Baum und warte mit atemloser Spannung auf das Erscheinen der edelsten Beute, die es für einen Jäger in Südafrika nur geben kann.

An meinen Wänden daheim hängen Trophäen aus aller Welt, auch Löwen, Tiger und Leoparden. Den stärksten Bären habe ich erlegt, der seit Menschengedenken einem deutschen Jäger zum Opfer fiel, und mir gehört der Weltrekord des westafrikanischen Bongo. Mein Steinbock aus den italienischen Alpen war damals der zweitbeste und meine Sittutunga aus dem Quellgebiet des Kongo ist es noch. Das kann jeder Zweifler in Fachbüchern nachlesen. Es wurde alles von Beauftragten der zuständigen Jagdverbände vermessen und verglichen. Aber einen Gepard habe ich noch nicht, weil es Tiere sind, denen man systematisch nicht nachstellen kann. Ihre Lebensweise macht das unmöglich. Nur der unwahrscheinliche Zufall kann dem Jäger einen Gepard vor die Büchse bringen. Wahrscheinlich wird mir heute die einzige Chance meines Lebens geboten.

Es herrscht unheimliche Stille, die Welt scheint ausgestorben. Schon neigt sich die Sonne zum Horizont. Mir bleiben schätzungsweise noch zwanzig Minuten Büchsenlicht. Meine Füße sind eingeschlafen, die Hände beginnen zu kribbeln, immer unbehaglicher wird mir das harte Holz unter dem Hintern. Lange kann ich so reglos nicht mehr bleiben.

Hesekiel stößt mich sachte an. Ich schaue vorsichtig zu ihm hinunter, er zeigt mit angewinkeltem Arm zu einem Gestrüpp jenseits des Sandflecks. Lange sehe ich dort nichts, aber dann bemerke ich einen beweglichen Schatten. Darf aber leider das Glas nicht an die Augen heben.

Der runde Kopf eines Gepards, ganz ohne Zweifel. Das Tier schleicht lautlos, und äußerst mißtrauisch scheint es zu sein. Sicher hat er die veränderte Lage seiner Beute bemerkt. Der Gepard kommt nicht näher, er bleibt im Halbdunkel der Büsche.

Verflucht noch mal, hätte ich doch nur nicht das Zielglas vom Gewehr genommen. Auf ungefähr hundert Schritt in tiefen Schatten hinein, da ist ein guter Schuß kaum möglich.

Also warten, ob er nicht doch ins Freie tritt. Aber der Gepard bleibt drüben, nur gerade einen Streifen des gefleckten Rückens kann ich noch sehen. Und von Minute zu Minute wird es dunkler.

Nun ist es schon gleich, ob ich treffe oder nicht. Die Chance ist sonst auf jeden Fall verpatzt. Millimeter für Millimeter hebe ich die Büchse, ziehe den Kolben fest an Schulter und Backe, suche mit den Augen die gerade Linie über Kimme und Korn in das Ziel.

Aber viele, sehr viele kreuz und quer gestellte Äste, Zweige und Halme versperren den Weg. Ich verrenke mir die Glieder, um eine Lücke für die Kugel zu finden. Dann glaube ich sie zu haben, die freie Bahn für mein Geschoß. Aber größer als ein Fünfmarkstück ist die Lücke bestimmt nicht.

Bei der unsicheren Haltung mit verdrehtem Körper zittert das Gewehr, ich kann den Zielpunkt nicht fassen. Nur drei Finger breit ungefähr ist der Rücken des Gepards noch zu sehen. Das Korn in der Kimme schwankt darunter und darüber.

Den Atem halte ich an, ziehe den Kolben noch fester, beiße mir auf die Lippen und berühre den Abzug. Noch ein leichter Druck... die Kugel kracht.

Drüben geschieht nichts. Es bricht kein Zweig, es raschelt kein Gestrüpp. Von dem Raubtier ist nichts mehr zu sehen.

Hesekiel macht eine Handbewegung, die mir unverständlich ist. Als ich enttäuscht vom Baum hinunter will, gibt er mir ein Zeichen noch zu bleiben. Er scheint etwas zu sehen, das ich nicht sehe.

»Was ist, Hesekiel?« frage ich flüsternd.

»Gepard weiß nicht, was knallt ... er denkt ist nur Donner vom Himmel. Kann noch mal kommen.«

Daran hätte ich selber denken müssen. Ein Tiger in Thailand wurde zweimal verfehlt, blieb aber trotzdem in der Nähe, und nach einer Stunde geduldigen Wartens traf ihn mein dritter Schuß.

Aber so viel Zeit habe ich heute nicht. Die Sonne ist schon weg, nur ihr Abglanz gibt noch etwas Licht.

Wieder ein Stoß von Hesekiel, und jetzt sehe ich gleich, was er meint. Als wäre ein Wunder geschehen, ist plötzlich der Gepard auf dem Sandfleck erschienen. Offenbar aus ganz anderer Richtung, wo ich nicht hingeschaut habe. Keine dreißig Schritt von dem Kudu steht das herrliche Tier vollkommen frei. Scheint auch nichts zu befürchten.

Als ich die Büchse wieder hebe, dringt das Geräusch des Landrovers zu uns. Der Gepard schrickt zusammen und zieht sich einige Schritt weit zurück. Er wird jetzt von einem Busch völlig verdeckt.

Das hat gerade noch gefehlt! Muß denn, verdammt noch mal, der Wagen viel früher zurückkommen, als ich gesagt habe.

Der Gepard ist wieder zur Hälfte frei und kein Augenblick mehr zu verlieren. Aber trotzdem, nichts überhasten. Ich muß ihn breit haben, doch er hat sich mit dem Kopf in Richtung zur Pad gedreht.

Der Wagen hat inzwischen gestoppt, man kann deutlich Walters Stimme hören, der mit Frau Goldbeck redet. Der Abend ist ja sonst vollkommen still.

Wieder wendet sich der Gepard, jetzt steht er breit, und es ist soweit. Schon will ich den Finger krumm machen...

»Halloooh, haben Sie was geschooossen?« ruft von der Straße Walter aus Leibeskräften.

Mit einem Satz, so schnell wie der Blitz, rettet das Raubtier sein Leben.

In diesem Augenblick wäre ich imstande gewesen, Walter mit wahrer Wollust zu erwürgen.

»Halloooh... wir haben einen Schuß gehöööört... was ist loooos, haben Sie geschooossen?«

Zeitlebens gehören solche Leute an die Kette gelegt, mit doppeltem Sicherheitsschloß vor dem Mund!

Zitternd vor Zorn und mit Flüchen auf den Lippen, die zur Wiedergabe im Druck nicht geeignet sind, klettere ich von meinem Baum herunter. Nun, dem werde ich die Meinung sagen, und zwar mit aller gebotenen Gründlichkeit. Aber Hesekiel hält mich fest.

»Komm erst...«, sagt er mir, »komm zu Gepard...«

Ich begreife nicht, was er meint.

»Gepard ganz tot, weiß ich bestimmt!«

»Was denn, er ist doch weg . . .«

»Zweite Gepard weg«, schüttelt er bedauernd den Kopf, »erste Gepard ganz tot.«

Mir sind alle Dornen egal, die Gesicht und Hände zerkratzen. Doch Hesekiel ist schneller. Er zerrt schon die Beute aus dem Gebüsch, als ich hinkomme.

Ein starkes männliches Tier mit herrlichem, seidenweichem Fell. Die Kugel hat hinter dem Schulterblatt sein Rückgrat durchschlagen. Im Bruchteil einer Sekunde starb er an der gleichen Stelle, wohin ich schoß. Dort ist er lautlos zusammengesunken, verdeckt vom Geäst und Gestrüpp.

»Waidmannsheil«, ruft Walter, vom schnellen Lauf erhitzt, »so ein Glück, so ein unwahrscheinliches Glück!«

Er strahlt vor Freude und drückt mir beide Hände. Was kann ich da noch sagen?

»Wenn der Wagen nicht kommen und du nicht laut rufen«, sagt an meiner Stelle Hesekiel zu seinem Chef, »wir ganz bestimmt haben geschossen zwei Gepard.«

Nun, ich glaube, einer ist auch genug. Und wie es mir fast immer geht, wenn die Aufregung der Entspannung weicht, bedauere ich den Tod des schönen Tieres. Gar mancher Jäger, der mit Leidenschaft jagte, hätte nach dem gutgelungenen Schuß lieber nicht geschossen. Dies seltsame, ja geradezu widersinnige Dilemma der Gefühle hat wohl am besten der spanische Philosoph Ortega y Gasset erklärt, der selber kein Jäger war. Er sagte: »Man jagt nicht, um zu töten, sondern tötet, um gejagt zu haben.«

Inzwischen ist auch die Farmerin gekommen und scheint sehr zufrieden, daß einer der Räuber nicht mehr lebt.

»Da haben Sie ein gutes Werk getan und zahllosen Tieren das Leben gerettet.«

Damit sind all jene Antilopen, Warzenschweine, Perlhühner und auch Kälber gemeint, die mein Gepard noch gerissen hätte, wäre er so lange am Leben geblieben, bis ihn Altersschwäche dahinraffte. So kann man es auch sehen.

Ein junger Kudu wurde für die Küche der Farm gebraucht. Der liegt nun auch vor unseren Füßen, als unfreiwilliges Geschenk der Geparde.

»Ich könnte drauf verzichten«, meint Frau Goldbeck, »wir haben Vollmond heute nacht, wollen Sie's noch mal versuchen? Ich denke, der zweite Gepard kommt vielleicht zurück. Lassen wir also den Kudu liegen . . . ?«

Nein, ich bin ganz und gar zufrieden. Man soll von seinem

Glück nicht mehr verlangen, als es von selber anbietet. Es könnte sonst ausbleiben, wenn man es am meisten braucht.

So schleppen wir meinen Gepard und seinen Kudu zur Straße, heben die doppelte Beute auf den Wagen und wollen gerade abfahren, als Hesekiels scharfe Augen im Sand der Pad noch etwas entdecken.

»Da waren drei Geparde, Missi, hier ist dritte Spur.«

Dem Abdruck nach war das ein junges Tier, vermutlich der Sohn oder die Tochter meines Gepards.

»Die beiden werden noch viel Unheil anrichten«, fürchtet die Farmerin.

Was sollen sie sonst tun? Sie können ja nicht freiwillig verhungern. Raubtiere leben von anderen Tieren, so hat es die Natur gewollt.

... und am Freitag nach links

Das alte Ehepaar wohnt in einem neuen Appartementhaus. Es ist das schönste und wohl das größte in Windhuk, außerdem gehört es den beiden. Nach ihrer Farm am Waterberg haben sie es Hamakari genannt. Von der weiten Aussicht, die sonst ein Blick aus dem Fenster bietet, kann ich nichts mehr sehen, denn es ist schon Abend, und die Vorhänge sind zugezogen.

Fast achtzig Jahre hat Wilhelm Diekmann erreicht, doch kaum sechzig sind ihm anzusehen. Auch seine Frau macht einen jugendfrischen, lebensfrohen Eindruck. Beide strahlen Güte aus und scheinen so glücklich zu sein, wie es in dieser Welt nur möglich ist. Dabei haben mehr als sechzig Jahre in Südwest dem Vater Diekmann nichts erspart, durch alle Härten des Landes ist er hindurchgegangen. Viele Schläge des Schicksals mußte er tragen, die einen anderen Mann zerbrochen hätten. Doch nun ist es geschafft, beide können stolz sein auf die vollbrachte Leistung ihres Lebens. Doch sie lassen sich nichts davon anmerken, mit keinem Wort erwähnen sie jenen großartigen Erfolg, mit dem sie schließlich belohnt wurden. Eine neue Reise in die weite Welt, wie man sie in jedem Jahr unternimmt, steht wieder bevor. Darüber zu sprechen und Erfahrungen auszutauschen, ist viel angenehmer als sich der schwierigen Jahre des Beginns zu erinnern. Aber gerade darum geht es mir heute abend, nach der wechselvollen Geschichte seines Farmerlebens wollte ich Vater Diekmann ausfragen.

»Das können Sie einfacher haben«, sagt er mir, »in den stillen Stunden, die wir jetzt genießen, habe ich für unsere Enkel so eine Art von Familienchronik verfaßt. Die kann ich Ihnen gerne mitgeben, da steht alles drin. Aber ich glaube, außer uns wird's wohl niemanden interessieren.«

Doch es interessierte mich brennend, weil sich am Beispiel der Diekmanns von Hamakari Schritt für Schritt verfolgen läßt, wie zu Anfang des Jahrhunderts eine Farm entstand und wie sie eine tüchtige Familie durch alle Fährnisse der folgenden Zeit hindurchbrachte, ja noch vielfach vergrößerte.

»De nich will dieken, mutt wieken«, steht um das uralte Hauszeichen der Diekmanns geschrieben und bedeutet: »Wer nicht will deichen, der muß weichen«. Gemeint war damit die ständige Arbeit an den Deichen, die das hinter ihnen liegende Land vor den Sturmfluten der Nordsee schützen sollten. Im übertragenen Sinne ein durchaus passender Wahlspruch für den »Deichmann«, der auszog in Südwest eine Farm zu gründen.

Die Familie stammt aus einer kleinen Ortschaft am Jadebusen, die von ihr selber begründet wurde und demgemäß Diekmannshausen genannt wird. Nicht weniger als 116 Diekmänner gehören heute zu diesem Geschlecht. Alle ihre Vorfahren sind Bauern, Handwerker und Gastwirte gewesen, oft übten sie drei Berufe gleichzeitig aus, weil einer allein für die Versorgung der vielen Kinder nicht genügte.

Gustav Diekmann hatte bereits zwölf Kinder, von denen Wilhelm das älteste war, als er beschloß, nach Südwestafrika auszuwandern. Er besaß ein kleines Sägewerk in Diekmannshausen, doch es war ungünstig gelegen. Der kostspielige Transport von Stämmen und Schnittholz fraß den Verdienst wieder auf. Als sich dennoch ein Käufer fand, der alles in Bausch und Bogen übernahm, wollte es Gustav Diekmann wagen, für sich und die Seinen in der fernen deutschen Kolonie eine neue Heimat zu schaffen. Gerade erst war der Herero-Krieg zu Ende gegangen, und für Siedler, die etwas Kapital mitbrachten, schienen die Aussichten günstig zu sein Aber nur der Vater und sein ältester Sohn begaben sich zunächst auf die Reise. Frau Diekmann und die übrigen elf ihrer Kinder sollten erst nachkommen, wenn drüben ein guter Anfang gemacht war.

Vieles dafür mußte man schon zu Hause vorbereiten und anschaffen. Es sollten ja so manche Sachen, die man unbedingt brauchte, in der Kolonie sündhaft teuer sein, vor allem Pferdesättel, Handwerkszeug und Geräte der Landwirtschaft. Gustav Diekmann, gelernter Tischler, stellte für das geplante

Farmhaus alle Fenster und Türen selber her. Sie wurden in sehr solide Kisten verpackt, deren Holz man später zur Anfertigung von Möbeln verwenden wollte.

Im Oktober 1908 nahmen der Vater und sein sechzehnjähriger Sohn für lange Zeit Abschied von der Mutter nebst allen Geschwistern. Aus Sparsamkeit fuhren beide in der dritten Klasse, das heißt im Zwischendeck. So kostete die Reise nur 250 Mark pro Person, aber für einen Mann, der drüben ausreichend Farmland erwerben wollte und daheim noch eine zwölfköpfige Familie zu unterhalten hatte, bedeutete auch das eine hohe Summe. Die Unterbringung an Bord war äußerst primitiv, hinzu kamen noch schwere, langanhaltende Stürme, die einen Teil der Aufbauten wegrissen. Alle Passagiere wurden seekrank, auch die beiden Diekmänner.

Volle vier Wochen dauerte die Seefahrt, dann endlich lag das Schiff auf der Reede vor Swakopmund. Eine Landungsbrücke gab es noch nicht, erst recht keine Pier. Auf sehr umständliche Weise wurden Passagiere und Gepäck erst in Leichter geschwungen und danach durch die rollende Brandung an Land gebracht. Fast niemand behielt dabei einen trockenen Faden am Leib. Mehrere Tage vergingen, bis auch die schweren Kisten am Strand lagen. Um die Kosten fürs Hotel zu sparen, wohnten Vater und Sohn während dieser Wartezeit in ihrem mitgebrachten Zelt. Das große Gepäck ließen sie im Zollschuppen. Nur mit der notwendigsten Ausrüstung versehen, stiegen beide in die Bahn und fuhren im Schneckentempo bis nach Karibib, damals schon eine relativ große Siedlung und Garnison der Schutztruppe. Hier wollte sich Vater Diekmann nach den besten Möglichkeiten für den Kauf von Farmland erkundigen. Die Unterkunft war wiederum das eigene Zelt, gleich neben dem Bahnhof aufgeschlagen. Doch was sich alles darin befand, erregte die Neugier der Eingeborenen, und sie ließen den Diekmanns auch bei Nacht keine Ruhe. Damals wurde noch allgemein von den Greueltaten im Hererokrieg gesprochen, ganz und gar sollte das Land noch nicht befriedet sein. Vater Diekmann hielt es für geraten, sich ein Gewehr zu beschaffen, was ihn allerdings um 200 Mark ärmer machte. Zum Glück kam er nie in Verlegenheit, damit auf einen Menschen zu zielen.

Man sagte ihm, der Norden des Landes sei erst wenig erschlossen und Weideland dort billig zu haben. Wo schon Farmen gewesen waren, hatten sie die Hereros zerstört. Viele der alten Besitzer waren ermordet worden, andere wollten nicht mehr zurück. Das verlassene Land wurde von der Regierung neu vergeben, falls sich jemand darum bewarb. Vater Diekmann hielt es für richtig, erst einmal die Verhältnisse an Ort und Stelle zu prüfen. Von einem Ochsenwagen der Schutztruppe wurden beide bis Okaweyo mitgenommen. Weil der Wagen nur sehr langsam fuhr, nämlich im 15-Kilometer-Tempo pro Tag, konnten sie das Land in aller Ruhe betrachten. Nach dem trostlosen Eindruck, den ihnen die Umgebung von Swakopmund und erst recht die Bahnfahrt durch die Namibwüste gemacht hatte, gefiel ihnen hier die Gegend schon bedeutend besser. Gelbleuchtendes Steppengras, so weit das Auge reichte, auch überall meterhohe Büsche und gelegentlich eine Gruppe von Kameldornbäumen. Sie staunten über die rötlich schimmernden Termitenhaufen und die Menge der Perlhühner im Gestrüpp. Sie bekamen große Antilopenherden zu Gesicht und sahen zum erstenmal die weißen Kakadus. Doch erlebten sie auch ein furchtbares Gewitter mit Wolkenbruch. Ihre Reise nach Norden fiel ja gerade in die Regenzeit.

Wilhelm Diekmann erwähnt in seinen Erinnerungen immer wieder die freundliche Hilfeleistung der Schutztruppe. Sie unterstützte die Einwanderer mit Rat und Tat, und soweit das möglich war, beförderte sie auch deren Gepäck. Aus den Beständen der Schutztruppe in Okaweyo erwarb Gustav Diekmann drei Maultiere, alle zusammen für den relativ mäßigen Preis von 540 Mark. Zwei davon sollten die beiden Diekmanns tragen und das dritte ihr Gepäck. Doch hatten Vater und Sohn noch nie auf dem Rücken eines Pferdes gesessen und hielten es nach einer Weile für sehr viel bequemer, ihre Maultiere am Halfter zu führen. Dabei riß sich eines los und verschwand in der Steppe. Viele Stunden jagte ihm der Junge hinterher und verlor dabei die Orientierung. Aber dann, als er schon zu verdursten glaubte, tauchte durch Gottes Fügung mitten in der Wildnis ein Reiter auf, der ihn nach Okaweyo zurückbrachte. Sein Vater und die Schutztruppler waren schon im Begriff, eine Suchexpedition zu organisieren. Das entlaufene Maultier stand in Okaweyo bei der alten Herde, dorthin hatte das Tier zurückgefunden. Wer das Land schon länger kannte, hätte es auch nirgendwo anders vermutet.

Ohne diesen Zwischenfall, der übel hätte ausgehen können, wäre Vater Diekmann wohl nie der Besitzer von Hamakari geworden. Aber gerade an diesem Abend kam eine Patrouille vom Waterberg zurück, und die Soldaten erzählten von einer verlassenen Farm, auf die niemand mehr Anspruch erhob. Bei Hamakari hatten sich während des Krieges heftige Kämpfe abgespielt.

Von der alten, noch sehr primitiven Farm war so gut wie nichts mehr übrig, aber das Weideland sollte gut sein. Die Schutztruppler rieten Vater Diekmann, sich das Gelände anzusehen, besser noch, es gleich von der Regierung zu kaufen, bevor ein anderer kam.

Es war ein weiter Weg über Etiro, Omaruru und Osambimbambe, alles Namen, die man nur schwer im Gedächtnis behielt. Vater und Sohn konnten nun schon besser reiten, aber nach dem zweiten oder dritten Tag gingen sie doch wieder zu Fuß. Es war nämlich nicht nur das Packtier reichlich mit ihrer Ausrüstung beladen, sondern auch die beiden anderen Mulis. Deshalb meinte der ältere Diekmann, es wäre auf die Dauer zuviel, wenn sie auch noch Menschen trugen. Während des ganzen beschwerlichen Marsches tropften die Wassersäcke, nur mit knapper Not reichte der letzte Vorrat bis nach Etiro. Mit lautem Gelächter wurden die müden Wanderer von den Soldaten begrüßt, denn sie hatten zwei Fehler gemacht, die für Anfänger typisch waren. Erstens hatten sie die Ausdauer ihrer Maultiere unterschätzt, die ohne weiteres imstande waren, das doppelte Gewicht eines Menschen zu tragen, und zweitens hatten sie nicht gewußt, daß neue Wassersäcke immer ein paar Tage lang tropfen. Man darf sie erst in praktischen Gebrauch nehmen, wenn sie von selber dicht wurden. Das werden sie auch, nur muß man sie beizeiten füllen und abwarten, bis nichts mehr hinausläuft. Dann ergänzt man den Verlust und kann gewiß sein, daß jahrelang kein Tropfen mehr hindurchsickert. Es gab also für die beiden Neulinge noch sehr viel zu lernen.

Beim Weitermarsch nach Omaruru ereignete sich ein neues Mißgeschick, denn als sie zur Wasserstelle von Osambimbambe kamen, fanden sie den Brunnen völlig ausgetrocknet. Von Durst geplagt, der von Stunde zu Stunde schlimmer wurde, mußten sie weiter. Sie hatten sich zwar die Pad erklären lassen, aber wie es schon damals war, reichten die Angaben nicht aus. Bald hatte sich die kleine Karawane hoffnungslos verirrt. Wieder mußte man die Maultiere führen, und das wurde immer schwieriger, denn sie wollten ausbrechen, um selber Wasser zu finden. Nur unter Aufbieten aller schwindenden Kräfte gelang es den beiden Diekmanns, ihre Tiere zu halten. Ohne einen Tropfen zu trinken verbrachten sie die Nacht und hatten kaum noch Hoffnung, wieder unter Menschen zu kommen. Doch am Morgen des nächsten Tages sahen sie eine Staubwolke am Horizont, eilten mit ihren Maultieren darauf zu und fanden schließlich eine Marschkolonne der Schutztruppe. Die hatte einen Wagen bei sich, der bis obenauf mit Wasserfässern beladen war. Männer und Maultiere bekamen zu trinken, soviel sie nur wollten. Mit einer Verspätung von mehreren Tagen kamen sie nach Omaruru.

Hier residierte der Bezirksamtmann von Frankenberg, zu dessen Befugnissen es unter anderem gehörte, Farmland zu vergeben. Bis weit hinauf in den Norden reichte sein Bezirk, einschließlich der Gegend um den Waterberg. Dort lag jenes gute Weideland, das die Schutztruppler in Okaweyo empfohlen hatten. Gleich ging Gustav Diekmann ins Bezirksamt, um zu fragen, ob er die Farm Hamakari erwerben könnte. Herr von Frankenberg lehnte ab, Hamakari sollte Regierungsland bleiben. Als Ersatz schlug er zwei andere Gebiete vor, konnte aber nicht garantieren, daß auch immer genügend Wasser vorhanden sei. Ein solches Risiko wollte Gustav Diekmann nicht auf sich nehmen, hatte er doch eine vierzehnköpfige Familie zu versorgen.

»Was sagen Sie, wie viele Kinder haben Sie?«

»Es sind zwölf«, wiederholte Diekmann, »und ich hoffe, es kommen noch mehr hinzu.«

»Das ist natürlich was anderes«, meinte nun der Beamte, »das nenne ich gesunde Kolonialpolitik. Da muß ich wohl Hamakari herausrücken.«

Der Preis betrug 1,20 Mark pro Hektar, also insgesamt 6 000 Mark. Nur einen Teilbetrag mußte Diekmann sofort bezahlen, den Rest konnte er während der nächsten zehn Jahre in Raten abtragen.

»Hoffentlich werden Sie's auch schaffen, Herr Diekmann, sowas ist nämlich nicht so leicht, wie sich das Anfänger vorstellen.«

»Es wird geschafft, Sie können sich darauf verlassen.«

So war Gustav Diekmann Besitzer einer Farm von 5 000 Hektar geworden, die er noch nicht gesehen hatte. Er ließ sich in Omaruru einen zweirädrigen Karren bauen und belud ihn mit Vorräten für die nächsten Monate. Die drei Maultiere genügten nicht, es mußten für teures Geld noch zwei andere hinzugekauft werden. Vater Diekmann machte sich große Sorgen, wie schnell das wenige Bargeld davonschwamm. Beide lebten schon seit Wochen nur von der Substanz. Bis sie von ihrer künftigen Farm die ersten Einnahmen herausholten, darüber konnten noch Jahre vergehen.

Sie wußten nun schon, daß es mitunter große Schwierigkeiten machte, den richtigen Weg zu finden. Ganz genau wollten sie es diesmal wissen und erkundigten sich danach bei einem alten Frachtfahrer, der schon mit zwölf Jahren die einsamen Siedlungen bei Grootfontein besuchte. An seiner gewohnten Strecke lag auch die verödete Farm Hamakari. Es wurde eine lange Erklärung, die Vater Diekmann zu hören bekam, dabei spielten Wasserstellen und der jeweilige Sonnenstand die Hauptrolle.

»Wenn du Montag morgen das Khan-Rivier hinter dir hast und hältst dich nach Nordosten«, hieß es zum Schluß, »dann geht's immer geradeaus und am Freitag nach links.«

So war das bei den alten Frachtfahrern in Südwest. Sie rechneten nicht nach Meilen oder Kilometern, sondern nach Tagesstrecken. Es hing ja von der Beschaffenheit des Geländes ab, wie weit man an einem Tage kam, die Meilenzahl der Entfernung hatte dabei nur wenig zu besagen.

Endlich rollte der hochbepackte Karren nach Norden. Vierzehn Tage waren die beiden Diekmänner unterwegs, als endlich über dem Horizont der Waterberg auftauchte. Es war mehr ein Gebirge als ein Berg. Steil und zerklüftet stiegen die rötlich schimmernden Hänge aus der Ebene empor, aber droben gab es keinen Gipfel, sondern ein weit ausgedehntes Plateau. Scheinbar konnte das Regenwasser von dort nicht gleich im Boden verschwinden, sondern strömte durch Schluchten hinab und befeuchtete alles Land um das Gebirge herum. Die Folge davon war eine viel reichere Vegetation als sonst in den meisten Gebieten von Südwest. Mit Staunen sahen Vater und Sohn tiefgrüne Feigenbäume, riesige Schirmakazien und blühende Mimosen. Es gab regelrechte Wälder aus großen Rizinusbüschen, meterhohes Gestrüpp mit frischen Blättern und wogende Wiesen.

Aber wo das Land von Hamakari begann, dort hörten die Wälder auf, da dehnte sich nur Steppengras und Gestrüpp bis zum Fuß der Felswände. Vater Diekmann, der gehofft hatte, sich später mit einem Sägewerk Nebenverdienst zu verschaffen, war sehr enttäuscht.

Am liebsten hätte er den Kaufvertrag wieder rückgängig gemacht, um statt dessen eine Farm mit Waldbestand zu bekommen. Genügend von diesem scheinbar besseren Land war ja noch frei. Um sicherzugehen, daß es dort Wasser während des ganzen Jahres gab, verließ er wieder das Gelände von Hamakari und begann mit seinem Jungen inmitten der grünen Wälder einen Brunnen zu graben. Aber sie stießen bald auf Granit, keinen Zentimeter konnten sie tiefer gelangen. Vater Diekmann wandte sich um guten Rat, was weiter zu tun sei, an den Farmer Rienow, seinen nächsten Nachbarn. Wobei zu bemerken ist, daß

Zeitgenössische Darstellung einer Episode der Schlacht am Waterberg. Eine Feldkanone der Schutztruppe wird unter großer Mühe in Stellung gebracht.

im alten Südwest jeder als Nachbar galt, den man am selben Tage erreichen konnte.

»Sie brauchen eine Bohrmaschine, und die gibt's hier nicht«, sagte der Nachbar, »das käme auch viel zu teuer. Warum wollen Sie denn mit Ihrem Brunnenschacht ausgerechnet durch Granit? Im Sandboden geht's doch viel einfacher und billiger. Ich rate Ihnen, sich um Hamakari zu bewerben...«

»Da gehören mir schon fünftausend Hektar, aber es gibt keine Bäume.«

»Menschenskind, haben Sie ein Glück! Hamakari gehört Ihnen, und da graben Sie ganz woanders? Ich pfeife auf die Bäume, wenn ich dafür leichten Boden habe und schnell ans Grundwasser komme. Sie müssen noch viel lernen, bester Mann, sehr viel sogar!«

Schleunigst kehrten die beiden Kolonisten wieder auf ihr eigenes Land zurück. Sie hatten sich das noch gar nicht so richtig angesehen. Vielleicht war die wogende Steppe doch viel besser als Wälder, deren Wurzeln sich in Steinspalten verloren. Sie merkten nun, daß Hamakari ein altes Schlachtfeld war. Tornister, Sattelzeug und Eßgeschirre lagen in den ausgetrockneten Bachbetten, auch die Gerippe von Pferden und Zugochsen.

Der Kampf um die Wasserstellen von Hamakari, am 11. und 12. August 1904, hatte bei der Entscheidungsschlacht am Waterberg die Wende zugunsten der Schutztruppe eingeleitet. Das ganze Gebiet um den Waterberg befand sich damals seit sieben Monaten in den Händen der Hereros. Sie hatten am 14. Januar die fünfköpfige Besatzung der Polizeistation plötzlich überfallen und erschlagen, außerdem sieben Farmer und zwei durchreisende Beamte, darunter den Legationsrat Dr. Hoeppner vom Auswärtigen Amt. Als der Widerstand der Hereros im Süden gebrochen war, zog sich die Masse der Aufständischen mit ihren Frauen und Kindern, mit ihren Herden und Ochsenwagen, überhaupt mit ihrem gesamten beweglichen Besitz an den Waterberg zurück, alles in allem ungefähr dreißigtausend Menschen. Etwa sechstausend davon waren Krieger, jeder mit einem Gewehr englischer Herkunft bewaffnet. Am Waterberg fanden sie Wasser und Weideland, hier waren sie dank des Geländes in scheinbar unangreifbarer Lage. Sie warfen bei den Quellen Verschanzungen auf und stellten sich zur Entscheidungsschlacht, fest davon überzeugt, sie würden den Deutschen eine vernichtende Niederlage beibringen.

Es ging dabei vor allem um die Wasserstellen. Die Schutztruppe mußte heran, weil sonst Männer und Tiere verdurstet wären. Aus dem gleichen Grund waren die Hereros auf Wasser angewiesen. Wurden sie von den lebensnotwendigen Quellen verdrängt, war ihr Schicksal besiegelt *.

Die Hereros, an Zahl den Deutschen haushoch überlegen und gut verproviantiert, kamen dem Angriff der Schutztruppe mit eigenen Angriffen zuvor. Den Waterberg und die Wasserstellen im Rücken, gingen sie bei Hamakari mit solch wilder Tapferkeit gegen die Deutschen vor, daß die Abteilung von Deimling ihren Ansturm nur mit aufgepflanztem Seitengewehr abfangen konnte. Dabei verlor die 11. Kompanie alle ihre Offiziere. Die beiden Kanonen hatten ihre Munition verschossen, und Patronen waren knapp. Fast hätte die folgende Nacht das Ende bedeutet, als gerade noch rechtzeitig die Abteilung von Mühlenfels heranrückte. Auch die Hereros erhielten Verstärkung und wiederholten ihre Angriffe während des ganzen folgenden Tages. Dann endlich erschöpfte sich ihre Angriffskraft vor den standfesten Schutztrupplern. Am späten Nachmittag stürmten die Deutschen. Gegen sechs Uhr, kurz vor Dunkelwerden, wandten sich die Hereros zur Flucht, und die Schutztruppler erreichten das kostbare Wasser.

Nachdem bei Hamakari der entscheidende Durchbruch gelungen war, brach am folgenden Tag an allen übrigen Fronten der Widerstand zusammen. Doch viel zu gering war die Zahl der Schutztruppler, um die Hereros völlig einzuschließen. Sie flüchteten mit ihren Herden, doch unter Zurücklassung all ihrer Wagen und des Proviants, in die Kalahari. Im Verlauf der nächsten Wochen ging über die Hälfte des Volkes, auch alles Vieh, an Hunger und Durst zugrunde. Später wurde dem deutschen Oberkommandierenden, General von Trotha, zum Vorwurf gemacht, daß er dies große Sterben nicht durch ein sofortiges Angebot des Waffenstillstandes verhindert habe. Er soll statt dessen einen Tagesbefehl herausgegeben haben, nach dem kein Herero zu verschonen sei. Bis heute wird heftig umstritten, ob er diesen

---

* Was den völlig überraschend ausgebrochenen Aufstand des Herero-Volkes herbeigeführt hatte, darüber wurde später eine sorgfältige Untersuchung angestellt. Sie kam zu dem Ergebnis, daß wohl in der Hauptsache die unklaren Rechtsverhältnisse, was den Besitz von Weideland bei den Hereros betraf, daran schuld waren. Einzelne Häuptlinge hatten zu viel Stammesland an deutsche Kolonisten verkauft, in der eigenwilligen Meinung, es gehöre ihnen allein. Solche Verkäufe wurden dann weder vom Häuptlingsrat noch von den übrigen Mitgliedern des Stammes anerkannt. Jene Streitigkeiten, die hieraus unter den Hereros selber entstanden, führten schließlich zu einer »Flucht nach vorn«, das heißt zur gewaltsamen Wiedergewinnung des verlorenen Landes, von dem die Weißen annahmen, sie hätten es rechtmäßig erworben. Samuel Maharero, Großkapitän der Hereros, hatte sich gegen die Rebellion ausgesprochen, wurde aber im Häuptlingsrat überstimmt und gegen seine bessere Einsicht gezwungen, die Führung des Aufstandes zu übernehmen.

unmenschlichen Befehl wirklich erließ. Offiziere und Soldaten, die am Waterberg dabei waren und die ich befragt habe, wissen davon nichts. Andererseits läßt sich bis zu einem gewissen Grad die Erbitterung der Schutztruppler verstehen, denn auf gräßlichste Weise hatten die Hereros so manchen Farmer, auch einige Frauen zu Tode gequält und das gleiche mit Verwundeten getan, die lebend in ihre Hände fielen. General von Trotha verlor auf ähnliche Weise auch den eigenen Sohn.

Als einer der Kompaniechefs hatte Paul von Lettow-Vorbeck am Gefecht bei Hamakari teilgenommen, der zehn Jahre später, im Ersten Weltkrieg, die Schutztruppe von Deutsch-Ostafrika kommandierte. Als 1918 in Europa der Krieg verlorenging, stand Lettow-Vorbeck noch immer unbesiegt im Felde. Die Nachricht vom Waffenstillstand erreichte ihn, und zwar mit einer Verspätung von vier Wochen, als er gerade in Britisch-Rhodesien die Stadt Abercorn eingenommen und sich aus den vorgefundenen Beständen der Engländer mit völlig neuer Ausrüstung versehen hatte. Ein halbes Jahrhundert war seit dem Gefecht von Hamakari vergangen, als Lettow-Vorbeck das einstige Schlachtfeld wieder besuchte. Er war inzwischen neunzig Jahre alt geworden und Gustav Diekmann schon lange tot. Von Wilhelm Diekmann wurde der alte General durch die Farm geführt und glaubte plötzlich jenen Termitenhaufen wiederzuerkennen, hinter dem er am Morgen des 12. August 1904 gelegen hatte.

»Meine leeren Patronenhülsen hab' ich damals im Sand verscharrt. Die Hereros sammelten sie nämlich, um wieder Geschosse daraus zu machen.« Der alte Herr ließ sich auf dem Boden nieder und ging daran, im Sand nachzugraben. Tatsächlich kamen elf Patronenhülsen zum Vorschein.

»Hat der Name Hamakari eine Bedeutung?« fragte ich Wilhelm Diekmann.

»Ja, aber die haben wir erst viel später herausgefunden, nur mit Hilfe von Dr. Vedder in Okahandja. Da war ein Kapitän der Hereros mit Namen Katjiponda gewesen. Der kam beim ersten Vorstoß, den die Hereros nach Süden unternahmen, mit all seinem Vieh und seinen Leuten an den Waterberg. Damals lebten dort noch die Saan, ein weitverbreiteter Stamm der Buschleute. Sie warnten ihn, noch weiter in ihr Land vorzudringen, er würde sonst nicht mehr lange leben. Aber Katjiponda kümmerte sich nicht darum, er hatte hier die gute Wasserstelle entdeckt und nahm sie ohne weiteres in Besitz. Da traf ihn abends beim Lagerfeuer ein Pfeil. Es war nur ein leichter Streifschuß, aber daran ist Katjiponda noch in der gleichen Nacht gestorben. Der Pfeil war nämlich vergiftet und seitdem heißen die Wasserstellen Hamakari. Es soll bedeuten, daß Katjipondas Übermut durch einen giftigen Pfeil bestraft wurde.«

»Und als Sie damals mit Ihrem Vater dorthin kamen«, fragte ich, »fanden Sie die gleiche Wasserstelle?«

Nein, die war versandet, man mußte sie erst wieder ausgraben. Aber wo das Grundwasser nahe der Oberfläche lag, das verriet den beiden Diekmanns die Vegetation.

Sie kauften dann gleich fünfzig Ziegen, um immer frische Milch zu haben. Gelegentlich wurde auch ein Bokkie geschlachtet, denn bares Geld für ihre Verpflegung wollten sie nicht mehr ausgeben. Ziegen kosteten damals 10 bis 15 Mark, ein Esel 60 Mark, ein Stück Vieh bis zu 300 Mark und ein Pferd zwischen 600 und 700 Mark. Für zwei Farmer, die noch keinen Pfennig Einnahmen hatten, war das unerhört teuer.

Von dem alten Farmhaus waren nur noch verkohlte Ruinen übrig. Eine richtige Farm hatte es hier auch nicht gegeben, Hamakari war nur ein bescheidener Wohnplatz der beiden deutschen Viehhändler Warnke und Leinker gewesen. Sie hatten den Eingeborenen allerhand europäischen Krimskrams verkauft und dafür Rinder in Zahlung genommen. Den einen Händler hatten die Hereros bei Beginn des Aufstandes erschlagen, der andere war ihnen entkommen.

Bis das schwere Gepäck der Diekmanns aus Swakopmund in Hamakari eintraf, vergingen noch viele Wochen. Vater Diekmann kaufte in Otjiwarongo dreißig Quadratmeter Wellblech und brachte von dort einen deutschsprechenden Herero nebst dessen Frau nach Hamakari mit. Die beiden mußten als Personal für die künftige Farm vorläufig genügen. Zu viert ging es nun an den Bau des ersten Hauses. Der Junge schlug das notwendige Holz in den benachbarten Wäldern, der Vater machte daraus die Balken fürs Gerüst und die Sparren fürs Dach. Die Wände bestanden aus Lehmziegeln, die man erst in der Sonne trocknen ließ, um sie dann in einem selbstgebauten Ofen steinhart zu brennen. Allmählich wuchsen die Mauern, Gustav Diekmann konnte die mitgebrachten Fensterrahmen und die Türen einsetzen. Aber verglast wurden die Fenster nicht, dafür fehlte das Geld. So wie es schon in der Heimat geplant war, wurden die Möbel für das Einzimmerhaus von Vater Diekmann aus den mitgebrachten Kistenbrettern hergestellt. Sehr einfache Möbel natürlich, nur Betten, Tisch und Stühle.

Nebenbei war noch viel andere Arbeit zu erledigen. Sie

begann im allerersten Morgengrauen und war bei Anbruch der Dunkelheit noch nicht zu Ende. Ein Acker für Mais und Kartoffeln wurde bei der Wasserstelle angelegt und gleich daneben ein Gemüsegarten, der hauptsächlich Bohnen hervorbringen sollte. Den Samen hatte Diekmann aus Deutschland mitgebracht und in Otjiwarongo einen kleinen Pflug erworben. Es ging darum, daß sich die beiden Kolonisten und das Hereropaar möglichst nur von der eigenen Farm ernährten. Nur das Allernotwendigste wollte und konnte man kaufen. Manchmal gelang es den Diekmanns, ein Hartebeest oder einen Kudu zu erlegen. Doch es waren immer nur Zufallstreffer, sie mußten die Kunst der Jagd erst lernen.

Eine Plage, die sie erst bei Beginn der Regenzeit kennenlernten, waren die Moskitos. Vater und Sohn besaßen keine Moskitonetze, um sie über ihre Betten zu hängen. Völlig erschöpft von der Arbeit, fanden sie keinen Schlaf. Auch wenn man sich die Decke über den Kopf zog, ein paar Moskitos fanden trotzdem ihren Weg zur blanken Haut. Man konnte um sich schlagen, wie man wollte, es half überhaupt nichts. Eine Stunde vor Hellwerden rasselte der Wecker, schon ging es wieder hinaus.

Die Moskitos und die Überanstrengung, es war einfach zuviel. Wilhelm fühlte sich krank, er hatte gräßliche Kopfschmerzen und konnte nicht mehr aufstehen.

»Arbeit ist das beste Mittel gegen Schlappheit«, sagte der Vater und schob ihn vor die Tür. Doch bald darauf ging es auch ihm nicht besser. Er legte sich ins Bett und erlaubte dem Sohn, das gleiche zu tun. Sie hatten weder Medizin noch eine Ahnung davon, was ihnen fehlte. Mit Fieber und Schüttelfrost vergingen die nächsten Tage, bis zufällig ein benachbarter Farmer hereinschaute. Der stellte auf den ersten Blick eine schwere Malaria fest, lud die Kranken auf seinen Wagen und brachte sie zur Polizeistation Waterberg. Dort gab es einen Sanitätsgefreiten und ein kleines Hospital. Der Zustand von Vater und Sohn muß sehr bedenklich gewesen sein, denn außer Chinin bekamen sie als Stärkungsmittel eine Flasche Sekt. Sie hatten nie zuvor ein Glas Sekt getrunken, und fast wäre das erste auch ihr letztes gewesen. Tagelang blieben beide ohne Bewußtsein. Erst nach der vierten Woche ging das Fieber zurück, und in der fünften wurden sie als geheilt entlassen.

»Was sind wir schuldig?« erkundigte sich Vater Diekmann.

»Einen Händedruck, wenn's nicht zuviel ist!«

Die Malaria war gut und billig überstanden, in Hamakari hatte das Hereropaar die Äcker und Gemüsegärten recht brav in

Ordnung gehalten. Aber dann kam ein neuer Rückschlag, die beiden besten Maultiere erkrankten an der sogenannten Pferdesterbe und gingen ein. Als Ersatz wurden vier Esel angeschafft, zum Preis von 200 Mark, die man so nötig für anderes gebraucht hätte. Aber wie das so ist, folgt in Südwest auf ein Unglück nicht gleich das nächste. Wer über genügend Ausdauer verfügt, kommt trotz aller Rückschläge langsam, aber sicher voran. Die nächste Regenzeit war mit 900 Millimetern schon fast ein Rekord. Die beiden Diekmanns ernteten mehr Kartoffeln, Mais und Bohnen, als sie selber brauchten. Durch Verkauf des Überschusses an die Polizeistation verdienten sie das erste bare Geld.

Sie vergrößerten ihr Haus um zwei Räume und schrieben der Mutter, sie könne jetzt kommen. Aber Frau Diekmann hatte Bedenken, ob es denn wirklich schon für alle Mitglieder der Familie reichte. Auch ihre Verwandtschaft schwebte in tausend Ängsten und warnte davor, so bald schon mit elf Kindern ans ferne Ende der Welt auszuwandern. Da riß schließlich Gustav Diekmann die Geduld, und er schickte seinen Sohn zur Station Waterberg, um für 27 Mark ein Telegramm mit dem Wortlaut aufzugeben: »Vater liegt im Sterben, sofort kommen, dein verzweifelter Willi.«

Der Postbeamte wußte die Wahrheit und wollte das Telegramm nicht durchgeben. Aber Wilhelm bestand darauf, es war der ausdrückliche Befehl seines Vaters. Und so mußte der Beamte seine postalische Pflicht erfüllen. Aber hinterher hatte auch Gustav Bedenken, ob sein Telegramm wohl der richtige Ansporn gewesen sei, eine Frau mit elf Kindern herbeizurufen. Doch er war zu sparsam, um für ein beruhigendes Telegramm noch einmal so viel Geld auszugeben. Ein Brief mußte genügen, obwohl der mindestens vier Wochen brauchte, um bis nach Diekmannshausen zu gelangen.

Indessen hatte seine Frau Trauer angelegt. Ihre Verwandten meinten, wer im fernen Afrika so schwer erkrankt sei, daß er glaube, im Sterben zu liegen, der könne gewiß keinen Tag länger gelebt haben. Schwer trug die vermeintliche Witwe an ihrem Verlust und schrieb an ihren Sohn Wilhelm, er solle mit dem nächsten Schiff zurückkommen.

Um so größer war dann die Freude, als schließlich ein Brief des Totgeglaubten eintraf. Er berichtete von seiner blühenden Gesundheit und gab auch sonst nur gute Nachrichten.

Mutter und Kinder rüsteten sich zum Aufbruch, was aber wegen der vielen Vorbereitungen immer noch geraume Zeit in Anspruch nahm. Immerhin hatte sich das Kolonialamt in Berlin bereit erklärt, für die ungewöhnlich große Familie alle Kosten der weiten Fahrt zu bestreiten.

Den beiden Diekmanns in Südwest schien der dürftige Lehmbau ihres ersten Farmhauses doch zu klein für insgesamt vierzehn Bewohner. Also wurde ein ganz neues Haus gebaut. Dazu brauchte man nicht weniger als 25 000 Backsteine. Diese Menge im Verlauf von nur zwei Monaten herzustellen, war gewiß eine bewundernswerte Leistung. Vater Diekmann wählte für das neue Haus einen höher gelegenen Platz, weil er nun wußte, daß sich Moskitos an windigen Stellen nicht halten können. Es war ein großer Fehler gewesen, das erste Häuschen an einen so gut geschützten Platz zu stellen. Man brauchte dafür keinen Windschutz, sondern genau das Gegenteil.

Als der Vater wieder einmal nach Otjiwarongo fuhr, um Nägel einzukaufen, sollte Wilhelm indessen rings um den Bauplatz das Dorngestrüpp entfernen. Und wie geschieht das am schnellsten und besten? Mit Feuer natürlich. Also wurde ein Feuer angezündet und brannte bald lichterloh. Ein alter Südwester hätte vorhergesehen, was zwangsläufig daraus entstehen mußte. Viel weiter und immer weiter fraß sich das Feuer. Es kam zu einem verheerenden Steppenbrand, der zwanzigtausend Hektar Weidegras in Aschenstaub verwandelte. Wie dann Vater Diekmann nach seiner Rückkehr über die verbrannte Fläche sah, war er so niedergeschlagen, daß er sich zur Bestrafung des Brandstifters nicht aufraffen konnte.

»Da haben wir teures Lehrgeld bezahlt, mein Junge, nun ist an ein paar Stück Vieh in diesem Jahr nicht mehr zu denken.«

Aber Südwest ist ein Land der unbegrenzten Möglichkeiten. Noch während der Trockenzeit, da kein Millimeter Regen vom Himmel fiel, krochen plötzlich grüne Halme aus dem geschwärzten Boden. Es waren ja die Wurzeln der Grasbüschel nicht mit verbrannt, und da sie bis zum Grundwasser reichten, schickten sie gleich wieder frische Triebe nach oben.

Im Oktober war das neue Haus unter Dach und Fach. Es besaß einen großen Wohnraum, zwei Schlafzimmer und die Küche, hatte außerdem noch eine überdeckte Veranda. Wenn die Geschwister kamen, sollten die größeren mithelfen, um weitere Räume anzubauen. Für zwölf Betten mußte auch noch gesorgt werden. Da es zuviel gekostet hätte, wollte man sie kaufen, fertigte Gustav die Bettstellen selber an und bespannte sie mit dem groben Leinen nicht mehr gebrauchter Säcke. Das mußte vorläufig genügen, brauchte man doch jeden Pfennig zum Anschaffen von Zuchtvieh.

Kurz vor Weihnachten, also während der heißesten Zeit des Jahres, brachte der Postdampfer die Mutter und die elf Geschwister nach Swakopmund. Das Wiedersehen nach so langer Trennung war gewiß ein großer Tag in der Familiengeschichte. Aus Gründen der Sparsamkeit bezogen alle Diekmänner Quartier im leergeräumten Tanzsaal eines Hotels. Für die Bahnfahrt nach Otjiwarongo wurde ein offener Güterwagen gemietet, denn vierzehn Fahrkarten konnte sich Vater Diekmann unter keinen Umständen leisten. So aber wurden seine Lieben mit all den großen Kisten relativ billig befördert. In Otjiwarongo übernahm ein besonders langer Ochsenwagen die weitere Beförderung der Familie mit all ihrem vielen Gepäck. Achtzehn starke Zugtiere reichten kaum aus, ihn zu bewegen.

Zur großen Freude des Familienvaters hatte seine Frau auch Glas für sämtliche Fenster mitgebracht. Um die Kiste mit dem wertvollen Gut nicht durch andere zu belasten, lag sie ganz oben auf dem Wagen, natürlich mit ein paar Stricken ordentlich festgebunden. Aber irgendwie scheuerten die Halteseile durch. Als dann ein niedrig hängender Ast die Kiste streifte, rollte sie klirrend hinunter. So mußte noch eine Reihe von Jahren vergehen, bis das Farmhaus endlich Glas für seine Fenster bekam.

Drei volle Wochen dauerte die Fahrt von der Bahnstation bis zur Farm. Eltern und Kinder verbrachten die Nacht im Freien neben ihrem Lagerfeuer, das die Küche ersetzen mußte. Als die Schakale heulten, glaubten sich die Kleinen von Löwen umgeben. Sie weinten bitterlich und wollten so gerne wieder zurück ins friedliche Diekmannshausen. Sie litten unter Hitze, Durst und Staub, das fremde wilde Land war voller Schrecken und Entbehrungen. Aber da half kein Flehen und Bitten, ob die Kinder wollten oder nicht, sie waren Südwester geworden.

Was die Mutter zu der Farm gesagt hat, als sie endlich dort ankam, daran wollte sich Wilhelm Diekmann nicht mehr erinnern. Es steht davon auch kein Wort in seiner Familienchronik. Woraus man wohl schließen darf, daß Mutter Diekmann keineswegs begeistert war. Doch es blieb ihr nichts anderes übrig, als sogleich die Rolle der Hausfrau zu übernehmen.

Nun war es soweit, ja, es ließ sich nicht länger aufschieben, jetzt mußte das Zuchtvieh beschafft werden. Denn hauptsächlich vom Verkauf ihrer Schlachtochsen wollte die große Familie in Zukunft leben. Da während des Herero-Krieges ein sehr großer, wenn nicht der größte Teil aller Rinder zugrunde gegangen war, hatte die Kolonialregierung geeignetes Zuchtvieh in Südafrika gekauft, sogar aus Deutschland importiert. Sie gab es zum gleichen Preis, den sie selber bezahlt hatte, an die deutschen Farmer ab. Aber die Rinder standen in Windhuk, und Vater Diekmann mußte selber dorthin, um seine Tiere zu holen. Von dem Geld, das er so lange für diesen Zweck gespart hatte, kaufte er fünfzig gute Kühe und dazu einen schwarz-weißen Friesenbullen. Der Preis betrug insgesamt elftausend Mark. Als sich Diekmann anschickte zu bezahlen, wurden ihm zehn Prozent erlassen, weil er so viele Kinder hatte.

Die Freude war riesengroß, als er nach einem langen, beschwerlichen Treck von annähernd dreihundert Kilometern mit all dem schönen Vieh ihm Gefolge wieder nach Hause zurückkam. Schon bald danach wurden die ersten Kälber geboren. Also gab es Milch und Butter im Überfluß. Die folgende Regenzeit war besonders gut, meterhoch stand grünes Gras am Waterberg, so weit man nur sehen konnte. Jetzt erst konnte Gustav Diekmann aufatmen, das Wagnis seiner Auswanderung schien gelungen.

So schien es zu sein, aber so war es noch nicht. Das fremde Land mit seinen wechselhaften Launen stellte die Familie noch vor viele Probleme. Eines davon war der Schutz und die Bewachung der Viehherde. Zwar gehörten zur Farm schon vier oder fünf farbige Helfer, aber damals gab es auf den meisten Farmen noch keine Zäune. Wenn man nicht genügend aufpaßte, machten sich die Kühe, Ochsen und Kälber davon. Jedes Tier trug das Brandzeichen der Farm, doch war nicht gesagt, ob man es deshalb auch wiederbekam. Die Hereros konnten die Rinder entführen, Buschmänner konnten sie heimlich schlachten, auch mit einem Riß durch Raubtiere mußte man immer rechnen. Es gab in jenen Jahren auch Löwen am Waterberg, Leoparden und Geparde sind noch heute vorhanden. Einmal fehlten elf Ochsen, Wilhelm mußte mit einem Schwarzen nach ihnen auf die Suche gehen. Sieben Tage waren die beiden unterwegs, durchstreiften ein weites und wildes Gebiet, konnten aber keine Spur der verschwundenen Beester entdecken. Von Durst und Hunger geplagt, kehrten sie schließlich zurück. Daheim glaubte man, die entlaufenen Tiere seien endgültig verloren, da schickte der Farmer von Otjonkoto einen Boten und ließ sagen, das entlaufene Vieh stünde bei ihm. Die Ochsen hatten bei ihrem Ausflug mehr als 150 Kilometer zurückgelegt.

Jahre danach gab es eine andere Aufregung am Fuß des Waterbergs. Die beiden Jungen eines Nachbarn, vier und vierzehn Jahre alt, waren spurlos verschwunden. Die Eltern hatten sie mit einem Eselkarren nach Otjiwarongo geschickt, um irgend etwas zu besorgen. Sie waren aber nicht dort angekommen, und auf der Pad hatte man schon vergeblich gesucht. Es war selbstverständlich, daß nun alle Farmer in der Gegend aufbrachen, um sie zu suchen. Schließlich entdeckte Wilhelm in der weglosen Steppe den Karren und daran festgebunden den vierjährigen Buben. Der war schon so erschöpft von Angst, Durst und Hunger, daß er nicht erzählen konnte, was geschehen war. Man stand vor einem Rätsel, man glaubte an die schlimmsten Verbrechen. Da endlich kam der ältere Junge von selber an den Karren zurück, mit einem gefüllten Wassersack auf dem Rücken. Seine Erklärung war ganz einfach. Die beiden Buben wollten Straußeneier suchen und waren deshalb von der Pad in die Steppe gefahren, hatten aber den Weg zurück nicht mehr gefunden und sich schließlich ganz verirrt. Die Esel, klüger als ihre jungen Herren, hatten das offenbar begriffen und wollten ohne Wasser keinen Schritt mehr weiter. Es blieb dem Vierzehnjährigen nichts anderes übrig, als zu Fuß irgendwo Hilfe oder wenigstens Wasser zu finden. Damit unterdessen sein kleiner Bruder nicht davonlief, hatte er ihn am Wagen festgebunden. Es war unter diesen Umständen das einzig Richtige gewesen.

Abgesehen von solchen Zwischenfällen, verlief das Leben in Hamakari ruhig und friedlich. Einmal in der Woche fuhr Gustav Diekmann zur Polizeistation Waterberg, um der kleinen Garnison Milch, Käse, Butter und Gemüse zu verkaufen. Es war nicht gerade viel, was dabei herauskam, aber das einzige Bargeld aus den Erträgen der Farm. Zwei gute Regenjahre boten den willkommenen Anlaß, die Felder zu vergrößern. Von früh bis spät waren die fünf älteren Geschwister damit beschäftigt. Bald hatten sie zehn Hektar gerodet, gepflügt und Saatkartoffeln in den Boden gesetzt. Alles in der festen Zuversicht, es werde auch künftig soviel Regen niedergehen wie bisher.

Im September 1910 wurde noch ein Mädchen geboren, und das war ein Anlaß, wieder zwei neue Räume an das Farmhaus anzubauen. Davon war einer als Schulraum gedacht, denn ohne regelmäßigen Unterricht konnten so viele schulpflichtige Kinder nicht länger bleiben. Aber wo war ein Lehrer zu finden, der sich nur für Kost und Logis bereit fand, diese Pflicht zu übernehmen? Ein richtiger Lehrer mit entsprechender Ausbildung brauchte es nicht zu sein, doch eine Person mit hinreichender Bildung. Schließlich wurde den Diekmanns ein weitgereister Schiffskoch empfohlen, der in Kapstadt seinem Kapitän entlaufen war und nicht mehr wußte, von was er leben sollte. Die Familie ließ ihn kommen, doch es stellte sich bald heraus, daß er als Lehrkraft völlig ungeeignet war. Dafür konnte er sonst nützliche Arbeit leisten, und als Gehilfe des Farmers durfte er bleiben. An seiner Stelle übernahm Elisabeth Diekmann, mit 19 Jahren die älteste Tochter, den Unterricht ihrer Geschwister, so gut das eben ging. Es war später den jungen Diekmanns nicht anzumerken, daß sie jahrelang keine normale Schulbildung genossen oder erduldet hatten. Was die Erziehung durch harte Arbeit betraf, wurde ihnen gewiß nichts erspart.

Gustav Diekmann kaufte ein Dutzend Schweine, darunter auch einen Eber. Man mußte ja alles versuchen, was irgendwie bares Geld einbringen konnte. Wilhelm besaß noch aus Deutschland 40 Mark, durch Arbeit in der Nachbarschaft von Diekmannshausen sauer verdient. Davon kaufte er sich eine Sau, in der Hoffnung, selber eine Zucht zu beginnen. Aber leider brachte sie keine Ferkel zur Welt. Immerhin, sie wurde gemästet und beim Verkauf hatte der junge Mann einen kleinen Gewinn.

Dann wieder ein schwerer Rückschlag durch die anhaltende Dürre des Jahres 1911. Der Regen blieb völlig aus, die Felder trugen keine Ernte und elf Stück Vieh gingen ein. Verluste solcher Art warfen die Entwicklung um Jahre zurück. Von ihrer Farm allein konnte die zahlreiche Familie nicht mehr leben. Gustav Diekmann pachtete eine Stellmacherei in Otjiwarongo, wo er hauptsächlich Ochsenwagen reparierte. Es gelang ihm so gut, und er hatte so viele Aufträge, daß er schon ein Jahr später imstande war, die gepachtete Werkstatt zu kaufen. Wilhelm, sein ältester Sohn, wurde Lehrling eines Maurers. Beide schafften am Neubau eines Hotels, wobei sich Wilhelm weit zuverlässiger erwies als sein Meister. Der nämlich trank des Guten bei weitem zuviel, kam nur gelegentlich zur Arbeit und stritt sich mit dem Bauherrn herum. Schließlich verlor er den Auftrag, und Wilhelm sollte ihn alleine ausführen. So war in weniger als sechs Monaten der Lehrling zum Meister geworden. Nur in damaliger Zeit, nur in Südwest konnte das sein.

Indessen bewirtschafteten Frau Diekmann und Wilhelms Geschwister die Farm. Nur gering war der Ertrag, nur wenig Vieh wurde noch gehalten. Hätten Vater und Sohn nicht in Otjiwarongo gutes Geld verdient, wäre Hamakari nicht im Besitz der Familie geblieben. Als das Hotel Laszig fertig war, bekam Wilhelm für die geleistete Arbeit nicht nur seinen Maurerlohn, sondern dazu noch eine Prämie von 750 Mark. Selber hatte er während dieser Zeit nur 20 Mark im Monat verbraucht und den Rest zum Unterhalt der Geschwister beigesteuert. Ein braver Sohn, das kann man wohl sagen.

Seine Gratifikation aber wollten die Eltern nicht annehmen, diese völlig unerwartete Einnahme sollte er selber behalten. Wilhelm kaufte sich davon siebzig Schafe, die er in Hamakari auf die Weide schickte. Doch wieder folgte ein Jahr ohne genügend Regen, das frische Gras reichte nicht aus, um Vieh und Schafe zu ernähren. Wilhelm brauchte für seine Tiere noch einen zweiten Platz, natürlich einen Platz mit Wasserstelle. Da erzählte ihm der Farmer Heinrich Düwel, er habe unlängst bei der Jagd eine Quelle entdeckt, ganz am Ende einer bewaldeten Schlucht des Waterberges. Kein Weißer kannte sie bisher, und es ließ sich auch kein Eingeborener dort blicken. Als Wilhelm der Sache nachging, fand er ein Tal wie im Märchenland. Zwischen den roten Felswänden wucherte dichter Urwald, nur mit Mühe kam er hindurch. Dann aber lag vor ihm die sprudelnde Quelle, umgeben von Farnkraut, Buschwerk und Schlinggewächsen. Hier zu roden war eine unendlich schwere Arbeit, doch es lohnte sich wegen des immer fließenden Wassers. Als der junge Diekmann beim Bezirksamt vorsprach, um das Tal zu erwerben, wußte man gar nicht, wo es lag. Noch kein Landmesser hatte diesen Teil des Waterberges betreten. Für 300 Mark konnte Wilhelm zehn Hektar in dem grünen Paradies erhalten. Nur mit einem Herero als Hilfe begann er sogleich einen Weg zu bahnen und etwas Land zu roden. Er holte seine Schafe dorthin, legte einen Gemüsegarten an und baute sich ein kleines Haus. Mit 21 Jahren war er selbständig geworden und besaß seine eigene Farm, so klein und bescheiden sie auch sein mochte.

Eines Tages erhielt er den Besuch wilder Buschmänner. Sie hatten eine Riesenschlange gefangen und luden Wilhelm ein, an ihrer Mahlzeit teilzunehmen. Dieser großen Schlange zu Ehren nannte er sein Tal »Groß-Okanja«, denn Okanja bedeutet Schlange. Einige der Buschleute konnte er überreden, zeitweise für ihn zu arbeiten.

So wurde in Groß-Okanja nach und nach ein Staudamm gebaut, um ständig ein paar Felder zu bewässern. Das geschah durch kleine Gräben, die Wilhelm auszementierte. Beim Studium landwirtschaftlicher Schriften, die von der Kolonialregierung verteilt wurden, kam er auf den Gedanken, einen Versuch mit dem Anbau von Tabak zu machen. Es gelang ihm noch besser als er gehofft hatte. Das gute Wasser, die sonnige Wärme und der fruchtbare Boden ließen die Pflänzchen prächtig gedeihen. Der junge Mann fand Abnehmer, die ansehnliche Preise zahlten, er konnte weiteres Land hinzukaufen und sich eine Tabakschneidemaschine anschaffen. Bisher war südwestafrikanischer Tabak nur in sogenannten Zöpfen gehandelt worden, nur wenige Weiße rauchten das Zeug. Hereros und Hottentotten waren in der Hauptsache Abnehmer des »Jipp«. Als Wilhelm nun »Feinschnitt« auf den Markt brachte, ordentlich verpackt und etikettiert, fand seine Marke reißenden Absatz. Dies vor allem bei den weißen Angestellten der Diamantminen in der Lüderitzbucht. Im Großhandel bekam er für den Zentner »Okantja« 120 bis 150 Mark, damals ein sehr guter Preis.

Auch die Farm Hamakari hatte sich wieder erholt. Der Viehbestand nahm zu, und die Familie konnte sich manches leisten, was so lange unmöglich gewesen war. Dennoch behielt Gustav Diekmann seine Stellmacherei und baute neben der Werkstatt ein Wohnhaus hinzu. Es ging nun wirklich aufwärts, die fleißige Familie hatte es zu bescheidenem Wohlstand gebracht.

Wilhelm war nicht der Mann, sich vor dem Militärdienst zu drücken. Schon dreimal hatte er sich beim Bezirksamt zur Musterung gemeldet, schien aber dem Arzt noch nicht stark genug entwickelt für die hohen Anforderungen, wie sie von der Schutztruppe gestellt wurden. Aber dann, im Oktober 1912, konnte Wilhelm seinem Vater endlich mitteilen, daß er jetzt Aussicht habe, Soldat zu werden. Wie in der Familienchronik zu lesen steht, hat sich Gustav Diekmann sehr darüber gefreut.

In Otjiwarongo angekommen, traf Wilhelm noch vierzehn andere junge Leute, die das gleiche Ziel hatten wie er, nämlich die 6. Feldkompanie in Outjo. Der älteste Rekrut ließ sich mit der Schreibstube seiner künftigen Garnison telefonisch verbinden und bat um ein Fahrzeug zur Weiterbeförderung.

»Ihr seid wohl größenwahnsinnig geworden, verdammte Bengels«, schnauzte ein Feldwebel vom anderen Ende der Leitung, »lauft gefälligst auf euren Haxen...!«

So liefen die fünfzehn Rekruten achtzig Kilometer zu Fuß, bei höllischer Hitze und in tiefem Sand. Sie schleppten dabei noch ihre Koffer, Rucksack und die Wassersäcke. Doch all ihre patriotische Mühe war vergebens, nur drei von den fünfzehn Mann wurden nach erneuter Untersuchung angenommen. Die übrigen, unter ihnen auch Wilhelm Diekmann, mußten tief betrübt die Heimreise antreten. Zu Fuß natürlich, was denn sonst?

»Der Doktor hat mich gefragt, wie oft ich Malaria hatte, und da mußte ich die Wahrheit sagen«, erklärte Wilhelm seinem Vater zur Entschuldigung, »und dann haben sie mich zur Ersatzreserve geschrieben.«

Wilhelm Diekmann und Frau Gertrud Diekmann im Jahr
1922. Mit seinem Vater kam Wilhelm Diekmann als Sechzehnjähriger nach Südwest, um hier eine neue Heimat zu finden.
Aus den allerbescheidensten Anfängen erarbeitete sich die Familie einen Besitz von 19 Farmen.

»Immerhin besser als gar nichts, vielleicht kommst du doch noch mal in Kaisers Rock.«

Seine älteste Schwester hatte sich inzwischen verheiratet, und als Wilhelm 24 Jahre wurde, dachte auch er daran, sich eine Frau zu nehmen. Aber sie zu finden war im damaligen Südwest nicht so einfach, es gab nur sehr wenige Mädchen im heiratsfähigen Alter. Die waren sich ihrer Seltenheit wohl bewußt und stellten hohe Ansprüche *. Ein junger Mann, der nicht mehr besaß als eine kleine Tabakfarm und hundert Schafe, konnte nicht damit rechnen, im Lande selbst Gehör zu finden. Deshalb setzte Wilhelm eine Annonce auf und schickte sie an die »Deutsche Frauenzeitung«. Nur ein Briefwechsel wurde darin angeregt, weiter nichts. Aber wer zwischen den Zeilen zu lesen verstand, konnte sich schon denken, auf was letzten Endes der junge Mann hinauswollte. Er bekam viele Zuschriften und korrespondierte regelmäßig mit zwei oder drei jungen Mädchen, die möglicherweise in Frage kamen.

Doch gerade jetzt, als seine privaten Aussichten so günstig standen, brach der Erste Weltkrieg aus. Obwohl zwischen den Großmächten ein Abkommen bestand, daß im Falle eines Krieges die Kolonien nicht davon berührt werden sollten, überschritten britische Truppen aus Südafrika den Oranje und griffen die deutschen Grenzposten an. Wilhelm Diekmann erhielt seine Einberufung, als er schon selber auf dem Wege war, sich zu melden. Sein fünfzehnjähriger Bruder Heinrich mußte Groß-Okanja für ihn verwalten.

Zunächst wurden die Briten von der Schutztruppe über den Oranje zurückgeworfen. Wilhelm und sein Bruder Karl standen anfangs noch im Norden, wurden aber bald zur 9. Kompanie in Karasburg abkommandiert. Sie erhielten dort Pferde, und ihre Einheit verteilte sich am Oranje, um die Grenze zu schützen. Die englischen Stellungen lagen nur 20 Kilometer davon entfernt. Eine feindliche Kavallerie-Patrouille, die sich nachts dem deutschen Vorposten bei Sandfontein näherte, wurde rechtzeitig erkannt und fast völlig vernichtet. Es war für die beiden Diekmanns das erste Gefecht. Sie glaubten zuversichtlich, daß auf

* Zwanzig Jahre nach Gründung des Schutzgebietes gab es in Südwest noch viermal mehr weiße Männer als Frauen. Mischehen zwischen Weißen und Schwarzen waren aus »sozialen, rechtlichen und politischen Gründen« seit 1905 verboten, das heißt sie wurden von den Standesämtern nicht registriert. Sonst aber wurde der Verkehr, sogar das Zusammenleben weißer Männer mit farbigen Mädchen geduldet, wenn auch keineswegs gern gesehen. Als sich in Deutschland herumsprach, wie gut die Heiratsaussichten für alleinstehende Mädchen im Schutzgebiet waren, meldeten sich viele zum Dienst in den Büros, den Handelshäusern und auf den Farmen. Die Regierung bezahlte ihnen die Ausreise, und fast jede hatte auch bald einen Ehepartner gefunden.

gleiche Weise die Schutztruppe immer siegen werde. Überhaupt bestand in Südwest kein Zweifel daran, wer am Ende den Krieg gewinnen würde. Konnte es doch einer ganzen Welt von Feinden niemals gelingen, das Kaiserreich zu bezwingen.

Tatsächlich gelang es den Deutschen, die Südgrenze des Schutzgebietes bis Anfang März 1915 zu sichern. Der Gegner mußte erst einen Aufstand im eigenen Land niederschlagen. Die Buren von Südafrika, heute Afrikaaner genannt, wünschten zum größten Teil keinen Eroberungskrieg gegen das deutsche Schutzgebiet. Sie hatten die Spenden und die Sympathiekundgebungen der deutschen Bevölkerung während der beiden Burenkriege nicht vergessen. Außerdem war es noch nicht lange her, daß sie selber ihre Freiheit im Kampf gegen die Briten verteidigt und verloren hatten *. Sie waren nun größtenteils Mitglieder der Nationalen Partei, die von dem ehemaligen Burengeneral Hertzog geführt wurde.

Ministerpräsident war ein anderer Burengeneral, Louis Botha mit Namen, der sich jedoch inzwischen auf seiten der Briten gestellt hatte. Wegen des Feldzugs gegen Deutsch-Südwest, den die Londoner Regierung wünschte, war es zwischen Hertzog und ihm zu einem schweren, unheilbaren Konflikt gekommen. Delarey, Oberbefehlshaber der südafrikanischen Truppen und ebenfalls ein Bure, weigerte sich, gegen die Deutschen vorzugehen. Wenige Tage später wurde er von einem britischen Polizisten erschossen, angeblich aus Versehen. Dies war der Anlaß zu einem allgemeinen Aufstand der Afrikaaner gegen die von London beherrschte Regierung. Sie sammelten zwanzigtausend Mann, und es kam zu einem monatelangen Bürgerkrieg in Südafrika. Sogar eine provisorische Regierung der »Freien Republik Südafrika« wurde proklamiert. Oberst Maritz trat mit 600 Mann zu den Deutschen über, außerdem hatte sich in Südwest selber ein burisches Freiwilligenkorps unter Andries de Wet gebildet, um der Schutztruppe zu helfen. Es ging in Südafrika drunter und drüber, nur weil die Buren absolut nicht gegen das deutsche Schutzgebiet vorgehen wollten. Alles Dinge, von denen man heute bei uns kaum noch eine Ahnung hat.

* Zahlreiche Buren waren auch deutscher Abstammung, so die Nachkommen der Soldaten des sogenannten Kap-Regiments. Diese Truppe aus zwangsweise rekrutierten Leuten hatte der Herzog Karl Eugen von Württemberg im Jahre 1787 an die Holländer, die damals das Kapland beherrschten, ausgeliehen oder besser gesagt, er hatte sie für soundso viele Gulden pro Kopf verkauft. Kein Wunder, daß viele der Männer, als sie endlich wieder nach Hause durften, nicht mehr zu ihrem geldgierigen Landesvater zurückkehren wollten. Sie blieben in Südafrika, und ihre Nachkommen stellen heute etwa fünf Prozent der afrikaanischen Bevölkerung des Landes. Auch daher die vielen deutschen Namen unter den Afrikaanern.

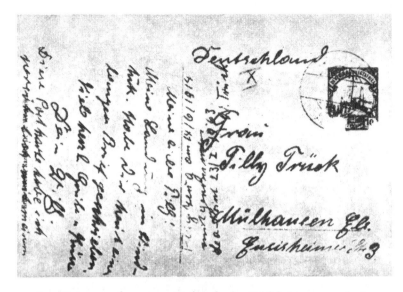

Im Mai 1914, kurz vor Ausbruch des Weltkrieges, wurde in Deutsch-Südwest die erste Luftpost befördert. Der Pilot Willy Trück ist selber Absender dieser Karte.

Als jedoch über tausend Afrikaaner im eigenen Land gefallen waren, brach die Rebellion zusammen. Die Regierung konnte sich erneut mit dem Angriff gegen Südwest befassen. Bis Anfang März 1915 hatte sie ihre gewaltigen Vorbereitungen beendet. Fast achtzigtausend Mann rückten gegen die Schutztruppe vor, eine zwanzigfache Übermacht. Sie kamen mit Automobilen und Lastkraftwagen, sie verfügten über Flugzeuge und schwere Artillerie, außerdem kreuzten ihre Kriegsschiffe vor der Küste. Dagegen gab es in Südwest nur drei Automobile und zwei gebrechliche Flugzeuge. Die beiden deutschen Häfen, Lüderitzbucht und Swakopmund, waren nicht befestigt. Kein bewaffnetes Schiff unter deutscher Flagge befand sich in der Nähe. Die Schutztruppe war wirklich nur zum Schutz vor inneren Unruhen gedacht.

Schritt um Schritt mußten sich die Deutschen zurückziehen. Alle Brücken wurden gesprengt und die Bahnlinien zerstört. Bei einer dieser Gelegenheiten wurde Wilhelm Diekmann um ein Haar von einem abgesägten Telegrafenmast erschlagen.

Ein Gefecht folgte dem anderen, aber gegen die Masse von

Menschen und Material konnte sich die Kaiserliche Schutztruppe nirgendwo lange halten. Auf etwas über dreitausend Mann war trotz Heranziehung aller Reserven die deutsche Verteidigung zusammengeschmolzen. Bei strömendem Regen ging die Kompanie der Brüder Diekmann auf Karibib zurück. Dann sammelte sich die Schutztruppe, im Juli 1915, zum letzten Widerstand bei der großen Wasserstelle von Korab. Die lag nun schon weit im Norden, längst waren Lüderitzbucht, Windhuk und Swakopmund vom Feind besetzt. Und dem wurden ständig neue Verstärkungen zugeführt, während es bei den Deutschen an buchstäblich allem fehlte, was zur Fortsetzung des Kampfes gebraucht wurde. Die Pferde waren kaum noch imstande, ihre Reiter zu tragen oder die Kanonen zu ziehen. Jeder dritte Mann war gefallen oder schwer verwundet. Es gab nur noch Verpflegung für wenige Tage und höchstens zwölf Patronen pro Mann.

Angesichts der völlig aussichtslosen Lage und von allen Seiten eingeschlossen, mußten sich der deutsche Gouverneur und der Kommandeur der Schutztruppe, seinerzeit der Held von Omaruru, zur Kapitulation entschließen. Am 9. Juli 1915 war für Deutsch-Südwest der Krieg zu Ende.

Die Bedingungen der Übergabe waren ehrenvoll, ja sogar großmütig. Die Offiziere behielten ihre Degen, alle Mannschaften ihre Gewehre, jedoch ohne Munition. Nur die aktive Truppe wurde bis Kriegsende interniert, unter weit besseren Verhältnissen, als sie sonst Kriegsgefangene erleben. Die Reservisten, darunter die beiden Diekmanns, konnten nach Hause gehen und sogar ihre Dienstpferde mitnehmen. Sie erhielten auch Bekleidung und Verpflegung für ihre Heimreise.

Hier möchte ich einschalten, was mir vor kurzem Geheimrat Dr. Kastl, nunmehr neunzig Jahre alt, von diesen Tagen und den folgenden Jahren in Südwestafrika erzählte. Er war 1907 mit seiner jungen Frau nach Windhuk gekommen, um zunächst die Rechtsabteilung der Kolonialregierung zu leiten. Später wurde Dr. Kastl Finanzdirektor und war im Kriegsjahr 1915 Stellvertreter des Gouverneurs. Als solcher führte er auch die Kapitulationsverhandlungen mit General Botha, dem Ministerpräsidenten von Südafrika und gleichzeitig Kommandeur der südafrikanischen Truppen. Schon im Mai jenes Jahres waren in Giftkuppe Besprechungen mit dem Feind geführt worden, und fast hätte man damals schon den Waffenstillstand erreicht, unter sehr viel günstigeren Bedingungen. General Botha war einverstanden, Südwest zu teilen, das heißt, bis zur Kriegsentscheidung in Europa sollten die Deutschen die nördliche Hälfte des

Schutzgebietes behalten. Doch kurz vor Unterzeichnung des Abkommens erschien ein britischer Oberst mit weitgehenden Vollmachten, der alles zunichte machte. Die Kapitulation bei Korab, so meinte Dr. Kastl, rettete den Rest der Schutztruppe nicht nur vor ihrem militärischen Untergang, sondern auch vor dem Hungertod. Ohne die sofort vom Feind herangeführte Verpflegung hätten Männer und Tiere die nächsten Tage kaum überstanden. Sogar aktive Soldaten einschließlich der Offiziere, wenn sie Farmen in Südwest besaßen, wurden auf Ehrenwort nach Hause entlassen.

Der Sieger, man vermag es kaum zu glauben, ließ den größten Teil der deutschen Verwaltung weiter bestehen oder stellte sie gar wieder her. Der damalige Regierungsrat Dr. Kastl wurde zum Vertreter der deutschen Interessen bestimmt und kehrte als freier Mann nach Windhuk zurück. Über ein neutrales Konsulat stand er bis Kriegsende mit der deutschen Regierung in Verbindung. Berlin ernannte ihn zum Reichskommissar und erteilte ihm die höchst selten gewährte Vollmacht, »nach eigenem Ermessen zu handeln«. Pünktlich wurden jeden Monat 300 000 Mark aus Berlin überwiesen, um alle deutschen Beamten und Angestellten zu bezahlen. Mit einunddreißig Mitarbeitern saß der deutsche Reichskommissar im Rathaus von Windhuk, mit seiner Frau und den Kindern wohnte er nach wie vor in seinem Haus an der Leutweinstraße.

Vom Chef der südafrikanischen Militärpolizei war den deutschen Frauen geraten worden, sich mit einer Spritze zu versehen, die rote Tinte enthielt. Sie sollten damit jeden Soldaten beschießen, der Anstalten machte, unerlaubt ihr Haus zu betreten. An der besudelten Uniform war dann so ein Kerl leicht zu erkennen und konnte bestraft werden. Leider richtete so manche Frau in der Aufregung ihre Spritze auch gegen harmlose Besucher, darunter gegen den freundlichen Bischof der Besatzungstruppe. Aber solche Mißgeschicke wurden verziehen.

Als das Deutsche Reich zusammenbrach, machte der südafrikanische Administrator, Sir Edmond Gorges, dem deutschen Reichskommissar in Windhuk einen förmlichen Beileidsbesuch und brachte mit wohlgewählten Worten zum Ausdruck, wie überaus korrekt sich die deutschen Südwester verhalten hatten. Man mußte das gleiche auch ihm versichern.

»Was mich besonders beeindruckt hat«, fuhr der Administrator fort, den Besiegten sein Lob auszusprechen, »war das Verhalten der deutschen Frauen. Soviel ich weiß, hat keine von ihnen ein Kind von einem Besatzungssoldaten.«

Das erste Flugzeug in Südwest, gebaut von der Automobil- und Aviatik-Gesellschaft in Mühlhausen im Elsaß, mit einem 130-PS-Argus-Motor. Von Willy Trück (in der Mitte) wurde die Maschine geflogen. Mit der Post und einem Passagier legte er die Strecke Windhuk–Karibib in 90 Minuten zurück, im Stundendurchschnitt von etwa 120 Kilometern. Sein Flugzeug und noch ein zweites, das gleich danach in Südwest eintraf, wurden bei Ausbruch des Ersten Weltkrieges von der Schutztruppe übernommen. Man warf aus ihnen selbstgebastelte Kleinbomben auf den Feind, ohne ihm aber zu schaden. Beide Maschinen gingen bald zu Bruch, die Piloten wurden schwer verletzt, blieben jedoch am Leben. Nach dem Krieg hat Willy Trück den Luftverkehr zwischen Südwest und Südafrika in größerem Stil organisiert und in führender Stellung geleitet. Er lebt jetzt, über achtzig Jahre alt, mit seiner Familie in Kapstadt.

(Als mir Geheimrat Kastl fünfzig Jahre später diese Feststellung wiederholte und aus eigener Kenntnis bestätigte, dachte ich genau das gleiche, was Sie jetzt denken, verehrter Leser.)

Alle deutschen Beamten, die aktiven Soldaten und Polizisten mußten 1919 das Land verlassen, auch die politisch unerwünschten Personen.

»Sie meinen vermutlich solche Deutsche, die sich eines besonderen Patriotismus schuldig machten?« fragte Dr. Kastl sichtbar gekränkt.

»Nein, im Gegenteil, es sind jene Leute gemeint, die uns zu sehr die Pfoten leckten, Denunzianten und ähnliches Gesindel. Die können wir nicht mehr brauchen.«

Der Reichskommissar bat, sie aber nicht auf demselben Schiff zu befördern wie die anderen Ausgewiesenen. Es bestünde sonst die Gefahr, daß man sie in den Atlantik werfe.

»Wir werden sie bestimmt nicht herausfischen«, meinte Sir Edmond, trug jedoch Sorge, daß die Heimschaffung getrennt erfolgte.

Dr. Kastl verließ im Mai 1920 als letzter deutscher Beamter das ehemalige Schutzgebiet. Schon im nächsten Jahr kamen von den ausgewiesenen Deutschen die ersten zurück und erhielten, wenn sie es wünschten, die Staatsangehörigkeit Südafrikas.

Von der Familie Diekmann war niemand des Landes verwiesen worden, es bestand dafür auch nicht der geringste Anlaß. Doch auf Wilhelms kleiner Farm sah es übel aus. Südafrikanische Soldaten hatten geplündert, das Haus war schwer beschädigt, die Felder zertrampelt. Nur seine Schafe hatte ein altes Weib vor dem Zugriff der wilden weißen Horden gerettet.

Hamakari war besser davongekommen, trotz Okkupation und Requisition. Hier gab es noch einige Stück Vieh, und das Haus hatte nicht gelitten. Die ganze Familie machte sich sogleich an die Arbeit, ihre Farm wieder hochzubringen. Ein Staudamm wurde gebaut, der 80 000 Kubikmeter faßte, und die Maisfelder wurden wesentlich erweitert. Es fiel reichlich Regen in diesem Jahr, so gab es auch eine gute Ernte, besonders was die Kartoffeln betraf. In Groß-Okanja begann Wilhelm Diekmann wieder Tabak anzubauen, auch das Haus und die Wassergräben wurden instand gesetzt. Eine Rinderherde kam bald hinzu, langsam, aber sicher blühte die kleine Farm wieder auf.

So ging denn Wilhelm erneut auf Brautschau, denn zu einer Farm gehört eine Frau, und er selber sehnte sich nach einer Lebensgefährtin. In Omaruru lernte Wilhelm ein nettes Mädchen kennen und stellte schon nach wenigen Tagen die entscheidende Frage. Ein glattes Nein war die Antwort. Ebenso erging es ihm bei der Tochter eines benachbarten Farmers am Waterberg. Er war ja nur ein kleiner Farmer und mußte mit zu vielen Geschwistern die spätere Erbschaft teilen. Für die anspruchsvollen Mädchen gab es weit bessere Partien als den ältesten Sohn der Diekmanns, zumindest glaubten sie das.

Auf der Rückfahrt von Omaruru, wo er sich den ersten Korb geholt hatte, traf Wilhelm einen Großfarmer, auf dessen Besitz das Wasser plötzlich ausgeblieben war. Er suchte daher dringend Weideland für seine fünfhundert Stück Vieh, und Wilhelm wußte, wo es zu finden war. In Hamakari standen zur Zeit nur die wenigen, beim Durchzug der Truppen übriggebliebenen Rinder. Vater Diekmann war natürlich einverstanden, er nahm das Vieh der wasserlosen Farm in Pension und verdiente daran 3 600 Schilling. Die Mark war abgeschafft in Südwest, das englische Pfund zu je zwanzig Schilling hatte die deutsche Währung ersetzt.

Bald darauf tauschten Vater und Sohn ihre Farmen, Gustav Diekmann übernahm Okanja, und Wilhelm leitete von nun an Hamakari. Sonst wäre die Arbeit für seinen Vater zuviel geworden, der nach wie vor noch seine Wagenbauerei in Otjiwarongo betrieb. Er hatte dort sein Wohnhaus vergrößert und daneben ein Café eingerichtet, das regen Zuspruch fand.

Indessen ging in Europa der Krieg noch jahrelang weiter. Als die englischen Agenturen große Siege der alliierten Truppen meldeten und den baldigen Zusammenbruch des Kaiserreichs voraussagten, glaubte es keiner von den deutschen Südwestern. Alles nur Lügen der feindlichen Propaganda! Deutschland war unbesiegbar, das stand felsenfest.

Dann jedoch, am 11. November 1918, gelangte die traurige Nachricht von der totalen deutschen Niederlage nach Otjiwarongo. Der Kaiser abgedankt, die Republik ausgerufen und das Rheinland von fremden Truppen besetzt. Und all seine Kolonien hatte man Deutschland weggenommen. Es war das Ende des alten Reiches, auch das Ende für Deutsch-Südwest. Man konnte es nicht fassen, es schien zu niederschmetternd, um wahr zu sein.

Gustav Diekmann befand sich gerade in Otjiwarongo. Er wurde krank vor Kummer. Hinzu kam noch eine Infektion, deren Ursache und Wirkung der Arzt nicht erkannte. Er gab dem Patienten eine Medizin nach der anderen, doch keine davon brachte Besserung. Der Zustand verschlimmerte sich. Einige Wochen später kam das Ende.

Nun war mit knapp 29 Jahren Wilhelm Diekmann Chef der Familie und wurde zum Nachlaßverwalter bestimmt. Da gerade die Preise für Vieh und Farmland sehr hoch standen, wurde auch die Erbschaftssteuer entsprechend hoch angesetzt. Bald danach fielen die Preise, aber die Steuer blieb und wurde von der neuen Finanzbehörde rücksichtslos eingetrieben. Die Familie machte Schulden, um sie zu bezahlen.

Adolf und Burchhard Diekmann übernahmen den Betrieb und das Haus in Otjiwarongo, Wilhelm blieben die beiden Farmen Hamakari und Okanja. Als wieder ein Schiff nach Deutschland auslief, kehrte die Witwe Gustav Diekmanns mit den kleineren Kindern in die Heimat zurück.

Wilhelm unternahm den dritten, besser gesagt den vierten Versuch, eine Frau zu finden, tat es aber diesmal sehr viel gründlicher. Um sich nicht wieder in Südwest einen Korb zu holen, inserierte er in mehreren deutschen Blättern. Von Heirat war auch diesmal keine Rede, nur von dem Wunsch, mit einem deutschen Mädchen zu korrespondieren. Die Buchhandlung Bauguth in Hamburg, alte Freunde der Familie, sollte die Antworten entgegennehmen und für ihn aufbewahren. Dann verkaufte Wilhelm hundert Ochsen, übertrug seinen Brüdern die Verwaltung beider Farmen und begab sich im August 1921 an Bord der »Usaramo«. Als praktischer Mann, der wußte, was jetzt in Deutschland am meisten begehrt wurde, nahm er ein riesengroßes Faß Butterschmalz mit auf die Reise, war jedoch andererseits so sparsam, daß er sich keinen neuen Anzug leistete. In abgetragenen Reithosen, in seinen alten Schaftstiefeln und mit einer karierten Jacke, die ihm viel zu eng geworden war, betrat er das Schiff. Er fuhr natürlich in der einfachen dritten Klasse, mit fünfzehn anderen Personen in demselben schlecht belüfteten Raum unter Deck. Dafür kostete seine Passage hin und zurück auch nur 500 Schilling.

Erst besuchte Wilhelm natürlich die Mutter, die Geschwister und die vielen Verwandten in Diekmannshausen, dann begab er sich zur Buchhandlung Bauguth in Hamburg. Er fand eine unerwartet reiche Auswahl vor, über hundert Mädchen hatten sein Inserat beantwortet. Mit leichter Hand warf er die meisten Briefe in den Papierkorb, aber fünfzehn blieben noch übrig. Deren Inhalt machte einen guten, recht vernünftigen Eindruck. Und so begann er dann mit diesen Damen zu korrespondieren, was einen erheblichen Teil seiner Zeit in Anspruch nahm. Dabei ergab sich so nach und nach, daß die Zahl jener, die zur Auswahl stand, immer geringer wurde. Manche stellte auch den Briefwechsel von sich aus ein, da Wilhelm Diekmann das harte Leben eines Farmers in Südwest sehr deutlich beschrieb, und zwar mit voller Absicht. Es sollte sich ja kein Mädchen irgendwelche Illusionen machen. Zum Schluß beschränkte sich sein Briefwechsel nur noch auf ein Fräulein Gertrud Schäfer. Sie zwar zwanzig Jahre alt und nähte Bezüge für Regenschirme im Betrieb ihres Vaters, der noch zwei Ladengeschäfte besaß. Wilhelm schickte dem Mädchen ein Bild von sich und bekam eines von ihr zurück. So ein liebes, frisches Gesicht und so fröhliche Augen. Er war ganz begeistert, wagte aber nicht, sogleich ihre persönliche Bekanntschaft zu machen.

»Erst muß man wissen, was für ein Mädchen das ist«, warnte die Mutter, und auch die Verwandten rieten zur Vorsicht. Erst sollte sich ihr Sohn eingehend erkundigen.

Diese Auskunftsperson war eine Milchfrau. Zu ihr hatte Wilhelm seine Briefe geschickt, weil Gertruds Eltern gar nicht wissen durften, daß sie mit einem wildfremden Mann korrespondierte. Nur das Beste, das Allerbeste wußte die Milchfrau von dem Mädel zu berichten. Brav, fromm und fleißig war Gertrud Schäfer, die Tochter einer ehrbaren, in der ganzen Nachbarschaft beliebten Familie. Es gab noch drei Brüder, und gegen die war auch nichts einzuwenden.

Da er nun seinen Besuch bei den Schäfers machen wollte, mußte Gertrud zumindest ihre Mutter einweihen. Dem Vater durfte man vorerst nichts sagen, der hatte außerordentlich strenge Ansichten, was den Umgang junger Mädchen mit jungen Männern betraf. Bis um sieben Uhr war er aber stets in seinem Ladengeschäft, wenn Wilhelm gegen drei Uhr erschien, konnte man eine Begegnung mit dem Vater vermeiden.

Der junge Mann kaufte sich von der Stange einen neuen Anzug nebst hellgrauem Schlips, ließ sich die Haare schneiden und erstand auch zwei kleine Blumensträuße. Freundlich wurde er von Mutter und Tochter aufgenommen. Das Mädel gefiel ihm noch viel besser, als er nach ihrem Bild zu hoffen wagte. Schnell hatte er seine Schüchternheit überwunden und ging so weit, die Mutter zu bitten, ihm einen Spaziergang mit Fräulein Gertrud zu erlauben.

»Aber nur bis sieben Uhr. Bevor der Vater zurückkommt, muß Gertrud wieder zu Hause sein.«

Sie gingen in den zoologischen Garten und leisteten sich hinterher noch ein Täßchen Kaffee an der Alster. Es war der schönste Tag im Leben Wilhelm Diekmanns, nicht im Traum hatte er sich vorgestellt, jemals einem so lieben Mädchen zu begegnen. Und es schien, ja, er glaubte schon zu wissen, daß er ihr nicht unsympathisch war.

Doch kein Glück ohne Unglück, denn ausgerechnet an diesem Tag war der Vater schon um fünf Uhr heimgekommen. Seine Tochter mit einem fremden Mann unterwegs, das war ja die Höhe, so eine Leichtfertigkeit von dem Mädel, so eine Unverschämtheit von diesem Burschen. Als die beiden dann erschienen, wurde Gertrud sofort ins Bett geschickt und Wilhelm hinausgeworfen. Niemals mehr sollte er sich blicken lassen.

Mutter und Tochter berieten mit weiblicher List, was unter diesen Umständen zu machen sei. Die Familie brauchte dringend Kartoffeln, während der Nachkriegszeit waren sie in einer Großstadt nur schwer zu haben. Aber Wilhelm stammte vom Lande, er konnte sie vielleicht besorgen. Man zog Gertruds Brüder ins Vertrauen, und die erzählten ihrem Vater, sie hätten in Friesland einen guten Freund, der bereit wäre, ein paar Zentner Kartoffeln herbeizuschaffen. Ob der nicht mal kommen dürfe?

»Aber natürlich kann er kommen, warum denn nicht?«

Die Kartoffeln brachte Wilhelm gleich mit, so konnte ihn der strenge Vater nicht wieder vor die Tür setzen.

Aber fast hätte er das doch getan, als ihm klarwurde, welch schlaues Spiel man mit ihm getrieben hatte. Kartoffeln hin, Kartoffeln her, so eine Aufdringlichkeit wie von diesem jungen Mann hatte er noch nicht erlebt!

»Muß ich gleich wieder gehen?« fragte Wilhelm mit entwaffnender Bescheidenheit.

»Na schön, ein Gläschen Wein wollen wir noch trinken, aber nur wir beide allein.«

Drei Stunden lang wurde Wilhelm ausgefragt. Über jedes Jahr seines Lebens und alles, was er jemals getan hatte, mußte er Rechenschaft ablegen. Dann war die Prüfung abgeschlossen, und Wilhelm erhielt die Erlaubnis zu einem zweiten Spaziergang mit der Tochter des Hauses. Aber nur für eine knapp bemessene Zeit und nur, wenn einer der Brüder mitging. So war es damals Sitte in anständigen Kreisen!

Während die drei jungen Leute fort waren, bemühte sich Frau Schäfer, ihren Gatten nachgiebiger zu stimmen. Mit dem Erfolg, daß Wilhelm zum Abendessen gebeten wurde. In einem unbewachten Augenblick gelang es ihm, Gertrud zu fragen, und die Antwort lautete: »Ja.«

Gleich am nächsten Morgen bat er die Eltern um ihre Hand. Nach den üblichen Redensarten, sie sei noch viel zu jung und dergleichen, waren die Schäfers schließlich einverstanden.

Ochsenwagen, das Verkehrsmittel der alten Zeit. Tagesleistung
15 bis 25 Kilometer, je nach Beschaffenheit des Geländes.

Am 17. Mai 1922 wurde in festlichem Rahmen die Hochzeit
gefeiert, zwei Tage später reiste das junge Paar auf dem Dampfer
»Usuruma« nach Südwest. Selbstverständlich dritter Klasse und
ohne jeden Komfort.

Die Ehe war vom ersten Tag an glücklich. Nach der schwierigen Umstellung des Anfangs fand sich Gertrud mit großem Geschick in die vielen Pflichten einer Farmersfrau. Sie lernte die Herero-Sprache, übernahm die Buchführung des Farmbe-
triebs und konnte, wenn es sein mußte, ihren Mann für längere
Zeit vertreten. Sie ritt mit Wilhelm über Land, ging mit ihm
auf die Jagd und verstand es sogar, ein Ochsengespann zu führen.

Das Fahren und Führen eines großen Wagens, auch die Organisation einer längeren Reise war gar nicht so einfach. Von
den Leuten unter vierzig Jahren gibt es kaum noch einen in Süd-

west, der diese Kunst versteht. Aber die alte Dame weiß es noch ganz genau und erzählte mir gern, wie das gewesen war.

Ein Frachtwagen, für große Trecks und schwere Lasten bestimmt, war ungefähr 6 Meter lang und 2,50 Meter breit. Er konnte eine Last von etwa zweieinhalb Tonnen befördern. Man mußte schon 16 bis 18 Ochsen davorspannen, immer zwei nebeneinander. Sie waren eigens zu diesem Zweck ausgewählt und abgerichtet, was viel Zeit, auch viel Geduld in Anspruch nahm. Gute Zugochsen standen hoch im Preis, zumal es in den alten Zeiten gar keine andere Möglichkeit zur Beförderung von schweren Gütern gab. Jeder Ochse hatte seinen Namen, auf den er hörte.

»Nur einer, der nie mit Ochsen zu tun hatte«, versicherte mir Vater Diekmann, »kann behaupten, es seien blöde Tiere. Ganz im Gegenteil, die sind klüger als viele Menschen, das können Sie mir glauben.«

Auch seine Frau wußte noch die Namen einiger ihrer Lieblinge. Die hießen: Maxl, Schneeflocke, Sixpence, Groschen, Kattun, Witboy, Hartmann und Waterberg. Sie wurden einzeln gerufen, wenn der Aufbruch bevorstand. Es trat sodann jeder gleich an seine Stelle neben der Deichsel. Er ließ sich geduldig die Schlinge über die Hörner ziehen und bekam sein Joch aufgelegt, das beweglich an der Deichsel befestigt war.

Nicht weniger als vier Menschen wurden benötigt, um mit einem großen, schwerbeladenen Wagen über Land zu rollen. Der Führer des Unternehmens saß auf der sogenannten »Vorkiste«, das heißt auf dem Kutschbock in Form einer großen Truhe, worin sich seine persönliche Habe, die Kochtöpfe und das Geschirr befanden. Von dort aus gab er dem übrigen Personal die nötigen Anweisungen. Ein Negerbub von acht bis vierzehn Jahren, Pickanniny genannt, saß irgendwo hinten auf der Ladung und hatte aufzupassen, daß nichts hinunterfiel. Außerdem war er für alle kleineren Arbeiten zuständig, die sich unterwegs oder bei den Raststellen ergaben. Dem Gespann voraus ging der sogenannte »Tauleiter«, der am Halfterband das erste Ochsengespann führte. Diese beiden waren die wichtigsten und wertvollsten Tiere, von ihrem Schritt wurde die Gangart aller übrigen Ochsen bestimmt. Das linke Tier ganz vorn war der Leitochse und wurde »Queen« genannt, obwohl der weibliche Name seinem Geschlecht widersprach. Außerdem lief noch ein Treiber nebenher, mal auf dieser und mal auf jener Seite. Er mußte mit Zugochsen schon viel Erfahrung haben, um immer gleich zu sehen, welches Tier nicht mit der gleichen Kraft den Wagen zog wie seine Kollegen. Dann knallte die vier Meter lange »Schwipp« über seinem Rücken, jedoch ohne den Ochsen zu berühren. Geschlagen wurde nicht, die laut knallende Peitsche diente nur zur Ermunterung. Im allgemeinen war ja das Gespann willig, fleißig und brav.

Dreißig Kilometer pro Tag galt schon als ungewöhnlich schnelles Tempo, zwanzig Kilometer war ein guter Tagesdurchschnitt und mit fünfzehn gab man sich zufrieden, wenn es durch sandiges oder hügeliges Gelände ging. Abends wurden die Ochsen ausgespannt und getränkt, dann suchten sich die Tiere selber ihr Futter. Weil sie aus angeborenem Instinkt Furcht vor Raubtieren hatten, liefen sie nie sehr weit vom Rastplatz fort. In etwa einer halben Stunde hatte man sie wieder alle beisammen.

Jeder Ochsenwagen für große Trecks war gleichzeitig ein Wohnwagen. Das Bett, meist geräumig genug für die ganze Familie, hing an vier Ketten von der Dachverstrebung, schwebte also über der Ladung. Es war mit einer großen, breiten Matratze versehen, notfalls auch mit einem Moskitonetz. Kleine Kinder wurden im Wagen festgebunden, Babys reisten in einer geschlossenen Kiste mit Luftlöchern. Unter dem Wagen hingen die Wasserfässer, auch Körbe mit Brennholz und verschiedenen Ersatzteilen. Fast jeder Wagen führte ein Reserverad mit. Das farbige Personal schlief bei Nacht draußen auf einer Wolldecke. Nie durfte das Lagerfeuer ganz erlöschen. Es sollte ja die großen und kleinen Raubtiere fernhalten.

Eine Stunde vor Sonnenaufgang wurde es am Rastplatz wieder lebendig. Man kochte Kaffee und verzehrte das einfache Frühstück. Dann wurden die Ochsen gerufen, vielleicht erst gesucht, und eingespannt. Beim ersten Morgenlicht war der große Wagen wieder unterwegs. Gegen elf Uhr begann die Mittagsrast und dauerte zwei bis drei Stunden. Wieder spannte man die Ochsen aus, ließ sie saufen und auf die Weide gehen. Dann legte man gemächlich den zweiten Teil der Tagesstrecke zurück. Die alte Pad der Ochsenwagen folgte nicht der kürzesten Entfernung zwischen zwei Punkten, sondern führte nach Möglichkeit von einer Wasserstelle zur anderen. Gab es keine, so mußte man entsprechend viele Wasserfässer mitnehmen.

»Ich mach' da nicht mit, wenn manche Leute immer nur von der guten alten Zeit reden«, sagte Wilhelm Diekmann, »die Ochsenwagentrecks waren für alle Beteiligten eine anstrengende Schinderei. Heute fahre ich mit dem Auto die gleiche Strecke in drei Stunden, für die wir damals eine Woche brauchten.«

Während des zweiten Jahres nach dem Einzug der jungen

Frau in Hamakari gingen 600 Schafe und 250 Stück Vieh an Futtermangel zugrunde, weil wieder einmal der Regen ausblieb. Um so besser wurden die Jahre danach, zumal auch die Felder wieder reichliche Ernte brachten. Zweimal erkrankte Frau Diekmann so schwer an Malaria, daß sie Wilhelm ins Hospital nach Swakopmund brachte. Dort wurde am 12. Dezember ihr Sohn geboren, Gerd mit Namen. In einer ausgepolsterten Kiste reiste er auf dem Ochsenwagen seiner Eltern nach Hamakari. Er blieb das einzige Kind des Ehepaars.

Nach und nach wurden nun die beiden Farmen eingezäunt und in Camps unterteilt. Noch eine Farm, Otjakewita, die Wilhelm pachtete und später kaufen konnte, kam hinzu. Nach und nach gelang es ihm auch, Okanja bis auf 3 500 Hektar zu vergrößern. Weil Wilhelm Diekmann dafür Kredite aufnahm und wieder abtragen mußte, wurde jeder Schilling dreimal umgedreht, bevor man ihn für etwas anderes verschwendete. Ein gutes Regenjahr und dann noch eines machten die Farmen schuldenfrei. Doch beim nächstenmal kam es wieder anders, der Regen blieb fast völlig aus. Wilhelm verlor binnen weniger Wochen 400 Stück Vieh.

So ging es weiter auf und ab, doch im großen und ganzen gesehen, verlief die Entwicklung nach oben. Fleiß und Initiative sowie eiserne Sparsamkeit machten allmählich aus den Diekmanns wohlhabende Leute, auch wenn sie nur wenig bares Geld besaßen. Sie steckten alles, was sie aus ihren Farmen herausholten, immer wieder in den Betrieb hinein.

In Hamakari wurde abermals ein neues Haus gebaut. Wenn man die Lehmbude des ersten Jahres in die Rechnung einbezieht, war es schon das vierte Haus, aber das erste mit einigem Komfort und fließendem Wasser. Elektrisches Licht oder gar ein Telefon hatte Hamakari immer noch nicht, das wäre zu teuer geworden. Kaum war das neue Haus fertig, erkrankten Wilhelms Frau und auch das Kind so schwer an Gelenkrheumatismus, daß er beide zur Behandlung nach Deutschland schickte. Sie blieben fünfzehn Monate dort und kamen völlig gesund aus der alten Heimat zurück. Sie wurden von Wilhelms Mutter begleitet, die bis zu ihrem Tode im Jahre 1937 wieder in Hamakari lebte. Auch Gertruds Mutter, inzwischen Witwe geworden, kam nach Südwest und blieb bei ihrer Tochter und dem Schwiegersohn. Erst 1954 ist sie hochbetagt verstorben.

Bald konnte Wilhelm noch eine Farm dazukaufen, dann wieder eine und abermals eine, darunter Okumbukonde mit 4 000 Hektar. Dies Gelände lag zwischen Hamakari und anderen Weidegebieten, die er schon früher erworben hatte, so daß sich ein großer, zusammenhängender Besitz ergab.

Im Jahre 1929 erwarb die Familie ihr erstes Auto, einen gebrauchten Ford T, die sogenannte Tin-Lizzie. Bald folgte ein Lastwagen, und die Bewirtschaftung der Farmen wurde weitgehend auf motorisierten Betrieb umgestellt. Es gab jetzt unter anderem einen Maisrebler, eine Häckselmaschine und eine Windfege. Aber nicht mit teurem Benzin oder Dieseltreibstoff liefen Wagen und Maschinen, sondern mit Holzgas. Weil es damals die entsprechende Ausrüstung im Handel noch nicht gab, jedenfalls nicht in Südafrika, hatte Wilhelms Bruder in Otjiwarongo dafür ein besonderes System entwickelt und die Geräte selber gebaut. Sie müssen erstaunlich gut funktioniert haben, weil sie fast zehn Jahre lang ihren täglichen Dienst verrichteten. An dem notwendigen Holz und den Holzkohlen fehlte es nicht, auf den neuen Farmen gab es genug davon. Der Betrieb aller Holzgasmotoren kostete also keinen Pfennig bares Geld.

Da Wilhelm nicht alle Farmen selber leiten konnte, beschäftigte er damit drei kinderreiche afrikaanische Familien mit teilweise schon erwachsenen Söhnen und Töchtern, insgesamt 36 Personen. Sie waren fleißig, anspruchslos und zuverlässig. Außerdem arbeiteten für ihn noch ungefähr hundert Farbige, meist Hereros und Ovambos. Diekmann kam sehr gut mit ihnen aus, weil er wußte, was man von ihnen verlangen konnte und was eben zuviel für sie war. Zu einem Herero namens Fritz hatte er so großes Vertrauen, daß er ihm die selbständige Verwaltung einer der Farmen überließ. Dieser Fritz hat sich dann auch in seiner für einen Farbigen höchst ungewöhnlichen Stellung gut bewährt. Für die Farm Otjipoto wurden 1 300 Stück Vollblut-Shorthorns angeschafft, eine sehr kostspielige Investition, die aber später ihre Früchte trug.

Für sechs Wochen mußte Wilhelm ins Hospital nach Swakopmund, wegen einer schmerzhaften Sehnenscheiden-Tuberkulose im linken Arm. Zum Glück heilte sie wieder aus, es blieb kein Dauerschaden zurück. Am Weihnachtsabend des Jahres 1933 brach in Hamakari der große Damm. Weil zur Feier des Tages fast alle Farbigen betrunken waren, konnte man die Bresche nicht sofort schließen. Bis zum Morgen waren alle Felder verwüstet. Also wieder ein schwerer Rückschlag, zumal noch zweihundert Beester zugrunde gingen. Doch wurde binnen sechs Monaten auch dieser Schaden und Verlust wieder ausgeglichen.

Im Jahr 1936 reisten Diekmanns nach Deutschland. Es war

das Jahr der Olympiade in Berlin, und eine völlig neue Zeit schien in der alten Heimat angebrochen. Was hinter den Kulissen vor sich ging und zu welcher Katastrophe letzten Endes alles führte, konnte Wilhelm weder sehen noch ahnen. Zu glänzend wirkte die Fassade des Dritten Reiches gerade in diesem Jahr. Wie die meisten Auslandsdeutschen und die deutschen Südwester im besonderen, glaubten die beiden Diekmanns an eine Erneuerung des Reiches, vielleicht auch an eine baldige Wiedereinführung der Monarchie. Gewiß könnte doch Hitler nichts anderes im Sinne haben, als Deutschlands Zukunft in freie und friedliche Bahnen zu lenken! So kehrte er nach einer ausgedehnten Rundreise bei allen Verwandten und nach Abwesenheit von neun Monaten sehr befriedigt zurück. Sohn Gerd wurde zur Ausbildung nach Deutschland geschickt und blieb bis kurz vor Ausbruch des Zweiten Weltkrieges dort. Im Jahr nach der langen Deutschlandreise unternahmen Wilhelm und seine Frau eine ausgedehnte Jagdfahrt nach Angola, dann besuchten sie die Kap-Provinz und fuhren durch ganz Südafrika. Es war ja nun soweit, man konnte sich einiges leisten. Dazu gehörten auch Erholungsreisen in jedem Jahr und natürlich Besuche bei der weitläufigen Verwandtschaft.

Das Farmhaus in Hamakari wurde weiter ausgebaut. Endlich bekam es Telefon und elektrisches Licht. Den Strom erzeugte ein Aggregat, das man eigens zu diesem Zweck anschaffen mußte. Viel geschah auch zur Verschönerung und Vergrößerung des Gartens. Er wurde mit einer Mauer aus Bruchsteinen umgeben, mit einem kunstvoll geschmiedeten Gitter konnte das Tor geschlossen werden. Zu den Ornamenten dieses Gitters gehörten auch fünf Hakenkreuze, zwar nur wenige Zentimeter groß, aber dennoch deutlich zu sehen. Was Wilhelm Diekmann damit angerichtet hatte, sich zum Schaden und seiner Frau zum Kummer, ahnte er leider nicht.

Als wiederum ein Weltkrieg ausbrach, erfolgte schon bald die erste Hausdurchsuchung. Nichts, was die Familie belasten konnte, wurde gefunden. Aber die Hakenkreuze am Tor waren schlimm genug. Am 21. Juni 1940 wurde Wilhelm Diekmann verhaftet und nach Windhuk gebracht. In der Nähe des Funkturms gab es ein Internierungslager für deutsche Südwester, die in mehr oder minder begründetem Verdacht standen, daß sie mit dem Dritten Reich in Deutschland zu sehr sympathisierten. In dieses Lager kam auch Wilhelm Diekmann. Wie die meisten Südwester deutscher Abstammung hatte natürlich auch er die südafrikanische Staatsangehörigkeit. Aber es bedeutete nicht eben viel in jener Zeit. Wer den Eindruck erweckt hatte, einen deutschen Sieg zu wünschen, kam hinter Stacheldraht *.

Zwei Schwäger Wilhelms und sein Bruder Adolf wurden ebenfalls interniert. Die Behandlung war nicht schlecht und das Essen gut. Wilhelm durfte sogar einen Tag in Freiheit verbringen, um mit seiner Frau und seinem Anwalt die Fortführung seiner Betriebe zu regeln.

Zu Anfang wurden nur zweihundert deutsche Südwester festgenommen, dann aber stieg allmählich ihre Zahl bis auf fast fünftausend. Man brachte sie nach Südafrika in die Lager Andalusia, Paviansport und Koffiefontein. Dort stieß zu ihnen noch eine große Zahl von Afrikaanern, die hinter Stacheldraht mußten, weil sie am Krieg gegen Deutschland nicht teilnehmen wollten oder zu heftig dagegen protestiert hatten. Es bestand in dieser Hinsicht etwa die gleiche, für die Regierung fast ebenso unangenehme Opposition wie bei Beginn des Ersten Weltkrieges. Zu den afrikaanischen Internierten gehörten auch der jetzige Ministerpräsident Vorster und eine Reihe anderer, nunmehr führender Persönlichkeiten Südafrikas. Kein Wunder also, daß man sich heute so gut miteinander verträgt.

269 deutsche Südwester, denen es mit Hilfe ihres südafrikanischen Passes gelang, sich nach Deutschland durchzuschlagen, meldeten sich als Kriegsfreiwillige bei der Wehrmacht. Viele, wenn nicht die meisten von ihnen, kamen zur Division Brandenburg, die für besondere Aufgaben sprachgewandte Leute dringend brauchte. Manche ihrer Aufgaben waren Himmelfahrtskommandos, wie zum Beispiel der Absprung hinter den feindlichen Linien. 119 dieser Freiwilligen, also fast die Hälfte, sind gefallen oder verschollen. Ihre Verlustquote war dreimal, wenn nicht viermal höher als im Durchschnitt bei der deutschen Wehrmacht. Mit einigen der Überlebenden bin ich später in der Gefangenschaft zusammengekommen und habe drei von ihnen in Südwest wiedergesehen. Ein anderer, der mit dem deutschen Afrikakorps bei Tripolis in englische Gefangenschaft geriet, ist noch während des Krieges nach Südwest zurückgekehrt.

* Der bis zum Kriegsausbruch in Windhuk amtierende deutsche Konsul (ich habe ihn selber recht gut gekannt) war in gewisser Beziehung äußerst pflichteifrig und hatte lange Listen angelegt, worin er einen großen Teil der deutschen Südwester nach ihrer politischen Einstellung klassifizierte. All jene, die mit dem Nationalsozialismus sympathisierten, waren darin besonders deutlich gekennzeichnet. Statt seine Akten zu verbrennen, als er das Land verlassen mußte, übergab sie der Beamte in versiegelten Paketen dem holländischen Konsul zur Aufbewahrung. Der öffnete sie natürlich, kaum daß die deutschen Truppen in Holland einmarschierten. Die Listen gelangten zum südafrikanischen Administrator, wo sie begreiflicherweise großes Aufsehen erregten. Bald danach begannen die ersten Verhaftungen.

Seine Geschichte verdient erzählt zu werden, auch wenn sie nicht unbedingt hierhergehört.

Mit anderen deutschen Gefangenen zusammen hatte man ihn zu Arbeiten im Hafen eingeteilt. Als dort ein südafrikanischer Truppentransporter zur Rückfahrt beladen wurde, der auch Verwundete und Urlauber in die Heimat brachte, legte der deutsche Südwester seine Uniformjacke ab und setzte sich vor die Gangway des Schiffes. Noch am selben Tag sollte es nach Kapstadt auslaufen. Auf einer Benzintonne hockend, gab sich unser Mann die größte Mühe, einen geistig verstörten Eindruck zu machen, und rief alle paar Augenblicke: »I don't want to go home... ich will nicht nach Hause, ich will hierbleiben... hierbleiben will ich!«

Sein Gebaren mußte über kurz oder lang der Militärpolizei auffallen. Zwei baumlange Hüter der soldatischen Ordnung näherten sich und verlangten in strengem Ton zu erfahren, was denn mit ihm los sei.

»Die wollen mich nach Hause schicken, ich soll wieder nach Kapstadt«, schimpfte der Südwester, als man ihn unsanft rüttelte, »aber ich will nicht... ich will nicht auf das Schiff.«

Da packten ihn die stämmigen Polizisten und schleppten ihn trotz seines scheinbar so heftigen Sträubens über die Gangway an Bord.

»Der hat durchgedreht«, sagten sie oben dem Wachoffizier, »sperren Sie den Mann ein, bis das Schiff auf See ist, sonst läuft er wieder weg.«

Dies geschah natürlich. Als der Transporter abgelegt hatte und sich der Kapitän den seltsamen Kerl kommen ließ, gab es statt eines gewaltigen Donnerwetters nur Gelächter. Denn so sind die Afrikaaner, ein guter Spaß findet stets ihr Verständnis. Ohne irgendein Verfahren mit ihm anzustellen, wurde der Mann in Kapstadt von Bord gelassen. Drei Tage später war er wieder auf der Farm seiner Eltern.

Die Internierung Wilhelm Diekmanns und seiner Mitgefangenen dauerte volle fünf Jahre. Abgesehen vom Verlust ihrer Freiheit ging es den Internierten unvergleichlich besser als sonst allen Menschen, die sich während jener Zeit irgendwo auf der Welt hinter Stacheldraht befanden. Behandlung und Verpflegung ließen nichts zu wünschen übrig, Post und Pakete konnte man unbegrenzt empfangen, aber nur zweimal wöchentlich selber schreiben. Es gab eine große Lagerbibliothek, man veranstaltete Vorträge, Konzerte, Sprachkurse und konnte sich in den verschiedenen praktischen Wissenschaften weiterbilden.

Zweimal erhielt Wilhelm Urlaub auf Ehrenwort, als seine Frau operiert wurde.

Gertrud war bald wieder gesund. Sie führte die Betriebe ihres Gatten mit einer Tüchtigkeit sondergleichen. Mitten im Kriege gelang es ihr, noch zwei Farmen mit zusammen 11 000 Hektar zu erwerben. Auch sonst, das muß hier gesagt werden, haben sich die meisten Frauen der Internierten hervorragend bewährt. Der Betrieb daheim lief weiter. Es gab im allgemeinen keine wesentlichen Verluste, nur weil die Männer nicht zu Hause waren. Vielmehr wagte man hinter vorgehaltener Hand die Behauptung, es sei eben deswegen noch besser gegangen.

Auch von den Afrikaanern in Südwest, einschließlich der Beamten, wird berichtet, daß im allgemeinen ihr Verhalten höchst anständig war.

Viele Ärzte und Handwerker schickten den Frauen der Internierten keine Rechnung, Hausbesitzer stundeten die Miete, Kinderheime verzichteten auf Zahlung. Als diese oder jene verschuldete Farm zur Zwangsversteigerung kam, meldete sich kein einziger Interessent *.

Als der zweite Krieg mit einer noch größeren Katastrophe für Deutschland geendet hatte, wurden die Internierten zwar aus den Lagern entlassen, aber nicht aus Südafrika. Die Regierung war auf den unglaublich guten Gedanken gekommen, diese Menschen erst wieder *zu versöhnen*, bevor man sie nach Südwest entließ. Man nannte die Maßnahme »Akklimatisation mit den Nachkriegsverhältnissen«. Durch öffentliche Verlautbarung in der Presse wurden südafrikaanische Familien aufgefordert, jeweils einen der Exinternierten für mindestens drei Monate als Gast ihres Hauses bei sich aufzunehmen, völlig kostenfrei natürlich. Es meldeten sich dreimal so viele Gastgeber, wie notwendig waren. Unnötig zu sagen, daß der Zweck dieses merkwürdigen, ja wohl einmaligen Unternehmens in vollem Umfang erreicht wurde.

Wilhelm kam zu einer besonders netten Familie in Johannesburg, die auch sogleich seine Frau zu sich bat. Er kaufte einen neuen Wagen, denn größeren oder kleineren Ausflügen stand nichts im Wege.

Zu Hause war alles in bester Ordnung, ja noch besser als zuvor. Am selben Tage, da Wilhelm und Gertrud Diekmann ihre silberne Hochzeit feierten, heiratete ihr Sohn.

* Dies geschah auch, als nach dem Ersten Weltkrieg und dann wieder nach dem Zweiten die beiden konfiszierten Farmen des ehemaligen Kaisers zur öffentlichen Versteigerung kamen. Hernach konnten sie die Hohenzollern zu einem sehr billigen Preis wieder erwerben.

»Wir bekamen eine besonders liebe Schwiegertochter«, schreibt der Vater in seiner Familienchronik, »und in den folgenden Jahren wurden uns drei sonnige kleine Enkelinnen geschenkt.«

Gute und schlechte Regenjahre, wirtschaftlich schwere Zeiten und dann wieder Perioden eines raschen Aufschwungs. Die beiden Diekmanns erwarben Häuser in Kapstadt, Swakopmund, Windhuk und Otjiwarongo. Und neue Farmen vermehrten ihren Besitz. Auch bei den anderen Mitgliedern der Familie, bei seinen Geschwistern, Neffen und Nichten stellte sich ähnlicher Erfolg ein.

Es sind nun sechzig Jahre vergangen, seit Wilhelm Diekmann mit seinem Vater den Boden Südwestafrikas betreten hat. Damals wohnten sie im mitgebrachten Zelt, um die Hotelkosten zu sparen. Heute steht der Familie in Swakopmund die eigene Villa mit Seeblick zur Verfügung. Es verging in den Anfangsjahren lange Zeit, bis Gustav Diekmann die ersten Rinder erwarb, heute sind es viele tausend. Nur eine bescheidene Anzahlung konnten seinerzeit die beiden Pioniere für Hamakari aus eigenen Mitteln aufbringen, heute gehören der Familie, abgesehen von allem übrigen, 19 Farmen mit zusammen 137 000 Hektar Land.

»Tja, wenn einer sich anstrengt und läßt nicht locker«, sagte der alte Diekmann, indem er die Hand seiner Frau ergriff, »dann kann er hier was werden.«

In den Schluchten des Kuiseb

»Wie wär's mit einer Flußfahrt den Kuiseb hinunter?« fragt mich ein Freund des Hauses schon früh am Morgen. Wir sind gerade aufgestanden.

»Eine Flußfahrt zu dieser Jahreszeit? Es gibt doch kein Wasser in den Rivieren.«

»Wozu brauchen wir Wasser?« lautet die Gegenfrage. »Wir fahren mit meinem Geländewagen, mit was denn sonst?«

Demasius ist leitender Beamter des Wegebaus, so muß er wohl alle Wege seines Bezirks genauestens kennen und auch jedes Flußtal, das man möglicherweise befahren kann. Heute habe ich ohnehin nichts anderes vor, weil die große Reise nach Süden erst morgen beginnen soll. Und ob wir morgen fortkommen, ist auch noch fraglich. Hans-Joachim-Friedrich, mein künf-

tiger Begleiter, hat noch vieles zu richten, und bei alten Südwestern geht das nicht so schnell.

»Also gut, ich mach' gern mit, wann gedenken Sie zu starten?«

»Jetzt sofort, wir haben einen weiten Weg. Die Flußfahrt ist
nur 'ne Einlage, die erwähnte ich lediglich, um Ihr Interesse
zu wecken.«

»Aber so ganz ohne Frühstück...?« wage ich einzuwenden.

»Hab' ich alles an Bord, bei mir verhungern Sie nicht.«

Was man dem guten Demasius ohne weiteres glauben kann,
denn er macht einen wohlgenährten Eindruck. Auch sonst ist
er ein Mann, dem Güte wie Humor aus den Augen strahlen.

Schneller Abschied von meinen Gastgebern, rasch in den
Landrover und hinaus aus der Stadt. Das ist so recht Südwester
Art, einen Fremden, den man erst drei Tage kennt, in aller
Herrgottsfrühe mit irgendeinem freundlichen Angebot zu überfallen. Neulich hatte ich nur so nebenbei erwähnt, wie sehr es
mich interessieren würde, gelegentlich den Kuiseb und seine
wildromantischen Schluchten zu sehen. Das allein hat Demasius
veranlaßt, mich heute mitzunehmen. Dafür opfert er seinen
Sonntag, und dafür benutzt er seinen privaten Geländewagen.

Schon nach einer halben Stunde sind wir in den Auas-Bergen,
einer grauen, düsteren Landschaft mit viel Gestein und wenig
Weiden. Die Straße ist breit und gut, aber nicht geteert. Seit
dem Verlassen Windhuks sind wir keinem anderen Wagen
begegnet. Nur selten, höchstens alle zehn bis fünfzehn Kilometer, führt von der großen Pad eine kleine Pad zur nächsten Farm.
Es muß ein hartes Leben sein für die Menschen und auch fürs
Vieh, sich hier zu ernähren.

Das gewundene Tal, durch dessen Tiefe wir rollen, wird enger, und die Berge werden steiler. Kein Baum und kein Strauch
ist zu sehen, nur dürre Grashalme und dorniges Gestrüpp. So
abweisend und fremdenfeindlich wie dieses Gebirge habe ich
bisher noch keines in Südwest gesehen.

»Dort drüben ist Hornkranz«, sagt Demasius und zeigt auf
zerklüftetes Geröll, »wissen Sie Bescheid?«

Ja, so ungefähr. Bei der im Fels verborgenen Wasserstelle von
Hornkranz hatte sich Hendrik Witboi verschanzt, der Kapitän
eines Hottentotten-Stammes, als unter Hauptmann von François die Schutztruppe gegen ihn vorrückte. Die Revolte des
Witboi war 1893 der erste Aufstand gegen die Deutschen gewesen.

»Schrecklich muß es sein, in diesem Gelände Krieg zu führen«, meine ich, »wie haben die Schutztruppler das nur durchgehalten?«

Sie mußten eben, es blieb ihnen gar nichts anderes übrig. Damals bestand die ganze Schutztruppe nur aus 215 Mann, und diesen beiden nicht einmal vollständigen Kompanien gelang es, den Feind aus seiner Verschanzung zu werfen. Doch ein wirklicher Sieg war es nicht. Das Vieh, die Frauen und die Kinder (so gilt die Reihenfolge bei den Hottentotten) fielen zwar in die Hände der Deutschen, aber Hendrik Witbois gutbewaffnete Krieger sowie er selbst entkamen im Schutz der Dunkelheit.

»Übrigens ein interessanter Mann, der Witboi«, erzählt mein Freund und Führer, »er wechselte auch während des Krieges freundliche Briefe mit dem Kommandeur der Schutztruppe. Als ihm die Patronen ausgingen, bat er den Hauptmann von François um neue Munition mit der ebenso noblen wie naiven Begründung, sonst könne er die Kämpfe nicht fortführen.«

Es darf als sicher gelten, daß seine Bitte nicht erfüllt wurde.

»Und jetzt sind wir in der Naukluft«, erklärte mir Demasius eine halbe Stunde danach, »wie gefällt sie Ihnen?«

Noch schroffer und noch höher sind hier beiderseits die Berge, völlig leblos ist die ganze Gegend. Auf dem Mond oder Mars kann es nicht einsamer sein. Nur am Rande des völlig ausgetrockneten Flußbettes stehen ein paar verdorrte Euphorbien.

»Möchten Sie dort hinaufklettern?« fragt mich der Mann am Steuer und zeigt auf einen kahlen Hang.

Bestimmt möchte ich es nicht, das wäre nur etwas für Hochgebirgstouristen mit entsprechender Ausrüstung.

»Bis dort oben hin haben die Schutztruppler zwei Kanonen geschleppt oder gezogen. Wie sie das fertigbrachten, möchte heute mancher wissen und erfährt's nicht mehr. Aber mit den beiden Feldgeschützen auf beherrschender Höhe war der Krieg schon so gut wie gewonnen.«

Anderthalb Jahre lang hatte Hendrik Witbois Aufstand im Land schon gedauert, nur, weil die Deutschen nicht begreifen wollten, daß Viehraub ein uraltes Gewohnheitsrecht der Hottentotten war. Sie ließen sich das von niemandem verbieten, erst recht nicht von den neuen Herren im Land. Aus der Heimat mußte die Schutztruppe erst Verstärkung erhalten sowie die eben erwähnten zwei Kanonen. Dann erlitten die Hottentotten beim Gefecht in der Naukluft, am 27. August 1894, ihre entscheidende Niederlage. Witboi schloß ehrenvoll Frieden und hielt ihn länger, als man dachte. Sogar im Hererokrieg, während die Schutztruppe im Norden voll beschäftigt war, blieb der Häuptling neutral. Aber danach, als für ihn die Chancen keineswegs günstig standen, rebellierte der inzwischen achtzigjährige Witboi aufs neue. Gründe dafür gab es eigentlich nicht. Alles begann mit der Ermordung des Hauptmanns Henning von Burgsdorff, des Bezirksamtmannes von Gibeon. Niemand hat diese Untat je begriffen, weil sich Burgsdorff mit Witboi und den Hottentotten sehr gut verstand. Der Hauptmann war allein und ohne Waffen zu einer Beratung gekommen, wobei man ihn plötzlich niederschoß. Danach wurden alle Weißen dieser Gegend, auch die Frauen und Kinder, selbst die Missionare, auf mehr oder weniger grausame Weise umgebracht. So begann wieder ein Kolonialkrieg mit all seinen Scheußlichkeiten, bis Hendrik Witboi im Gefecht bei Fahlgras tödlich verwundet wurde. Er hatte noch die Kraft, zu sagen: »Laßt es genug sein, meine Kinder sollen Frieden haben.«

Es hat danach in ganz Südwest keinen Aufstand gegen die Deutschen mehr gegeben, aber 1922 noch eine kurze blutige Rebellion gegen die südafrikanischen Truppen.

Wieder hat sich die Landschaft geändert, die Berge werden nicht mehr von Gipfeln gekrönt, sondern sind oben so flach wie Tische. Zu den meisten dieser Hochplateaus ist noch niemand hinaufgestiegen, es wäre viel zu mühsam und schwierig.

»Ein ungestörtes Paradies der Tiere liegt da oben«, meinte Demasius, »dort gibt's massenhaft Klippspringer, Berghasen und sonst noch alles mögliche.«

»Woher weiß man das?«

»Man sieht's vom Flugzeug.«

»Wo finden diese Tiere Wasser?«

»Da fragen Sie mich zuviel.«

Die Pad windet sich in steilen, engen Serpentinen zur Höhe der Hakos-Berge und auf der anderen Seite wieder hinunter. Dort sieht es aus, als seien Riesenwellen des Meeres mitten in wogender Bewegung zu Stein erstarrt. Anders kann man die sogenannten *Gramadullas* kaum schildern. Ein phantastischer Anblick, der meines Wissens auf der Welt nicht seinesgleichen hat. Die gleichmäßig gewölbten Bergbuckel sind farbig gestreift und leicht gerippt, aber sonst völlig faltenlos. Einer folgt dem anderen, jeder in derselben Richtung verlaufend. Es scheint kein Ende zu nehmen. Doch allmählich werden die Gramadullas flacher, fast unmerklich folgt der Übergang in die Ebene.

Hier verlassen wir die Pad, um ohne besonderes Ziel über

eine unbegrenzte Fläche zu fahren. Sie ist ein Teil der Namibwüste, die auf ganzer Länge das Hinterland Südwestafrikas von
der atlantischen Küste trennt. Alle Formen der Wüste weist die
Namib auf, feinkörnigen Sand und grobes Gestein, knister-
dürre Steppe und haushohe Dünen. Hier ist es eine unabseh-
bare Ebene aus Kiesgeröll mit fingerlangen, vertrockneten Gras-
halmen. So fest ist der Boden, als seien hundert gigantische
Dampfwalzen darübergerollt. Ein riesengroßer Flugplatz, auch
für schwerste Maschinen, eine Rennstrecke für Sportwagen in
jeder gewünschten Richtung. Es ist ein »völlig neues Fahrge-
fühl«, über solch eine Fläche zu brausen. Man könnte es mit
verbundenen Augen tun, bei hundert Stundenkilometer, ohne
das geringste Hindernis zu befürchten.

All das ist Wildschutzgebiet, es wäre auch gar zu einfach, bis
auf bequeme Schußweite an die Oryx und Springböcke heran-
zukommen.

»Leider gibt's da Schurken«, sagt Demasius, »die erlegen sie
mit dem Kühler ihres Wagens. Wer es nicht sieht, kann nichts
dagegen machen.«

Wir sehen Antilopen überall, aber die meisten erscheinen nur
als hellbraune Punkte in der Ferne. Aber einer von den Springböcken rührt sich nicht, als wir auf fünfzig oder sechzig Schritt
an ihm vorbeifahren.

»Schauen Sie nur das Gehörn«, staunt mein Freund, »haben
Sie so was schon mal gesehen?«

Ich nicht, was nur wenig besagen will, aber Demasius auch
nicht. Weil er schon so lange im Lande lebt und ein großer
Jäger ist, muß der Kopfschmuck des Springbocks schon aller-
erste Klasse sein.

»Ich möchte fast glauben«, behauptet mein Begleiter, »der
kommt an den Weltrekord heran.«

Er nimmt seinen Hut vom Kopf, um das edle Tier respektvoll
zu grüßen, und ich tue es auch.

Danach verlassen wir die Ebene und kehren auf einer anderen Pad zurück ins Gebirge. Es ist nicht so steil und schroff wie
auf der Herfahrt. Um so größer die Überraschung, als wir ohne
Übergang zur Schlucht des Kuiseb hinabfahren. Sie ist tief,
sehr tief eingeschnitten in das Bergland. Nur wo die Straße
das Geröllbett des Stromes kreuzt, führt ein Seitental bis hinunter. Eine Brücke überquert den Fluß. Während der Regenzeit
toben hier gewaltige Wassermassen zu Tal, allerdings nur an
wenigen Tagen.

»Also, dann hinein ins Vergnügen«, ruft Demasius und

schaltet auf Geländegang, »nunmehr beginnt die romantische Flußfahrt.«

Wir holpern von der Pad über Stock und Stein ins rauhe Bett des Kuiseb. Das besteht aus vielfarbenem, faustgroßem Geröll, mit hin und wieder ein paar sandigen Stellen. Mit Allradantrieb läßt sich recht gut darauf fahren, aber nur im Tempo von etwa 10 bis 15 Stundenkilometern. Senkrechte Felswände ragen himmelhoch zu beiden Seiten. Ungefähr so breit wie ein Tennisplatz ist die Schlucht, hält aber keine hundert Schritt die gleiche Richtung ein. Doch gerade das ist so geheimnisvoll und faszinierend, weiß man doch nie, was hinter der nächsten Kurve erscheinen wird. Da kann plötzlich ein Wassertümpel glänzen, ein Schilfdickicht grünen, oder aus einem Hügel im Flußbett erhebt sich ein gewaltiger Ana-Baum mit weit ausladenden Ästen. Hier spaltet sich der Fels zu unergründlichen Höhlen, dort hängen blühende Büsche an seinen Flanken, wie bei uns die Blumenkästen an den Balkonen. Wenn droben das trockenste Klima herrscht, geht das hier unten niemanden etwas an. Der Fluß ist ein Fluß geblieben, auch wenn nur an wenigen Stellen Wasser zutage tritt. Es fließt eben unter der Oberfläche. Deshalb ist die Luft hier feuchter und kühler als oben im Freien. Wo die Fluten der Regenzeit nicht hinreichen, haben sich Gestrüpp und kleine Gehölze angesiedelt. Die zwängen ihre Wurzeln in die engsten Spalten und finden Stützpunkte am senkrechten Fels. Die Schlucht des Kuiseb ist eine Welt ganz für sich allein.

Soviel bekannt, hat noch niemand dieses tiefe Tal von Anfang bis Ende verfolgt. Man kann es an manchen Stellen auch zu Fuß nicht passieren. Mit einem guten Geländewagen soll es nach langer Dürrezeit möglich sein, etwa vierzig Kilometer weit einzudringen. Auch das wurde nur ganz selten gemacht. Der Kuiseb hat keine Mündung ins Meer, selbst nach außergewöhnlich starkem Regenfall versickert und verdunstet all sein Wasser in der Namib, südlich von Walfischbai.

Nur während des Zweiten Weltkrieges war die Kuiseb-Schlucht vorübergehend bewohnt. Dr. Hermann Korn und Dr. Henno Martin, beide reichsdeutsche Geologen, mußten befürchten, als feindliche Ausländer interniert zu werden, zogen es aber vor, den Krieg in Freiheit zu überstehen. Sie kannten die Kuiseb-Schlucht wie kaum ein anderer, suchten sich dort eine Höhle und schafften rechtzeitig ihre Vorräte und Ausrüstung hinein. Dann verschwanden sie über Nacht aus Windhuk, um sich im Kuiseb-Tal zu verbergen. Niemand hat sie dort vermutet, erst recht hat sie niemand dort gefunden. Meist gab es genügend Wild zwischen dem Felsmassiv, um von der Jagd zu leben. Sogar verwildertes Vieh zog zu den Wasserstellen in der Schlucht. Doch kein weißer Mann ließ sich blicken, auch kein Farbiger kam in die Nähe der bewohnten Höhle. Hermann Korn mußte sich selber melden, als Martin lebensgefährlich erkrankte. Zu ihrem Erstaunen kamen sie nicht hinter Stacheldraht, sondern blieben frei und konnten ihre Forschungsarbeiten wieder aufnehmen *.

Manche der Wasserpfützen sperren uns fast den Weg. Ich muß vorausgehen, um eine Durchfahrt zu finden. An sich kann der Landrover im ersten Gang ein Gewässer von etwa 70 cm Tiefe durchqueren, wenn der Grund nur einigermaßen fest ist. Aber das will Demasius nicht wagen. Wir hätten einen vollen Tag gebraucht, um von irgendwoher einen Traktor aufzutreiben, der unseren Wagen herausholte, falls er steckenblieb. So darf das Wasser nicht tiefer sein als ungefähr einen halben Meter. Vorläufig kann ich solche Durchfahrten noch in jedem Tümpel entdecken.

Wo es Wasser gibt, da sammeln sich auch Spuren von Wild. Oryx, Springböcke, Kudus und Strauße kommen hierher, auch viele Perlhühner und andere Vögel. Aber wir bekommen keines der Tiere zu Gesicht. Weil das Motorengeräusch zwischen den Felsen gar zu laut dröhnt, ist jedes Lebewesen längst geflüchtet. Die Spur eines Menschenfußes oder gar eines Autoreifens ist nirgendwo zu entdecken. Es kann also seit der letzten Regenzeit, das heißt seit etwa sechs Monaten, kein Mensch in dem Tal gewesen sein.

Schließlich, nachdem wir genau 21 Kilometer in der Kuiseb-Schlucht zurückgelegt haben, ist die Flußfahrt zu Ende. Ein tiefer Teich, der beide Felswände berührt, sperrt uns die Passage.

»Früher war das hier nicht so tief«, erinnert sich mein Freund, »da bin ich durchgekommen. Aber wir fuhren in zwei Wagen, einer allein kann so was nicht riskieren.«

Wir wollen nichts riskieren, sondern erst einmal zu Mittag essen. Fast drei Uhr ist es inzwischen geworden. Ausgedörrtes Holz von Kameldornbäumen, das beste Brennholz für ein Küchenfeuer, findet sich am Rande der Schlucht. Der Kuiseb hat es vor langer Zeit angeschwemmt und auf einer Kiesbank liegenlassen. Der »van der Merve« wird aufgestellt und vier saftige

* Dr. H. Martin hat seine Erlebnisse in einem Buch geschildert: »Wenn es Krieg gibt, gehen wir in die Wüste.« (Stuttgart 1956).

Steaks zwischen sein Gitter geklemmt. In zehn Minuten sind sie braun auf beiden Seiten. Hinterher kochen wir noch Kaffee und kippen einen Kognak. Dann packen wir alles zusammen, steigen ein und fahren langsam, aber sicher zurück an die Brücke. Das dauert wiederum gut zwei Stunden.

Für die Heimfahrt nach Windhuk weiß Demasius eine andere Pad, die höher im Norden liegt als die Strecke auf unserer Herfahrt. Es wird schon finster, als wir diese Straße erreichen. Keine Ortschaft und kein Haus liegt an ihrem Rand.

Durch tiefe Nacht dröhnt der Wagen, nur für uns schneiden die starken Lampen eine helle Gasse in die völlig verdunkelte Landschaft. Sicher ist es nur Einbildung, aber mir kommt es heute so vor, als wären die südafrikanischen Nächte noch schwärzer als unsere. Der Mond hält sich noch versteckt, die Sterne sind so blaß. Im Licht der Scheinwerfer tauchen Schilder auf. Es sind Wegweiser zu Farmen, die sich irgendwo im Dunkeln verbergen. Die Namen auf den Schildern lassen mich ganz vergessen, in welchem Land ich bin. Ich kann mir die Namen im schwachen Schimmer des Tachometers notieren, doch nicht in der richtigen Reihenfolge: Regenstein, Kupferberg, Liechtenstein, Klaratal, Hoffnungsfeld, Friedenstal, Rotenstein, Weißenfels, Hohenheim, Berghof, Rastadt, Schlesien, Niedersachsen, Hochland und Hohenlust.

Als wir gegen elf Uhr nachts die Hauptstadt von Südwest wieder erreichen, haben wir 688 Kilometer zurückgelegt, sind aber keinem anderen Fahrzeug begegnet.

Die große Fahrt nach Süden

Hans-Joachim-Friedrich, wie er wünschte, genannt zu werden, war ganz das Gegenteil von meinem Freund Walter, nämlich langsam wie eine Schnecke, vergeßlich wie ein Sieb und ruhebedürftig wie ein Siebenschläfer. Schnell wurde er nur am Steuer seines Wagens, wenn er ihn endlich bestiegen hatte. Aber grundehrlich war sein Charakter, hilfsbereit sein Wesen, und immer wollte er nur das Beste. Mit anderen Worten, ein wirklich guter Kamerad.

Ihn und seinen Wagen hatte ich für eine Fahrt nach Süden angeworben. Diesmal war das kein Geländewagen, sondern ein sogenannter »Pickup«. Er besaß einen großen, offenen Laderaum, zur Unterbringung all des vielen Gepäcks. Es war ja vorgesehen, im Freien zu kampieren, und möglichst alle Mahlzeiten selbst am Lagerfeuer zu bereiten. Hans-Joachim-Friedrich, dessen dreifachen Vornamen ich lieber durch die Buchstaben HJF verkürze, befand sich schon seit frühester Kindheit im Lande, wo er sich in der Hauptsache als Jäger beschäftigte. Er wurde geholt, wenn es darum ging, Raubwild zu dezimieren, das gar zu großen Schaden anrichtete; auch wenn ein Farmer selbst keine Zeit fand, sein Kühlhaus mit Wildbret zu versorgen. Zwar brachte ihm dieser Beruf keinen reichen Gewinn, befriedigte aber seine jagdliche Passion. Ein solcher Südwester, mit den Verhältnissen des Landes und seiner Natur wohlvertraut, der war mir gerade recht. Da HJF zur Zeit nichts Besseres vorhatte, trat er freundlicherweise in meine Dienste.

Er tat es mit der Ruhe eines Menschen, der genügend Zeit hat, um viel davon zu verschenken. Weil ich selber nicht so großzügig damit umgehen konnte, mußte mein Temperament wesentlich nachhelfen, sonst wären wir auch am dritten Tag der Vorbereitungen noch nicht gestartet.

Um vier Uhr früh sollte es losgehen, um fünf Uhr holte ich HJF aus tiefstem Schlaf. Sein Wecker hatte nicht gerappelt, weil das auch der beste Wecker nicht kann, wenn man vergißt, ihn aufzuziehen. Für ein ausgedehntes Frühstück ließ ich dem Ärmsten keine Zeit. Einen Kaffeebecher in der linken Hand und ein belegtes Brötchen in der rechten, bestieg er gutmütig, doch kopfschüttelnd den schon vollgepackten Wagen. Dort trank er aus und aß zu Ende. Um ihn nicht dabei zu stören, fuhr ich selbst.

Die Teerpad nach Süden war glatt, gerade und zu dieser frühen Stunde noch ganz ohne Verkehr. Schnell kamen wir vorwärts, doch war von Land und Leuten in der Dunkelheit nicht viel zu sehen. Erst zwischen sechs und sieben Uhr morgens wird es hell in Südwest. Und da hatten wir schon Rehoboth erreicht. Diese Ortschaft wollte ich kennenlernen und fuhr bis zum großen staubigen Platz vor der Kirche.

»Aber hier gibt's doch gar nichts zu sehen«, meinte HJF, »hier leben doch nur die Baster.«

Eben die wollte ich sehen, denn es sind hochinteressante Leute. Aber das größte Dorf ihres kleinen Staatswesens machte mir keinen besonderen Eindruck. Die Häuser, aus Backsteinen oder Lehmziegeln, waren mehr oder weniger wahllos in der Ortschaft verteilt. Straßen oder Gassen konnte es daher nicht geben. Die meisten Häuser waren ebenerdig, nur wenige hatten ein zweites Stockwerk. Ein unordentlicher Garten umgab jedes Gebäude oder dehnte sich bis weit dahinter aus. Die graugelben

Im Stil der damaligen Zeit: Hauptmann Franke führt auf weißem Roß die 2. Feldkompanie der Schutztruppe zum Sturmangriff gegen starke Kräfte der Hereros, die seit Wochen die eingeschlossene Garnison und geflüchteten Farmerfamilien in der Zitadelle von Omaruru belagern.

Bauten waren wenig gepflegt und manche wirkten, als wären sie schon hundert Jahre alt. Einigen konnte man noch ansehen, was sie früher gewesen waren, nämlich das deutsche Bezirksamt, die kaiserliche Post und die Kommandantur. Auf den Wegen lag knöcheltiefer Staub, überall liefen Hunde, Ziegen und Hühner herum. Die erstaunlich große Kirche, aus Spenden der Baster im Jahre 1912 von der Rheinischen Mission errichtet, hätte dringend eines neuen Anstrichs bedurft.

Dennoch schien es den Bewohnern nicht schlechtzugehen, vor den Läden und den Häusern standen große, teilweise neue Autos. Alle Männer und Frauen trugen gute, solide Kleidung. Auch waren die Geschäfte mit allen möglichen Waren gefüllt, die sich arme Leute nicht leisten können. Hausfrauen mit leeren Einkaufstaschen gingen hinein und trugen schwer, als sie wieder herauskamen. Am Rande des schläfrigen Städtchens, nahe der Hauptstraße nach Süden, erhob sich in modernster Bauart die neue Schule und das eben fertiggestellte Hospital. Für beides hatte die Regierung gesorgt, obwohl sonst die Rehobother Baster für sich selber sorgen.

Dem Volk der sogenannten Baster, eine Abkürzung für Bastarde, haben Anthropologen, Ethnologen und Psychologen zahlreiche wissenschaftliche Werke gewidmet. Für den unlängst mit 94 Jahren verstorbenen Professor Eugen Fischer *, der dies seltsame Volk am gründlichsten studiert hat, gelten die Baster von Rehoboth als »einzigartiges Beispiel der Menschheitsgeschichte«, weil sich hier das Entstehen eines neuen Volkes aus zwei völlig verschiedenen Rassen genau verfolgen läßt, und zwar in jeder einzelnen Familie. Professor Fischer beweist es an Hand von Stammbäumen, die er in minutiöser Arbeit zusammenstellte. Viele davon reichen zurück bis zum Beginn des achtzehnten Jahrhunderts.

Nicht mehr als vierzig weiße Männer sind die Stammväter des Bastervolkes, das heute ungefähr 14 000 Menschen zählt. Etwa zwei Drittel davon leben in ihrem eigenen autonomen Gebiet von Rehoboth. Dort steht ihnen das beste Weideland in Südwest zur Verfügung, in einer Ausdehnung von ungefähr 20 000 Quadratkilometern. Doch ursprünglich stammen die Baster aus einer ganz anderen Gegend. Davon abgesehen war vor 250 Jahren noch kein einziger Baster auf der Welt. Erst die vierzig Stammväter haben die Baster ins Leben gerufen. Diese Gründer des Volkes waren sogenannte Treckburen, die sich keiner

* »Die Rehobother Baster und die Bastardierungsprobleme beim Menschen«, 1961, Akademische Druck- und Verlagsanstalt, Graz, Österreich.

Obrigkeit und keinem Gesetz, außer ihrem eigenen, unterwerfen wollten. Mit ihren Viehherden zogen sie allein oder in kleinen Gruppen von Kapland immer weiter nach Norden, stets auf der Suche nach gutem und noch besserem Weideland. Wenn sie spürten, daß ihnen die Zivilisation, die Behörden und die Kolonialpolizei nachrückten, zogen sie weiter. Jede Verbindung mit der Außenwelt lehnten sie ab. Lesen und Schreiben hatten sie verlernt oder niemals gelernt. Alles was diese absolut freien Männer zum Leben brauchten, lieferte ihnen das Land, oder sie fertigten sich die Dinge selber an. Nur die Feuerwaffen, Pulver und Blei mußten sie gelegentlich aus dem Süden holen, und zahlten dafür mit Rindern.

Weiße Frauen jedoch bekamen sie nicht. Kein Mädchen aus dem Kapland wollte einen der primitiven, gewalttätigen, ungebildeten Treckbauern heiraten. Das unstete Nomadenleben behagte auf die Dauer keiner weißen Frau, und viel zu gefährlich war der ständige Kleinkrieg gegen die Buschmänner mit ihren vergifteten Pfeilen. So blieb den vierzig wilden Männern nichts anderes übrig als die Mädchen der Hottentotten. Wenn diese jung sind, können sie sehr hübsch sein. Vor allem waren sie an das ewige Wanderleben gewohnt. Sie verrichteten fügsam und willig alle Arbeiten, die solch eine Existenz mit sich brachte. Was die Lebensweise betraf, war der Unterschied zwischen den Hottentotten und den Treckburen gar nicht so groß. Dennoch hatten die weißen Vagabunden, wenn auch in allereinfachster Form am christlichen Glauben festgehalten, ja, sie waren sogar rechte Puritaner geworden. Wer sich eine Frau nahm, behielt sie bis zu seinem Lebensende. So ergaben sich aus ihrer Verbindung mit Hottentottenmädchen dauerhafte Ehen, selbst wenn sie nie ein Geistlicher eingesegnet hatte. Viele, sehr viele Kinder wurden geboren, denn man brauchte den Nachwuchs als Arbeitskräfte. Eine Schule gab es natürlich nicht, aber der Nachwuchs erhielt christliche Namen und wurde in strenger Zucht erzogen.

Doch sie waren Bastarde, eine Mischung aus Buren und Hottentotten. Die Weißen wollten nichts von ihnen wissen, und sie selbst wiederum nichts von den Eingeborenen. So konnte ein junger Baster immer nur eine junge Basterin zur Frau nehmen. Und da sie jede andere Mischung für schlechter hielten als sich selber, entstand im Verlauf von zwei oder drei Generationen eine Menschenrasse, die sich mit keiner anderen vergleichen läßt. Jeder Mann und jede Frau des Volkes kann ihre Abstammung auf einen der vierzig Stammväter und dessen hottentottischen Lebensgefährten zurückführen. Weil nicht nur die

Namen der vierzig Väter, sondern großenteils auch ihre Geburts-
orte in der alten Heimat überliefert sind, läßt sich heute noch
feststellen, daß zwölf von ihnen aus Norddeutschland kamen,
und weitere fünf mit großer Wahrscheinlichkeit. Zwei waren
vermutlich Engländer und zwei andere französische Protestan-
ten. Was wieder beweist, daß keineswegs alle »Buren« aus Holland stammten, wie man im allgemeinen annimmt.

1806 war das Kapland britisch geworden, ein Grund mehr
für die Baster, sich möglichst weit von den neuen weißen Herren des Landes zu entfernen. Sie zogen nach Tuin und Pella,
südlich des Oranje, und dort begegnete ihnen 1841 Pastor Schroeder von der Rheinischen Mission. Er sammelte unter den Ba-
stern eine Gemeinde von 424 Mitgliedern, belebte ihr Christen-
tum und gab Schulunterricht. Als sich wiederum die britische
Kolonialverwaltung ein Stück weiter nach Norden ausdehnte,
führte Schroeders Nachfolger, der Missionar J. F. Heidemann,
seine Schäflein über den Oranje nach Südwestafrika. So gelangten sie, mehr durch Zufall als nach festem Plan, in die Gegend
von Rehoboth. Eine Siedlung der Swartboi-Hottentotten hatte
hier schon bestanden, aber sie war während der schrecklichen
Verfolgungen durch Jonker Afrikaner schon vor langer Zeit
verlassen worden. Gegen das Entgelt von einem Schlachtochsen
pro Jahr an die Swartbois durften sich die Baster auf dem vor-
züglichen Weideland niederlassen. Das war im Jahr 1870, und
seitdem sind sie dort geblieben.

Als 1885 die Deutschen kamen, schlossen die Baster mit ihnen
einen Schutzvertrag. Sie erhielten das Recht, sich selbst zu verwalten, und ihr großes Weidegebiet wurde ihnen auf ewige Zeiten garantiert. Freiwillig meldeten sich Jahr für Jahr vierzig bis
achtzig junge Baster zur Schutztruppe, die sonst keine Farbigen
aufnahm. Sie wurden von einem deutschen Offizier ausgebildet und kommandiert. An jedem Feldzug der Schutztruppe nahmen sie teil und konnten sich wegen ihrer Tüchtigkeit und
Tapferkeit des höchsten Lobs erfreuen. Uralte Männer in Rehoboth tragen bei festlichen Gelegenheiten noch heute ihre
deutschen Medaillen. Als es um 1960 zu Spannungen mit den
südafrikanischen Behörden kam, hat angeblich der »Rat von
Rehoboth« erklärt, das Bastervolk möchte seinen Kaiser Wilhelm wieder haben. Doch wenn es wahr ist, wollten sie wohl
nur die Regierung damit ein wenig ärgern *. Inzwischen stehen

* Nach Hans Jenny, (»Südwest-Afrika« 1967 Kohlhammer-Verlag, Stuttgart, S. 95)
war es vermutlich Jacobus Beuker, einer der führenden Baster, der in einer von
seinen vielen Beschwerden bei der UNO die Wiederherstellung der deutschen Kolonial-
herrschaft über Südwest-Afrika verlangte. Es hat ihn wohl niemand ernst genommen.

sie mit den weißen Behörden wieder in gutem, aber nicht sehr gutem Einvernehmen. Es paßt ihnen nicht, daß ein weißer Beamter über die Rechte des einstigen Kapitäns der Baster verfügt, obwohl er im allgemeinen tut, was der Bürgerrat beantragt. Noch drei andere, recht kleine Ortschaften gibt es in diesem Miniatur-Staat Südwestafrikas, sie heißen Schwib, Aub und Kukus. Sonst leben die Baster, wenn sie nicht gerade Rehoboth besuchen, auf ihrem Weideland. Die meisten haben dort ihre eigenen Farmen, so schlicht und bescheiden wie die Burenfarmen vor hundert oder noch mehr Jahren.

Nur die echten Baster dürfen Land erwerben und besitzen, nur Männer über 30 Jahre sind wahlberechtigt in der kleinen Republik. Andere Farbige haben dort nichts zu sagen, obwohl einige tausend Hottentotten, Damaras und Mischlinge schon seit Generationen bei den Basters leben. Die gelten als Menschen dritter Klasse und werden entsprechend behandelt.

Als ich die Kirche betreten wollte, wurde ich gebeten, noch eine Weile zu warten, denn gleich sollte eine Hochzeit stattfinden. Und da kam auch schon die Blaskapelle, jeder Musikant in einem sauberen dunkelblauen Anzug mit weißem Hemd und bunter Krawatte. Nur passen die Anzüge nicht, denn gering ist die Auswahl in Rehoboth. Die Herren stellten sich auf und sogleich entstand aus ihren blankgeputzten Instrumenten ein furchtbares Getöse. Mir fiel es schwer, darin den Hochzeitsmarsch aus Lohengrin zu erkennen. Aber das sollte es wohl sein. Musikalisch jedenfalls sind die Baster nicht, sofern ich das nach dieser einen Kostprobe beurteilen darf.

Es näherte sich alsdann der Brautzug mit zahlreichen Gästen. Ganz so wie bei uns eine ländliche Hochzeit die Kirche betritt, so war es auch hier. Weißgekleidete Kinder streuten Blumen, die Braut in Kranz und Schleier wurde vom Brautvater geführt, dahinter folgten im Festgewand die Jungfern der Braut. Etwa hundert Personen schließen sich an. »Treulich geführt...« schmettert die Musik mit betäubendem Lärm.

Alle Männer und Frauen von über dreißig, vielleicht auch vierzig Jahren haben zerknitterte, fast greisenhafte Gesichter, doch mit frischen, lebendigen Augen. Die Backenknochen und die Kinnpartie treten stark hervor. Die Hautfarbe ist hellbraun bis dunkelbraun. Wer nur einigermaßen gewohnt ist, die Rassen von Südwest zu unterscheiden, kann einen Baster niemals für einen Neger halten. Es sind Halbweiße und halbe Hottentotten zugleich, aber dennoch ein Volk ganz für sich. Keinen korpulenten Menschen sehe ich unter ihnen, alle sind schlank, ja die meisten zu mager und zu dünn für unsere Begriffe. Es gibt sehr hübsche Mädchen, die auch einen flinken Blick zu dem fremden Mann riskieren. Ihre bunten Röcke reichen fast bis zum Boden, die dunkle Bluse bedeckt die Arme bis zum Handgelenk und ist am Hals geschlossen. Das ist auch sonst Mode in Rehoboth.

Die Leute grüßten freundlich, und ich grüßte zurück. Der Geistliche, ebenfalls ein Baster, lud mich ein, an der Hochzeitsfeier teilzunehmen, doch es dauert wohl zu lange. Wir müssen heute noch weit nach Süden.

Hans-Joachim-Friedrich war im Wagen geblieben. Der ganze Quatsch von Rehoboth interessierte ihn nicht.

»Was haben Sie denn hier gewollt«, schüttelte er den Kopf, als ich wieder einstieg, »mit den Baster ist nicht viel los. Die könnten mit ihrem guten Weideland viel mehr machen, wenn sie nur wollten.«

Vielleicht haben sie Grund, es nicht zu wollen. Mit halber Arbeit ist das Leben doppelt so schön.

Wir bogen von der Hauptpad nach Osten ein, weil ich eine Fahrt durchs wildromantische Bergland für interessanter hielt, als der Bahnlinie auf bequemem Asphalt zu folgen. Auch HJF war entschieden für die Ostroute, er hatte unter den dortigen Farmern gute Freunde, und wollte den einen oder anderen gerne besuchen. Hätte ich seinen sämtlichen Vorschlägen zugestimmt, so wäre ich wohl heute noch in dieser Gegend. Meine Landkarte stimmte hinten und vorne nicht, die Pads in der Natur hatten mit den Wegen auf der Karte keine Ähnlichkeit. Es gab auch nirgendwo ein Wegzeichen, man mußte eben selber Bescheid wissen. Ein fremder Fahrer ist verloren in Südwest, sobald er sich von den wenigen Hauptstraßen entfernt. Erst nach geraumer Weile wurde mir klar, daß auch Hans-Joachim-Friedrich keine Ahnung hatte, wohin er seinen Wagen steuerte.

»Aber ich denke doch, Sie kennen hier alle Farmer. Und nun kennen Sie nicht mal die Wege.«

Vorwurfsvoll sah er mich an.

»Wenn ich einen Beifahrer habe, verlaß ich mich auf meinen Beifahrer. Seit Jahren bin ich hier nicht mehr gewesen, und Südwest ist viel zu groß, um alle Pads zu kennen. Die werden ja auch immer wieder verlegt. Kann ich was dafür, wenn Ihre Karten nicht stimmen. Nehmen Sie doch meine ... die steckt in der Tasche da vorne.«

Die zog ich heraus und entfaltete sie auf meinen Knien. Es klingt unglaublich, ist aber dennoch die reine Wahrheit: sie stammte aus dem Jahre 1909.

Und was noch unglaublicher scheint: mit Hilfe dieser historischen Karte konnten wir uns zurechtfinden, wenn auch die darin eingezeichneten Pads für Ochsenwagen schon längst nicht mehr existierten. Dafür zeigte das uralte Blatt die Einteilung des Landes in Farmbezirke, und daran hatte sich nichts geändert. Weil sich fast an jedem der vielen Gatter, die wir öffnen mußten, ein mehr oder minder lesbares Schild mit dem Namen der Farm befand, war die Lage geklärt. Wer einmal weiß, wo er sich befindet, kommt auch weiter. HJF hatte allen Grund, überlegen zu lächeln, als ich meine Karten nach hinten warf, um mich nur nach seiner zu richten.

Nach drei oder vier Stunden flotter Fahrt durch einsame und meist reizlose Landschaft, passierten wir ein Tor mit der Aufschrift Nomtsas, und dann kam lange nichts mehr. Es mußte also eine Farm von außerordentlicher Größe sein.

»Fast siebzigtausend Hektar«, meinte HJF und erwähnte auch, daß er den Farmer sehr gut kenne. Der gehöre zur großen Familie Voigt, und die gehörte gewissermaßen zum Uradel von Südwest, weil der Stammvater schon gekommen war, als gerade die ersten Schutzverträge mit dem Deutschen Reich verhandelt wurden *.

Doch war meines Erachtens der Großfarmer von Nomtsas eher zu bedauern als zu beneiden, denn sein Land machte einen trostlosen Eindruck. Bis auf eine Kette von Hügeln am Horizont war alles völlig flach. Auf dem sandigen und kiesigen Boden gedieh nur spärliches, kurzes, dürres Gras.

»Konnten denn die Voigts nichts Besseres finden?« fragte ich meinen Begleiter.

»Bestimmt nicht, sie haben hier weit und breit das beste Schafland. Da gibt's viel andere Karakulzüchter, die wagen von so was nicht mal zu träumen!«

Ich wünschte mir andere Träume in dunkler Nacht. Aber als Schafzüchter muß man wohl mit den Schafen gehen. Wo die gedeihen und edle Persianerfellchen liefern, muß es auch den Farmern gut bis sehr gut gehen.

Es erschien eine flache, weit ausgedehnte Mulde im Gelände, vermutlich das Sandbett eines Flusses, der nur alle paar Jahre einmal Wasser führt. Etwa zwei Kilometer von der Pad entfernt, lagen am Rand dieser Senke ein paar niedrige Gebäude mit dem üblichen Windrad und Wasserbehältern. Es gab dort sogar grüne Bäume, Büsche und Gärten.

---

* Hans Grimm hat in seinem früher viel gelesenen »Südwester Buch« den Voigts das erste und längste Kapitel gewidmet.

»Was wollen Sie denn dort?«

»Die Voigts besuchen, wir sind doch angemeldet.«

Davon wußte ich nichts, noch weniger war mir bekannt, daß wir dort übernachten sollten. HJF hatte das von sich aus arrangiert.

Der Empfang war gastfrei und herzlich, wie das auf Südwester Farmen so ist. Ein großes, weitläufiges Haus mit mancherlei Nebengebäuden, und ein großer Betrieb mit vielen Farbigen, die schon seit Jahrzehnten, manche auch seit Generationen dazu gehörten. Sie stammten aus verschiedenen Völkerschaften und achteten sehr auf ihre Apartheid, wie der Farmer erzählte. Sie waren deshalb jeweils nach Stammeszugehörigkeit an getrennten Plätzen untergebracht. Erst heute morgen hatte es wieder eine schlimme Prügelei gegeben, das heißt ein Hottentotte hatte die Prügel bezogen und ein Baster den Knüppel geschwungen. Der mißhandelte Mann war mit klaffenden Kopfwunden zum Farmer geflüchtet, um weiteren Gewalttaten zu entgehen.

Schon mehrfach hatte ihn dieser Baster schikaniert und mit gemeinen Worten beleidigt, bis sich schließlich der arme Hottentott aufraffte, um milde daran zu erinnern, daß sie doch beide Christenmenschen waren und demgemäß auch Brüder. Eine solch unverschämte Anmaßung des Hottentotten, sich als Bruder eines Basters zu bezeichnen, konnte nicht ungestraft bleiben. Nach Meinung des erbosten Baster hatte der Hottentott die Prügel ganz zu Recht erhalten. Wo käme man denn hin, wenn so ein Hundesohn glaubte, er wäre besser als er war! Vermutlich hätte ein Herero einem Ovambo gegenüber, und ein Klippkaffer einem Buschmann gegenüber nicht anders gehandelt.

Der Farmer fuhr mich zur Ruine der ersten Farm, etwa zehn Minuten von dem neuen Haus entfernt. Sie lag auf einem Hügel mit weiter Aussicht, nur ein Rest der Grundmauern war noch übrig. Dazwischen lagen fünf Gräber, überragt von einem Gedenkstein aus schwarzem Marmor. Auf allen Grabplatten war der gleiche Todestag genannt.

Nomtsas gehörte damals, im Jahre 1904, dem Farmer Ernst Hermann, war ihm aber trotz der weiten Ausdehnung noch immer nicht groß genug. Hermann wollte im Westen noch mehr Land dazu haben, und weil dort nie ein Mensch zu sehen war, hielt er das Gelände für herrenlos. Die Hottentotten jedoch waren anderer Meinung, wenn sie das Land auch nicht beweideten, so gehörte es doch ihrem Stamm. Von dieser Behauptung ließ sich der Farmer nicht stören und bat telegrafisch die Kolonialregierung, ihm das Gelände zu verkaufen, zum damals üblichen spottbilligen Preis. Ein Hottentott, des Lesens der deutschen Sprache kundig, schaute ihm dabei über die Schulter und alarmierte seine Stammesgenossen. Hermann ahnte nicht, was sich alsbald gegen ihn zusammenbraute.

Er kehrte nach Nomtsas zurück und fand Gäste vor, den Tierarzt Abel Oskar mit seiner Braut Klara Bremer, sowie den Nachbarn Cornelius Friccius und noch einen anderen Freund. Die Herren saßen beim Kartenspiel und Fräulein Bremer war mit einer Handarbeit beschäftigt, als plötzlich Schüsse fielen und die Fensterscheiben zersplitterten. Die Männer im Haus griffen sofort zu ihren Waffen, die damals jeder bereithielt, da im Norden der Hererokrieg wütete und man nicht wissen konnte, ob demnächst auch die Hottentotten losschlugen. Der Farmer und seine Gäste schossen zurück, obwohl sie draußen in der Dunkelheit kaum etwas sehen konnten, nur hin und wieder das Aufblitzen feindlichen Feuers. Das belagerte Farmhaus zu verteidigen war nur möglich, wenn ihm andere Weiße zu Hilfe kamen. Die Munition mußte bald verbraucht sein, an die Verpflegung im Schuppen und das Wasser im Brunnen kam man nicht heran. Beim Morgengrauen versuchte Hermann das Haus zu verlassen, um auf seinem Pferd die nächstgelegene Farm zu erreichen und Hilfe zu holen. Durch einen Kopfschuß wurde er verwundet und blieb hilflos liegen. Die Männer im Haus konnten ihm nicht helfen, weil die Hottentotten schon auf dreißig Schritt heran waren. Hermann verblutete.

Gegen Mittag war die Lage der Verteidiger hoffnungslos, sie hatten bis auf wenige Patronen ihre Munition verschossen. Hilfe war nicht zu erwarten. Die Hottentotten warfen brennende Zweige aufs Strohdach, und sofort stand es in Flammen. Da erschoß der Tierarzt seine Braut und dann sich selbst. Friccius und der andere Gast liefen aus dem brennenden Haus, mit Kolben wurden sie totgeschlagen.

Es war kein Aufstand gewesen, den alle Hottentotten der Gegend mitmachten, sondern nur eine jener blutigen Episoden, die sich damals hin und wieder ereigneten.

Mein Begleiter wäre gern noch ein paar Tage auf Nomtsas geblieben, denn für ihn bestand ja keine Veranlassung, möglichst bald wieder in Windhuk zu sein. Während er mit unserem Gastgeber gemütlich auf der Veranda plauderte, belud ich den Wagen, setzte mich ans Steuer und heulte mit der Hupe. So mußte sich HJF verabschieden und schließlich auch einsteigen. In einer Wolke von Staub braußten wir davon.

Wir tankten in Helmeringhausen, einer gemütlichen deutschen Ortschaft mit 25 weißen Einwohnern, einem hübschen Hotel und mehreren Geschäften. Viel hatte sich allem Anschein nach seit der alten Zeit dort nicht geändert, nur daß jetzt Autos und Lkws in Helmeringhausen Rast hielten statt der einstigen Ochsengespanne. Anderthalb Stunden später kamen wir nach Bethanien, wo es zwei steingebaute Häuschen von historischem Interesse zu sehen gab. Keines machte von außen oder innen den Eindruck besonderer Bedeutung. Man muß schon wissen, weshalb sie unter Denkmalschutz stehen, sonst lohnt es sich nicht, die grauen Gemäuer gedankenvoll zu betrachten. In dem einen residierte seinerzeit der Hottentotten-Kapitän Joseph Fredericks, und hier wurde am 1. Mai 1883 jener Vertrag unterzeichnet, mit dem Adolf Lüderitz die Bucht von Angra Pequena, heute Lüderitzbucht genannt, und dazu noch einen weiten und breiten Küstenstreifen erwarb. Der Bremer Kaufmann zahlte dafür an Fredericks 100 Pfund Sterling und 200 Gewehre. Dieses Privatgeschäft wurde später von Bismarck sanktioniert und namens des Kaisers wurde erklärt, das Deutsche Reich habe den Schutz der Erwerbung des Herrn Lüderitz übernommen. So war also in diesem Haus der Anfang zur Besitzergreifung von Südwestafrika gemacht worden *. Das schlichte, aus Feldsteinen errichtete Bauwerk unter schattigen Bäumen wird noch heute von den Nachkommen Fredericks bewohnt.

Das zweite der historischen Häuslein in Bethanien ist nicht viel besser und auch nicht größer, aber es war der erste Steinbau in Südwest überhaupt, von dem deutschen Missionar Hans Schmelen im Jahre 1814 mit eigenen Händen errichtet. Darin sind seine Schriften und manche seiner Habseligkeiten ausgestellt. Daran läßt sich erkennen, wie unglaublich hart, primitiv und entbehrungsreich das Leben und Wirken dieses Mannes unter den damals noch völlig wilden Hottentotten gewesen ist. Schmelen war viele Jahre lang von der Außenwelt völlig abgeschnitten. Er nähte sich Kleider und Schuhe aus Fellen, als seine mitgebrachten Kleider verbraucht waren. Er schnitzte sich Tassen, Teller und Löffel aus Kameldornholz, weil ihm diebische Nachbarn alles Geschirr gestohlen hatten. Dennoch hielt er aus und predigte Gottes Wort in der Wüste, über zwanzig Jahre lang.

Nach der Besichtigung von Bethanien, mit etwa 100 weißen

---

* Die Bekanntgabe in der Welt geschah auf einfachste Weise, nämlich durch folgendes Telegramm des Fürsten Bismarck vom 24. April 1884 an den deutschen Konsul Lippert in Kapstadt: »Nach Mitteilung des Herrn Lüderitz zweifeln die britischen Kolonialbehörden, ob seine Erwerbungen nördlich vom Oranjefluß auf deutschen Schutz Anspruch haben. Bitte erklären Sie amtlich, daß er und seine Niederlassungen unter dem Schutz des Reiches stehen.«

Bewohnern, darunter 20 deutschen Südwestern, durchquerten wir ein Stammesgebiet der Hottentotten mit Namen Soromas, und gelangten danach auf eine gute und breite Pad, die Keetmanshoop mit Lüderitzbucht verbindet. Wir folgten ihr aber nicht gleich, sondern suchten unseren Weg zu den heißen Quellen von Ai-Ais. Es war nicht einfach, denn wieder fehlten die Wegweiser, nur von einer Farm zur anderen konnten wir uns nach Süden vortasten. Abermals zeigte die Landschaft ein ganz anderes Bild, aus der rosaroten Ebene mit goldschimmerndem Trockengras erhoben sich Tafelberge. Sie standen allein auf weiter Fläche, ihre Hänge stiegen in steilem Schwung nach oben, aber droben waren sie so flach, als habe ein gigantischer Teufel mit haarscharfem Messer die Gipfel abgeschnitten. Ich nehme an, mit einem kleinen Flugzeug könnte man auf den sonst unersteigbaren Hochflächen landen, nur aus Neugier hätte ich das gerne getan.

Wir fuhren über Bremen und Lübeck, zwei Farmen, die am Wege lagen, den Hundsbergen entgegen. Das war nun wieder ein richtiges massives Gebirge mit schroffem, zerklüftetem Fels und tiefeingeschnittenen Tälern. Noch schlechter als bisher wurde die Pad, hinauf und hinunter rollte der Wagen in scharfen Kurven. Phantastische Panoramen von unglaublicher Wildheit öffneten sich unseren Augen. Kaum eine Spur von Vegetation, nirgendwo ein Mensch oder Tier. Eine leblose Welt der Steine und Schluchten, eine grausame Landschaft für verirrte Wanderer.

Dann aber, in Sekundenschnelle, ein totaler Wechsel der Szenerie. Der Wagen bog um die nächste Kurve, und wir schauten hinunter auf ein grünes Paradies mit freundlich glänzendem Wasser. Palmen und Schilf, frisches Gras, Büsche mit leuchtend roten Blüten. Wir waren an den Fischfluß gelangt, wo er am schönsten ist, und hatten dort die heißen Quellen von Ai-Ais erreicht.

An sich war das Kurbad geschlossen, weil man mit einem völligen Umbau beginnen wollte. Doch ich hatte mir in Windhuk eine schriftliche Genehmigung besorgt, um dennoch einen Tag und eine Nacht hier zu verbringen. Das war auch nötig, denn ein grimmiger Platzhalter, von seiner Frau kräftig unterstützt, wollte uns gleich wieder aus dem Paradies verjagen. Er war der Meinung, es gehöre ihm ganz allein, und wünschte nicht, in seiner abgeschiedenen Ruhe gestört zu werden. Für seinen Vorgesetzten in Windhuk, der uns den Besuch in Ai-Ais erlaubt hatte, fanden die beiden Eheleute sehr üble Worte.

»Wir können Euch nicht unterbringen, wir haben keine Lebensmittel, hier gibt's auch nichts zu trinken!«

»Alles, was wir brauchen, haben wir mitgebracht«, gab ich kühl und beherrscht zur Antwort, »daher können wir auf Sie und Ihre Frau Gemahlin gerne verzichten.«

Unter drei Palmen, gleich neben dem bezaubernden Fluß, entluden wir den Wagen. Ein schöneres Nachtlager ließ sich kaum denken. Wenn sonst die Gäste kamen, standen ihnen geräumige Zelte und hölzerne Hütten zur Verfügung, mehrere hundert Stück an der Zahl. Die hatte man aber inzwischen abgebaut. Es gab Wasserhähne alle zehn Schritt, offene Feuerstellen zu Dutzenden und verschlossene Waschräume im Hintergrund. Wenn Hochsaison war in Ai-Ais, kamen bis zu dreihundert Familien zu den heißen Quellen am Fischfluß. Es war dann ein Kaufladen geöffnet und es herrschte munteres Treiben. Aber nicht während des südafrikanischen Sommers, dann stieg nämlich die Temperatur bis auf 50 Grad Celsius im Schatten.

Zwei bis drei Jahre lang sollte nun das Tal für alle Besucher geschlossen bleiben. Ai-Ais wird sich sehr verändert haben, wenn eines Tages die Badegäste wiederkommen. Ein Kurhaus, ein Hotel und hundert Bungalows will man bauen, dazu Restaurants, Teestuben und Tanzlokale, auch Spielplätze und Sportplätze. Es wird alles sehr viel bequemer, aber nicht mehr so naturverbunden sein, wie ich es gerade noch erlebte. Farbige Arbeiter und drei weiße Ingenieure waren schon eingetroffen, um mit der völligen Verwandlung von Ai-Ais zu beginnen.

Einen scheußlichen, langgestreckten Wellblechschuppen können sie von mir aus gerne niederreißen, worin sich ungefähr hundert halbdunkle Kabinen befanden, jede mit einem ausgemauerten Badebecken im Boden. Durch die Mitte floß in einer offenen Rinne das heiße, heilkräftige Wasser zu den Kabinen. Mir sagte dies Arrangement gar nicht zu, die Wohltat eines warmen Bades wollte ich lieber im Freien genießen. Das konnte auch geschehen, denn gleich neben dem Fluß, zwischen Schilf und grünem Rasen, lagen zwei wunderschöne Swimming-pools, jeder so groß wie ein Tennisplatz. In den einen sprudelte lauwarmes Wasser, in das andere mündete ein heißer Strahl.

Hans-Joachim-Friedrich war zurückgeblieben, er badet aus Prinzip nur in der Wanne. Überhaupt paßte ihm der Aufenthalt in Ai-Ais ganz und gar nicht, das sei doch nur Schnick-Schnack für alberne Touristen, hatte er mir gesagt. So war ich völlig allein in dieser traumhaft schönen Umgebung. Hier fiel es nicht auf, wenn die Badehose fehlte. Ich stieg in die heiße, prikkelnde Flut und schwamm eine Weile darin herum. Danach war es noch viel angenehmer, sich im flachen Teil des großen Beckens auszustrecken, um gar nichts zu tun. Der Fluß und seine grünen Ufer wurden auf beiden Seiten von hohen, hellen, rosaroten Felswänden eingerahmt. Der Gegensatz zwischen drunten und droben konnte nicht krasser sein, es war ein Unterschied wie zwischen Tod und Leben. Ich hielt den grünen Fleck von Ai-Ais für die einzige Oase im vielgewundenen, viele hundert Kilometer langen Tal des Fischflusses. Aber es gab noch andere, wie ich später erfuhr. Auch noch andere heiße Quellen und Stellen mit üppiger Vegetation verbergen sich in der noch kaum erforschten Schlucht. Doch nur eine gutausgerüstete Expedition kann sie erreichen, nur aus der Luft wurde die ganze Länge des Tals kartographiert und vermessen. Der Fluß selbst bleibt während der Trockenzeit auf weiten Strecken unsichtbar. Wo das Wasser an die Oberfläche dringt, steht es still und man glaubt, es sind Teiche und Tümpel. Die heißen Quellen von Ai-Ais entspringen am Westufer irgendwo im Gestein, was davon nicht in die Badebecken strömt, fließt als dampfendes Bächlein durchs Schilf und wärmt die nächstgelegenen Teiche. Wer dort hineinsteigt, kann sich die passende Temperatur selbst wählen.

Als ich aus dem heißen Wasser stieg, wurde ich schallend ausgelacht und lief beschämt zu meinen Kleidern. Es waren aber nur sechs oder sieben dicke Paviane, die sich so lautstark über meine pudelnackte Erscheinung entrüsteten. Sie hielten es für äußerst ungehörig, ohne Pelz zu baden. Sie kreischten so lange, bis ich wieder angezogen und verschwunden war.

Wenn ich gehofft hatte, der gute HJF würde inzwischen Feuer entfachen, den »van der Merve« aufstellen und den Tisch decken, erlebte ich nun zu meinem Erstaunen, daß er dazu nicht imstande war.

»Tut mir leid, bester Freund, aber ich hab so was noch nie gemacht.«

»Aber ... Sie sind doch ein großer Jäger, Sie leben doch schon seit undenklichen Zeiten in Südwest?«

Er trat von einem Bein aufs andere und machte ein betrübtes Gesicht.

»Ja, das schon ... aber ich wohne doch immer auf einer Farm, und zum Essen tagsüber stecke ich mir irgendwas in die Tasche. Da brauch' ich kein Feuer und brauch' mir nichts zu braten. Morgens und abends sitz' ich am Tisch meiner Freunde ...«

Es war nicht zu glauben, aber angesichts seiner völligen Hilflosigkeit mußte ich es glauben. Er hatte sich noch nie eine warme Mahlzeit draußen in der Natur selber bereitet und noch niemals im Freien kampiert. Wenn er gelegentlich Picknicks mitmachte, hatten andere Leute dafür alles gerichtet. So einen Südwester hatte ich bisher noch nicht erlebt, und der sollte ein großer Jäger sein!

Er schaute zu, was ich tat, versuchte auch zu helfen, stellte sich aber so ungeschickt an, daß ich ihn fortschickte, um Wasser zu holen.

»Wo gibt's denn Wasser?«

»Dort unter den Bäumen ist ein Hahn mit kaltem Wasser, und gleich dahinter sprudelt eine heiße Quelle.«

»Und was soll ich holen?«

»Heißes Wasser, dann kocht's schneller.«

»Und welchen Topf soll ich nehmen?«

Da war ich schon selber gegangen.

Bei Sonnenuntergang tauchte ich wieder in mein großes Badebecken und betrachtete ein phantastisches Schauspiel. Von der Sonne selbst wurde es an jenem Abend hier aufgeführt. Als Bühne diente das wildromantische Tal, und als Kulisse die Felswände. Es war ein Spiel von Licht und Schatten, von herrlichsten Farben und ständig wechselnder Beleuchtung. In der Rolle von Statisten sprangen Paviane über die Bühne, die erst jetzt so richtig in Bewegung kamen. Bei alldem lag ich ausgestreckt in meiner Privatloge, gefüllt mit warmem Wasser. Kein Theater der Welt hat solchen Luxus zu bieten.

Mein drittes Bad nahm ich um Mitternacht, vor mir das silberne Halbrund und über mir die Sterne. Allein für das Erlebnis dieser Stunde hatte sich die Reise nach Südwest gelohnt.

»Wie haben Sie geschlafen?« fragte ich HJF am nächsten Morgen.

»Schlecht... ganz schlecht, ich hab' ja so gefroren hinten auf dem Wagen.«

Tatsächlich, in den Gepäckraum des Wagens hatte er sich gelegt, weil ihm das Feldbett im Freien nicht ganz geheuer war.

»Wieso denn gefroren? Wir haben doch für Sie einen schönen, molligen Schlafsack mitgenommen.«

»Da waren doch die Gewehre drin, damit sie weich liegen bei der verdammten Schüttelfahrt.«

So war das mit Hans-Joachim-Friedrich.

Wir blieben den ganzen Tag in Ai-Ais, unternahmen Spaziergänge durch die Oase und erforschten das Tal, so weit es ohne besondere Anstrengung möglich war. Ich badete im Fluß zwi-

schen Sand und Schilf, stieg noch dreimal ins große Becken, ohne
jemals andere Leute dort vorzufinden.

Am zweiten Morgen weckte ich HJF schon um sechs Uhr früh,
dann machten wir uns auf den Weg zum Fish River Canyon,
eines der gewaltigsten Naturwunder auf Erden. Nur der Gran
Cañon des Colorado im amerikanischen Staat Arizona ist noch
tiefer, größer und länger. Dort war ich vor genau einem Jahr
gewesen, nun wollte ich sehen, was in dieser Hinsicht das süd-
westliche Afrika zu bieten hatte. Die Zufahrt jedenfalls läßt sich
nicht mit einer Fahrt zum Gran Cañon der Amerikaner vergleichen. Dort rollen an jedem Tag der Saison viele hundert Busse
und viele tausend Privatwagen zu den Hotels am Rand der welt-
berühmten Schlucht. Sie rollen auf breiten Asphaltbändern
durch herrliche Pinienwälder, und wer noch bequemer an sein
Ziel gelangen möchte, kann auch im Schlafwagen liegen. Wir
aber mußten ungefähr 250 Kilometer auf sandiger Pad zurücklegen, bis wir überhaupt erst die Nähe des Canyons erreichten.
Wegweiser gab es keine, und wir begegneten keinem Fahrzeug
auf der schwierigen Fahrt. Zuletzt führte die Strecke über endlos
erscheinende Ebenen aus Geröll, wo nicht der kleinste Dornbusch oder Grashalm gedieh. Dann aber entdeckten wir am
Horizont ein Blechdach auf vier Pfählen. Es stand mitten in der
Steinwüste, doch mußte für seine Existenz irgendwie ein Anlaß
vorhanden sein. Die holprige Pad führte geradewegs darauf zu.
Als wir näher kamen, war nun ein Stoppschild zu erkennen, das
die Weiterfahrt streng untersagte.

Das Verbot war durchaus berechtigt und lag im eigenen Interesse der Touristen, denn zwanzig Schritte weiter öffnete sich
unversehens die schreckliche Schlucht. Nichts, aber gar nichts
im völlig flachen Gelände ließ erkennen, daß sogleich der Erdboden aufriß, und zwar sechshundert Meter tief. Um so größer
die Überraschung, ohne jede Vorahnung am Rand des schauri-
gen Abgrunds zu stehen. Während der Gran Cañon des Colorado in allen Farben schimmert und den Betrachter durch seine
wildzerklüftete Schönheit überwältigt, weicht man hier erschrocken zurück. Grau, düster und furchterregend ist die
Schlucht des Fish River. Die Verlassenheit des Naturwunders
wirkt bedrückend, man verspürt kein Verlangen, hinabzusteigen.

Wo die Pad zu Ende war, wo sich der überdachte Rastplatz befand, stürzte die Schlucht in dunkle Tiefen. Drunten kroch
das Flußbett in einer großen Schleife durchs Felsgestein. Ich sah
das Geblink von hellem Wasser und erkannte stellenweise auch

ein wenig Vegetation. Aber von hoch oben gesehen war alles nur eine Kette kleiner Pfützen mit grünen Streifen am Rand.

Wer unbedingt darauf besteht, hinabzusteigen, kann sich zu diesem Zweck auf eigene Verantwortung einem gefährlichen schmalen und steilen Pfad bis ganz nach unten anvertrauen. Dem Vernehmen nach werden für diesen Abstieg drei Stunden benötigt, und mehr als sechs, um wieder hinaufzukommen.

Sehenswert ist der Canyon auf jeden Fall, denn solche Erdspalten gibt es auf Erden nur wenige, und keine andere von so abgründiger Verlassenheit. Das wirkt um so stärker, weil man den großartigen Anblick fast immer allein genießt. Außer dem Blechdach und der Feuerstelle sind für Touristen noch keine Vorkehrungen getroffen. Möge es noch lange so bleiben!

Unterdessen hatte sich HJF am Wagen zu schaffen gemacht, Benzin und Öl nachgefüllt, auch Wasser in den Kühler geschüttet. Das Wunder der Natur schien ihn nicht zu interessieren, er hatte ihm noch keinen Blick geschenkt.

»Aber wo wir schon hier sind, müssen Sie doch hineinschauen.«

»Warum denn, was hab' ich davon?«

Ich nahm seinen Arm und führte ihn zum Land.

»Na, was sagen Sie dazu«, fragte ich, weil er von selber gar nichts sagte.

»Schlechtes Schafland«, meinte Hans-Joachim-Friedrich mißbilligend, »ganz schlechtes Schafland!«

Wenn ich an meinen Freund Walter zurückdachte, der wäre schon auf dem Weg in die schaurige Tiefe gewesen und hätte mich bestimmt mit hinuntergeschleppt.

Nachdem wir in aller Ruhe unsere Mahlzeit bereitet und verzehrt hatten, machten wir uns auf den Weg nach Lüderitzbucht. Über die Fahrt selber ist nicht viel zu sagen, denn einmal auf der Hauptpad, ging alles glatt, und besondere Erlebnisse kamen nicht vor. Bald nach der Ortschaft Aus erschreckte uns ein großes Warnschild neben der Straße. In afrikaanischer, englischer und deutscher Sprache wurde mit den strengsten Strafen gedroht, falls es jemand wagen sollte, vom Wege abzuweichen. Nicht einmal auf der Straße selber durfte man sein Fahrzeug verlassen. Hier begann nämlich das totale Sperrgebiet der »Consolidated Diamond Mines«. Dieser Gesellschaft allein gehören sämtliche Schätze im Sand. Es geht dabei nicht nur um Diamanten im Werte von vielen Millionen Dollar, sondern um viele Milliarden. Das Sperrgebiet der CDM erstreckt sich hier über 35 000 Quadratkilometer der Namibwüste, vom Oranje-

Fluß im Süden bis fast hinauf zur Walfischbai im Norden. Das Königreich Belgien ist um ein Siebentel kleiner als dieses Reich einer Privat-Gesellschaft. Die Hafenstadt Lüderitzbucht mit ihrer knapp bemessenen Umgebung wird vom Sperrgebiet eingeschlossen, ihr bleibt nur der Seeweg nach draußen und die Straße nebst Bahnlinie nach drinnen. Hundert Kilometer weit darf man die Pad zwar befahren, aber nicht betreten. Es könnte ja sein, daß sich jemand bückt, um einen oder mehrere Rohdiamanten aufzuheben. Wenn der Sicherheitsdienst einen solchen Frevel für möglich hält, muß er wohl auch möglich sein. Sonst könnte man auch nicht begreifen, daß die CDM mit so großer Strenge darauf bedacht ist, allenthalben ihre Rechte zu wahren. Daß sie deshalb nicht gerade beliebt ist, am wenigsten bei den eingesperrten Bewohnern von Lüderitzbucht, läßt sich denken. Zwar stimmt der Vergleich in mancherlei Hinsicht nicht, aber die Lüderitzbuchter fühlen sich abgetrennt vom Rest der Welt wie die Westberliner.

Ob man die Pad durchs Sperrgebiet von versteckten Aufpassern beobachten läßt oder nicht, wir hielten uns jedenfalls streng an die Vorschriften. 5 000 DM Geldstrafe nur für einen kurzen Spaziergang in der Wüste, das war entschieden zuviel, auch wenn die Chance, erwischt zu werden, nur 1 gegen 100 stand.

Nun war es nicht mehr möglich, unser Nachtlager in der Wüste aufzuschlagen. Das hätte ich mir vor den Warnschildern überlegen sollen. Man stelle sich vor, es wären ein paar hochkarätige Diamanten in meinem Schlafsack hängengeblieben, und ein Aufsichtsorgan hätte sie bemerkt. Als ungern gesehener Gast würde ich noch heute im Zuchthaus sitzen!

»Ich hab' schon Quartier bestellt«, meinte HJF, »ohne ein gutes Bett kann doch der Mensch nicht richtig schlafen.«

Von der letzten Tankstelle aus hatte er angerufen.

»Und welchem Hotel geben Sie den Vorzug?«

»Gar keinem, wir wohnen bei Frau Dyck.«

»Und wer ist die Dame, wenn ich fragen darf?«

»Eine ganz besonders nette Dame, Sie werden schon sehen.«

Es war Nacht in Lüderitzbucht, als wir dort ankamen. Vor einem großen Haus auf hohem Felshügel hielten wir an, über eine steile Treppe stiegen wir zur Veranda empor. Von einer zierlichen, weißhaarigen Dame wurden wir begrüßt. Meine eigene Mutter hätte mich nicht herzlicher aufgenommen, wäre ich nach vielen Jahren ins Elternhaus heimgekehrt. Der Tisch war gedeckt und die Schlafzimmer gerichtet. Trotz aller Müdigkeit von der langen, staubigen Fahrt gingen wir vorläufig nicht zu Bett. Bis gegen Mitternacht fand die lebhafte Unterhaltung mit der klugen Hausfrau kein Ende. Sie war am folgenden Tag der beste Fremdenführer, den man sich nur wünschen kann.

Lüderitzbucht, von den Südwestern meist nur L-Bucht genannt, hat ungefähr 3 000 Einwohner, die eine Hälfte weiß und die andere farbig. Nur etwa sechzig Prozent der Weißen sind deutscher Abstammung, dennoch macht das Städtchen einen ebenso vor-1914-deutschen Eindruck wie Swakopmund. Ich hörte nur deutsch, las nur deutsche Straßenschilder und bemerkte niemanden, der nicht wie ein deutscher Südwester aussah.

Noch mehr als Swakopmund, hat Lüderitzbucht seine wirtschaftliche Bedeutung verloren. Dem Vernehmen nach leben heute dort weniger Menschen als vor fünfzig oder sechzig Jahren, denn längst vorbei ist es mit dem Wirtschaftswunder der Diamanten. Die CDM hat sich als Mittelpunkt ihres Milliardenbetriebs selber eine Stadt gebaut, Oranjemund mit Namen, und wie schon der Name besagt, liegt diese an der Mündung des Oranje. Die Lüderitzer haben vom Segen im Sand so gut wie gar nichts mehr, oder schlechter gesagt, eigentlich haben sie nur die Nachteile davon, weil sie auf die allernächste Umgebung ihres Ortes beschränkt wurden. Die Küstenfischerei, großenteils von Portugiesen betrieben, ist noch das beste Geschäft, könnte aber noch besser sein, wäre der Fang nicht auf bestimmte Quoten begrenzt. Das soll den Raubbau am Reichtum der Fische verhindern. Doch weiter draußen, wo der Atlantik allen Nationen gehört, kreuzen tagaus und tagein die großen Fangschiffe fremder Nationen, darunter eine ständig wachsende Zahl von schwimmenden Fischkonservenfabriken aus der Sowjetunion.

Dreimal in der Woche hat L-Bucht Flugverbindung mit Kapstadt und Windhuk, zweimal wöchentlich fährt die Bahn nach Keetmanshoop, wo man weiteren Anschluß nach Norden und Süden findet. Alle sechs Wochen ungefähr steuert ein Schiff der Woermann-Linie in die Lüderitzbucht, mit Fracht und Fahrgästen aus Hamburg und Bremen. Die Windhuker Zeitung vom Dienstag steht erst am Freitag den Lüderitzern zur Verfügung. Doch macht das weiter nichts, denn was draußen in der Welt vor sich geht, hat für L-Bucht doch nur geringe Bedeutung.

Lüderitzbucht ist das Pensionopolis für die Farmer und Geschäftsleute des Südens von Südwest. In dieser Rolle hat es den alten Herrschaften noch mehr Ruhe, Frieden und Beschaulichkeit zu bieten als Swakopmund. Die Welt ist hier zu Ende, man wird von nichts und niemandem gestört. Rechts und links die verbote Wüste, davor der unermeßliche Ozean und dahinter nur die eine, hauchdünne Verbindung zum spärlich bewohnten Land. Nur für die wenigen Wochen der Badesaison belebt sich das Städtchen mit Fremden. Bis zu einem halben Tausend, aber nicht viel mehr, kann mitunter der Zustrom von Gästen anschwellen. Gediegene Hotels, saubere Pensionen, freundliche Privatquartiere und eine Anzahl von Strandhütten nehmen Flüchtlinge vor der Sommerhitze auf. Viel Zerstreuung wird ihnen nicht geboten. Die Badebucht am Rande der Kleinstadt ist steinig und besteht aus Klippen, doch ist hier das Wasser verhältnismäßig ruhig, weil eine vorgelagerte Halbinsel die Brandung abfängt. Weichen, weißen Sand sowie den unbehinderten Wellenschlag genießt man am sogenannten Achatstrand, fünf Minuten im Wagen oder eine gute halbe Stunde zu Fuß außerhalb des Orts. Wer sich dieses Vergnügen machen möchte, bedarf einer schriftlichen Genehmigung der Consolidated Diamond Mines, die für solche und andere Zwecke eine Agentur in L-Bucht unterhält. Wer sich ausweisen kann, bekommt den Schein ohne weiteres, muß aber vor Anbruch der Dunkelheit vom Achatstrand verschwinden. Ein junger Mann, der sich unlängst verspätete (weil ihm vermutlich sein Mädchen zu gut gefiel) büßte sein Vergehen mit hoher Geldstrafe, und darf lebenslänglich diesen Sandstrand nicht mehr betreten. So streng sind bei der CDM die Gebräuche.

Das Hafenstädtchen ist auf Felsen gebaut, was ihm einen pittoresken Anblick verleiht, zumal die Hausdächer rot, die Wände weiß und die Fensterläden grün gestrichen sind. Es gibt keine geteerte Straße in L-Bucht, was den Eindruck halber Vergessenheit noch verstärkt. Es wäre übertrieben, von geringem Verkehr zu sprechen, für die Begriffe eines bundesdeutschen Großstädters ist er gar nicht vorhanden. Ausgezeichnet und relativ billig aber sind die Menüs in den Hotels und Restaurants, vor allem die Fischgerichte und die köstlichen Langusten. Die Bedienung in den Geschäften ist nicht nur gemächlich, sie ist mitunter recht verschlafen. Man hat Zeit im Überfluß, nach Belieben kann man sie verschwenden.

Die Lüderitzer verbrauchen das teuerste Wasser der Welt. Wer mehr als den normalen Bedarf eines bescheidenen Haushalts sprudeln läßt, zahlt 7 DM für den Kubikmeter. Begnügt er sich mit weniger, kostet ihn der Kubikmeter nur ungefähr 90 Pfennig. Auch das würden wir bei uns daheim für eine Zumutung halten. So ist es kein Wunder, daß Gärten ums Haus als kostspieliger Luxus gelten. Man sieht daher nur wenig Bäume, Sträucher und Blumen. Aber demnächst soll eine Pipeline von 100 Kilometern Länge gebaut werden, die billigeres Wasser von irgendwo heranführt. Dann wird es grün in Lüderitzbucht, sagen die Leute.

Angenehm kühl ist das Klima, 20 Grad Celsius im Tagesdurchschnitt. Doch gibt es kleine Kinder, die noch nie einen richtigen Regen erlebten. Sie kennen ihn nur aus den Erzählungen ihrer Eltern.

Die Ortschaft selbst habe ich bald besichtigt. Das Museum ist hochinteressant, wenn es sich auch mit Swakopmund nicht messen kann. Es verdankt seine Entstehung dem Malermeister F. Eberlanz, der hier alles zusammentrug, was sich nur für seine Leidenschaft des Sammelns eignete. Die deutsche Zeit, die Entdeckung der Diamanten, sowie Fauna und Flora der Namibwüste stehen natürlich im Vordergrund.

Von jenen wilden Zeiten des Diamantenfiebers, als sich Lüderitzbucht für einige Jahre, von 1909 bis ungefähr 1912, in einen Tummelplatz der Abenteurer verwandelte, ist nichts mehr geblieben. Ganz im Gegenteil, schon seit langem ist L-Bucht ein sittsames Städtchen, man würde Anstoß nehmen an lautem Treiben. Zweimal wöchentlich werden im Kino deutsche Filme gezeigt, doch bestimmt keine mit bedenklicher Handlung oder wenig bekleideten Damen. An den Samstagen darf getanzt werden. Skat und Kegeln sind sehr beliebt, der Pflege des Männerchors widmen sich Gesangvereine, und ein Turnverein pflegt die sportliche Ertüchtigung auch der älteren Semester. Natürlich gibt es einen Segelklub, den Schwimmklub und einiges mehr. Wer in L-Bucht geistige Interessen hat, braucht durchaus nicht zu verkümmern. Es haben sich kleine Gruppen gebildet, die musizieren, diskutieren und Vorträge arrangieren. Die Anregungen hierzu kommen vorwiegend aus dem Kreis der Lehrkräfte an der Deutschen Schule. Sie wurde mit einem Kostenaufwand von 10 Millionen DM aus deutschen Bundesmitteln neu gebaut und machte einen ausgezeichneten Eindruck. Dazu gehört auch ein modernes Internat, weil ja die meisten Schüler und Schülerinnen nicht in L-Bucht beheimatet sind, sondern aus dem Landesinnern stammen. Ich hielt vor den Oberklassen einen Vortrag über Jagderlebnisse in aller Welt und fand dankbare Zuhörer, obwohl ich keine Dias an die Wand werfen konnte. Überhaupt hatte ich gar nicht gewußt, daß öffentliches Auftreten von mir erwartet wurde.

Wir fuhren hinaus zum Leuchtturm, und ich betrachtete auf der Diaz-Spitze mit gebührender Ehrfurcht ein schlichtes Kreuz aus Muschelkalk, das heute an der gleichen Stelle steht, wo im Jahre 1486 Bartolomeo Diaz seinen »Padrao« errichtet hatte, wenige Wochen bevor dieser große portugiesische Seefahrer als erster Europäer das Kap der Guten Hoffnung umsegelte. Das ursprüngliche Kreuz wurde 1825 von Kapitän Owens wiederentdeckt, allerdings zerbrochen und mit nicht mehr leserlicher Inschrift. Die untere Hälfte gehört nun dem Museum in Kapstadt, die obere Hälfte befindet sich im Geographischen Museum der Stadt Lissabon. Gerecht wurde es auf beide Nationen verteilt, die darauf Anspruch erhoben.

Gegenüber dem Leuchtturm und nördlich der Stadt liegen ein paar kleine, felsige Inselchen, die von vielen tausend Pinguinen, Kormoranen und anderen Federtieren bevölkert sind. Auch hier heißt es: Betreten streng verboten! Aber nicht, weil man den Raub von Rohdiamanten befürchtete, sondern um den Brutplätzen völlige Ruhe zu gönnen. Als ein besonderes Wunder der Natur gilt der »Bogenfels«, etwa 100 Kilometer südlich von L-Bucht, unmittelbar an der Küste gelegen. Es handelt sich um einen 150 Meter hohen Bogen aus rosarotem Gestein, der an die Reste einer Riesenburg erinnert. Man kann nicht hin, denn sogar der Besuch des Bogenfelsens wurde verboten. Selbst durch eine Bittschrift der Schulkinder ließ sich die CDM nicht erweichen, ihnen einen Besuch der Sehenswürdigkeit zu gestatten.

Jenem Mann, der die Bucht von Angra Pequena erst für sich erwarb und danach dem Deutschen Reich übertrug, dem Bremer Kaufmann Adolf Lüderitz, hat man nahe der Einfahrt in den Naturhafen einen Gedenkplatz gewidmet, wo der Gründer von Deutsch-Südwest auf einer Bronzeplakette verewigt ist. Er kam mit fünf Begleitern, darunter einem Holländer und einem Schweden, am 10. April 1883 in die Bucht und begann sogleich eine Niederlassung einzurichten. Zelte, Proviant, Ochsenwagen und sogar zerlegte Fertighäuser hatte Lüderitz mitgebracht. Nachdem er, wie schon erwähnt, die Bucht mitsamt ihrer fünf Meilen weiten Umgebung vom zuständigen Hottentottenkapitän gekauft hatte, wurde am 12. Mai 1883 zum ersten Mal in Südwest-Afrika die deutsche Flagge gehißt. Adolf Lüderitz selber ist beim Versuch, den Oranje-Fluß hinabzufahren, spurlos verschwunden. Am 22. Oktober 1886 wurde er zum letzten Mal gesehen. Aber die Bucht und die Stadt tragen seinen Namen, aller Voraussicht nach für immer. Am achtzigsten Jahrestag der Flaggenhissung, also 1963, wehte noch einmal die alte Reichsflagge über dem Bezirksgebäude von Lüderitzbucht. Eine Abordnung südafrikanischer Offiziere gab sich die Ehre, zu salutieren.

Ein staatsrechtlich wohl einmaliger Vorgang war die Wahl des gegenwärtigen Bürgermeisters. Er wurde mit großer Mehrheit gewählt und von der Regierung in seinem Amt bestätigt, obwohl er die südafrikanische Staatsangehörigkeit noch nicht besaß, sondern Bürger der Bundesrepublik war. Inzwischen hat Bürgermeister Jüngst, ehemals deutscher Offizier, natürlich den Paß seiner neuen Heimat.

Als ich am gleichen Nachmittag allein durchs Städtchen bummelte, rief ein Mann von der anderen Straßenseite: »Wie geht's, Herr Bürgermeister, schon wieder zurück?«

Ich drehte mich um, sah aber niemanden hinter mir. Bald danach grüßte wieder einer über die Straße.

»Schön guten Tag, Herr Bürgermeister, dann sehen wir uns ja nachher bei der Sitzung.«

Ich konnte aber niemanden sehen, der gemeint war. Gleich darauf eilte mir eine ältere Dame mit ausgestreckter Hand entgegen.

»Gut, daß ich Sie treffe, Herr Bürgermeister... aber wieso, wo hab' ich nur meine Augen... das sind Sie ja gar nicht. Entschuldigen Sie bitte!«

Abends traf ich den Bürgermeister zum gemeinsamen Abendessen, er hatte schon von seinem Doppelgänger gehört. Doch fanden wir beide, daß die Ähnlichkeit zwischen uns so groß gar nicht war. Allenfalls hatten wir die gleiche Statur und Haarfarbe.

»Ah, ich weiß, woran's liegt«, meinte er dann, »Sie gehen sehr schnell und haben's immer eilig. Das wird auch von mir behauptet, daher die Verwechslung.«

Tatsächlich wurde mir in Südwest mehrmals gesagt, ich solle doch nicht so schnell laufen. Bei uns in München ist mein flotter Schritt noch niemandem aufgefallen, weil es jeder andere genauso eilig hat. Aber in Südwest herrscht eben ganz allgemein ruhigeres Tempo. Wer sich da rascher bewegt, kann bestimmt kein geborener Südwester sein. Die würden sich ohne triftigen Grund niemals beeilen. Auch wenn sie allen Grund dafür hätten, tun sie es nur in den seltensten Fällen.

Hans-Joachim-Friedrich wollte L-Bucht so bald nicht verlassen, waren wir doch in dem schönen großen Haus der liebenswürdigen alten Dame bestens aufgehoben und wurden gut verpflegt. Auch hatten wir uns mit so vielen netten Leuten angefreundet, die meinten, wir würden ein paar Wochen bleiben.

»Wir starten heute nacht um drei«, sagte ich HJF, als sei das schon längst so beschlossen, »wir haben morgen eine Strecke von mindestens siebenhundert Kilometern vor uns. Da geht's eben nicht anders, so früh müssen wir starten. Also um zwei hol' ich Sie aus dem Bett.«

Er war zur gegebenen Stunde noch so verschlafen, daß er sich zu Protesten gar nicht aufraffen konnte, machte aber dann gute Miene zum bösen Spiel und war mir während der langen Fahrt wieder ein freundlicher Kamerad. Schon gegen Mittag erreichten wir die Ortschaft Suidover am Oranje und damit die Grenze von Südwest gegenüber dem eigentlichen Südafrika. Wälder, Felder und Gärten begleiten den Strom auf beiden Seiten. Wie doch das Wasser alles verändert! So ist es am Nil und so am Oranje, die Landschaft erfährt einen völligen Wandel. Staubige Steppe und nacktes Gestein viele hundert Meilen weit, dann plötzlich ein doppelter Grüngürtel am fließenden Wasser. Der Übergang von einem zum anderen Extrem vollzieht sich von einem Meter zum anderen. Der Oranje führt Wasser das ganze Jahr, nur ist natürlich zur Trockenzeit der Wasserstand relativ niedrig. Auf der Südwester Seite ist das Ufer des Oranje verhältnismäßig flach, drüben aber steigen bald wieder kahle Berge steil empor.

Es gab in Suidover nicht viel zu sehen, mit Ausnahme eines schlanken, fast weißen Kamels, von dem behauptet wurde, seine Vorfahren hätten im Dienst der Schutztruppe gestanden. Ob das nun stimmte oder nicht, es war das einzige Kamel, das ich während meiner Reisen in Südwest zu Gesicht bekam. Früher soll es sehr viele gegeben haben, jedoch alle importiert. Bevor sie die Weißen ins Land brachten, waren Kamele in Südafrika nicht bekannt.

Wir fuhren auf einer schmalen Stahlbrücke zur südafrikanischen Seite hinüber, ohne irgendeine Kontrolle zu passieren. Im Rahmen der Weltpolitik mag die staatsrechtliche Stellung von Südwest noch unklar sein, in praktischer Hinsicht ist es ein Teilgebiet der Republik Südafrika. Durch keinerlei Markierung wird auf die Grenze hingewiesen. Drüben liegt die Ortschaft Vioolsdrift, und dort wollten wir zu Mittag essen. Doch vergeblich wanderten wir durch ein großes Motel mit nicht minder großem Restaurant. Personal war vorhanden und die meisten Tische gedeckt, doch aus irgendeinem Grund wurden Gäste nicht bedient. So fuhren wir zurück auf die Südwester Seite und dann ins freie Gelände, wo wir uns am eigenen Feuer selbständig machten.

Nach dem Essen und Abwasch begann die weite Rückreise. Doch nicht auf kürzestem Wege strebten wir nach Windhuk, sondern hatten für unterwegs noch manchen Aufenthalt vorgesehen. Denn es ist wohl so in vielen Ländern der Erde, daß immer Punkte fürs Reiseprogramm auftauchen, je länger man dort ist. Dies und das muß man unbedingt noch sehen, hier einen Umweg und dort einen Abstecher, um ja nichts zu versäumen. So vielseitig ist Südwestafrika, daß ein volles Jahr auf der Achse nicht ausreichen würde, das Land wirklich zu kennen. 10 000 Kilometer bin ich gefahren und mehr als 5 000 geflogen, es war dennoch bei weitem nicht genug, um zu sagen, ich sei überall gewesen. Die Straße nach Karasburg war erst vor kurzem fertiggestellt und ausgezeichnet. Sie besaß zwar keinen Belag aus Teer oder Asphalt, hatte aber die Breite einer Autobahn, und ihr Boden war steinhart gewalzt. Unser Wagen fuhr so schnell wie noch nie, zumal wir auf der ganzen Strecke keine Ortschaft passierten.

»Gutes Schafland, sehr gutes Schafland«, versicherte mir HJF alle paar Minuten. Doch für alles Geld der Welt wollte ich hier nicht Schafzüchter sein, wenn damit die Pflicht verbunden war, ständig auf meiner Farm zu leben. Alles öde, flach und leer, nur das kurze, dürre Gras zwischen grauen Kieselsteinen. Sogar jetzt, während des sogenannten Winters brannte die Sonne heiß hernieder, wie glühend mußte dann die Temperatur im Sommer sein! Wir kamen nach Karasburg, und ich war enttäuscht von dem Städtchen. Es ist farblos und machte mir einen langweiligen Eindruck. Aber wer dort lebt, liebt und arbeitet, mag anderer Meinung sein. Wir hielten an einer Tankstelle, um die Kanister wieder aufzufüllen, vor allem brauchten wir frisches Wasser.

Es folgte dann eine abwechslungsreiche Fahrt durch die Karasberge, westlich der großen Hauptpad nach Norden. Die Strecke führte auf zahlreichen Serpentinen hinauf und hinab. Sie überquerte auf kühnen, schmalen Brücken sehr tiefe, trockene Flußtäler. Wir verloren viel Zeit an Baustellen und mußten oft auf Behelfswege ausweichen. Eine bekannte bundesdeutsche Firma war mit ihren eigenen Ingenieuren und Maschinen schon seit Jahren hier beschäftigt. Die Männer hausten in riesigen Wohnwagen, das Wasser mußten ihnen Tankwagen heranbringen.

Es war schon dunkel, als wir in Keetmanshoop eintrafen. Viel konnte ich daher von dieser relativ großen Stadt nicht sehen. Schon vor dem Ersten Weltkrieg hatte Keetmanshoop und auch Karasburg einen starken Anteil Afrikaaner unter der weißen Bevölkerung. Heute sind in beiden Ortschaften die deutschen Südwester nur noch eine Minderheit von fünf bis zehn Prozent.

Es soll auch im Straßenbild so gut wie nichts mehr aus der alten Zeit übrig sein. Von einem freundlichen Polizisten ließ ich mir erklären, wo das beste Haus am Platz zu finden sei. Dort stand uns nur ein Menü zur Auswahl, aber alle seine fünf Gänge waren erstklassig zubereitet und dazu noch so billig, daß ich den Oberkellner fragte, ob er sich nicht geirrt habe. Nein, es stimmte schon, und das Trinkgeld war schon inbegriffen. Als ich dem braven Mann dennoch eine Kleinigkeit in die Hand drückte, schien er überrascht von so viel Großzügigkeit.

Da ich Hans-Joachim-Friedrich kein Nachtlager im Freien mehr zumuten wollte, bezogen wir zwei Zimmer des gleichen Hotels. Todmüde fiel jeder in sein Bett, schon vor Tagesanbruch rollten wir weiter. Keetmanshoop lag noch im tiefen Schlaf. Die Sonne ging gerade auf, als wir die Farm Gariganus erreichten, um eine Ansammlung von ungefähr 300 Kokerbäumen zu bewundern. Einige Exemplare des seltsamen Ur-Baumes hatte ich schon im Buschmannsparadies auf der Spitzkopje gesehen, aber hier gab es davon noch einen ganzen Wald, überhaupt den einzigen in Südwest. Wäre ein prähistorisches Ungeheuer aufgetaucht, es hätte in diese Umgebung gepaßt.

Eine Stunde später war links vom Weg der Brukkaros zu sehen, ein erloschener Vulkan von markanter Gestalt. Zur deutschen Zeit befand sich auf seinem Gipfel eine Heliographen-Station, also ein Spiegeltelegraph mit der notwendigen Bedienung. Bevor es telefonische Verbindungen gab, besorgten etwa zwanzig Heliographen-Stationen die Übermittlung eiliger Nachrichten. Nur in Ländern, wo fast immer die Sonne scheint, ist das möglich. Ein kurzes Spiegeltelegramm des Gouverneurs in Windhuk erreichte den Kommandanten in Keetmanshoop schon nach einer knappen Stunde.

Nun dauerte es nicht mehr lange, da erblickten wir den Mukorob, auf deutsch »Finger Gottes«. Aus einem Felskegel ragt ein Felsenfinger, der seinerseits einen mächtigen Felsblock trägt. Dies merkwürdige Gebilde aus verwittertem Sandstein macht den Eindruck, als müßte es wegen statischer Fehlberechnung im nächsten Augenblick zusammenbrechen. Doch es widersteht schon seit ungezählten Jahrtausenden den stärksten Stürmen.

Von nun an fuhren wir durch, ohne einmal länger anzuhalten als nötig war, um den Tank zu füllen. Als sich vor uns die Auas-Berge erhoben, verließen wir die Teerpad nach Windhuk, um ostwärts zu steuern. Diesmal war es nicht der Wunsch Hans-Joachim-Friedrichs, eine bestimmte Farm zu besuchen, sondern mein eigener. Ongeama, zu deutsch »Löwe«, heißt dieser Besitz und gehört einer kultivierten Dame. Frau Erike Stöck, schon lange verwitwet und Tochter des berühmten Lehrmeisters der Karakulzucht Theodor Lossen, verwaltet ihre große Farm allein und, wie es den Anschein hat, mit beachtlichem Erfolg. Es ist eine herrschaftliche Farm, wenn man diesen Ausdruck gebrauchen darf, ja sogar altehrwürdig im Sinn von Südwester Begriffen, da sie schon seit den ersten Jahren der deutschen Zeit besteht. So wird das weitläufig und solide gebaute Haus von einem alten Baumbestand umgeben, der es völlig beschattet. Eine raffiniert ausgedachte Bewässerung sorgt zu jeder Jahreszeit für die notwendige Feuchtigkeit im wohlgepflegten Garten. Zahlreiche Nebengebäude, Schuppen und Stallungen schließen sich dem Wohnhaus an, der Vergleich mit einem deutschen Gutshof ist nicht gar so abwegig.

In einem Gästehaus lebt seit zwanzig Jahren der Vizefeldwebel a. D. Julius Weiland, seinerzeit Stabstrompeter der kaiserlichen Schutztruppe. Jedes Kind im Land kennt seinen Namen, gilt doch der würdige Greis als Großvater der allgemein beliebten Blechmusik in Südwestafrika. Zur Feier seines fünfundneunzigsten Geburtstages hat Julius Weiland noch selber das große Orchester von Windhuk dirigiert. Es gibt wohl keinen anderen Musiker seines Alters, der noch gelegentlich den Taktstock schwingt.

Nachdem wir ein Stündchen mit der charmanten Hausfrau und einer anderen Dame, der Schwiegertochter des Diamantenkönigs August Stauch, verplaudert hatten, erschien pünktlich um fünf der ehemalige Stabstrompeter zu Kaffee und Kuchen. Da Opa Weiland schon wußte, daß ein Gast aus Deutschland gekommen war, hatte er seine Kriegsorden angelegt. Von diesen war ihm der erste bereits im Jahre 1894 verliehen worden, für besondere Tapferkeit vor dem Feind in der Naukluft.

Der alte Herr ging nun seinem siebenundneunzigsten Jahr entgegen. Er hörte etwas schwer, sonst aber fehlte ihm nichts. Sein Appetit auf Streuselkuchen war jedenfalls ausgezeichnet. Er brauchte eine Weile, um sich an die fremden Gesichter zu gewöhnen, dann jedoch verlief die Unterhaltung ohne Schwierigkeiten. Man mußte nur etwas lauter sprechen, damit er alles verstand.

Jule Weiland stammt aus Niederschlesien, hatte zunächst die Schlosserei erlernt, sich aber nebenher auch mit Musik beschäftigt.

»Ich spiele sieben Instrumente und mußte mir alles selber beibringen, weil ich kein Geld für einen Lehrer hatte.«

Er meldete sich 1893 zur Schutztruppe Südwest, als diese erst aus zweihundert Mann bestand. Das war noch zu der Zeit des Hauptmanns Kurt von François, dem man unlängst in Windhuk ein Denkmal setzte. Die Schutztruppe hatte damals noch keinen Musikzug, erst mit Weiland erhielt sie einen Stabstrompeter. Gar mächtig stieß »Jule« ins Horn, wenn der Hauptmann zum Angriff blasen ließ. Er hat fast alle Gefechte mitgemacht, die von der Naukluft bis zum Waterberg die Schutztruppe bestehen mußte. Die verblaßten Ordensbänder an seiner Brust zeugten davon. Aus Soldaten mit hinreichend musikalischem Gehör bildete er die erste Blaskapelle in Südwest, unterrichtete auch Zivilisten in der gleichen Kunst und brachte es sogar fertig, den Farbigen die Freude am Trompetengeschmetter zu vermitteln. Deren Blasmusik, heute in relativ ausgezeichneter Qualität oft zu hören, ist in ihrem Ursprung allein Julius Weiland zu verdanken. Wenn die Ovambos, Hereros und Hottentotten gelegentlich des Windhuker Karnevals durch die Kaiserstraße musizieren, so führen sie ein Transparent an ihrem Wagen, worauf zu lesen steht: »Vom Kaiserreich zur Republik spielen wir deutsche Marschmusik.« Jule Weiland kann wirklich stolz sein auf seine bleibende Leistung.

Im Hererokrieg wurde Weiland erheblich verwundet und daraufhin pensioniert. Sein Ruhegehalt als Vizefeldwebel bezieht er nun schon seit 1904 und pflegt zu sagen, daß es die erste Pflicht jedes alten Soldaten sei, dem Vaterland einen gesunden Pensionär möglichst lange zu erhalten. Er hat in dieser Hinsicht, wenn mich nicht alles täuscht, bereits den Rekord gebrochen. Seine Pension bezahlte das Kaiserreich, die Weimarer Republik, das Dritte Reich, und nun bekommt er sie von der Bundesrepublik.

»Und was haben Sie gemacht seit Ihrer Pensionierung? Da waren Sie ja noch verhältnismäßig jung!«

»Da bin ich Frachtführer gewesen«, berichtete der alte Herr, »mit einem Wagen und achtzehn Ochsen hab' ich die Strecke Windhuk–Keetmanshoop befahren. Hin und zurück hat das ungefähr drei Monate gedauert. Ich mußte ja vor jedem neuen Aufbruch warten, bis ich genug Fracht beisammen hatte. Es war nicht einfach, immer durchzukommen in dem tiefen Sand, das können Sie mir glauben. Aber man hat ganz gut dabei verdient.«

Das mußte wohl so sein, denn er hatte später ein Hotel in Windhuk gekauft. Dreimal war Julius Weiland verheiratet, er hat fünf Kinder, vier Enkelkinder und drei Urenkel. Leider sind das für Südwester Verhältnisse nur wenige Nachkommen. Einen der Enkel, den Wildschutzbeamten Werksmann im Etoscha-Reservat, hatte ich schon kennengelernt. Er wurde mit anderen Gästen heute Abend zum Essen erwartet.

»Ach ja, heute abend ist ja große Gesellschaft«, erinnerte sich der alte Stabstrompeter, »da muß ich jetzt gehen und mich fein machen. Wissen Sie, mein Herr, bei mir dauert das etwas länger als bei jungen Leuten.«

Was er den ganzen Tag über mache, fragte ich die Dame des Hauses.

»Opa Weiland hat immer zu tun, er langweilt sich nicht. Er geht spazieren, liest sehr viel und schreibt lange Briefe an alte Freunde. Er genießt noch sein Leben, hat ja auch keinerlei Sorgen.«

Der alte Herr ist gegen geringes Entgelt Gast auf Lebenszeit in Ongeama. Er könnte es nirgendwo besser haben, die farbigen Angestellten sind rührend hilfsbereit zu ihm, und er behandelt sie wie seine Kinder. Was auch geschieht auf der Farm, Jule Weiland nimmt daran regen Anteil.

»Jetzt hat unsere Köchin Katrin schon zwölf Kinder von unserem Gärtner Matthäus, und das dreizehnte befindet sich im Anmarsch«, berichtete die Hausfrau, »da will nun Opa Weiland unbedingt, daß die beiden endlich heiraten.«

Auch der Herrin von Ongeama schien es an der Zeit, nach zwölf beziehungsweise dreizehn Kindern mußten die Eltern schließlich wissen, ob sie miteinander harmonierten. Der Beweis schien wirklich erbracht.

»Das meinen wir! Aber für den Matthäus und die Katrin ist die Sache doch nicht so einfach. Er ist nämlich Herero und sie eine Ovambo, daraus ergeben sich Schwierigkeiten . . .«

So strenge Apartheid zwischen Schwarz und Schwarz war wirklich kaum zu glauben. Die Sippe des Matthäus und die der Katrin hatten sich zwar damit abgefunden, daß sie zwanzig Jahre lang zusammen lebten und zwölf Mischlinge in die Welt setzten, nur als rechtmäßiges Ehepaar gelten durften sie nicht. Dennoch waren beide christlich getauft.

Die Herrin des Hauses und der zuständige Pfarrer hatten den beiden zugeredet, doch endlich zu heiraten, seit Jahren schon und immer energischer. Es war ihnen gesagt worden, darauf hätten auch ihre Kinder Anspruch. Doch nur mit dem Erfolg, daß Matthäus um Anti-Baby-Pillen bat, damit nicht noch mehr Nachwuchs das Problem vergrößerte.

»Und hat er die Pillen bekommen?«

Ja, die hatte er sich irgendwie verschafft, aber nun war eben doch das dreizehnte Kind unterwegs.

»Wieso denn, hat Katrin die Pillen nicht genommen?«

»Nein, Matthäus hat sie selber geschluckt.«

Bei den Farbigen mangelt es eben noch sehr an der richtigen Aufklärung.

Die Gäste kamen, die meisten aus der Nachbarschaft und einige aus Windhuk. Wenn man sich gegenseitig zum Abendessen einlädt, spielen hundert Kilometer Anfahrt keine Rolle. Das Essen war vorzüglich und wurde noch verschönt durch Kerzenbeleuchtung. Aber sie diente nicht der Verschönerung allein, sondern es gab so spät keinen Strom mehr. Der alte Stabstrompeter saß nicht mit bei Tisch, denn er hielt auf Diät und erschien erst nach dem Essen. Geradezu vornehm wirkte Jule Weiland in seinem dunklen Anzug, dem weißen Hemd und der taubengrauen Krawatte. Er nahm ein Gläschen Rotwein und hatte nichts dagegen, wenn es von Zeit zu Zeit wieder gefüllt wurde. Es schien, daß er gerne unter Menschen war, die seine Geschichten noch nicht kannten. Je mehr ich danach fragte, desto weiter reichten seine Erinnerungen in die Vergangenheit zurück. Bald war er wieder bei seinem lieben Hauptmann von François angelangt. Der konnte zwar mitunter ziemlich streng sein, hatte aber an Weilands Trompetensolo immer großen Gefallen gefunden. Ja, das waren noch Zeiten gewesen, damals vor siebzig und noch mehr Jahren im alten Deutsch-Südwest.

»Und wann haben Sie die deutsche Heimat zuletzt gesehen?« fragte ich.

»Das war im Vierer-Jahr, ich meine 1904, als ich meinen langen Urlaub bekam, mit 'ner Freifahrkarte nach Hause.«

»Waren Sie auch einmal in München?«

»Ja, vor meiner ersten Ausreise bin ich drei Tage in München gewesen. Da muß sich inzwischen viel verändert haben. Es war ja 1893, daß ich dort gewesen bin.«

Wer von den heutigen Münchnern kann sich wohl noch erinnern, wie es damals ausgesehen hat, in der Kaufinger Straße, am Stachus und auf dem Marienplatz? Sicher nicht mehr als ein Dutzend der allerältesten Bürger.

»Ich glaube, damals wurde die Straßenbahn noch von Pferden gezogen«, meinte ich, »jetzt fahren sie mit elektrischem Strom.«

Er nickte und dachte ein Weilchen nach.

»Ja, wie ich schon sagte, mein Herr, da hat sich viel verändert in all diesen Jahren.«

Die Nacht der Diamanten

Der junge Mann hatte kaum Aussicht, alt zu werden. Sein Asthmaleiden war so schlimm geworden, daß er sich nur mit Hilfe von zwei Stöcken bewegen konnte. Unablässiger Husten schüttelte seinen schmächtigen Körper, doch mit äußerster Willenskraft bemühte er sich, seinen Dienst zu versehen. Er durfte nicht aufgeben, er hatte Frau und Kinder zu versorgen. Sein Monatslohn war ohnehin sehr gering, es reichte gerade, um bescheiden zu leben.

August Stauch konnte sich zwar technischer Angestellter nennen, wurde aber nicht besser bezahlt als ein Vorarbeiter. Seine Firma, Lenz & Co., baute damals, im Jahre 1906, eine neue Bahnlinie nach Putzig in Ostpreußen. Stauch war mit der Kontrolle der Außenarbeiten beschäftigt, er mußte täglich bei jedem Wind und Wetter auf der offenen Draisine die Baustrecke abfahren. Der lange und strenge Winter, vor allem die eisige Zugluft waren Gift für seine ohnehin ruinierte Gesundheit. Es ging nicht mehr anders, der Arzt mußte ihm die Wahrheit sagen.

»Völlige Klimaveränderung, oder Sie sind übers Jahr ein toter Mann.«

Dann blieben seine Frau und die beiden Kinder mittellos zurück, denn so wie die Verhältnisse zu jener Zeit noch waren, hatte die Familie keinen Anspruch auf Versorgung.

»Wie soll ich das machen«, fragte der arme Mensch, »wo soll ich denn hin?«

Der Arzt konnte dem armen Kerl keinen Weg aus dem Verhängnis nennen, aber woher das Leiden seines Patienten stammte, war ihm bekannt. Dieser August Stauch mit seinen vielversprechenden geistigen Gaben hatte eine ungewöhnlich grausame Jugend hinter sich. Als Kind aus ärmstem Haus mußte er sich schon mit dreizehn Jahren sein Brot erwerben, als Stalljunge auf einem fremden Bauernhof. Es war wortwörtlich nicht mehr als Brot, was er als Arbeitslohn erhielt. Nur vom Pfarrer bekam das hungernde Kind gelegentlich eine warme Mahlzeit. In die Volksschule durfte August Stauch erst laufen, nachdem er alle Arbeit im Stall getan hatte, weshalb er schon um vier Uhr früh damit begann. Heute will man kaum noch glauben, daß eine solche Schinderei kleiner Buben noch bis zur Jahrhundertwende möglich war. Aber es ist so gewesen, Frau Ida Stauch hat mir selber die Jugend ihres Mannes geschildert.

Dennoch war der Junge von solch geistiger Regsamkeit, daß er Pfarrer und Lehrer gleichermaßen auffiel. Seine Lernbegier war grenzenlos, ja er las und verstand wissenschaftliche Werke, bei deren Lektüre sich auch ein studierter Mann den Kopf zerbrach. Er begann sich in die schwierige Materie der Geologie und Mineralogie hineinzulesen. Durch Botengänge und Hilfsarbeit verdiente er sich Groschen um Groschen, um ein Fernrohr zu erwerben. Bald wußte er mehr über Astronomie als jeder andere Junge seines Alters, »Sterngucker« riefen seine Schulkameraden hinter ihm her.

Mit achtzehn Jahren mußte der schmalbrüstige Mensch zum Militär, wegen seiner technischen Begabung schickte man ihn zu den Pionieren. Wider Erwarten ging es ihm dort gar nicht schlecht, er bekam endlich satt zu essen, wurde als tüchtiger Mann anerkannt und nach Ende seiner Dienstzeit an die Baufirma Lenz & Co. empfohlen. Obwohl August Stauch keine Prüfung ablegen konnte, weil er die vorgesehene Lehrzeit nicht absolviert hatte, bekam er einen Posten als technischer Aufseher und brauchte schwere körperliche Arbeit nicht zu leisten. Dank seiner festen Anstellung konnte er 1904 heiraten. Seine Braut war Ida Schwerin aus Frauenberg in Pommern, damals gerade zwanzig Jahre alt. Ein Sohn und eine Tochter waren seitdem zur Welt gekommen.

Aber nun schien sich die bescheidene Sicherheit, in der man einige Jahre gelebt hatte, ihrem Ende zu nähern. August Stauch war ein todkranker Mann.

»Nur ein heißes, absolut trockenes Klima kann Ihnen vielleicht noch helfen«, sagte der Arzt, »so etwas wie die Wüste Sahara oder 'ne ähnlich gottverlassene Gegend.«

Als nach diesem medizinischen Befund der dreißigjährige Stauch, heftig hustend und auf zwei Stöcke gestützt, aus der Praxis humpelte, hielt es der Arzt für ziemlich gewiß, daß sein bedauernswerter Patient den nächsten Winter nicht überlebte. Aber der Sterbenskranke ging wirklich in die Wüste und erwarb sich dort ein Vermögen von schätzungsweise 40 Millionen Goldmark.

Als nämlich August Stauch, an Leib und Seele gebrochen, seiner Firma mitteilte, was ihm der Doktor eröffnet hatte, und seinen Dienst quittieren wollte, ließ man den bewährten Mann nicht so ohne weiteres gehen.

»Zwar können wir Sie nicht in die Sahara versetzen«, meinte der Personalchef, »aber wie wär's mit der Wüste Namib?«

Die lag in der deutschen Kolonie Südwestafrika, und dort war schon seit geraumer Zeit eine neue Bahnlinie im Bau, sie sollte die Lüderitz-Bucht mit Keetmanshoop verbinden. Die Gleise lagen bereits, aber mit dem Problem der Sandverwehungen war man noch nicht fertig geworden. Immer aufs neue mußte die Strecke vom Sand befreit werden, damit die Züge durchkamen. Am schlimmsten war es zwischen den Stationen Grasplatz und Kolmanskuppe. Dort wurde ein zuverlässiger Mann gebraucht, der dafür sorgen sollte, daß die zwanzig schwarzen Arbeiter tüchtig schaufelten.

Seine Familie konnte Stauch nicht mitnehmen, Frau und Kinder blieben daheim. Immerhin kam zum üblichen Monatslohn noch eine sogenannte Klimazulage. Wenn der Streckenwärter sehr, aber wirklich sehr sparsam lebte, war es ihm möglich, seine zurückgelassene Familie zu unterhalten.

Mit dem nächsten Schiff reiste der kranke Mann nach Südwest und traf Ende August in der Lüderitzbucht ein. Um von Bord zu hinken, brauchte er nur noch einen Stock, so gut war ihm schon die Seereise bekommen. Aber wer ihn zuvor nicht gekannt hatte, glaubte noch immer einen Krüppel zu sehen.

»Bleiben Sie erst mal ein paar Wochen hier«, meinte mehr oder minder gutmütig der Stationsvorsteher Müller, »dann wird sich herausstellen, ob Sie imstande sind, Ihren Dienst zu versehen.«

Bei dem Malermeister Eberlanz nahm August Stauch Quartier, wohl aus dem Grund, weil nirgendwo ein billigeres Zimmer zu finden war. Doch er hatte es gut getroffen. Ebenso wie sein neuer Untermieter zeigte sich auch Meister Eberlanz an vielen Dingen interessiert, die mit seinem Beruf gar nichts zu tun hatten. Er sammelte, was man in der scheinbar so trostlosen Gegend nur sammeln konnte *. Die beiden unternahmen weite Wanderungen entlang der Küste und tief hinein in die Namibwüste. Wer Augen hatte zu sehen, konnte dort manch seltsame Pflanze entdecken und auch kleines Getier, das sich trotz sengender Hitze ohne eine Spur von Feuchtigkeit am Leben hielt. Das allein schon waren Naturwunder, die Stauch beschäftigten und faszinierten. Aber mehr noch die Vielfalt des Gesteins und Gerölls, das in den Dünentälern herumlag. Der Malermeister wußte erstaunlich gut darüber Bescheid.

Er hob einzelne Steinchen auf und erklärte Stauch, was sie waren.

»Hier ein Turmalin, das sind Achate... dies ein winziger Aquamarin, und den hier halte ich für einen Malachit.«

---

* Das Museum von Lüderitzbucht, heute eine Sehenswürdigkeit ersten Ranges, verdankt Eberlanz seine Entstehung. Dessen Sammlungen werden dort aufbewahrt, er selber wurde ein berühmter Mann und ist erst 1965 verstorben.

Es gab sogar Rubine, wenn auch nicht größer als Sandkörner am Strand. Sie waren wertlos, da es sich nicht gelohnt hätte, sie zu schleifen.

»Könnte es nicht auch Diamanten geben, wenn man lange genug danach sucht?« fragte Stauch.

»Nein, leider ganz unmöglich, die kommen nur im sogenannten Blaugrund vor. Wo man in den Kimberley-Bergen und sonst noch in Südafrika, ja überhaupt in der ganzen Welt echte Diamanten findet, stecken sie nur im Blaugrund. Da es hier keinen Blaugrund gibt, kann's auch keine Diamanten geben.«

Vor Jahren hatten Fachleute die Gegend von Bethanien, Berseba und Gibeon eingehend untersucht. Dort gab es den berühmten Blaugrund, aber keine Spur von Diamanten. Überhaupt mußte man wohl in ganz Südwest auf diese Hoffnung verzichten.

»Aber warum heißt dann dieser Felshügel inmitten von Lüderitzbucht Diamantenberg?« erkundigte sich August Stauch.

»Kann ich dir nicht sagen, der Hügel hieß schon so, bevor sich Adolf Lüderitz hier blicken ließ. Da kursieren zwar so ein paar Gerüchte aus alter Zeit, aber nichts... gar nichts steckt dahinter.«

Dennoch ging Stauch den Gerüchten nach und ließ sich alles erzählen, was man ihm nur davon erzählen konnte. Adolf Lüderitz war nämlich, vor nunmehr fünfundzwanzig Jahren, keineswegs der erste weiße Mann gewesen, der sich für jene Bucht interessierte, die jetzt seinen Namen trug. Sie hieß früher Angra Pequena und hatte schon manche Abenteurer angelockt, da sie auf viele hundert Meilen den einzigen Ankerplatz bot, der vor Stürmen schützte. Norweger und Engländer, Amerikaner und Portugiesen hatten in der herrenlosen Bucht ihren Stützpunkt für den Walfischfang. Sie erschlugen zu Tausenden die am Strand lebenden Robben, um ihre Pelze zu verkaufen, und sie handelten mit den Hottentotten, die gelegentlich bis zur Küste kamen. Manche der flachen, felsigen Inseln vor dem Strand waren damals bis zwölf Meter hoch mit Guano bedeckt, das heißt, mit den getrockneten Exkrementen von vielen hunderttausend Seevögeln. Es ist der beste Dünger, der sich denken läßt. Er wurde abgebaut, in Segelschiffe verladen und nach Europa gebracht. Gewiß eine scheußliche Arbeit, aber ein gutes Geschäft. Inzwischen war von dem Guano nicht mehr viel übrig, nur auf wenigen Inseln lohnte sich noch der Abbau.

»Manchmal trieben Eingeborene aus dem Innern auch Vieh

bis nach Angra Pequena«, erzählte der Malermeister, »falls ein paar Tropfen Regen gefallen waren und vorübergehend Steppengras erschien. Diese mageren Rinder wurden dann per Schiff zur Insel Sankt Helena gebracht. Das war bestimmt recht zähes Fleisch, denn nur von ihren ältesten Ochsen können sich hottentottische Viehzüchter trennen. Der arme Napoleon mußte sich wohl erst die Zähne schleifen, um mit solchem Rinderbraten fertig zu werden.«

Ob man wirklich schon zu jener Zeit, als der gestürzte Franzosenkaiser auf Sankt Helena gefangen saß, Rindvieh aus der Angra-Pequena-Bucht dorthin verschiffte, dürfte kaum zu beweisen sein. Aber bewiesen war für August Stauch eine noch viel interessantere Geschichte, die sich erst vor zwei Jahren ereignet hatte. Da war ein kleiner britischer Frachter namens »Xenia« erschienen, ein uralter, schon arg verrosteter Kahn, der sich wochenlang an der Küste herumtrieb. Man sagte von ihm, er habe eine Horde von Schatzgräbern an Bord gehabt. Und die versuchten ohne Erlaubnis der Behörden, an verschiedenen Punkten zu landen. An einer Stelle, die als Pomona bezeichnet wurde, war es ihnen trotz der starken Brandung schließlich geglückt. Später erzählten ein paar von den Leuten, sie hätten nach Diamanten gesucht, aber leider nichts gefunden.

August Stauch ließ nicht locker mit seinen Fragen. Irgend etwas mußte doch die Schatzgräber der »Xenia« auf den Gedanken gebracht haben, ausgerechnet an dieser menschenleeren, kaum bekannten Küste ein Feld von Diamanten zu vermuten. Anlaß zu ihrer Suche, so wurde ihm berichtet, war eine mehr als romantische Fabel gewesen. Da hatte vor vielen Jahren, es kann um die Mitte des vorigen Jahrhunderts gewesen sein, ein heruntergekommener Mensch beim angesehensten Apotheker von Kapstadt vorgesprochen und ihm einen Beutel mit kleinen Steinen gezeigt. Der Mann wollte wissen, ob es Diamanten seien. Der Apotheker stand nämlich im Ruf, er könne das mit Hilfe irgendwelcher Salben oder chemischer Verbindungen feststellen. Und tatsächlich sollte es sich um echte, sogar hochkarätige Diamanten gehandelt haben, die einen enormen Preis erzielten. Der Finder dieses Schatzes hatte lange Zeit auf einer der Guano-Inseln südlich von Angra Pequena gearbeitet und behauptete, die kostbaren Steine etwa einen Tagemarsch weit hinter den Dünen auf dem Festland entdeckt zu haben. Wo diese Stelle lag, hatte er dem hilfreichen Apotheker unter dem Siegel der Verschwiegenheit anvertraut. Der gab das Geheimnis, als er im Sterben lag, weiter an seinen Sohn. Der Sohn behielt es nicht für sich, sondern reiste nach London, wo er eine Gesellschaft von Abenteurern zusammenbrachte, die den Schatz gemeinsam suchen wollten. Und das waren angeblich jene Leute gewesen, die dann mit der geheimnisvollen »Xenia« erschienen und im Sand herumwühlten. Als sie unverrichteterdinge in Kapstadt eintrafen, hatten sie die Suche noch immer nicht aufgegeben. Sie wandten sich ans Direktorium der »De Pass and Spence Company«, deren alleiniges Recht es war, die Guanolager vor der Küste auszubeuten. Gegen drei Faß Rum und ein paar Dutzend alter Gewehre hatte die Gesellschaft diese und noch andere Rechte vom nächsten Häuptling der Hottentotten eingehandelt. Die Schatzgräber baten um Genehmigung, die kleinen Inseln als Stützpunkte für ihre weitere Diamantensuche zu verwenden. Jedoch die Herren lehnten ab. Sie wollten nicht, daß ihre Pinguine, Pelzrobben und Guanovögel durch fremde Leute gestört wurden. Außerdem konnte das dumme Gerede von Diamanten in der Wüste ihre Arbeiter verleiten, diesen Unfug mitzumachen. Wo kein Blaugrund war, konnte es Diamanten bestimmt nicht geben. Das war völlig ausgeschlossen. Es hatte also gar keinen Zweck, daß die Schatzgräber der Guano-Gesellschaft die Hälfte des Gewinnes versprachen. Damit war die Sache zu Ende gewesen.

Ob August Stauch noch eine andere Geschichte erfuhr, bei der es sich wieder um edle Steine handelte, weiß man nicht. Da war im Frühjahr 1905 ein portugiesischer Bahnarbeiter namens Ferreiro auf der Polizeiwache in Lüderitzbucht erschienen und hatte die Beamten gebeten, sie sollten doch ein paar blitzende Körner untersuchen lassen, von denen er allen Ernstes glaubte, es seien Diamanten. Er wurde schallend ausgelacht. Dieser Hohn von amtlicher Seite machte ihn so wütend, daß er seine Steine in die Ecke warf und verschwand. Pflichtbewußt hoben die Beamten sie wieder auf und verwahrten sie in einer Zigarrenkiste. Weil sich der Portugiese nicht mehr blicken ließ, durfte des Wachtmeisters kleine Tochter mit den Dingern spielen, und dabei gingen sie verloren.

Während jener Wochen, die August Stauch noch in Lüderitzbucht verbrachte, erschien Dr. Paul Range, ein Geologe der deutschen Kolonialregierung. Er hatte entlang der Küste nach kupferhaltigem Gestein gesucht und es auch gefunden. Aber der Gehalt an Reinkupfer war so gering, daß sich der Abbau nicht lohnte. Mit ihm führte Stauch lange Gespräche, fragte ihn vor allem, ob es denn wirklich in der Namibwüste keine Diamanten geben könne.

»Nein, ausgeschlossen, Herr Stauch, Sie können's mir glauben.

Halbedelsteine der verschiedensten Art hat die Namib zu bieten, aber bis man sie daheim in Deutschland kunstgerecht geschliffen hat, bleibt für den Finder nicht mehr viel übrig. Eine nette Liebhaberei, mein bester Stauch, doch bestimmt kein Geschäft, nicht mal so nebenbei. Und wenn Sie jemals glauben, dies oder jenes Steinchen wäre vielleicht doch ein Diamant... Irrtum, mein Lieber, bestenfalls kann's ein Korundum sein. Der ist nämlich fast so hart wie Diamant, Härteklasse 9, genauer gesagt. Damit können Sie auch Ihren Namen in 'ne Glasscheibe ritzen. Erst bei Härteklasse 10 ist von Diamant zu reden. Nur ein Experte mit viel Erfahrung wird das eindeutig feststellen. Aber es wär aussichtslos, so einen Mann zu bemühen, wenn die Körner nicht aus Blaugrund stammen.«

Vier Wochen waren vergangen und Stauch meldete sich zum Dienst. Er ging längst nicht mehr am Stock, und sein Husten hatte fast völlig aufgehört. Er war sogar etwas dicker geworden.

»Scheint Ihnen ja recht gut zu gehen«, meinte sein Chef, der Stationsvorsteher Müller, »aber ich habe trotzdem Ihrem Kollegen Fritz Korten von der Station Kolmanskuppe eingeschärft, daß er sich alle paar Tage um Sie kümmert. Er ist ohnehin Ihr nächster Nachbar.«

Die Station »Grasplatz« trug ihren Namen zu Unrecht, es war weit und breit kein Grashalm zu sehen. Aber vor drei oder vier Jahren hatte es einmal ordentlich geregnet, und da waren wie durch ein Wunder allenthalben Gräser aus dem Wüstensand aufgetaucht. Für gewöhnlich aber fielen im ganzen Jahr nicht mehr als 11 Millimeter Wasser vom Himmel, also nur der hundertste Teil jener Menge, die wir in Mitteleuropa genießen. Die sogenannte Station bestand nur aus einem Wellblechschuppen mit zwei Räumen, so sparsam eingerichtet, daß es sparsamer gar nicht ging. Dahinter lagen noch die Pontoks der zwanzig Streckenarbeiter. Das waren nur windschiefe Hütten aus Kistenbrettern und rostigem Konservenblech. Sonst gab es nichts, absolut nichts, nur flache Sandhügel, so weit man sehen konnte. Die Hitze stieg gegen Mittag bis über 40 Grad und manchmal noch mehr. Das heißt, nur im Schatten war es so kühl, und diesen Schatten mußte man erst finden. Nachts aber konnte es sehr kalt werden, da brauchte man mitunter zwei bis drei Wolldecken auf seinem Bett.

Zweimal in der Woche rollte ein Zug von Lüderitzbucht nach Keetmanshoop und ebenso oft in die andere Richtung. Bis dahin mußten jedesmal die Gleise wieder vom Sand befreit sein. Das konnte viel oder wenig Arbeit bedeuten, je nachdem, wie

August Stauch, der »Wüstenkönig«, entdeckte 1908 die un-schätzbar wertvollen Diamantlager von Südwest und wurde über Nacht zum reichsten Mann des Landes.

der Wind geweht hatte. Ungefähr 30 Kilometer weit reichte Stauchs Verantwortung, seine Station lag genau in der Mitte. Wo nach Westen hin seine Strecke endete, dort begann der Bereich seines Kollegen Fritz Korten, der im Blechhaus von Kolmanskuppe wohnte.

Dieser Korten war im Grunde ein herzensguter Mensch, aber er konnte trinken wie ein Loch und tat es auch. Wenn er zur Station Grasplatz hinüberkam, um sich nach Stauchs Befinden zu erkundigen, brachte er auf seiner Draisine immer einen Kasten Bier mit und sogar mehrere Kübel mit Eis. Seine Station lag ja nur 12 Kilometer von Lüderitzbucht entfernt. Stauch mußte mittrinken, ob er wollte oder nicht, sonst hätte der Kollege bald seine Besuche eingestellt. Sie redeten anfangs nur von ihrem Dienst, den Fritz Korten für äußerst anstrengend hielt, während Stauch meinte, er habe bisher noch nie so viel Zeit für sich selber gehabt.

»Ich komme gut aus mit meinen Hottentotten«, sagte er dem Kollegen, »wenn die ordentlich was zu futtern haben, arbeiten sie auch. Gab es mal besonders viel zu schaufeln, dann stifte ich zum Abend ein Paketchen Tabak.«

Sein nächster Nachbar konnte sich nur wundern. Der glaubte, eine so faule Bande wie seine dreckigen Hottentotten hätte er nirgendwo anders gesehen.

»An dir liegt's, Fritz, nicht an den Leuten. Einmal läßt du die Zügel längelang schleifen, und das andere Mal brüllst du herum wie ein wildgewordener Stier. Meines Erachtens muß man die braunen Burschen immer gleichmäßig behandeln, ich meine nichts durchgehen lassen, aber auch nicht zuviel verlangen. Eine feste Hand und freundliche Worte, so wie's gerade hinpaßt. Ich glaube, das haben sie am liebsten.«

Er hatte die Mentalität seiner gelblichbraunen Gehilfen viel besser begriffen als Korten, obwohl der schon seit zehn Jahren im Lande war. Stauch hatte eben selber so viel durchgemacht, daß er Not und Sorgen anderer Menschen verstand, selbst so ganz und gar anderer Menschen, wie es die Hottentotten waren. Er kümmerte sich um seine Leute, wie es vor ihm noch kein Bahnmeister getan hatte. Er holte selber ihre Verpflegung aus Lüderitzbucht und brachte ihnen diese oder jene Kleinigkeit mit. Dafür schaufelten sie auch die ganze Nacht hindurch, wenn es mal sein mußte. Bisher hatte noch kein Zug auf der Strecke halten müssen, was bei Fritz Korten des öfteren vorkam.

»Ja, ich weiß, für dich gehen sie durchs Feuer«, mußte der Kollege zugeben, »aber du hast eben die beste Gruppe erwischt. Besonders dieser Jakob, der hängt ja an dir wie ein Hund mit Schlappohren.«

Das stimmte, aber Jakob hatte es auch noch nie so gut gehabt. Er war einer von den vielen jungen Arbeitern gewesen, die in den Minen von Kimberley unter Tage schufteten, in den größten und ergiebigsten Diamantminen der Welt. Damit verglichen war das Wegschaufeln von Sand eine leichte Arbeit, zumal Jakob dabei die Sonne sehen konnte. Außerdem bekam er von seinem Boß immer ein paar Groschen, wenn er glitzernde Steine fand und ihm brachte.

Stauch hatte schon ein paar Kisten voll der hübschen Steine gesammelt. Er versuchte auch Fritz Korten dafür zu interessieren.

»Was soll ich mit dem Plunder? Ist ja doch nur Zeitvertreib, bei dem nichts herauskommt.«

»Immerhin ein Zeitvertreib, Fritz, wenn ich den nicht hätte, womit sollte ich mich dann beschäftigen? Ich denke eben, wenn schon einer in der Wüste leben muß, sollte er ihr soviel Interessantes abgewinnen, wie nur möglich ist. Und die Namib ist interessant, Fritz, du kannst mir's glauben. Von Eberlanz hab' ich 'ne Menge gelernt und bin jetzt so weit, saß mir die Wüste von Tag zu Tag besser gefällt. Mir hat jeder Stein was zu sagen.«

»Für mich sind alle derselbe Mist«, entgegnete Korten ungerührt, »aber wenn's dir Spaß macht, Wüstenkönig, soll mir das recht sein. Jedem Tierchen sein Pläsierchen!«

August Stauch hatte sich über das Bergamt in Swakopmund ein Dutzend dickleibiger Werke über Mineralogie besorgt, die er nach einem knappen Jahr fast auswendig kannte. Er war jetzt in der Lage, fast alle Gesteine und Halbedelsteine zu bestimmen, sogar recht seltene Stücke. Es wurde seine Liebe und Leidenschaft in der totalen Einöde, die ihn umgab. Sobald die schlimmste Hitze nachließ, wanderte der Bahnmeister von »Grasplatz« hinaus in die leblose Landschaft, oft zehn und zwölf Kilometer weit. Erst bei tiefer Nacht, im Schein des Mondlichts, kam er zurück in seinen Wohnschuppen. Er hatte seinen Leuten Tabak und Süßigkeiten versprochen, wenn sie ihm glasklar blitzende Steine brachten. Aber meist war das nur Glimmer oder Splitter von Bergkristall, nur selten ein interessantes Stück. Jakob war immer noch sein bester »Klippensucher«, weil er sich nach den Jahren in der Kimberley-Mine am besten mit funkelnden Steinen auskannte. Für ein paar Groschen bekam Stauch recht hübsche Aquamarine, Turmaline und sogar

Berylle von ihm. Als Einzelstücke waren sie nicht viel wert, aber zusammen doch eine sehenswerte Kollektion.

Als August Stauch dann Kupfer im Geröll südwestlich von Grasplatz entdeckte, ließ er sich vom Bergamt in Swakopmund vorsorglich zwei Schürfscheine ausstellen. Die Gewinnung von Bodenschätzen, einschließlich der Mineralien, die sich an der Oberfläche befanden, war nach dem Buchstaben des Gesetzes ein Monopol der Kolonialregierung. Wer sich selber damit befassen wollte, mußte erst eine Genehmigung haben. Aber die Schürfrechte waren relativ billig, für seine beiden Geländestreifen längs der Bahn, zusammen ungefähr 200 000 Quadratmeter, hatte Stauch nur 60 Mark zu bezahlen. Es gab ja sonst in der Namib keine Bewerber.

Eines Tages im Juli 1907 kam Jakob angelaufen, hinter ihm her der schimpfende Aufseher. Ganz plötzlich hatte der Bursche seine Schaufel weggeworfen und war abgehauen. Auch der Bahnmeister verstand in solchen Dingen keinen Spaß.

»Was fällt dir ein . . . sofort zurück an die Arbeit!«

»Hija, attatita . . . tita . . .«, rief der Kapjunge mit rollenden Augen, »aja, moje klipp, Master, ganz ganz schöne Klipp!«

Stauch nahm die Körner in die Hand, anscheinend waren es Bergkristalle.

»No Master, ist Diamant . . . echt Diamant, ich kenn' das doch.«

Stauch versuchte mit den Steinen sein Uhrglas zu ritzen, und es blieb ein deutlich sichtbarer Strich zurück. Das konnte man aber auch mit einem Korundum machen oder einem anderen Halbedelstein. Dr. Paul Range hatte es ihm seinerzeit erklärt, und so stand es auch in den Büchern. Immerhin, diese Steinchen waren so hart, wie Stauch bisher noch keine gefunden hatte. Aber ein Beweis, daß es sich um Diamanten handelte, war das noch nicht. Diese Gewißheit konnte nur die Analyse des Bergamts in Swakopmund erbringen. Stauch selber war dazu nicht in der Lage.

Er ließ sich von Jakob zum Fundort führen, der unmittelbar neben den Gleisen lag, und zwar bei Kilometer 23. Dort wühlten beide in dem eben angehäuften Sandhaufen und fanden noch sechs oder sieben Körnchen der gleichen Art, keiner größer als der Kopf einer Stecknadel. Jakob wurde daraufhin vom Dienst befreit, doch um ganz korrekt zu sein, zahlte ihm von Stund an der Bahnmeister selber den Tageslohn. Der Junge sollte nur nach jenen Steinchen suchen, die er für Diamanten hielt. Nach wenigen Wochen hatte Stauch ungefähr so viel beisammen, daß sie ein Schnapsglas füllten. Er hatte auch selbst jede freie Stunde mit der Suche verbracht.

Da kam eines Tages Dr. Range nach Grasplatz, er hatte von Stauchs Schürfrechten gehört und wollte prüfen, ob es sich hier wirklich lohnte, Kupfer abzubauen. Seine Ansicht war jedoch negativ. Die Kosten würden höher sein als der Gewinn.

»Und was halten Sie von diesen blanken Körnern«, fragte Stauch und schüttete den Inhalt des kleinen Glases über den Tisch, »jedenfalls läßt sich Glas damit einschneiden.«

Range machte den Versuch, machte ihn sogar ein dutzendmal. »Härteklasse 9 auf jeden Fall, mein lieber Stauch, aber Korundum sieht ebenso aus. Also keine falschen Hoffnungen, mein Lieber, Diamanten sind's bestimmt nicht. Wo sollten die auch herkommen, ohne Blaugrund weit und breit?«

Stauch zuckte mit den Schultern, wenn die Wissenschaft Diamanten ohne Blaugrund für unmöglich hielt, mußte er sich damit zufriedengeben. Was aber den Kapjungen Jakob nicht davon abhielt, weiter nach glitzernden Körnchen zu suchen. Und Stauch kam mit, weil es noch so manch andere Steine gab, die er gerne sammelte.

Trotz allem ließ ihn der Traum von Diamanten nicht los. Hatte es doch so manche Lehre der Wissenschaft gegeben, die man eines Tages revidieren mußte. Konnte es nicht sein, daß der unbedingte Zusammenhang von Blaugrund und Diamanten ein Trugschluß war? Nur deshalb entstanden, weil es bisher noch keine Ausnahme von dieser Regel gegeben hatte. Er dachte wieder an jene Geschichten, die man ihm erzählt hatte, und an den Namen des Diamantberges in der Lüderitzbucht. Vielleicht nur ein Zufall, gewiß nur dummes Gerede und haltlose Vermutungen. Wirklich nur das, waren diese Gerüchte wirklich nur aus blauem Dunst entstanden? Konnte nicht doch ein Funken Wahrheit dahinterstecken? Wenn es wider alles Erwarten Diamanten in der Namib gab, würde sie eines Tages jemand anders entdecken. Stauch mußte sich Schürfrechte in viel größerem Umfang sichern. Auch wenn er damit Geld verschwendete, das er vorläufig nicht hatte, und viele Jahre brauchen würde, um seine Schulden abzutragen.

Er fuhr am nächsten Tag mit seiner Draisine zu Fritz Korten.

»Ich will mir auf jeden Fall 30 Quadratkilometer reservieren lassen und dachte an die Gegend von Pomona. Aber so viel Geld hab' ich nicht. Ungefähr 1 000 Mark werden die Schürfrechte kosten, könntest du sie mir leihen, Fritz, du bist dann zur Hälfte am Gewinn beteiligt.«

»Du hast wohl 'nen Sonnenstich, Wüstenkönig, für solch hirnverbrannten Blödsinn gebe ich meine sauer verdienten Groschen nicht her. Mir ist Whisky in der Flasche zehnmal lieber als Diamanten auf dem Mond.«

Bei der Bank in Lüderitzbucht ging es Stauch nicht besser. Aber hier hatte man gute Gründe, sein Gesuch abzulehnen.

»Während des Bahnbaus, lieber Herr Stauch, wurde der Boden jahrelang aufgewühlt und nicht der winzigste Diamant gefunden. Es waren auch Geologen und Mineralogen schon bei der Planung beschäftigt, sie haben den Boden gründlich untersucht. Während der Bauarbeiten und schon vorher sind Tag für Tag Ochsenwagen von Lüderitzbucht nach Keetmanshoop auf der Achse gewesen, doch man hat nie das Geringste von Diamanten gesehen oder gehört. Ohne Blaugrund ist ja nicht daran zu denken. Ja, wenn Sie uns Sicherheit bieten... gegen entsprechende Sicherheit bekommen Sie natürlich Kredit. Was Sie damit machen, kann uns gleich sein.«

Aber was hatte Stauch an Sicherheit zu bieten? Er war nur Angestellter und konnte jederzeit gekündigt werden.

Er bekam seine tausend Mark von Eberlanz, und zwar ohne Sicherheit. Doch lehnte es der Malermeister rundweg ab, Teilhaber des Unternehmens zu werden. Er hielt das für ein Hirngespinst, denn: ohne Blaugrund keine Diamanten. Das stand auch für Eberlanz absolut fest.

Stauch stellte seinen Antrag beim Bergamt, überwies das Geld und bekam die Schürfrechte. Das sprach sich natürlich mit Windseile herum, jedoch nicht zum Besten von Stauch.

»Nun ist der August wirklich ein Wüstenkönig«, hieß es bei froher Runde im Hotel Rummler, »jetzt regiert er über dreißig Quadratkilometer Sand.«

»Hat völlig durchgedreht, der Ärmste, man sollte seine Frau verständigen.«

»Man sollte schleunigst nach Windhuk telegrafieren, ob in der Klapsmühle noch 'ne Zelle frei ist. Und 'ne Zwangsjacke wird man brauchen, um den Verrückten hinzubringen.«

Solche und andere Aussprüche sind überliefert, denn noch leben einige Tischgenossen aus dieser spöttischen Runde. Weil Stauch ernstlich befürchten mußte, er werde entlassen, falls er den üblen Behauptungen nicht bald ein Ende machte, bestieg er den nächsten Dampfer und fuhr nach Swakopmund, natürlich mit der Sammlung seiner zweifelhaften Steinchen in der Tasche. Er wurde im Bergamt nicht gerade freundlich empfangen, als er seine Wünsche vortrug.

»Diamanten in der Namib, das ist doch ganz unmöglich ...
wie kommen Sie nur auf den Gedanken?«

»Dann sagen Sie mir bitte klipp und klar, was diese Körner
darstellen. Meine Hilfsmittel reichen dazu nicht aus.«

»Na schön, Herr Stauch, da ist gerade Professor Scheibe aus
Berlin gekommen, Bergrat der preußischen Regierung, einer der
besten Fachleute für solche Sachen. Der wird's erledigen, Sie
können ja morgen wiederkommen.«

Gerade wollte Stauch das Hotel Fürst Bismarck verlassen, um
einen Spaziergang zu machen, als ein atemloser Boy nach ihm
fragte.

»Master soll bitte gleich ins Bergamt kommen ... haka-hana,
ganz schnell bitte!«

Er wurde von dem Berliner Bergrat selbst empfangen, der
eigentlich viel zu jung und sportlich aussah, um schon Professor zu sein.

»Es sind Diamanten, Herr Stauch, Diamanten von reinstem
Wasser!«

Jetzt war es am Entdecker selbst, zu zweifeln.

»Sie lagen im Sand, Herr Professor, nirgendwo findet sich
Blaugrund in der Nähe, nicht mal in weiter Entfernung.«

Scheibe zuckte mit den Schultern.

»Es sind Diamanten«, wiederholte er, »Diamanten von reinstem Wasser.«

Der Bergrat wollte dieser Tage nach Berlin zurückkehren,
aber nun verschob er seine Abreise, um August Stauch an die
Fundstelle zu begleiten. Dem Bahnmeister war der Professor
sehr willkommen, denn so hatte er einen der besten Fachleute
zur Seite. Scheibe war in der Lage, einen Diamanten auf den
ersten Blick von jedem anderen Funkelstein zu unterscheiden.
Beide Männer verabredeten, so lange über den kostbaren Fund
zu schweigen, wie das nur möglich war. Vielleicht hatten Stauch
und sein Jakob nur ein isoliertes Vorkommen entdeckt. Also
wäre es völlig falsch gewesen, jetzt schon Aufsehen zu erregen.
Es handelte sich ja nur um winzige Steinchen von relativ geringem Wert, und sehr viele waren es auch nicht. Weil sich aber
nicht verheimlichen ließ, in wessen Begleitung August Stauch
nach Lüderitzbucht zurückkehrte, erzählten Bergrat und Bahnmeister den Neugierigen, daß sich Scheibe für eine bestimmte
Art von Halbedelsteinen interessiere.

»Das mag sein«, meinte der Apotheker Marschner, »aber
für den Wüstenkönig kommt nichts dabei heraus.«

»Also aus und vorbei mit dem verrückten Traum von Diamanten«, spottete auch der Hafenarzt Dr. Blumers, »nur die üblichen Achate und Turmaline. Die hätte auch jeder von uns dem gelehrten Herrn gezeigt.«

Stauch und Scheibe fanden noch mehr Diamanten bei der gleichen Stelle. Aber eine wirklich große Entdeckung, die alle Welt hätte aufhorchen lassen, machten sie nicht. Es gab kein Steinchen, das größer war als ein Stecknadelkopf. Nur ganz wenige erreichten einen Karat. Für den Professor waren sie trotzdem eine Sensation, weil das Vorkommen in der Namibwüste alle wissenschaftlichen Erkenntnisse in Frage stellte. Man hatte Diamanten entdeckt, wo sie eigentlich gar nicht hingehörten.

»Und dennoch glaube ich an den Ursprung im Blaugrund«, ließ sich Scheibe nicht von der alten Theorie abbringen, »nur ist der Blaugrund schon vor Jahrmillionen verschwunden. Weil's im Binnenland nicht die geringsten Reste alter Gebirge gibt, müssen wohl die Felshügel an der Küste letzte Überbleibsel mächtiger Bergketten sein. Und darin hat's eben früher mal Blaugrund gegeben!«

Demnach wären also die Diamanten in weit zurückliegender Zeit von den einstigen Bergen ins Land gespült worden. Dann mußten sie nahe der Küste noch zahlreicher sein als hier, meinte August Stauch, vor allem die größeren Steine, die wegen ihres relativ hohen Gewichts früher liegenblieben als die kleinen. Worauf ihm Professor Scheibe den Vorschlag machte, eine Expedition auszurüsten, um parallel der Küste zu prospektieren. Nicht unmittelbar am Strand wollte man suchen, sondern hinter der felsigen Hügelkette. Dorthin hatten nach aller Wahrscheinlichkeit die längst verschwundenen Bäche und Flüsse das Gestein ausgewaschen. Immer vorausgesetzt, daß August Stauchs Theorie stimmte, war dort am ehesten auf reiche Funde zu hoffen.

Für August Stauch war die Diamantensuche größeren Stils, also die Expedition nach Süden, ein schwerwiegender Entschluß, denn er konnte dann nicht Bahnmeister bleiben. Was ihm die schon gefundenen Steinchen einbrachten, reichte wohl aus, die Expedition zu finanzieren, aber wenn sie ein Fehlschlag wurde, hatte Stauch mit seinem Geld auch die Anstellung verloren. Es war eben eine Wahl zwischen dem Spatz in der Hand und der Taube auf dem Dach.

Er verbrachte eine schlaflose Nacht und war dann entschlossen, das Wagnis zu unternehmen. Beide fuhren nach Lüderitzbucht, und Stauch kündigte seinen Dienst. Dann kaufte er ein, auf Kredit natürlich, weil er in Lüderitzbucht seine Diamanten nicht losschlagen konnte, ohne Aufsehen zu erregen. Wer und in welcher Höhe für ihn bürgte, ist nicht bekannt, vielleicht war es der Bergrat oder wieder der Malermeister Eberlanz. Pferde und Maultiere wurden angeschafft sowie ein Eselkarren und Verpflegung für vier Wochen. Man brauchte Zelt und Schlafsack, Wasserfässer, Spaten und Hacken, auch noch eine Menge andere Dinge. Der Kapjunge Jakob sollte die Expedition begleiten, dazu noch drei Hottentotten als Pferdeburschen. Den größten Teil der Ausrüstung lieferte die Firma Hensselmann, alles zusammen kostete mehrere tausend Mark.

Natürlich wurden diese Vorbereitungen in der kleinen Koloniestadt sofort bekannt, und die ersten Stimmen wurden laut, daß der »Wüstenkönig« eben doch mehr von Diamanten wußte, als man ihm bisher hatte glauben wollen. Es machten sich auch andere Leute bereit, in die Namib zu ziehen, manche sogar in der Absicht, dem Professor und Stauch zu folgen.

In der zweiten Dezemberwoche des Jahres 1907 zog die Expedition nach Süden davon. Es war die heißeste Zeit des Jahres, nur in den ersten Morgenstunden und bei sinkender Sonne konnten sich Mensch und Tier bewegen. Bei tiefem Sand war auch das nicht möglich, dann ruhte die Expedition bei Tage und wartete auf Mondlicht. Ihr erstes Ziel war die Wasserstelle von Ukama, um die Fässer wieder zu füllen. Dann ging es weiter ins Unbekannte, stets entlang den östlichen Ausläufern jener flachen Kette felsiger Hügel, die Küste und Wüste voneinander trennten. Jakob lief voraus, den besten Weg zu erkunden, sollte dabei auch mit seinen scharfen Augen den Boden prüfen. Stauch und der Bergrat ritten in großen Bögen durchs Land, um sich nichts entgehen zu lassen. Sie drangen in Seitentäler ein, saßen dort ab und wühlten im Sand. Aber kein Korn von Bedeutung wurde gefunden, außer dem verwehten Grab eines früheren Wanderers in der Wüste. Sein Name stand auf dem Kreuz, mit der Bemerkung: *Starb an Hunger und Durst.*

Je weiter die kleine Gruppe vordrang, desto schwieriger wurde das Unternehmen. Sie gerieten in Sandstürme, und die Wasservorräte waren schon zur Hälfte aufgebraucht. Was verblieb, mußte steng rationiert werden. Durstig und kraftlos schleppten sich Menschen und Tiere dahin. Die˙ Hottentotten klagten immer lauter über den beschwerlichen Marsch, sie hatten Angst vor bösen Geistern und verlangten danach, sich endlich wieder satt zu trinken. Nur mit Mühe konnte man sie noch vorwärts treiben. Doch alle Mühe war umsonst, nicht die geringste Spur edler Steine ließ sich erkennen. Da war es an der Bahnlinie, beim Kilometer 23, sehr viel besser gewesen.

»Noch drei Tage«, entschied August Stauch, »dann müssen wir zurück.«

»Nein, es ist schon jetzt höchste Zeit«, drängte der Bergrat, »noch einen Sandsturm so wie gestern können wir nicht überstehen.«

»Einigen wir uns auf die Mitte, Professor, übermorgen früh geben wir's auf. Bis dahin haben wir die Gegend von Pomona erreicht... vielleicht gibt's dort Wasser.«

Die Expedition schleppte sich weiter, den ganzen heißen Tag hindurch und noch die nächste Nacht. Nur sehr langsam kamen sie vorwärts.

»Es ist Zeit, Stauch, es ist höchste Zeit. Die Esel können den Karren nicht mehr ziehen.«

Da entdeckte Jakob die Spur eines Springbocks im Sand. Ohne ein paar Grasbüschel und Wasser konnte das Tier in der Namib nicht leben. Wenn die erschöpfte Gruppe dieser Fährte folgte, kam sie womöglich zu einer Senke, in der Wasser zutage trat.

»Also gut«, sagte Scheibe, »aber es ist unser letzter Versuch. Länger halten's auch die Gäule nicht mehr aus, und wir selber erst recht nicht.«

An sich war nun das große Gebiet erreicht, für das Stauch die Schürfrechte besaß. Hinausgeworfenes Geld, hier gab es nichts, aber auch gar nichts zu holen. Nur Sand, Geröll und Felsklippen, dazu grausam glühende Hitze bei völliger Windstille. Aber dann ein paar dürre Grashalme und nach Stunden sogar vereinzelte Dornbüsche. Die Spur des Springbocks führte an ihnen vorbei.

»Es wird besser, die Wüste ist nicht mehr ganz so leblos«, meinte Stauch.

Am späten Nachmittag fiel das Gelände zu einer weiten Mulde ab, in deren Tiefe sich die Grasbüschel vermehrten. Dies mußte der Beschreibung nach das Tal von Pomona sein. Und als die Sonne sank, fand die Expedition das ersehnte Wasserloch. Die Springböcke hatten es mit ihren Hufen gegraben, etwa anderthalb Meter tief, um ans Grundwasser zu gelangen. Nur eine winzige kleine, sehr trübe Lache zwischen Sand, Gestrüpp und Geröll. Mit Schaufel und Spaten wurde das Loch erweitert. Pferde, Maultiere und Esel konnten endlich trinken. Durch Handtücher und Taschentücher filtriert, war die Brühe auch für Menschen genießbar.

»Wissen Sie, was heute für ein Tag ist?« fragte Scheibe, als sie spätabends vor ihrem Zelt saßen.

Stauch mußte erst nachrechnen, bis ihm einfiel, daß es der letzte Tag des Jahres war.

»Daheim feiern sie jetzt Silvester, wir dagegen haben keinen Grund, die Neujahrsnacht zu feiern.«

Dabei war es eine herrlich schöne Nacht, mit funkelnden Sternen am Himmel. Es wehte angenehm kühlender Wind durchs Tal, und die Gräser verströmten einen herben Duft. Der Bergrat holte eine Flasche Kognak aus seinem Gepäck und stellte sie mit zwei Bechern auf den Klapptisch.

»Ein paar Schluck auf das Jahr 1908 werden wir trotzdem trinken, lieber Stauch, Ihre Zukunftssorgen können noch warten. Die gehen auch wieder vorbei... glauben Sie's mir.«

Stauch griff zu, und sie stießen an.

Bald darauf erschien der Mond, voll gerundet und von selten starker Leuchtkraft. Man hätte die Zeitung lesen können in seinem Licht. Matter Silberglanz legte sich über das Pomonatal, der Sand und die Steine, Halme und Dornbüsche wirkten nun märchenhaft. Es schien eine völlig andere, tief verzauberte Welt entstanden.

»Gehen wir ein paar Schritte, lieber Stauch, eine so schöne Nacht habe ich selten erlebt.«

Sie gingen ohne Ziel, verließen das Lager und die Wasserstelle, schritten über knirschenden Boden und genossen aus tiefstem Herzen die wunderbare Atmosphäre.

»Sehen Sie nur, wie das blitzt und blinkt, Professor, so als würde es hier von vielen tausend Leuchtkäfern wimmeln.«

Stauch blieb plötzlich stehen und starrte zu Boden. Dann beugte er sich nieder, griff in den Sand und warf eine Handvoll Körner durch die Luft. Zwei oder drei davon schimmerten so hell wie Blinklichter.

»Haben Sie das gesehen, Professor?«

Es waren Diamanten, herrlichste Diamanten!

Alles was hier so glänzte und funkelte, schienen Diamanten zu sein.

Beide Männer warfen sich zu Boden, krochen über den Sand und pickten auf, was glitzerte. Der Kapjunge lief hinzu.

»Aijé... attatita... tita... soviel schöne Dinger!«

Weil er keine Taschen in seinen zerrissenen Hosen hatte, stopfte er sich die Funkelsteine in den Mund. Bald hatte er seine beiden Backen prall gefüllt. Stauch und Scheibe sammelten in ihre Taschentücher. Sie konnten dann nichts mehr unterbringen, erhoben sich und schauten über die mondbeschienene Landschaft. So weit das Auge reichte, ein Glänzen und Glitzern, ein traumhaft schönes Tal, bestreut mit den kostbarsten Edelsteinen.

Der ärmste Junge seines Heimatdorfes war über Nacht, in dieser Neujahrsnacht, zum reichsten Mann von Südwest geworden.

Unvorstellbar der Wert und die Menge der Diamanten. Auf einem Quadratmeter Sand zehn, zwölf, zwanzig Edelsteine. Die meisten klein, viele von mehreren Karat und einige erbsengroß. Was tiefer lag, drunten in der Erde, ließ sich noch gar nicht ermessen. Später fand man in einem Kubikmeter Sand bis zu dreihundert Diamanten.

»Nennen Sie es Märchental, lieber Stauch, denn hier ist ein Märchen zur Wirklichkeit geworden.«

»Nein, Ida-Tal, paßt mir besser, denn so heißt meine Frau. Und Sie, Professor, werden den Reichtum mit uns teilen, denn Sie haben mich zu dieser Expedition verführt.«

Der Bergrat schüttelte den Kopf. Er war Beamter und bezog sein festes Gehalt von der Reichsregierung. Was er getan hatte, war im Staatsinteresse geschehen. Am unglaublichen Glück seines Freundes durfte er sich nicht beteiligen.

»Aber Sie können doch den Staatsdienst verlassen, wir können doch Gesellschafter werden?«

»Nein, lieber Stauch, so geht's auch nicht, ich kann aus meinen Amtspflichten keinen privaten Gewinn ziehen. Darauf käme es doch hinaus!«

So waren sie fast alle, die Beamten des damaligen Deutschen Reichs.

Stauch und Scheibe kehrten zurück nach Lüderitzbucht, mit einigen tausend Karat reinster Diamanten in der Tasche. Zur gleichen Stunde wußten es alle Bürger der Stadt, gegen Abend wurde es in Windhuk bekannt, am nächsten Morgen in Berlin, und dann meldeten Schlagzeilen die sensationelle Entdeckung der ganzen Welt. Das war der Beginn des Diamantenbooms in Deutsch-Südwest.

In Lüderitzbucht schlossen die Geschäfte, Handwerker legten die Arbeit nieder, und fürs erste wurden Schiffe nicht mehr entladen. Was Beine hatte zu laufen, lief in die Namibwüste. Binnen wenigen Tagen stiegen die Preise für Esel, Maultiere und Zugochsen auf den zehnfachen Preis. Zelte, Wagen und Wasserfässer, Schaufeln und Spaten waren kaum noch zu bezahlen. Von Windhuk und Swakopmund, von Keetmanshoop, aus allen

Ecken und von vielen Farmen Südwests eilten Diamantsucher herzu. Sie kamen zu Schiff aus Deutschland und mit der Bahn aus Südafrika. Man mußte die Einreise sperren, so gut das eben möglich war.

Auf telegrafischem Weg hatte sich Stauch noch die weitere Umgebung des Ida-Tals gesichert. Seine Schürfrechte dehnten sich jetzt bis zur Küste aus und tief hinein ins Hinterland. Dann aber saßen rings um seine Gebiete viele andere Sucher nach Diamanten. Manche fanden noch gute Felder, mehr aber wurden bitter enttäuscht. Die Namib war ja nicht überall so verschwenderisch mit ihren Schätzen, hatte sie auch oft sehr tief in der Erde verborgen. Nur an wenigen Stellen lagen die Millionenwerte im hellen Licht des Tages oder Mondes. Erst nach Jahren gruben sich Spezialmaschinen in die Erde hinunter, ja sogar in den Meeresboden.

Es geschah nun, was immer geschieht, wenn irgendwo Reichtümer entdeckt werden, die scheinbar für jedermann greifbar sind. Den Schatzsuchern folgten die Geschäftemacher. Kneipen und Spelunken öffneten ihre Pforten in Lüderitzbucht, leichte Mädchen und schwere Jungen strömten herbei. Es wurde gerauft, gespielt und gesoffen und schamlos betrogen. Es herrschten Verhältnisse, wie noch nie zuvor in einer deutschen Kleinstadt.

Weil das aber in deutschem Hoheitsgebiet geschah, mischte sich der Staat schon sehr bald ein. Dr. Paul Range erschien mit einer Polizeitruppe auf den Diamantfeldern. Wenn es auch dem Geologen der Regierung nicht gleich gelang, Ordnung zu schaffen, belegte er doch einen großen Teil der noch nicht erfaßten Wüste für den Fiskus. So gab es nun staatliche Fundstellen neben den privaten. Zehn Polizeibeamte wurden nach Lüderitzbucht geschickt und konnten im Verlauf von wenigen Monaten das wilde Treiben unter Kontrolle bringen. In erstaunlich kurzer Zeit entstand die sogenannte Diamanten-Polizei, eine Spezialtruppe von etwa dreißig Mann, die sich auf elf Posten in der Namibwüste verteilte. Ihre Versorgung, schon allein mit Wasser, war ein schwieriges Problem. Aber es wurde gelöst und die weitere Entwicklung des Diamantenbooms so geregelt und reglementiert, wie es sich eine ordnungliebende Verwaltung nur wünschen konnte. Nicht einer von den Beamten, die um sich herum das Geglitzer der Diamanten sahen, ließ sich verführen, selber unter die Schatzsucher zu gehen. Sie blieben bei ihrer Pflicht. Sie prüften die Schürfscheine und sorgten dafür daß niemand in fremden Revieren herumwühlte. Da sie bald von ihren Pferden auf importierte Kamele umsattelten, waren die Männer der Diamanten-Polizei viel beweglicher als jeder andere Mensch in der Wüste. Nirgendwo konnte man den Hütern des Gesetzes entgehen.

Dann kam die große Zeit der Advokaten und Notare, denn nun meldeten sich englische Gesellschaften und Privatpersonen, die aus Zeiten vor der deutschen Besitzergreifung angeblich oder tatsächlich Schürfrechte in Namib besaßen. Obwohl sie die betreffende Gegend kaum gesehen und niemals dort gearbeitet hatten, standen ihre Rechte auf irgendwelchen Papieren. Eine Kette von Prozessen war die Folge, in die sich auch Stauch verwickelt sah. Es gab bei diesem unentwirrbaren Knäuel von Ansprüchen und Gegenansprüchen schließlich gar keine andere Möglichkeit, als sich zu vergleichen. August Stauch blieb immerhin das, was man ihn einst voller Spott genannt hatte: Wüstenkönig der Namib. Er hatte die meisten Anteile bei den größten Gesellschaften.

Weil sich bald herausstellte, daß die Gewinnung von Diamanten für den einzelnen Mann zu schwierig und kostspielig war, verkaufte ein Schatzsucher nach dem anderen sein Schürfrecht an die großen und immer größer werdenden Gesellschaften. Es gab davon sechzehn, die sich ihrerseits mehr und mehr zusammenschlossen, bis am Ende so gut wie alle in der Consolidated Diamond Mines aufgingen.

Seit jener Nacht der Diamanten im »Ida-Tal« war noch kein Jahr vergangen, da hatte sich schon das Finanzamt der Kolonialregierung als Teilhaber an dem Segen eingeschaltet, und dies keineswegs in bescheidenem Umfang. Nicht nur die Schürfscheine wurden sehr viel teurer, auch zur Annahme, Weitergabe und zum Handel mit Diamanten mußte man einen Erlaubnisschein lösen, der jährlich tausend Goldmark kostete. Überdies wurde noch eine Gewinnsteuer von 33 1/3 Prozent erhoben und diese später noch wesentlich erhöht. Das Betreten der Diamantfelder war nur den Besitzern von Schürfrechten und deren Angestellten gestattet.

Damit nicht genug, wurde der gesamte Handel mit Diamanten unter staatliche Aufsicht gestellt, was gleichbedeutend war mit einem Regierungsmonopol. So empört auch die Südwester darüber waren, die ihre Schätze lieber selbst frank und frei genützt hätten, es ging nicht anders. Dieser Segen war viel zu groß, es hätte die Preise in aller Welt erschüttert, wären die Südwester Edelsteine hemmungslos an den Diamantbörsen aufgetaucht. Man mußte ihren Seltenheitswert erhalten, und zwar durch planmäßige Drosselung des Angebots. Bisher war diese Kontrolle vom Diamanten-Syndikat in London ausgeübt worden. Seinen Richtlinien im weltweiten Geschäft mußte sich wohl oder übel auch die Reichsregierung anpassen. Sonst war der hohe Preis für Diamanten gar nicht zu halten.

Die Förderung der Edelsteine stieg von Jahr zu Jahr, sie stieg von 38 000 Karat im Jahr 1908 auf 500 000 im folgenden Jahr und erreichte 1913 die phantastische Ausbeute von anderthalb Millionen Karat. An Steuern und Abgaben allein konnte das Finanzamt von Deutsch-Südwest insgesamt über 60 Millionen Goldmark kassieren. Hinzu kam noch der beachtliche Gewinn aus den Diamantenfeldern des Staates. So war das Land mit Abstand zur reichsten deutschen Kolonie geworden. Die öffentlichen Einnahmen übertrafen die Ausgaben. Deutsch-Südwest wäre gut in der Lage gewesen, auf eigenen Füßen zu stehen, während alle übrigen Kolonien des Reiches hoher Zuschüsse bedurften. Wenn auch viele Millionen des Segens aus dem Sand nach Berlin abgeführt wurden, so entstand doch während der letzten fünf Jahre des deutschen Regimes ein Netz von Straßen und Eisenbahnlinien in Südwest, das, gemessen an der Kopfzahl der Bevölkerung, dichter war und es heute noch ist als in jedem anderen Land Afrikas. Neue Schulen, Krankenhäuser und was sich sonst eine blühende Kolonie noch wünschen kann, wurden in rascher Folge erbaut. Und noch viel mehr wurde geplant, kam aber durch den Ersten Weltkrieg nicht mehr zur zeitgerechten Ausführung. Die Mittel aber hätten zur Verfügung gestanden.

Heute erreicht die Förderung von Südwester Diamanten einen Jahreswert von fast einer halben Milliarde DM, das sind rund 1,5 Millionen pro Tag. Man schätzt, daß im Durchschnitt jeder Kubikmeter Sand in der Namibwüste ein Karat Diamanten enthält. Mehr noch liegen unter Wasser vor der Küste, dort stecken fast vier Karat in jedem Kubikmeter angebaggerten Bodens. Schon längst hat die Gewinnung von Diamanten alle anderen Sparten des Wirtschaftslebens von Südwest weit überholt, also auch den Produktionswert von Bergbau, Fischerei und Farmwirtschaft. Sie bringt dem Landeshaushalt fiskalische Einnahmen von rund 70 Millionen DM pro Jahr. Ohne diesen wichtigen Posten wären viele der großangelegten Projekte, die zur Zeit im Gange sind, gar nicht denkbar. Man könnte sagen, daß in gewissem Sinne August Stauch noch heute an ihnen allen beteiligt ist. Gewiß, hätte nicht er die Südwester Diamanten entdeckt, wäre es früher oder später einem anderen gelungen.

Aber es war nun einmal Stauch, der als erster auf diesen gewaltigen Schatz gestoßen war.

»Mein Mann war ein unverbesserlicher Idealist«, sagte mir Frau Ida Stauch, als ich sie auf ihrer Farm Dordabis besuchte, »er hat sein riesiges Vermögen nur als Mittel zu dem Zweck betrachtet, unser Land und seine Menschen voranzubringen. Was hat·er nicht alles getan und so vielen tüchtigen Leuten auf die Beine geholfen!«

Nicht immer besaß er dabei eine glückliche Hand, sondern schenkte· oft Menschen volles Vertrauen, die es kaum verdienten. Er steckte sein Geld in gutgemeinte Unternehmen, die aber nicht florierten. Nur mit seinen Farmen, heute von seinen Kindern verwaltet, hatte er einigermaßen Glück. Den größten Teil seiner Diamanteninteressen mußte der Wüstenkönig während und nach dem Ersten Weltkrieg aufgeben. In Deutschland beteiligte sich August Stauch 1920 an der Vox-Grammophon-Gesellschaft (»Stimme seines Herrn«) und war maßgeblich an der Entwicklung des Rundfunks beteiligt, zog sich aber dann aus diesen Gesellschaften zurück, weil ihn andere Aufgaben reizten. Er fuhr zwischen Deutschland und Südwest hin und her, stets mit neuen Plänen beschäftigt.

Sein altes Leiden schien vergessen, er war ein kerngesunder Mann geworden, neigte aber mehr und mehr zur Korpulenz. Schon das beigefügte Bild aus den letzten Jahren vor dem ersten Krieg deutet darauf hin.

»Auch wenn mein Mann fast alle seine Millionen wieder verlor«, sagte mir Frau Stauch, »der Rest erlaubte ihm doch, seinen Neigungen zu leben. Er war fast immer mit wissenschaftlichen Problemen beschäftigt und saß über Büchern, die eigentlich nur für Professoren geschrieben sind. Noch mit sechzig Jahren studierte er Astronomie an der Universität Breslau und verfaßte dann ein Buch, worin er die Einsteinsche Relativitätstheorie widerlegen wollte. Der zweite Krieg kam dazwischen, es wurde nie gedruckt. Ob er damit recht hatte oder nicht, wer soll das wissen? Er ist jedenfalls in Wissensgebiete vorgedrungen, wohin ihm so leicht niemand folgen kann. Und hatte doch nur die Volksschule besucht. Bald nach dem letzten Kriege, noch nicht siebzig Jahre alt, ist mein Mann gestorben. Sie können mir glauben, er war der klügste und beste Mensch.«

Ich glaubte es der alten Dame gerne, sie selber strahlte nur Güte aus. Man hätte ihr sechzig, höchstens siebzig Jahre zugetraut, aber sie war doch sehr viel älter, nämlich 1883 geboren. Wir saßen beim Tee in einem wohlgepflegten Biedermeierzimmer, dem man nicht ansah, daß es sich in Südwestafrika befand. Das alte Farmhaus war von wildem Wein überwuchert und von himmelhohen Zypressen umgeben, die August Stauch vor bald sechzig Jahren gepflanzt hatte. Seine Witwe besaß ein fabelhaftes Gedächtnis, viele Dinge und Zusammenhänge, die ich hier geschildert habe, stammen von ihr. Sie gab mir noch jenes frühe Bild ihres Gatten, das hier zum ersten Mal veröffentlicht wird.

»Was heute die jungen Leute für Bücher lesen, immer nur von Cowboys und Killern. Dabei gibt's doch so gute echte Geschichten, wie ein braver Mann unter tausend Gefahren sein Glück gefunden hat. Aber, wenn das ein Deutscher war . . .«

Dann hat man dafür nur wenig Interesse, wollte sie sagen und hätte leider recht gehabt. August Stauch war viel zu gradlinig und charaktervoll, um die Figur eines Abenteurers abzugeben.

Seine strahlend kornblumenblauen Augen haben sich vererbt auf Kinder, Enkel und Urenkel. Eine seiner Töchter, auch schon im weißen Haar, wirkte mit diesen lebhaft strahlenden Augen wie ein junges Mädchen. Wenn der Vater auch so gewinnend lächeln konnte, war es kein Wunder, daß alle Menschen ihn gerne mochten.

Die beiden Stauchs hatten vier Kinder, zwei Söhne und zwei Töchter. Alle waren auch ihrerseits um Nachkommen besorgt.

»Ich habe zwölf Enkel und vierundzwanzig Urenkel«, sagte die alte Dame, »bin ich nicht eine reiche Frau?«

Im Land der Ovambos

Im Land der Ovambos ist dem Besucher mit weißer Haut so gut wie alles verboten. Er darf nicht im Freien kampieren und darf ohne Aufforderung der Insassen keinen Kral betreten. Er darf nur bei Leuten übernachten, von denen er eine schriftliche Einladung vorweisen kann. Er darf nicht jagen und auch sonst kein Tier belästigen, erst recht natürlich keinen Menschen. Er darf unter keinen Umständen länger im Lande bleiben, als ihm bewilligt wurde, und darf vor allem keine »Agitation« betreiben. Der Weiße darf im Stammesgebiet der Ovambos keinen Grund erwerben, kein Geschäft eröffnen und auch sonst nichts verkaufen. Bei Ankunft und Abreise hat sich jeder Besucher des Ovambolandes beim zuständigen Kommissar zu melden. Die Eingeborenen sind höflich zu behandeln, als Herren ihres Landes muß sie jeder Fremde respektieren.

Noch viel mehr solcher Gebote und Verbote enthielt jene Besuchserlaubnis, die man mir nach langem Zaudern und Zögern endlich bewilligt hatte. Für einen Ausländer ist es einfacher, vom Nordpol an den Südpol zu fliegen, als von Windhuk ins Ovamboland zu fahren. Ohne die Vermittlung einflußreicher Persönlichkeiten wäre es mir überhaupt nicht gelungen, das Sperrgebiet zu betreten. Dem Ministerpräsidenten von Südafrika persönlich bleibt im Zweifelsfall die Entscheidung vorbehalten. Nur dann wird die Erlaubnis erteilt, wenn man von einem der weißen Beamten im gesperrten Territorium gebeten wurde, ihn zu besuchen.

Nur Beamte und staatliche Angestellte wohnen für die Dauer ihrer jeweiligen Dienstzeit im Stammesgebiet der Ovambos. Andere Weiße gibt es dort nicht. Weil ich selber keinen dieser Leute kannte, hatten mir Freunde in Windhuk die unbedingt notwendige Einladung vermittelt. Dr. X. in Oshakati war so freundlich gewesen, mir diese formelle Gefälligkeit zu erweisen.

Zur Zeit leben etwa 260 000 Ovambos im Ovamboland, das sind fast 45 Prozent der gesamten Bevölkerung von Südwestafrika. Ihr Stammesgebiet umfaßt 42 000 Quadratkilometer, soll aber demnächst um weitere 15 000 Quadratkilometer vergrößert werden. Unter den Farbigen von Südwest sind nur die Ovambos schon immer Ackerbauern gewesen. Die Art, wie sie es taten, war bisher äußerst primitiv, erst unter weißer Anleitung fanden bessere Methoden nach und nach Eingang bei ihnen. Jedenfalls ist das Klima ihres Landes feuchter als im übrigen Südwest, und der Boden ist nicht schlecht. Sind erst die geplanten Anlagen der Bewässerung alle durchgeführt, kann das Ovamboland relativ gute Ernten hervorbringen.

Wenn man es genau nimmt, sind auch die Ovambos keine absolut echten Eingeborenen von Südwest. Sie kamen ungefähr zur gleichen Zeit wie die ersten Hereros aus dem Norden, nach Ansicht der Fachgelehrten vor etwa 250 Jahren. Daß sie ursprünglich in einer ganz anderen Gegend Afrikas zu Hause waren, beweist ihre Kenntnis der Metallbearbeitung. Sie waren und sind noch heute gute Schmiede von Kupfer und Eisen, obwohl kaum eine Spur dieser Metalle in ihrem jetzigen Land zu finden ist.

Aus sieben Stämmen sehr unterschiedlicher Zahl setzt sich das Volk der Ovambos zusammen. Früher besaßen sie keine gemeinsame Organisation, jeder Stamm hatte seinen eigenen Chef und seine eigene Ratsversammlung. Erst jetzt beginnt, von den weißen Beratern empfohlen, ein engerer Zusammenschluß. Nach dem schon oft erwähnten Odendaal-Plan soll die künftige Selbstverwaltung des Ovambolandes zu 40 Prozent aus freigewählten Abgeordneten und zu 60 Prozent aus angestammten Häuptlingen sowie deren Ratsmännern bestehen. In absehbarer Zeit wird das Ovambovolk innerhalb seines Stammgebietes autonom sein, wird sich also selbst verwalten. Was in dieser Hinsicht geplant ist, würden wir ein »Protektorat« nennen. Doch bevorzugen die Afrikaaner den Ausdruck »Heimatland« für solche Stammesgebiete der Farbigen, denen sie nach und nach Autonomie gewähren. Im eigentlichen Südafrika sind »Heimatländer« schon entstanden. Sobald die Entwicklung weit genug gediehen ist, wird auch das Ovamboland die gleichen Rechte erhalten. Aber nur nach innen, an eigene Außenpolitik oder gar eigenes Militär des Protektorats wird dabei nicht gedacht. Nach Ansicht der Afrikaaner entspricht es den Interessen der farbigen »Heimatländer«, daß sie im Verband Südafrikas verbleiben und vor verderblichen, von außen kommenden Einflüssen geschützt werden. Was darunter zu verstehen ist, läßt sich denken.

Zur Entwicklung des Ovambolandes hat die Regierung Südafrikas außerordentlich hohe Geldmittel bereitgestellt, nämlich anderthalb Milliarden DM. Zwei Fünf-Jahres-Pläne wurden aufgestellt. Der erste ist bereits im vollen Gang, nach dem zweiten wird wahrscheinlich ein dritter noch folgen. Die Kosten für den Unterhalt der Schulen, Institute und Hospitäler sind in den an sich schon enormen Kosten für die beiden ersten Pläne nicht enthalten. Sie werden vom normalen Haushalt bestritten. Südwest allein kann die Entwicklungsgelder für seine Stammesgebiete nicht aufbringen, die Regierung Südafrikas muß den größten Teil davon übernehmen. Alles natürlich zu Lasten der weißen Steuerzahler.

»Wenn unsere Gegner behaupten, wir würden die Farbigen ausbeuten«, wurde mir immer wieder gesagt, »verdrehen sie mit voller Absicht die Wahrheit ins Gegenteil. Wir lassen uns zugunsten der Farbigen ausbeuten!«

Die Wahrheit dürfte sein, daß keiner ohne den anderen leben kann. Die Wirtschaft Südafrikas braucht die farbigen Arbeitskräfte, und der Farbige braucht seinen weißen Arbeitgeber. Vor allem das Ovamboland ist ein Reservoir, aus dem viele tausend Menschen zur Arbeit nach Süden ziehen. Niemand zwingt sie zu kommen, die Ovambos selbst drängen zur Beschäftigung auf den Farmen und in den Betrieben der Weißen. Dort verdienen sie bares Geld, auch wenn es für unsere Begriffe nicht viel ist. Mit gefüllten Koffern und Kisten kehren sie heim. Als sparsame und vernünftige Leute kaufen sie nicht nur Kitsch und Kinkerlitzchen, sondern meist nützliche Sachen. Radios, Fahrräder, Nähmaschinen, Kleiderstoffe, Betten, Petroleumlampen, Küchenherde, Mobiliar und Hausrat aller Art heben allmählich den Lebensstandard. Die Ausrüstung ganzer Handwerksbetriebe wandert auf diese Weise ins Ovamboland. Man muß selbst gesehen haben, mit welcher Unmenge von Gepäck die heimkehrenden Ovambos die Bahn und den Bus besteigen, um so recht zu begreifen, was diese Bewegung von Waren für das einst so arme Land bedeutet. Außerdem bringen die Leute noch Kenntnisse und Fertigkeiten mit, die sie daheim verwerten.

Sicher ist es eine kluge Maßnahme, daß sie nach jeweils zwölf bis achtzehn Monaten wieder zurück müssen in ihr Stammesgebiet, um mindestens ein halbes Jahr dort zu bleiben. So kann das Volk nicht zerfallen und auch nicht die Familie. Die Entstehung eines farbigen Proletariats am Rande der weißen Ortschaften wird vermieden, ebenso die gefährlichen Reibungsflächen zwischen den verschiedenen Rassen. Jeder Ovambo weiß, wohin er gehört, er hat ja sein »Heimatland«.

Die Sprecher der Ovambos haben wieder und wieder erklärt, sie seien durchaus mit dieser Entwicklung einverstanden. Die Regierung solle nur so weitermachen, wie es nach dem Odendaal-Plan vorgesehen ist. Etwas Besseres könne man sich gar nicht wünschen. So wird das allgemein von den weißen Südafrikanern behauptet, doch interessierte es mich, davon selbst etwas zu sehen.

Mein Begleiter war wieder Hans-Joachim-Friedrich, und in seinem Wagen fuhren wir los. Weil mir nunmehr die Eigenart HJFs ausreichend bekannt war, das heißt neben seinen Vorzügen auch seine Unbeholfenheit in praktischer Hinsicht, konnte ich mich darauf einstellen. Damit nicht wieder das Salz, die Trinkbecher und das Trinkwasser bei der Abfahrt vergessen wurden, packte ich alles selber und holte meinen Mitfahrer um fünf Uhr früh aus dem Bett.

Die Fahrt ging auf der vortrefflichen Nordstraße über Okahandja, Otjiwarongo zunächst nach Tsumeb. Von dort weiter nach Namutoni, quer durch die Etoscha-Pfanne und schließlich nach Ondangua, zur vorläufig größten Ortschaft des Ovambolandes. Dort mußten wir uns noch vor Büroschluß, also vor 17 Uhr, beim Kommissar anmelden. Die Entfernung betrug

435 Kilometer, lange durften wir uns nirgendwo aufhalten. Abzüglich der Mittagspause und dem Zeitverlust beim Tanken fuhren wir diese Strecke mit einem Stundendurchschnitt von 87 Kilometern. Nur in einem Land, dessen wenige Kleinstädte man schnell und glatt durchrollt, ist ein so hoher Durchschnitt zu erreichen.

Neben der schnurgeraden Straße zogen sich beiderseits Grasstreifen entlang, jeder etwa dreißig Meter breit, die für den Verkehr von Rindern, Ziegen und Schafen bestimmt sind. Erst dahinter beginnt das eingezäunte Land der Farmen. So kann das Vieh während eines Trecks auch weiden. Treiber mit Hunden sorgen dafür, daß kein Tier auf der Teerpad läuft. Der dunkle Belag scheint den Beesters und Bokkies auch nicht ganz geheuer zu sein. So wurden wir auch von keiner Herde aufgehalten.

Eine dankenswerte Einrichtung sind runde Tische und breite Bänke aus Zement, die man im Abstand von zehn bis zwanzig Kilometern unter Baumgruppen aufgestellt hat. Hier können Familien Kaffee kochen, hier finden Reisende einen schattigen Platz, um ihr Mittagsmahl zu bereiten. Manche Leute schlagen auch dort ihr Nachtlager auf.

Zum zweiten Mal fuhr ich durchs Etoscha-Wildreservat, doch nur auf kürzestem Weg und rascher, als es erlaubt war. Wir brausten am Fort Namutoni vorbei, dann geradewegs durch die große Salzpfanne nach Norden. Dort waren Riesenbagger am Werk, um Sand und Kies zur Verbesserung der Straße aus dem Boden zu holen. Überall, wo das geschah, standen viele hundert Stück Wild in der Nähe. Sie warteten darauf, daß sich die Fahrzeuge entfernten, um gleich in den Graben zu eilen, wo nun das Grundwasser erreichbar war. So wird jede Stelle, wo man tief genug die Erde aushebt, zu einer Wasserstelle für das Wild. Vorbildlich arbeiten Wildschutz und Straßenbau zusammen.

Etwa zehn Kilometer jenseits der Pfanne beginnt das Ovamboland. Ein Zaun von unvorstellbarer Länge bildet die Grenze. Ein alter und ein junger Mann, beide in verblichenen Khaki-Uniformen, kontrollierten eingehend, aber mit betonter Freundlichkeit unsere Papiere. Auch in ein Buch mußten wir uns eintragen.

»Schaffen wir's noch bis Ondangua vor siebzehn Uhr?«

»Vielleicht gerade, wenn Sie ordentlich Gas geben. Sonst müssen Sie wieder zurück und hier neben uns kampieren.«

Also Tempo, Tempo und nochmals Tempo. Schneller als 70 Meilen (112 Kilometer) darf man in Südwest nicht fahren.

Die Übertretung der Höchstgeschwindigkeit kostet sehr viel Geld. Doch wir mußten 75 und 80 Meilen riskieren, zum Glück hat uns niemand erwischt.

Schon gleich hinter Tsumeb hatte die Teerpad aufgehört, bis zur Grenze des Ovambolandes war die Straße noch gut und breit gewesen. Doch nun wurde sie schlecht und immer schlechter. Wir mußten mit der Geschwindigkeit herunter, stellenweise auch den dritten Gang einschalten. Meine Hoffnung sank, daß wir Ondangua noch vor Büroschluß erreichten. Es war nicht mehr zu machen, es war ganz unmöglich.

Dann plötzlich, wir konnten es kaum glauben, führte unsere miserable Rollbahn auf eine völlig neue, fabelhafte gute Teerpad. Fast vierzig Kilometer weit sausten wir mit strafbar schneller Geschwindigkeit nach Norden. Niemand hatte uns gesagt, daß sich eine regelrechte Autobahn quer durchs Ovamboland im Bau befand und teilweise schon fertig war. Als wir die Baustelle erreichten, herrschte dort ein äußerst energischer Betrieb. Gigantische Traktoren, gewaltige Bagger, haushohe Teerkocher und mächtige Lkws waren an der Arbeit. Weiße Techniker und viele hundert Farbige schafften im Akkord. Wir wurden für wenige Minuten aufgehalten und kamen mit einem Ingenieur ins Gespräch.

»Bis Ende nächsten Jahres müssen wir fertig sein«, sagte er, »in spätestens achtzehn Monaten soll die Teerpad von der Angola-Grenze bis Tsumeb durchgehen. Täglich rücken wir um eine Meile vor...«

Mehr als anderthalb Kilometer pro Tag, das konnte kaum möglich sein. Ich merkte mir die Stelle, und tatsächlich begann bei unserer Rückfahrt nach drei Tagen die fertige Fernstraße schon drei Meilen früher. So wird es also bald möglich sein, von den Großstädten in Südafrika die Grenze von Portugiesisch-Angola auf denkbar bestem und schnellstem Weg zu erreichen. Wenn es zutrifft, daß gleichzeitig und mit gleicher Geschwindigkeit eine durchgehende Teerpad von Luanda, der Hauptstadt Angolas, nach dem Grenzort Oshikango im Bau ist, wird in absehbarer Zeit eine rasche, für jede Belastung geeignete Verbindung zwischen Südafrika und der Mitte Angolas hergestellt sein. Gewiß profitiert davon die wirtschaftliche Entwicklung des Ovambolandes, doch ebenso gewiß hat diese Fernverbindung auch andere Gründe. Sie ermöglicht im Notfall eine rasche Organisation der Verteidigung, möglicherweise gemeinsam mit den Portugiesen. Niemand spricht davon, doch jeder weiß es. Die Republik Südafrika unterhält keine Truppen in Südwest, noch mit Rücksicht auf den Mandatsvertrag, der Militär im Mandatsgebiet ausdrücklich verboten hat. Aber sollte aus dem Norden ein Angriff erfolgen, sind auf der neuen Straße die Truppen und ihr Material schnell an der Grenze. Vielleicht würden sie aus gegebenem Anlaß auch den Portugiesen in Angola zu Hilfe eilen.

Wir erreichten Ondangua genau um 17 Uhr, mußten uns aber erst zum Kommissariat durchfragen. Ungefähr 20 000 Einwohner hat der Hauptort des Landes, darunter knapp hundert Weiße. Der Fläche nach, die nur hier und dort bebaut ist, schien mir Ondangua größer als Berlin zu sein. Wir verbrauchten bei hoher Geschwindigkeit noch eine gute Viertelstunde, bis wir das Zentrum fanden, wo die wenigen Weißen amtieren und residieren. Gerade trafen wir noch den Kommissar, als er eben in seinen Landrover stieg. Er war recht ärgerlich wegen unserer Verspätung, bequemte sich aber dann, sein Büro nochmals aufzuschließen. Nach wenigen Worten besserte sich auch seine Stimmung. Wir erhielten den Stempel auf unsere Papiere, dazu noch einige gute Ratschläge und die Warnung, alle Vorschriften genauestens zu beachten.

Doch waren wir damit noch nicht am Ziel unserer heutigen Reise. Wir durften ja nur bei Dr. X. in Oshakati übernachten, meinem mir noch unbekannten Gastgeber. Teils führte die achtzig Kilometer weite Strecke über Abschnitte der neuen Autobahn, teilweise aber auch durch zerwühlten Sand. So kamen wir rasch und dann wieder nur langsam vorwärts. Es gibt keine Berge, auch keine Hügel im Ovamboland. Völlig flach ist das ganze Gebiet von einem Ende bis zum anderen. Doch viel größer, viel dichter bebuscht oder bewaldet als die meisten Landschaften in Südwest. Hier gedeihen hohe, schlanke Palmen, und stellenweise herrscht subtropische Vegetation. Kanäle und Wassergräben durchziehen das Land, fast alle erst während der letzten Jahre angelegt. Die Dörfer sind klein, aber zahlreich, sie bestehen aus strohgedeckten Rundhütten, die eine Palisade starker Holzknüppel umgibt. Rauch steigt aus den Kralen, gedrungenes Vieh mit weitausgelegten Hörnern steht bei den Wassertrögen, Männer, Frauen und Kinder tauchen Schöpfeimer in die Brunnen. Viele winken zu dem vorbeifahrenden Wagen. Frauen und Mädchen tragen geblümte Kleider, alle Männer Hosen und Jacken, die meisten auch Ledersandalen. Auf den Feldern Mais, Bohnen, Hirse, Erbsen, Kürbisse, Erdnüsse und sonstige Nutzpflanzen, die ich nicht sogleich erkenne. Kein anderes Volk in Südwest kann sich so gut ernähren.

Oshakati war auf meiner Karte nicht vermerkt. Als das Blatt vor drei oder vier Jahren gedruckt wurde, lag nur ein unbedeutendes Dorf namens Okatana an dieser Stelle. Es wurde in Oshakati, das heißt die »Mitte«, umgetauft, weil die künftige Hauptstadt des Ovambolandes hier entstehen soll. Schon endet bei Oshakati ein 100 Kilometer langer Kanal, der gewaltige Mengen Wasser vom Kunene heranbringt. Von Oshakati aus sind zahlreiche andere Kanäle, Pipelines und Zementrinnen im Bau. Sie werden nach Fertigstellung des Projektes fast das gesamte Ovamboland ganzjährig mit Wasser versorgen. Schon 220 Millionen DM sind für das weitverzweigte System verplant, doch wird es ohne Zweifel noch viel mehr kosten. Dämme und Staubecken gehören dazu, um das Regenwasser festzuhalten. Im Kunene selber, bei den Ruacana-Fällen, ist der größte Damm und das größte Staubecken vorgesehen. Ein Kraftwerk, mit dessen Bau man gleichfalls begonnen hat, wird das aufblühende Ovamboland und seine projektierten Betriebe mit billigem Strom versorgen.

Schon gibt es in Oshakati ein modernes Hospital mit 500 Betten, dazu Schulen, Institute, Laboratorien und ein Seminar für Krankenschwestern und Heilgehilfen. Bürogebäude, Wohnsiedlungen und Ämter für alle möglichen Zwecke sind im Entstehen. Aus dem Süden herangebrachte Fertighäuser aus Platten, Blech und Plastik haben schon die Krale der Ovambos verdrängt. Alles in allem ein riesiger Bauplatz für eine völlig neue Stadt, und zwar für die modernste in Südwestafrika. Die phantastisch hohen Kosten werden von den Weißen für den Farbigen aufgebracht. Es ist Entwicklungshilfe größten Stils im eigenen Land, der Außenwelt so gut wie unbekannt. Wieder und wieder verlangt die UNO mit einer Mehrheit von 95 Prozent, daß sich Südafrika aus Südwest zurückziehen soll, um die dortige Bevölkerung sich selbst zu überlassen. Würde das wirklich geschehen, es wäre für die Ovambos das denkbar größte Unglück. Sie vermehren sich so rasch, daß ihre bisherigen Methoden der Landwirtschaft keineswegs ausreichen, die kommenden Generationen zu ernähren. Ohne die Hilfe der Weißen wären sie dem Hunger, dem Elend und dem Rückfall in die Barbarei vergangener Zeiten ausgeliefert. Das erklären nicht nur die Südafrikaner, jeder kann es selber sehen, der an Ort und Stelle die alten mit den neuen Methoden vergleicht.

Am 23. Februar 1965 richteten die Häuptlinge und Ratsmänner der Ovambos ein Schreiben an den Ministerpräsidenten von Südafrika, worin sie ihr Einverständnis mit der Entwicklung ihres Landes erklären. Im Juli 1967 besuchte Ministerpräsident Vorster das Ovamboland und erhielt von den versammelten Häuptlingen nochmals die Versicherung ihrer uneingeschränkten Loyalität. In einem Brief an den Premierminister vom 21. März 1967 bedankten sich die sieben Häuptlinge für die großzügige Hilfe der weißen Regierung und sagten: »Wir sind glücklich zu wissen, daß wir nicht auf unsere eigenen Mittel beschränkt bleiben und gezwungen sind, im Dunkeln zu verharren. Wir wünschen auf keinen Fall, von fremden Mächten regiert zu werden. Statt dessen erwarten wir, daß Sie und Ihre Regierung unsere getreuen Verbündeten bleiben.«

Was meinen Begleiter und mich betraf, erlebten wir in Oshakati einen überraschend schlechten Empfang, und zwar von seiten unseres Gastgebers. Erst nach längerem Herumfragen hatten wir das Wohnhaus Dr. X' gefunden, ein sehr großes Haus mit noch größerem Garten. Er selber stand am Zaun, während sich seine Gattin mit den Rosenbüschen beschäftigte. Ich stellte mich vor, reichte dem Arzt meine Papiere, dankte ihm für seine Liebenswürdigkeit, mich einzuladen. Gewiß wollten wir ihm nicht zur Last fallen, alles hatten wir mitgebracht und benötigten keine Unterkunft im Hause selbst. Es genüge die Anweisung eines Platzes, wo wir unser Nachtlager aufschlagen konnten. Mit Feldbetten, Kochgeschirr und so weiter seien wir vollkommen ausgerüstet. Dies alles zu erklären schien mir ein Gebot der Höflichkeit, weil ja die Einladung nur durch Vermittlung gemeinsamer Freunde zustande gekommen war. Ohne das Anerbieten von Dr. X., uns bei sich aufzunehmen, hätten wir das Permit zum Besuch des Ovambolandes gar nicht erhalten.

Was ihn jetzt bewog, uns die kalte Schulter zu zeigen, ist mir bis heute ein Rätsel geblieben. Weder bat uns der Doktor in sein Haus noch in seinen Garten. Er zeigte statt dessen zu einer Baumgruppe in der offenen Landschaft und sagte, dort könnten wir seinetwegen kampieren. Er hängte noch seinen Gartenschlauch über den Zaun mit dem Bemerken, das Wasser sei trinkbar und wir dürften uns davon bedienen. An sich widersprach es den Bestimmungen, daß Fremde ihr Nachtlager irgendwo aufschlugen, man sollte von spät bis früh unter der Obhut seines vorbestimmten Gastgebers verbleiben. Aber der hatte uns hinweg gewiesen. Also fuhren wir zu dem bezeichneten Platz, etwa hundert Schritte von seinem Haus entfernt. Dort befanden sich schon andere Leute. Ovambos auf der Wanderschaft hatten sich mit Sack und Pack, mit Hunden, Hühnern und Ziegen bei den

Bäumen niedergelassen. Sie waren nicht wenig erstaunt, als wir dazukamen. Begreiflicherweise wollten sie wissen, was denn das zu bedeuten hatte. Unmöglich konnten wir bleiben.

So ging ich wieder zu Dr. X., der von weitem zugeschaut hatte, wie sich die Sache anließ.

»Da sind schon Ovambos, und soviel ich verstehe, sind die nicht begeistert, ihren Lagerplatz mit uns zu teilen. Mir wäre es doch lieber, Sie könnten uns eine bessere Stelle anweisen, vielleicht innerhalb einer Umzäunung.«

Ich dachte an seinen eigenen Garten, der ja so weitläufig war, daß wir den Herrn und die Herrin des Hauses bestimmt nicht störten.

»Na schön«, meinte der Arzt, »dann lass' ich für Sie drüben ein Tor zum Gelände des Hospitals öffnen.«

Und zeigte auf eine Halde mit Gerümpel, zerbrochenen Kisten und sonstigem Abfall. Da vergaß ich meine sonst recht gute Erziehung.

»Wir dürfen uns verabschieden, mein bester Doktor, und danken ergebenst für Ihre liebenswürdige Gastfreundschaft.«

Trat aufs Gas und rollte davon. An sich war das kein schlechter Abgang unter diesen Umständen, doch was sollte nun geschehen? Wir waren heimatlos im Heimatland der Ovambos. Nach Einbruch der Nacht durften wir nicht mehr unterwegs sein, so einfach am Rande der Straße zu kampieren, war erst recht nicht erlaubt. Alles, was wir von jetzt an taten, brachte uns in Konflikt mit den strengen Bestimmungen.

Unwillkürlich hatte ich den Rückweg nach Ondangua eingeschlagen.

»Da hatte ich mal einen guten Freund«, sagte HJF, »einen deutschen Tierdoktor namens Jürgen Dittmer. Wenn der noch da ist, wirft er uns bestimmt nicht hinaus wie der Menschendoktor.«

Wir hatten Glück, daß uns keine Polizeistreife erwischte, als wir bei dunkler Nacht durchs verbotene Land rollten. Und hatten noch mehr Glück, daß wir Dittmer zu Hause antrafen. Mit offenen Armen wurden wir aufgenommen. HJF bezog das Fremdenzimmer, weil er doch so ungern im Freien schlief, während ich mein Feldbett im Garten aufschlug. Der Hausherr ließ es sich nicht nehmen, binnen fünf Minuten eine elektrische Lampe in der Palme zu installieren, die mein Bett beschützte.

»Aber was sagen wir dem Kommissar? Er meint doch, wir wohnten bei Dr. X., so wie das auf unserem Permit steht.«

»Ich rufe ihn gleich an, dann ist die Sache erledigt.«

Damit war sie erledigt. Es war überhaupt alles so gut, daß es besser gar nicht mehr sein konnte. Am folgenden Tag durften wir Dittmer auf seiner Dienstreise nach Norden begleiten. Er mußte in entlegenen Dörfern das Vieh der Ovambos impfen und wollte bei dieser Gelegenheit auch einige Häuptlinge besuchen. Auf eigene Faust hätte ich von Land und Leuten bestimmt nicht halb soviel gesehen wie unter Führung des Viehinspektors. Er beherrschte die Sprache und konnte uns alles erklären. Er fuhr über Wege, die eigentlich keine waren, und brachte mich in Gegenden des Ovambolandes, die nur selten ein weißer Mann betritt. Da war zu sehen, wie die Menschen lebten, zu denen erst jetzt neue Zeiten vordringen. Alle Ovambos, auch jene in den entlegenen Dörfern, hatten inzwischen begriffen, wie lebenswichtig es für sie selber war, daß ihr Vieh systematisch gegen die gefürchtete Rinderpest geimpft wurde. Durch laufende Boten waren die Ovambos vorher verständigt worden und brachten ihre Herden zu dem vereinbarten Sammelplatz. Das Impfen und die Gesundheitskontrolle geschah durch Dittmers schwarze Gehilfen. Er selbst hatte nur aufzupassen, daß sie es richtig machten.

»Sie sollen sich allmählich daran gewöhnen, ohne uns auszukommen. Wir Weißen haben nur die Funktion von Ausbildern, dann werden wir noch für eine Weile Berater sein, uns aber schließlich ganz zurückziehen.«

»Sie glauben, das wird möglich sein?«

»Ja, bei den Ovambos glaub' ich das. Die sind intelligent und begreifen ziemlich schnell, was gut für sie ist. Aber wie lange es dauert, bis sie imstande sind, ganz auf eigenen Füßen zu stehen, kann noch niemand voraussagen. Ich persönlich mag sie gern, es sind ehrliche, fleißige und saubere Menschen. Nur fehlt's ihnen noch an der eigenen Initiative. Sie machen alles, was man sagt, aber sie machen's noch nicht aus eigenem Antrieb. Mit der Zeit wird sich das hoffentlich ändern, sie lernen ja ganz gern und werden schließlich auch begreifen, daß man vorausdenken muß...«

Wir besuchten einen Häuptling, der schon über ein regelrechtes Büro verfügte. Da klapperte die Schreibmaschine, da wurden Abgaben kassiert und Einwohnerlisten geführt. Es herrschte Ordnung und Sauberkeit in dem ordentlich möblierten Amtsraum. Akten auf den Tischen und in den Schränken, Stempel und Kugelschreiber, Radio und Kalender. Hier gab es keinen weißen Berater, der war nicht mehr nötig. Es gab erst recht keine Spuren von Apartheid. Wir wurden zu einer Tasse

Kaffee gebeten und saßen mit den Ovambos freundschaftlich zusammen. Von der Unterhaltung konnte ich nichts verstehen, aber es wurde gelacht, und die beste Stimmung schien zu herrschen. Beim Abschied dauerte das Händeschütteln mindestens zehn Minuten lang.

Das Volk der sieben Stämme macht einen friedlichen und freundlichen Eindruck. Sechs weiße Polizeibeamte genügen für das ganze Land mit seinen 260 000 farbigen Bewohnern. Alle sonstigen Hüter der Ordnung werden von den Ovambos gestellt. Die Weißen sind ihres Lebens und Eigentums vollkommen sicher. Niemand verschließt sein Haus oder seinen Wagen, niemand trägt eine Waffe bei sich. Als ich Dittmer fragte, ob er denn nie befürchte, bei seinen wochenlangen Dienstreisen durchs Ovamboland überfallen zu werden, verstand er mich nicht. Meinte aber dann, es sei in jeder Stadt bei uns daheim viel gefährlicher als hier.

Von landschaftlicher Schönheit im Ovamboland kann keine Rede sein, denn es fehlt jede Abwechslung. Die Savanne mit Dornbüschen, Baobabs, Hochpalmen und Mopanebäumen, mit den Feldern von Hirse, Mais und Bohnen bleibt sich immer gleich. Wer ständig dort wohnt, sieht vermutlich große Unterschiede, was die jeweils vorherrschende Vegetation betrifft, aber der Besucher für wenige Tage meint immer durch dieselbe Gegend zu rollen. Kein Hügel taucht auf, nicht einmal die geringste Erhebung. Im ganzen Ovamboland, von der Südgrenze bis hinauf zum Kunene, gibt es keinen einzigen Felsblock, auch nicht den kleinsten Stein. Es wird spaßeshalber erzählt, daß Ovambo-Arbeiter ihren Lieben daheim gewöhnliche Steine schicken, damit Frau und Kinder einmal sehen, was das für merkwürdige Dinger sind.

Alles jagdbare Wild ist schon längst aus dem Ovamboland verschwunden. Nur noch Vögel und Kleingetier konnten sich halten. Mit Pfeil und Bogen stellt man auch ihnen nach.

Wir besuchten den Kral eines Ratsmannes, also das Anwesen einer Familie, die für vornehm gelten durfte. Auch der Viehinspektor ging nicht ohne weiteres hinein, obwohl er die Leute schon lange kannte. Erst mußte einer von seinen schwarzen Gehilfen anfragen, ob man bereit sei, uns zu empfangen. Darauf erschienen zwei zehnjährige Buben, hießen uns im Auftrag der Eltern willkommen und übernahmen die Führung. Es wäre ohne sie gar nicht leicht gewesen, den echten Eingang zu finden. Um etwaige Feinde zu verwirren, hatte man nach alter Tradition die Palisaden so unübersichtlich angelegt, daß der

Fremde glaubt, sich in einem Labyrinth zu befinden. Die manns-hohen Zäune aus Holzknüppeln führen in tote Winkel, in geschlossene Höfe oder zu leeren Rundhütten. Man weiß nie, welcher Durchlaß der richtige ist. So konnten sich in alter Zeit die Bewohner vom Schrecken eines Überfalls erholen, bevor die Angreifer über ihnen waren. Allerdings sind nur größere Krale durch solch ein Labyrinth geschützt, andere begnügen sich mit einfachen Palisaden.

Innerhalb des Krals waren wiederum mehrere Bezirke mit kleinen Hütten eingezäunt. All die Hütten dienten ganz ver-schiedenen Zwecken, eine war der Ziegenstall, eine der Hühner-stall, in einer anderen wurden die Strohkörbe mit Hirse, Mais und Bohnen aufgehoben, eine vierte enthielt sonstige Vorräte. Außerdem gab es noch eine strohgedeckte größere Hütte für die Küche, eine für die halberwachsenen Kinder und schließlich die Wohnhütte der Eltern sowie der kleinsten Kinder. Muß man doch bedenken, daß die Regenzeit im Ovamboland ver-hältnismäßig lange dauert, also kann sich das tägliche Leben nicht ständig im Freien abspielen. Die Wände aus Ästen und geflochtenen Zweigen hatte man mit einem Gemisch aus Sand und Kuhmist abgedichtet. Das sorgfältig geschichtete Strohdach ragte weit über die Wände hinaus, damit sie der Regen nicht auflöste.

Mit Handschlag und freundlichem Lächeln wurden wir be-grüßt. Auf einer Strohmatte nahmen wir Platz. Während sich Dittmer in der Ovambosprache mit den Leuten unterhielt, konnte ich mir alles in Ruhe anschauen.

Die Familie besaß eine Nähmaschine mit Handbetrieb, eben noch hatte die Frau an einem Kinderkleid gearbeitet. In der Wohnhütte stand, blitzblank geputzt, ein Messingbett mit ge-blümter Decke. Auch zwei gutgepflegte Fahrräder lehnten am Zaun des sonst noch ursprünglichen Anwesens. Über den Pali-saden hing frische Wäsche zum Trocknen. Die Frauen und gro-ßen Mädchen trugen recht hübsche und vollkommen saubere Kleider in bunten Farben, dagegen sahen die Männer und Buben recht abgerissen aus. Sie hatten gerade ihr Vieh zusammenge-trieben, das sich Dittmer nachher ansehen wollte. Alle Men-schen im Kral, ungefähr zwanzig Personen, gehörten zu ein und derselben Familie. Der Ratsmann hatte sieben Kinder, aber hin-zu kamen noch seine Eltern, ein paar verheiratete Geschwister und die uralte Großmutter.

Ja, es ging ihnen gut, auch mit dem Vieh war alles in bester Ordnung. Drei Mitglieder der Familie arbeiteten zur Zeit im

Bergbau bei Tsumeb und zwei andere auf Farmen bei Otjiwarongo. Die hatten sich ihren Lohn gespart und sollten demnächst für ein halbes Jahr nach Hause kommen. Eine Tochter des Hausherrn war gerade als Lehrerin an die Volksschule in Ombulanta gegangen. Natürlich lebte man jetzt viel besser als früher, man hatte weder Hungersnot noch die Rinderpest zu fürchten. Bald sollte ein Wassergraben die Gegend erreichen.

Da kam die Hausfrau mit einer Emailleschüssel aus ihrer Kochstube zurück und forderte uns auf, hineinzulangen. Es handelte sich um ein Mischmasch aus braunen Bohnen und Mehlbrei. Löffel gab es dazu nicht, erst recht keinen Teller für jeden Gast.

»Sie müssen zugreifen«, sagte mir Dittmer, »sonst fühlen sich die Leute beleidigt.«

Also hinein mit den Fingern, wenn es so den guten Sitten entsprach. Das Zeug schmeckte nicht übel, war aber mit irgend etwas stark gewürzt. Die Hände der Esser berührten sich in der Schüssel, was mit vergnügtem Lachen quittiert wurde. Hinterher wischte man sich die Finger mit Sand wieder ab. Eine ebenso saubere wie einfache Methode.

»Wollen Sie mal sehen«, fragte mich Dittmer, »wie gut Ovambojungen mit ihren Pfeilen treffen?«

Sehr gern wollte ich das sehen.

Eine leere Blechbüchse wurde an den Zaun gehängt, danach schossen die Buben aus etwa dreißig Schritt Entfernung. Jeder von den kleinen Holzpfeilen knallte gegen das Ziel. Die Treffsicherheit der beiden Jungens war in der Tat verblüffend. Es konnte wirklich niemanden wundern, daß im Ovamboland kaum noch ein Perlhuhn vorhanden war.

Die ganze Familie begleitete uns noch bis zum Wagen. Das Winken zum Abschied fand erst ein Ende, als der Staub die freundlichen Leute völlig verhüllte.

Vor der UNO behaupten Demagogen, man müsse in Südwestafrika dringend Maßnahmen ergreifen, um die Ausrottung der Farbigen durch die Weißen zu verhindern. In Wirklichkeit hat sich die Zahl der Ovambos von 1928 bis 1966 nahezu verdoppelt, und seitdem wächst die Bevölkerung von Jahr zu Jahr immer rascher. Sie wird sich aller Voraussicht nach bis etwa 1980 abermals verdoppeln. In den alten Zeiten starb ungefähr jedes zweite Kind schon bald nach seiner Geburt. Auch sonst war die Lebenserwartung viel geringer, und periodische Hungersnöte rafften viele tausend Menschen dahin. Schon die deutsche Kolonialverwaltung sah sich gezwungen, den Ovambos mit Lieferungen von Mais und Hirse zu helfen, wenn ihre Felder verdorrt waren. Als 1915 wieder eine Hungersnot ausbrach, gingen 20 000 Ovambos zugrunde. Infolge des Krieges war die deutsche Verwaltung zusammengebrochen und die südafrikanische funktionierte noch nicht. So furchtbar solche Katastrophen waren, sie wirkten doch als Regulativ, um die Zahl der Bevölkerung konstant zu halten. Hinzu kamen Stammeskämpfe und das grausame Regiment so mancher Häuptlinge. Auch leichte Vergehen wurden damals mit dem Tode bestraft, oft unter gräßlichen Quälereien. Falsche oder wahre Geständnisse erpreßte man durch Folterung der Verdächtigen. In den Berichten von Charles Andersson und Francis Galton, die um 1850 als erste weiße Männer das Ovamboland besuchten, sind darüber Einzelheiten nachzulesen. Auch Dr. Heinrich Vedder schreibt davon. In einer Laune krankhafter Herrschsucht ließ der Häuptling Nangoro sämtliche Holzpflüge und Grabstöcke verbrennen. Mit den bloßen Händen mußten seine Untertanen die Felder bestellen. Bei anderer Gelegenheit befahl dieser Menschenschinder, eine Anzahl Bäume mit den Zähnen durchzunagen, dann wieder sollten sie mit den Fingernägeln gefällt werden. Die Hereros überfielen mehrmals das Land, raubten die Rinder und führten viele tausend Ovambos in die Sklaverei. Kein Wunder, daß sich die Bevölkerung nicht vermehren konnte.

Wir fuhren zu den Ruacana-Fällen, doch es war nicht die rechte Saison, um Wassermassen zu bestaunen, die über Felswände rauschten. Der mächtige Kunene hatte sich für die Monate der Trockenzeit in einen flachen Fluß verwandelt, der nur bescheiden rieselte. Immerhin, die Schlucht, der Fels und die wildromantische Landschaft waren eine Abwechslung nach tagelanger Fahrt durch die immer gleiche, völlig ebene Savanne.

Wir besuchten die anglikanische Mission von Holy Cross mit Schule, Kirche und modernem Hospital. Eine große, offenbar gutgeführte Anlage, die schon zur deutschen Zeit bestand. Doch soll es zwischen ihren Leitern und der südafrikanischen Regierung gewisse Differenzen geben. Eine völlig fremde Mission, die von einer ausländischen Organisation geführt wird, paßt vielleicht nicht mehr so ganz in den Rahmen der neuen Entwicklung. Ich kann jedoch nicht beurteilen, um was es dabei geht.

Noch älter und weiter verbreitet ist die Finnische Mission, bald kann sie auf hundert Jahre geduldigen Wirkens zurückblicken. Die finnischen Verkünder des Gottesworts wurden damals von der Rheinischen Missionsgesellschaft ins Land gerufen, die selber nicht genügend Mittel und Missionare besaß, um sich auch noch der Heidenkinder im damals kaum bekannten Ovamboland anzunehmen. Dreizehn Jahre hat es gedauert, bis die ersten Ovambos bereit waren, sich taufen zu lassen. Heute gelten vier Fünftel des Volkes als mehr oder minder gute Christen. 150 000 Ovambos gehören zur Evangelischen Ovambo-Kirche, die ihre eigene Organisation besitzt und von dem Bischof Leonard Huala geführt wird, dem ersten und bisher einzigen Bischof dunkler Hautfarbe in Südwestafrika. 60 farbige Pastoren und 125 Evangelisten betreuen die Gemeinde. Ungefähr 20 000 Ovambos sind katholische Christen, etwa 5 000 sind Anglikaner. Der Rest verharrt noch im Heidentum.

Dann sind wir an der Grenze. Ein gewöhnlicher Drahtzaun, etwa zwei Meter hoch und vierhundert Kilometer lang, trennt Südwestafrika von Portugiesisch-Angola. Er führt in schnurgerader Ost-West-Richtung vom Kunene zum Okavango, wo die Mitte des Flusses als Grenze gilt. Da es in den weiten Lücken zwischen beiden Strömen keine natürlichen Anhaltspunkte gibt, mit deren Hilfe man den Grenzverlauf hätte bestimmen können, vereinbarten seinerzeit Portugal und Deutschland, diese Linie quer durch eine Landschaft zu ziehen, die von den Bevollmächtigten keiner mit eigenen Augen gesehen hatte. So wurden durch eine Entscheidung am grünen Tisch einige Stämme der Ovambos willkürlich getrennt. Es wohnen drüben dieselben Leute wie hüben, natürlich sieht es auf der einen Seite genauso aus wie auf der anderen. Nur sind die Lebensverhältnisse der südafrikanischen Ovambos sehr viel besser als bei ihren Brüdern in Angola. Das wird nicht nur behauptet, wir konnten davon ein Beispiel selber sehen. Jenseits des Zaunes standen an mehreren Stellen große Rinderherden, die von hilfsbereiten Ovambos von dieser Seite des Zaunes mit Wasser versorgt wurden. Sie schöpften es mit Seilwinden aus ihren Brunnen und füllten durch den Zaun die Tröge des durstigen Viehs. Das mußte wohl täglich geschehen, denn die ausgehöhlten Baumstämme zeigten Spuren langen Gebrauchs.

Auf südafrikanischer Seite folgt eine Pad dem Zaun in ganzer Länge. Sie dient in erster Linie zur Überwachung der Grenze, aber weit und breit ist niemand zu sehen, auch kein Fahrzeug oder sonst etwas, das eine effektive Kontrolle erkennen läßt. Der Zaun markiert nur die Grenze, ein ganzer Volksstamm könnte ohne weiteres hindurchschlüpfen. Dennoch besteht ein besonderes System der Überwachung. Man sieht es nicht, bemerkt nichts davon und redet nicht darüber. Aber wer illegal die Grenze überschreitet, hat nur wenig Aussicht, unbehelligt zu bleiben.

Der normale Verkehr von Südafrika nach Angola führt durch den Grenzposten Oshikango. Wer das Ovamboland nur auf kürzestem Weg durchfahren will, also ohne Aufenthalt und am gleichen Tage, erhält dafür die Erlaubnis ohne Schwierigkeiten. Wie schon gesagt, wird binnen kurzem die gesamte Strecke geteert sein und hohe Durchschnittsgeschwindigkeiten erlauben.

An einem weißgestrichenen Flaggenmast wehte drüben die portugiesische Fahne. Die Gebäude daneben, sechs oder sieben Holzbaracken, waren vollkommen neu. Den alten Grenzposten hatten farbige Terroristen im vergangenen Jahr niedergebrannt. Was damals geschah, war ein typisches Beispiel für derartige, von landfremden Organisationen gesteuerte Unternehmen. Mitten in der Nacht wurden die portugiesischen Grenzbeamten von etwa dreißig bewaffneten Leuten überfallen. Im Schnellfeuer der Maschinenpistolen zersplitterten die Fenster, Handgranaten flogen in die Amtsräume. Alles ging so schnell, daß die Portugiesen ihre Verteidigung gar nicht mehr organisieren konnten. Doch im Schutz der Dunkelheit gelang es ihnen, nach draußen zu entkommen. Während sie irgendwo versteckt lagen, wurden die Gebäude ausgeplündert und angezündet. Dann versuchten die Terroristen das gleiche beim südafrikanischen Grenzposten. Dort gab es nur zwei weiße Beamte, aber die waren schon alarmiert und konnten sich der Mordbrenner erwehren. Durch Sprechfunk herbeigerufen, erschien noch vor Tagesanbruch Verstärkung aus Ondangua, und der Spuk war vorüber. Es sollen drei oder vier der Angreifer gefallen sein. Sechzehn wurden verhaftet, während die übrigen verschwanden. Bei anderer Gelegenheit ist es gelungen, sechsunddreißig Terroristen festzunehmen, bevor sie Gelegenheit fanden, irgendwelchen Schaden anzurichten.

Dem Vernehmen nach werden die Terroristen in Sambia ausgebildet, wo dafür besondere Lager im Dschungel versteckt sind. Man sagt, die gesamte Organisation befinde sich in kommunistischen Händen, rotchinesische Agenten sollen in der Hauptsache die Ausbilder sein. Die Waffen, und zwar modernste Handfeuerwaffen sowie Sprengkörper, Sabotagematerial und Medikamente stammen nach südafrikanischen Zeitungsberichten aus China und der Sowjetunion. Die Terroristen bewegen sich nur bei Nacht, bei Tage bleiben sie verborgen. Sie durchqueren auf dem weiten Weg von ihrem Standquartier zu den vorbestimmten Zielen nur sehr dünn oder gar nicht besiedelte Gebiete. Sie leben unterwegs von der sogenannten Feldkost, gelegentlich auch von gestohlenen Ziegen. Mit Kompaß und Kartenmaterial bestmöglich ausgerüstet, folgen sie ihren zuvor erkundeten Schleichwegen. Ihre Auftraggeber wünschen, in den von Weißen beherrschten Ländern Unruhe zu stiften sowie ein Gefühl allgemeiner Unsicherheit zu erzeugen. Durch Drohung und Terror sollen die Farbigen zu passivem oder, besser noch, zu aktivem Widerstand gegen die weiße Obrigkeit veranlaßt werden. Man will auch den Einfluß der Häuptlinge brechen, man will überhaupt die bestehende Ordnung auflösen, um sie durch *fortschrittliche Kräfte* zu ersetzen. Dies alles mit der Parole: »Freiheit und Selbstbestimmung für die unterdrückten Kolonialvölker«. Man will »*die Weißen ins Meer treiben, woher sie gekommen sind*«.

Man lockt auch einzelne Ovambos über die Grenze, denen gesagt wird, sie dürften im Ausland studieren, um später die führenden Männer ihres Volkes zu werden. Man versucht, die farbige Bevölkerung einzuschüchtern, indem man droht, jeder würde eines Tages aufs strengste bestraft, der nicht die Terroristen unterstützt hat. Die unsinnigsten Gerüchte über Greuel der Weißen werden verbreitet, man bemüht sich mit allen Mitteln subversiver Propaganda, schlichte Gemüter zu verwirren. Doch im Ovamboland, wo die allgemeine Verbesserung des Lebensstandards so sichtbar ist, bleibt das ohne Erfolg.

Wo Aktionen großen Stils gelangen, wie vor einigen Jahren im Norden Angolas, sind die farbigen Opfer sehr viel zahlreicher als die weißen. Damals wurden etwa zwanzigtausend Eingeborene auf bestialische Weise umgebracht, während »nur« knapp zweihundert weiße Farmer, Kaufleute, Missionare und Handwerker ihr Leben verloren *. Soweit kann es im Ovamboland wohl niemals kommen, dafür sorgen schon die Ovambos selber. Sie melden Terroristen, sobald sie auftauchen. Meist sind die schon festgenommen, wenn die Polizei erscheint. Es ist anzunehmen, daß die Verwaltung über eine ausreichende Zahl von Vertrauensleuten unter der farbigen Bevölkerung verfügt, um beizeiten gewarnt zu werden. Im übrigen haben auch die Portugiesen ihr Kontrollsystem verbessert, und vermutlich werden entsprechende Informationen ausgetauscht. So wurde mir

---

* Portugiesische Ärzte und Offiziere haben die Toten fotografiert. Einige dieser Aufnahmen habe ich gesehen. Man kann sie auf keinen Fall veröffentlichen, so grauenhaft sind die Verstümmelungen. Am lebendigen Menschen wurden sie vorgenommen. Man hat unter anderem schwangeren Frauen den Leib geöffnet und den Embryo herausgerissen.

seinerzeit erzählt, es befänden sich nach zuverlässigen Meldungen ungefähr 600 Terroristen im Anmarsch auf Rhodesien. Bald darauf meldeten unsere Zeitungen, daß ein größerer Vorstoß in dieses Nachbarland Südafrikas erfolgt war. Doch schon gleich hinter der Grenze wurden die Angreifer gestellt. Ein Teil fiel beim Feuerwechsel, ein Teil geriet in Gefangenschaft, der Rest konnte flüchten.

Was das Ovamboland betrifft, ist meines Erachtens nicht zu begreifen, daß man es für fremde Besucher gesperrt hat, statt es aller Welt zu zeigen. Was dort während der letzten Jahre für die farbige Bevölkerung getan wurde, ist allgemein so sichtbar, daß auch Vorurteile nicht verhindern können, es zu sehen.

Um alle Verkehrsmittel des Landes kennenzulernen, bestieg ich auf der Rückreise vom Ovamboland die Eisenbahn, und zwar an ihrem nördlichen Endpunkt in Tsumeb. Schon zur Kolonialzeit wurde die Linie gebaut, aber inzwischen auf Normalspur umgestellt. Der Bahnhof liegt außerhalb der Stadt, mit einer uralten deutschen Lokomotive ist der Vorplatz dekoriert. Für die Fahrt nach Windhuk waren 22 Stunden vorgesehen, dagegen erreicht ein schneller Wagen auf der Straße die Hauptstadt schon nach 7 bis 8 Stunden. Allerdings macht die Bahn einen weiten Umweg über Omaruru, Usakos und Karibib.

»Warum wollen Sie nur so viel Zeit verlieren?« staunte Hans-Joachim-Friedrich. »In all meinen vierzig Jahren in Südwest bin ich noch nie mit der Bahn gefahren.«

»Dann können Sie mir auch nicht abraten, außerdem möcht' ich mal richtig ausruhen.«

Ich war nun schon mehr als 10 000 Kilometer in verschiedenen Wagen kreuz und quer durchs Land gefahren. Vorläufig hatte ich genug von der Raserei über die guten wie die schlechten Pads. Der Gedanke, 22 Stunden im gleichen Raum zu bleiben und dabei nichts zu tun, war bestimmend für meinen Entschluß.

Um 8 Uhr 30 sollte der Zug abfahren, um 9 Uhr 15 setzte er sich langsam in Bewegung. Er bestand aus sieben Personenwagen und ebenso vielen Güterwagen. Mein Wagen war der einzige, der bis Windhuk durchfuhr, und auch der einzige für weiße Passagiere. An ihnen konnte die Bahnverwaltung nichts verdienen, denn nur drei Personen reisten in der zweiten Klasse, in der ersten war ich ganz allein. Die Mehrkosten hätte ich mir sparen können, denn zwischen der ersten und zweiten Klasse, von der Nummer abgesehen, war kein Unterschied zu erkennen. Lediglich bei vollbesetzten Zügen hätte man in der ersten Klasse den Vorteil, daß sie bei Nacht nur mit zwei Passagieren belegt wird, während sich vier Leute ins Abteil der zweiten Klasse drängen. Es handelt sich ja um Schlafwagen, mit zwei oder mit vier Betten, die abends entsprechend hergerichtet werden. Aus übertriebener Vorsicht hatte ich mir ein Abteil reservieren lassen, was sich als absolut unnötig erwies.

Alle übrigen Personenwagen des Zuges waren mit Farbigen besetzt, meist mit Ovambos, die sich zur Arbeit in den Süden begaben. Zwar reisten sie getrennt von den weißen Passagieren, aber ihre Abteile der zweiten Klasse waren genauso ausgestattet wie unser Wagen. Eine dritte Klasse wurde von diesem Zug nicht mitgeführt. Er hatte auch keinen Speisewagen, denn die Aufenthalte in Otavi, Otjiwarongo und Usakos waren so reichlich bemessen, daß man in aller Ruhe das nächstgelegene Restaurant aufsuchen konnte.

Wie alle Wagen besaß auch mein Wagen vorne wie hinten eine Art von Balkon. In früheren Zeiten gab es das auch bei unseren Bummelzügen. Als in Südwest noch fast jeder Reisende die Bahn benützte, war es üblich gewesen, einen Klapptisch mit Klappstühlen auf die Plattform zu stellen, und man saß dort recht gemütlich mit seinen Freunden zusammen. Im kühlenden Fahrwind und bei kühlen Getränken war das während der heißen Jahreszeit gewiß eine recht angenehme Art, durch Südwest zu fahren. Doch es gab jetzt nichts mehr dergleichen, und ich hatte niemanden zur Gesellschaft. Es ließ sich auch kein Schaffner blicken, meine Fahrkarte wurde während der ganzen Reise nicht einmal kontrolliert.

Gelegentlich entwickelte der Zug eine Geschwindigkeit von ungefähr 40 Kilometer pro Stunde, mehr kann es kaum gewesen sein. So glitt die Landschaft nur langsam vorbei. Steppe und Dornbüsche, Sand, Kies und Geröll. Flaches Land neben den Gleisen, graubraune Berge im Hintergrund. Wir hielten an kleinen Stationen, zu denen keine Ortschaft gehörte, die sichtbar war. Niemand stieg aus oder ein, aber der Aufenthalt war im Fahrplan vorgesehen. Irgendeine Farm mußte in der Nähe sein. Viele dieser Stationen trugen deutsche Namen ... Jedesmal, wenn sich der Zug einer menschlichen Ansiedlung näherte, brüllte die Lokomotive wie ein wildgewordener Stier. Das geschah nicht nur bei Tage, es geschah auch während der Nacht. Ich könnte mir denken, daß nicht jeder daran seine Freude hat.

In Otavi hielten wir zwei Stunden lang, erst 50 Kilometer nach unserer Abfahrt von Tsumeb. Als Begründung wurde angegeben, daß man einen Gegenzug abwarten müsse, denn natürlich ist die Strecke nur eingleisig. Dieser andere Zug war voll besetzt mit heimkehrenden Ovambos. Alle hatten sich von Kopf bis Fuß neu eingekleidet, und ihre Abteile waren vollgestopft mit umfangreichem Gepäck. Transistor-Radios machten Musik so laut wie nur möglich, es herrschte die heiterste Laune, und jeder schien froh zu sein, daß er für einige Zeit wieder nach Hause kam. Die Leute winkten und lachten zu mir hinüber.

Unter erneutem Gebrüll der Lokomotive begann unser Zug mit der Weiterfahrt. Bei Anbruch der Dunkelheit erschien ein freundlicher schwarzer Mann in meinem Abteil, um mir das Bett zu richten. Er schien nicht gewohnt, dafür ein Trinkgeld zu erhalten. Aus Dankbarkeit zeigte er mir noch, was ich zu tun hatte, um es mir noch gemütlicher zu machen. Es gab da einen Eßtisch, den man von der Wand herunterklappen konnte, wenn man nur wußte, welche Hebel und Scharniere dazu dienten. Für den Waschtisch mit kalten und heißen Hähnen war allerdings kein Wasser vorhanden. Lauwarmes Trinkwasser konnte man mit Hilfe seines Zahnputzglases einem kleinen Tank entnehmen, der am Ende des Ganges aufgehängt war.

Draußen gab es nun nichts mehr zu sehen, und ich legte mich schlafen. Hin und wieder vom Gebrüll der Lokomotive aufgeschreckt und vom Rangieren meines Wagens geschüttelt, verbrachte ich die Nacht ohne besondere Ereignisse. Niemand störte die Passagiere, als wir endlich in Windhuk einliefen. Wer noch ein Stündchen oder auch zwei schlafen wollte, durfte in aller Ruhe liegenbleiben. Zum Zwecke der Erholung kann ich, mit gewissen Einschränkungen, eine südwestafrikanische Bahnfahrt durchaus empfehlen.

Die Küste der Skelette

Die »Orion«, ein Ostindienfahrer mit vier Masten und vierundzwanzig Kanonen, befand sich auf dem Rückweg von Batavia nach Rotterdam. An Bord waren achtzig Mann Besatzung und hundertzwanzig Passagiere. Die Ladung bestand aus Tee, Tabak, Spezereien, siamesischem Reis, chinesischem Porzellan und japanischer Seide. Alles in allem ein Wert von drei Millionen Gulden, falls man noch den Beutel mit Edelsteinen hinzurechnete, den Kapitän Piet van Clees in seiner Kabine verwahrt hielt. Vor zwölf Tagen hatte die »Orion« das Kap der Guten Hoffnung umsegelt. Nach kurzem Aufenthalt in Kapstadt zur

Aufnahme von Trinkwasser, Gemüse und Frischfleisch lief nun das Handelsschiff der Holländisch-Ostindischen Kompanie vor dem Wind auf Nordkurs. Steuerbords lag, nur als heller, dünner Strich zu erkennen, die Küste Südafrikas. Es konnte sich nach den Berechnungen des Kapitäns nur um die Gegend von Kap Frio handeln.

Die »Orion« hatte gute Fahrt gemacht, an Bord stand alles zum besten. Nichts, aber auch gar nichts ließ eine Katastrophe befürchten. Doch bei Anbruch der Nacht kam dichter Nebel auf, und der bisher so günstige Wind schlug um. Weil es der Kapitän bei Nacht und Nebel, zumal in Küstennähe, nicht für ratsam hielt, zu kreuzen, ließ er die Segel reffen und das Ruder nach Westen richten. Er meinte, nun müsse die »Orion« nach Südwesten treiben und habe dabei keine Untiefe zu befürchten. Aber es gab eine Strömung unter Wasser, die er nicht kannte. Sie bewegte sein Schiff, ohne daß man an Bord davon etwas ahnte, in der entgegengesetzten Richtung. Plötzlich zeigte das Lot, alle paar Minuten ausgeworfen, nur noch ganz geringe Tiefe. Es gelang nicht mehr, die Segel zu setzen. Schon knirschte der Kiel über Sand, ein heftiger Stoß erschütterte das Schiff, und inmitten donnernder Brandung lag die »Orion« fest.

An Bord war niemand zu Schaden gekommen. Doch als der Morgen graute und die Flut zurücklief, mußte Piet van Clees erkennen, daß keine Hoffnung bestand, jemals wieder von dieser Küste loszukommen. Das Heck der »Orion« lag hoch auf dem Strand, ihr Kiel war gebrochen. Die Küste schien unbewohnt, es wußte niemand, was dahinter lag. So weit man sehen konnte, gab es keinen Strauch oder Grashalm, also auch keine Hoffnung auf trinkbares Wasser. Die Rauchsignale der Schiffbrüchigen wurden nicht erwidert, so lange man sie auch lodern ließ. Todmüde und halb verdurstet kehrte der Suchtrupp aus dem Lande zurück. Keinen Menschen hatte man gesehen und auch nicht die Spur eines Menschen entdeckt. Es gab nur Sand und Steine, weiter drinnen im Land auch Dornengestrüpp und vertrocknete Grasbüschel. Eine leblose, trostlose, wasserlose Gegend.

Noch besaß man Vorräte an Bord, Trinkwasser und Lebensmittel für sechs bis sieben Wochen. Alles wurde an Land geschafft, und zwischen den Dünen entstanden ein paar Hütten aus Decksplanken. Der Kapitän schickte eine Expedition nach der anderen aus, um vielleicht doch Eingeborene zu finden, mit deren Hilfe es möglich war, eine Nachricht zu den weißen Kolonisten im Kapland zu senden. Doch alle kehrten ohne Ergebnis

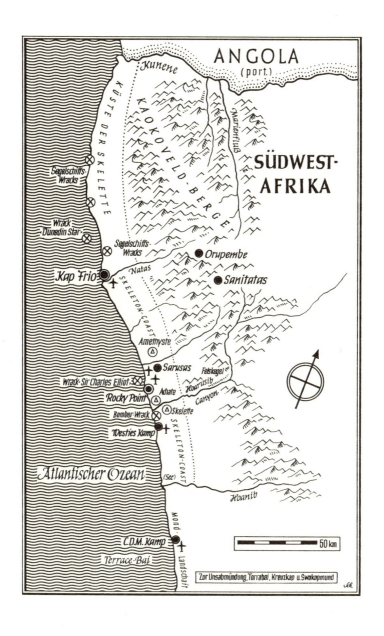

zurück. Stürme zerschlugen das gestrandete Schiff. An Land
löste sich allmählich die Ordnung auf. Man stritt sich um jeden
Becher Wasser und stahl sich gegenseitig die Rationen. Die
Schiffbrüchigen teilten sich in feindliche Gruppen, von denen
jede versuchte, auf eigene Faust zu überleben. In verschiedener
Richtung zogen sie davon, alle in der verzweifelten Hoffnung,
daß sie ein Wunder Gottes zu Menschen oder wenigstens zu
Wasser führte. Keinem ist es gelungen, alle sind verhungert
und verdurstet. Vermutlich hat auch mancher, der nichts mehr
zu trinken hatte, seinen Kameraden totgeschlagen, der noch ein
paar Tropfen bei sich hatte.

Was mit der »Orion« geschah, ist mit vielen hundert Schiffen
geschehen. Die Skeleton-Coast hat an Menschenleben mehr
Opfer gekostet, als jede andere Küste der Welt. Hier scheiterten
nicht nur unzählige Schiffe, vom Beginn der Seefahrt nach Ost-
indien bis zu unserer Zeit, es gingen auch alle Besatzungen und
Passagiere zugrunde. Im Verlauf von vierhundert Jahren gelang
es nicht einem Schiffbrüchigen, den Schiffbruch zu überleben.
Erst 1942, als der britische Frachter »Dunedin Star« an der Knochenküste strandete, konnte man mit Hilfe von Flugzeugen und
Geländewagen einen Teil der Besatzung retten. Doch kam es
auch dabei zu den schwierigsten Situationen, zwei Mann der
Rettungsexpedition verloren ihr Leben.

Sechzig bis siebzig Meilen weit ist noch heute der Strand von
den zerschlagenen Resten der Segelschiffe bedeckt. Im Sand und
zwischen dem Geröll liegen gebleichte Knochen und Menschen-
schädel, daher der Name: Skeleton-Coast. Ihre Länge beträgt,
vom Kreuzkap aus berechnet, 550 Kilometer und als Sperrgebiet
mit besonders strengen Bestimmungen reicht die Knochenküste
33 Kilometer weit ins Land hinein. In diesem Territorium von
ungefähr 18 000 Quadratkilometern, ungefähr der Größe Würt-
tembergs entsprechend, leben zur Zeit fünf Weiße und etwa
fünfzig Farbige. Auch sie keine ständigen Bewohner, sondern
nur Angestellte der Consolidated Diamond Mines und der Sarusas Development Corporation, die alle Schürfrechte in dem
weiten Gebiet besitzen, aber nur durch Stichproben ausüben.

Hinter der Skeleton-Coast liegt das schon mehrfach erwähnte
Kaokoveld, das im Osten ans Ovamboland grenzt. Ebenfalls ein
gesperrtes Gebiet, über das viele Gerüchte und geheimnisvolle
Geschichten im Umlauf sind. Gleich wie die Knochenküste soll
auch das Kaokoveld unermeßliche Bodenschätze der verschiedensten Art enthalten. Sie gelten als Reserve für spätere Zeiten.
Es wird nichts davon genutzt und nur wenig darüber gespro-

chen. Schon zur deutschen Zeit wußte man, daß die einsamste Gegend von Südwest vermutlich die wertvollste war, und verhinderte das Eindringen von Unbefugten. Gut ausgerüstete geologische Expeditionen untersuchten das Land, aber ihre Ergebnisse blieben geheim. Und man sagt, daß sie auch nach dem Ersten Weltkrieg nicht an die neuen Herren von Südwest ausgeliefert wurden. Angeblich befinden sich noch heute wichtige Unterlagen, die Bodenschätze des Kaokoveldes betreffend, in der Hand deutscher Wirtschaftsgruppen, die damit hoffen, sich zu gegebener Zeit in die Erschließung des sagenumwobenen Landes einschalten zu können. Doch möchte ich annehmen, daß vor so langer Zeit gewonnene Erkenntnisse durch modernere Methoden der Bodenforschung längst überholt sind.

Wie dem auch sei, das Kaokoveld und die Skeleton-Coast, zusammen ein Territorium größer als Bayern und Baden, wurden schon von den Deutschen zum Sperrgebiet erklärt. Dabei ist es geblieben und wird für unbestimmte Zeit noch so bleiben. Die hermetische Abschließung hatte zur Folge, daß hier ein Stück des alten Afrika erhalten blieb, so unberührt wie kein anderes im Schwarzen Erdteil. Drei oder vier Polizeistationen, ein Hospital in Sesfontein und wenige Pads oder Fahrspuren, das sind die einzigen Zeichen der Zivilisation. Ungefähr 10 000 Ovahimbas bewohnen mit ihren Rinderherden das riesige Land. Fast alle leben noch wie in der Steinzeit, viele von ihnen haben noch nie einen Weißen gesehen. Es heißt, die ursprüngliche Bevölkerung wurde vor zweihundert oder zweihundertfünfzig Jahren von den eindringenden Hereros völlig ausgerottet. Als die Masse der Eroberer weiterzog, blieben einige Sippen oder Stämme im Kaokoveld zurück. Deren Nachkommen sind die Ovahimbas, gewissermaßen Hereros im Urzustand. Ein zivilisierter Herero aus dem Süden kann ihre Sprache noch einigermaßen verstehen.

Die Ovahimbas wandern nicht bis zur Skeleton-Coast, denn sie fürchten das Meer wegen seiner lärmenden Brandung und des ungenießbaren Wassers. Davon abgesehen finden sie an der Küste auch keine Weide für ihr Vieh. Aber die verschwundenen Ureinwohner müssen zeitweise dort gelebt haben, denn hin und wieder begegnet man Resten ihrer kreisrunden Steinhütten. Vermutlich waren sie auch Fischer und Robbenschläger. Ob sie jemals Schiffbrüchige bei sich aufnahmen, ist unbekannt. Da im alten, wilden Afrika jeder Fremde meist für ein Feind gehalten wurde, hat man wohl auch weiße Männer gleich erschlagen, wenn sie irgendwo auftauchten.

Die gesamte Skeleton-Coast wurde von der Regierung an zwei Gesellschaften verpachtet, an die Consolidated Diamond Mines (CDM) und die Sarusas Development Corporation (SDC). Das heißt, sie dürfen dort die Bodenschätze heben, wenn sie eines Tages meinen, hierfür sei die Zeit gekommen. Davon unberührt bleibt der vollkommene Schutz des Wildes, auch das Weiderecht der Ovahimbas wird davon nicht berührt, sofern sie überhaupt die unsichtbare Grenzlinie zwischen dem Kaokoveld und der Knochenküste überschreiten. Die ursprüngliche Art beider Gebiete soll auch dann weitmöglichst erhalten bleiben, wenn später die Hebung der Bodenschätze beginnt.

Nur einem Zufall hatte ich es zu verdanken, daß mir die Erlaubnis zum Besuch der Skeleton-Coast erteilt wurde. Auf einer Farm nördlich von Grootfontein begegnete ich dem jungen Rechtsanwalt Dr. Wohlers, und dieser wiederum war befreundet mit Dr. Louw Schoemann in Pretoria, einem Teilhaber der SDC. Beide hatten, zusammen mit ihren Frauen, einen Flug nach Kap Frio geplant, und ich wurde eingeladen, dabei mitzumachen. So waren schon zwei Voraussetzungen erfüllt, ohne die ein Antrag zum Besuch der Knochenküste gar nicht beachtet wird. Ich konnte nachweisen, daß ich dort unter Aufsicht war und daß mir ein Verkehrsmittel zur Verfügung stand. Vor allem hatte die maßgebliche SDC nichts gegen meine Reise in ihr Pachtgebiet einzuwenden. Dennoch wäre das Permit zu spät gekommen, hätte nicht Louw Schoemann in Pretoria persönlich für rasche Erledigung gesorgt. Sein Onkel war lange Zeit Außenminister gewesen, und so verfügte der mir vorläufig noch unbekannte Freund gewiß über einen direkten Draht zum Schreibtisch, an dem die Entscheidung fiel. Außerdem hatte noch Herr von Bach, Mitglied der Landesregierung von Südwest, für mein allgemeines Wohlverhalten gebürgt. Als das Permit eintraf, drei Tage vor unserem Abflug, galt es auch für den Besuch des Kaokoveldes. Mir wurde versichert, ich sei der erste Bundesdeutsche, dem ein Besuch an der Knochenküste erlaubt wurde. Ich weiß es zu würdigen!

Wir waren sieben Personen und flogen in zwei Maschinen. Louw Schoemann war selber der Pilot seiner viersitzigen Cessna. Er hatte neben sich Ernst Karlowa, den Leiter des Camps in Kap Frio, während hinter ihm Frau Wohlers und Frau Schoemann einstiegen. Das Steuer der anderen Maschine, einer viersitzigen Piper-Supercub, hielt ein Berufspilot namens Aldridge in Händen. Dr. Wohlers und ich saßen hinter ihm. Der vierte Platz blieb frei. Um 8 Uhr 30 sollten wir in Windhuk starten, aber aus dem Norden war Nebel gemeldet, und zwar besonders dicht bei Terrace Bay, wo wir landen mußten, um aufzutanken. Erst gegen 11 Uhr durften sich unsere Maschinen in die Luft erheben. Wir stiegen schnell auf 3 000 Meter, um dann auf dieser Höhe zu bleiben.

Windhuk lag wie eine Spinne im Netz zahlreicher Verkehrswege, die von dort nach allen Richtungen ausstrahlten. Die kleinen und großen Staudämme der Farmen blitzten wie Spiegelscherben im Sonnenschein. Auf seinem Schienenstrang kroch ein Zug durch die Gegend. Winzige Autos klebten auf den Wegen, und so klein wie Ameisen standen Rinder auf goldgelbem Weideland. Die Windräder an den Wasserstellen sahen aus wie zierliche Gebilde aus Filigran. Immer weiter und breiter wurden die Abstände zwischen den Pads, nur hier und dort lag noch eine Farm an den sandigen Rivieren. Die Piloten flogen auf Sicht und hielten Fühlung miteinander. Wir konnten während des ganzen Fluges immer die andere Maschine sehen. Durch Sprechfunk wurden Bemerkungen ausgetauscht und alle paar Minuten Grüße übermittelt. Es herrschte die heiterste Stimmung an Bord beider Maschinen.

Wir flogen über Karibib und Omaruru. Mir zuliebe wurde ein Umweg gemacht, damit ich einen Blick auf die Farm Etemba werfen konnte, wo aber niemand Notiz von uns nahm. Als wir über die Brandberge glitten, konnte ich das Leopardental deutlich erkennen. An dem Campingplatz, wo wir damals unser Lager aufgeschlagen hatten, stand ein anderer Wagen. Sicher waren jetzt ein paar Touristen unterwegs zur Weißen Dame.

Im Nordosten wurde es diesig, vermutlich die Folge eines Sandsturmes. Also bogen wir nach Westen ab, und so führte nun unser Luftweg über den erloschenen Krater des Doros-Vulkans. Ob er wirklich so heißt oder sich anders schreibt, weiß ich nicht mehr. Auf keiner Karte konnte ich ihn finden. Nur wenige Menschen haben jemals den ausgebrannten Vulkan erstiegen, weil seine Außenwände fast senkrecht abfallen. Der Krater hat einen Durchmesser von ungefähr drei Kilometern, und ich sah, daß Wildpfade darin kreuz und quer laufen. Von weißen Jägern haben diese Rudel wohl nichts zu befürchten.

Durch Sprechfunk ließ mich Schoemann wissen, daß wir nun über dem Huab-Fluß waren, also das Kaokoveld schon erreicht hatten. Das Rivier zeigte hin und wieder ein Fleckchen offenes Wasser. Früher lebten dort Menschen, heute keine mehr. Die grenzenlose Einsamkeit hatte begonnen, nirgendwo eine Pad oder Fahrspur, nirgendwo ein Windrad oder eine Rauchwolke.

Dennoch war die Landschaft nicht völlig trostlos. In Schluchten und Klüften gedieh graugrüne Vegetation. Wildwechsel führten von einem Bachbett zum anderen.

»Hier soll's auch Rinoster geben«, sagte mir Dr. Wohlers, »Louw hat das letzte Mal ein paar gesehen.«

»Renoster ... was ist das?«

»Ach, entschuldigen Sie, das war Afrikaans, ich meine Rhinozerosse oder Nashörner auf gut deutsch.«

Schon waren wir über dem Unjab-River und sahen zur Linken das offene Meer. Die Küste war völlig flach, die Brandung wirkte aus unserer Höhe nur wie ein schmales Band gekräuselter Spitzen. Hellgelbe Sandwellen verlängerten die graublauen Wellen des Südatlantiks zehn bis zwanzig Meilen ins Land hinein, so als habe das Wasser nur die Farbe gewechselt.

»Sehen sie diese roten Flecke in den Dünentälern?« fragte Wohlers an meiner Seite.

»Ja, was ist das?«

»In Südwest nennen wir's Granatsand, es sind Millionen und Milliarden winziger Rubine. Viel kann man zwar wegen ihrer Kleinheit nicht mit ihnen anfangen, aber Edelsteinchen sind's eben doch.«

Graue Schatten im Sand ließen auf starken Eisengehalt schließen. Damit könnte man schon sehr viel mehr anfangen, wenn die Zeit dafür kommt.

Wir flogen über den Koichab-River, über den Unjub und den Hoanib. (Da ich auch sie auf keiner von meinen Karten finde, wiederhole ich die Namen nur nach Gehör.) Stets blieben wir dabei über der Küste und sahen drunten nichts als Wasser und Wüste. Aber östlich von den breiten Sandstreifen begann die Steppe, und dahinter folgte eine Bergkette der anderen.

»Gleich sind wir über Terrace Bay und gehen 'runter«, sagte der Pilot.

Doch war die Landung nicht so einfach, denn plötzlich segelte eine Nebelwand auf uns zu. Die andere Maschine verschwand darin. Erregte Unterhaltung über Sprechfunk, wobei sich eine fremde Stimme aus Terrace Bay einschaltete. Bis auf hundert Meter gingen wir hinunter. Da tauchte aus dem Dunst der Küstenstreifen wieder auf. Dem folgten wir ganz dicht über der schäumenden Brandung. Nach etwa zehn Minuten wieder hinauf in den Nebel, die Maschine legte sich so schräg, daß der linke Flügel fast senkrecht nach unten wies. Also eine Wendung auf Südkurs. Danach abermals tief hinunter. Jetzt brausten wir dicht über dem Strand wieder nach Süden.

»Ich suche 'ne Fahrspur«, erklärte uns Aldridge, »wenn ich die habe, muß das Camp zu finden sein.«

Da waren jetzt auch Spuren, es wurden immer mehr, und sie mußten bei der Station Terrace Bay enden. Wir sahen Feuerschein und schwarzen Rauch. Jemand hatte ein paar benzingetränkte Lappen angezündet, damit wir den Landeplatz erkannten. Erst flog der Pilot darüber hinweg, um sich zu orientieren. Die Cessna stand schon dort, ein halbes Dutzend Leute winkten zu uns hinauf. Rechts und links der Landebahn waren Rippen und Wirbelknochen gestrandeter Walfische ausgelegt, damit keine Maschine versehentlich in Flugsand geriet. Aldridge wendete über den Wogen des Atlantik und setzte zur Landung an.

»Wissen Sie«, meinte er zu uns, »ich fliege diese Strecke zum erstenmal, und da ist so'ne Nadel im Heuhaufen nicht leicht zu entdecken.«

Das Camp der CDM bestand aus drei grüngestrichenen Schuppen, die ein offenes Rechteck bildeten. Es lag auf einer flachen Anhöhe inmitten der Dünen und gehört wohl zu den einsamsten Wohnplätzen der Welt. Zwei junge Leute empfingen uns mit einer Herzlichkeit, als hätten sie jahrelang keinen Besuch mehr gehabt. Beide waren mit blonden Bärten geschmückt und von Kopf bis Fuß mit Staub bedeckt. Wir wurden in den Speiseraum geführt und mit Tee bewirtet. Doch als ich den ersten Schluck davon trank, schüttelte mich der Ekel. Es war so, als hätte man Salz statt Zucker hineingetan.

»Wir haben nur Brackwasser«, entschuldigte sich einer der Hausherren, »und das schmeckt nun mal salzig. Mit der Zeit gewöhnt man sich daran, und es soll auch gesund sein.«

Vier Weiße und ein Dutzend Schwarze gehörten zur Station, waren aber bei Tage meist unterwegs. Welcher Arbeit sie nachgingen, wurde nicht gesagt, und ich habe auch nicht danach gefragt. Wer mit Diamanten zu tun hat, ist meistens sehr schweigsam.

Für mindestens sechs Monate müssen sich die Männer verpflichten, in Terrace Bay zu bleiben. Aber mancher bleibt aus freien Stücken viel länger, der Rekord soll vier Jahre betragen. Natürlich hat man den Leuten eine besondere Härtezulage bewilligt, und da sie in Terrace Bay keine Gelegenheit finden, auch nur einen Cent zu verbrauchen, steht ihnen am Ende eine beachtliche Summe zur Verfügung. Einmal im Monat hat jeder Mann fünf Tage Urlaub. Zu zweit fahren sie dann im Geländewagen, dicht an der Küste entlang, nach Swakopmund. Dabei gehen auf der Hinfahrt und Rückreise schon zwei Tage verloren. Post und Verpflegung werden zweimal monatlich nach Terrace Bay geflogen. Durch Sprechfunk steht die Station bei Tag und Nacht mit der Außenwelt in Verbindung. Dieser drahtlose Verkehr kann in Windhuk an das normale Telefonnetz angeschlossen werden. Man lebt zwar in absoluter Einsamkeit, ist aber von seinen Freunden und Bekannten nicht so abgeschnitten, wie es scheint.

Jeder Weiße hat sein eigenes Zimmer, alle gemeinsam verfügen über einen großen Wohnraum und Speiseraum. Ein schwarzer Koch mit weißer Schürze amtiert in der Küche. Der Zuschnitt ist einfach, auf Behaglichkeit scheint man nur geringen Wert zu legen. Solange wir dort waren, blieb der Plattenspieler in vollem Betrieb. Zur Station gehörte eine Katze, ein alter Hund und ein Vogel Strauß. Der war vor einigen Jahren zugelaufen und dageblieben, weil es ihm bei den Menschen gut gefiel. Auch die Ovambos schienen sich in Terrace Bay wohl zu fühlen. Man brauchte sie bloß anzusehen, da lachten sie gleich.

Indessen hatten hilfreiche Hände die beiden Maschinen aufgetankt. Wir dankten für die freundliche Aufnahme, kletterten in die kleinen Kabinen und stiegen wieder auf.

Die Landschaft drunten wurde interessanter, je weiter nach Norden wir kamen. Das hügelige, teilweise auch felsige Gelände schob sich bis an die Küste heran. Täler und Bergrücken boten ein abwechslungsreiches Bild. Dazwischen hellgrüne Oasen, sandgefüllte Riviere und vereinzelte Baumgruppen. Wildwechsel sahen wir überall, hin und wieder auch ein Rudel Oryx-Antilopen oder Springböcke. Die Piloten gingen auf 1 000 Meter hinunter, damit wir sie noch besser beobachten konnten.

»Passen Sie jetzt gut auf, gleich kommt der Hoarusib«, kündete Louw Schoemann durch Sprechfunk an, »da gibt's noch Elefanten und Rinoster. Wir ziehen eine Schleife über der Oase von Puros.«

Wie ich später hörte, war das Flußtal des Hoarusib noch nicht erforscht. Nur aus der Luft hatte man das 150 Kilometer lange Rivier kartographisch aufgenommen. Nur an wenigen Stellen war bisher ein weißer Mann gewesen. Es handelt sich um eine tiefe, sehr tiefe Schlucht, ähnlich dem Fish River Canyon und dem Kuiseb-Rivier. Als vielgewundenes hellgelbes Band schlängelt sich das Flußbett durch schwarzbraunes Felsgestein. An vielen Stellen glänzten Wassertümpel, und schmale Streifen dichter Vegetation verrieten, daß auch sonst feuchter Boden vorhanden war. An manchen Windungen weitete sich die Schlucht und bot Raum für ein grünes Wäldchen. Zu meiner Überraschung sah ich hier und dort eine Gruppe von Palmen.

Die Cessna stieß in eine kreisrunde Ausbuchtung hinunter. Das Rivier zog dort eine doppelte Schleife und bildete zwei flache Halbinseln. Beide waren von offenem Wasser umgeben, es gab Schilf, grünes Gras, buschige Bäume und hohe Palmen.

»Die Oase von Puros«, kam es über Sprechfunk, sehen Sie die Elefanten ...?«

Die hatte ich erst für graue Steinblöcke gehalten, aber nun gerieten sie in Bewegung. Drei, vier und dann fünf Elefanten strebten mit gestreckten Rüsseln in den Schutz des Palmenwaldes. Auch junge Tiere waren dabei, doch alle verschwanden rasch aus unserem Blickfeld. Die beiden Maschinen kreisten noch eine Weile über der Oase, aber wir konnten andere Elefanten oder gar Nashörner nicht mehr entdecken. Der Motorenlärm dröhnte zu laut zwischen den Wänden. Überall am Ufer des Gewässers war der Sandboden von Wildfährten so lückenlos zertreten wie ein Fußballplatz nach einem Länderspiel bei strömendem Regen. Ich wünschte mir leidenschaftlich, am Rande dieser geheimnisvollen Oase ein paar Tage zu verbringen, um in aller Ruhe das Wild zu betrachten. Noch niemand hatte es getan, noch niemand hatte hier gefilmt oder fotografiert.

Unsere Maschine nahm Kurs nach Nordwest. Bei Rocky Point wollten wir zum zweitenmal landen, aus keinem anderen Grund, als uns die Füße zu vertreten. Es gab dort einen kilometerbreiten, steinharten Kiesstreifen, so recht als natürliche Startbahn geeignet. Die beiden Flugzeuge setzten auf und rollten aus. Vor uns erhob sich ein Felsklotz, dessen Steilkante ins Meer hinausreichte. Mit Donnergetöse stürmte die Brandung dagegen, haushoch spritzte die Gischt an der senkrechten Steinwand hinauf. Von der Landseite her ist Rocky Point zu ersteigen. Als wir oben waren, stiegen pfeifend und kreischend viele tausend Vögel in die Luft. Es waren Kormorane, Pelikane, Seepapageien und sonst noch alles Mögliche, so genau weiß ich es nicht. Keiner von uns war Vogelkenner und konnte es sagen. In den Nestern piepsten Jungvögel aller Art und öffneten hungrig die rosaroten Schnäbel. Wir wollten nicht stören und gingen gleich wieder zurück.

Drunten am Hang des Rocky Point stand eine halbverfallene Bretterbude. Darin hatten früher, als die Küste noch nicht überwacht wurde, Fischer und illegale Robbenschläger gehaust. Nun aber fährt ungefähr alle vierzehn Tage eine Polizeipatrouille am Strand entlang, gelegentlich erscheint auch ein Hubschrauber des Sicherheitsdienstes an der Knochenküste. So kann sich lichtscheues Gesindel hier nicht mehr halten.

So unendlich groß das Sperrgebiet auch ist, läßt es sich doch überwachen. Denn es gibt für leichte Fahrzeuge nur eine Möglichkeit, an die Skeleton-Coast zu kommen, nämlich den Streifen am Strand. Wenn die Flut zurückgeht, wird der vorher überspülte Strand zur Straße. Sie ist glatt und relativ fest, hat aber dennoch ihre Tücken. Man muß schon eine besondere Fahrtechnik beherrschen, um nicht unversehens steckenzubleiben. Wer da nicht herauskommt, bevor die Flut zurückkehrt, sieht sein Fahrzeug unter Wasser verschwinden. Stets ist Ebbe abzuwarten. Bei steigendem Wasser muß der Wagen oberhalb der Flutmarke abgestellt werden. Besonders schwierig sind jene Stellen, wo sich Bergrücken bis an die Brandung schieben. Sie werden mit Vierradantrieb landeinwärts umfahren. Man sieht an den Radspuren der Vorfahrer, wie und wo das möglich ist.

Nach einer knappen Stunde des Herumwanderns bei Rocky Point flogen unsere Vögel weiter. Sie folgten der Küste wie auf einer Schnur, eine bessere Markierung unserer Strecke ließ sich nicht denken. Nach etwa zwanzig Minuten in der Luft schwenkte die führende Maschine rechtwinklig ab. Unten im sandigen und teilweise auch felsigen Gelände war ein oft befahrener Weg zu sehen und gleich danach auch die Station Kap Frio. Nach viereinhalb Stunden in der Luft, die beiden Aufenthalte nicht mitgerechnet, waren wir am Ziel unserer Reise.

Die Station lag 15 Kilometer vom Strand entfernt, war daher frei von dem häufig auftretenden Küstennebel, erhielt aber noch die angenehm kühlende Seebrise. Ein Halbkreis von Sanddünen und Steinhügeln, nach Westen geöffnet, umgab von drei Seiten die flachen, grüngestrichenen Baracken. Sie machten schon von außen einen viel besseren und gepflegteren Eindruck, als die Schuppen von Terrace Bay. Dem Wohnhaus folgte ein Gästebau, dann eine Garage für zwei Geländewagen und dieser eine Baracke für sechs oder sieben Ovambos. Alles in allem ein langgestreckter, ebenerdiger Bau von etwa dreißig Metern Länge und zehn Metern Breite. Davor gab es sogar einen Garten mit Kakteen, Mimosensträuchern und kleinen Rosenbüschen. Durch eine Bretterwand wurde er vor Sandverwehungen geschützt. Es kostete gewiß große Mühe und immerwährende Sorgfalt, diesen grünen Fleck zu erhalten.

Vor vier Jahren hatte Ernst Karlowa die Station aus vorfabrizierten Teilen aufgebaut und eingerichtet. Sie ist das Haupt-

quartier der Sarusas Development Corporation an der Knochenküste und zugleich eine Wetterwarte der Regierung. Karlowa
amtiert in beiden Funktionen, als Wetterfrosch in amtlichem
Auftrag und als Vertreter privater Interessen. Er kontrolliert,
erforscht und erprobt von Kap Frio aus das gesamte, unendlich
weite Pachtgebiet für seine Gesellschaft. Nur wenn er auf Urlaub oder aus sonst einem Grund abwesend ist, wird er von
einem anderen Mann vertreten. Eben hatte sich Karlowa in
Windhuk den Blinddarm herausnehmen lassen und war nach
vierzehn Tagen mit uns zurückgekehrt. Sein Platzhalter, ein
ausgedienter Polizeisergeant, befand sich noch hier. Eine unserer Maschinen sollte ihn wieder in die Hauptstadt zurückbrin-
gen. So viele Besucher, wie heute eingetroffen waren, nämlich
sechs Personen, hatte Kap Frio seit langem nicht mehr gesehen.

Der große Wohnraum des Hauses bot manche Überraschung.
Die Decke war in ganzer Länge und Breite mit einem Fischnetz
drapiert. In gefälligen Falten hing es herab und trug noch seine
Schwimmkorken. Es wirkte als Baldachin und verbarg auf ge-
schickte Weise die Dachsparren darüber. An allen vier Wänden
handgeschnitzte, von der See, dem Sand und dem Wind abge-
schliffene Überbleibsel alter Segelschiffe. Dazu gehörten Rollen,
über die einst Taue liefen, Reste von Galionsfiguren und andere Dinge, deren genaue Bezeichnung ich nicht kenne. Alles
war Strandgut, vom Hausherrn an der Skeleton-Coast gesammelt. Die abgewetzte Rundbank der gemütlichen Sitzecke
stammte aus einer ehemaligen Kapitänskajüte. In der »Dunedin-Star« war ein Tisch aus poliertem Teakholz über alle sieben
Meere der Welt gefahren, bevor die Knochenküste seiner Seereise ein Ende machte. Ganz besonderen Schmuck hatten die
Täfelungen der Fensterbänke aufzuweisen. Achate, Topase,
Amethyste, Berylle und sonst alle möglichen Kostbarkeiten hatte
der Hausherr im Holz versenkt. Rohgeschliffen ragten die Kanten heraus und glitzerten im Lampenlicht. Doch erlebt man die
größte Überraschung auf dem Weg zum Haus mit dem Herz-
chen. Dorthin führt ein schmaler Zementpfad, und der ist, ob
man es glaubt oder nicht, mit faustgroßen Halbedelsteinen ge-
pflastert. Nur hier, sonst nirgendwo auf der Welt, schreitet man
über Turmaline, Topase und Türkise zum Lokus.

Die Nächte an der Knochenküste sind kühl bis kalt. Scharfer
Wind fegt über das menschenleere Land und wirbelt Sand vor
sich her. Die Luft ist feucht, kann aber dem mageren Gestrüpp
nur wenig helfen, das hier und dort zu leben versucht, weil sie
zu salzig ist. Ein paar Schakale heulen ums Haus, die gewohnt

sind, daß man sie füttert. Karlowa füllt den Blechnapf mit Abfällen und stellt ihn draußen auf die Terrasse. Durchs Fenster schauen wir den beiden Schakalen zu, wie sie gierig fressen. Im Zimmer plappert mit kindlicher Stimme ein Wellensittich, der sich offenbar freut, in größerer Gesellschaft zu sein. Der Petroleumofen stinkt vor sich hin und verbreitet behagliche Wärme. Wir selbst haben es uns auf den Bänken der einstigen Kapitänskajüte bequem gemacht. Flaschen mit vielversprechenden Etiketten schmücken den Tisch, und es fehlt nicht an abenteuerlichen Geschichten über die Skeleton-Coast, die Ernst Karlowa zum besten gibt.

Nur über sich selber spricht er nicht, obwohl seine Geschichte am interessantesten wäre. Die hörte ich erst hinterher von anderen Leuten. Als Sohn eines deutschen Südwesters im Lande geboren, war es Karlowa bestimmt, die Farm seines Vaters zu übernehmen. Als jedoch der Zweite Weltkrieg ausbrach, war er zum Studium der Geologie gerade in Deutschland. Ungeachtet seiner südafrikanischen Staatsangehörigkeit meldete sich Karlowa freiwillig zur Wehrmacht. Er kam zur Luftwaffe und wurde wegen seiner besonderen Eignung schnell Offizier. Zweimal über der Ostfront abgeschossen und am Fallschirm abgesprungen, erreichte er durch feindliches Gebiet wieder die deutschen Linien. Danach flog er ungefähr sechzigmal nach Stalingrad hinein, um Verwundete herauszuholen. Etwa achtzehnhundert Mann verdanken ihm das Überleben der Katastrophe. Bei den letzten Einsätzen, die noch möglich waren, blieb der Leutnant Karlowa ohne Unterbrechung zweiundsiebzig Stunden am Steuerknüppel, obwohl die Tragflächen seiner Maschine vom Gewehrfeuer der Russen durchlöchert waren wie ein Sieb. Als er vom allerletzten Flug aus dem Kessel zurückkam, brach er ohnmächtig zusammen und lag wochenlang im Lazarett.

Er fiel bei Kriegsende in sowjetische Gefangenschaft, erlebte schreckliche Verhältnisse in verschiedenen Lagern, entkam jedoch eines Tages der scharfen Bewachung. Es gelang ihm, was nur wenigen gelang, nämlich die Flucht durch Rußland, Polen und die besetzten Ostgebiete. Unter Abenteuern und Gefahren, die vollauf genügten, ein spannendes Buch zu füllen, kam er schließlich nach Hamburg und von dort zurück in seine afrikanische Heimat. Keinem der Südwester, die während des Krieges – ich erwähnte es schon – auf deutscher Seite standen, wurden daheim die geringsten Vorwürfe gemacht. Karlowa bewirtschaftete zunächst die väterliche Farm, aber dann führten ihn seine geologischen Interessen zum Prospektieren. Er wurde Mitbegründer und Mitinhaber der SDC. Mit allen Fasern seines Herzens verfiel er dem geheimnisvollen Land, das er jetzt für seine Gesellschaft kontrolliert. Ihm gelang, was niemand für möglich hielt, nämlich die Entdeckung eines Inlandweges für schwere Lastwagen bis hinauf nach Kap Frio.

Es gibt da eine Karte des deutschen Geographen Dr. Hartmann aus dem Jahre 1903, die wichtige Hinweise über die Beschaffenheit des verbotenen Landes enthält. Es ist die beste Karte des Kaokoveldes und der Knochenküste, die bis heute zur Verfügung steht. Hartmann bereiste das zu seiner Zeit noch völlig unbekannte Gebiet zu Pferde. Seine Vorräte transportierte er auf Eseln und Maultieren. Im Auftrag der Kolonialverwaltung suchte er schon damals nach passendem Gelände für den Bau einer Bahnlinie. Seinen Angaben folgend, die schon über sechzig Jahre zurücklagen, begab sich Karlowa mit einem dreiachsigen, geländegängigen Lkw auf die gewagte Reise. Von vier Farbigen begleitet, gelang es ihm binnen einer Woche, Pässe durch die Gebirge und eine befahrbare Strecke durch die Wüste zu finden. Die Strapazen waren gewaltig, und oft mußte das schwere Fahrzeug wieder über hundert Meilen zurück. Aber schließlich glückte ihm der Durchbruch nach Norden, und jene Stelle, wo sich heute die Station Kap Frio befindet, wurde zum Stützpunkt der SDC bestimmt. Nun erscheint ein Lkw mit ungefähr 5 Tonnen Last einmal im Monat. Er bringt Benzin, Baumaterial, Verpflegung und sonst noch Güter schweren Gewichts, mit denen man leichte Flugzeuge nicht beladen kann.

Wer Karlowa begegnet, hat gleich das Gefühl, einen außergewöhnlichen Mann vor sich zu sehen. Seine Augen schauen so scharf wie die eines Habichts, und seine Nase scheint wie geschaffen, den Wind der Wüste zu spalten. Er ist groß, schlank und drahtig. Seine Energie ist so deutlich spürbar, daß ich glaube, er kann Müdigkeit überhaupt nicht empfinden. Nie ein lautes Wort zu den Farbigen, er regiert sie mit dem Blick und einer Handbewegung. Sie gehen für ihn durchs Feuer. Und bei den Ovahimbas gilt Karlowa als weißer Zauberer, weil er imstande ist, Krankheiten zu heilen, und man jederzeit Hilfe bei ihm findet. Sein Haus ist eine Insel der Zivilisation in absoluter, unvorstellbar einsamer Wildnis. Das Leben und die Arbeit in Kap Frio verläuft mit der Präzision eines Uhrwerks. Erst hoch droben am Kunene, wo Portugiesisch-Angola beginnt, endet Karlowas riesiges Reich.

Wir starten um 8 Uhr früh zu einer Fahrt ins Unbekannte. Karlowa kann nicht mitkommen, er muß von seinem Vertreter die Geschäfte wieder übernehmen. Louw Schoemann fährt den Landrover, Wohlers und ich begleiten ihn. Zwischen den Kanistern mit Wasser und Benzin hockt noch ein Ovambo. Weil es unbedingt erforderlich ist, bei solch einer Fahrt für jeden Notfall gerüstet zu sein, ist der Wagen auch mit Lebensmitteln für mehrere Tage versehen. Schaufel und Spaten, Reservereifen und Ersatzteile, auch eine Kiste mit Werkzeug haben wir an Bord.

Das Wetter ist schlecht. Von der Küste weht Nebel herüber, Sandstaub wirbelt uns entgegen. Erst fahren wir über eine schmale Salzpad zum Strand, wo sich auf einer flachen Klippe eine Holzbude mit verschiedenen Instrumenten befindet. Hier kontrolliert der Wetterwart zweimal täglich die Windstärke, die Wassertemperatur und die Luftfeuchtigkeit. Er muß dann anschließend die Werte per Funk nach Windhuk durchgeben. Über scharfkantiges Gestein und durch tiefversandete Dünentäler rollen wir etwa 20 Kilometer nach Südosten. Dreimal sehe ich dabei die Reste alter Rundhütten, die einstigen Behausungen der verschwundenen Ureinwohner. Die Ruinen bestehen nur aus einem Kranz von halbmeterhohen Steinen. Danach biegen wir ab, dem Hinterland entgegen. An windgeschützten Stellen läßt sich hin und wieder eine Fahrspur Karlowas erkennen.

»Hier verschwinden Sie überhaupt nicht mehr«, berichtet Schoemann, »in gutgeschützter Lage, wo der Sand nicht darüber wehen kann, bleiben die Spuren von Mensch und Tier sehr lange erhalten. Man hat vor kurzem im Kaokoveld die Fahrspur der Dorsttrekker wiederentdeckt. Nach achtzig oder neunzig Jahren konnte man noch sehen, wo die Räder der Ochsenwagen damals durch die Täler knarrten.«

Nach einer Stunde schwieriger Geländefahrt sehen wir in einer sandigen Senke offenes Wasser, daneben Schilf und frisches Gras. Dieser grüne Fleck und sein Teich in der Mitte bilden einen Kontrast sondergleichen zu ihrer sterilen Umgebung. Wir können uns nicht erklären, wo die Feuchtigkeit herkommt. Ein Schwarm zwitschernder Vögel steigt auf und flattert davon. Es müssen auch zahlreiche Vierfüßler hier verkehren, der Boden ist zerstampft von ihren Hufen. Sogar eine alte Elefantenfährte glaube ich zu erkennen. Später sagt mir Karlowa, daß es keine Täuschung war. Er hat im vorigen Jahr einen Elefanten sogar an der Küste gesehen. Was er dort wollte, ist schwer zu begreifen. Aber da sich Elefanten niemals verirren, mußte er wohl Gründe gehabt haben, um ganz allein die weite Wanderung zu unternehmen.

»Die Wasserstelle hier heißt Okau«, sagt Schoemann, »so steht's jedenfalls auf der Karte von Dr. Hartmann.«

Aber die Schiffbrüchigen der Skeleton-Coast kannten sie nicht, sonst hätte man hier Überreste von ihnen gefunden. Sie liegt wohl doch zu weit von der Küste entfernt.

Bei der Weiterfahrt nach Osten ist keine Fahrspur mehr zu sehen. Wir rollen im ersten Gang und mit Vierradantrieb durch sandige Tiefen und über steiles Geröll. Wir haben kein besonderes Ziel, es sei denn, wir stoßen auf ein bestimmtes Rivier und finden an seinem Ufer die Wasserstelle Orupemba. Dort hat die Regierung ein Windrad aufgestellt, erzählte uns gestern abend Karlowa. Sollten wir Glück haben, könnten wir bei Orupemba vielleicht ein paar Ovahimbas sehen.

Doch inzwischen hat uns der Nebel aus dem Westen erreicht. Die Sicht ist schlecht geworden. Alles haben wir an Bord, nur keinen Kompaß. Doch Schoemann ist fest davon überzeugt, daß er nach Osten steuert. Dr. Wohlers und der Ovambo sind gleicher Ansicht, man hat doch seine Marschrichtung im Gefühl! Selbst wage ich nicht, Einwände vorzubringen, weil mir sachliche Gründe zum Widerspruch fehlen. Ich weiß nur, daß kein Mensch imstande ist, seine gewünschte Richtung immer einzuhalten, wenn er die Gegend nicht kennt und der Himmel bedeckt ist. Zwar beginnt sich der Nebel nach ungefähr anderthalb Stunden zu lichten, aber die Wolken hängen sehr tief. So fahren wir weiter durchs wilde, leblose Gelände. Dann plötzlich stoßen wir auf eine frische Fahrspur.

»Das kann nur Karlowa gewesen sein«, vermutet Schoemann, »aber was tut er hier. Sucht er vielleicht nach uns?«

»Ist nicht Misser Karlowa«, verbessert der Ovambo, »ist Wagen von dir...«

Der schwarze Mann hat vollkommen recht. Er kennt das Reifenprofil beider Wagen, und hier ist es dasselbe wie an unserem Wagen. Wir sind also blindlings im Kreis gefahren.

So ist der Ausflug ins Unbekannte mißglückt. Als der allein sichere Weg steht uns nur der Rückweg auf der eigenen Spur zur Verfügung. Kurz vor elf Uhr hält unser Landrover wieder an seinem Ausgangspunkt.

»Na, ich seh' schon, Euch kann man nicht allein lassen«, meint Karlowa, »wie wär's mit meiner Begleitung, falls die Herren nichts dagegen haben.«

Wir haben durchaus nichts dagegen, der Wüstenfuchs am Steuer wirkt im Gegenteil sehr beruhigend. Um jeden Zweifel auszuschließen, nimmt er noch seinen Kompaß mit.

Jetzt erst geht es richtig los, mit beschleunigtem Tempo und den Fahrkünsten eines Mannes, für den kein Gelände unmöglich ist. Scheint der Sand zu weich und locker, um hindurchzukommen, wird so viel Luft aus den Reifen gelassen, daß sie doppelt breit werden. Hinterher müssen wir im Schweiß unseres Angesichts die Luft wieder hineinpumpen. Jeder keucht so lange, wie er kann, dann greift der nächste zur Pumpe. So geht das wohl ein dutzendmal, mit der Zeit gewöhnt man sich daran. Die Wüste wird zur Steppe und die Steppe zur Savanne.

Wir sind im Kaokoveld. Verglichen mit der leblosen Knochenküste scheint das Veld ein Paradies zu sein. Goldschimmerndes Gras, graugrüne Dornbüsche und hellgrüne Akazien. Himmelhoch erheben sich rosarot getönte Berge auf allen Seiten. Über das Geröll schmaler Riviere holpert unser Wagen, schwankt durch wildromantische Täler und rattert vorbei an mächtigen Felsblöcken. Wir klettern hinauf und rollen hinunter, wir passieren Hochflächen so geschwind wie der Wind und kriechen im Schritt durch verfilztes Gestrüpp. Der Wagen schiebt sich durch schmale Lücken in tiefen Schluchten, rutscht steile Hänge hinab und schnurrt über Schotterhalden hinauf. Wir jagen Strauße, Springböcke und Oryx in die Flucht. Drei Giraffen stelzen eilig davon. Wir sehen die Fährten von Rhinos und Elefanten, ohne jedoch eines der Tiere zu sehen. Karlowa stoppt den Wagen auf einer Anhöhe und bittet auszusteigen.

»Ist das nicht eine herrliche Welt, noch völlig frei von jedem Eingriff durch Menschenhand?«

Berge und Täler, Steppe, Sand und Savanne, lichter Buschwald und dunkle Klüfte. Viele hundert Meilen weit keine Straße, kein Weg und kein Pfad, auch kein Draht und keine Spur eines Autoreifens.

»Sehen Sie nur diese Bergrücken, einer hinter dem anderen und bis zweitausend Meter hoch. Alle sind noch namenlos, nicht einer davon bestiegen. Schauen Sie auf die Karte, und Sie sehen nichts davon.«

Bald landen die ersten Menschen auf dem Mond, und schon greifen sie zu den Sternen. Dabei gibt es auf der Erde selbst noch weiße Flecke, gibt es noch unbekannte Gebirge. Da liegen noch Täler, die niemals ein weißer Mann betrat, da leben noch Menschen in der Steinzeit. So viele Rätsel sind noch zu lösen, so viele Geheimnisse wurden noch nicht entdeckt.

Wir erreichen schließlich die Wasserstelle von Orumpemba und begegnen den Ovahimbas. Ein Mann, zwei Frauen und drei Jungen füllen lederne Eimer für ihre Rinder. Sie erschrecken zunächst vor dem Wagen und den weißen Gesichtern, aber dann erkennen sie Ernst Karlowa und werden von ihm beruhigt. So gut wie nichts haben die Leute an sich oder bei sich, was fremden Einfluß verrät. Sie tragen einen Lederschurz um die Hüften. Die Arme der Frauen stecken bis zu den Ellbogen in einer Manschette aus Kupferringen, Amulette aus Elfenbein hängen an ihrem Hals und viele dünne Zöpfe auf ihrem Rükken. Die Körper sind von oben bis unten mit einer Mischung aus Tierfett und rotem Staub eingerieben. Der Schädel des Mannes ist bis zur Kopfmitte kahlgeschoren, aber von dort aus ziert ihn ein meterlanger Zopf. So ähnlich wie die Skalplocke bei den Indianern sieht das aus, nur pendelt sie hier fast bis auf den Boden. Karlowa erklärt, es sei nicht des Mannes eigenes Haar, aus den Schwanzquasten eines schwarzen Ochsen hat er sich den stolzen Schmuck gemacht. Dem jungen Ovahimba wird die Kopfhaut aufgeschnitten, dann schiebt man das flache Ende des falschen Zopfes dazwischen und näht die Wunde mit Tiersehnen wieder zu. Das ist eine äußerst schmerzhafte und auch gefährliche Operation, deren Narbe erst nach langer Zeit verheilt. Aber den Zopf muß ein Ovahimba haben, sonst wäre er in den Augen der Mädchen kein richtiger Mann.

Unser Ovambo versteht die Herero-Sprache, und der Ovahimba kann ihn verstehen.

»Wie geht's euch«, ist die erste Frage unsererseits.

»Es geht ganz gut, weil wir Wasser haben, nur der Hunger ist groß.«

Ich habe schon achtzig Rinder gezählt, und jenseits des Riviers stehen noch mehr. Sie gehören alle einer Familie.

»Es wird kein Tier geschlachtet, bevor man nicht wirklich nahe daran ist zu verhungern«, erklärt mir Karlowa, »eine große Herde dient allein dem Prestige. Je mehr Vieh eine Familie besitzt, desto größer ihr Ansehen. Rinder sind Reichtum, davon können die Leute nie genug haben.«

Die Kühe werden nur selten gemolken, mehr als einen Liter pro Tag kann man nicht von ihnen bekommen. Es ist afrikanisches Vieh, kleiner und gedrungener als unseres, mit weitausgeschwungenen Hörnern. Die Hereros haben die uralte Rasse vor unendlichen Zeiten aus dem Norden Afrikas mitgebracht, hier bei den Ovahimbas blieb sie noch rein erhalten. Alle Mühe und Arbeit, die man mit den Herden hat, die Suche nach Weideland und Wasserstellen, der Schutz vor Räubern und Raubwild, alles hat nur oder fast nur den einen Zweck, sich bei seinesgleichen Geltung zu verschaffen. Eine ganz und gar unvernünf-

413

tige Art der Selbstbestätigung, so scheint es. Aber ist das wirklich so sinnlos, wenn man bedenkt, was bei uns nicht alles gemacht wird, um den Geltungstrieb zu befriedigen? Reiche Frauen behängen sich mit nutzlosen Juwelen, die Snobs beiderlei Geschlechts denken sich die verrücktesten Dinge aus, nur um bei ihren Mitmenschen aufzufallen. Neureiche Geldgewinnler kaufen sich nie verdiente Doktorgrade und Konsulstitel, um damit anzugeben. Die Ovahimbas machen dasselbe mit Rindvieh, eigentlich ist der Unterschied nicht so groß.

Ich bitte unseren Dolmetscher, die Ovahimbas zu fragen, was sie von dem Windrad halten, das ihnen die Weißen hier aufgestellt haben.

»Das ist gut«, lautet die Antwort, »aber wir können den weißen Mann nicht sehen, der oben immer das Ding so schön dreht. Er steckt wohl drin und muß sehr klein sein.«

Jedenfalls haben sie darüber nachgedacht, was das Rad bewegen mag. Die gleiche Überlegung stellten ein paar Ovahimbas an, die Karlowa neulich an die Küste brachte, als sie die donnernde Brandung sahen.

»Wer macht diesen Lärm, wer rollt mit dem Wasser? Sind das Menschen oder Tiere, warum verstecken sich die vor unseren Augen?«

Ich möchte die Leute fotografieren und bitte um Erlaubnis, weil ich der Ansicht bin, das gehörte sich auch bei den primitiven Menschen. Doch unser Ovambo kann die Frage nicht übersetzen, der Vorgang des Fotografierens ist den Ovahimbas nicht bekannt. Statt dessen sagt ihnen unser Mann, ich wollte sie durch das Ding in meiner Hand genauer betrachten. Dagegen haben die Menschen der Steinzeit nichts einzuwenden. Da sie von Geld keine Ahnung haben, verteile ich Würfelzucker aus unserem Vorrat. Aber auch das haben sie noch nie gesehen oder geschmeckt. So stecke ich mir selber ein Stück in den Mund und kaue darauf herum. Zögernd machen sie es mir nach und zeigen dabei höchst erstaunte Gesichter. Aber schließlich strahlen sie vor Vergnügen.

»Erst dachten sie, es wäre Salz«, meint Karlowa, »wegen der weißen Farbe. Nun schmecken sie genau das Gegenteil, aber es gefällt ihnen.«

Von Orupemba führt eine Fahrspur nach Osten, die Erbauer des Windrades haben sie zurückgelassen und damit einen künftigen Weg begonnen, der in Ohopoho endet, einer der isolierten Polizeistationen des Kaokoveldes. Hoffentlich dauert es noch lange Zeit, bis daraus eine vielbefahrene Straße wird.

Ernst Karlowa wählt einen anderen Weg zur Rückkehr nach Kap Frio. Ich erkenne aber kaum einen Unterschied, denn ebenso einsam, romantisch und wild ist auch hier die Landschaft. Ein grandioses Erlebnis auch diese Fahrt durch eine Welt, die nur wenige Weiße gesehen haben.

Am nächsten Morgen wühlt sich der Landrover durch den Sand der Skeleton-Coast, erreicht den Strand bei Ebbe und rollt nach Norden zum Friedhof der Segelschiffe. Droben auf dem trockenen Sand liegen die Trümmer. Wer die Menge des morschen Materials nicht selbst gesehen hat, wird kaum glauben, was hier herumliegt. Meile um Meile, ich weiß nicht, wie weit, ist alles bedeckt von zersplitterten Masten, Rahen und Planken. Riemen, Ruder und den Resten von Rettungsbooten. Faserige Taue und Fetzen alter Segel, Teile von Reelings, Jakobsleitern und Schanzverkleidungen wurden von Sturmfluten über den Strand verteilt. Verbeulte und verrostete Schiffslaternen, leere Flaschen altertümlicher Form und zerbrochene Kisten, Scherben von Küchengeschirr und zerschlissene Lederbecher sind hier gelandet. Das steckt im Sand, liegt zwischen den Dünen oder schaut nur noch mit einer Kante heraus. Manche Dinge wurden von Sturmfluten kilometerweit ins Land geschwemmt. Dem Vernehmen nach soll ein Schiffsrumpf sogar weit hinter dem Hügel liegen, wo man ihn erst nach ermüdender Wanderung zu Fuß erreicht. Niemand kann sagen, wie er dorthin gelangte.

Nichts ragt in die Höhe, alles liegt flach auf dem Boden oder steckt darin. Ein endloses Band hellgrauer Schiffstrümmer, hundert bis zweihundert Meter breit. Die meisten sind kurz und klein geschlagen, alle hat die Sonne gebleicht und das Seewasser ausgelaugt.

Wer viel Zeit hat und lange genug sucht, kann chinesisches Porzellan, japanische Säbel und siamesische Bronzen finden. Im Museum von Windhuk sind solche Dinge ausgestellt. Es müssen im Lauf der Zeit viele hundert Schiffe gewesen sein, die hier gestrandet sind. Man geht keine zwanzig Schritt von einem Überbleibsel zum anderen.

Viele Knochen liegen an der Knochenküste, die meisten von Walfischen in jeder Art und Größe. Rippen und Rückenwirbel, mürbe und leicht geworden, sind in manchen Buchten zu Haufen getürmt. Dann aber zeigt mir Karlowa menschliche Armknochen und einen zertrümmerten Brustkorb. Hier ragt eine Schädeldecke aus dem Sand, und dort schaukelt ein ganzer Schädel im Wind. Dem er vor langer Zeit gehörte, ist ertrunken, verdurstet oder verhungert. Vielleicht haben ihn seine Genossen erschlagen. Möglich ist auch, daß er von den heute nicht mehr existierenden Eingeborenen umgebracht wurde.

Vor einiger Zeit stießen die Ovambos von Kap Frio, etwa zwölf Kilometer landeinwärts, auf sechs Skelette, die noch mit Kleiderfetzen behängt waren. An den hohen Lederstiefeln, die zu Seeleuten gar nicht paßten, war deutlich zu erkennen, daß sie Menschenzähne benagt hatten. Die Skeleton-Coast war eine Küste der Verzweiflung, das sandige Grab aller Schiffbrüchigen, die Endstation jeder Hoffnung, zu überleben.

Wir fahren bis zum Wrack der »Dunedin-Star«, dem vorläufig letzten Opfer der Knochenküste. Nur der große Dampfkessel ragt noch aus der Brandung. An Land hatten sich die Gestrandeten aus Deckplanken eine schiefe Hütte gebaut, die noch erhalten ist. Ein Stuhl steht darin, ein anderer liegt daneben. Rettungsringe mit dem Namen des Schiffes liegen herum. Wie schon erwähnt, gelang es nach dieser Schiffskatastrophe im November 1942 zum erstenmal, die meisten Menschen zu retten. Ohne Radio wäre es nicht möglich gewesen.

»Ich mache mir Sorgen wegen des Leyland«, sagte Ernst Karlowa, als wir gegen Mittag zurückkommen, »schon längst müßte er hier sein.«

Der große Lkw war am Freitagfrüh in Swakopmund abgefahren, spätestens für Sonntag abend hatte man in Kap Frio mit seiner Ankunft gerechnet. Zwei junge Südwester deutscher Herkunft steuerten abwechselnd den Riesenwagen. Sie hatten die Reise schon oft gemacht, kannten also den schwierigen Weg und wußten sich selbst zu helfen. Zur ständigen Besatzung des dreiachsigen, voll geländegängigen Wagens der Marke Leyland gehörten noch vier Ovambos. Sie waren alle gewohnt, bei Bedarf tüchtig zu schaufeln und mit der Winde zu arbeiten. Dennoch mußte etwas passiert sein, der Karren lag irgendwo fest. Er war nun schon seit anderthalb Tagen überfällig.

»Na ja, dann müssen wir halt von oben suchen«, meinte Schoemann und will dafür seine Cessna nehmen, weil sie wegen ihrer großen Tanks länger in der Luft bleiben kann als die Piper.

»Wollen Sie mir Gesellschaft leisten?« werde ich gefragt. »Vier Augen sehen ja mehr als zwei.«

Und weil sechs noch mehr sehen, kommt auch Dr. Wohlers mit.

Zehn Minuten später sind wir schon droben. Sehr hoch fliegen wir allerdings nicht, denn es geht ja darum, die frische Fahr-

spur des Leyland zu finden und an ihrem Ende den Wagen
selbst. Er folgt bei jeder Reise so ungefähr demselben Weg. Doch
ganz und gar können wir uns darauf nicht verlassen. Weil Sandwehen oder Wanderdünen gelegentlich zu Umwegen zwingen,
muß der schwere Wagen oft viele Meilen weit von der sonst
üblichen Strecke abweichen. Aber vorläufig ist es doch das beste,
über der alten Spur zu bleiben.

Zunächst geht das auch ganz gut, die Spur ist deutlich zu
sehen. Aber dann führt sie über Kiesboden, worin die Reifen
fast gar nicht einsinken. Schoemann kreist über der weiten
Fläche, aber wir finden kein Anzeichen der schon oft befahre-
nen Strecke. Unser Vogel steigt auf 3 000 Meter, damit wir größeren Überblick gewinnen, dennoch sehen wir keine Spur. Also
hinunter, so tief, wie es gerade noch möglich ist, um die Ebene
diagonal zu überfliegen. Vergeblich starren wir auf den Boden.
Leider steht die Sonne im Zenit, die Räderspur kann daher
keinen Schatten werfen. Am frühen Morgen oder späten Nachmittag wäre sie besser zu sehen. Man müßte auch den schwäch-
sten Eindruck der Pneus erkennen.

»Es hat keinen Zweck, daß wir hier noch weiter herumkur-
ven«, sagt Schoemann, »wollen mal ein sandiges Rivier ab-
suchen, da ist die Spur mit Sicherheit zu finden.«

Das nächste Flußbett ist der Khuanib, wenn ich mich recht
entsinne. Diesem folgen wir von der Küste aus ins Land hinein
und haben eine alte Spur schon nach zehn Minuten. Auf der
bleiben wir nun, so lange es geht. Sie schlängelt sich durch ein
Tal überquert einige Bergrücken an ihren tiefsten Stellen und
führt danach durch drei oder vier andere Flußbetten. Aber dann
ist wieder nichts mehr zu sehen. Sand hat die Spur verweht,
oder der Boden ist abermals zu hart. Bei dem Versuch, die Leit-
linie wiederzufinden, sehen wir drunten eine Menge Wild. Da
sind so viele Springböcke, daß es unmöglich ist, ihre Zahl zu
schätzen. Nahe bei tausend Stück müssen es mindestens sein.
Ihnen voraus laufen ein paar hundert Oryx. Eine Wanderbewe-
gung größten Ausmaßes ist hier im Gange, wahrscheinlich bedingt durch die Suche nach besserer Äsung.

Jetzt haben wir die Fahrspur wieder, ich meine die alte Spur.
Die Streifen sind ganz hell, eine frische Spur müßte dunkler
sein. Bald darauf fliegen wir über die Schlucht des Hoarusib und
erkennen recht gut jene beiden Stellen, wo sonst der Leyland
hinunter- und dann wieder heraufkommt. Aber noch immer
keine neue Spur, den Hoarusib hat also der Wagen noch nicht
überquert. Weiter und noch weiter nach Süden, es wird immer

schwieriger, in diesem Labyrinth von Berg und Tal über der richtigen Fahrstrecke zu bleiben. Die Spur verschwindet, taucht wieder auf und verschwindet aufs neue. Schon ist die Cessna zwei Stunden in der Luft, noch eine halbe Stunde, und wir müssen umkehren. Der Sprit geht sonst zu Ende.

»Da vorn, halblinks ... eine Staubwolke«, ruft Wohlers, »das könnte er sein.«

Schoemann folgt sogleich dem Hinweis, und tatsächlich, dort unten rollt der Wagen. Es scheint ihm nichts zu fehlen, obwohl es aussieht, als würde er so langsam wie eine Schnecke dahinkriechen. Unser Pilot zieht eine Kurve und geht bis auf wenige Meter hinunter. Er möchte landen, wenn es sich irgendwo machen läßt. Aber der Boden ist zu rauh, es liegen zu viele Steine zwischen dem Gestrüpp.

Der Leyland stoppt, und zwei weiße Männer springen heraus. Während wir an ihnen vorüberjagen, heben sie beide Arme und winken. Auch die Ovambos droben auf dem Wagen schwenken ihre Mützen.

»Alles in Ordnung«, meint Schoemann, »sie brauchen keine Hilfe.«

Er wendet die Cessna und fliegt nochmals vorbei. Jetzt zeigen die beiden Fahrer mit ausgestreckter Hand nach Norden. Das heißt, sie fahren weiter, und es besteht kein Grund zur Sorge.

»Haben Sie gesehen«, fragt Schoemann, »es waren sechs Schwarze auf dem Wagen? Aber nur mit vier Ovambos ist der Leyland in Swakopmund gestartet. Er hat unterwegs noch zwei Passagiere aufgelesen.«

Wie dem auch sei, wir haben den vermißten Lkw gefunden. Er fährt, und die Fahrer haben angedeutet, daß sie durchkommen. Weshalb sich der Leyland so sehr verspätet hat, spielt jetzt keine Rolle. Wir können zurückfliegen, ja müssen zurückfliegen, weil die Tanks schon zur Hälfte leer sind.

»Wie lange wird der Wagen noch brauchen bis Kap Frio, wenn alles gutgeht?« frage ich Schoemann.

»Morgen müßte er dort sein ... wenn alles gutgeht.«

Wir sind schon nach anderthalb Stunden wieder in Kap Frio.

Ernst Karlowa gestattet seinen Gästen die Suche nach halbedlen Steinen. Zu diesem Zweck fahren wir etwa zwanzig Minuten weit zu einem langgestreckten Hügel nahe der Küste. Er ist oben abgeflacht und von feinem Kies bedeckt.

»Sie können alles aufheben und behalten«, erlaubt König Ernst I. von Skelettonien, »nur keine Diamanten, das bleibt streng verboten.«

»Gibt's denn hier welche?«

»Es wäre möglich...«

Mehr will er nicht sagen, darf es vermutlich auch nicht. Wie mir dann später erzählt wurde, hatte vor nicht langer Zeit ein Gast, als er draußen im Gelände dabei war, sein Bedürfnis zu verrichten, vor sich im Sand einen dreikarätigen Diamanten gefunden. Als ehrlicher Mensch lieferte er das Steinchen ab. Einem unehrlichen Menschen wäre der Diebstahl auch schlecht bekommen, denn mit Rohdiamanten ist nicht viel zu machen. Erst müßte man einen Käufer finden oder für den Familienbedarf den Rohdiamanten schleifen lassen. Dabei wird sofort gefragt, von wem man den Stein erhielt. Aber wie sollte ein Unbefugter zu Rohdiamanten kommen, wo doch auf der ganzen Welt die Gewinnung in festen Händen ist? Wer das Recht hat zu schürfen, hat auch seinen Schein, und sein Name findet sich in den Listen. Die festen und die besten Preise zahlen die großen Aufkäufer, und die wissen natürlich Bescheid, wer ihnen rohe Diamanten anbieten darf. Ebenso wissen das alle honorigen Diamantenschleifer. Das gesamte Diamantengeschäft hat sich zu einer großen Interessengemeinschaft vereint, die den Handel, die Gewinnung und den Schliff von Rohdiamanten kontrolliert, schon um ein Überangebot zu verhindern. Ein »unehrlich« gefundener Stein könnte nur unter der Hand verkauft werden, das heißt weit unter seinem wirklichen Wert. Das führt seinen Besitzer zwangsläufig in Hehlerkreise, und dabei kann nichts Gutes herauskommen.

Wir finden auf dem Hügel nur Splitter von Aquamarin, Amethyst, Turmalin und Rosenquarz. Hübsche kleine Mitbringsel für die Vitrine daheim, nichts weiter. Doch schon ihr Vorhandensein beweist, was dieses Land alles hergeben wird, wenn man eines Tages die Suche mit modernen Mitteln und Maschinen systematisch betreibt. Fast mit Gewißheit kann man sagen, daß die Sandhügel der Skeleton-Coast auch Diamanten im Wert von Millionen und Milliarden Dollar enthalten. Doch gibt man sich vorläufig keine Mühe, diese Schätze zu heben. Würde man sofort im großen Stile darangehen und die gesamte Ausbeute auf den Markt werfen, müßte wohl das Preisniveau für Diamanten zusammenbrechen. Niemandem wäre damit gedient, doch viele würden daran verlieren.

Auch an der Knochenküste gibt es Pelzrobben. Am nächsten Morgen fahren wir zu einer der Kolonien. Dabei erlebe ich nun, wie der Strand zur Autobahn wird. Wir starten bei Beginn der Ebbe, und so dicht muß der Landrover dem Saum der Brandung folgen, daß die Räder oft durchs anrollende Wasser spritzen. Nur jener Streifen ist hart genug für schnelles Fahren, den vor kurzem noch die Flut überspülte. Der Tachometer steigt auf sechzig, siebzig, achtzig und manchmal sogar auf hundert Stundenkilometer. Je mehr Zeit vergeht, desto breiter wird die Rollbahn. Wir müssen sehr schnell sein, sonst kommt die Flut zurück, bevor wir am Ziel sind. Dann vergeht ein halber Tag mit dem Warten auf die nächste Ebbe.

Die sausende Fahrt zwischen Land und Meer ist unerhört aufregend. Zur linken Seite steigen die Dünen an, zur rechten donnert die Brandung. Der Lärm des Wassers ist so laut, daß wir unser eigenes Wort nicht hören. Die Küste springt vor und weicht zurück, jede Schwenkung muß Schoemann am Steuer genauestens mitmachen. Sonst sausen wir in die Wellen oder geraten mit höchster Geschwindigkeit in tiefen Sand. Die Nerven des Fahrers sind gewiß zum Zerreißen gespannt, und wir sind auch nicht ruhig bei dem Gedanken, was alles im nächsten Augenblick passieren kann.

Um ein Haar wäre es passiert, denn ohne sichtbaren Grund fährt der Wagen langsamer. Schoemann drückt aufs Gas bis zum Anschlag. Trotzdem fällt unser Tempo erschreckend ab. Blitzschnelles Umschalten auf Vierradantrieb, es wird damit nicht besser. Also rasch hinein in den dritten und dann in den zweiten Gang, der einigermaßen durchzieht. Aber noch tiefer sacken jetzt die Räder ein. Schoemann wirft das Steuer nach links, er will hinauf zu den Dünen. Im ersten Gang erreichen wir trockenen Boden mit knapper Not.

»Was war denn los?«

»Weiß ich nicht, der Strand war plötzlich wie geschmolzene Butter... sah aber genauso aus wie vorher.«

Viel hat wohl nicht gefehlt, und wir wären mitsamt dem Wagen darin verschwunden. Man muß die Heimtücken der Skeleton-Coast schon sehr gut kennen, um ihnen beizeiten zu entgehen.

Wir bleiben jetzt oben, dort geht es zwar nur langsam voran, aber sicherer. Nach einer Stunde etwa sind wir bei den Robben. Wie beim Kreuzkap liegen sie teils auf dem Sand und teils auf Klippen, an denen sich die Brandung bricht. Es sind nur fünfzig bis sechzig Tiere, aber nach ungefähr drei Kilometern gibt es noch eine Kolonie, und dann noch eine und so weiter. Karlowa schätzt den Bestand in seinem Bereich auf ungefähr dreitausend Tiere. Da sie in einem Sperrgebiet leben, darf ihnen nichts geschehen. Früher wurden sie dennoch von illegalen Robbenschlägern heimgesucht, die bei ruhiger See landeten und wieder verschwanden. Damit ist es zum Glück vorbei, seitdem Hubschrauber gelegentlich die Küste abfliegen. Nach Karlowas Meinung, der es besser wissen muß als jeder andere, hat sich die Zahl der Pelzrobben an der Knochenküste während der letzten vier Jahre zumindest verdoppelt.

Als wir bei Anbruch der Dunkelheit wieder in Kap Frio eintrafen, war gerade der Leyland wohlbehalten angekommen. Verdreckt und verstaubt sprangen die beiden Fahrer aus der Kabine. Todmüde sahen sie aus, waren aber dennoch vergnügt wie zwei Buben, die sich erfolgreich mit überlegenen Kräften in der Nachbarschaft gebalgt hatten. So ähnlich war es ja auch gewesen, nämlich ein erbitterter Kampf gegen die heimtückischen Kräfte des wilden Landes. Wegen neuer Sandwehen mußten sie weite Umwege machen und gerieten dabei in Engpässe. Es blieb ihnen gar nichts anderes übrig, als kilometerweit im Rückwärtsgang wieder herauszufahren.

»Dann kam 'ne haushohe Düne aus Flugsand«, erzählte der eine, »und über die mußten wir 'rüber. Als wir nach viel Arbeit schließlich oben waren, hing der Wagen wie auf einer Schaukel. Die Räder rotierten in der Luft, die Mitte des Chassis schaukelte auf dem Rückgrat der Düne. Wir mußten erst stundenlang den Sand drunter wegschaufeln, dann hatten endlich die zehn Räder wieder Boden unter den Pneus.«

Von einem verlassenen Schuppen hatten die beiden Fahrer das Wellblech heruntergerissen und mitgenommen. Die Platten waren der beste Bodenbelag, als der schwere Wagen einsackte. Er wurde hochgewunden, man schob das Wellblech unter die Doppelräder, und die hatten wieder festen Stand. Zwei Meter rollte der Lkw weiter. Dann nochmals dasselbe Manöver und wieder ein Stück voran. So war es in sieben Stunden harter Arbeit gelungen, durch ein Rivier mit staubfeinem Sand zu kommen. Alles nur eine Sache der notwendigen Erfahrung, geeigneten Hilfsmittel und entsprechenden Energie. Die jungen Männer erzählten davon, als sei es ein sportliches Vergnügen gewesen.

»Und wo habt Ihr die beiden Passagiere aufgelesen?« erkundigte sich Karlowa.

»Ach ja, die zwei Ovahimbas, die saßen an der Fahrspur und wollten zum Onkel Doktor. Der eine hat was am Fuß, und beim anderen krümmt sich der Magen. Sie sollen's in Ordnung bringen.«

Karlowa gibt Anweisung, die Patienten aus dem Steinzeitalter gut zu pflegen. Sie haben noch nie das Haus eines Weißen gesehen und zittern vor Aufregung am ganzen Leib. Vielleicht frieren sie auch in dem ungewohnt feuchten Klima der Küste. Sie werden von den Ovambos ans Küchenfeuer gebracht und in Wolldecken gehüllt.

Die beiden Fahrer verschwinden im Duschraum. Rasiert, gekämmt und sauber gewaschen kommen sie nach einer Weile wieder zum Vorschein. Sie haben sich sogar umgezogen, viel feiner und ordentlicher sehen sie aus als wir. Das sind wirklich Leute, wie man sie braucht zur Erschließung eines wilden Landes, harte und zähe Burschen mit wacher Intelligenz. Pioniere von der besten Sorte, wie es nur noch wenige gibt. Jede Fahrt zur Knochenküste stellt sie vor neue Schwierigkeiten, immer wieder gibt es andere Probleme und Pannen. Aber damit müssen sie allein fertig werden, haben es bisher auch jedesmal geschafft. Kein Wort der Beschwerde, keine Rede von Überanstrengung. Der Beruf des Fernfahrers durch weglose Wildnis macht ihnen Spaß. Sie können sich nichts Besseres denken, es soll möglichst lange noch so bleiben.

»Das könnte Euch passen«, lacht Karlowa. »Ihr braucht ja die hundert Liter Sprit auf hundert Kilometer nicht zu bezahlen!«

Um eine Tonne Benzin nach Kap Frio zu bringen, muß eine andere Tonne verbraucht werden. Alles, was wir essen und trinken, ist sicher doppelt so teuer wie in Windhuk oder Swakopmund. Aber es läßt sich ja anders nicht machen.

Nun zu den beiden Patienten, die ihr Heil in blindem Vertrauen von dem weißen Mann erwarten. Der Fuß des einen Ovahimba ist völlig vereitert. Karlowa streut Penicillinpuder darauf und wickelt einen Verband herum. Nach menschlichem Ermessen muß es genügen, um ihn zu heilen. Der andere bekommt ein paar runde braune Pillen gegen seine Magenschmerzen.

»Was geben Sie ihm da?« frage ich.

»Das war nur Schokolade, der Mann hat gar nichts. Er ist nur zur Gesellschaft mitgekommen, weil ein Ovahimba allein nicht gern so 'ne weite Reise unternimmt.«

Beide können ihre Wolldecken behalten und hierbleiben, bis der Lkw zurückfährt. Sie haben ihre Scheu vor uns weißen Männern schon verloren. Sie hocken draußen auf der Veranda und schauen mit weitgeöffneten Augen durchs Fenster hinein. Da sie kein Wort für »danke« kennen, muß genügen, daß sie hoffentlich ein wenig dankbar sind.

»Auch das weiß man nicht«, sagt Karlowa, »aber daß sie herkommen, ist schon ein Fortschritt. Früher liefen die Ovahimbas beim Anblick eines Weißen davon, jetzt erwarten sie Hilfe von uns. Mehr kann man nicht erwarten, nach relativ so kurzer Zeit... ich bin ja erst seit vier Jahren hier.«

Schließlich kommt es soweit, daß die beiden Ovahimbas lächeln. Mit Hilfe des Dolmetschers versuche ich eine Unterhaltung mit ihnen, doch nur mit geringem Erfolg. Man kann wohl die Sperre einer Sprache durchbrechen, aber den Abstand von Jahrtausenden überspringen, das kann man nicht. Ein Neandertaler hätte sich leichter mit dieser Art von Menschen verständigen können, als ich es vermag, denn er lebte unter ähnlichen Verhältnissen, wie heute noch die Ovahimbas leben.

Als ich fragen lasse, ob sie wissen, woher die Weißen kommen, erhalte ich die Antwort:

»Die kommen aus dem Bauch von großen Vögeln.«

Gemeint sind natürlich die Flugzeuge. Aber was halten sie von dem Lkw, der sie herbrachte? Soviel ich verstehe, sind große Lastwagen für die Ovahimbas eine besondere Art von Elefanten. Sie fressen nicht, sie trinken nur, und zwar eine übelriechende Flüssigkeit, die es nur im Land der Weißen gibt. Die muß man in großen Gefäßen für sie mitnehmen.

»Sie glauben wirklich, es seien Tiere«, bestätigte Karlowa, »ich hab's oft genug erlebt, daß sie hinten unter meinen Wagen schauen, um zu sehen, ob's ein Männchen oder Weibchen ist.«

Schön wäre es ja, wenn der Opel-Admiral eine Mercedes decken könnte, und die bekämen Junge!

Was die vermeintlichen Vögel betrifft, die Menschen im Bauch haben, so wird hin und wieder die Skeleton-Coast von geheimnisvollen Wesen dieser Art überflogen. Es sind Hubschrauber ohne Kennzeichen. Karlowa hat sie mehrfach gesehen, auch unmittelbar über seiner Station. Er fragte dann gleich durch Funk bei allen zuständigen Stellen, wer und was das sein könnte. Aber dort wußte man von keinem einzigen Helikopter, der zur gegebenen Zeit im Nordwesten von Südwest irgend etwas zu tun hatte. Die Vermutung liegt nahe, daß die fremden Flugkörper von einem der sowjetischen Fangschiffe aufstiegen, die vor der Küste ihre Netze auswerfen. Dort dienen Helikopter zum Auffinden der großen Fischschwärme. Was sie über dem Festland wollen, läßt sich zwar vermuten, doch Gewisses weiß man nicht.

Meine Zeit an der Knochenküste ist vorbei, auch die Ehepaare

Schoemann und Wohlers müssen wieder nach Hause, ebenso der bisherige Vertreter Karlowas. Weil die Piper etwas langsamer ist als die Cessna, wird beschlossen, diesmal getrennt zu fliegen. Der pensionierte Sergeant und ich sollen um acht Uhr mit der Piper starten, eine halbe Stunde später wird dann die Cessna mit den Ehepaaren Schoemann und Wohlers folgen. Aldridge macht seine Maschine fertig, nach herzlichem Abschied von Karlowa klettern der Sergeant und ich an Bord. Wir schnallen uns an, winken nochmals zurück und warten aufs Anrollen. Aber heute ist das nicht so einfach, denn es weht ein scharfer Wind aus Südost. Schoemann und Wohlers hängen sich links wie rechts ans Ende der Tragflächen, um sie gegen den Winddruck niederzuhalten.

Langsam setzt sich die Maschine in Bewegung, die beiden Männer laufen mit. Immer schneller müssen sie laufen, weil die Piper geschwinder wird. Beide haben vor Anstrengung dunkelrote Gesichter, ihre Haare, Hosen und Jacken flattern im Sog des Propellers. Die Tragflächen schwanken so heftig, daß sie hin und wieder die beiden Helfer ganz vom Boden abheben. Ihre Füße zappeln grotesk in der Luft.

Am Ende der Startbahn muß die Piper wenden, um Anlauf gegen den Wind zu nehmen. Gerade als der Pilot die Schwenkung beginnt, sehe ich, daß Wohlers heftig hochgerissen wird. Er läßt los und fällt zu Boden.

Dann spüre ich einen heftigen Stoß in die Magengegend, und ich weiß nicht mehr, wo ich bin. Gepäck stürzt mir auf den Hinterkopf, der Sicherheitsgurt drückt mir den Leib zusammen, meine Füße schweben im leeren Raum.

Die Maschine hat sich auf den Kopf gestellt.

»'raus, schnell 'raus!« schreit der Pilot und rüttelt an der Kabinentür.

»Losschnallen und 'raus, aber schnell doch!«

Die Tür ist auf, ich reiße an der Schnalle und rutsche kopfüber ins Freie. Der Pilot hilft mir auf die Beine, und der Sergeant erkundigt sich, ob mir etwas fehlt.

Ich glaube kaum, daß mir was fehlt, nur habe ich die Situation noch nicht begriffen.

Der Propeller steckt zur Hälfte im Sand, der Schwanz unserer Piper zeigt senkrecht in die Luft. Der Wind pfeift ins Gesicht.

»Der hat uns ganz schön geschmissen«, meint Aldridge.

»Nur weg von hier«, ruft der Sergeant, »gleich kann das Ding explodieren.«

Kann es aber nicht, denn geistesgegenwärtig hat der Pilot

424

sofort die Brennstoffzufuhr abgestellt. Außerdem wurde der Motor im gleichen Augenblick abgewürgt, als sich der Propeller in den Sand bohrte.

Ein neuer Windstoß wirft die Maschine zurück auf ihr Fahrgestell. Es sieht nun alles wieder recht harmlos aus.

Vom Camp aus betrachtet, wirkte jedoch unser Kopfstand wie eine Katastrophe erster Ordnung. Mit Vollgas brausen beide Landrover heran, die Ovambos hintendrauf halten Feuerlöscher im Anschlag. Im Sturmschritt eilen Schoemann und Wohlers herbei.

»Ihr steht ja alle drei noch auf den Beinen«, ruft Karlowa erleichtert, »hat sich wirklich keiner was verrenkt?«

Nicht im geringsten, auch die Piper scheint ohne Schaden davongekommen. Nur das eine Blatt des Propellers ist leicht verbogen.

»Aber wer weiß, wie's drinnen aussieht«, warnt Louw Schoemann, »da kann allerhand durcheinander sein!«

Hinter einem Landrover wird die Maschine zur Station geschleppt. Karlowa und Schoemann beginnen eine haargenaue Inspektion. Das Ergebnis ist zufriedenstellend, auch der verbogene Rand des Propellers läßt sich wieder geradeklopfen. Jedoch verbieten die strengen Flugvorschriften einen neuen Startversuch, falls sich beim ersten Start ein Schaden ergab, mag er auch noch so gering sein. Vor allem dürfen nun keine Passagiere mehr befördert werden.

Durch Sprechfunk geht die Meldung von dem Mißgeschick nach Windhuk. Es folgen Rückfragen der Flugbehörden, sechs- oder siebenmal geht das hin und her. Schließlich erhält Aldridge die Erlaubnis, auf eigene Verantwortung zu starten, wenn sich der Wind beruhigt hat. Aber mitnehmen darf er niemanden. So bestellt Schoemann für den Sergeanten und mich eine andere Maschine.

Der Wind wird schwächer, gegen Mittag hängt der Luftsack schlaff von seinem Mast. Aldridge läßt sich nicht länger halten, er ist von der Flugtüchtigkeit seiner Maschine fest überzeugt, klettert an Bord, rollt an und steigt glatt in die Luft. Über der Station zieht die Piper noch eine Schleife, um zu beweisen, daß sie tadellos funktioniert. Bald darauf startet Schoemann mit seiner Cessna und den Passagieren. Der Sergeant und ich bleiben bei Karlowa zurück.

»Von mir aus können Sie bis Weihnachten bleiben und mir Gesellschaft leisten«, sagt der freundliche Hausherr.

»Ich wäre einverstanden, bin aber zum Glück nicht alleine

auf der Welt. Meine Frau erwartet mich am Freitag in München.«

Keine halbe Stunde ist vergangen, da landet schon eine Zweimotorige. Die SDC scheut wirklich keine Kosten für die sichere Heimschaffung ihrer Gäste. In aller Eile verabschieden wir uns zum zweitenmal. Dann fliegen wir so hoch, daß von der Knochenküste kaum noch etwas zu sehen ist.

»Wie hat's Ihnen dort unten gefallen?« fragt mich der Pilot.

»Ich bin fasziniert von dem unglaublichen Land, ganz bestimmt werde ich wiederkommen.«

»Machen Sie's aber bald, nach neuesten Meldungen soll die Entwicklung demnächst beginnen.«

»Das höre ich mit Bedauern . . .«

»Warum denn, Südwest ist nun mal ein Land der Zukunft.«

Und ein Land mit Vergangenheit, an der wir Deutsche beteiligt waren.

Das Südwester-Lied

Hart wie Kameldornholz ist unser Land
und trocken sind seine Riviere.
Die Klippen sind von der Sonne verbrannt
und scheu sind im Busche die Tiere.
Und sollte man uns fragen:
Was hält euch denn hier fest?
Wir könnten nur sagen:
Wir lieben Südwest!

Doch uns're Liebe ist teuer bezahlt,
trotz allem, wir lassen dich nicht.
Weil unsere Sorgen überstrahlt
der Sonne hell leuchtendes Licht.
Und sollte man uns fragen:
Was hält euch denn hier fest?
Wir könnten nur sagen:
Wir lieben Südwest!

Und kommst du selber in unser Land
und hast seine Weiten gesehn,
und hat uns're Sonne ins Herz dir gebrannt,
dann kannst du nicht wieder gehn.
Und sollte man dich fragen:
Was hält dich denn hier fest?
Du könntest nur sagen:
Ich liebe Südwest!

Heinz A. Klein-Werner

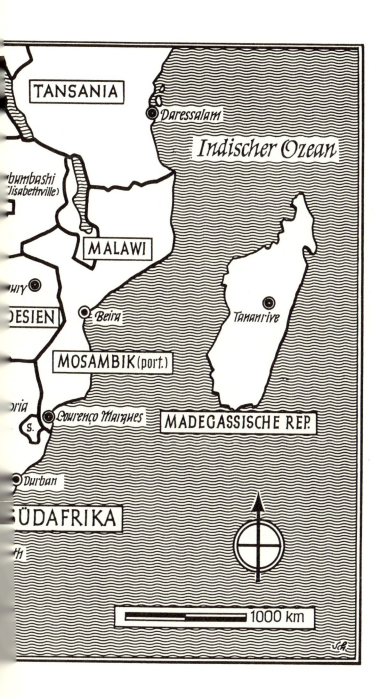

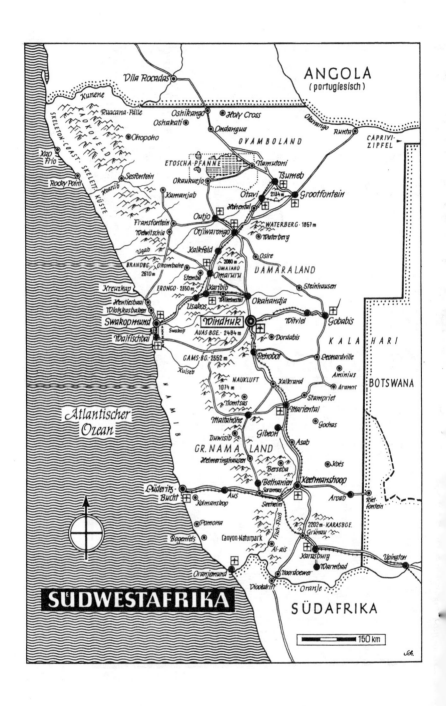

SÜDWESTAFRIKA

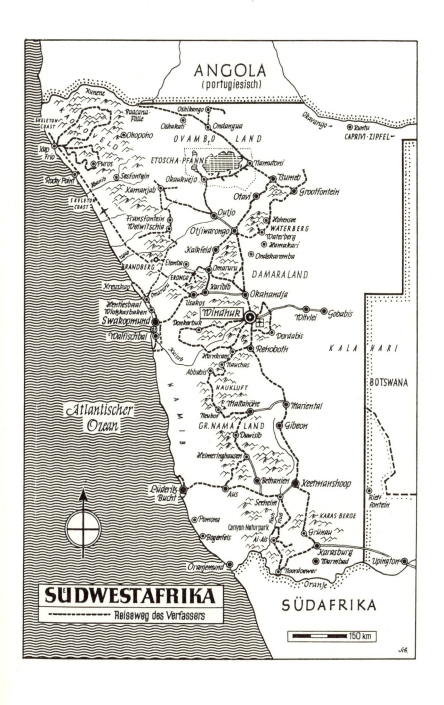

SÜDWESTAFRIKA
-------- Reiseweg des Verfassers

150 km

Weitere Titel

Ruth Geede (Hrsg.)

Ostpreußische Hochzeitsgeschichten

Orion-Heimreiter

Hochzeit zu Hause auf ostpreußischen Höfen und Gütern, bei Landarbeitern oder in der heilen Welt verträumter Kleinstädte. Das war die Zeit blankgeputzter Kutschen und geschmückter Pferde, von vollen Tafeln und schweren Trinkgelagen, von ausgelassenem Tanz, aber auch stummer, ehrfürchtiger Feierlichkeit. Eine alte Welt steht auf in dieser Sammlung der schönsten und ausgefallensten Hochzeitsgeschichten der ostpreußischen Autoren Gertrud Papendick, Eva M. Sirowatka, Günther H. Ruddies u.v.a.

144 S., gebunden, DM 26,80

Heilwig Munier (Hrsg.)

Breslau

Sinfonie einer Stadt

Orion-Heimreiter

Das alte Breslau, Schlesiens Herz an der Oder, war eine Stadt von grandioser Kulturblüte – ganz Schlesien eine der großen geistigen Landschaften Deutschlands. In diesem Buch wird der ganze Charme der Oder-Metropole eingefangen: pulsierendes Großstadtleben, herrschaftliche Parks, stattliche Bürgerhäuser, stimmungsvolle alte Straßen, das breite, schweigende Band der Oder. Große Namen machen diese schlesische Welt lebendig. Joseph von Eichendorff, Wolfgang Menzel, Wilhelm Müller, Käthe Kruse, Heinz von Hardenberg, Erich Sturtevant u. v. a. erzeugen eine Melodie, die zur Sinfonie einer Stadt wird.

144 Seiten, gebunden, DM 26,80

ORION-HEIMREITER VERLAG
Postfach 3667 · D-24035 Kiel